U0569058

中国自主知识体系研究文库

建构中国自主的环境法知识体系

主　编　吕忠梅

中国人民大学出版社
·北京·

"中国自主知识体系研究文库"编委会

编委会主任

张东刚　林尚立

编委（按姓氏笔画排序）

王　轶	王化成	王利明	冯仕政	刘　伟	刘　俏	孙正聿
严金明	李　扬	李永强	李培林	杨凤城	杨光斌	杨慧林
吴晓求	应　星	陈　劲	陈力丹	陈兴良	陈振明	林毅夫
易靖韬	周　勇	赵世瑜	赵汀阳	赵振华	赵曙明	胡正荣
徐　勇	黄兴涛	韩庆祥	谢富胜	臧峰宇	谭跃进	薛　澜
魏　江						

本书系研究阐释党的二十届三中全会精神国家社科基金重大专项"生态环境法典化的中国实践和理论创新研究"（24ZDA095）的阶段性成果。

总　序

张东刚

2022 年 4 月 25 日，习近平总书记在中国人民大学考察调研时指出，"加快构建中国特色哲学社会科学，归根结底是建构中国自主的知识体系"。2024 年全国教育大会对以党的创新理论引领哲学社会科学知识创新、理论创新、方法创新提出明确要求。《教育强国建设规划纲要（2024—2035 年）》将"构建中国哲学社会科学自主知识体系"作为增强高等教育综合实力的战略引领力量，要求"聚焦中国式现代化建设重大理论和实践问题，以党的创新理论引领哲学社会科学知识创新、理论创新、方法创新，构建以各学科标识性概念、原创性理论为主干的自主知识体系"。这是以习近平同志为核心的党中央站在统筹中华民族伟大复兴战略全局和世界百年未有之大变局的高度，对推动我国哲学社会科学高质量发展、使中国特色哲学社会科学真正屹立于世界学术之林作出的科学判断和战略部署，为建构中国自主的知识体系指明了前进方向、明确了科学路径。

建构中国自主的知识体系，是习近平总书记关于加快构建中国特色哲学社会科学重要论述的核心内容；是中国特色社会主义进入新时代，更好回答中国之问、世界之问、人民之问、时代之问，服务以中国式现代化全面推进中华民族伟大复兴的应有之义；是深入贯彻落实习近平文化思想，推动中华文明创造性转化、创新性发展，坚定不移走中国特色社会主义道路，续写马克思主义中国化时代化新篇章的必由之路；是为解决人类面临的共同问题提供更多更好的中国智慧、中国方案、中国力量，为人类和平与发展崇高事业作出新的更大贡献的应尽之责。

一、文库的缘起

作为中国共产党创办的第一所新型正规大学，中国人民大学始终秉持着强烈的使命感和历史主动精神，深入践行习近平总书记来校考察调研时重要讲话精神和关于哲学社会科学的重要论述精神，深刻把握中国自主知识体系的科学内涵与民族性、原创性、学理性，持续强化思想引领、文化滋养、现实支撑和传播推广，努力当好构建中国特色哲学社会科学的引领者、排头兵、先锋队。

我们充分发挥在人文社会科学领域"独树一帜"的特色优势，围绕建构中国自主的知识体系进行系统性谋划、首创性改革、引领性探索，将"习近平新时代中国特色社会主义思想研究工程"作为"一号工程"，整体实施"哲学社会科学自主知识体系创新工程"；启动"文明史研究工程"，率先建设文明学一级学科，发起成立哲学、法学、经济学、新闻传播学等11个自主知识体系学科联盟，编写"中国系列"教材、学科手册、学科史丛书；建设中国特色哲学社会科学自主知识体系数字创新平台"学术世界"；联合60家成员单位组建"建构中国自主的知识体系大学联盟"，确立成果发布机制，定期组织成果发布会，发布了一大批重大成果和精品力作，展现了中国哲学社会科学自主知识体系的前沿探索，彰显着广大哲学社会科学工作者的信念追求和主动作为。

为进一步引领学界对建构中国自主的知识体系展开更深入的原创性研究，中国人民大学策划出版"中国自主知识体系研究文库"，矢志打造一套能够全方位展现中国自主知识体系建设成就的扛鼎之作，为我国哲学社会科学发展贡献标志性成果，助力中国特色哲学社会科学在世界学术之林傲然屹立。我们广泛动员校内各学科研究力量，同时积极与校外科研机构、高校及行业专家紧密协作，开展大规模的选题征集与研究激励活动，力求全面涵盖经济、政治、文化、社会、生态文明等各个关键领域，深度挖掘中国特色社会主义建设生动实践中的宝贵经验与理论创新成果。为了保证文库的质量，我们邀请来自全国哲学社会科学"五路大军"的知名专家学者组成编委会，负责选题征集、推荐和评审等工作。我们组织了专项工作团队，精心策划、深入研讨，从宏观架构到微观细节，全方位规划文库的建设蓝图。

二、文库的定位与特色

中国自主的知识体系，特色在"中国"、核心在"自主"、基础在"知识"、关键在"体系"。"中国"意味着以中国为观照，以时代为观照，把中国文化、中国实践、中国问题作为出发点和落脚点。"自主"意味着以我为主、独立自主，坚持认知上的独立性、自觉性，观点上的主体性、创新性，以独立的研究路径和自主的学术精神适应时代要求。"知识"意味着创造"新知"，形成概念性、原创性的理论成果、思想成果、方法成果。"体系"意味着明确总问题、知识核心范畴、基础方法范式和基本逻辑框架，架构涵盖各学科各领域、包含全要素的理论体系。

文库旨在汇聚一流学者的智慧和力量，全面、深入、系统地研究相关理论与实践问题，为建构和发展中国自主的知识体系提供坚实的理论支撑，为政策制定者提供科学的决策依据，为广大读者提供权威的知识读本，推动中国自主的知识体系在社会各界的广泛传播与应用。我们秉持严谨、创新、务实的学术态度，系统梳理中国自主知识体系探索发展过程中已出版和建设中的代表性、标志性成果，其中既有学科发展不可或缺的奠基之作，又有建构自主知识体系探索过程中的优秀成果，也有发展创新阶段的最新成果，力求全面展示中国自主的知识体系的建设之路和累累硕果。文库具有以下几个鲜明特点。

一是知识性与体系性的统一。文库打破学科界限，整合了哲学、法学、历史学、经济学、社会学、新闻传播学、管理学等多学科领域知识，构建层次分明、逻辑严密的立体化知识架构，以学科体系、学术体系、话语体系建设为目标，以建构中国自主的知识体系为价值追求，实现中国自主的知识体系与"三大体系"有机统一、协同发展。

二是理论性与实践性的统一。文库立足中国式现代化的生动实践和中华民族伟大复兴之梦想，把马克思主义基本原理同中国具体实际相结合，提供中国方案、创新中国理论。在学术研究上独树一帜，既注重深耕理论研究，全力构建坚实稳固、逻辑严谨的知识体系大厦，又紧密围绕建构中国自主知识体系实践中的热点、难点与痛点问题精准发力，为解决中国现实问题和人类共同问题提供有力的思维工具与行动方案，彰显知识体系的实践生命力与应用价值。

三是继承性与发展性的统一。继承性是建构中国自主的知识体系的源头活水，发展性是建构中国自主的知识体系的不竭动力。建构中国自主的知识体系是一个不断创新发展的过程。文库坚持植根于中华优秀传统文化以及学科发展的历史传承，系统梳理中国自主知识体系探索发展过程中不可绕过的代表性成果；同时始终秉持与时俱进的创新精神，保持对学术前沿的精准洞察与引领态势，密切关注国内外中国自主知识体系领域的最新研究动向与实践前沿进展，呈现最前沿、最具时效性的研究成果。

我们希望，通过整合资源、整体规划、持续出版，打破学科壁垒，汇聚多领域、多学科的研究成果，构建一个全面且富有层次的学科体系，不断更新和丰富知识体系的内容，把文库建成中国自主知识体系研究优质成果集大成的重要出版工程。

三、文库的责任与使命

立时代之潮头、通古今之变化、发思想之先声。建构中国自主的知识体系的过程，其本质是以党的创新理论为引领，对中国现代性精髓的揭示，对中国式现代化发展道路的阐释，对人类文明新形态的表征，这必然是对西方现代性的批判继承和超越，也是对西方知识体系的批判继承和超越。

文库建设以党的创新理论为指导，牢牢把握习近平新时代中国特色社会主义思想在建构自主知识体系中的核心地位；持续推动马克思主义基本原理同中国具体实际、同中华优秀传统文化相结合，牢牢把握中华优秀传统文化在建构自主知识体系中的源头地位；以中国为观照、以时代为观照，立足中国实际解决中国问题，牢牢把握中国式现代化理论和实践在建构自主知识体系中的支撑地位；胸怀中华民族伟大复兴的战略全局和世界百年未有之大变局，牢牢把握传播能力建设在建构自主知识体系中的关键地位。将中国文化、中国实践、中国问题作为出发点和落脚点，提炼出具有中国特色、世界影响的标识性学术概念，系统梳理各学科知识脉络与逻辑关联，探究中国式现代化的生成逻辑、科学内涵和现实路径，广泛开展更具学理性、包容性的和平叙事、发展叙事、文化叙事，不断完善中国自主知识体系的整体理论架构，将制度优势、发展优势、文化优势转化为理论优势、学术优势和话语优势，不断开辟新时代中国特色哲学社会科学新境界。

中国自主知识体系的建构之路，宛如波澜壮阔、永无止境的学术长征，需要汇聚各界各方的智慧与力量，持之以恒、砥砺奋进。我们衷心期待，未来有更多优质院校、研究机构、出版单位和优秀学者积极参与，加入到文库建设中来。让我们共同努力，不断推出更多具有创新性、引领性的高水平研究成果，把文库建设成为中国自主知识体系研究的标志性工程，推动中国特色哲学社会科学高质量发展，为全面建设社会主义现代化国家贡献知识成果，为全人类文明进步贡献中国理论和中国智慧。

是为序。

目　录

导　言

　　党的十八大以来，习近平总书记站在"坚持和发展中国特色社会主义必须高度重视哲学社会科学"① 的高度，围绕加快构建中国特色哲学社会科学作出一系列重要论述，深刻指出："加快构建中国特色哲学社会科学，归根结底是建构中国自主的知识体系。"② 党的二十大从强国建设、民族复兴伟业的高度，明确提出了"加快构建中国特色哲学社会科学学科体系、学术体系、话语体系"③ 的要求，为加快构建中国特色哲学社会科学进一步指明了方向。党的二十届三中全会进一步明确要求"创新马克思主义理论研究和建设工程，实施哲学社会科学创新工程，构建中国哲学社会科学自主知识体系"④。

---

① 习近平：《在哲学社会科学工作座谈会上的讲话》，载《人民日报》2016 年 5 月 19 日，第 2 版。

② 《习近平在中国人民大学考察时强调 坚持党的领导传承红色基因扎根中国大地 走出一条建设中国特色世界一流大学新路》，载《党建》2022 年第 5 期。

③ 习近平：《高举中国特色社会主义伟大旗帜 为全面建设社会主义现代化国家而团结奋斗——在中国共产党第二十次全国代表大会上的报告》，载《人民日报》2022 年 10 月 26 日，第 1 版。

④ 《中共中央关于进一步全面深化改革 推进中国式现代化的决定》，2024 年 7 月 18 日中国共产党第二十届中央委员会第三次全体会议通过。

建构中国自主的环境法知识体系，最重要的是以中国的环境法思想、环境法理论、环境法话语解读"人与自然和谐共生"的中国式现代化本质特征，为繁荣中国环境法学、发展中国环境法治、传播中国环境法理提供学术支撑，为全面推进美丽中国建设提供理论支持，为构建人类命运共同体作出新的更大贡献。中国已经站在加快建成富强民主文明和谐美丽的社会主义现代化强国新的历史起点上①，加快中国环境法学的思想体系、理论体系、学术体系、话语体系建设，是加强新时代环境法学教育和环境法学理论研究的基础，也是落实《关于加强新时代法学教育和法学理论研究的意见》② 相关部署的必然要求。

一、建构中国自主的环境法知识体系需求迫切

环境法学作为法学新兴领域，是法律与生态学、环境科学、经济学、管理学等多个学科深度融合的交叉性学科，具有"应用引起的基础研究"学科特性③，是一种基于"应用语境"、以问题为导向的新的"知识生产形态"④，其"所包含的知识、理论与方法，很难简单地归结为某一个知识性学科，也不是以某一个学科为主而吸收其他学科而形成，而是以某一个现实领域为基础而形成的学科"⑤。从中国法学发展史观察，产生于 20 世纪 70 年代以后的环境法学，其相关法律及知识元素大多"移植"而来，经

---

① 2023 年 12 月 27 日发布的《中共中央、国务院关于全面推进美丽中国建设的意见》明确指出："建设美丽中国是全面建设社会主义现代化国家的重要目标，是实现中华民族伟大复兴中国梦的重要内容。"

② 《中办国办印发〈关于加强新时代法学教育和法学理论研究的意见〉》，载《人民日报》2023 年 2 月 27 日，第 1 版。

③ 参见 [美] D.E. 司托克斯：《基础科学与技术创新：巴斯德象限》，周春彦、谷春立译，科学出版社 1999 年版，第 62-63 页。

④ [英] 约翰·齐曼：《真科学》，曾国屏等译，上海科技教育出版社 2002 年版，第 85 页。

⑤ 谢维和：《谈学科的道理》，载《中国大学教学》2012 年第 7 期。

由"移植""转化"，尚未达到"创造"的程度；加之近年来生态环境问题的挑战现实而严峻，环境法学研究呈现较为明显的"应用"特征，"基础研究"相对薄弱，原创性不足，中国自主的环境法知识体系远未形成。目前的环境法学研究既不能满足构建中国特色哲学社会科学的理论需要，也不能满足实现人与自然和谐共生的现代化的实践需求。面对这样的现实，如何跳出"刻舟求剑、照猫画虎、生搬硬套、依样画葫芦"的思维，不再以西方思想、理论、观点、原理、概念、范畴、标准、话语来解读中国环境法治与生态文明建设实践，构建和发展出一套成系统、较完备、趋成熟的解读新中国成立以来环境法治发展变化、解读当代中国环境法治成就的学科体系、学术体系、话语体系，清晰学术中的中国环境法治形象，显得更为迫切。

（一）回答中国之问迫切需要建构自主的环境法知识体系

中国自 1972 年参加在斯德哥尔摩召开的联合国人类环境会议，受到西方国家严重环境污染问题的警醒，开始了环境立法进程，环境法学研究基本同时起步。周恩来、邓小平等敏锐地觉察到中国的发展不能走西方发达国家"先污染后治理"的弯路，中国必须进行环境保护，走协调发展之路。[①] 改革开放之初，邓小平就提出要制定环境保护法[②]，用法律手段保护环境。当时的中国既无环境立法经验，也无环境法学研究积累。世界范围内，环境法学肇始于美国的国家环境政策法、环境影响评价制度及其相关理论，深刻地影响了欧洲、日本等地区和国家的环境法学发展。早期的中国的环境法理论研究及教材以介绍外国环境法理论、引进外国环境法制

---

① 参见田鹤、郭巍：《中国共产党生态文明思想与实践百年历程研究》，载《思想教育研究》2021 年第 12 期。

② 参见国家环境保护总局、中共中央文献研究室编：《新时期环境保护重要文献选编》，中央文献出版社、中国环境科学出版社 2001 年版，第 1 页。

度为主。尽管在环境法学产生之初，此种以引进国外先进理论与制度实践为主的研究并无错误，但有些学者逐渐陷入以"外国有中国就要有"的思维定式，形成"中国有环境问题——外国有相关环境立法或制度——中国应借鉴立法"的研究"套路"，这有明显问题。如果不关注、不了解中国改革开放 40 多年来的生态文明法治建设实践，一味按照旧有"模板"进行研究、编写教材、培养学生，无法诠释并解决中国问题。因此，迫切需要按照"我国哲学社会科学应该以我们正在做的事情为中心，从我国改革发展的实践中挖掘新材料、发现新问题、提出新观点、构建新理论"① 的要求，坚持在马克思主义理论指导下，观照中国式环境法治实践，做有鲜明特色、能够解释和指导中国实践，又被国际广泛认可和传播的"中国在场"研究。习近平法治思想和习近平生态文明思想是马克思主义中国化时代化的最新成果，必须坚持以习近平法治思想和习近平生态文明思想为指导，推动中国环境法学基础理论研究和应用研究；加强对习近平法治思想的生态文明法治理论原创性概念、判断、范畴、理论的研究，加强对习近平法治思想的生态文明法治理论重大意义、核心要义、丰富内涵和实践要求的研究。同时，应观照正在展开的"美丽中国"建设实践，以扎根中国文化、立足中国国情、解决中国问题为立场，确立中国环境法学的基本理念和解释原则；以融通古今中外为目标，升华中国环境法学的标志性概念。

（二）回答世界之问迫切需要建构自主的环境法知识体系

中国自改革开放以来，在建设社会主义市场经济的过程中，走出了一条适合中国国情的环境保护道路，环境法治建设也取得了令世人瞩目的成

---

① 习近平：《在哲学社会科学工作座谈会上的讲话》，载《人民日报》2016 年 5 月 19 日，第 2 版。

就。特别是新时代以来，以习近平同志为核心的党中央把生态文明建设摆在党和国家工作的突出位置，以前所未有的决心和力度，推动我国生态环境保护发生历史性、转折性、全局性变化。在环境法治建设方面，生态环境立法体系重构，生态环境执法体系重塑，生态环境司法体系创建，生态环境尊法守法形成良好社会氛围。迄今，我国已基本形成"1＋N＋4"[①]的生态环保法律体系[②]，建立了"源头严防、过程严管、后果严惩"的"大环保"执法制度体系[③]，建成了覆盖全国四级法院的环境司法专门化体系。[④] 十四届全国人大常委会已经将编纂生态环境法典纳入立法规划，并于2023年正式启动了生态环境法典编纂工作。[⑤] 把生态文明从一种理论构想转化为成功的制度实践，把外国的环境法理论主动转化为适合中国国情的法律制度，为中国的生态环境保护取得历史性成就发挥了积极的作用，也为世界提供了发展中国家实现可持续发展的法律制度新选择。从常识看，中国生态文明法治建设取得成功，是因为我们做对了；但这些做对了的东西，从国外的教科书中找不到，从马克思主义经典著作里也抄不来。如果用西方的知识体系解释中国的环境法治实践，要么"削足适履"，要么"张冠李戴"，要么"捉襟见肘"。因此，迫切需要"加快构建中国话语和中国叙事体系，用中国理论阐释中国实践，用中国实践升华中国理

① "1"是发挥基础性、综合性作用的环境保护法；"N"是环境保护领域专门法律，包括针对大气、水、固体废物、土壤、噪声等方面的污染防治法律，针对海洋、湿地、草原、森林、沙漠等方面的生态环境保护和治理法律等；"4"是针对特殊地理、特定区域或流域的生态环境保护法律。

② 参见《全国人大常委会法工委举行记者会——生态环保法律体系基本形成》，载中国人大网2022年10月25日，http://www.npc.gov.cn/npc/c2/kgfb/202210/t20221025_319868.html。

③ 参见《国新办举行建设人与自然和谐共生的美丽中国发布会图文实录》，载国务院新闻办公室网2021年8月18日，http://www.scio.gov.cn/xwfb/gwyxwbgsxwfbh/wqfbh_2284/2021n_2711/2021n08y18r/twzb_3762/202208/t20220808_313377.html。

④ 参见《环境资源审判护航美丽中国建设新闻发布会》，载最高人民法院网站2022年9月20日，https://www.court.gov.cn/zixun-xiangqing-372361.html。

⑤ 参见《稳步有序推进生态环境法典编纂工作》，载中国人大网2023年12月31日，http://www.npc.gov.cn/npc/c2/kgfb/202312/t20231225_433706.html。

论，打造融通中外的新概念、新范畴、新表述，更加充分、更加鲜明地展现中国故事及其背后的思想力量和精神力量"①，开展主体性原创性的环境法学研究，对发生在特定时空中的"中国环境法现象"进行学理化诠释，揭示中国式环境法治的法理和哲理，从中提炼逻辑自洽的标识性概念；再以这些概念阐释中国生动的环境法治建设实践，在从"中国环境法现象"提炼"理论事实"的基础上，通过跨文明比较研究，抽象出具有一定普遍意义的概念、范式，并明晰它们在环境法知识体系内相互规定、系统联动的逻辑，建构具有主体性原创性的当代中国环境法知识体系。不仅要探寻中国与西方对当代环境法学问题的不同回答，而且要能够用中国式环境法治现代化的实践与理论，去检验西方环境法学的个别概括和理论范畴，在比较中蒸馏其杂质、萃取其精华。在思考和解决世界性时代性环境法学课题的过程中，形成具有民族内涵和人类观照的环境法思想、环境法观点和环境法命题。通过术语的革命和中国环境法治的知识化，把中国生态文明法治建设实践做对了的东西总结出来，进而用我们自主的环境法知识体系，向世界清楚说明和科学解释中国环境法治实践、中国环境法治经验、中国环境法治奇迹、中国环境法治道路和中国环境法治模式。

（三）回答人民之问迫切需要建构自主的环境法知识体系

中国已踏上强国建设、民族复兴的新征程，我国社会的主要矛盾已转化为人民日益增长的美好生活需要和不平衡不充分的发展之间的矛盾，生态环境状况不能满足人民群众对优美生态环境的新需求成为社会主要矛盾的重要方面和制约中国现代化建设的瓶颈。在以中国式现代化全面推进中

---

① 《习近平在中共中央政治局第三十次集体学习时强调 加强和改进国际传播工作 展示真实立体全面的中国》，载新华网 2021 年 6 月 1 日，http://www.xinhuanet.com/politics/2021 - 06/01/c_1127517461.htm。

华民族伟大复兴的宏伟蓝图中，"人与自然和谐共生的现代化"是中国式现代化的一个重要特征，也是中华民族永续发展的内在要求。党的二十大直面"生态环境保护任务依然艰巨"的挑战，从"尊重自然、顺应自然、保护自然，是全面建设社会主义现代化国家的内在要求"的高度，提出了"美丽中国"建设的新任务，也提出了包括生态文明建设在内的"国家各方面工作法治化"新要求。① 面对人民群众对美好生态环境的新向往，如何以法治思维和法治方式处理好人与自然的关系、发展与保护的关系、个人利益与公共利益的关系、局部利益与整体利益的关系、眼前利益与长远利益的关系，都是环境法学必须回答和解决的现实问题。现有环境法学的碎片化知识、对策型思维、应急性方案，尚未真正达成共识性研究范式，缺乏对环境法的哲理研究，也没有解决中国生态环境法治困境，主体性不彰、原创性不足，难以为生态文明建设提供有效的法治"轨道"。因此，迫切需要环境法学"在研究解决事关党和国家全局性、根本性、关键性的重大问题上拿出真本事、取得好成果"②。法律具有显著的地方性知识特征，也隐藏着每个民族最深层次的奥秘，中国环境法与环境法治必然与中国人对生活世界和意义世界的想象力相联系，中华法系是在我国特定历史条件下形成的，显示了中华民族的伟大创造力和中华法制文明深厚的底蕴，"天人合一""道法自然"的世界观是中华民族生生不息的血脉根基，对中华法系产生了深刻影响，尤其是"顺应时节，取用有度"的生态法智慧，成为中国人日用而不觉的文化传统。应挖掘和传承中华法系凝聚的民族精神和文化精华，厘清当代中国环境法学的主体性原创性与由中华民族在几千年文明发展中积累的知识智慧和理性思辨形成的思想体系的关系，

---

① 参见习近平：《高举中国特色社会主义伟大旗帜 为全面建设社会主义现代化国家而团结奋斗——在中国共产党第二十次全国代表大会上的报告》，载《人民日报》2022年10月26日，第1版。

② 《习近平在中国人民大学考察时强调 坚持党的领导传承红色基因扎根中国大地 走出一条建设中国特色世界一流大学新路》，载《党建》2022年第5期，第6页。

与中华法系传统的独特风格、概念体系、表达方式的关系，与中华传统生态智慧中宇宙观、自然观、道德观、治理观、实践观的关系，在加强对中国特色环境法治理论和实践研究阐释的基础上，提炼出有学理性的新理论，概括出有规律性的新实践，进而讲清道理学理哲理，把学问做在祖国的大地上、做进人民的期盼里。

（四）回答时代之问迫切需要建构自主的环境法知识体系

世界进入百年未有之大变局，中华民族的伟大复兴进入不可逆转的历史进程，两大变局的"交叠重合"，使得整个世界"动荡不安""变乱交织"。从国际环境治理看，全球性气候变化、生物多样性丧失、严重环境污染三大问题是当今人类面临的共同生态环境危机。习近平总书记向世界发出"构建人类命运共同体""共谋全球生态文明建设"的倡议①，中国积极参与气候变化应对、生物多样性保护、新型污染物治理等国际合作与交流，在气候变化应对、生物多样性保护等领域的国际公约谈判及履行等方面发挥重要作用，全球生态环境治理中的中国方案、中国智慧得到联合国及相关国际组织、许多国家的高度赞同，国际法文件中的中国元素、中国话语日趋明显。然而，美等西方国家罔顾事实，将环境问题作为攻击中国人权、加大对中国全面遏制的重要借口。2020年9月，美国国务院公布所谓"中国破坏环境事实清单"，无端指责中国罔顾环境保护，对全球经济和健康造成威胁②；更将支持"疆独""藏独"等活动包装成为类似"新疆棉"事件，以环境保护为由攻击中国"侵犯人权"。③ 面对环境问题

---

① 参见习近平：《推动我国生态文明建设迈上新台阶》，载《求是》2019年第3期。

② 参见《美国务院打"环境牌"攻击中国，徒增笑耳》，载新华网2020年9月26日，http://www.xinhuanet.com/world/2020-09/26/c_1126544816.htm。

③ 参见《商务部回应H&M等抵制新疆棉：纯白无瑕的新疆棉花不容抹黑》，载新华网2021年3月25日，http://www.xinhuanet.com/politics/2021-03/25/c_1127255318.htm。

成为大国博弈的重要战场，中国环境法几乎"失语"的现状，我们应清醒地认识到"当前，坚持和发展中国特色社会主义理论和实践提出了大量亟待解决的新问题，世界百年未有之大变局加速演进，世界进入新的动荡变革期，迫切需要回答好'世界怎么了'、'人类向何处去'的时代之题"①。中国环境法治建设面临着深刻挑战，这些挑战有的与历史传统有关，有的与现代化进程有关，有的受到错综复杂的国际环境影响，而这恰恰形成了中国环境法学研究的比较优势，为研究者提炼出有学理性的新理论和概括出有规律的新实践提供了无限的可能性。环境法学研究应不断提升捕捉和把握环境法时代问题的理论洞察力、分析和凝练环境法学命题的理论概括力、阐释和论证环境法学观点的理论思辨力、总结和升华环境法学理论的理论思想力，对世界和中国正在发生的事情进行持续关注，对世界和中国的环境法治实践展开沉浸式观察，以中国的环境法律和环境法治作为我们提出问题、作出结论的根据，凭借中国学者的理论想象力和环境法学话语的理论表达，在借鉴和转化国际有益知识体系和研究方法的基础上，融通中外话语体系，更好推进基于本土知识的创新；提高设置议题和提炼标识性概念的水平和能力，建构融民族性、继承性于一体，铸主体性、原创性于一炉的环境法知识体系，为构建人类命运共同体作出积极贡献。

习近平总书记指出："社会大变革的时代，一定是哲学社会科学大发展的时代。"② 中办、国办发布的《关于加强新时代法学教育和法学理论研究的意见》，明确了包括环境法学发展在内的主要目标和具体举措。实现这些目标，需要以提升中国环境法学研究的主体性原创性为抓手，提炼

---

① 《习近平在中国人民大学考察时强调 坚持党的领导传承红色基因扎根中国大地 走出一条建设中国特色世界一流大学新路》，载《党建》2022 年第 5 期，第 6 页。

② 习近平：《在哲学社会科学工作座谈会上的讲话》，载《人民日报》2016 年 5 月 19 日，第 2 版。

出有学理性的新理论，概括出有规律性的新实践，赋予环境法理论、环境法观点、环境法命题新的思想内涵、时代内涵和文明内涵，建构中国自主的环境法知识体系。没有中国自主的环境法知识体系，中国特色的环境法学科体系、学术体系、话语体系也无所依凭、无所遵循。中国正经历强国建设、民族复兴征程上最广泛而深刻的社会变革和人类历史上最宏大而独特的实践创新，生态文明建设作为这种前无古人的伟大实践中浓墨重彩的篇章，为环境法学的知识创新、理论创造、学术繁荣提供了强大动力和广阔空间。坚持以习近平法治思想的生态文明法治理论为指导，立足中国生态环境法治建设实际，解决中国生态环境法治建设问题，不断推动中华优秀传统生态文化创造性转化、创新性发展，建构中国自主的环境法知识体系，回答好中国之问、世界之问、人民之问、时代之问，是我们这一代环境法学者的使命担当。

二、建构中国自主的环境法知识体系的基本理路

建构中国自主的环境法知识体系，目的在于为环境法学中国化和现代化提供体系化的道理、学理、法理、哲理支撑，为建设环境法学科、培养环境法人才提供必备的价值观、思维方式与专业知识准备。一般而言，知识是人类普遍接受的认识世界的成果，也是人类行之有效的改造世界的根据；知识体系是理论认知与经验体验的总和。中国自主的环境法知识体系，是具有本土性、独立性和中国特色的环境法理论认知与经验体验，是以"本土性"为基础、以"中国特色"为底蕴，融通古今中外理论与实践资源而形成的具有中国特色的环境法哲学体系、理论体系、话语体系。①

---

① 此处借用了吴汉东教授关于中国自主的知识产权知识体系的定义及其构成设想。参见吴汉东：《试论中国自主的知识产权知识体系》，载《知识产权》2023 年第 1 期。

中国式现代化是产生中国环境法学知识的土壤，也是实践中国环境法学知识的场域。中国自主的环境法知识体系为何必要、如何可能，均源于中国式现代化道路的既定选择。人与自然和谐共生的中国式现代化道路蕴藏着丰富的学术资源，是新时代中国环境法学研究最重要的学术议题。对人与自然和谐共生的中国式现代化道路进行长时段、跨学科、跨文明的学术研究，揭示人与自然和谐共生的现代化的法理与哲理，是建构中国自主的环境法知识体系的关键一环。我们必须利用好马克思主义、中华优秀传统文化、世界环境保护先进理论三种资源，以中国问题为导向，以中国波澜壮阔的生态文明法治建设实践为经验系统和知识场域，进行环境法的学理化阐释、学术化表达和学科化把握。这意味着，中国自主的环境法知识体系，既不是简单套用马克思主义法学理论，也不是简单移植西方环境法理论，而是立足于"我国有独特的历史、独特的文化、独特的国情"，逐步走出西方知识的体系范式，形成中国环境法独特的学术与学风品格，彰显"中国之路、中国之治、中国之理"，增强中国环境法的整体厚重性。

（一）以习近平法治思想的生态文明法治理论为指引建构环境法哲学体系

环境法作为新兴法律学科，建立在反思传统法律秉持"人是万物的尺度""主客二分"哲学基础之上，是重新认识人与自然关系、当代人与后代人关系的知识体系。建构中国自主的环境法知识体系，需要以正确的世界观与方法论为指引，形成具有鲜明中国特色的法哲学体系。"习近平新时代中国特色社会主义思想是当代中国马克思主义、二十一世纪马克思主义，是中华文化和中国精神的时代精华，实现了马克思主义中国化新的飞跃。"[1]

---

[1] 《中共中央关于党的百年奋斗重大成就和历史经验的决议》，载《人民日报》2021年11月17日，第1版。

习近平法治思想与习近平生态文明思想是习近平新时代中国特色社会主义思想的重要组成部分，两大思想虽然在基本内核、社会治理面向和价值观构成等方面各有偏重，但二者有共同的理论渊源和一致的世界观，互为方法论支撑，共同推进国家治理体系和治理能力现代化，以生态文明建设纳入法治轨道为"交汇点"，形成了习近平法治思想的生态文明法治理论。习近平法治思想的生态文明法治理论，作为习近平新时代中国特色社会主义思想的生态文明法治篇，创造性地提出了一系列具有原创性意义的新命题、新判断、新理论、新范畴，是当代中国马克思主义环境法学的最大理论增量，为建构中国自主的环境法知识体系提供了科学指南和理论宝库。习近平法治思想的生态文明法治理论，在中国生态文明建设的实践探索中生成、理论创新中升华、历史传承中把握人类文明进步规律，围绕"人与自然生命共同体"核心范畴展开，内涵丰富、论述深刻、逻辑严密、体系完备[1]，构成中国自主的环境法哲学基础。

1. 运用辩证唯物主义观点和立场，强调人与自然在新高度上的辩证统一关系，奠定环境法的人性基础

习近平总书记把马克思主义辩证唯物主义同中国实际相结合，多次强调："人因自然而生，人与自然是一种共生关系，对自然的伤害最终会伤及人类自身。只有尊重自然规律，才能有效防止在开发利用自然上走弯路。这个道理要铭记于心、落实于行。"[2] 这个道理就是，人类来自自然，具有明显的生物属性；同时，人类又不同于其他生物，具有明显的社会属性。法律更多体现的是以理性控制人的恣意、贪婪、自私等"恶性"，从而创造更加丰富的物质文明。尤其是近现代法律把人抽象为"经济人"，

---

① 参见吕忠梅：《习近平法治思想的生态文明法治理论》，载《中国法学》2021年第1期。

② 习近平：《在省部级主要领导干部学习贯彻党的十八届五中全会精神专题研讨班上的讲话》，载《人民日报》2016年5月10日，第2版。

在意思自治原则下，法律保护人对资源和环境无限制地利用，成为污染和破坏环境的保护伞，导致人与自然和人与人的双重对立。"人与自然是生命共同体"世界观为解决人与自然对立的制度性问题、重新设定法律上的人性标准奠定了哲学基础。[①]

2. 传承和发展中华优秀生态文化，揭示"自然"与"人"关系的本质是"生命共同体"，奠定环境法的"和谐共生"核心范畴

习近平总书记深刻指出："我们中华文明传承五千多年，积淀了丰富的生态智慧。'天人合一'、'道法自然'的哲理思想，'劝君莫打三春鸟，儿在巢中望母归'的经典诗句，'一粥一饭，当思来处不易；半丝半缕，恒念物力维艰'的治家格言，这些质朴睿智的自然观，至今仍给人以深刻警示和启迪。"[②] 习近平总书记的话告诉我们，"人与自然"是一个整体，对于人类而言，自然既是生存条件，也是劳动对象，是人类生存和发展不可须臾或缺的物质基础，如果人类不节约利用资源，肆意污染和破坏自然，最终受害的是人类自己。这种传承中华民族"天人合一"的整体思维，从根本上超越了西方法律的"主客二分"哲学，不再把自然单纯地当作客体，也不再以满足人的需求作为判断自然价值的唯一标准，而是把自然当作人类的伙伴，要求法律保护自然整体。这种新的思维方法要求变革传统法律，将人与自然的"共生"关系纳入法律的概念、原则和制度，形成"人与自然和谐共生"的法律理论体系，构成中国环境法知识体系的核心范畴。

3. 高度重视与世界的交流与互融，将中华传统生态智慧所追求的"和合"价值与可持续发展相融合，谋定环境法的"中医"方案

面对全球性环境危机，联合国提出了"可持续发展"概念，寻找"一

---

① 参见吕忠梅：《习近平法治思想的生态文明法治理论之核心命题：人与自然生命共同体》，载《中国高校社会科学》2022 年第 4 期。

② 中共中央文献研究室编：《习近平关于社会主义生态文明建设论述摘编》，中央文献出版社2017 年版，第 6 页。

直到遥远的未来都能支持全球人类进步的道路"①。习近平总书记敏锐地看到可持续发展是破解当前全球性问题的"金钥匙"②，向世界发出"我们要解决好工业文明带来的矛盾，以人与自然和谐相处为目标，实现世界的可持续发展和人的全面发展"③ 的倡议，积极参与并引领全球环境治理新秩序。与此同时，以"绿水青山就是金山银山"的系统性观念推动中国的生态文明体制改革，将"积极落实 2030 年可持续发展议程"纳入国民经济与社会发展总体规划④，"统筹产业结构调整、污染治理、生态保护、应对气候变化，协同推进降碳、减污、扩绿、增长，推进生态优先、节约集约、绿色低碳发展"⑤，推进"生产发展、生态良好、生活富裕"，开辟了人与自然和谐共生的现代化崭新道路。这是具有鲜明中国特色的追根溯源、辨证施治、整体调理的"中医"⑥，也是中国生态文明建设取得历史性成就的思想"密码"，为环境法面对调整地球生态系统和人类社会系统这两个巨大复杂系统关系时，摒弃"外科手术式"的单学科途径，采取跨学科、跨部门综合性调整方法奠定了丰富的实践体验基础，为实现全球可持续发展提供了中国方案。

习近平法治思想的生态文明法治理论超越中西方传统哲学的"人与自然生命共同体"命题，具有厚重的本土性和鲜明中国特色，既是习近平总书记的原创性贡献，也是中国自主的环境法知识体系的基石和核心范畴，需

---

① 世界环境与发展委员会：《我们共同的未来》，王之佳、柯金良等译，夏堃堡校，吉林人民出版社 1997 年版，第 5 页。

② 习近平：《坚持可持续发展 共创繁荣美好世界——在第二十三届圣彼得堡国际经济论坛全会上的致辞》，载《人民日报》2019 年 6 月 8 日，第 2 版。

③ 习近平：《携手构建合作共赢新伙伴 同心打造人类命运共同体——在第七十届联合国大会一般性辩论时的讲话》，载《人民日报》2015 年 9 月 29 日，第 2 版。

④ 参见《中华人民共和国国民经济和社会发展第十三个五年规划纲要》，载《人民日报》2016年 3 月 18 日，第 1 版。

⑤ 习近平：《高举中国特色社会主义伟大旗帜 为全面建设社会主义现代化国家而团结奋斗——在中国共产党第二十次全国代表大会上的报告》，载《人民日报》2022 年 10 月 26 日，第 1 版。

⑥ 习近平：《在深入推动长江经济带发展座谈会上的讲话》，载《求是》2019 年第 17 期。

要我们从环境法哲学层面进一步深化理解、深刻把握、深入挖掘、深度凝练。

（二）以环境法研究成果为基础建构环境法理论体系

现代法学知识体系实际上是由众多法学理论按照一定逻辑结构组合而成的知识系统，构建科学完备的环境法理论体系是建构自主知识体系的主体工程。有中国特色的环境法理论体系是对环境法社会现象和实践经验的理性认知与规律性总结，构成环境法研究的知识基础。自 20 世纪 70 年代中国环境立法起步以来，以《环境保护法》为代表的环境立法经由"试行法—普通法—综合法"的发展，已基本形成了"1＋N＋4"的法律体系；党的十八大将生态文明建设纳入"五位一体"总体布局，大力推进生态文明体制改革，环境执法、环境司法取得了举世瞩目的成就。我国的环境法研究也从"照着说""跟着说"转变到"自己说"时代，不少学者对中国的环境法治建设相关问题展开系统思考，提出了许多富有建设性的理论观点和智识、慧见。客观而言，伴随着中国生态文明建设和全面依法治国进程，几代环境法学者和实务工作者积极参与环境法基础理论的知识建构，回应环境法治体系现代化需求，关注国际环境治理体系新秩序建构，在环境法理论研究和应用研究方面取得了丰硕成果，完成环境法理论体系"从无到有"的建构，并且不少学者正在进行"从有到好"的艰苦努力。当前，环境法研究的重要使命，就是在对已有理论研究成果进行整理和发掘的基础上，以习近平法治思想的生态文明法治理论为指引，进行体系化、逻辑化、学理化，形成具有中国特色的环境法理论体系，增强对中国环境法治实践的解释力、说明力、判断力、推动力。

在中国特色社会主义法律体系中，环境法尚处于"未定型"状态[①]；

[①]　参见刘三木：《从环境的公共性看环境法的属性》，载《法学评论》2010 年第 6 期。

在中国的法学理论体系中，环境法理论也与传统部门法理论"若即若离"。① 这种状态既为建构独立的环境法理论体系提供了巨大的空间，也增加了建构环境法理论体系的难度。从目前已有研究成果和实现宪法确立的美丽中国国家目标看，环境法理论体系至少应包括如下内容。

1. 环境法价值论

法的价值是法存在的伦理正当性依据，直接决定着社会的法律主体的法律思维方式与法律实践，更是法进步的内在依据与精神动力。② 价值体系构成环境法的目标选择与根本判断，是环境法研究的思想基础。作为新兴法律领域的环境法因为有与传统法律不同的价值追求而兴起和发展，梳理现有理论研究成果，从价值层面实现环境法调整机制的法理思维与法律思维、法治思维的协同性、一致性是环境法理论体系建构的当务之急。从法的价值以法与人的关系为基础，既是法对于人的需要的满足，也是人关于法的绝对超越指向的意义层面理解③，环境法的价值应建立在以人民为中心、人与自然和谐发展、守住自然安全边界的判断标准基础上，建构以可持续发展为目的价值，以生态安全、代际公平、种际和谐为工具价值的价值体系，以满足"人与自然和谐共生"的多元、多层次需求。

2. 环境法方法论

如果说环境法价值论是环境法理论必须回答的"如何获得法律所体现的价值共识"问题，接下来还必须回答"如何将价值预设转化为法律形式"④ 的问题。方法论作为实现价值共识与法律形式有机结合的规律总

---

① 参见吕忠梅：《人与自然和谐共生视野下的环境法学理论创新》，载《东方法学》2023年第2期。

② 参见姚建宗：《中国特色社会主义法的价值论》，载《辽宁大学学报（哲学社会科学版）》2013年第2期。

③ 参见卓泽渊：《法的价值论》，法律出版社1999年版，第10页。

④ 朱志昊：《从价值预设到法律形式：立法方法论基础初探》，载《河南大学学报（社会科学版）》2011年第4期。

结，是环境法研究的理性基础。已有环境法研究的一个明显的短板是缺乏方法论自觉。实际上，环境法学界对环境法的跨部门法特征，法律政策化与政策法律化交织、技术法律化与法律技术化交融的法律形式，公私法结合、政策措施和科技标准嵌套的多元性规范体系等，有着极为深刻的认识。下一步，需要以此认识为基础，厘清教义法学方法、社科法学方法等传统法学研究方法与环境法研究所需要的"生态性""整体性""体系性"之间的张力，建构融贯"还原主义"与"整体主义"、"个人主义"与"集体主义"、"概念思维"与"类型思维"、"生态系统"与"法律体系"之间关系的方法论体系，达成"既见森林，又见树木"① 的方法论共识，促进形成环境法研究范式。

3. 环境法本体论

环境法本体论是对环境法治现象以及实践的本质认识和概括，构成环境法研究的逻辑起点。本体论必须回答环境法"是什么"以及"为什么是"的问题，由环境法的基石范畴、概念体系、规范性质、制度特征、运行规律等组成，是以中国环境法治实践为研究对象而形成的对环境法的构成要素与本质属性、法律关系与运行方式、保护范围与制度体系的整体性认知。在现有研究成果中，本体论是学者们关注度高、研究较多的部分，内容丰富，并且形成了"调整论"② "综合调控论"③ "理念价值论"④ "义务本位论"⑤ "沟通协调论"⑥ 等鲜明的学术观点，从不同角度、不同层面

---

① 刘超：《环境法学研究中的个人主义方法论——以环境权研究为中心》，载《郑州大学学报（哲学社会科学版）》2010 年第 4 期。
② 蔡守秋：《调整论——对主流法理学的反思与补充》，高等教育出版社 2003 年版。
③ 周珂、杨子蛟：《论环境侵权损害填补综合协调机制》，载《法学评论》2003 年第 6 期。
④ 汪劲：《环境法律的理念与价值追求》，法律出版社 1999 年版。
⑤ 徐祥民：《极限与分配——再论环境法的本位》，载《中国人口·资源与环境》2003 年第 4 期。
⑥ 吕忠梅：《论环境法的沟通与协调机制——以现代环境治理体系为视角》，载《法学论坛》2020 年第 1 期。

揭示了环境法的基本内涵、本质属性、根本特征。下一步，应高度重视环境法基础理论建构与中国环境法治实践的契合度、与环境法适用的准确性、与环境法制度运行的有效性，注重在提炼具有中国特色的范畴体系、标识性概念和设置议题方面下功夫，建构具有鲜明中国特色的环境法本体论。

4. 环境法治论

法治论主要是回答环境立法、执法、司法和守法过程中的理论与实践问题，是对环境法律的制定与实施、构成与变迁、发展与愿景的理性认知与概括凝练，构成环境法研究的核心。环境法治论以环境法规范为研究对象，在论证并支撑现行环境法制度的科学性、正当性和合理性的同时，及时发现环境立法、执法、司法、守法实践中出现的新情况、新问题并提炼学术命题加以研究解答，形成体系化的环境立法论、环境执法论、环境司法论、环境守法论。在现有研究中，法治论是研究成果最多、内容最丰富，也是为中国环境法治实践作出巨大贡献的部分。但因缺乏统一价值引领和方法论共识，缺乏学术意义上的对话与交流的语境，成果良莠不齐；与此同时，对环境法治实践的历史演进、体系构成、实施效果、社会功能等方面的规律性总结少，对法律规范背后的历史逻辑、理论逻辑、实践逻辑追问少，难以回答外国环境法理论、外国环境法制度到中国为什么"水土不服"，中国的法律文化土壤中应长出怎样的环境法之树，中国的环境法治实践对于全球环境治理的制度性贡献是什么等深层次问题，这些都需要在建构中国特色的环境法知识体系过程中高度重视并着力加以解决。在推进法治中国建设的新征程上，党的二十大提出"统筹立改废释纂"的新任务，明确了法典编纂作为完善中国特色社会主义法律体系的重要方式，这也意味着环境法典编纂为建构中国自主的环境法知识体系提供了宝贵契机。

建构中国自主的环境法理论体系，关键在于体现主体性、原创性。较之于中国环境法治建设的成功实践，中国环境法理论研究提出新命题、新判断、新范畴、新概念、新理论的能力还有很大不足，中国特色环境法学科体系、学术体系、话语体系的自主性和创新性还有所欠缺。实际上，中国自主的环境法理论体系的内容十分丰富，不是价值论、方法论、本体论、法治论可以完全囊括的，现有的理论研究资源也远远超出了这四个方面。但从加强新时代环境法学教育和环境法学理论研究的需求来看，必须从这四个方面着手，切实解决制约中国环境法知识体系建构的理论瓶颈，为环境法学的未来发展开辟道路。

（三）以"中国表达"为目标建构环境法话语体系

作为知识外在表达形式的话语体系，具有内聚价值共识与对外交流沟通的双重功能[①]，采用何种话语表征思想、观点、理论、文化，以及使用何种语言文字、词汇、句式、符号加以表达，都直接关系到理论的传播与接受程度。从发生学上看，环境法兴起于第二次世界大战之后，迄今仅有50多年的历史，虽然西方发达国家为应对严重的环境污染问题而主动变革法律是环境法产生的直接原因[②]，但环境问题的全球性使得世界各国在环境保护上比较容易达成一致；尤其是20世纪80年代以后，国际环境保护成为"南北合作""南南合作"的最重要领域，"可持续发展"已成为当代国际社会最大的共识。中国自1972年参加联合国人类环境会议以后，一直积极参与国际环境保护事务，已参加或缔结环境资源保护领域国际公约和条约30余件，履约机制有效运行。[③] 尤其是党的十八大以来，习近平

---

① 参见钟天娥：《中国特色社会主义话语体系：本质属性、价值功能与构建路径》，载《理论探索》2018年第3期。

② 参见汪劲：《环境法学的中国现象：由来与前程——源自环境法和法学学科发展史的考察》载《清华法学》2018年第5期。

③ 参见吕忠梅：《环境法治建设十年回顾与环境法典编纂前瞻》，载《北京航空航天大学学报（社会科学版）》2023年第1期。

总书记站在"共同构建人类命运共同体"① 的高度,发出"全球文明倡议"②,提出"共谋全球生态文明建设"新理念,并在《联合国气候变化框架公约》《生物多样性公约》谈判及履行国际环保义务过程中发挥积极引领作用,中国主张、中国智慧、中国方案越来越得到国际社会的认同。"可持续发展是破解当前全球性问题的'金钥匙',同构建人类命运共同体目标相近、理念相通,都将造福全人类、惠及全世界。"③ 尽管可持续发展这个概念由西方国家政治家提出,但其是对"人是万物的尺度""主客二分"哲学反思的结果,其中所蕴含的自然观、发展观、安全观与中国古代哲学所蕴含的朴素的生态思想与生态智慧同理同向,使得我们可以在"古今共情"的基础上,实现"中外通达"。这对于建构中国的环境法话语体系,提炼融通中外的新概念、新范畴、新表达而言,是个极好的契机,为不断扩大"中国表达"的认可度、影响力、引领力提供了广阔的空间。满足环境法知识体系中国化、时代化、体系化建构的需要,是新时代环境法学的重要使命。当前,最重要的是以"中国式现代化"为底蕴,在"可持续发展"的法律化方面提炼更多有影响力、引领力的"中国表达"。

1. 人与自然和谐共生

正确认识人与自然的关系,建立科学、理性的自然观、生命观、人类观,是环境法产生的前提,也是获得国际话语权的前提。中国环境法基于"天人合一""道法自然"等中华优秀传统文化而形成的"人与自然和谐共

---

① 习近平:《共同构建人类命运共同体——在联合国日内瓦总部的演讲》,载《人民日报》2017年1月20日,第2版。

② 《习近平提出全球文明倡议》,载新华网2023年3月15日,http://www.news.cn/politics/leaders/2023-03/15/c_1129434217.htm。

③ 习近平:《坚持可持续发展 共创繁荣美好世界——在第二十三届圣彼得堡国际经济论坛全会上的致辞》,载《人民日报》2019年6月8日,第2版。

生"的价值追求，与"可持续发展"同向同行，既是"中国式现代化"的重要特征，也蕴含着全人类的共同价值。反观与工业文明相伴随的西方式现代化，走过了一条"先污染后治理"的弯路，付出了大规模人群健康受害、大规模生态破坏和全球气候变化的惨痛代价。无限追求个人物质财富增长、无限刺激人的消费欲望造成社会分化甚至撕裂，不仅导致人与人之间关系紧张，也使人与自然的关系更加紧张。"主客二分""人与自然对立"世界观下的生产生活方式，必然带来严重的生态环境问题，这不是中国人民所需要的现代化，也不是世界人民所需要的现代化。世界各国应"同心协力，抓紧行动，在发展中保护，在保护中发展，共建万物和谐的美丽家园"①。

2. 共谋全球生态文明

准确把握世界发展大趋势、顺应时代潮流，是环境法治道路得到世界认可、获得国际话语权的基础。中国面对百年未有之大变局和世界风云变幻，坚定不移地走和平发展道路、走合作共赢道路，不以侵略方式掠夺他国资源，不向别国转移污染；而是倡导美美与共，主张"国际社会应该携手同行，共谋全球生态文明建设之路"②。这既是"中国式现代化"的中国特色，也是全人类的共同追求。比如，中国已经在应对气候变化国际合作中提出了"各尽所能、合作共赢""奉行法治、公平正义""包容互鉴、共同发展"的理念③，得到广泛认同。环境法的任务是，全面梳理整合在全球环境治理中的中国主张，并以此为基础，赋予"共谋全球生态文明"

---

① 《习近平在联合国生物多样性峰会上发表重要讲话》，载《人民日报》2020年10月1日，第1版。

② 习近平：《携手构建合作共赢新伙伴 同心打造人类命运共同体——在第七十届联合国大会一般性辩论时的讲话》，载《人民日报》2015年9月29日，第2版。

③ 参见习近平：《携手构建合作共赢、公平合理的气候变化治理机制》，载《人民日报》2015年12月1日，第2版。

法律价值内核、制度内涵、规范和标准呈现，为建立公正合理和平等开放的国际环境治理规则、促进全球环境治理合作、公平解决国际环境争端等提出更加具体、明确的中国方案。

3. 绿色发展

在全球性环境保护方面，"可持续发展"已成为全球最大共识，是环境立法一体化的基础，不仅作为世界各国编纂环境法典、制定或修订环境基本法（综合法）的依据，而且成为当代国际环境保护公约条约或区域合作的基础。世界各国为推动可持续发展国家转型，也提出了符合自身国情的战略并以法律方式加以宣示[1]，呈现"各美其美"态势。中国环境法确立了节约资源能源、实现绿色低碳循环发展的原则和制度，以法治手段推进可持续发展国家转型。2022 年 11 月 17 日，习近平主席在亚太经合组织工商领导人峰会上发表书面演讲，深入阐释中国式现代化的丰富内涵，强调我们要促进经济社会发展全面绿色转型，"这是对我们自己负责，也是对世界负责"[2]。"绿色发展"既是中国建构新发展格局的新发展理念之一，也以其与"创新发展""协调发展""开放发展""共享发展"的协同关系，体现了"可持续发展"的核心价值和系统性思维，是值得进一步诠释的"中国表达"。

除了以上这些话语之外，还有一些国际社会已接受的"中国表达"，如"生态优先、自然恢复"[3]"绿色司法"[4] 等，也值得从系统性、体系性建构环境法话语体系方面加以深入研究。与此同时，中华法系中有大量规

---

[1] 参见吕忠梅、田时雨：《环境法典编纂何以能——基于比较法的背景观察》，载《苏州大学学报（法学版）》2021 年第 4 期。

[2] 习近平：《坚守初心 共促发展 开启亚太合作新篇章——在亚太经合组织工商领导人峰会上的书面演讲》，载《人民日报》2022 年 11 月 18 日，第 2 版。

[3] 在相关国际文件中表达为"基于自然的解决方案"（Nature based Solutions，NbS）。

[4] 联合国环境规划署通过建立中国环境司法裁判专门网站板块，收录我国两批 20 件环境资源典型案例和 4 部环境资源审判白皮书，表达了对中国绿色司法制度的认同与推广。

范化、概括化的法律术语构成中国古代法典的基石，高超的立法技术与简明的专业语言相得益彰。这些凝聚着民族精神和文化的术语和规则，至今仍具有生命力。在传统法律中提炼彰显原创性、体现民族性的概念、范畴、表述，归纳总结环境立法技术、立法方法，也是建构中国自主环境法话语体系的重要来源。

中国环境法的话语体系是一个宏大的理论命题，并且处于不断发展的过程中，目前的总结受到已有经验和未来展望的限制，还难以真正深入并获得无可争议的结论，因此本书对该问题仅进行初步的讨论，并且以"中国环境法话语论"为题纳入环境法理论体系之中，提出环境法话语体系的基本构想，也期待学界有更多的讨论。

三、建构中国自主的环境法知识体系的主要原则

"用中国哲学的范畴来分析，中国知识体系是'体'，学术体系、学科体系和话语体系则是'用'。体立则用明，无其体则无其用。无无用之体，无其用则体亦弗显。"[①] 从这个意义上看，建构中国自主的环境法知识体系，既是加强新时代法学教育和法学理论研究的基础性工程，也是一项庞大的战略性系统工程，必须接续努力、久久为功；既需要环境法学术界、实务界的参与，也需要多个法律学科专家学者和实践者的参与，更需要与生态环境保护相关学科和实务部门的广泛参与，形成合力、统筹推进。中国自主的环境法知识体系，不是简单延续中国传统生态文化的母版，不是简单套用马克思主义唯物辩证法、自然辩证法经典论述的模板，不是其他社会主义国家环境法知识体系的再版，也不是西方发达国家环境法知识体

---

① 高瑞泉：《构建中国知识体系是一项重要历史任务》，载《光明日报》2020年7月31日。

系的翻版，实际上是对中国式现代化本质的表达和揭示，是对中国强国建设、民族复兴道路的阐释，是人类文明新形态的表征。① 因此，只有坚持科学态度，遵循人类文明发展规律和环境法知识生产规律，坚持"自主性""知识性""整体性"建设标准②，才能确保目标的实现。建构中国自主的环境法知识体系，需把握好如下重要原则。

（一）坚持马克思主义的指导地位

"坚持以马克思主义为指导，是当代中国哲学社会科学区别于其他哲学社会科学的根本标志，必须旗帜鲜明加以坚持。"③ 以马克思主义为指导是当代中国哲学社会科学的"灵魂"，也是中国知识体系与西方知识体系的本质区别。知识体系的内核是理论，中国环境法学理论的灵魂是马克思主义法学理论、中国特色社会主义法学理论。"马克思主义深刻揭示了自然界、人类社会、人类思维发展的普遍规律，揭示了事物的本质、内在联系及发展规律，为人类社会发展进步指明了方向；马克思主义是'伟大的认识工具'，是人们观察世界、分析问题的有力思想武器。"④ 建构中国自主的环境法知识体系的首要原则，就是把马克思主义的立场、观点、方法贯彻始终。特别是作为当代马克思主义法学理论、发展着的马克思主义法学理论的习近平法治思想，不仅是建构中国自主的环境法知识体系的指导思想和理论基础，决定着建构中国自主的环境法知识体系的方向与成败，而且其本身所包含的原创性理论就是中国自主的环境法知识体系的思想精华，其中的多个新概念新命题是建构和发展中国自主的环境法知识体系的优质理论资源。

① 参见洪晓楠：《加快建构中国自主的知识体系》，载中国社会科学网 2022 年 9 月 16 日，http://www.cssn.cn/wkskjh/wkskjh_xxzx/202209/t20220916_5528606.shtml.
② 参见吴汉东：《试论中国自主的知识产权知识体系》，载《知识产权》2023 年第 1 期。
③ 习近平：《在哲学社会科学工作座谈会上的讲话》，载《人民日报》2016 年 5 月 19 日，第 2 版。
④ 刘伟：《积极建构中国自主的知识体系》，载《人民日报》2022 年 7 月 19 日，第 11 版。

中国共产党坚持把马克思主义基本原理同中国具体实际相结合，在百余年奋斗历程中谱写了生态环境保护事业的华章，从"苦难中国"时期探索建章立制到"美丽中国"建设目标下不断完善制度体系，始终坚持以法治方式开展生态文明建设，推动中国环境法治建设实现创造条件、从无到有、探索中国道路、形成中国特色的历史性飞跃。① 这些都是中国特色环境法学的主体内容，也是中国特色环境法知识体系建构的最大增量与主要资源。

新时代以来，习近平总书记在带领全党全国人民实现中华民族伟大复兴的奋斗征程上，不断深化对共产党执政规律、社会主义法治建设和生态文明建设规律、人类社会法治发展和人类文明发展规律的认识，创造性提出了一系列具有原创性、标志性的全面依法治国和加强生态文明建设的新理念新思想新战略，形成了习近平法治思想和习近平生态文明思想。习近平法治思想和习近平生态文明思想都是马克思主义中国化时代化的最新成果，在拓展生态文明建设的价值体系与创新"法治中国"建设的价值追求方面互为指引，在战略思维、系统思维、底线思维方面互为方法论支撑，在国家治理体系和治理能力现代化目标上完美融合，形成习近平法治思想的生态文明法治理论。② 这充分体现了习近平新时代中国特色社会主义思想坚持以马克思主义为指导、坚持以人民为中心、坚持与时俱进的理论品质。建构中国自主的环境法知识体系，必须自觉把习近平新时代中国特色社会主义思想这一当代中国马克思主义、21 世纪马克思主义贯穿其中。

（二）坚持理性融通三种资源

中国自主的环境法知识体系是思想体系、理论体系与话语体系的集大

---

① 参见吕忠梅：《迈向中国环境法治建设新征程》，载《地方立法研究》2023 年第 1 期。

② 参见张忠民、冀鹏飞：《习近平法治思想和生态文明思想的自足与互助：以环境法典为中心》，载《重庆大学学报（社会科学版）》2021 年第 5 期。

成者，既不是纯粹的政治话语和道德说教，也不是简单实践经验的总结，而是对中国环境法治实践经验的学理化阐释、学术化表达和学科化把握，揭示的是中国之问、人民之问、时代之问背后的道理、学理、哲理、法理。在这个意义上，中国自主的环境法知识体系是一个庞大的知识系统，统筹好各种资源至关重要。"我们要善于融通古今中外各种资源，特别是要把握好3方面资源。一是马克思主义的资源……二是中华优秀传统文化的资源……三是国外哲学社会科学的资源……"① 建构中国自主的环境法知识体系，就要在坚持马克思主义法学基本原理同中国环境法治建设具体实践相结合、同中华优秀传统环境法律文化相结合的基础上，融通三种资源，"以中国为观照、以时代为观照，立足中国实际，解决中国问题"②。一定意义上可以说，理性融通三种资源，既是建构中国自主的环境法知识体系的能力的体现，也是建构中国自主的环境法知识体系的必由之路。

坚持以学术讲政治，既要运用马克思主义立场、观点和方法观察问题、分析问题、解决问题，又必须遵循环境法知识积累、知识生产、知识体系建构规律和演进原则。要贯通事理与法理，在对中国的环境法治实践进行知识谱系梳理的基础上，进行学理化、体系化创新，说明事理背后的道理、哲理、法理。要以"法言法语"建构环境法知识体系，应在提炼法学命题、创新法学概念、概括法治实践新规律等方面着力。要理性认识政治话语、学术话语、社会话语之间的联系与区别，既要避免简单套用中国的政治话语、政策话语诠释环境法实践；也要避免故弄玄虚，以艰深晦涩的语言诠释环境法实践。

中国的环境法理论与实践在产生和发展的过程中，经历了"移植—转

---

① 习近平：《在哲学社会科学工作座谈会上的讲话》，载《人民日报》2016年5月19日，第2版。
② 《习近平在中国人民大学考察时强调 坚持党的领导传承红色基因扎根中国大地 走出一条建设中国特色世界一流大学新路》，载《党建》2022年第5期，第6页。

化—建构"的过程，在环境法知识体系建构过程中，更需要妥善处理本土性、时代性、国际性之间的关系。"中华民族有着深厚文化传统，形成了富有特色的思想体系，体现了中国人几千年来积累的知识智慧和理性思辨。这是我国的独特优势。"① 中国自主的环境法知识体系，立足于解决"中国的环境问题"，这是必须坚守的自主性；中国的环境问题同时又是全球性环境问题的一部分，解决"中国的环境问题"有助于解决"全球性环境问题"，这是必须具备的国际性；"中国的环境问题"产生于中国的文化、制度土壤，解决环境问题需要关注千年文明古国的历史文化因素，这是必须解决的现代性。因此，建构中国自主的环境法知识体系，必须对中华优秀传统生态文化和生态法制进行创造性转化和创新性发展；"对国外的理论、概念、话语、方法，要有分析、有鉴别，适用的就拿来用，不适用的就不要生搬硬套"②。要坚持古为今用、洋为中用，不忘本来、吸收外来、面向未来。

（三）坚持理论创新与实践创新相结合

建构中国自主的环境法知识体系，目的在于为中国之路、中国之治提供理论支撑与实践指引。在法学体系中，环境法是最具有"革命性"的领域，其"行星家政管理法"③ 的属性对传统的法学思想、法学理论、法律制度产生了颠覆性影响，是人类进入风险社会的后现代法律。可以说，环境法的产生和发展就是理论创新与实践创新不断相互关联、相互促进的过程。从环境法知识体系建构的过程看，产生于对环境法实践的思想总结、学术提炼和知识概括的环境法理论，又可以用于指导实践；实践过程中不断出现的新现象、新问题不断挑战旧有理论、突破旧有理论，激发新的理

---

① 习近平：《习近平谈治国理政》（第 2 卷），外文出版社 2017 年版，第 340 页。
② 习近平：《在哲学社会科学工作座谈会上的讲话》，载《人民日报》2016 年 5 月 19 日，第 2 版。
③ William H. Rodgers, Jr., *Handbook on Environmental Law*, West Publishing Company, 1977，p. 1.

论产生；在理论与实践的不断碰撞过程中，形成了具有中国特色的环境法知识体系。因此，建构中国自主的环境法知识体系，不是"两耳不闻窗外事"的"纯理论"构想，不能"闭门造车"，必须面向现代化、面向世界、面向未来，坚持理论创新与实践创新相结合、中国立场与国际视野相统一、现代问题与历史文化渊源相联系，与建构国家治理体系紧密结合，为实现中国式现代化提供好方案、好方法。

坚持问题导向、实践导向，把论文写在中国的大地上，写进中国人的心灵里。党的二十大擘画的"美丽中国"蓝图和波澜壮阔的生态文明建设实践，为建构中国自主的环境法知识体系提供了全新的经验系统和知识场域，为我们发现问题、筛选问题、研究问题、解决问题，实现理论创新创造了最佳时机和最好条件。只有坚持从中国实际出发，用实践的观点、历史的观点、辩证的观点、发展的观点研究中国问题，才能在实践中认识、检验、发展环境法理论，把握住历史脉络、找到发展规律，实现建构中国自主的环境法知识体系目标。

不断增强方法论自觉，为环境法理论创新和实践创新开辟新路径。工欲善其事，必先利其器。如果说，创新是环境法学发展的永恒主题和不竭动力，是建构中国自主的环境法知识体系的重要途径；那么，没有科学的方法论支撑，创新则如水中望月。在研究方法上下功夫，增强理论创新方法论自觉，是中国自主的环境法知识体系建构过程中必须补短板、强弱项的重中之重。只有运用科学合理的研究方法，才可能找到中国环境法的真问题，准确判断和分析中国环境法的问题，发现解决中国环境法问题的途径与措施，实现环境法的理论创新与实践创新。

建构中国自主的环境法知识体系，是伴随着中国式现代化进程的充满光荣与梦想的远征。尤其是科学提炼中国环境法学的概念、范畴，打造中国自主的环境法知识体系的"思想芯片"，破解中国环境法学发展的"卡脖子"问题①，需要我们把"科学家精神"和"工匠精神"紧密结合，守正创新、推陈出新，加快提升理论思维能力，锤炼中国自主的环境法知识体系。只要我们勠力同心，砥砺前行，既解放思想又实事求是，坚持变与不变、破与立、质与量的辩证法，一定能够产生更多更好的主体性、原创性成果，为推进中国式现代化、实现中华民族伟大复兴提供良法善治的"轨道"。

---

① 参见张文显：《论建构中国自主法学知识体系》，载《法学家》2023 年第 2 期。

上篇 | **法哲学基础**

第一章　习近平法治思想的生态文明法治理论

　　党的十八大以来，习近平同志从坚持和发展中国特色社会主义的全局和战略的高度出发，创造性地提出一系列新理念新思想新战略，形成了习近平法治思想和习近平生态文明思想。习近平法治思想和习近平生态文明思想是习近平新时代中国特色社会主义思想的两个重要组成部分，是以习近平同志为核心的党中央在领导全面建设中国特色社会主义现代化强国的伟大实践中，在历史和现实相贯通、国际和国内相关联、理论和实践相结合的基础上，提出的建设中国特色社会主义现代化强国的新思想新战略。习近平法治思想和习近平生态文明思想以"保护生态环境必须依靠制度、依靠法治"①，将生态文明建设纳入法治轨道为"交汇点"，构成习近平法治思想的生态文明法治理论。② 习近平法治思想的生态文明法治理论作为推进我国生态文明法治建设的重要理念基础、价值依循和方法指引，是

---

　　① 中共中央文献研究室编：《习近平关于社会主义生态文明建设论述摘编》，中央文献出版社2017年版，第99页。

　　② 参见吕忠梅：《习近平法治思想的生态文明法治理论》，载《中国法学》2021年第1期。

建构中国自主的环境法知识体系的指导思想。

第一节　习近平法治思想的生态文明法治理论的形成

一、习近平法治思想的生态文明法治理论在实践探索与理论创新中形成

习近平法治思想的生态文明法治理论萌发和孕育于改革开放和社会主义现代化建设新时期，形成和发展于坚持和发展中国特色社会主义新时代，深化和拓展在全面建成社会主义现代化强国、实现中华民族伟大复兴新征程，是中国共产党人集体智慧的结晶，其中最主要的是习近平同志的贡献。[①]

（一）习近平法治思想的生态文明法治理论孕育于实践探索

理论的提炼和生成离不开实践，习近平法治思想的生态文明法治理论是从长期的实践探索中孕育和形成的。从 20 世纪 70 年代到党的十八大召开之前，习近平同志经受了从知青到地方主政的不同时代、多个岗位的磨砺，正是在这种从中国黄土地里走出来的工作经历中，习近平同志立足各地的生态环境保护和经济发展实际，不断探索生态环境保护经验，并在此过程中初步形成了关于生态文明建设与法治发展的基本观点。在制度建设层面，习近平同志重视通过法律手段解决生态环境破坏问题，以严格的制度保护生态环境。在福建工作期间，习近平同志重点整治了当地林木开采以及采石挖沙中存在的生态环境破坏问题[②]，要求抓好制度改革，强调在

---

① 参见吕忠梅：《习近平法治思想的生态文明法治理论》，载《中国法学》2021 年第 1 期。

② 参见黄承梁：《论习近平生态文明思想历史自然的形成和发展》，载《中国人口·资源与环境》2019 年第 12 期。

促进"生态省"建设中要"依法查处乱占耕地和乱采滥挖矿产资源的违法行为"①。在主政浙江期间，习近平同志提出了协同推进当地发展的"八八战略"②，在多个领域协同推进绿色发展；在生态环境领域，制定了"811"环境污染整治行动计划，加强污染企业监测和农村环境整治，将"生态省"建设情况纳入领导干部的政绩考核③，以长期和系统的制度部署统筹推进环境治理。

这一阶段，习近平同志高度重视生态环境保护工作，在其主政的各个岗位上都将生态环境保护工作置于地方发展的重要位置，推动理论发展、制度建设与社会需求的统一。这一阶段的实践探索表明，"以人民为中心"是习近平法治思想的生态文明法治理论的不变初心，要依靠人民群众开展生态环境保护，解决人民群众普遍关心的生态环境问题，让人民群众共享生态环境改善所带来的社会福祉。"把污染治理和环境保护纳入法治轨道"④ 是习近平法治思想的生态文明法治理论的基本要求，要"严格按照法律、法规规定，严格执法程序，认真执法"⑤，推动实现环境共治。

（二）习近平法治思想的生态文明法治理论形成于习近平法治思想与习近平生态文明思想的法治"交汇"

党的十八大以来，以习近平同志为核心的党中央带领全党全国人民在

---

① 习近平：《保护资源，善待地球——纪念第 33 个"世界地球日"》，载《福建日报》2002 年 4 月 22 日。

② "八八战略"是习近平主政浙江期间，在调查研究浙江实际的基础上，形成的关于浙江经济社会发展的重要思想。参见习近平：《在全省经济工作会议上的讲话》，载《政策瞭望》2006 年第 1 期；中共浙江省委理论学习中心组：《中国特色社会主义在浙江实践的重大理论成果》，载《浙江日报》2014 年 4 月 4 日，第 1 版。

③ "811"环境污染整治行动计划，是习近平同志主政浙江期间提出的一项环境治理长效机制。参见中央党校采访实录编辑室：《习近平在浙江（上）》，中共中央党校出版社 2021 年版，第 17 页。

④ 《习近平在全省人口资源环境工作座谈会上的讲话》，载《福建日报》2000 年 3 月 29 日。

⑤ 《习近平在接受中央电视台〈省市长绿化访谈录〉专题采访时的讲话》，载《福建日报》2002 年 3 月 12 日。

开辟人类文明新境界的伟大实践过程中，不断深化对共产党执政规律、社会主义法治建设和生态文明建设规律、人类社会法治发展和人类文明发展规律的认识，习近平同志创造性地提出了一系列具有原创性、标志性的全面依法治国和加强生态文明建设的新理念新思想新战略，形成了习近平法治思想和习近平生态文明思想。两大思想虽然在基本内核、社会治理面向和价值观构成等方面各有侧重，但二者有共同的理论渊源和一致的世界观，两者互为方法论支撑，共同推进国家治理体系和治理能力现代化，以生态文明建设纳入法治轨道为"交汇点"，形成了习近平法治思想的生态文明法治理论。①

1. 习近平法治思想和习近平生态文明思想互为价值指引

习近平法治思想和习近平生态文明思想都是马克思主义中国化时代化的最新成果，遵循马克思主义唯物史观和唯物辩证法，把马克思主义与中华优秀传统文化紧密结合，具有共同的理论渊源，在价值上相互指引。

习近平法治思想是马克思主义法治理论与中国社会治理情况和时代背景相结合的产物，形成了以党的领导为根本、以人民的利益为核心、以依法治国为基础的中国特色社会主义法治观，蕴含秩序、公平、自由、文明、民主、富强等具体价值观，深刻回答了建设法治中国的理论之问、实践之问，强调"全面依法治国是国家治理的一场深刻革命"②。习近平生态文明思想所追求的是人类整体利益与长远利益的实现，遵循"人与自然生命共同体"价值观，强调人与自然的和谐共生与共同发展，重点回答了生态文明建设的时代之问、世界之问，"生态文明建设功在当代、利在千秋"③。

①　参见吕忠梅：《习近平法治思想的生态文明法治理论》，载《中国法学》2021年第1期。
②　习近平：《决胜全面建成小康社会 夺取新时代中国特色社会主义伟大胜利——在中国共产党第十九次全国代表大会上的报告》，人民出版社2017年版，第38页。
③　本书编写组：《党的十九大报告学习辅导百问》，党建读物出版社、学习出版社2017年版，第41页。

习近平法治思想和习近平生态文明思想互为价值指引，习近平法治思想拓展了生态文明建设的价值体系，习近平生态文明思想创新了"法治中国"建设的价值追求。

习近平同志反复强调，"生态环境是关系党的使命宗旨的重大政治问题，也是关系民生的重大社会问题"①。人与自然和谐共生的现代化需要法治，正是"用最严格制度最严密法治保护生态环境"的理论深意。传统的法治观是一种秉持法律实证主义的形式法治观。习近平法治思想将马克思主义生态观与法律观同中国特色社会主义治理实践相结合，创新了法的一般价值体系，将人与自然和谐共生、生态安全、代际公平等新型价值观融入其中，不仅追求秩序、平等、自由等法的一般价值，还追求环境正义、生态安全、和谐发展等新型价值观，形成形式法治与实质法治紧密结合的法价值观，为习近平法治思想的生态文明法治理论奠定价值观基础。

2. 习近平法治思想和习近平生态文明思想互为方法论支撑

习近平法治思想和习近平生态文明思想的方法论体系在马克思主义方法论的基础上演化而来，在根本上遵循辩证唯物主义与历史唯物主义方法论，同时又从不同面向创新了马克思主义方法论。习近平法治思想蕴含唯物辩证法的思维智慧，"党的领导""以人民为中心""中国特色社会主义法治道路"体现政治底线、价值底线和道路底线的底线思维；"关键少数""首要任务""总抓手"等布局安排体现抓住主要矛盾和矛盾的主要方面的辩证思维；"共同推进""一体建设""统筹推进"等整体工作思路体现普遍联系与永恒发展的系统思维。习近平生态文明思想从唯物史观和自然辩证法出发，既观照自然规律又融合人类的历史和经验，形成"党对生态文

---

① 习近平：《推动我国生态文明建设迈上新台阶》，载《求是》2019 年第 3 期。

明建设的全面领导"，"生态兴则文明兴"的政治性与历史性方法，"人与自然和谐共生""绿水青山就是金山银山"的辩证性方法，"良好生态环境是最普惠的民生福祉""绿色发展是发展观的深刻革命"的系统性方法，"统筹山水林田湖草沙系统治理""用最严格制度最严密法治保护生态环境""把建设美丽中国转化为全体人民自觉行动""共谋全球生态文明建设之路"的协同性方法。

习近平法治思想和习近平生态文明思想互为方法论支撑。习近平法治思想所体现的战略思维、底线思维、系统思维、整体思维等，高度重视整体思维下对国家秩序、社会秩序、人与自然之间秩序的全局支配，从而实现国家的长治久安和可持续发展。习近平生态文明思想深刻阐明了人与自然的和谐统一关系，强调"人与自然生命共同体"的整体论、"山水林田湖草沙"的系统论、"绿水青山就是金山银山"的辩证论等。法治思维和法治方式是生态文明建设的重要保障，为习近平法治思想的生态文明法治理论奠定方法论基础。

3. 习近平法治思想和习近平生态文明思想共推国家治理现代化

党的十九大作出国家治理体系和治理能力现代化改革的重大战略安排。党的二十大报告提出，到 2035 年，"基本实现国家治理体系和治理能力现代化，全过程人民民主制度更加健全，基本建成法治国家、法治政府、法治社会"[①]，从而明确将法治建设作为国家治理体系和治理能力现代化的重要内容。从"必须更好发挥法治固根本、稳预期、利长远的保障作用，在法治轨道上全面建设社会主义现代化国家"[②] 的要求看，"人与自然和谐共生"作为中国式现代化的重要特征，生态文明建设作为"五位

---

① 习近平：《高举中国特色社会主义伟大旗帜 为全面建设社会主义现代化国家而团结奋斗——在中国共产党第二十次全国代表大会上的报告》，人民出版社 2022 年版，第 24 页。

② 习近平：《高举中国特色社会主义伟大旗帜 为全面建设社会主义现代化国家而团结奋斗——在中国共产党第二十次全国代表大会上的报告》，人民出版社 2022 年版，第 40 页。

一体"总体布局的重要内容，环境治理体系是国家治理体系不可缺少的组成部分，"健全现代环境治理体系"① 当然成为党的二十大报告对推进美丽中国建设的重要要求。

党的十九届四中全会审议通过的《中共中央关于坚持和完善中国特色社会主义制度 推进国家治理体系和治理能力现代化若干重大问题的决定》指出，要"聚焦坚持和完善支撑中国特色社会主义制度的根本制度、基本制度、重要制度"，其中全面推进依法治国是推进国家治理体系和治理能力现代化的重要方面。2020 年，中共中央办公厅、国务院办公厅印发《关于构建现代环境治理体系的指导意见》，明确要求，到 2025 年"形成导向清晰、决策科学、执行有力、激励有效、多元参与、良性互动的环境治理体系"②。习近平法治思想和习近平生态文明思想的理论创新，在国家治理体系和治理能力现代化目标上完美融合，为习近平法治思想的生态文明法治理论奠定了实践基础。

二、习近平法治思想的生态文明法治理论的思想渊源

习近平法治思想的生态文明法治理论基于马克思主义法哲学立场、汲取中华民族优秀传统文化、借鉴人类文明发展先进成果，对新时代中国为什么要推进生态文明法治建设、如何推进生态文明法治建设、推进怎样的生态文明法治建设等一系列核心问题进行系统性阐述，是一个有着深厚基础和完整的理论体系。③

---

① 习近平：《高举中国特色社会主义伟大旗帜 为全面建设社会主义现代化国家而团结奋斗——在中国共产党第二十次全国代表大会上的报告》，人民出版社 2022 年版，第 51 页。
② 《中共中央办公厅、国务院办公厅印发〈关于构建现代环境治理体系的指导意见〉》，载中国政府网 2020 年 3 月 3 日，http://www.gov.cn/zhengce/2020 - 03/03/content_5486380.htm。
③ 参见吕忠梅：《习近平法治思想的生态文明法治理论》，载《中国法学》2021 年第 1 期。

(一) 秉持马克思主义世界观和方法论

马克思和恩格斯认为："意识在任何时候都只能是被意识到了的存在，而人们的存在就是他们的实际生活过程。"① 马克思在描绘共产主义时指出，"这种共产主义，……它是人和自然界之间、人和人之间的矛盾的真正解决"②。这表明"意识"是肉体和意识的结合，突破了"肉体-灵魂"二元论，从而在身体活动中确立了物质的优先性。马克思在《1844 年经济学哲学手稿》中讨论了人的"生命活动同人相异化"现象，指出人类在征服外在自然、征服内在自然的过程中，造成了人和自身自然的对抗，造成了人自身的扭曲，而要改变这种状况就要消灭私有制。③ 恩格斯在《自然辩证法》中结合当时自然科学取得的最大成就，对辩证法的几对重要范畴进行考察和系统研究，明确提出辩证的思维方式不仅"非此即彼"，又在恰当的地方承认"亦此亦彼"，辩证思维方法是唯一在最高程度上适合于自然观的这一发展阶段的思维方法。④ 恩格斯断言："我们连同我们的肉、血和头脑都是属于自然界和存在于自然之中的。"⑤ 人必须在一定的自然空间中生存并且与自然进行物质和能量交换，一旦这种交换被切断，人将无法生存，人类社会也将不复存在。

习近平同志指出："学习马克思，就要学习和实践马克思主义关于人

---

① 中共中央马克思恩格斯列宁斯大林著作编译局：《马克思恩格斯全集》（第 3 卷），人民出版社 1960 年版，第 29 页。

② 中共中央马克思恩格斯列宁斯大林著作编译局：《马克思恩格斯全集》（第 42 卷），人民出版社 1979 年版，第 120 页。

③ 参见王晓升：《世界、身体和主体——关于主体性的再思考》，载《中国社会科学》2021 年第 12 期。

④ 参见薛体伟：《坚持人与自然辩证统一的生态哲学观点——重温恩格斯〈自然辩证法〉》，载《学习时报》2020 年 7 月 15 日，第 A5 版。

⑤ 中共中央马克思恩格斯列宁斯大林著作编译局：《马克思恩格斯选集》（第 4 卷），人民出版社 1995 年版，第 384 页。

与自然关系的思想。"[1] 他强调："在对待自然问题上，恩格斯深刻指出：'我们不要过分陶醉于我们人类对自然界的胜利。对于每一次这样的胜利，自然界都对我们进行报复。每一次胜利，起初确实取得了我们预期的结果，但是往后和再往后却发生完全不同的、出乎预料的影响，常常把最初的结果又消除了。'人因自然而生，人与自然是一种共生关系，对自然的伤害最终会伤及人类自身。只有尊重自然规律，才能有效防止在开发利用自然上走弯路。这个道理要铭记于心、落实于行。"[2]

（二）植根于中华民族优秀传统文化

中华民族自古就有尊重自然、热爱自然的传统，中华文明孕育的生态观念与生态智慧，为我们认识人与自然关系提供了文化基因。中华民族主张人与自然之间"以和为贵"，形成了"天人合一"的哲学思想。[3] 为"通古今之变，究天人之际"[4]，中国古代思想家在对人与自然关系的探索中形成了"天人合一"的世界观。"天人合一"起源于伏羲氏时代八卦卦体所象征的"天地人三才"[5]，后经中华传统儒道释三家阐述出"仁爱万物""道法自然""众生平等"的文化训诫，体现为"太极化生"的生态存在思想、"生生为易"的生态演变文化、"天人合德"的生态人文主义、"厚德载物"的大地伦理观、"大乐同和"的生态审美观。[6] 这种哲学观经由制令入法，以"春二月，毋敢伐材木山林……。不夏月，毋敢夜草为

---

① 习近平：《论坚持人与自然和谐共生》，中央文献出版社 2022 年版，第 225 页。

② 习近平：《在省部级主要领导干部学习贯彻党的十八届五中全会精神专题研讨班上的讲话》，人民出版社 2016 年版，第 18 页。

③ 参见季羡林：《"天人合一"方能拯救人类》，载《哲学动态》1994 年第 2 期。

④ 参见张维华：《论司马迁的通古今之变究天人之际》，载《文史哲》1980 年第 5 期。

⑤ 参见余谋昌：《儒家环境哲学思想对建构和谐社会的意义》，载《中国哲学史》2006 年第 1 期。

⑥ 参见曾繁仁：《中国古代"天人合一"思想与当代生态文化建设》，载《文史哲》2006 年第 4 期。

灰，……"的律令①，以及"大宰之职……三曰虞衡，作山泽之材"的管理体制②，将"天人合一"外化为礼法合治的生态保护制度，实现了哲学思想向法律制度的转化。与此同时，"我国之有《法经》，犹法兰西之有《拿破仑法典》"③，中华法系自《法经》开创成文法典模式以来，法典化运动一直绵延不绝，为世界贡献了《唐律疏议》等成文法瑰宝。中国的律典编纂既具备法典的完整性、逻辑性等基本要素，具有"诸法合体"特征④；也形成了"道"重于"术"、"理"先于"制"的思维方式，呈现"寓道于术"的鲜明风格。⑤ 此外，"天人合一""道法自然"的哲学观经由文化入心："二十四节气"尊重天地之节，"物微意不浅，感动一沉吟"显"爱物之仁"，"好雨知时节，当春乃发生"展"观物之明"，"有灯无月不娱人，有月无灯不算春"呈"物我相友"之情，体现了人与自然和谐共生的多重面向。

习近平同志深刻指出："我们中华文明传承五千多年，积淀了丰富的生态智慧。'天人合一'、'道法自然'的哲理思想，'劝君莫打三春鸟，儿在巢中望母归'的经典诗句，'一粥一饭，当思来处不易；半丝半缕，恒念物力维艰'的治家格言，这些质朴睿智的自然观，至今仍给人以深刻警示和启迪。"⑥

---

① 参见陈振裕、罗恰编著：《云梦睡虎地秦简——让秦国历史"活起来"》，武汉大学出版社2021年版，第136页。

② 参见《周礼·天官冢宰·大宰》。汉代学者郑玄注"虞衡掌山泽之官，主山泽之民者"。参见陈业新：《〈周礼〉生态职官考述》，载《中原文化研究》2017年第6期。

③ 范忠信：《梁启超法学文集》，中国政法大学出版社1999年版，第128页。

④ 参见张生：《"唐律五百条"：规范技术、法律体系与治平理念的融贯统一》，载《中国社会科学院研究生院学报》2016年第2期。

⑤ 参见吕忠梅、田时雨：《论具有中国特色环境法典的编纂》，载《中国法律评论》2022年第2期。

⑥ 中共中央文献研究室编：《习近平关于社会主义生态文明建设论述摘编》，中央文献出版社2017年版，第6页。

(三) 超越西方"人与自然关系"认知

长期以来，西方国家秉持"主客二分"的世界观，对自然进行肆无忌惮的征服和掠夺，引发了严重的环境问题。有识之士开始寻求哲学转变，催生了"与人类生存与发展的自然环境攸关的世界观和方法论"——环境哲学。① 环境哲学将人与自然视为具有根本意义的生态共同体，强调"自然-人-社会"是一个辩证发展的整体。② 1972 年，联合国人类环境会议召开，通过的《联合国人类环境会议宣言》明确提出了环境保护的概念。1987 年，世界环境与发展委员会发表《我们共同的未来》，提出了可持续发展原则，寻求人与自然和谐共处，"一直到遥远的未来都能支持全球人类进步的道路"③。可持续发展强调可持续经济、可持续环境和可持续社会的协调统一，追求高质量的经济发展，追求经济社会发展与自然承载能力相协调，追求保障人的全面发展的社会环境。

习近平同志敏锐地看到，可持续发展是破解当前全球性问题的"金钥匙"。④ 他深刻指出："生态文明是人类社会进步的重大成果。人类经历了原始文明、农业文明、工业文明，生态文明是工业文明发展到一定阶段的产物，是实现人与自然和谐发展的新要求。历史地看，生态兴则文明兴，生态衰则文明衰。古今中外，这方面的事例众多。"⑤ 习近平同志在第七十届联合国大会一般性辩论时发出倡议："我们要构筑尊崇自然、绿色发

---

① 参见王正平：《环境哲学：环境伦理的跨学科研究》(第二版)，上海教育出版社 2014 年版，第 20 页。
② 参见[美]霍尔姆斯·罗尔斯顿：《环境伦理学：大自然的价值以及人对大自然的义务》，杨通进译，中国社会科学出版社 2000 年版，第 313 页。
③ 世界环境与发展委员会：《我们共同的未来》，王之佳、柯金良等译，夏堃堡校，吉林人民出版社 1997 年版，第 5 页。
④ 参见习近平：《坚持可持续发展 共创繁荣美好世界——在第二十三届圣彼得堡国际经济论坛全会上的致辞》，载《人民日报》2019 年 6 月 8 日，第 2 版。
⑤ 中共中央文献研究室编：《习近平关于社会主义生态文明建设论述摘编》，中央文献出版社 2017 年版，第 6 页。

展的生态体系。人类可以利用自然、改造自然，但归根结底是自然的一部分，必须呵护自然，不能凌驾于自然之上。我们要解决好工业文明带来的矛盾，以人与自然和谐相处为目标，实现世界的可持续发展和人的全面发展。"① 习近平同志在《生物多样性公约》第十五次缔约方大会领导人峰会上发表主旨讲话指出："人与自然应和谐共生。当人类友好保护自然时，自然的回报是慷慨的；当人类粗暴掠夺自然时，自然的惩罚也是无情的。我们要深怀对自然的敬畏之心，尊重自然、顺应自然、保护自然，构建人与自然和谐共生的地球家园。"②

习近平同志在实现马克思主义中国化时代化的过程中创造性地提出"人与自然生命共同体"命题，并运用中国传统哲学理念中的"天"与"人"范畴阐释现代社会中的"自然"与"人"的关系，揭示其本质是"生命共同体"，其价值追求在于"和合"，在于可持续发展，不仅实现了"天人合一"的现代性转换③，而且破解了"人与自然生命共同体"命题。准确把握习近平"人与自然生命共同体"的理论渊源，是深刻理解习近平法治思想的生态文明法治理论的"密码"。

第二节　习近平法治思想的生态文明法治理论的精髓要义

一、"最严法治"核心论断

法治是人类政治文明的重要成果，作为一种治国方略和社会调控方

---

① 中共中央文献研究室编：《十八大以来重要文献选编》（中），中央文献出版社 2016 年版，第 697 页。

② 习近平：《共同构建地球生命共同体——在〈生物多样性公约〉第十五次缔约方大会领导人峰会上的主旨讲话》，载《人民日报》2021 年 10 月 13 日，第 2 版。

③ 参见王雨辰：《习近平"生命共同体"概念的生态哲学阐释》，载《社会科学战线》2018 年第 2 期。

式，自亚里士多德提出以来，经过不同社会的长期实践，形成了形式法治、实质法治及其相互融合的混合法治等不同形式。习近平强调"全面依法治国是国家治理的一场深刻革命"①，在带领中国走向现代化强国的新征程中形成的习近平法治思想，全面阐述了全面依法治国的政治方向、重要地位、工作布局、重点任务、重大关系、重要保障等重大理论与实践问题②，深刻回答了法治中国建设的理论之问、实践之问，蕴含着以党的领导为根本、以人民的利益为核心、以依法治国为基础的中国特色社会主义法治观。习近平法治思想的生态文明法治理论以"坚持用最严格制度最严密法治保护生态环境"③为核心，内涵丰富、论述深刻，为新时代中国生态文明法治建设提供了科学指引。"最严法治"论是习近平总书记在生态环境保护实践中不断探索和拓展，在理论上不断丰富和完善的具有独特风格的原创性贡献，充分体现了中国特色社会主义生态文明法治观。④

1. "最严法治"的政治观

"每一种法治形态背后都有一套政治理论，每一种法治模式当中都有一种政治逻辑，每一条法治道路底下都有一种政治立场。"⑤ 生态文明法治作为中国特色社会主义法治的组成部分，必然体现中国特色法治道路的政治性。

习近平反复强调，建设美丽中国是全面建设社会主义现代化国家的重

---

① 习近平：《决胜全面建成小康社会 夺取新时代中国特色社会主义伟大胜利——在中国共产党第十九次全国代表大会上的报告》，人民出版社 2017 年版，第 38 页。

② 参见习近平法治思想研究中心：《习近平法治思想是全面依法治国的根本遵循》，载《人民日报》2022 年 9 月 13 日，第 7 版。

③ 习近平：《习近平谈治国理政》（第 3 卷），外文出版社 2020 年版，第 363 页。

④ 参见吕忠梅：《习近平生态文明思想的"最严法治"论》，载《法学》2024 年第 5 期。

⑤ 中共中央文献研究室编：《习近平关于全面依法治国论述摘编》，中央文献出版社 2015 年版，第 34 页。

要目标，必须坚持和加强党的全面领导。新时代以来生态文明建设取得的巨大成就充分表明，坚持党对生态文明建设的全面领导，是我国生态文明建设的根本保证；地方各级党委和政府扛起美丽中国建设的政治责任，建立地方党政领导干部生态环境保护责任制，实施地区部门协调联动，形成齐抓共管的强大合力，建立中央生态环境保护督察制度，创新建设生态文明的重要政治抓手，是我国生态文明法治建设的一条基本经验。只有在党的领导下进行生态文明建设、厉行法治，人与自然和谐共生的中国式现代化才能实现，生态环境保护法治化才能有序推进。

"生态环境是关系党的使命宗旨的重大政治问题，也是关系民生的重大社会问题"①，"最严法治"是从人民利益出发启动的一项系统工程，要依靠人民群众，动员人民参与生态文明法治建设，紧盯人民群众的需要，"严肃查处违纪违法行为，着力解决生态环境方面突出问题，让人民群众不断感受到生态环境的改善"②。

2. "最严法治"的目的观

"最严法治"是为了实现人与自然和谐共生的现代化，是一项具有明确目的的国家治理事业。这种目的观至少体现为三个层次：

一是规范权力、保护权利，这是生态文明法治的基本功能。习近平强调，"要加快制度创新，增加制度供给，完善制度配套，强化制度执行"③，"对任何地方、任何时候、任何人，凡是需要追责的，必须一追到底"④，明确"要严格用制度管权治吏、护蓝增绿"⑤。与此同时，要完善

---

① 习近平：《推动我国生态文明建设迈上新台阶》，载《求是》2019年第3期。
② 《习近平对生态文明建设作出重要指示强调 树立"绿水青山就是金山银山"的强烈意识 努力走向社会主义生态文明新时代》，载《人民日报》2016年12月3日，第1版。
③ 习近平：《习近平谈治国理政》（第3卷），外文出版社2020年版，第363页。
④ 习近平：《习近平谈治国理政》（第3卷），外文出版社2020年版，第364页。
⑤ 习近平：《习近平谈治国理政》（第3卷），外文出版社2020年版，第363页。

生态保护补偿制度和生态产品价值实现机制，真正让保护者、贡献者得到实惠；用好绿色财税金融政策，让经营主体在保护生态环境中获得合理回报①，让保护生态环境者不吃亏、能受益。

二是维护生态安全，守住人与自然的安全边界，这是生态文明法治的基本目的。保护自然就是保护人类自身，守住自然生态安全边界就是守住人类文明发展进步和中华民族永续发展的根脉。"生态环境安全是国家安全的重要组成部分，是经济社会持续健康发展的重要保障"，我们"要始终保持高度警觉，防止各类生态环境风险积聚扩散，做好应对任何形式生态环境风险挑战的准备"②。要通过"最严法治"，强化底线思维，提升国家生态安全风险研判评估、监测预警、应急应对和处置能力。

三是促进环境治理体系和治理能力现代化，为建设美丽中国提供有力法治保障，这是生态文明法治的重要目的。构建现代环境治理体系，是确保美丽中国建设各项任务如期实现的重要保证。"必须更好发挥法治固根本、稳预期、利长远的保障作用，在法治轨道上全面建设社会主义现代化国家。"③ 要通过实施"最严法治"，"形成导向清晰、决策科学、执行有力、激励有效、多元参与、良性互动的环境治理体系"④，以法治思维和法治方式促进生态文明建设，保障中华民族永续发展。

3. "最严法治"的主体观

中国特色社会主义法治，是全体人民的法治。习近平强调："坚持人民主体地位，必须坚持法治为了人民、依靠人民、造福人民、保护人民。"⑤

① 参见习近平：《以美丽中国建设全面推进人与自然和谐共生的现代化》，载《求是》2024年第1期。

② 习近平：《推动我国生态文明建设迈上新台阶》，载《求是》2019年第3期。

③ 习近平：《高举中国特色社会主义伟大旗帜 为全面建设社会主义现代化国家而团结奋斗——在中国共产党第二十次全国代表大会上的报告》，人民出版社2022年版，第40页。

④ 《中共中央办公厅、国务院办公厅印发〈关于构建现代环境治理体系的指导意见〉》，载中国政府网2020年3月3日，http://www.gov.cn/zhengce/2020-03/03/content_5486380.htm。

⑤ 习近平：《加快建设社会主义法治国家》，载《求是》2015年第1期。

"以人民为中心"是中国特色社会主义法治观的基石，坚持人民至上是生态文明法治最坚定的主体观。"我们要解决好工业文明带来的矛盾，以人与自然和谐相处为目标，实现世界的可持续发展和人的全面发展。"[1]

中国进入新时代，我国社会主要矛盾已转变为人民日益增长的美好生活需要和不平衡不充分的发展之间的矛盾，"人民群众对优美生态环境需要已经成为这一矛盾的重要方面"[2]，"良好生态环境是最普惠的民生福祉"[3]，"最严法治"就是以满足人民群众对优美生态环境的需要为判断标准，进行促进人的全面发展为旨趣的体制改革和制度变革。"生态环境特别是大气、水、土壤污染严重，已成为全面建成小康社会的突出短板。扭转环境恶化、提高环境质量是广大人民群众的热切期盼，是'十三五'时期必须高度重视并切实推进的一项重要工作。"[4]"健全生态保护补偿机制，目的是保护好绿水青山，让受益者付费、保护者得到合理补偿，促进保护者和受益者良性互动，调动全社会保护生态环境的积极性。"[5] 要使回应人民群众对优质生态产品、优美生态环境的新需求成为生态文明法治的出发点和根本归属。

4. "最严法治"的正义观

世界范围内，环境法作为人类进入风险社会的法治形态，自始就以实质法治为主要追求。"最严法治"以"山水林田湖草沙生命共同体""人与自然生命共同体""地球生命共同体"为基础，超越"主客二分"哲学[6]，

① 习近平：《携手构建合作共赢新伙伴 同心打造人类命运共同体——在第七十届联合国大会一般性辩论时的讲话》，载《人民日报》2015年9月29日，第2版。
② 习近平：《推动我国生态文明建设迈上新台阶》，载《求是》2019年第3期。
③ 习近平：《习近平谈治国理政》（第3卷），外文出版社2020年版，第362页。
④ 《关于〈中共中央关于制定国民经济和社会发展第十三个五年规划的建议〉的说明》，载《求是》2015年第22期。
⑤ 《习近平主持召开中央全面深化改革领导小组第二十二次会议强调 推动改革举措精准对焦协同发力 形成落实新发展理念的体制机制》，载《人民日报》2016年3月23日，第1版。
⑥ 参见吕忠梅：《习近平法治思想的生态文明法治理论之核心命题：人与自然生命共同体》，载《中国高校社会科学》2022年第4期。

体现为以人与人、人与自然双重和谐为追求的实质正义观。

"人因自然而生，人与自然是一种共生关系，对自然的伤害最终会伤及人类自身。只有尊重自然规律，才能有效防止在开发利用自然上走弯路。这个道理要铭记于心、落实于行。"① 人类在巨大的生态环境问题挑战中进入 21 世纪，如何认识和处理好人与自然的关系，在不破坏生态环境的前提下发展，是全球面临的共同问题。"最严法治"实际上是秉持"人与自然生命共同体"哲学，构建"人—自然—人"共生共荣的法治体系，将"人与自然"和谐以及"人与人"和谐作为"和谐发展"的核心，以法治抑制人们开发利用生态环境的任意性，制裁污染和破坏环境的违法行为，促进人与自然和谐共生。

双重和谐作为一种实质正义观，既高度重视"人与人"之间的社会关系和谐，与传统法律具有相同的价值观；同时也将"人与自然"和谐作为"人与人"和谐的基础，拓展了传统的法律价值观。实际上，人与自然的关系本来就是双重的，人作为生物性存在，在与自然的物质交换、能量流动、信息传递中生存；同时，人作为社会性存在，在以自然界为劳动对象进行物质生产活动中发展。环境问题的本质是人的社会性存在对其生物性存在构成威胁，环境法必须以实质正义为追求。"生态兴则文明兴，生态衰则文明衰。"② 保护自然就是关爱自己，保护自然不仅是人类所应承担的道义责任，也是人类走向生态文明新形态的必然选择。

5. "最严法治"的系统观

法治是由要素、结构、功能、过程内在协调统一的有机体。习近平反

---

① 习近平：《在省部级主要领导干部学习贯彻党的十八届五中全会精神专题研讨班上的讲话》，人民出版社 2016 年版，第 18 页。

② 习近平：《推动我国生态文明建设迈上新台阶》，载《求是》2019 年第 3 期。

复强调，"环境治理是系统工程，需要综合运用行政、市场、法治、科技等多种手段"①。在多种手段中，法治既是其他手段的基础，也是其他手段的保障。以人与自然的和谐共生为追求的"最严法治"，更加强调以系统性思维将人类经济社会发展与生态环境可持续能力增强有效结合，促进实现从被动应对环境危机向主动保护生态环境的转变。

之所以要以体系化的方法全面推进生态文明法治建设，是因为生态文明法治本身就是一个涉及自然与人类交织、生态与社会结构多维、多重服务功能综合、规模巨大的复杂系统，系统中的各要素相互联系、相互作用、相互促进，协调一致时可以发挥最大功能，但当某一环节或系统出现了问题，就会影响整体的正常运行和功能的发挥。

党的二十大报告对完善以宪法为核心的中国特色社会主义法律体系提出"统筹立改废释纂，增强立法系统性、整体性、协同性、时效性"② 的新要求。这意味着环境立法工作必须实现立法目标、立法模式、立法方式的转变，建构具有系统性、整体性、协同性、实效性的环境法律规范体系，切实解决现行环境法律体系内部的不协调、不一致以及环境法律体系与中国特色社会主义法律体系之间的不衔接、不协同的问题，为推动有效市场和有为政府更好结合"立良法"；与此同时，推动构建生态文明法治实施体系、监督体系、保障体系，充分发挥法治促进人与自然和谐共生的稳预期、管长远、固根本作用，为"统筹兼顾、整体施策、多措并举，全方位、全地域、全过程开展生态文明建设"③ 提供法治轨道。

6. "最严法治"的辩证观

"人与自然和谐共生"的中国式现代化，本质上是要解决人类经济社

① 习近平：《推动我国生态文明建设迈上新台阶》，载《求是》2019年第3期。
② 习近平：《高举中国特色社会主义伟大旗帜 为全面建设社会主义现代化国家而团结奋斗——在中国共产党第二十次全国代表大会上的报告》，载《人民日报》2022年10月26日，第1版。
③ 习近平：《推动我国生态文明建设迈上新台阶》，载《求是》2019年第3期。

会发展的不可持续问题，运用法治手段解决人与自然的矛盾，必须树立辩证思维。一方面，要正确处理好保护与发展的关系；另一方面，要客观看待法律手段的作用。

习近平在 2023 年全国生态环境保护大会上的重要讲话，从生态文明建设规律的角度，以高度的方法论自觉抓住新征程上推进生态文明建设的主要矛盾，要求我们处理好高质量发展和高水平保护、重点攻坚和协同治理、自然恢复和人工修复、外部约束和内生动力、"双碳"承诺和自主行动等五个重大关系①，既强调发展与保护的相辅相成、相得益彰，外因与内因的相互联系、互相转化，战略与策略辩证统一的关系；也要求抓主要矛盾和矛盾的主要方面，遵循自然规律，以重点突破带动全局改观。生态文明法治系统内部，要妥善处理强力督察、严格执法、严肃问责与保护合法权益、平衡各方利益、激发内生动力的关系，把利益融入责任，实现责任和利益双向转化。

客观而言，法治并非万能，我们也要清醒地认识法治的局限性。尤其是在生态环境保护领域，良好生态环境是最公平的公共产品，从根本上解决生态环境问题，既离不开强有力的法治，也离不开全社会的共同参与。因此，生态文明法治观是法治与德治、制度建设与道德教化的有机统一。"要弘扬生态文明理念，培育生态文化，让绿色低碳生活方式成风化俗"②，继承和发展中华优秀生态传统文化，提升全社会生态环境素养，大力倡导简约适度、绿色低碳、文明健康的生活理念和消费方式，形成人人、事事、时时、处处崇尚生态文明的社会氛围。同时，也应将德治融入规制，建立生态环境执法、监督、保障体系的德治的价值观和行为方式，并将其作为判断环境治理体系和治理能力的标准与尺度。

---

① 参见习近平：《推进生态文明建设需要处理好几个重大关系》，载《求是》2023 年第 22 期。
② 习近平：《推进生态文明建设需要处理好几个重大关系》，载《求是》2023 年第 22 期。

"最严法治"论作为习近平法治思想和习近平生态文明思想的交汇点，既体现了中国特色社会主义一般法治观，也体现了生态文明建设的特殊法治要求，突出表现为将人与自然和谐共生、生态安全、绿色发展等新型价值观融入法治观，将秩序、平等、自由等法的一般价值与环境正义、生态安全、和谐发展等新型价值有机结合，是超越形式法治与实质法治、跨越"主客二分"的具有中国特色的社会主义生态文明法治观。

二、中国特色社会主义理论特质

习近平法治思想的生态文明法治理论体现了中国特色生态文明法治建设的理论自信，彰显了用"绿色执政"引领中国未来的政治智慧，具有用改革促进生态文明体制机制建设的实践品格，体现了满足人民对美好生活新期待的为民宗旨。①

（一）坚持中国特色社会主义生态文明法治道路

习近平法治思想的生态文明法治理论作为习近平新时代中国特色社会主义思想的重要组成部分，是中国特色社会主义生态文明法治道路的理论基石和行动指南。建构中国自主的环境法知识体系，必须"坚持以人民为中心，牢固树立和践行绿水青山就是金山银山的理念，把建设美丽中国摆在强国建设、民族复兴的突出位置，推动城乡人居环境明显改善、美丽中国建设取得显著成效，以高品质生态环境支撑高质量发展"②。只有坚定理论自信，才能构建中国特色社会主义生态文明法治理论体系与实践路径。

---

① 参见吕忠梅：《新时代环境法学研究思考》，载《中国政法大学学报》2018 年第 4 期。
② 习近平：《以美丽中国建设全面推进人与自然和谐共生的现代化》，载《求是》2024 年第 1 期。

（二）以绿色执政促进"人与自然和谐共生的现代化"强国建设

中国的生态文明建设实践开创了人类文明新时代，这是一个生态环境整体改善、生态文化素养全面提升、生态资产协同增长的高质量发展时代。习近平总书记从人类政治文明和现代化的纵深，提出"人与自然和谐共生的现代化"①的英明论断，体现了深邃的政治智慧和战略思维。法治是推进社会治理体系和治理能力现代化最为有效的方式，建设美丽中国"要强化法治保障，统筹推进生态环境、资源能源等领域相关法律制定修订，以良法保障善治"②。生态文明法治建设旨在通过树立绿色执政理念并予以制度化安排，将促进"人与自然和谐共生"的全过程纳入法治化轨道。要"坚持把绿色低碳发展作为解决生态环境问题的治本之策，加快形成绿色生产方式和生活方式，厚植高质量发展的绿色底色"③。

（三）全面深化生态文明建设体制机制改革

生态文明法治建设，必须紧扣生态文明体制机制改革这个关键环节。健全生态文明体制机制是推动生态文明法治的重要途径，要以全面深化改革完善生态文明法治的体制机制，更加聚焦美丽中国建设，坚持以制度建设为主线，加强顶层设计、总体谋划，破立并举、先立后破，筑牢根本制度，完善基本制度，创新重要制度；要坚持全面依法治国，在法治轨道上深化改革，推进中国式现代化，做到改革和法治相统一，重大改革于法有据，及时把改革成果上升为法律制度。④ 这是践行习近平法治思想的生态

---

① 习近平：《以美丽中国建设全面推进人与自然和谐共生的现代化》，载《求是》2024年第1期。
② 习近平：《以美丽中国建设全面推进人与自然和谐共生的现代化》，载《求是》2024年第1期。
③ 习近平：《以美丽中国建设全面推进人与自然和谐共生的现代化》，载《求是》2024年第1期。
④ 参见《中共中央关于进一步全面深化改革 推进中国式现代化的决定》，载中国政府网2024年7月21日，https://www.gov.cn/zhengce/202407/content_6963770.htm。

文明法治理论的必然要求。因此，必须"统筹各领域资源，汇聚各方面力量，打好法治、市场、科技、政策'组合拳'，为美丽中国建设提供基础支撑和有力保障"①。

（四）积极回应人民对美好生态环境的新期待

生态文明法治建设始终坚持人民的主体地位，着力维护人民的根本利益，这与西方发达国家有着本质的区别。习近平总书记明确指出，"环境就是民生，青山就是美丽，蓝天也是幸福"②。"发展经济是为了民生，保护生态环境同样也是为了民生。"③ 习近平法治思想的生态文明法治理论具有强烈的为民情怀，主张"坚持以人民为中心，尊重人民主体地位和首创精神，人民有所呼、改革有所应，做到改革为了人民、改革依靠人民、改革成果由人民共享"④。

三、立足国情的丰富实践内涵

习近平总书记反复强调，"保护生态环境必须依靠制度、依靠法治"⑤，这既是加强生态文明建设的重要原则，也是习近平法治思想在生态环境保护中的实践深化和科学运用，揭示了中国特色社会主义生态文明法治建设的本质规律，具有丰富而深刻的实践内涵。⑥

---

① 习近平：《以美丽中国建设全面推进人与自然和谐共生的现代化》，载《求是》2024 年第 1 期。
② 中共中央文献研究室编：《习近平关于社会主义生态文明建设论述摘编》，中央文献出版社 2017 年版，第 8 页。
③ 习近平：《习近平谈治国理政》（第 3 卷），外文出版社 2020 年版，第 362 页。
④ 《中共中央关于进一步全面深化改革 推进中国式现代化的决定》，载中国政府网 2024 年 7 月 21 日，https://www.gov.cn/zhengce/202407/content_6963770.htm。
⑤ 中共中央宣传部、中华人民共和国生态环境部：《习近平生态文明思想学习纲要》，学习出版社 2022 年版，第 84 页。
⑥ 参见吕忠梅：《习近平法治思想的生态文明法治理论》，载《中国法学》2021 年第 1 期。

（一）以法治打造人与自然共生、共荣、共控的生态系统

环境问题是传统的功利主义价值观不重视保护环境、爱护大自然和尊重其他生物物种的必然后果。传统法律以强势的人类中心主义为伦理基础，秉持人与自然的"主体—客体"二分理念和"物尽其用"原则，这成为环境问题产生与加剧的法律成因。

习近平总书记强调，推进生态文明建设必须"坚持人与自然和谐共生"[1]，矫正了强势的人类中心主义和功利主义的价值观，是植根于中华"天人合一"传统文化、以人与自然的和谐发展为价值取向的现代环境观。

在生态文明法治建设中贯彻人与自然和谐共生的原则，要求法律体系能够充分体现人与自然的共生、共荣、共控关系，以保护"山水林田湖草沙生命共同体""人与自然生命共同体""地球生命共同体"为旨趣，反思"主客二分"的传统法学理论，重构"人—自然—人"之间的法律关系[2]；确立"绿水青山就是金山银山"的绿色发展观，突破传统"法部门"理念，协调好"绿水青山"与"金山银山"的利益均衡关系；贯彻"良好生态环境是最普惠的民生福祉"的环境正义观，确立环境权益保护原则、代际公平原则；秉持"人类命运共同体"的全球治理观，统筹推进国内法治和涉外法治。要通过创新法治理念、法治原则，推进自然资源产权制度改革，建立健全生态环境空间管控法律制度、生物安全和生物多样性保护制度，打造多元共治的生态环境治理体系。

（二）以法治守住自然安全边界

党的十八届五中全会提出了创新、协调、绿色、开放、共享的新发展

---

[1] 习近平：《习近平谈治国理政》（第3卷），外文出版社2020年版，第360页。

[2] 参见吕忠梅：《环境法律关系特性探究》，载秦天宝主编：《环境法评论》2018年第1期，中国社会科学出版社2018年版，第9-17页。

理念，实现了生态文明建设与经济建设、政治建设、文化建设、社会建设高度融合。党的二十大报告明确要求更加注重处理好发展与安全的关系，防范可能出现的各种环境风险，守住自然生态安全边界。[①]

人类进入环境风险社会之前，法律所直接或间接实现的安全价值，主要是个体的人身安全和财产安全、群体的财产安全与秩序。[②] 人类进入风险社会以后，对人类的生存环境和自然生态系统产生破坏甚至摧毁作用的破坏力量或现象形成的资源危险、能源危险和环境危险，赋予安全新的内涵，法律的安全价值也要相应地进行拓展。习近平总书记明确指出："生态环境安全是国家安全的重要组成部分，是经济社会持续健康发展的重要保障。……要把生态环境风险纳入常态化管理，系统构建全过程、多层级生态环境风险防范体系。"[③] 这为环境法治建设以"有效防范生态环境风险"的实践展开提供了重要指引。

（三）构筑统筹兼顾、整体施策、多措并举的环境法治体系

党的二十届三中全会通过的《中共中央关于进一步全面深化改革 推进中国式现代化的决定》明确提出了"聚焦建设美丽中国，加快经济社会发展全面绿色转型，健全生态环境治理体系，推进生态优先、节约集约、绿色低碳发展，促进人与自然和谐共生"[④] 的新目标，以整体性、系统性、协同性思维推进生态文明建设战略布局，体现了对生态环境保护必须注重国土空间规划统筹、加强分区管控本质特征的深刻认识。但是，我国

① 参见习近平：《高举中国特色社会主义伟大旗帜 为全面建设社会主义现代化国家而团结奋斗——在中国共产党第二十次全国代表大会上的报告》，载《人民日报》2022 年 10 月 26 日，第 1 版。

② 参见杨震：《法价值哲学导论》，中国社会科学出版社 2004 年版，第 219 - 223 页。

③ 习近平：《习近平谈治国理政》（第 3 卷），外文出版社 2020 年版，第 370 页。

④ 《中共中央关于进一步全面深化改革 推进中国式现代化的决定》，载中国政府网 2024 年 7 月 21 日，https://www.gov.cn/zhengce/202407/content_6963770.htm。

现行法律法规很少为各种要素交织所形成的静态秩序与动态关系提供治理规则，更缺乏根据不同空间单元的社会属性及特点制定的相应规范。① 这就要求我们高度重视生态空间的法律化与法律的空间化问题，创新生态环境空间法律规则②，全面统筹国土、海洋、山林、湖泊、湿地、草原、水资源、空气等环境要素，构筑统筹兼顾、整体施策、多措并举的生态环境保护法治体系，切实提高生态文明建设的实效性。

经过 50 多年的努力，中国已经基本形成了具有特色的环境法律体系；经过新时代以来的生态文明体制改革，生态文明法治实施体系基本定型；以中共中央办公厅、国务院办公厅出台的《中央生态环境保护督察工作规定》为标志，生态文明法治监督体系日益清晰；随着生态文明建设各项部署落地生效，生态文明法治保障体系开始受到重视。③ 2020 年 3 月，中共中央办公厅、国务院办公厅印发《关于构建现代环境治理体系的指导意见》，明确要求"到 2025 年，建立健全环境治理的领导责任体系、企业责任体系、全民行动体系、监管体系、市场体系、信用体系、法律法规政策体系，落实各类主体责任，提高市场主体和公众参与的积极性，形成导向清晰、决策科学、执行有力、激励有效、多元参与、良性互动的环境治理体系"④。2024 年，党的二十届三中全会作出了进一步全面深化生态文明体制改革、编纂生态环境法典的重大决策。这些顶层设计和重大改革措施，对生态文明法治体系的进一步完善提出了更高要求，亟须在习近平法治思想引领下，积极回应人民群众的新要求新期待，在立法方面统筹立改

---

① 参见刘超：《完善环境空间治理规则》，载《人民日报》2020 年 7 月 27 日，第 5 版。

② 参见朱垭梁：《法律的空间意象性》，法律出版社 2017 年版，第 46 页。

③ 参见吕忠梅、田时雨：《在习近平法治思想指引下建设生态文明法治体系》，载《法学论坛》2021 年第 2 期。

④ 《中共中央办公厅、国务院办公厅印发〈关于构建现代环境治理体系的指导意见〉》，载中国政府网 2020 年 3 月 3 日，http://www.gov.cn/zhengce/2020-03/03/content_5486380.htm。

废释纂，积极推进生态环境法典编纂及相关立法工作，完善中国特色社会主义环境法律体系；与此同时，加快全面深化生态文明体制改革，加快环境执法、司法、守法领域的补短板、强弱项、堵漏洞、填真空步伐，为全面建设美丽中国提供更好法治保障。

第三节　习近平法治思想的生态文明法治理论
指引环境法知识体系建构

一、奠定中国自主的环境法知识体系的世界观

党的十八大以来，在习近平法治思想的生态文明法治理论指引下，"生态文明"入宪，生态环境保护法律体系基本形成；中央生态环保督察"亮剑"，生态环境综合执法改革不断推进；人民法院、人民检察院和公安部门建立专门机构，环境司法专门化专业化机制高效运行；国际环境治理领域的中国方案影响越来越大，中国智慧得到越来越多认同；生态文明法治之网越织越密，生态安全有了坚实保障，中国生态文明法治实践成就举世瞩目。在2023年全国生态环境保护大会上，习近平总书记发表重要讲话，站在立党为公、执政为民的政治高度，着眼生态资源的利用与保护，精辟阐述重视外部约束、激发内生动力，内外并举、双重驱动的重要性，强调坚持源头严防、过程严管、后果严惩，治标治本多管齐下，"必须始终坚持用最严格制度最严密法治保护生态环境，保持常态化外部压力"[①]，并从进一步建立健全和严格执行生态环境法规制度、进一步压紧压实生态环境保护政治责任、建立健全以绿色发展为导向的科学考核评价体系、进

---

① 习近平：《推进生态文明建设需要处理好几个重大关系》，载《求是》2023年第22期。

一步健全资源环境要素市场化配置体系等四个方面提出明确要求，为在法治轨道上全面推进美丽中国建设提供了理论武装，是中国建构自主的环境法知识体系的世界观。

在马克思主义世界观中，人类复杂的社会利益关系本质上是一种价值关系，其中人与自然的关系也体现为价值关系，这既是人类社会关系的基础，同时也是整个生态系统得以维系的核心。习近平法治思想的生态文明法治理论继承了马克思主义"人是自然的一部分"的自然观，旗帜鲜明地提出"生命共同体"理念，立足于构建人、自然之间和谐的关系，超越了中西方传统哲学对人与自然关系的认识，是习近平同志对人与自然关系理论的原创性贡献，为我们建构自主的环境法知识体系奠定了世界观。[①]

（一）拓展环境法的人性标准

法律是人的行为规则，如何认识"人"，是建构自主的环境法知识体系的前提性问题。习近平总书记指出："对人的生存来说，金山银山固然重要，但绿水青山是人民幸福生活的重要内容，是金钱不能代替的。你挣到了钱，但空气、饮用水都不合格，哪有什么幸福可言。"[②] 他深刻揭示了人既要在自然环境中生存，又要在社会关系中生存的关系，为我们认识环境法上的"人"奠定哲学基础。[③]

在这种世界观下，人类来自自然，是地球生态系统中的一个生物种群，具有自然属性；同时，人类又是不同于其他生物的智慧动物，会创造财富、形成社会、建立国家，具有社会属性。人的自然属性与社会属性在

[①]　参见吕忠梅：《习近平法治思想的生态文明法治理论》，载《中国法学》2021年第1期。

[②]　中共中央文献研究室编：《习近平关于社会主义生态文明建设论述摘编》，中央文献出版社2017年版，第4页。

[③]　参见吕忠梅：《环境法典编纂视阈中的人与自然》，载《中外法学》2022年第3期。

两个世界中并存，构成了不同的生活图景。作为人类文明标志的法律，在过去更多体现的是控制人的自然属性，彰显人的社会属性。尤其是近现代法律，更是为了追求物质财富的极大满足，基本不考虑人的自然属性。正是法律上的"经济人"假设，成为加剧人与自然的对立和人与人的对立的制度原因。因此，解决生态环境问题，必须从消除人与自然对立的制度性根源着手，重新认识法律上的"人"，以"人与自然生命共同体"世界观设定新的人性标准。

这种新的人性标准，以矫正"经济人"的有限理性为出发点，统筹考虑人的自然属性与社会属性，协调经济视角与生态视角，将生态观念纳入"经济人"的"理性"之中。首先要求在法律上承认"经济人"的自然生存需求，人的幸福生活不仅仅只是增加物质财富和满足消费欲望，还必须包括清洁健康的生活环境、心理愉悦等非物质条件的满足。生产者降低环境成本、消费者享受美好环境和绿色消费作为利益目标，为将生态理性的纳入提供利益动机。其次是在法律上承认"经济人"的自然生命周期，经济社会生活的传承性和持续性使得"经济人"从兼顾眼前和将来、短期和长期的角度"算计"利益，把对后代人需求的满足也考虑在内，为形成总体利益的最优化提供理性基础。这时的"生态理性经济人"，能够全面判断自身行为所带来的长期性、综合性后果。当一个破坏生态平衡的污染环境行为可能获得眼前经济利益，但会导致长期经济利益减少并直接影响自己和子孙后代的生命健康时，"生态理性经济人"统筹考虑，自动选择不或少污染和破坏的行为，使绿色发展得以实现。

（二）重构人与自然的和谐共生关系

习近平总书记指出："大自然是包括人在内一切生物的摇篮，是人类赖以生存发展的基本条件。大自然孕育抚养了人类，人类应该以自然为根，尊重自然、顺应自然、保护自然。"① 他还强调："生物多样性使地球充满生机，也是人类生存和发展的基础。保护生物多样性有助于维护地球家园，促进人类可持续发展。"② 习近平总书记深刻剖析了人与自然、自然环境要素间的联系性与循环性，为我们从法律上认识自然的关系提供了思维底座。

近现代法律建立在"主客二分"哲学基础之上，以"人是万物的中心"为尺度，把能够创造物质财富的自然作为"资源"或"有用要素"纳入法律关系的客体；同时将空气、无经济利用价值的野生动植物等因无法排他占有或无经济利益的自然排除在法律的保护之外，这不是真实的人类生活图景。其实，生物多样性虽然不能直接对人类产生经济价值，但对人类的生存与发展却至关重要。人作为生物种群也是"生态"的重要组成部分，人类呼吸的空气和吃到的食物，与植物密不可分；而植物作为一切生命的根基，不仅是人类的盟友，其中的一些成员也和动物"结盟互助"，形成"共生"的互利关系。正是因为有了生物多样性维护自然生态平衡，提供涵养水源、净化环境、保持水土、循环养分等多种调节服务，为人类提供优质的生态产品，才能够抵抗并减少自然灾害的发生。因此，生物多样性是人类赖以生存和发展的重要基础，是地球生命共同体的血脉和根基。这种共生关系要求法律建立"人与自然生命共同体"的系统性思维，不仅要保护自然，而且必须对自然的系统性、共生性予以保护。

由此可见，自然既为人类提供生存条件，也是人类的劳动对象；既是生产力的组成部分，也是人类生存和发展的物质基础。自然不仅为人类提

①　习近平：《共同构建人与自然生命共同体——在"领导人气候峰会"上的讲话》，载《中华人民共和国国务院公报》2021 年第 13 期。

②　习近平：《共同构建地球生命共同体——在〈生物多样性公约〉第十五次缔约方大会领导人峰会上的主旨讲话》，载《人民日报》2021 年 10 月 13 日，第 2 版。

供基本的物质生活条件，影响甚至决定人类的生存和发展，而且可能因人类活动而被污染和破坏。"人与自然生命共同体"思维，为我们重新认识自然，实现对传统法律的超越具有重大哲学意义：一是法律不再将自然纯粹地当作开发利用的对象，法律必须对自然加以保护；二是法律不再以人的经济利益满足作为唯一判断标准，法律必须承认自然的系统性价值，将自然作为整体纳入法律的保护范围。这是建构自主的环境法知识体系必须秉持的自然观。只有以这种新的自然观为基础，才有可能将人与自然的"共生"关系纳入法律的概念、原则和制度，创建新的法律制度，改造既有法律制度。

二、深化中国自主的环境法知识体系的价值观与基本原则

法价值是以法与人的关系为基础的，法对于人所具有的意义，是法对于人的需要的满足，也是人关于法的绝对超越指向。[①] 习近平法治思想的生态文明法治理论作为生态环境法价值体系创新的强大思想武器，指引中国自主的环境法知识体系建构，深化环境法的价值，促进法价值与法律原则相统一。[②]

（一）深化环境法的价值

人类文明史上曾出现过"以神为本"、"以物为本"和"以人为本"的法律发展观。[③] 马克思主义法学始终坚持"人的全面发展"，以促进人的全面发展作为法的终极价值。习近平总书记以新时代中国社会主要矛盾的

[①] 参见卓泽渊：《法的价值论》，法律出版社1999年版，第10页。
[②] 参见吕忠梅：《习近平生态文明思想的"最严法治"论》，载《法学》2024年第5期。
[③] 参见汪习根、王雄文：《论科学的法律发展观——发展权视角的思考》，载《当代法学》2005年第2期。

变化定位与阐释人的需求的变更与升级，并推动"以人为本"的法律价值创新，充分彰显了"人的全面发展"所蕴含的"中国元素"。习近平法治思想的生态文明法治理论坚持人民主体地位，在强调和尊重"人与自然是生命共同体"以及"山水林田湖草是生命共同体"的前提下，赋予人的发展全新内涵，以保护"山水林田湖草沙生命共同体"为旨趣，将人对优质生态产品、优美生态环境的需要作为这一矛盾的重要方面，从多个维度矫正不平衡、不充分发展的现状，以满足人民对美好生活的需要，促进人的全面发展。

坚持人与自然的和谐共生，人与人、人与自然的双重和谐是习近平法治思想的生态文明法治理论的重要内核。只有尊重自然规律，才能有效防止在开发利用自然上走弯路。"绿水青山"与"金山银山"是生态环境对人类所具有的不同价值与功能、不同利益和福祉，法律通过对不同主体的利益配置，实现"绿水青山"与"金山银山"的利益的均衡，促进人与人的和谐。绿水青山既是自然财富、生态财富，又是社会财富、经济财富①，只有摒弃人类中心主义和功利主义价值观，在法律上建立人与自然共生、共荣、共控的互惠关系，才能促进人与自然的和谐发展。

安全是人的基本需求，生态安全是当代人类社会存在和发展的基本前提。习近平法治思想的生态文明法治理论将传统法律的个体安全价值拓展为"生态安全"的公共安全，是对人类进入风险社会后法价值理论的重大创新。人与自然和谐相处是安全的应有之义，生态安全的实质就是人与自然和谐共生。

（二）促进环境法的价值与制度体系相统一

建构中国自主的环境法知识体系，需要在习近平法治思想的生态文明

---

①　参见习近平：《习近平谈治国理政》（第 3 卷），外文出版社 2020 年版，第 361 页。

法治理论指引下，完善法律原则，形成方向明确、价值目标统一的制度体系，推动生态文明法治实践发展。

公平是法律的基本价值，也是实现社会公平正义的基本目标。促进人的全面发展价值，需要建立环境公平原则加以实现。环境公平原则包括人与自然公平、代际公平和代内公平三个层次，"良好生态环境"是共同根基。"让老百姓呼吸上新鲜的空气、喝上干净的水、吃上放心的食物、生活在宜居的环境中、切实感受到经济发展带来的实实在在的环境效益"①，是衡量环境公平的标准。环境公平要求良好生态环境的公平享有，消除地区之间、城乡之间的差异。

绿色发展是实现和谐发展价值的直接体现。生态文明是人类发展需求与环境需求在更高层次上的统一，应该"给自然生态留下休养生息的时间和空间"②。绿色发展要求法治体系重新审视生态环境的地位，一方面对过分强调经济发展的制度进行纠偏，另一方面直接致力于生态环境保护与经济发展的目标协同，因此，绿色发展原则决定着生态文明法治体系的目标结构和发展方向。

生态安全作为生态环境法的基本价值需要相应的原则加以转化和实现。通过确立风险预防原则，针对环境损害存在的科学不确定性确立预防环境损害发生的法律判断标准，确保生态安全。建立自然资源保留和生态保护措施，维护生态系统稳定；建立生态环境质量控制体系，确保生态环境达到良好状态；明确生态修复和环境治理手段，及时修复被破坏的自然生态系统。

生态文明是人民共同参与、共同建设、共同享有的事业，绿色生产生活方式的形成需要有法律的明确规范与保障。确立公众参与原则，既是人

---

① 习近平：《在省部级主要领导干部学习贯彻党的十八届五中全会精神专题研讨班上的讲话》，人民出版社 2016 年版，第 20 页。
② 习近平：《推动我国生态文明建设迈上新台阶》，载《求是》2019 年第 3 期。

的全面发展价值、和谐发展价值、生态安全价值的体现，也是对这些价值实现的促进。生态文明是人类文明新形态，民生要实现生态化，生态要实现民主化。确立公众参与原则改变了公共事务由政府单向决定的传统制度结构，符合生态环境保护的客观规律，任何公民都享有保护环境的权利，同时负有保护环境的义务。

三、丰富中国自主的环境法知识体系的方法论

近代法理学在西方文艺复兴、启蒙运动的催化下形成，强调人类社会的知识领域以自然科学方法为基础的学科细分。其秉持个体主义法律观，强调通过把握部分认知整体，通过揭示其机械运动规律理解整体的存在；与此同时，强调法律的科学理性，要求逻辑严谨、推理严密。这种由个人主义法学观与数学思维相结合而成的法学方法论，具有明显的还原主义色彩。[①] 还原主义方法论把本来相互联系、相互过渡的社会现象离散化、割离化，使得我们无法从整体上观察法律现象、思考法律问题、提出法律对策，导致传统法律在面对环境污染、生态破坏等系统性问题时，不仅难以应对，而且可能成为引发环境问题的制度性原因。习近平法治思想的生态文明法治理论，秉持系统性思维，不仅回答了人与自然的关系是什么的问题，而且回答了人与自然的关系为什么的问题。强调从单一对象到对象间关系、从线性逻辑到多维空间、从对立对抗到共生共荣的转变，是一种整体主义方法论，见解更加深刻，视野更加广阔，为我们建构自主的环境法知识体系提供了方法论指引。[②]

---

① 具体分析参见［苏］Б. 格里戈里耶夫：《原子论与还原论》，刘伸译，载《国外社会科学》1981 年第 8 期；刘敏、董华：《还原论传统的盛行与隐匿》，载《系统科学学报》2011 年第 1 期。

② 参见吕忠梅：《习近平法治思想的生态文明法治理论》，载《中国法学》2021 年第 1 期。

（一）超越传统法学方法论

传统法律保护人对资源和环境无限制地利用，导致人与自然和人与人的双重对立。习近平运用马克思主义唯物史观和辩证法，认识人与自然在新高度上的辩证统一关系，强调人类来自自然，人与自然是生命共同体，为解决人与自然对立的制度性问题，重新设定法律上的人性标准奠定了哲学基础[①]；深刻揭示"自然"与"人"关系的本质是"生命共同体"，超越西方法学"主客二分"哲学观，将人与自然的"共生"关系纳入法律的概念、原则和制度，构成中国环境法知识体系的核心范畴；高度重视与世界的交流与互融，将中华传统生态智慧所追求的"和合"价值与可持续发展相融合，向世界发出"我们要解决好工业文明带来的矛盾，以人与自然和谐相处为目标，实现世界的可持续发展和人的全面发展"[②] 的倡议，同步推进"生产发展、生态良好、生活富裕"，开辟具有鲜明中国特色的追根溯源、辨证施治、整体调理的"中医"道路，为建构中国自主的环境法知识体系提供系统性、整体性、协同性思维方法。

（二）建构环境法学体系新方法

还原主义与整体主义的方法，对于法学理论建构产生了决定性的影响，也是建构环境法学体系的不同方法。习近平总书记始终强调"必须坚持系统观念"[③]，深刻把握中华民族伟大复兴战略全局、世界百年未有之

---

① 参见吕忠梅：《习近平法治思想的生态文明法治理论之核心命题：人与自然生命共同体》，载《中国高校社会科学》2022 年第 4 期。

② 习近平：《携手构建合作共赢新伙伴 同心打造人类命运共同体——在第七十届联合国大会一般性辩论时的讲话》，载《人民日报》2015 年 9 月 29 日，第 2 版。

③ 习近平：《高举中国特色社会主义伟大旗帜 为全面建设社会主义现代化国家而团结奋斗——在中国共产党第二十次全国代表大会上的报告》，人民出版社 2022 年版，第 20 页。

大变局，强调生态文明建设必须做到统筹兼顾、整体施策、多措并举，全方位、全地域、全过程开展，"最严法治"创新了阐释与应对生态环境问题的新方法，为建构中国自主的环境法知识体系提供了方法论指引。

地球生态系统是一个有机整体，自然生态不承认任何行政边界。① 这种认知的法治意义在于，必须采取整体性和系统性的视角和方法。习近平总书记指出："治好'长江病'，要科学运用中医整体观，追根溯源、诊断病因、找准病根、分类施策、系统治疗。"② "最严法治"所蕴含的"中医整体观"，实际上是"统筹山水林田湖草沙"综合治理的整体主义方法论，以体系化思维建构中国自主的环境法知识体系，推动生态环境立法从单项立法向统筹立改废释纂升级、执法从九龙治水向协同联动转变、司法从零星分散向专门化专业化聚集、守法从少数人参与向全社会共同行动发展。

面对生态环境挑战，人类是一荣俱荣、一损俱损的命运共同体，没有哪个国家可以独善其身，也没有个人能够逍遥自在，因此必须采取包容合作的协同性方法。协同治理是与整体主义方法论紧密相关的法律方法论。一方面，解决好国内问题，促进法律内部规则创制协同、法律体系与国家治理体系的协同，建立共建、共治、共享体制机制。另一方面，积极推动生态环境治理的国际合作，充分发挥引领作用，贡献构建人类命运共同体的中国智慧与中国方案。

改革开放以来，中国取得历史性成就的同时，也积累了大量生态环境问题。新时代以来的生态环境保护工作取得了巨大成就，但尚未从根本上解决生态环境对经济社会发展的制约问题。"最严法治"以强烈的风险意识和底线思维，强调补短板、强弱项，实现总体控制。这种控制性方法，

---

① 参见郤庆治：《习近平生态文明思想的标志性理论文献》，载中国网 2019 年 2 月 7 日，http://www.china.com.cn/opinion/theory/2019-02/07/content_74446044.html。

② 习近平：《在深入推动长江经济带发展座谈会上的讲话》，载《人民日报》2018 年 6 月 14 日，第 2 版。

要求在生态文明法治建设中坚持底线意识和底线思维，树立"生态红线"是不能任意触碰和僭越的"高压线"意识，增强生态环境法治的"刚性"与"硬约束"。

（三）塑造中国自主的环境法研究方法

现代环境法学是为应对世界人口、资源与环境的不协调发展问题而产生的新型法律学科。生态环境问题的产生，既有自然生态系统自身的原因，也有不合理开发利用自然生态系统的人为原因，生态环境问题无法用传统法律的个人主义理念和单学科途径来解决。习近平法治思想的生态文明法治理论所具有的系统性、整体性观念和追根溯源、辨证施治、整体调理的"中医"传统，为探索解决生态环境问题、实现可持续发展的途径提供了新型方法论，为塑造中国自主的环境法研究方法提供了指引。

我国环境法学自产生以来，取得了丰富的研究成果，但在方法论上鲜有突破，基本沿用传统部门法的研究方法，仍然以传统法学的方法论体系阐述和解决环境问题的诘难。习近平法治思想的生态文明法治理论所蕴含的辩证统一观、整体协同观、系统治理观、协调发展观都充分体现了整体主义方法论，为环境法理论研究在方法论层面取得突破奠定坚实基础。

首先，塑造兼容并蓄的环境法研究方法。环境法作为新兴法学领域，具有明显的学科交叉性、问题跨界性，是典型的"领域型"学科。[1] 习近平法治思想的生态文明法治理论的整体主义方法论告诉我们，生态环境的自然属性，要求环境法学理论研究不仅要运用系统论、博弈论等新兴方法对传统的法学理论进行创新，而且还需要运用自然科学的研究方法实现法律与科技的"无缝对接"、"法律理性＋科技理性＋社会理性"的融贯，也需

---

[1] 参见吕忠梅：《人与自然和谐共生视野下的环境法学理论创新》，载《东方法学》2023 年第 2 期。

要借鉴哲学、经济学、管理学、社会学的研究方法，建构自主的环境法知识体系。

其次，形成环境法学理论研究范式。环境法的发展，离不开多种学术主张与学术观点的争鸣与交锋，但是只有在相同语境中的争鸣与交锋才具有真正的理论意义，否则，难免"鸡同鸭讲""各说各话"。在某种程度上可以说，中国环境法学研究缺乏方法论自觉，这是建构自主的环境法知识体系的一大障碍，迫切需要我们在习近平法治思想的生态文明法治理论指引下，在区分不同层次研究对象的基础上，提炼不同的研究方法，构建适合环境法学发展需要以环境法哲学方法论为统领的环境法学方法论体系。

最后，集成创新传统法学研究方法。环境法虽然具有不同于传统法律的许多特性，但其依然是法学大家庭中的一员，必然具有法律的基本属性。在一段时间内，一些环境法学研究采取"拿来主义"，直接采用环境科学、环境管理学、环境经济学、生态学等相关学科的概念、术语甚至研究方法，导致环境法学理论既没有"法味"也缺少"法蕴"。因此，我们应以习近平法治思想的生态文明法治理论为指导，通过对传统法学研究方法进行系统化、整体化创新，增强其系统性、协同性，妥善处理立法论与解释论、教义法学与社科法学等不同方法论的关系，确保以法言法语建构自主的环境法知识体系，让环境法尽快回归法学大家庭。

第二章 马克思主义自然观和辩证法的中国化时代化

　　马克思主义自然观和辩证法从辩证唯物主义的立场对自然界的普遍规律和人与自然的关系进行了科学阐述。以马克思主义为指导是当代中国哲学社会科学的"灵魂",坚持马克思主义自然观和辩证法的指导地位是建构中国自主的环境法知识体系的首要原则。习近平法治思想的生态文明法治理论谱写了中国生态文明法治建设事业的新篇章,是马克思主义自然观和辩证法的中国化时代化,是中国特色环境法学的主体内容,也是中国自主的环境法知识体系建构的最大增量与主要资源。[①]

---

　　① 参见吕忠梅:《中国自主的环境法知识体系建构初论》,载《中共中央党校(国家行政学院)学报》2023年第3期。

第一节　马克思主义中国化时代化与习近平法治思想的生态文明法治理论

一、马克思主义自然观和辩证法

（一）马克思主义自然观

自然观属于哲学术语，是人们在实践中形成的关于自然界及其与人类关系的总观点。自然观是人们认识和改造自然界的本体论基础和方法论前提①，因而任何一种系统的哲学都必然包含与之相适应的系统的自然观。在人与自然的关系中，人不只消极地适应自然界，还会积极地作用于自然界，在这一作用过程中，人们形成了对自然界本质的认识。因此，自然观既不像唯心主义所说的那样，只是人的思维的自由创造，也不像机械唯物主义所说的那样，只是思维对自然界的消极反映。在内容上，自然观以正确理解人与自然的关系和明确人类在自然界的地位为核心命题，决定着人对自然的态度和对策。② 其目的是通过对自然本源、构成与演变等问题的分析与抽象，概括出具有普遍指导意义的概念与观点，揭示自然的本性与基本规律，从而为处理人与自然的关系提供价值观和方法论的指导。

马克思主义自然观既包括马克思、恩格斯的自然观，也包括马克思主义者对马克思、恩格斯的自然观的继承和发展。受古代朴素唯物主义自然观、近代机械唯物主义自然观的影响，经过对黑格尔、费尔巴哈等人的自然观的批判借鉴，辩证唯物的马克思主义自然观形成和发展，在正确处理

---

① 参见殷杰、郭贵春：《自然辩证法概论》，高等教育出版社 2020 年版，第 19 页。
② 参见武黻文：《自然观的转型》，载《自然辩证法研究》2006 年第 9 期。

人与自然的关系上发挥着根本性的指导作用。

在内容上，马克思主义的自然观可以划分为自然本体论、自然认识论、自然价值论、自然伦理论四个部分。[1]

1. 自然本体论

自然本体论实际上就是传统的自然观，其具体的研究内容是人与自然共存的自然界中蕴含的客观规律。自然本体论的理论实质是实践原则，它承认自然界的客观存在以及人类在自然界中的实践活动。自然本体论在马克思主义自然观中起到理论基础作用，自然认识论、自然价值论、自然伦理论都是以自然本体论中的实践原则为前提的。

2. 自然认识论

自然认识论的研究内容是以何种方法、手段、逻辑认识自然以及人与自然的关系。自然界与人类社会的不同决定了人类在认识和处理人与自然的关系时，需要采用一定的方法和手段。马克思主义哲学是指从人类社会发展的客观实际中抽象出来的基本原理，是指导人们正确认识和改造世界的普遍真理。[2] 马克思主义自然观中的自然认识论，体现了马克思主义自然观的哲学性质，是科学地运用马克思主义自然观指导实践的必要条件。

3. 自然价值论

自然价值论的研究内容是自然界对人有何种意义和价值。在不同的时代和历史条件下，自然的价值有所不同，自然价值论的具体内容将随之发生变化。自狩猎时代到农耕时代，自然对人的价值从"自然是神圣的存在"的信仰价值转变为"自然是人类征服的对象"的利用价值。在中国特色社会主义新时代，自然的价值体现为人与自然的和谐共生，更注重自然对人类的美学价值、科学价值等方面。

---

[1] 参见赵玲：《自然概念的历史演变与自然观变革的实质》，载《长白学刊》2001年第2期。
[2] 参见毕国明、许鲁洲：《中国哲学与马克思主义哲学中国化》，人民出版社2010年版，第33页。

4. 自然伦理论

自然伦理论是人类对待自然的善意态度以及在开发利用自然资源中应当有节制的行为观念，其实质是人类行为的自我约束。[①] 作为马克思主义自然观的重要组成部分，自然伦理论指导人们在进行社会实践时区分对自然界"能够做"的事与"应当做"的事[②]，反对一味地向自然界索取，认为应该引导人们在可持续发展、人与自然和谐共生的理念下正确地进行社会实践。

（二）马克思主义辩证法

"辩证法"内涵丰富，作为一种哲学术语在不同的历史发展时期表现出不同的含义。在公元前5世纪的"辩证法"产生初期，"辩证法"一词具有进行谈话或论证的含义，是指通过揭露对方议论中的矛盾并通过克服这些矛盾获得真理的一种语言论战方法，源于希腊文中的"dialego"。[③]例如，柏拉图所记述的苏格拉底的对话中涉及三种辩证法技术：一是提问与回答技术，二是推导技术，三是区分和综合技术。[④] 直至中世纪，哲学家所讨论的辩证法仍是神学论战和辩论中的修辞技术。[⑤] 步入近代，德国哲学家康德、黑格尔等人对辩证法进行了深入探讨。康德所主张的辩证法，主要指理性自身包含的矛盾，黑格尔则认为辩证法是一种思维方法，是适用于一切现象的普遍原则和宇宙观。[⑥] 19世纪中叶，马克思和恩格斯

[①] 参见陈进：《科学的自然伦理观是生态文明的基础》，载《中国科学报》2012年12月24日。

[②] 参见刘福森、孙忠梅：《"发展伦理学"：当代社会发展的迫切需要》，载《哲学动态》1995年第11期。

[③] 参见王克孝等主编：《辩证法研究》，人民出版社1993年版，第1页。

[④] 参见舒国滢：《法学的知识谱系（上）》，商务印书馆2021年版，第89页。

[⑤] 参见刘怀玉、章慕容：《马克思主义辩证法的一元性本质与多元化探索》，载《南京大学学报（哲学·人文科学·社会科学版）》2014年第2期。

[⑥] 参见王克孝等主编：《辩证法研究》，人民出版社1993年版，第3页。

受无产阶级革命和自然科学发展成果的影响，在批判吸收黑格尔唯心主义辩证法的基础上，提出了以物质实践为基础的唯物辩证法。这种唯物辩证法就是指"关于自然、人类社会和思维的运动和发展的普遍规律的科学"[1]。马克思主义的辩证法，是指马克思、恩格斯有关唯物辩证法的观点，也包括马克思主义者对马克思、恩格斯的唯物辩证法的继承和发展。

1. 马克思主义辩证法的特征

马克思主义辩证法是实践的辩证法。首先，马克思主义的辩证法来源于实践，旨在从自然界中找出客观存在的普遍规律并加以阐发。[2] 其次，马克思主义的辩证法是服务于实践的理论。在这个意义上，马克思强调，"哲学家们只是用不同的方式解释世界，而问题在于改变世界"[3]。最后，马克思主义的辩证法具有实践批判性的主要依据就是自然的反馈机制。[4] 这是指在人类行为作用于自然时，自然能够通过反馈机制使人类认识到其自身行为对自然以及对人类实践活动的影响。

马克思主义的辩证法是历史的辩证法。恩格斯曾指出，"我们的理论是发展着的理论"[5]。辩证法的规律是从自然界和人类社会的历史中抽象出来的[6]，随着自然科学研究和人类生产生活方式的进步，马克思主义的辩证法不可避免地具有历史性，既能够对自然界的历史发展规律进行揭示

---

① 中共中央马克思恩格斯列宁斯大林著作编译局：《马克思恩格斯全集》（第20卷），人民出版社1971年版，第154页。

② 参见中共中央马克思恩格斯列宁斯大林著作编译局：《马克思恩格斯全集》（第20卷），人民出版社1971年版，第15页。

③ 中共中央马克思恩格斯列宁斯大林著作编译局：《马克思恩格斯全集》（第3卷），人民出版社1960年版，第6页。

④ 参见张璐、刘鹏：《再论恩格斯的自然辩证法思想及其当代意义》，载《自然辩证法研究》2020年第2期。

⑤ 中共中央马克思恩格斯列宁斯大林著作编译局：《马克思恩格斯文集》（第10卷），人民出版社2009年版，第562页。

⑥ 参见中共中央马克思恩格斯列宁斯大林著作编译局：《马克思恩格斯全集》（第20卷），人民出版社1971年版，第401页。

和分析，也能够在历史中不断发展自身理论。

2. 马克思辩证法揭示的基本规律

世界之所以能够作为有机整体存在，是因为自然界中的事物都蕴含着普遍的客观规律，即马克思主义辩证法所揭示的三项基本规律：质量互换规律、对立统一规律、否定之否定规律。[①]

一是质量互换规律。在物理学与化学研究中，物质的量变会引起质变。[②] 马克思主义的辩证法指出，这一质量互换规律不仅能够运用于物理或化学领域，而且能够运用于整个自然世界。自然界中一切质的变化，皆是由物质或运动的增加或减少导致的，没有这种持续的量的变化，事物的质就不可能改变。这一观点揭示了马克思主义辩证法的唯物主义基本立场，表明了马克思主义自然辩证法与黑格尔辩证法的根本性区别。

二是对立统一规律。"对立统一规律"，马克思、恩格斯也称为"对立的相互渗透的规律"[③]，其含义包括三个方面：第一，矛盾着的事物或矛盾的两个方面相互联系、相互依存；第二，矛盾着的事物或矛盾的两个方面相互排斥、相互分离和斗争；第三，矛盾着的事物或矛盾的两个方面的对立状态不是永恒的，而是能够在一定条件下在对立与统一的两种状态中转化的。[④]

三是否定之否定规律。所谓否定之否定规律，是指事物内部存在肯定方面和否定方面的相互斗争，当肯定方面居于主导地位时，事物处于量变

[①]　参见中共中央马克思恩格斯列宁斯大林著作编译局：《马克思恩格斯全集》（第 20 卷），人民出版社 1971 年版，第 401 页。

[②]　中共中央马克思恩格斯列宁斯大林著作编译局：《马克思恩格斯全集》（第 20 卷），人民出版社 1971 年版，第 403 页。

[③]　中共中央马克思恩格斯列宁斯大林著作编译局：《马克思恩格斯全集》（第 20 卷），人民出版社 1971 年版，第 401 页。

[④]　参见徐国亮：《对立统一：唯物辩证法的核心与列宁的发展》，载《中共中央党校（国家行政学院）学报》2020 年第 5 期。

过程中，呈现出相对静止的状态，当否定方面不断壮大，上升到主导地位时，促使事物自己否定自己，事物由肯定走向对自身的否定，再进一步走向对否定的否定，即对经过前一次否定形成的事物中的某些新的消极因素再次进行否定，这种否定会促使事物的新发展，然后又有新的消极因素需要否定，如此往复。因此，否定之否定，就是事物不断地自我否定，只要事物的发展不停止，这种否定就没有终点。在马克思主义的辩证法中，否定之否定是运用于客观物质世界的普遍规律，是客观事物的矛盾运动法则，揭示了新事物必然产生、旧事物必然灭亡的基本规律[1]，体现了事物发展过程中的前进性和曲折性。

（三）马克思主义自然观和辩证法的当代价值

1. 为生态文明建设提供世界观与价值观基础

马克思主义自然观和辩证法具有极为重要的当代价值，为科学认识人与自然和谐共生的自然界、为我国生态文明建设确立了基本价值原则。[2]

马克思主义自然观和辩证法的世界观意义。世界观是指人们对整个世界以及人与世界关系的总的看法和根本观点。马克思主义自然观和辩证法从自然界的复杂性、整体性、过程性和系统性出发，揭示了生态世界观的辩证图景。[3] 马克思主义自然观和辩证法为如何定位人和自然的基本关系提供了依据[4]，是习近平总书记关于人与自然是"生命共同体"经典论述的重要理论来源，为当代中国解决生态环境问题提供了世界观指引。在马

---

[1] 参见卢之超：《马克思主义大辞典》，中国和平出版社1993年版，第177页。

[2] 参见黄斌：《马克思生态自然观的当代价值》，载《理论探索》2010年第1期。

[3] 参见李本洲、李东升：《恩格斯"自然辩证法"的生态思想及其当代意义》，载《理论月刊》2018年第12期。

[4] 参见郝栋：《自然辩证法中的"自然"与"辩证"》，载《中共中央党校（国家行政学院）学报》2022年第1期。

克思主义自然观和辩证法的指引下，我国生态文明建设得以在正确的轨道上发展前行。

马克思主义自然观和辩证法的价值观意义。价值观是关于价值的信念、主张、态度与倾向的观点，具有确定评价标准、评价尺度、价值取向与价值追求的功能。[1] 马克思主义自然观和辩证法的价值观作用在于其对人类中心主义的批判，对自然生态价值的承认与追求。与人类中心主义将人类利益凌驾于自然之上不同，马克思主义自然观和辩证法强调自然界自身的生态价值，批判了将人与自然视为二元对立的观点。马克思主义科学的自然观和辩证法，是习近平总书记"绿水青山就是金山银山""人与自然和谐共生"等生态价值观念的理论来源，为我国生态文明建设的理论构建和实践探索工作提供了重要精神财富和价值评判标准。[2]

2. 为生态文明建设提供方法论指导

方法论与世界观相对应，是关于人们认识世界、改造世界的方法的理论，是理论原则、理论逻辑向认识和实践过程的自然延伸。[3] 马克思主义自然观和辩证法的方法论，是指在实践中如何运用好马克思主义自然观和辩证法的世界观、价值观改造世界的理论。

马克思主义自然观和辩证法蕴含着的科学方法，对我国生态文明建设实践具有极大的指导意义。马克思主义自然观和辩证法将对人、自然及其相互关系的考察提升到实践（劳动）、社会、历史的高度来思考，提高到人类历史发展终极价值目标的高度来思考；揭示了人、自然、活动（劳动、实践）、社会、历史之间相对独立又相互联系的关系，为正确认识人

---

① 参见孙杰：《当代中国社会主义核心价值观研究》，人民出版社 2016 年版，第 19-20 页。

② 参见郝栋：《自然辩证法中的"自然"与"辩证"》，载《中共中央党校（国家行政学院）学报》2022 年第 1 期。

③ 参见何畏：《马克思主义中国化时代化的方法论自觉》，载《中国社会科学报》2023 年 8 月 21 日。

与自然之间的相互关系提供了坚实的方法论基础。① 反映到实践中，马克思主义的方法论指导我们认识到这样一个重要问题：建设社会主义生态文明，既要坚持实事求是原则，从我国基本国情出发；又要充分重视和调动人的主观能动性，不断激发广大人民群众投身社会主义生态文明建设的积极性、主动性和创造性。② 在这一过程中，既不能片面强调经济发展指标的因素，也不能片面强调环境保护的作用，而要推动经济发展和环境保护相互促进、良性互动。正因如此，我们在创造出举世瞩目的经济发展奇迹的同时，在社会主义生态文明建设领域迈出坚实的步伐，同样取得举世瞩目的伟大成就。

3. 为生态文明建设提供制度保障理论

在马克思主义自然观和辩证法中，恩格斯揭示了生态危机的根源，将自然生态环境与社会制度联系起来思考。恩格斯把现有社会和自然界产生问题的根源归结于资本主义制度，批判资本逻辑导致的人类生产生活的异化现象，认为只有变革资本主义生产关系，才能真正实现人与自然的协调发展。③ 因此，保障人与自然的和谐共生，需要依靠制度手段，推翻反生态的资本主义社会，建立一个崭新的社会制度。④ 这种将生态环境保护与社会制度联系起来的思维方法，为我们运用制度武器推进生态文明建设提供了理论指引。习近平总书记强调，"建设生态文明，重在建章立制"⑤。由此我们认识到，制度问题带有根本性、全局性、稳定性和长期性，科学

---

① 参见胡承槐：《论马克思自然观的方法论和核心观点、基本特征》，载《浙江学刊》2019 年第 1 期。

② 参见冯鹏志：《辩证唯物主义在指导实践中创新发展》，载《人民日报》2019 年 8 月 12 日，第 8 版。

③ 参见雒田梦、邹阳：《恩格斯〈自然辩证法〉的人与自然思想及其当代中国实践》，载《南京林业大学学报（人文社会科学版）》2022 年第 5 期。

④ 参见李本洲、李东升：《恩格斯"自然辩证法"的生态思想及其当代意义》，载《理论月刊》2018 年第 12 期。

⑤ 习近平：《习近平谈治国理政》（第 2 卷），外文出版社 2017 年版，第 396 页。

的制度安排对于推动生态文明建设具有非常重要的作用。为了解决我国的生态环境问题，需要实行严格的生态环境保护制度、资源高效利用制度、生态保护和修复制度，并建立健全生态环境保护法律责任制度，完善生态环保法律体系。只有如此，才能为我国生态文明建设提供坚实的力量保障。

二、习近平对马克思主义自然观的中国化时代化发展

习近平总书记在党的二十大报告中强调"推进马克思主义中国化时代化是一个追求真理、揭示真理、笃行真理的过程"①。提出"开辟马克思主义中国化时代化新境界"的重大命题，是习近平新时代中国特色社会主义思想的重要原创性贡献。马克思主义自然观的中国化时代化是马克思主义中国化时代化的重要组成部分。推进马克思主义自然观中国化时代化，对我们进行社会主义生态文明建设，具有极为重要的指导意义。

（一）马克思主义自然观的中国化

马克思主义自然观的中国化是指在坚持马克思主义自然观的基础上，将马克思主义自然观同中国具体实际相结合、同中华优秀传统文化相结合，指导中国的生态文明建设。

在生态文明法治建设领域，习近平法治思想的生态文明法治理论就是马克思主义自然观的中国化。

1. 始终以马克思主义自然观为指导

习近平法治思想的生态文明法治理论运用和深化马克思主义关于人

---

① 习近平：《高举中国特色社会主义伟大旗帜 为全面建设社会主义现代化国家而团结奋斗——在中国共产党第二十次全国代表大会上的报告》，载《人民日报》2022年10月26日，第1版。

与自然、生产和生态的辩证统一关系的认识[1]，继承和发展了马克思主义自然观中有关自然本体论、自然认识论、自然价值论、自然伦理论等重要理论。具体而言，继承马克思主义自然观本体论，阐释了在人类实践活动中应当敬畏自然、尊重自然、顺应自然、保护自然的科学主张；继承马克思主义自然观认识论，提出了促进"人与自然和谐共生"的重大理念；继承马克思主义自然观价值论，作出了"绿水青山就是金山银山""良好的生态环境是最普惠的民生福祉"等重大判断；继承马克思主义自然观伦理论，发展成为"共建人与自然生命共同体"的重要理念。

2. 传承和弘扬中华优秀传统文化

习近平法治思想的生态文明法治理论在坚持马克思主义自然观的基础上，融合了中华优秀传统文化中的生态智慧。"中华文明历来崇尚天人合一、道法自然，追求人与自然和谐共生"[2]。习近平总书记指出："我们中华文明传承五千多年，积淀了丰富的生态智慧。'天人合一'、'道法自然'的哲理思想，'劝君莫打三春鸟，儿在巢中望母归'的经典诗句，'一粥一饭，当思来处不易；半丝半缕，恒念物力维艰'的治家格言，这些质朴睿智的自然观，至今仍给人以深刻警示和启迪。"[3] 对于马克思主义自然观中的人与自然的关系，习近平总书记常用中国古代"天人合一"的哲理加以阐释，主张人与自然之间"以和为贵"，为推动我国生态文明建设提供了文化支撑和理论滋养。[4]

---

① 参见习近平生态文明思想研究中心：《深入学习贯彻习近平生态文明思想》，载《人民日报》2022年8月18日，第10版。

② 习近平：《论坚持人与自然和谐共生》，中央文献出版社2022年版，第277页。

③ 中共中央文献研究室编：《习近平关于社会主义生态文明建设论述摘编》，中央文献出版社2017年版，第6页。

④ 参见赵建军：《中华优秀传统生态文化的创造性转化创新性发展（学术圆桌）》，载《人民日报》2022年7月18日，第11版。

3. 实现马克思主义自然观的新飞跃

习近平法治思想的生态文明法治理论在坚持马克思主义自然观的基础上，实现了马克思主义自然观同中国具体实际相结合的新飞跃。习近平法治思想的生态文明法治理论来源于我国生态文明法治建设实践，并将持续指导我国生态文明法治建设实践。我国将生态文明理念和生态文明建设写入《中华人民共和国宪法》，纳入中国特色社会主义总体布局。我国以习近平生态文明思想为指导，贯彻新发展理念，以经济社会发展全面绿色转型为引领，以能源绿色低碳发展为关键，坚持走生态优先、绿色低碳的发展道路。这深刻体现了习近平法治思想的生态文明法治理论与我国生态文明法治建设的具体实践相结合，将马克思主义自然观中国化的辉煌成就。

（二）马克思主义自然观的时代化

恩格斯曾指出，"我们的理论是发展的理论，而不是必须背得烂熟并机械地加以重复的教条"[1]，马克思主义的产生过程和内在逻辑对时代化的进步意义持肯定态度。[2] 马克思主义自然观作为马克思主义哲学的重要内容，随着生态文明建设的发展不断丰富，并服务于当代生态文明建设。

在生态文明法治建设领域，习近平法治思想的生态文明法治理论就是马克思主义自然观的时代化。

1. 发展世界现代化思想

从世界现代化思想史来看，如何处理现代化过程中的经济发展与环境保护关系，是整个人类到现在依然面临的难题。西方国家现代化走了一条

---

[1]　中共中央马克思恩格斯列宁斯大林著作编译局：《马克思恩格斯全集》（第36卷），人民出版社1974年版，第584页。

[2]　参见臧峰宇：《马克思的现代性思想与中国式现代化的实践逻辑》，载《中国社会科学》2022年第7期。

先发展后治理的道路。习近平总书记指出："在人类发展史上特别是工业化进程中，曾发生过大量破坏自然资源和生态环境的事件，酿成惨痛教训。"[①] 世界现代化史说明了人类可以利用自然、改造自然，但归根结底是自然的一部分，必须呵护自然，不能凌驾于自然之上。在习近平法治思想的生态文明法治理论指导下，为解决工业文明带来的矛盾，我国始终坚持以人与自然和谐共生的原则，不断推进全球的可持续发展和人的全面发展。

2. 推进生态文明建设的实践

马克思主义中国化侧重解决的是"服中国水土"的问题，马克思主义时代化侧重解决的是"应时代所需"的问题。[②] 面对环境污染和生态破坏的现代世界性难题，习近平总书记指出，"正确处理好生态环境保护和发展的关系，也就是我说的绿水青山和金山银山的关系，是实现可持续发展的内在要求，也是我们推进现代化建设的重大原则"[③]，"国际社会应该携手同行，共谋全球生态文明建设之路，牢固树立尊重自然、顺应自然、保护自然的意识，坚持走绿色、低碳、循环、可持续发展之路"[④]。根据习近平法治思想的生态文明法治理论，我国摒弃了西方以牺牲环境换取经济增长的老路，在破解经济发展与环境保护关系的世界性难题方面作出了巨大贡献，走出了中国式现代化道路，拓展了发展中国家走向现代化的途径。[⑤]

---

① 中共中央文献研究室编：《习近平关于社会主义生态文明建设论述摘编》，中央文献出版社2017年版，第13页。

② 参见中共中央党史和文献研究院院务会理论学习中心组：《开辟马克思主义中国化时代化新境界》，载《求是》2022年第22期。

③ 习近平：《论坚持人与自然和谐共生》，中央文献出版社2022年版，第62页。

④ 《习近平在第七十届联合国大会一般性辩论时的讲话》，载新华网2015年9月29日，http://www.xinhuanet.com/world/2015-09/29/c_1116703645.htm。

⑤ 参见黄群慧、杨虎涛：《中国式现代化道路的特质与世界意义》，载《人民日报》2022年3月25日，第9版。

三、习近平对马克思主义辩证法的中国化时代化发展

马克思主义辩证法中国化时代化是马克思主义中国化时代化的重要组成部分。马克思主义能够无远弗届、历久弥新，在大跨度的时空范围内始终保持蓬勃生机和旺盛活力，根本在于辩证唯物主义和历史唯物主义的世界观和方法论。[①] 恩格斯多次强调：“马克思的整个世界观不是教义，而是方法。它提供的不是现成的教条，而是进一步研究的出发点和供这种研究使用的方法。”[②] 这里强调的是“方法”和“研究”，离开这一点，会令马克思主义丧失生命力。马克思主义的辩证法提供了进行社会科学研究的正确方法。推进马克思主义辩证法中国化时代化，对我们当下开展社会主义生态文明的理论研究和法治建设，具有十分重大的指导意义。

（一）马克思主义辩证法的中国化

马克思主义的辩证法是实践的辩证法，要求对事物的具体情况进行具体分析。习近平法治思想的生态文明法治理论，是马克思主义辩证法在我国生态文明法治建设实践中的发展。

在生态文明法治建设领域，习近平法治思想的生态文明法治理论就是马克思主义辩证法的中国化。

1. 继承发展马克思主义辩证法的“发展观”，科学指导我国生态文明建设

马克思主义辩证法的“发展观”从世界普遍联系和永恒发展的基本观点出发，把社会看作一个有机联系和发展的整体，认为社会发展是社会基

---

① 参见孙代尧：《马克思主义中国化时代化的历史逻辑》，载《历史研究》2023 年第 1 期。
② 中共中央马克思恩格斯列宁斯大林著作编译局：《马克思恩格斯全集》（第 39 卷），人民出版社 1974 年版，第 406 页。

本矛盾运动的结果，有其内在的客观规律性。马克思主义辩证法的"发展观"为当代中国生态文明建设提供了科学的理论基础。习近平总书记科学运用马克思主义辩证法，对新时代我国社会发展的阶段性特征进行深入分析，全面把握社会的基本面貌和发展方向，提出我国社会主要矛盾已经转化为人民日益增长的美好生活需要和不平衡不充分的发展之间的矛盾①，为开展生态文明建设提供了依据；坚持人民是历史创造者的观点，强调坚持以人民为中心的发展思想，维护人民根本利益，增进包括环境保护在内的民生福祉，让生态文明建设成果更多更公平惠及全体人民；坚持运用生产力与生产关系、经济基础与上层建筑辩证关系的原理考察当代中国的改革发展，着力推动经济高质量发展，为强化环境法治推进绿色转型发展奠定了政策法制基础；等等。这一系列原创性治国理政新理念新思想新战略，充分说明习近平法治思想的生态文明法治理论是对马克思主义辩证法"发展观"的继承和发展。

2. 继承和发展马克思主义辩证法中的矛盾分析法，在生态文明法治建设中正确处理"五个重大关系"

习近平法治思想的生态文明法治理论对矛盾的普遍性与特殊性原理进行中国化的阐释，揭示了我国生态文明建设中普遍存在的五大矛盾关系，即高质量发展和高水平保护的关系、重点攻坚和协同治理的关系、自然恢复和人工修复的关系、外部约束和内生动力的关系、"双碳"承诺和自主行动的关系②，并为依法正确处理"五个重大关系"提供了理论指导和方法指南。

3. 坚持马克思主义辩证法的"联系观"，增强生态文明法治建设的系统性、整体性、协同性

"联系观"揭示了自然界万物的普遍联系状态。习近平总书记强调，

---

① 参见习近平：《决胜全面建成小康社会 夺取新时代中国特色社会主义伟大胜利——在中国共产党第十九次全国代表大会上的报告》，载《求是》2017 年第 21 期。

② 参见习近平：《推进生态文明建设需要处理好几个重大关系》，载《求是》2023 年第 22 期。

"生态环境治理是一项系统工程，需要统筹考虑环境要素的复杂性、生态系统的完整性、自然地理单元的连续性、经济社会发展的可持续性"①。在"联系观"的指引下，我国致力于建立健全和谐一致的生态法秩序，坚持推进我国生态环保法律体系的形成和发展。

4. 把握马克思主义否定之否定规律，对生态文明建设进行科学谋划和战略布局

马克思主义否定之否定的辩证法规律揭示了发展的前进性和曲折性，指导人们在发展中必须坚定信心、统筹谋划，经受住各种挫折和考验。针对我国一些领域发展不平衡不充分的突出问题和经济社会发展中错综复杂的矛盾，习近平法治思想的生态文明法治理论对新形势下生态文明法治建设的战略定位、目标任务、总体思路、重大原则作出系统阐释，是谋划生态文明法治建设的总方针、总依据和总要求。在此基础上，习近平法治思想的生态文明法治理论围绕"五位一体"总体布局、"四个全面"战略布局等对国内生态文明法治建设事业进行了科学阐述，体现了以习近平同志为核心的党中央继承和发展马克思主义辩证法的伟大创新，有力推动我国生态文明建设迈出坚实步伐。

（二）马克思主义辩证法的时代化

马克思主义的辩证法是历史的辩证法，它承认对过往辩证法中合理因素的吸收，也随着历史的前进不断丰富自身。在当代中国，马克思主义辩证法的时代化是指以习近平同志为核心的党中央在中国式现代化的现实背景下，在全面建设社会主义现代化国家新征程中对马克思主义辩证法的发展创新。

在生态文明法治建设领域，习近平法治思想的生态文明法治理论就是

---

① 习近平：《推进生态文明建设需要处理好几个重大关系》，载《求是》2023年第22期。

马克思主义辩证法的时代化。

1. 适应中国复兴强国之新时代

中国的国情已经发生变化，"人民日益增长的美好生活需要"显示在时代面前。在新的时代发展背景下，生态文明建设从认识到实践都发生了历史性、转折性、全局性变化，加强生态文明建设是满足人民群众对美好生活向往的必然要求。[1] 习近平总书记洞察时代变化，提出生态文明建设应实现"由重点整治到系统治理、由被动应对到主动作为、由全球环境治理参与者到引领者、由实践探索到科学理论指导"[2] 的四个转变，体现了对马克思主义辩证法发展观、矛盾观等哲学原理的继承和发展。

2. 适应世界百年未有之大变局

当今时代是全球化的时代，生态环境问题是全球性问题，国际社会应该携手同行，共谋全球生态文明建设之路。中国与世界各国均属于自然界有机整体的一部分，处于"生命共同体"之中。习近平法治思想的生态文明法治理论深刻认识马克思主义辩证法的普遍联系观，主张共建"地球生命共同体"，统筹国内法治与涉外法治，积极承担"双碳目标"，将马克思主义辩证法通过中国智慧运用于全球环境治理之中，实现了马克思主义辩证法在全球化时代背景下的新发展。

第二节 习近平法治思想的生态文明法治理论中的自然观

一、自然观的核心内容

习近平法治思想的生态文明法治理论对马克思主义的自然观进行了继

---

① 参见生态环境部：《奋力谱写新时代生态文明建设新华章》，载《求是》2022年第11期。
② 《中共中央国务院关于全面推进美丽中国建设的意见》，人民出版社2024年版，第1-2页。

承和发展，具有丰富的理论内涵，其核心内容可以概括为"人与自然和谐共生的人性观""共建地球生命共同体的生命观""以人为本推进生态文明建设的人类观"三个方面。

（一）人与自然和谐共生的人性观

马克思人性论以"人性的社会"为价值指引，具有具体性、历史性、实践性等独特的理论品质，其超越资产阶级抽象人性论之处在于，它从本质上把人性理解为人的感性活动即实践的产物和表现。[①] 在人与自然关系的领域，马克思提出的"实践的人化自然观"理论，以考察人与自然之间的辩证统一关系为价值旨趣，重点关注人在改造自然环境的实践活动中发挥的能动作用，为推进人与自然关系的改善提供理论依据。[②] 在生态文明建设领域，习近平总书记提出的"人与自然和谐共生"的理论，是对马克思"实践的人化自然观"中人性观的继承和发展。

1. 马克思"实践的人化自然观"中的人性观内涵丰富

针对利己主义的交往原则，马克思指出，在资本主义社会，"进行交换的人们的动机不是人性而是利己主义"[③]。这一观点中的"交换"与"交往"基本等同。在资本主义社会中人与自然的类交往实践活动领域，人们会不择手段地争夺自然资源的归属权，不断放大人性之恶，从而导致道德底线下降，削弱集体的环保意识。在资本主义社会，"人和人之间除了赤裸裸的利害关系，除了冷酷无情的'现金交易'，就再也没有任何别的联系了"[④]。

---

①　参见周世兴、程琳琳：《论马克思的"人性"概念》，载《西北师大学报（社会科学版）》2020 年第 4 期。

②　参见李广宇、王多：《马克思"实践的人化自然观"的三个哲学维度》，载《思想教育研究》2023 年第 11 期。

③　中共中央马克思恩格斯列宁斯大林著作编译局：《马克思恩格斯文集》（第 1 卷），人民出版社 2009 年版，第 240 页。

④　中共中央马克思恩格斯列宁斯大林著作编译局：《马克思恩格斯文集》（第 2 卷），人民出版社 2009 年版，第 34 页。

伴随着资本主义世界货币体系的逐步完善，金钱不仅成为连接人际交往活动的中间媒介，还发展为评判人性善恶的标准。在马克思看来，只有立足于人性的"真善美"，并谋求个人利益与集体利益的一致性，才能形成和谐的交往关系。马克思"实践的人化自然观"批判资本主义私有制衍生的利己主义原则，以集体主义道德原则为中心，倡导在行动和观念上同时贯彻绿色发展理念，反对将社会发展的重心全部聚焦在短期的经济效益上[①]，而将追求人与自然关系的改善作为长期的奋斗目标。

2. 习近平"人与自然和谐共生"理论是对马克思主义的人性观的新发展

习近平法治思想的生态文明法治理论坚持"人与自然和谐共生"的基本立场[②]，指出"生态环境是人类生存最为基础的条件，是我国持续发展最为重要的基础"[③]。这就是习近平法治思想的生态文明法治理论中的人性观理念。习近平法治思想的生态文明法治理论的人性观，要求生态文明建设中的"人"，应当是尊重自然、顺应自然、保护自然的"生态理性经济人"。"生态理性经济人"观点主张应当在"经济理性"的基础上引入"生态理性"的概念，要求人在追求经济利益的同时，将保护生态环境、维护全人类的生态利益作为重要任务。[④] 习近平法治思想的生态文明法治理论的人性观，是对马克思主义人性观的新发展，倡导人们在"人与自然和谐共生"的理论指引下，按照"生态理性经济人"的要求，实现生态环境保护与经济社会发展的共赢状态。

---

① 参见李广宇、王多：《马克思"实践的人化自然观"的三个哲学维度》，载《思想教育研究》2023 年第 11 期。

② 参见习近平：《高举中国特色社会主义伟大旗帜 为全面建设社会主义现代化国家而团结奋斗——在中国共产党第二十次全国代表大会上的报告》，载《人民日报》2022 年 10 月 26 日，第 1 版。

③ 参见中共中央文献研究室编：《习近平关于社会主义生态文明建设论述摘编》，中央文献出版社 2017 年版，第 13 页。

④ 参见焦君红、孙万国：《从"经济人"走向"生态理性经济人"》，载《理论探索》2007 年第 6 期。

（二）共建地球生命共同体的生命观

生命观是世界观的重要内容，是指人类对自然界生命物体的态度和观点，具体包括对生命起始、过程、终结的全部看法。共建地球生命共同体的生命观，在马克思主义自然观的基础上科学总结了地球中各生命体之间存在的依存关系，从三个维度为生态文明法治建设提供了指导。

1. 维护自然界内部各要素之间相互联系的"自然生命共同体"

"万物各得其和以生，各得其养以成。"自然界内各类生命体得以生存、发展、延续的根本原因，在于不同物质、不同生命、不同生命系统之间的能量交换和生命传递，体现所有生命之间相互依存、互相依靠、共同作用的根本联系。[①]"自然生命共同体"的理念，呼吁我们努力构建自然界内部各要素的和谐共生状态，重新恢复并改进生态系统的自我调节能力，共同维护人类生存与发展的"有机的身体"。[②]

2. 维护人与自然界密切联系的"人与自然的生命共同体"

习近平法治思想的生态文明法治理论，改变了人与自然二元对立的传统模式，强调自然对人类生存和延续的生命观意义和人对自然的保护作用。2015 年，习近平在联合国总部作题为《谋共同永续发展　做合作共赢伙伴》的重要发言，首次向国际社会提出"人与自然和谐相处"的理念。自此之后，"人与自然和谐相处"的理念始终是我国在国际舞台上推进全球生态环境保护的重要话题，是中国式现代化背景下正确处理人与自然关系的鲜明特色。

3. 维护人类社会的"人类命运共同体"

习近平总书记多次强调，人类生活在同一个地球村里，乘坐在同一条

---

① 参见郑少华、彭璞：《论地球生命共同体理念的逻辑构造》，载《太平洋学报》2023 年第 10 期。
② 参见刘秦民：《"生命共同体"理念的生态哲学意蕴》，载《学术研究》2022 年第 6 期。

大船上。① 面对扑面而来的各种全球性环境挑战，各国理应超越历史、文化以及地缘和制度的差异，共同呵护好、建设好这个人类唯一可以居住的星球。"人类命运共同体"的重要理念是习近平法治思想的生态文明法治理论的重要组成部分，体现了习近平总书记作为大国领袖的宽阔历史视野和深厚世界情怀，站在人类生态文明的道义高地和世界百年变局加速演进的历史关头，为人类向何处去指明了正确方向。

(三) 以人为本推进生态文明建设的人类观

人类观是指有关人类整体的观点。面对环境治理的难题，习近平总书记指出，应当"坚持以人为本。生态环境关系各国人民的福祉，我们必须充分考虑各国人民对美好生活的向往、对优良环境的期待、对子孙后代的责任，探索保护环境和发展经济、创造就业、消除贫困的协同增效，在绿色转型过程中努力实现社会公平正义，增加各国人民获得感、幸福感、安全感"②。习近平法治思想的生态文明法治理论秉持"以人为本"的人类观，将"坚持良好生态环境是最普惠的民生福祉"作为新时代生态文明建设的宗旨要求③，为我国社会主义生态文明法治建设指明了方向。

1. "以人为本"的人类观以满足人民日益增长的生态需要为目的

习近平总书记多次指出，"绿水青山是人民幸福生活的重要内容，是金钱不能替代的"④。生态环境为人民群众提供了生产生活条件，是人民

---

① 2013 年习近平主席在俄罗斯莫斯科国际关系学院会议厅发表演讲，指出"这个世界，各国相互联系、相互依存的程度空前加深，人类生活在同一个地球村里，生活在历史和现实交汇的同一个时空里，越来越成为你中有我、我中有你的命运共同体"。2022 年习近平主席在世界经济论坛视频会议上强调"在全球性危机的惊涛骇浪里，各国不是乘坐在 190 多条小船上，而是乘坐在一条命运与共的大船上。小船经不起风浪，巨舰才能顶住惊涛骇浪"。

② 习近平：《论坚持人与自然和谐共生》，中央文献出版社 2022 年版，第 275 - 276 页。

③ 参见黄润秋：《学深悟透做实习近平生态文明思想》，载生态环境部官网 2022 年 8 月 18 日，https://www.mee.gov.cn/ywdt/hjywnews/202208/t20220818_991868.shtml。

④ 习近平：《习近平著作选读》（第 1 卷），人民出版社 2023 年版，第 113 页。

群众最公平的公共产品、最普惠的民生福祉。"坚持良好生态环境是最普惠的民生福祉"阐述了生态文明建设与民生福祉之间的关系，是对人民群众日益增长的优美生态环境需要的积极回应。

2. "以人为本"的人类观是关切人类社会生存发展的需要

面对日益严重的环境问题，"以人为本"的人类观指导人们既要重视对当代人生态需要的满足，也要通过"以人为本"的思维方式将后代人的生态需求纳入生态文明法治建设的关切范围。

3. "以人为本"的人类观是推进全民自觉参与生态文明建设的要求

人拥有认识自然、改造自然的智慧与实践能力，是改造自然、保护自然、推进社会进步的主导力量。认定和维护人的主体地位，是推进生态文明建设的重要前提。[①] 生态文明建设是人民群众共同参与共同建设共同享有的事业[②]，习近平法治思想的生态文明法治理论中"以人为本"的人类观呼吁全体人民自觉行动起来，为生态文明建设添砖加瓦、贡献社会力量。

二、对建构中国自主的环境法知识体系的指导意义

（一）坚持中国自主的环境法知识体系的人民立场

"以人为本"的观念要求生态文明法治建设应当采取"人民立场"，在各个环节、各个方面都将"以人为本"作为其内在的精神素质。习近平法治思想的生态文明法治理论中的"以人为本"观念突出了中国自主的环境法知识体系建构的宗旨要求和重点内容。

---

① 参见詹玉华：《以人为本视域中生态文明建设探析》，载《经济问题》2017年第5期。
② 参见习近平：《推动我国生态文明建设迈上新台阶》，载《求是》2019年第3期。

1. 以建设人与自然和谐共生的现代化为目标

马克思、恩格斯指出："一切划时代的体系的真正的内容都是由于产生这些体系的那个时期的需要而形成起来的"[①]。习近平法治思想的生态文明法治理论深刻回答了为什么建设生态文明、建设什么样的生态文明、怎样依法建设生态文明等重大理论和实践问题，深刻指出我们要建设的现代化是人与自然和谐共生的现代化，是在法治轨道上运行的现代化，为建设美丽中国提供了根本遵循。根据习近平法治思想的生态文明法治理论，我国生态文明建设现已进入以降碳为重点战略方向、推动减污降碳协同增效、促进经济社会发展全面绿色转型、实现生态环境质量改善由量变到质变的关键时期。[②] 对此，建构中国自主的环境法知识体系，必须密切围绕人与自然和谐共生的现代化中的突出问题，为"降碳、减污、扩绿、增长"协同推进提供知识滋养和理论支撑，在新发展阶段更好地推动绿色发展，促进人与自然和谐共生。

2. 将满足人民群众对美好生活的需要作为重中之重

马克思主义表明，经济基础决定上层建筑，上层建筑在一定条件下对经济基础具有反作用。中国自主的环境法知识体系的建构必须坚持突出重点、统筹推进，聚焦生态环境法治建设薄弱环节，注重补短板、强弱项，强化改革创新，持续探索有利于依法保护环境的各项体制机制。习近平法治思想的生态文明法治理论以"法治为民"为核心价值，为生态文明法治建设提供了价值基础。[③] 这要求中国自主的环境法知识体系的建构必须增强针对性，从人民群众的切实需要出发，为解决人民群众反映强烈的生态环境问题提供理论和策略支持。

---

① 中共中央马克思恩格斯列宁斯大林著作编译局：《马克思恩格斯全集》（第 3 卷），人民出版社 1960 年版，第 544 页。

② 参见习近平：《努力建设人与自然和谐共生的现代化》，载《求是》2022 年第 11 期。

③ 参见吕忠梅：《习近平法治思想的生态文明法治理论》，载《中国法学》2021 年第 1 期。

3. 将公众参与作为基本原则

生态环境关乎社会公共利益，推动公众广泛参与生态文明法治建设，有助于保证公平正义和人民福祉。"以人为本"要求中国在建构自主的环境法知识体系时必须为了人民、依靠人民，为人民群众自觉参与生态文明法治建设提供价值共识，为保障人民群众民生福祉提供理论指导。同时要完善服务公众的参与机制，为公众参与生态环境治理过程提供畅通的通道，保障生态文明法治的社会基础。①

（二）设定中国环境法的人性标准

人性，关系到人的自然属性和社会属性，是生态文明的基础。② 在法学领域，坚持习近平法治思想的生态文明法治理论中的人性观，重新设定人性标准，有助于解决人与自然对立的制度性问题③，为法律制度体系奠定价值基础。在中国自主的环境法知识体系的建构中，应当加强对人性标准的深入研究。

应当以"人与自然和谐共生"的人性观作为中国自主的环境法知识体系建构的理论基础，明确生态文明法治建设中的人性标准。在承认自然界整体性和人与自然间辩证统一关系的哲学基础上，新时代生态环境法律关系的构造应当充分体现对自然及自然规律的尊重。④ "人与自然和谐共生"的人性观反对将人视为具有贪婪、自私等"恶性"的社会平均人，反对将人的范围局限为"当代人"，反对将人视为仅追求个人利益最

---

① 参见于文轩、胡泽弘：《习近平法治思想的生态文明法治理论之理念溯源与实践路径》，载《法学论坛》2021 年第 2 期。

② 参见林美卿、苏百义：《生态文明建设的人性思考》，载《山东社会科学》2016 年第 4 期。

③ 参见吕忠梅：《习近平法治思想的生态文明法治理论之核心命题：人与自然生命共同体》，载《中国高校社会科学》2022 年第 4 期。

④ 参见刘超：《习近平法治思想的生态文明法治理论之法理创新》，载《法学论坛》2021 年第 2 期。

大化的"经济人"。"人性标准"应当以追求"人与自然和谐共生"为目标进行重新设定，将生态文明的哲学观念转化为生态文明法治建设中具体的价值取向。① 在中国自主的环境法知识体系建构中，应当设定和坚持理性的人性标准，推动中国环境法学理论研究，服务于生态文明法治建设实践。

为此，中国自主的环境法知识体系的建构应当从理论研究维度实现对主客体绝对二分理论的反思与重构。在传统环境法律关系理论中，环境法以"人"为主体、以生态环境为客体。在强势的人类中心主义立场下采取绝对的主客体二分模式，"人性"表现为人与自然的分离和对立，人对自然的命令、强制、剥削、榨取、肢解。② 建构中国自主的环境法知识体系，应当抛弃"主客二分"的传统环境法律关系理论，通过对环境法学术体系、学科体系、话语体系的建构重新认识人与自然的关系，重新界定环境社会关系，将对自然的充分尊重纳入生态环境法律关系的构造，最大限度地保障自然环境按照其自身的性质和规律运行。③

（三）遵循中国自主的环境法知识体系建构的科学规律

不以伟大的自然规律为依据的人类计划只会带来灾难。习近平法治思想的生态文明法治理论是马克思主义自然观的中国化时代化，反映了客观规律和生态规律，为中国自主的环境法知识体系建构提供了哲学基础，指明了科学的理论发展道路。

---

① 参见吕忠梅：《环境法典编纂视阈中的人与自然》，载《中外法学》2022年第3期。
② 参见蔡守秋、吴贤静：《从"主、客二分"到"主、客一体"》，载《现代法学》2010年第6期。
③ 参见刘超：《习近平法治思想的生态文明法治理论之法理创新》，载《法学论坛》2021年第2期。

1. 为中国自主的环境法知识体系的建构提供哲学基础

马克思主义哲学在生态哲学领域的体现就是历史的、唯物的、辩证的自然观，它克服了旧唯物主义直观地看待自然界的局限性，将自然提升到人和社会历史的高度来考察[①]，科学地揭示了人与自然的共生关系和自然界的客观规律。作为习近平生态文明思想在法治领域的体现，习近平法治思想的生态文明法治理论是揭示自然规律和人类社会发展规律的科学理论，也是指引和规范生态文明理论创新与建设实践的价值体系，实现了马克思主义自然观科学性和价值性在生态文明法治建设中的高度统一。[②] 中国自主的环境法知识体系建构必须始终坚持马克思主义自然观的基本观点，以习近平法治思想的生态文明法治理论为指导，保证中国自主的环境法知识体系建构的科学性。

2. 为中国自主的环境法知识体系的建构指明了科学的理论发展道路

习近平法治思想的生态文明法治理论，立足于中国生态文明法治建设的中国特色和现实需求，遵循生态文明法治建设的客观规律，为我国生态文明法治建设提供理论指导和行动指南。法学研究必须从客观实际出发，中国自主的环境法知识体系是我国生态文明建设在环境法学理论研究领域的反映。在习近平法治思想的生态文明法治理论引导下，应沿着科学的理论发展道路建构中国自主的环境法知识体系，保持开放的胸襟，吸收借鉴马克思主义自然观和中华优秀传统文化的生态思想，同时着眼中国国情，探究生态文明法治建设规律，独立自主地推动理论创新。[③]

---

① 参见胡承槐：《论马克思自然观的方法论和核心观点、基本特征》，载《浙江学刊》2019 年第 1 期。

② 参见廖小平：《习近平生态文明思想的价值维度》，载《光明日报》2022 年 5 月 16 日，第 15 版。

③ 参见蔺庆春：《辩证思维与马克思主义的中国化时代化》，载《中国政法大学学报》2023 年第 2 期。

第三节　习近平法治思想的生态文明法治理论中的辩证法

一、辩证法的核心内容

在将马克思主义辩证法进行中国化时代化的过程中，习近平法治思想的生态文明法治理论基于我国生态文明建设的伟大实践，总结和提炼出了生态文明法治建设应当坚持的辩证法原理，具有丰富的科学内涵。其核心内容包括"生态文明法治建设中党法关系的辩证统一观""坚持全面依法治国的整体协同观""'山水林田湖草沙'系统治理的生态系统观""'绿水青山就是金山银山'的协调发展观"。

（一）生态文明法治建设中党法关系的辩证统一观

坚持习近平法治思想的生态文明法治理论，必须处理好党与法之间的辩证统一关系。"坚持党对生态文明建设的全面领导"是我国生态文明建设的根本保证，在生态文明建设中发挥着决定性的作用。[①]

1. 坚持党对生态文明法治建设的全面领导

习近平总书记曾经指出，"坚持党的领导是中国特色社会主义法治之魂，是我国法治同西方资本主义国家法治最大的区别"。党在生态文明法治建设中发挥着总揽全局、协调各方的领导作用，离开了党的领导，生态文明法治建设就难以推进。党的十八大以来，以习近平同志为核心的党中央加强党对生态文明建设的全面领导，把生态文明建设摆在全局工作的突出位置，作出一系列重大战略部署。这充分表明了党中央对生态文明建设

---

① 参见中共中央宣传部、中华人民共和国生态环境部：《习近平生态文明思想学习纲要》，学习出版社、人民出版社 2022 年版，第 2 页。

的高度重视，体现了生态文明建设中党的领导和法治建设的辩证关系。因此，我国的生态文明法治建设必须在党的全面领导下进行。

2. 正确处理党的领导与法治建设的辩证关系

一方面，要求各级党员干部自觉维护党中央权威，不断提高政治判断力、政治领悟力、政治执行力，切实担负起生态文明建设的政治责任，从而确保党中央关于生态文明建设的各项决策部署落地见效。[①] 另一方面，要求将"权力关进制度的笼子里"。通过依法设定权力、规范权力、制约权力、监督权力[②]，坚决落实"党政同责、一岗双责"，建立覆盖全面、权责一致、奖惩分明、环环相扣的责任体系，保障生态文明法治建设落地生根。因此，做好新时代的生态文明法治建设，必须在法治的轨道上毫不动摇地坚持党对生态文明法治建设的领导，努力实现"党法辩证统一关系"下的美丽中国建设目标。

（二）坚持全面依法治国的整体协同观

马克思主义辩证法的整体观将世界视为相互联系、相互作用的整体[③]，为发现问题、解决问题提供了科学的思想方法和工作方法，体现了马克思主义辩证唯物主义认识论和方法论的统一。在马克思主义辩证法整体观的指导下，习近平法治思想的生态文明法治理论将中国特色社会主义法治体系视为由若干要素组成的具有独特结构和功能的整体，要求通过重视体系的整体性及要素的关联性、耦合性和协同性，实现生态文明法治体系的优化升级。这既是生态文明建设的世界观和方法论，也是生态文明建

---

① 参见宁晓巍、张强：《以党的领导推进生态文明建设（美丽中国新境界）》，载《人民日报（海外版）》2023年1月10日，第8版。

② 参见冯俊：《正确理解和把握习近平法治思想中的辩证关系》，载《光明日报》2023年9月21日，第6版。

③ 参见吴瀚飞：《习近平总书记论系统思维》，载《学习时报》2023年7月31日，第A5版。

设的基本思维方法和原则。①

1. 正确理解和把握中国特色社会主义法治体系内各部分间的关系

"建设中国特色社会主义法治体系"是全面依法治国实践中的总目标、总抓手。中国特色社会主义法治体系内涵丰富，由经济法治体系、社会法治体系、生态文明法治体系等多个部分组成。生态文明法治体系是中国特色社会主义法治体系的重要组成部分。建设生态文明法治体系必须处理好其与中国特色社会主义法治体系内其他法律部门之间的关系，为促进经济、社会、环境的和谐发展提供法治保障。

2. 正确理解和把握全面依法治国中各环节间的关系

习近平法治思想的"十一个坚持"指出必须"坚持全面推进科学立法、严格执法、公正司法、全民守法"②，这是全面依法治国不可缺少的四个环节。当前生态文明法治体系建构中，立法、执法、司法、守法各环节的发展不充分、不平衡现象仍然十分突出。③ 在习近平法治思想的生态文明法治理论指导下，应坚持全面推进生态文明法治的各个环节，推动完善生态环保法律体系，健全环境执法和司法体制机制，加强生态环境法治宣传教育，努力提高生态文明法治的协调性和稳定性。

3. 正确理解和把握生态文明法治体系建构中各子体系间的关系

习近平总书记指出，全面依法治国必须加快形成完备的法律规范体系、高效的法治实施体系、严密的法治监督体系、有力的法治保障体系、完善的党内法规体系。④ 在生态文明法治建设领域，必须推进环境法律规

① 参见董慧：《习近平新时代中国特色社会主义思想对马克思主义哲学的原创性贡献》，载《马克思主义研究》2023 年第 4 期。

② 习近平：《坚定不移走中国特色社会主义法治道路 为全面建设社会主义现代化国家提供有力法治保障》，载《求是》2021 年第 5 期。

③ 参见吕忠梅：《在习近平法治思想指引下建设生态文明法治体系》，载《法学论坛》2021 年第 2 期。

④ 参见习近平：《坚定不移走中国特色社会主义法治道路 为全面建设社会主义现代化国家提供有力法治保障》，载《求是》2021 年第 5 期。

范体系、环境法治实施体系、环境法治监督体系、环境法治保障体系、生态环境党内法规体系的建立健全①，通过各子体系间的协作增强生态文明法治体系的整体性和系统性。

（三）"山水林田湖草沙"系统治理的生态系统观

马克思主义辩证法的系统观念将包括人与自然万物在内的整个自然界视为整体，认为不仅整个自然世界和社会世界是运动发展的过程集合体，而且自然界内各个领域内部和领域之间存在着"近乎系统的形式"的内在逻辑联系。② 习近平法治思想的生态文明法治理论，将马克思主义辩证观的系统观念进行中国化与时代化，形成了"山水林田湖草沙"系统治理的生态系统观，以"山水林田湖草沙是一个生命共同体"为基本认识，以"统筹推进、系统治理"为行动指南，为我国生态文明建设提供了科学的方法论指导。

1. 深刻认识"山水林田湖草沙"的整体性

在理念认知层面，习近平法治思想的生态文明法治理论强调自然界各部分之间的相互联系，将马克思主义的系统观念发展为"山水林田湖草沙"系统治理的生态系统观。马克思主义的辩证法认为，自然界中的各部分存在彼此间的能量和物质交换，将长期处于相互影响、相互制约的状态之中。习近平法治思想的生态文明法治理论用"山水林田湖草沙"概括了自然生态环境内的各生态要素，将生态环境视为人类提供生态系统服务和生态产品的各生态要素之间，相互作用、相互依赖、相互制约而形成的自然有机整体。③ 生态文明法治建设中，必须深刻认识"山水林田湖草沙"

---

① 参见孙佑海：《习近平生态文明法治建设理论的新发展和实践推进——学习习近平总书记在全国生态环境保护大会上关于生态文明法治建设的讲话》，载《中国生态文明》2023 年第 Z1 期。

② 参见鞠俊俊：《马克思主义系统观的几个原则》，载《学习时报》2021 年 5 月 10 日，第 A2 版。

③ 参见张杨、杨洋、江平、邓红蒂、祁帆、李强、常献伟、程鹏：《山水林田湖草生命共同体的科学认知、路径及制度体系保障》，载《自然资源学报》2022 年第 11 期。

的整体性，树立生态治理的大局观、全局观，顺应生态环保的内在规律，取得生态治理的最优绩效。①

2. 准确把握"山水林田湖草沙"统筹治理方法

在治理方式层面，习近平法治思想的生态文明法治理论为我国生态文明法治建设提供了系统治理的方法论。"山水林田湖草沙"是普遍联系和相互影响的生命共同体，不能对这一生命共同体实施分割式的保护，否则就可能造成自然资源和生态系统破坏。② 在生态文明法治建设中，应当实现生态保护优先的法治、生态整体保护的法治、生态系统治理的法治③，将各自为战转为全域治理、多头管理转为统筹协同，促进生态文明法治建设的全方位、全地域、全过程开展。④

（四）"绿水青山就是金山银山"的协调发展观

根据马克思主义辩证法，矛盾着的事物或矛盾的两个方面既是相互对立的，也是相互依存的，并在一定条件下可以实现由对立状态到依存统一状态的相互转化。⑤ 习近平法治思想的生态文明法治理论中"绿水青山就是金山银山"的理念，对生态建设和经济建设的关系进行了生动概括，是马克思主义辩证法在生态建设和经济建设方面的具体应用。⑥

1. 坚持生态环境优先的价值追求

在价值层面，"绿水青山就是金山银山"的"两山理论"指明了经济

---

① 参见本报评论部：《山水林田湖草是生命共同体》，载《人民日报》2020 年 8 月 13 日，第 5 版。
② 参见成金华、尤喆：《"山水林田湖草是生命共同体"原则的科学内涵与实践路径》，载《中国人口·资源与环境》2019 年第 2 期。
③ 参见巩固：《山水林田湖草沙统筹治理的法制需求与法典表达》，载《东方法学》2022 年第 1 期。
④ 参见本报评论部：《山水林田湖草是生命共同体》，载《人民日报》2020 年 8 月 13 日，第 5 版。
⑤ 参见徐国亮：《对立统一：唯物辩证法的核心与列宁的发展》，载《中共中央党校（国家行政学院）学报》2020 年第 5 期。
⑥ 参见郭亚军、冯宗宪：《"绿水青山就是金山银山"的辩证关系及发展路径》，载《西北农林科技大学学报（社会科学版）》2022 年第 1 期。

利益与环境利益的关系。按照"两山理论"，环境利益与经济利益作为矛盾对立面可以相互转化，环境利益能够表现或转化为经济利益。在生态文明法治建设中，应当坚持优先观照环境利益的价值立场，为推动生态优势向经济优势转化提供法治保障。

2. 守牢高质量发展的绿色底线

在发展层面，"绿水青山就是金山银山"的"两山理论"对经济发展与环境保护的协调发展关系进行了科学概括。习近平总书记指出，"保护生态环境就是保护生产力、改善生态环境就是发展生产力"[1]。这表明，绿色发展是高质量发展的底色，是发展新质生产力的必然要求，经济发展与生态环境保护之间不应是互不兼容的形而上学关系，而是内在一致、协调共生的辩证统一关系。[2] 在处理环境保护和经济发展的关系中，法治的作用至关重要、不可或缺。[3] 在生态文明法治建设中，应当用法治手段遏制高能耗高排放，促进企业加快绿色技术创新和清洁生产改造，健全有关排污权、用能权、用水权、碳排放权的法律制度，为进一步推动绿色低碳发展提供法治保障。

二、对建构中国自主的环境法知识体系的指导意义

（一）以辩证统一方法推进党领导中国自主的环境法知识体系的建构

习近平总书记指出，"生态环境是关系党的使命宗旨的重大政治问题"[4]。在习近平法治思想的生态文明法治理论指导下，建构中国自主的环境法知识体系必须坚持党对生态文明建设的全面领导，实现生态环境领

---

① 习近平：《论坚持人与自然和谐共生》，中央文献出版社 2022 年版，第 10 页。
② 参见凌峰：《践行法治建设美丽中国》，载《法治日报》2024 年 3 月 8 日，第 5 版。
③ 参见孙要良：《"绿水青山就是金山银山"理念实现的理论创新》，载《环境保护》2020 年第 21 期。
④ 习近平：《推动我国生态文明建设迈上新台阶》，载《求是》2019 年第 3 期。

域党的领导与环境法治建设的良性互动。

1. 坚持党对生态文明建设的全面领导，对中国自主的环境法知识体系的建构具有"把舵定向"的方向性意义

习近平总书记强调，"建设美丽中国是全面建设社会主义现代化国家的重要目标，必须坚持和加强党的全面领导"①。"坚持党对生态文明建设的全面领导"不同于西方环境理论中的政府、企业、公众主体三分法，而是充分体现了中国特殊的体制优势和制度优势，增强了我国生态文明建设的系统合力。② 党领导下马克思主义自然观和辩证法的中国化时代化，形成了内涵丰富的习近平法治思想的生态文明法治理论，为中国自主的环境法知识体系的建构提供了哲学依据与思想引领。

2. 生态环境领域的党内法规建设是我国生态文明法治建设的重要内容，是中国自主的环境法知识体系建构中不可忽视的重要方面

习近平总书记强调，"生态环境保护能否落到实处，关键在领导干部"③。这表明在党领导生态文明建设的征程中，应当将党员干部作为生态文明建设的主干力量。这启示我们，在中国自主的环境法知识体系的建构中，必须深入研究党政同责制度、中央生态环境保护督察制度，在理论层面增强中国环境法知识体系的自主性和有效性，在制度层面贯彻落实正确政绩观，通过覆盖全面、权责一致、奖惩分明、环环相扣的责任体系实现党的领导与生态文明法治建设的辩证统一。④

---

① 饶爱民：《全面推进美丽中国建设 加快推进人与自然和谐共生的现代化》，载《人民日报》2023年7月19日，第1版。

② 参见龚维斌：《以习近平生态文明思想引领新时代生态文明建设》，载《光明日报》2022年8月26日，第11版。

③ 《习近平主持中共中央政治局第四十一次集体学习》，载中国政府网2017年5月27日，https://www.gov.cn/xinwen/2017－05/27/content_5197606.htm。

④ 参见孙金龙、黄润秋：《新时代新征程建设人与自然和谐共生现代化的根本遵循》，载《环境保护》2023年第14期。

（二）以整体观方法科学布局中国自主的环境法知识体系研究

采取整体观方法完善生态文明法治体系，是生态文明法治建设的重要内容①，是做好环境资源保护工作的"总调控手段"②。习近平总书记多次强调要增强"立法系统性、整体性、协同性、时效性"③。这一思想明确了对健全生态文明法治体系的要求，为建构中国自主的环境法知识体系提供了发力方向和研究对象。

1. 尊重客观规律，采用类型化思维，以厘清各生态环境法律法规的内在联系为重要任务

类型化思维既是马克思主义辩证法中整体观的要求，也是规范法学的主要研究方法，对法律体系的建构具有关键作用。与传统法律不同，环境法具有明显的跨部门、法律政策化与政策法律化交织、技术法律化与法律技术化交融等特征，规范形式更加多元和复杂④，这为建构中国自主的环境法知识体系提出了挑战。在习近平法治思想的生态文明法治理论中整体观的指导下，建构中国自主的环境法知识体系必须采用类型化思维，明确生态环境法律法规的分类方法及标准，厘清生态环保法律体系内部各项法律法规之间的关系，为提高生态环保法律体系的系统性提供理论支撑。

---

① 参见孙佑海：《习近平生态文明法治建设理论的新发展和实践推进——学习习近平总书记在全国生态环境保护大会上关于生态文明法治建设的讲话》，载《中国生态文明》2023 年第 Z1 期。

② 孙佑海：《从反思到重塑：国家治理现代化视域下的生态文明法律体系》，载《中州学刊》2019 年第 12 期。

③ 习近平：《高举中国特色社会主义伟大旗帜 为全面建设社会主义现代化国家而团结奋斗——在中国共产党第二十次全国代表大会上的报告》，载《人民日报》2022 年 10 月 26 日，第 1 版；饶爱民：《全面推进美丽中国建设 加快推进人与自然和谐共生的现代化》，载《人民日报》2023 年 7 月 19 日，第 1 版；《习近平主持中共中央政治局第四十一次集体学习》，载中国政府网 2017 年 5 月 27 日，https://www.gov.cn/xinwen/2017 - 05/27/content_5197606.htm。

④ 参见吕忠梅：《类型化思维下的环境法典规范体系建构》，载《现代法学》2022 年第 4 期。

2. 以编纂生态环境法典为契机，推进建构中国自主的环境法知识体系

编纂生态环境法典的同时做好其他相关法律的制定和修改。2023 年 9 月，第十四届全国人大常委会立法规划公布，将编纂"生态环境法典"等工作列入一类立法计划，将《水法》《节约能源法》等法律的修改工作列为第二类立法计划；结合气候变化与碳达峰碳中和、重要江河流域保护等现实需要，将有关气候变化应对、流域保护等法律列入第三类需要继续研究论证的立法计划。这为建构中国自主的环境法知识体系提供了明确的研究载体，有助于推动中国自主的环境法知识体系进一步发展完善。其中，"生态环境法典"的编纂将推动我国生态环保法律体系实现"提档升级"，为建构中国自主的环境法知识体系提供了宝贵契机。建构中国自主的环境法知识体系必须将编纂"生态环境法典"的研究作为重要任务，增强自主的环境法知识体系的中国特色，用中国理论阐释中国实践，用中国实践升华中国理论，打造融通中外的新概念、新范畴、新表述[1]，为世界各国的环境法典编纂和全球生态环境治理体系贡献中国智慧。

（三）以系统方法对中国自主的环境法知识体系进行统筹谋划

习近平法治思想的生态文明法治理论中"山水林田湖草沙系统治理"的重要论述，不仅体现了生态文明法治建设必须坚持的系统观念，也为建构中国自主的环境法知识体系提供了基本原则和方法论指导。

1. "系统观念"是建构中国自主的环境法知识体系必须坚持的基本原则

"山水林田湖草沙"是不可分割的整体，这是自然界客观存在的规律。在建构中国自主的环境法知识体系中，必须深刻认识自然界的整体性和系

---

[1] 参见《习近平在中共中央政治局第三十次集体学习时强调 加强和改进国际传播工作 展示真实立体全面的中国》，载新华网 2021 年 6 月 1 日，http://www.xinhuanet.com/politics/2021-06/01/c_1127517461.htm。

统性，从宏观视角谋划中国自主的环境法知识体系的建构工作，在尊重自然规律的前提下进行环境法学术体系、学科体系以及话语体系的建构，为生态文明法治建设实践提供支撑。

2. "系统方法"是建构中国自主的环境法知识体系的基本方法

系统方法指导人们在实践中从整体的视角出发，对整体与局部的相互作用过程进行把握。[①] 在建构中国自主的环境法知识体系的过程中，应当坚持系统方法的指导，立足生态文明法治体系建设的具体实践，统筹推进生态保护领域、污染防治领域、资源利用领域法律制定与法律适用工作的研究，系统谋划有关生态环境保护的国家法律、党内法规、社会规范的研究。通过对我国生态文明法治体系建设经验的学理提取、原理提炼、哲理提纯[②]，形成内容科学、结构合理、系统完备的中国自主的环境法知识体系，增强中国自主的环境法知识体系对生态文明法治实践的推动力，实现中国自主的环境法知识体系与生态文明法治体系间的良性互动。

[①] 参见燕连福、赵莹：《中国式现代化蕴含生态观的丰富内涵、理论贡献及实践路径》，载《自然辩证法通讯》2024 年第 2 期。

[②] 参见黄文艺：《建构中国法学自主知识体系的路径方法》，载《光明日报》2023 年 9 月 1 日，第 11 版。

第三章　中华优秀传统生态文化与法律文化的继承与弘扬

　　习近平法治思想的生态文明法治理论坚持立足中国国情，植根中国土壤，在实现将马克思主义自然观和辩证法中国化时代化的过程中，高度重视与中华优秀传统文化的结合，深刻总结中华优秀传统文化中的生态文化与法律文化宝贵历史经验，吸收和继承了中华优秀传统文化中的"绿色基因"与"法制基因"，具有宏阔的历史视野和深厚的传统意蕴。建构中国自主的环境法知识体系需增强继承和弘扬中华优秀传统文化的理论自觉与文化自信，领会和践行习近平法治思想的生态文明法治理论的深层逻辑，从逻辑与历史相统一、理论与实践相统一、继承与发展相统一的角度，深刻把握中华优秀传统文化中的生态文化与法律文化，充分彰显中华民族生态文化与法律文化的深厚底蕴，并对其进行传承与创新。

第一节　习近平法治思想对中华优秀传统文化的继承与弘扬

一、中华优秀传统生态文化基因

纵观历史，中国古代许多思想家对人与自然的关系作出过思考，提出了"天人合一""道法自然""民胞物与""仁爱万物"等传统生态哲学。习近平生态文明思想传承和发扬了中华优秀传统文化中的生态哲学，并对其进行创造性转化和创新性发展，比如习近平总书记提出的"坚持人与自然和谐共生"等理念与传统的"天人合一"思想一脉相承；"人与自然生命共同体""地球生命共同体"等理念与《周易》中"天之所以天，地之所以地，人之所以人，不相离者也"、荀子的"万物各得其和以生，各得其养以成"、张载的"民吾同胞，物吾与"等有异曲同工之妙；"增强节约意识、环保意识、生态意识"等理念是"与四时合其序""焚林而猎，愈多得兽，后必无兽""春三月，山林不登斧，以成草木之长"等思想的现代化表达。总结起来，习近平生态文明思想从自然观、系统观和绿色发展观等方面对中华优秀传统文化中的生态哲学进行了传承与创新。

（一）自然观

习近平总书记在党的二十大报告中明确指出："中国式现代化是人与自然和谐共生的现代化。"① 习近平生态文明思想继承和发展了中国古代"天人合一"哲学观，明确指出"保护生态环境就是保护生产力"②。

---

① 《中国共产党第二十次全国代表大会文件汇编》，人民出版社 2022 年版，第 19 页。

② 习近平：《共同构建人与自然生命共同体——在"领导人气候峰会"上的讲话》，载《人民日报》2021 年 4 月 23 日，第 2 版。

"中华民族向来尊重自然、热爱自然，绵延 5 000 多年的中华文明孕育着丰富的生态文化。"[1] 对人与自然关系的探讨，在古代就是对"天人"关系的探讨。其中最为核心的是"天人合一"观，强调天人之间的统一性，认为人类只有按照自然规律活动，才能实现人与自然的和谐。比如《周易·系辞上》曰："日新之谓盛德，生生之谓易。""天"创造世界万物，万物生而又生，生生不息，这就是"易"，就是最高的"德"，即"盛德"。《易经》还提出了"元"和"始"的问题，《周易·乾·象》指出："大哉乾元，万物资始，乃统天。"表明一切处于变化之中，中和也不是简单的"天地位焉，万物育焉"的静止状态，而是在自然规律的发展变化之中所达致的天与人的和谐之整体。[2]

习近平生态文明思想从认识论的角度重新看待人与自然的关系。"自然是生命之母，人与自然是生命共同体"，人生于自然，依赖于自然而生存，人是自然的组成部分，自然是人类赖以生存和发展的根基，因此生态环境没有替代品。这就超越了西方传统哲学的主客二分视角，继承中国古代"天人合一"的理念，从整体的视角看待人与自然的关系。一方面，人与自然是生命共同体，大自然是人类赖以生存和发展的基础，正如《周易·乾·文言》言："夫大人者，与天地合其德，与日月合其明，与四时合其序，与鬼神合其吉凶。"天与人本就是相互依赖、和谐共生的关系，万物同出一体、同处一体，不相离也，从整体的视角看，人与自然是一荣俱荣、一损俱损的关系。另一方面，人类必须尊重自然、顺应自然、保护自然，天地有生生之德，而人有参赞化育之责，正如《荀子·天论》所言："天有其时，地有其财，人有其治，夫是之谓能参。"习近平生态文明

---

① 习近平：《坚决打好污染防治攻坚战 推动生态文明建设迈上新台阶》，载《人民日报》2018年5月20日，第1版。

② 参见曾繁仁：《中国古代"天人合一"思想与当代生态文化建设》，《文史哲》2006年第4期，第7页。

思想中的自然观继承了传统"天人合一"思想，并赋予其新的时代内涵，明确了生态文明建设的根本目标，同时也为现代化建设提供了中国智慧和中国方案。

（二）系统观

习近平总书记讲道，"山水林田湖是一个生命共同体，人的命脉在田，田的命脉在水，水的命脉在山，山的命脉在土，土的命脉在树"①。习近平生态文明思想强调人与自然是生命共同体，"生态环境没有替代品，用之不觉，失之难存"②，"人类对大自然的伤害最终会伤及人类自身，这是无法抗拒的规律"③。这是对中国古代"天人合一"自然观所蕴含的整体观、系统观的继承和发展。

"我们要构筑尊崇自然、绿色发展的生态体系。人类可以利用自然、改造自然，但归根结底是自然的一部分，必须呵护自然，不能凌驾于自然之上。我们要解决好工业文明带来的矛盾，以人与自然和谐相处为目标，实现世界的可持续发展和人的全面发展。"④"生命共同体"就是将生态系统看作一个整体，打破了对各生态要素孤立看待的传统认知，秉承整体性、系统性生态思维，将自然视为构成人类生存与发展的物质基础，生动形象地阐述了人与自然和谐统一的关系，揭示了生态环境对地球家园健康和中华民族永续发展的意义。

《中庸》："喜怒哀乐之未发，谓之中；发而皆中节，谓之和；中也者，

---

①　习近平：《关于〈中共中央关于全面深化改革若干重大问题的决定〉的说明》，载《人民日报》2013 年 11 月 16 日，第 1 版。

②　习近平：《论坚持人与自然和谐共生》，中央文献出版社 2022 年版，第 88 页。

③　习近平：《论坚持人与自然和谐共生》，中央文献出版社 2022 年版，第 9 页。

④　习近平：《携手构建合作共赢新伙伴 同心打造人类命运共同体——在第七十届联合国大会一般性辩论时的讲话》，载《人民日报》2015 年 9 月 29 日，第 2 版。

天下之大本也；和也者，天下之达道也。致中和，天地位焉，万物育焉。"
"中"是天下万物生命之根基，"和"是天下万物运行的客观规律，唯有通
过遵循客观规律以达致"中和"，使天下万物各得其位、各生其长，世界
才能生生不息，繁荣昌盛。^① 这就是儒家"仁爱万物"的方法，以中庸之
道谋求天地万物的和合而生。中国古代所追求的"和谐"秉持整体论，以
整体和变化的视角来认识天人关系。习近平生态文明思想中的"生命共同
体"理念要求从系统性和全局性出发寻求生态环境治理之道，"统筹兼顾、
整体施策、多措并举，全方位、全地域、全过程开展生态文明建设"^② 为
新征程上的实现环境治理体系和治理能力现代化提供了方法论指引。

（三）绿色发展观

习近平总书记创造性地提出了"绿水青山就是金山银山"的重要论
断，要求在社会发展过程中"坚持节约优先、保护优先、自然恢复为主的
方针，不能只讲索取不讲投入，不能只讲发展不讲保护，不能只讲利用不
讲修复，要像保护眼睛一样保护生态环境，像对待生命一样对待生态环
境"^③。习近平总书记的上述重要论述揭示了保护生态环境就是保护生产
力、改善生态环境就是发展生产力的硬道理，体现了高质量经济发展与高
水平环境保护的辩证统一。

"绿水青山既是自然财富，又是经济财富"^④，"要牢固树立绿水青山就
是金山银山的理念"^⑤，"坚定不移走生态优先、绿色发展之路"^⑥。习近平

---

① 参见余谋昌：《环境哲学：生态文明的理论基础》，中国环境科学出版社 2010 年版，第 15 页。
② 习近平：《论坚持人与自然和谐共生》，中央文献出版社 2022 年版，第 12 页。
③ 习近平：《论坚持人与自然和谐共生》，中央文献出版社 2022 年版，第 10 页。
④ 习近平：《论坚持人与自然和谐共生》，中央文献出版社 2022 年版，第 139 页。
⑤ 习近平：《论坚持人与自然和谐共生》，中央文献出版社 2022 年版，第 68 页。
⑥ 习近平：《论坚持人与自然和谐共生》，中央文献出版社 2022 年版，第 74 页。

总书记的上述论述体现和超越了中国古代朴素的可持续发展观。《礼记·王制》曰："草木零落，然后入山林。"《礼记·月令》曰："季秋之月，草木黄落，乃伐薪为炭；仲冬之月，日至短，则伐木，取竹箭。季冬之月，命四监收秩薪柴，以共郊庙及百祀之薪燎。"《礼记》规定只有深秋之后才能进山砍伐树木，主张顺时而动。《荀子·王制》曰："修火宪，养山林薮泽草木鱼鳖百索，以时禁发。"唯有以时禁发方能保证自然资源的永续利用，以实现保护自然的目标。中华优秀传统生态文化都强调，开发利用自然应当适度消费，取用有节，既不能破坏动植物生存发展之生境，也不能破坏动植物繁育再生之能力，要避开生物孕育生长的关键季节，严格实行择采、择捕的措施，对幼小树木、鸟巢鸟卵、母兽幼兽等予以保护，禁止竭泽而渔、焚林而田的不可持续行为。[①] 习近平生态文明思想中的"两山理论"科学阐述了经济发展和生态环境保护之间的关系，强调破坏生态环境的发展是片面畸形的发展，要克服把保护生态与发展生产力对立起来的冲突思维，追求经济增长和生态环境保护双赢的高质量绿色低碳发展，是对中国古代朴素可持续发展观的高度总结与现代性转化，为实现我国经济社会可持续发展提供了必须坚持的基本原则。

二、习近平法治思想的生态文明法治理论的中华优秀传统法律文化基因

习近平法治思想的生态文明法治理论是习近平法治思想与习近平生态文明思想的"交汇"，是在法治轨道上推进生态文明建设的理论思考与实践要求。习近平法治思想的生态文明法治理论坚持把马克思主义法治思想

---

① 参见王利华：《思想与行动的距离——中国古代自然资源与环境保护概观》，载《史学理论研究》2020 年第 2 期，第 76 页。

同全面依法治国、建设法治中国的实际相结合，从生态文明建设实践出发，做到历史和现实相贯通、理论和实际相结合，特别强调"决不能把改革变成'对标'西方法治体系、'追捧'西方法治实践"①，要遵循中国特色社会主义生态文明法治实践规律，传承中华法律文化精华，突显"德法并重"的中国特色。

（一）习近平法治思想的生态文明法治理论的核心命题

"共同体"是马克思主义的经典概念。习近平总书记在推动生态文明建设实践过程中不断总结规律性认识，先后提出"山水林田湖草沙自然生命共同体""人与自然生命共同体""地球生命共同体"的科学论断，从"人与自然和谐共生"的高度，提出了"人与自然生命共同体"这个习近平法治思想的生态文明法治理论的核心命题②，为我们在建构中国自主的环境法知识体系过程中重新认识、界定法律上的人与自然关系提供了世界观和方法论指引。

中华优秀传统文化中的"天人合一"哲学和"民胞物与"等思想是"人与自然生命共同体"的文化渊源，"人与自然生命共同体"是对"天人合一"的现代化表达。在"天人合一"哲学观下，宋儒张载提出了"民胞物与"的思想，将其作为"天人之学"的核心表述。③ 比如《西铭》中曰："乾称父，坤称母；予兹藐焉，乃混然中处。故天地之塞，吾其体；天地之帅，吾其性。民吾同胞，物吾与也。"在他看来，人与天地万物同源于一气，天地为万物之父母，人与万物同胞，彼此之间构成了息息相通的有机体。

---

① 习近平：《坚持走中国特色社会主义法治道路，更好推进中国特色社会主义法治体系建设》，载《人民日报》2022年2月16日，第1版。

② 参见吕忠梅：《习近平法治思想的生态文明法治理论之核心命题：人与自然生命共同体》，载《中国高校社会科学》2022年第4期，第4页。

③ 参见吴承笃：《天人合一：齐鲁文化与中国生态哲学》，山东人民出版社2017年版，第152页。

张载将人类的亲缘关系类比于人与天地万物，认为人是社会共同体的成员，但人必须首先是自然共同体的成员，人与天地万物构成生命共同体。① 由此可以看出，习近平法治思想的生态文明法治理论中的"人与自然生命共同体"命题是对"天人合一"哲学与"民胞物与"等思想的继承与现代性转化。

（二）习近平法治思想的生态文明法治理论的实践内涵

习近平总书记指出："我国古代法制蕴含着十分丰富的智慧和资源，中华法系在世界几大法系中独树一帜。要注意研究我国古代法制传统和成败得失，挖掘和传承中华法律文化精华，汲取营养、择善而用。"② 在古代，凡属盛世都是法制相对健全的时期。比如春秋战国时期，秦相商鞅奉行"以法而治"的法家理念，强调"法必明、令必行"，使秦国迅速跻身强国之列。再如，唐太宗以奉法为治国之重，《唐律疏议》为大唐盛世奠定了法律基石。中国法律史上，法家以刑为核心，认为道德的力量不足以遏制人性之恶，唯有用强制性的法律手段才能推行道德③，这种"一断于法""唯法而治""奉法强国"的理性精神仍具有强大的生命力。

习近平法治思想的生态文明法治理论汲取"奉法强国"的信念，提出用最严格制度最严密法治保护生态环境，以法治理念、法治方式推动生态文明建设④；强调保护生态环境必须依靠制度、依靠法治，政府要强化环保、安全等标准的硬约束，要严格执法，持续打好蓝天、碧水、净土保卫战，依法维护公民权益⑤；强调制度的生命力在于执行，要求严格落实领

① 参见余正荣：《儒家生态伦理观及其现代出路》，载《中州学刊》2001年第6期，第150页。
② 习近平：《习近平著作选读》（第1卷），人民出版社2023年版，第302页。
③ 参见何勤华、陈海灵：《法律、社会与思想：对传统法律文化背景的考察》，法律出版社2009年版，第53页。
④ 参见习近平：《论坚持人与自然和谐共生》，中央文献出版社2022年版，第13、176页。
⑤ 参见习近平：《论坚持人与自然和谐共生》，中央文献出版社2022年版，第13、43、49页。

导干部生态文明建设责任制，严格考察问责，严格环境执法力度，做到有权必有责、有责必担当、失责必追究，保证党中央关于生态文明建设决策部署生根见效。①

（三）习近平法治思想的生态文明法治理论的民生观

习近平总书记指出，"良好的生态环境是最公平的公共产品，是最普惠的民生福祉"②，深刻地阐明了建设生态文明的根本目的，展现了一切以人民为中心的执政为民情怀和生态公平的环境正义观，体现了习近平法治思想的生态文明法治理论的民生观。"增进民生福祉是发展的根本目的。……要多谋民生之利、多解民生之忧，在发展中补齐民生短板、促进社会公平正义。"③ 这表明，"环境就是民生"，"发展经济是为了民生，保护生态环境同样也是为了民生"，要"重点解决损害群众健康的突出环境问题，加快改善生态环境质量，提供更多优质生态产品，努力实现社会公平正义"④。

人本主义是中国古代法制思想的哲学基础。⑤ 中国传统文化自古以来就有"民为邦本，本固邦宁"的民本思想，这种民本思想立足于"天人合一"思想，是在人与自然内在统一的框架中重视人的价值，人本主义的国家治理重心、天人合一的人与自然和谐理念，都是建设当代法治中国的宝贵历史镜鉴。⑥ 然而，中国传统文化中的人本主义也有缺陷，在儒家人本主义的理念中，个人首要的价值取向是维持国家和社会秩序的稳定，个人

---

① 参见习近平：《论坚持人与自然和谐共生》，中央文献出版社 2022 年版，第 13 页。
② 习近平：《论坚持人与自然和谐共生》，中央文献出版社 2022 年版，第 26 页。
③ 习近平：《切实把新发展理念落到实处 不断增强经济社会发展创新力》，载《人民日报》2018 年 6 月 15 日，第 1 版。
④ 习近平：《论坚持人与自然和谐共生》，中央文献出版社 2022 年版，第 11 页。
⑤ 参见张晋藩：《中国法律的传统与近代转型》（第二版），法律出版社 2005 年版，第 27 页。
⑥ 参见张晋藩：《中华法文化要略》，法律出版社 2019 年版，第 34 - 35 页。

利益在尚公去私的社会舆论下受到了排斥，这种理念是为"上下有节、尊卑有序"的封建社会做辩护。① 从本质上看，中国传统民本思想的根本立场在于维护皇权，对公民权利保护力度有所不足。习近平法治思想的生态文明法治理论从"以人为本"的法制思想出发，摒弃其封建内核，坚持以人民为中心，积极推进生态文明建设。同时，"最普惠"也意味着每个人都是生态环境保护的参与者，没有哪个人能只说不做、置身事外。② 从而将抽象的公平正义观进行了具体化表达。

三、习近平法治思想的生态文明法治理论的时代意蕴

习近平法治思想的生态文明法治理论结合当代中国发展实际，以马克思主义关于人与自然关系理论为基础，继承和创造性地发展中华优秀传统文化中的生态文化和法律文化，是中国走生态文明发展道路和建设美丽中国的科学指南，更是建构中国自主的环境法知识体系的指导思想和理论基础。一方面，中华优秀传统文化是习近平法治思想的生态文明法治理论的文化根基，习近平法治思想的生态文明法治理论坚持以人民为中心，从中华优秀传统文化中的生态文化与法律文化中汲取营养，是引领人与自然和谐共生的中国式现代化建设的思想旗帜，是打破"西方中心论"长期遏制中国环保事业发展和法治理论话语权的有力武器。另一方面，习近平法治思想的生态文明法治理论赋予中华优秀传统文化新的时代内涵，充分彰显民族自信与文化自信。新时代，推进中国生态文明法治建设，建构中国自主的环境法知识体系，必须坚持以习近平法治思想的生态文明法治理论为指引，深耕中华优秀传统生态文化与法律文化，使其成为推进全面依法治

① 参见张晋藩：《中国法律的传统与近代转型》（第二版），法律出版社2005年版，第40页。
② 参见习近平：《论坚持人与自然和谐共生》，中央文献出版社2022年版，第12页。

国、推动人与自然和谐共生的中国式现代化建设的智慧和力量源泉。

（一）拓展人类观，为建构中国自主的环境法知识体系奠定价值基础

2013 年，习近平在海南考察工作时指出："对人的生存来说，金山银山固然重要，但绿水青山是人民幸福生活的重要内容，是金钱不能代替的。你挣到了钱，但空气、饮用水都不合格，哪有什么幸福可言。"[①]习近平总书记的讲话深刻揭示了人的两种生存状态，人既生活在社会之中，也必须依赖自然环境而生存，人的自然属性是人的社会属性的前提。[②] 近现代法律基本不考虑人的自然属性，而是将人抽象为理性的"经济人"，认为人在法律上拥有完全的意思自治。[③] 以自私自利为天赋的"经济人"在从事经济活动时，必然会受到利己主义的指引，为了追求自身经济利益最大化，不仅忽视生态环境的价值，也忽视他人利益与集体利益，导致大规模的环境污染和生态破坏事件在工业革命后的西方国家集中爆发。"人与自然和谐共生"的科学判断建立在"天人合一"哲学观之上，它要求以人与自然和谐共生为出发点和归宿，重新认识人类自身，统筹考虑人的自然属性与社会属性，在法律上建立"生态理性经济人"的人性标准。[④]

习近平法治思想的生态文明法治理论在拓展人类观的基础之上，为中国自主的环境法知识体系奠定了以"和谐"为核心的价值基础。"人与自然和谐共生"的价值观，填补了传统哲学观念忽视人类以外的生命世界和

---

① 中共中央文献研究室编：《习近平关于社会主义生态文明建设论述摘编》，中央文献出版社 2017 年版，第 4 页。

② 参见吕忠梅：《环境法典编纂视阈中的人与自然》，载《中外法学》2022 年第 3 期，第 607 - 608 页；吕忠梅：《习近平法治思想的生态文明法治理论之核心命题：人与自然生命共同体》，载《中国高校社会科学》2022 年第 4 期，第 9 页。

③ 参见吕忠梅：《习近平法治思想的生态文明法治理论之核心命题：人与自然生命共同体》，载《中国高校社会科学》2022 年第 4 期，第 9 页。

④ 参见吕忠梅：《习近平法治思想的生态文明法治理论之核心命题：人与自然生命共同体》，载《中国高校社会科学》2022 年第 4 期，第 9 页。

生态环境相互关系的空缺。传统价值观认为，荒野自然没有价值，但是环境问题的爆发与生态科学的进步要求人类不断拓展价值的外延，后现代主义精神推崇的包容性和多元性也让人们逐渐地意识到，价值不仅仅只附着于人类个体生命之上，地球上的所有生命体和生态系统整体都具有自身的工具性价值和内在价值。[①] "人与自然和谐共生"的价值观不是对既有伦理的否认，而是在西方现代哲学伦理观的基础之上进行拓展，从传统内容中延展出新的内容，对传统的价值观进行修正。环境法需要将"人与自然"关系纳入调整"人与人"关系之中，构建"人—自然—人"共生共荣的法治体系，"人与自然"和谐以及"人与人"和谐理应成为环境法的"和谐"价值的核心。环境法通过在"人与人"相和谐的基础之上，建立人与自然"和谐发展"的价值判断标准，抑制人们开发利用生态环境的任意性，制裁污染和破坏环境的违法行为，促进人与自然和谐共生。[②]

（二）拓展自然观，为建构中国自主的环境法知识体系建立系统思维

"人与自然生命共同体"理念深刻剖析了人与自然之间一荣俱荣、一损俱损的密切联系，打破了人与自然的主客二分思维定式，将人与自然视为平等的道德主体。自然生态环境是人类赖以生存和发展的重要基础，人与自然的共生、共荣、共控关系要求现代法律建立系统思维，以保护自然的系统性、共生性。[③] 据此，现代环境法应当在一定程度上赋予自然以主体性地位，既要在满足人生存发展的基础之上允许对自然的合理开发利

[①] 参见［美］罗尔斯顿：《哲学走向荒野》，刘耳、叶平译，吉林人民出版社 2000 年版，第231 页。

[②] 参见吕忠梅：《"人与自然和谐共生"视野下的环境法价值论》，载《政治与法律》2023 年第7 期，第 7 页。

[③] 参见吕忠梅：《习近平法治思想的生态文明法治理论之核心命题：人与自然生命共同体》，载《中国高校社会科学》2022 年第 4 期。

用，又要承认自然内在的生态价值，通过法律对自然加以保护。

建构中国自主的环境法知识体系应紧密围绕"人与自然生命共同体"这一命题展开，以整体主义方法论建构中国环境法实践体系，系统解决各类生态环境问题。立法上，补齐短板，促进生态环境立法体系化；执法上，解决好多头执法、交叉执法、多层执法、重复执法等问题，以系统思维和全局视野寻求生态环境治理之道；司法上，解决好让人民群众在每一个司法案件中感受到公平正义的问题，积极推进"生态优先"的绿色司法理念，切实贯彻"公众参与"原则；守法上，解决好社会公众参与生态环境治理问题，切实保障公众的环境知情权、参与权、表达权和监督权，探索形成适应美丽中国建设需求的社会治理新模式。[①]

(三) 发展法律观，为建构中国自主的环境法知识体系确立核心范畴

习近平法治思想的生态文明法治理论传承和发展了中华优秀传统生态文化，揭示了"人"与"自然"关系的本质是"生命共同体"，为中国现代环境法奠定了核心范畴基础。中国自主的环境法知识体系应围绕"和谐共生"这一核心范畴进行整体性变革，将"人与自然生命共同体"的共生、共荣、共控关系作为环境法学研究的重点，形成"人与自然和谐共生"的环境法学理论体系。[②]

自笛卡儿以来，"主客二分"成为近现代法律的哲学基础，以自然对人的现实经济需求满足程度为唯一判断标准，否认生态环境的自身价值。因为缺乏对生态环境的合理关怀，没有在法律上确认生态环境的自身价值，导致人们将自然作为可以肆意掠夺的对象或当作任意排放污染物的天

---

① 参见吕忠梅：《习近平法治思想的生态文明法治理论之核心命题：人与自然生命共同体》，载《中国高校社会科学》2022 年第 4 期。
② 参见吕忠梅：《中国自主的环境法知识体系建构初论》，载《中共中央党校（国家行政学院）学报》2023 年第 3 期，第 60 - 61 页。

然垃圾场，法律上的绝对主客二分关系成为引发当代严重环境问题的制度因素。①"人与自然是生命共同体"命题是对主客二分法的超越，要求在环境法中高度重视"人—自然—人"的社会关系，将生态环境的自身价值纳入法律关系考量，在一定程度上赋予自然以主体性，形成尊重自然的生态环境法律关系理论，建构以"人与自然生命共同体"为核心范畴的中国自主的环境法知识体系。②

第二节　中华优秀传统生态文化与法律文化及其当代价值

一、中华优秀传统生态文化

哲学是"对人生的系统的反思"③，生态文化也要从哲学层面进行反思。中国传统哲学不仅仅可以增进知识，还可以提升人的心灵，以此超越现实世界，因此中国传统哲学具有道德化色彩，它的使命是使人得以培养和发展成内圣外王的品格，它讨论的就是内圣外王之道。④"生态哲学"的概念来自西方，是哲学为应对生态危机的时代发展，据此可以将"生态哲学"定义为对人与自然关系的系统反思，它从广泛关联的角度研究人与自然相互作用的关系。⑤学界较少对古代传统生态思想做系统的总结与梳理，以至于中华优秀传统文化中大量有关人与自然关系的内容并未得到应有的重视，人如何对待自然之道应当在中国传统哲学中占据一席之地，这

---

① 参见吕忠梅：《习近平法治思想的生态文明法治理论》，载《中国法学》2021 年第 1 期，第 57 页。

② 参见吕忠梅：《习近平法治思想的生态文明法治理论》，载《中国法学》2021 年第 1 期，第 57 页。

③ 冯友兰：《中国哲学简史》，赵复三译，四川人民出版社 2020 年版，第 1 页。

④ 参见冯友兰：《中国哲学简史》，赵复三译，四川人民出版社 2020 年版，第 4、7 页。

⑤ 参见李世燕：《生态哲学基础理论研究：生态哲学的本体论、认识论、价值论和实践维度》，北京师范大学出版社 2022 年版，第 1 页。

就是"生态哲学"需要探讨的问题。

中国古代生态哲学有流派分野，各家的观点各有千秋，这里所论述的中国古代生态哲学取各家之精华、舍极端与糟粕，在求同存异的基础上将中国古代生态哲学分为本体论、认识论和方法论三大部分，其中中国传统生态哲学本体论是对"天"与"人"的探讨，认识论是对"天人关系"的认识，方法论是实现"天人和谐"的路径与方法。

(一) 中华优秀传统生态文化的本体论

在春秋战国之前，"天"的含义还有上帝的神秘主义成分在其中，而在春秋战国之后，中国人破除了对上帝的迷信，"天"在很大程度上即意味着"自然之天"，由"自然之天"引申而得其自然规律，也即"天命"。[①] 哲学界针对"天人合一"的探讨形成了许多不同的观点，对于"天"的认识主要有"自然之天"、"义理之天"和"道德之天"的区分，其中钱穆先生认为"天"就是"天命"，"人"就是"人生"，天之所生谓之物，人生之所以异于万物者，是因为人最能与天命相合，即"天人合一"[②]；而季羡林先生直接将"天"理解为"大自然"，"人"即人类，天人关系即人与自然的关系。[③] 我们的理解为，"天人合一"的"天"即"自然之天"，"天人合一"即中国古人对人与自然关系的认识。据学者考据，天在西周以前与上帝同义，到了春秋时期，社会混乱、天下易主彻底动摇了上帝的权威，国家化的宗教神学转向人文主义思潮，彼时的思想家都选择将天解释为自然界。[④]《论语·阳货》曰："天何言哉？四时行焉，

---

① 参见季羡林：《"天人合一"新解》，载《传统文化与现代化》1993年第1期，第9-16页；钱穆：《中国文化对人类未来可有的贡献》，载《中国文化》1991年第1期，第93-96页。
② 参见钱穆：《中国文化对人类未来可有的贡献》，载《中国文化》1991年第1期，第94页。
③ 参见季羡林：《"天人合一"新解》，载《传统文化与现代化》1993年第1期，第9页。
④ 参见蒙培元：《孔子天人之学的生态意义》，载《中国哲学史》2002年第2期，第21页。

百物生焉，天何言哉?"这句话虽然没有否定天是超自然的上帝，但是它表明天地有四时之运转、万物之生长，天的功能就是维持这种自然规律。

中华优秀传统生态哲学认为，"天"有生生之德。据《说文解字》记载："生，进也。象草木生出土上。凡生之属皆从生。"从对待人与自然关系的角度来看，"生"主要有三层含义：第一，"生"即"创生"，自然是创生天地万物，赋予万物生命，是万物之本源，如《周易·系辞下》曰："天地之大德曰生。"第二，"生"即"共生"，天地之间的所有生命彼此联动，共生共存，人可能离开自然界而生存，如《荀子·天论》曰："阴阳大化，风雨博施，万物各得其和以生，各得其养以成，不见其事而见其功，夫是之谓神。"第三，"生"即"生存"，自然是满足人类及所有生物生存需要的源流，如《春秋繁露·王道通三》曰："仁之美者在于天。天，仁也。天覆育万物，既化而生之，有养而成之，事功无已，终而复始，凡举归之以奉人，察于天之意，无穷极之仁也。"① 天地这三重生生之德，体现了中国传统文化在人与自然关系问题上的基本态度：敬畏自然、和谐共生、节用善待。②

中国古代对"人"的认识则较为统一。《周易·序卦》曰："有天地，然后有万物；有万物，然后有男女。"天地有生生之德，天地生育万物，人的自然属性也是万物的一种，故人也有赖天地的生生之德得以生存，人作为自然万物的一部分，生存于天地之间，而并非游方于天地之外，这体现了人对于天地及其万物的一种依赖性和从属性。人是万物之灵，能力越大其责任越大，因此人类需要肩负起对自然的一种"参赞化育"的责任。③

① 李培超、张天晓：《中国环境伦理学的本土化视野》，湖南人民出版社2015年版，第193-198页。
② 参见李培超、张天晓：《中国环境伦理学的本土化视野》，湖南人民出版社2015年版，第198页。
③ 参见陈业新：《儒家生态意识与中国古代环境保护研究》，上海交通大学出版社2012年版，第49页。

《春秋繁露·人副天数》曰："天地之精所以生物者，莫贵于人。人受命乎天也，故超然有倚。"《正蒙·至当》曰："天以直养万物，代天而理物者，曲成而不害其直，斯尽道矣。"张载和朱熹认为，人"参赞化育"治理万物乃是"替天行道"，万物生育万物之后，都有待于人类来治理或管理，正如《荀子·礼论》所言："宇中万物、生人之属，待圣人然后分也。"

（二）中华优秀传统生态文化的认识论

《礼记·中庸》曰："万物并育而不相害，道并行而不相悖。"人与万物共同生存于天地之间，其自然之道是并育而不相害，并行而不相悖，这是一种人与自然处于中庸和谐的自然状态，也是中华优秀传统生态哲学中对天人关系的认识。

天地虽然有"生生之德"，但是天地并没有"善"。《周易·乾·文言》曰："元者，善之长也。"就天地或自然来说，有天地之美、四时之序，但自然没有目的性，即生生之现实，一个不断生长、生成、发展的过程，这一过程有规律和秩序，但是这种规律和秩序并没有既定的目的或目标，只有客观的存在。[①] 人虽然与万物一同生存于天地之间，但人相对于天地万物而言，有着更特殊的使命和能力。《尚书》曰："惟天地万物父母，惟人万物之灵。"《礼记·礼运》曰："故人者，其天地之德，阴阳之交，鬼神之会，五行之秀气也。"《春秋繁露·人副天数》曰："天地之精所以生物者，莫贵于人。"万物为阴阳二气交合而生，但唯有人能得五行之秀气、天地之精华，因此天地的生生之德生养了万物，而人是万物之灵，唯有人

[①] 参见蒙培元：《关于中国哲学生态观的几个问题》，载《中国哲学史》2003 年第 4 期，第 7 页；蒙培元：《目的与工具——儒学与现代文明的一个理论课题》，载《北京社会科学》1997 年第 4 期，第 17 页。

能够发现自然规律、遵循自然规律，然后通过维护自然规律来保证自然之道的实现。

中华优秀传统生态哲学认为，天地有生生之德，人有参赞化育之责，天与人的职能有别。《论语·阳货》曰："天何言哉？四时行焉，百物生焉，天何言哉？"《荀子·礼论》曰："天能生物，不能辨物也。地能载人，不能治人也。"《荀子·王制》曰："天之所覆，地之所载，莫不尽其美，致其用。"《刘禹锡集·天论上》曰："天之能，人固不能也；人之能，天亦有所不能也。"生生之道是四时之序、万物生长的自然规律，天地依照自然规律不断地运转，但是天因为没有主体性和主观能动性，无法认识来源于其自身的生生之道；人依赖天地的生生之德而生，还具有主观能动性，于是有参赞化育之责。总而言之，天地决定了自然万物的有无，而人的行为则能决定自然世界的好坏优劣，其判断标准为自然万物是否依照生生之道而运转，这是一种自然有序的秩序。可以看到，儒家并没有将人置于自然的对立面，而是坚持"天人合一"的立场，他们认识到无论是社会群体中的人还是社会关系中的人，其生命的根源都在于自然界，都需要依赖天地的"生生之德"得以存在。①

（三）中华优秀传统生态文化的方法论

总体来说，中华优秀传统生态哲学的方法论有二：一是外在行为尊重自然规律，奉时善治、以时禁发；二是内在地克制人的欲望，尚俭节用。

中国古代天文学发达，自尧舜之时便有专门观察天象的官职，据《尚书·尧典》记载："乃命羲和，钦若昊天，历象日月星辰，敬授民时。"时

---

① 参见蒙培元：《中国的天人合一哲学与可持续发展》，载《中国哲学史》1998 年第 3 期，第 6 页。

有规律之意，"天时"即天地运行的自然规律。古代农业要"播时百谷"，商业要"时用知物"，《左传·宣公十五年》曰"天反时为灾，地反物为妖，民反德为乱"，可以说，"时"影响农业文明时期人们生活生产的方方面面，按时则顺，反时为灾，因此奉时善治在古代农业社会具有非常重要的行为指导。

以时禁发要求顺应生物生长繁育规律，生物利用、养护、斩伐要按季节进行。[①]《周易·说卦》曰："昔者圣人作《易》也，将以顺性命之理。是以，立天之道，曰阴与阳；立地之道，曰柔与刚；立人之道，曰仁与义。兼三才而两之，故《易》六画而成卦。分阴分阳，迭用柔刚，故《易》六位而成章。""三才"为天、地、人，天地之法则为人的法则之根本，人类行为应当效法自然之道，正如《周易·乾·文言》所言："夫大人者，与天地合其德，与日月合其明，与四时合其序，与鬼神合其吉凶。先天而天弗违，后天而奉天时。"人的需求应当根据天时来有规律地安排，四季、节律、物候等都是人类行为所要遵守或参照的规律。

止欲和节用是儒墨道法等诸子在资源开发利用问题上的共同观点和态度。它们都主张不能过度开发利用自然资源，而是要保持自然持续地为社稷百姓提供物质，如果破坏自然，使自然资源耗尽，则会影响国运兴衰，贻害子孙后世。[②] 那么，如何合理地开发和利用自然呢？一是应当按照时令行政事与农事，让人有意识地遵循自然规律，参与到人对自然的开发利用活动中，此即为上文所讨论的"顺时立政"；二是要控制人类自身的欲望，一切开发利用自然的活动以人类生存需要为限，此即为"节用止欲"的思想。

---

① 参见余谋昌：《环境哲学：生态文明的理论基础》，中国环境科学出版社 2010 年版，第 8 页。
② 参见柴荣：《中国传统生态环境法文化及当代价值研究》，载《中国法学》2021 年第 3 期，第 291-292 页。

二、中华优秀传统法律文化的丰富内涵

中华优秀传统法律文化是建构中国自主的环境法知识体系的重要思想源泉与文化根脉。习近平总书记指出，"中华民族有着深厚文化传统，形成了富有特色的思想体系，体现了中国人几千年来积累的知识智慧和理性思辨。这是我国的独特优势"①，"自古以来，我国形成了世界法制史上独树一帜的中华法系，积淀了深厚的法律文化……中华法系是在我国特定历史条件下形成的，显示了中华民族的伟大创造力和中华法制文明的深厚底蕴。中华法系凝聚了中华民族的精神和智慧，有很多优秀的思想和理念值得我们传承"②。

（一）"以人为本"的人本精神

以人为本是相对于宗教家以神为本而言的，可以称为人本思想。所谓以人为本，不是说人是宇宙之本，而是说人是社会生活之本。③ 人本主义是中国古代法制思想的哲学基础。④ 古代人本精神以去私为前提，主张社会中个人的首要价值取向是维护国家与社会秩序的稳定，以及对君父的忠与孝，以及对家族所承担的各种义务，于是在中国古代社会形成了"上下有节、尊卑有序"的格局。⑤ 而在与生态环境保护相关的古代立法中，"以人为本"与"天人合一"有着密切的联系。在"天人合一"思想中，"人"的地位很高，是处于可以与天相提并论的地位，人因其道德性而优

---

①　习近平：《在哲学社会科学工作座谈会上的讲话》，载《人民日报》2016 年 5 月 19 日，第 2 版。
②　习近平：《习近平著作选读》（第 2 卷），人民出版社 2023 年版，第 379 页。
③　参见张岱年：《中国文化的基本精神》，载《齐鲁学刊》2003 年第 5 期，第 5 页。
④　参见张晋藩：《中国法律的传统与近代转型》（第二版），法律出版社 2005 年版，第 27 页。
⑤　参见张晋藩：《中国法律的传统与近代转型》（第二版），法律出版社 2005 年版，第 40 页。

越于万物，"天人合一"以人为出发点，主张人可以在参赞化育的过程中达至和谐合一状态，由此实现了"天人合一"与"以人为本"的有机统一，既强调将人类放在道德关怀的首位，同时也承认所有的自然物都是道德关心的对象。①

中国古代"天人合一"理念包含着要求人类要以至诚之心遵循天的生生之道，遵循自然规律，不违天时与天命，是一种古典的生态人文精神。② 以捕猎野生动物为例，辽圣宗耶律隆绪在公元 989 年公布法令，明确规定不许施网捕兽，只能用弓箭猎取。而在此之前，野生动物的猎捕是可以施网捕获的。在商汤时代，野生动物资源处于非常丰富的状态，据史料记载，当时的礼法规定捕猎需要"网开三面"，也即将大部分猎物放走，仅捕猎小部分予以享用，也完全能够满足人们的生存需求。到魏晋南北朝时期，野生动物资源受到严重破坏，法令规定由最初的"网开三面"转变为"网开一面"，以此来满足人类的生存需求。③ 可见，古代人们有关于野生动物猎捕的法令，并非基于保护野生动物资源的考量而来，相反，而是因为野生动物资源逐渐减少，为了最大限度地满足人类的生存需求，而不断以立法的形式限缩人们捕猎的方式与数量，体现出人本主义的特点。

（二）"法律自然化"的立法理念

中国古代立法中虽然没有出现现代意义上的环境法，但是"法律自然化"现象却古已有之，中国古代会在立法中规定国家的政务与生产生活都

---

① 参见黄莎：《儒家环境伦理观对中国环境法的影响》，世界图书出版广东有限公司 2013 年版，第 62 - 63 页。

② 参见曾繁仁：《"天人合一"——中国古代的"生命美学"》，载《社会科学家》2016 年第 1 期，第 29 页。

③ 参见景爱：《古人如何保护野生动物》，载《森林与人类》1996 年第 4 期，第 16 页。

应遵循自然规律。《礼记·月令》是中国古代时令类文献中最具权威性的代表，它以万物为师、以自然现象为标识、以季节月份为标准对国家的政务以及生产生活作严整安排，内容涉及从王制至民俗的许多方面。[①] 元始五年（公元 5 年），王莽以太皇太后的名义以诏书的形式发布《月令五十条》[②]，《月令》全篇被正式写入法律，规定王朝在每个月所行之政事，强调以人道顺应天道，承天以治人。其中，最具有代表性的制度便是秋冬行刑制度。据《礼记·月令》记载，孟秋之月，"凉风至，白露降，寒蝉鸣，鹰乃祭鸟，用始行戮"，"是月也，命有司修法制，缮囹圄，具桎梏，禁止奸，慎罪邪，务搏执。命理瞻伤、察创、视折、审断，决狱讼必端平，戮有罪，严断刑。天地始肃，不可以赢"[③]。从孟秋之月开始，天地始有肃杀之气，国家的司法也应当顺应节气，政教政令不可松懈，刑罚也从孟秋之月开始施行。《唐律·卷第三十·断狱》中就规定，"诸立春以后、秋分以前决死刑者，徒一年"。该条体现了秋冬行刑制度的法律化，有违该制度的官员应被判处相应的刑罚。

《月令》和秋冬行刑制度是法律自然化的重要体现，法律自然化是中国古代法典化过程中将自然规律纳入法典等各种法律形式的重要过程，其背后体现着"天人合一"的文化精神。如上所述，在春秋战国之前，"天"的含义恐怕还有上帝的神秘主义成分在其中；而在春秋战国之后，中国人破除了对上帝的迷信，"天"在很大程度上即意味着"自然之天"。[④]《庄子·齐物论》云："天地与我并生，而万物与我为一。"《道德经》曰：

---

① 参见王利华：《〈月令〉中的自然节律与社会节奏》，载《中国社会科学》2014 年第 2 期，第 185 - 203＋208 页。

② 该《月令十五条》诏书见于敦煌悬泉置汉代遗址出土的一块泥墙题记《使者和中所督察诏书四时月令五十条》。参见胡平生等编：《礼记·月令》，中华书局 2019 年版，第 290 页。

③ 胡平生等编：《礼记·月令》，中华书局 2019 年版，第 329、331 页。

④ 参见季羡林：《"天人合一"新解》，载《传统文化与现代化》1993 年第 1 期，第 9 - 16 页；钱穆：《中国文化对人类未来可有的贡献》，载《中国文化》1991 年第 1 期，第 93 - 96 页。

"人法地，地法天，天法道，道法自然。"人与万物同由天地而生，而人与万物同生养于天地而与天地并存的法则即为自然之道。在"天人合一"理念的影响下，中国古代形成了"法律自然化"的传统，无论是立法活动还是法律的内容，都不能违背天命，不能违背自然之道，而是应当顺应自然、顺时而为，如果没有在相应的时节做相应的事情，则可能会招致自然所带来的惩罚。当然，不可否认，从具体的法律规定来看，这一理念也体现了封建统治与小农经济的落后与迷信，是人类在生产力和生产方式较为低下的情况下对自然的妥协和服从；但如果从其背后的文化精神来看，则依旧有值得肯定且有利于当下生态文明建设的内在逻辑。

（三）"礼法结合"的治国之要

中国古代没有形成西方社会那种以部门法为分类的法律体系，而是主张立法并治、德主刑辅。其中，中国古代的"礼"是调整贵族内部和同族平民之间关系的法，虽然没有被称为"法"，但其本质也是统治者为被统治者制定的带有一定强制性的行为规范，是规范个人、家庭、社会的行为准则。① 在这一基础上，中国古代的"礼"其实包含了一部分现代意义上"法律"的内容，是一项稳定且为中国历朝历代所继承和遵循的社会制度，对全体社会成员都具有一定的约束力，是社会全体成员都必须学习和遵守的行为规范。"礼"其实就是人们参照天地运行的自然规律而形成的行为规范，是圣人顺天地自然的本性来治理人类社会的工具，是人类通过参赞化育的过程追求天人合一的外在的行为准则。②

---

① 参见柴荣：《中国传统生态环境法文化及当代价值研究》，载《中国法学》2021年第3期，第293页。

② 参见吴承笃：《天人合一：齐鲁文化与中国生态哲学》，山东人民出版社2017年版，第69页。

在中国古代特殊的法律体系语境之中，有关生态环境保护的行为规范"起源于礼、完备于律、细化于令"，形成了三阶层生态环境法律保护体系。① 中国古代社会治理以德为主、以刑为辅，但其实，在礼与法之外，中国还有独特的以乡规民约为主体的习惯法存在。在以血缘维系的宗族社会之中，习惯法有着极强的稳定性和地域性的特点，它是控制宗族社会与村落社会的重要手段，也是调节各种矛盾与纷争的重要依据。虽然习惯法并非通过国家统治者颁行，甚或未得到国家统治者认可，但它却获得了宗族或乡村内部成员的尊重和认可，在宗族或乡村群体内部具有有效性和权威性。②

可以看到，中国古代法律的很多内容直接来自儒家礼教经典，即便没有在立法中规定，统治者也会通过疏议的形式进行补充，强化了法律的道德化。但是从礼的内容来看，它又与天地自然有着非常密切的关联，礼在"自然"之中获得形而上的根据，强调人在社会之中的行为应当参照和顺应天地的自然规律与四时运转，可以说礼是以"自然"为楷模，也即践行天地的"生生之道"。这是中国传统文化中特有的观念和现象，它并非像西方自然法那样依据神圣宗教渊源和超验思维，而是一种宇宙观秩序观在人的社会行为规范之中的体现。③

三、中华优秀传统生态文化与法律文化的当代价值

党的二十大报告指出，中国式现代化是中国共产党领导的社会主义现

---

① 参见柴荣：《中国传统生态环境法文化及当代价值研究》，载《中国法学》2021 年第 3 期，第 293 页。

② 参见张晋藩：《中国法律的传统与固有国情》，载《中国法律史学会 2012 年学术年会论文集》，第 11 页。

③ 参见梁治平：《寻求自然秩序中的和谐》，中国政法大学出版社 1997 年版，第 369 页。

代化，既有各国现代化的共同特征，更有基于自己国情的中国特色，是人与自然和谐共生的现代化。建设中国式现代化必须坚持百花齐放、百家争鸣，坚持创造性转化、创新性发展，传承中华优秀传统文化，不断提升国家文化软实力和中华文化影响力。中华优秀传统文化是诠释中国式现代化的题中之义。中华优秀传统文化中有全面、系统、完整的生态哲学思想与源远流长的法律源流，只有汲取中华优秀传统文化在基本观念、实质内容、思路方法、表述方式上的传统智慧，才能够全面、系统、完整地保有中华文明的基因，凝聚中国古代的哲学与法学智慧，实现中国古代思想成果的现代性转化。

（一）有利于推动实现人与自然和谐共生的中国式现代化

和谐社会是人类孜孜以求的一种美好愿景，也是中国共产党不懈追求和奋斗的目标，建设美丽中国、实现生态文明，是党在新时代作出的一项庄严承诺，也是建设中国式现代化的重要方面。在过去的经济和社会发展过程中，不断出现人与自然关系恶化的现象，这些问题的解决没有现成答案可循，需要立足中国实际，并充分运用中华优秀传统文化中的生态哲学与法律渊源，寻求解决生态问题的新方案和新举措。实现人与自然和谐共生是构建和谐社会和建设中国式现代化的重要内容与必要保障，人与自然和谐共生的中国式现代化建设需要良好的生态环境作为根本前提。中华优秀传统文化中的生态哲学和法制思想为建设人与自然和谐共生的中国式现代化提供了理论指导和传统智慧，"天人合一""民胞物与"等传统思想蕴含着人与自然的和谐统一，体现了践行中国式现代化的精神实质和内在要求，同时也有利于激发人们的生态情怀与民族自豪感，从而使人们自觉投入生态环境保护与中国式现代化建设。

推进中国式现代化必须在习近平生态文明思想和习近平法治思想的指

导下，全面开展依法治国实践，充分彰显中国显著的政治优势和制度优势，在国际社会掌握中国话语权。中国式现代化理论拓展了人类对现代化建设的视野，为人类对现代化建设探索作出了中国的新贡献。在中国式现代化建设过程中，必须充分研究我国古代生态哲学的合理内容，研究我国古代法制传统的成败得失，挖掘和传承中华优秀传统文化，择善而用，从而赓续中华生态与法治文明。

（二）为建构中国自主的环境法知识体系提供本土资源

在推动中国环境法治建设的过程中，中华优秀传统生态文化与法律文化能够为中国环境法治建设提供内涵更加丰富、价值更为广泛的本土法治资源。经过几千年的发展，中华优秀传统生态文化与法律文化已经积累了丰富的物质资源、制度资源和精神资源。为此，广泛挖掘和传承中华优秀传统生态文化与法律文化是彰显中国环境法治资源优势的应然要求，也更加具有严肃性和使命感。

传承创新中华优秀传统生态文化与法律文化能够充分彰显民族自信。在中国环境法治建设过程中，应以科学的态度吸取借鉴中华优秀传统生态文化与法律文化的精髓，总结我国古代法制的成败得失，深化"民为邦本，本固邦宁"的治国核心理念，继承我国古代"礼法结合、德主刑辅"等法律思想，建立"天人合一"的人与自然和谐关系，倡导"以和为贵"的法治价值追求，挖掘传承并赋予中华优秀传统生态文化与法律文化新的时代内涵，彰显生态文明与法治建设的中国精神和民族特色，增强在生态环境治理上的文化自信与民族自信。

中国法治的最大优势是坚定中华优秀传统法律文化的自信。习近平总书记在第十九届中央政治局第十七次集体学习时指出："中国特色社会主义国家制度和法律制度，植根于中华民族五千多年文明史所积淀的深厚历史文化传统，吸收借鉴了人类制度文明有益成果，经过了长期实践检验"①，具有显著优势。中国共产党百余年来领导人民不断探索实践，坚持人民立场，立足整体谋划和良法善治，深入推进全面依法治国，坚持聚焦在法治轨道上全面建设中国式现代化。

第三节　中华优秀传统生态文化与法律文化和建构中国自主的环境法知识体系

一、传承创新中华优秀传统生态文化与法律文化的基本原则

2016年，习近平总书记在哲学社会科学工作座谈会上强调，构建中国特色哲学社会科学，要坚持继承性和民族性、原创性和时代性、系统性和专业性的有机统一②，这是建构中国自主的环境法知识体系所必须遵循的基本原则。在传承中华优秀传统生态文化与法律文化的过程中，应当坚持继承性和民族性的有机统一，善于融通古今中外各种资源，特别是要把握好马克思主义、中华优秀传统文化和国外哲学社会科学的研究成果。③环境法学研究应当按照《关于加强新时代法学教育和法学理论研究的意见》提出的具体要求，围绕新时代全面依法治国实践，进行扎根中国文化、立足中国国情、解决中国问题的环境法学理论研究，总结提炼中国特色社会主义生态环境法治具有主体性、原创性、标识性的概念、观点、理论，把论文写在祖国的大地上，不做西方理论的"搬运工"。

---

① 习近平：《论坚持全面依法治国》，中央文献出版社2020年版，第263-264页。
② 参见习近平：《在哲学社会科学工作座谈会上的讲话》，载《人民日报》2016年5月19日，第2版。
③ 参见习近平：《在哲学社会科学工作座谈会上的讲话》，载《人民日报》2016年5月19日，第2版。

（一）马克思主义基本原理同中华优秀传统文化相结合

党的二十大报告指出："坚持和发展马克思主义，必须同中华优秀传统文化相结合。只有植根本国、本民族历史文化沃土，马克思主义真理之树才能根深叶茂。"从马克思主义中国化时代化的发展进程来看，马克思主义与中华优秀传统文化具有高度契合之处，马克思基本原理同我国传承了几千年的优秀传统文化相融通。在生态文化与法律文化方面，马克思主义坚持物质第一性、精神第二性的唯物论，坚持准确把握客观实际和客观规律的辩证法，提出"人与自然一体性"的观点，与中国传统生态哲学中"天人合一"等观点相契合。以中华优秀传统生态文化和法律文化为重要内容的中华优秀传统文化孕育了中华民族深厚的文化底蕴和鲜明的民族思想体系，是中华民族发展数千年的智慧结晶，也是中国屹立于世界民族之林的根基。正如习近平总书记所指出的，"马克思主义和中华优秀传统文化来源不同，但彼此存在高度的契合性"①，马克思主义基本原理和立场观点其实与中华优秀传统生态文化和法律文化有着价值融通之处，因此需要坚持马克思主义基本原理同中华优秀传统文化相结合。

在建设人与自然和谐共生的中国式现代化的新时代，深入探究中华优秀传统生态文化和法律文化与马克思主义基本原理的贯通契合，以马克思主义真理激发中华优秀传统生态文化和法律文化的生机活力，既是马克思主义中国化时代化的内涵要求，也是使中华优秀传统生态文化和法律文化跨越千年、影响当代的必然选择。首先，应当以"守正创新"思想作引领，必须坚持以马克思主义基本原理为指导；其次，要努力探寻马克思主义基本原理与中华优秀传统文化的契合点，深入挖掘二者的共同之处。我

---

① 习近平：《担负起新的文化使命 努力建设中华民族现代文明》，载《人民日报》2023 年 6 月 3 日，第 1 版。

国自古形成的生态文化和法律文化能够为当下生态文明建设与法治建设提供有益经验，也可以成为马克思主义中国化时代化的活水源头。

马克思主义生态观的核心是对人与自然关系的看法，人的解放面临两大基本问题，一是人与自然的矛盾，二是人与人之间的矛盾，人的全面解放既要实现人同人本身的和解，更要实现人同自然的和解。[①] 马克思主义基本原理认识到，人是自然的一部分，自然是人类赖以生存和生活的基础，这一点与中华优秀传统生态哲学中的天人关系的认识一致。没有马克思主义的指导，中华优秀传统生态文化和法律文化的传承就会偏离方向、丧失立场，出现厚古薄今、复古回溯的现象。中华优秀传统文化只有在马克思主义的指导和观照下，才能持续扬弃、转化、创新，其蕴含的科学性、现代性和时代性才会越强。中国的国情具有复杂性、历史具有厚重性、文化具有独特性，只有坚持马克思主义基本原理同中华优秀传统文化相结合的基本原则，才能推动中华优秀传统文化历久弥新、绵延不绝，将马克思主义播撒在中华优秀传统生态文化与法律文化的沃土之中，必将开出人与自然和谐共生的中国式现代化与生态文明建设的绚丽之花。

（二）以习近平法治思想的生态文明法治理论为指导

习近平法治思想的生态文明法治理论形成和创立于坚持和发展中国特色社会主义新时代，创新和发展于全面建设社会主义现代化国家、全面推进中华民族伟大复兴新征程。习近平法治思想的生态文明法治理论以科学的理论思维、深邃的历史眼光和宽广的世界视野，阐明了中国生态文明建设和法治发展的现实逻辑与未来趋势，是开展生态文明建设和实现人与自然和谐共生的中国式现代化的根本遵循，也是建构中国自主的环境法知识

[①] 参见段蕾、康沛竹：《走向社会主义生态文明新时代——论习近平生态文明思想的背景、内涵与意义》，载《科学社会主义》2016年第2期，第131页。

体系的主体内容，是发展中国特色环境法学理论的最大增量。

习近平法治思想的生态文明法治理论把马克思主义生态观和中华优秀传统文化与新时代的建设实际相结合，提出了一系列开创性思想，科学回答了在新时代为什么要加强生态文明建设、建设什么样的生态文明国家以及怎样建设的问题，深化了对生态文明建设规律、人与自然的关系问题、经济发展与生态环境保护的关系问题、生态环境保护与民生福祉的关系问题、生态环境保护与法治建设的关系问题等的认识，是马克思主义生态观和中华优秀传统生态文化与法律文化在新时代的集中体现，是建构中国自主的环境法知识体系的指导思想。

二、中华优秀传统生态文化与法律文化传承创新的基本路径

"中国自主的环境法知识体系"这一概念中的"中国""自主"就意味着一种主体性、民族性和原创性，它必须围绕发现和解决中国现实的环境问题来展开，回答中国之问、世界之问、人民之问、时代之问。中华优秀传统文化作为源远流长、根深蒂固的文化传统，必然会构成建构中国自主的法学知识体系的智识性资源，因为它是最贴近中国人生活的一种传统，对人们的生活起着潜移默化的作用，中国环境法知识体系的自主性要求重视本土法治资源。

（一）积极挖掘中华优秀传统生态文化与法律文化本土资源

冯友兰先生曾言，"有继往而不开来者，但没有开来者不在一方面是继往"[1]，梁治平先生在剖析文化对法律的深层影响时也指出，来自相近

---

[1]　冯友兰：《贞元六书（上册）》，中华书局2014年版，第372页。

的生活背景与历史经验而形成的价值体系与行为模式，往往深藏于民族意识的底层，这些行为与价值的外在表现形式会发生改变，但难以撼动其中的本质，这源于延绵不绝的文化传习，也印证了它们是推动现实社会创造与发展的有用力量。[①] 特定的民族精神哺育特定的文化，中华法系中蕴含着的中华民族的精神气质，在今天仍然可以成为建构自主法学知识体系的智识性资源。[②] 既然中华优秀传统文化是建构中国自主的法学知识体系的一种智识性资源，首先就需要对资源的内容进行挖掘，其中最重要的就是法律文化，而对于建构中国自主的环境法知识体系而言，还有一项重要资源需要得到应有的重视，那就是中国传统的生态哲学。

（二）对中华优秀传统生态文化与法律文化本土资源进行创造性转化和创新性发展

党的二十大报告指出："中华优秀传统文化源远流长、博大精深，是中华文明的智慧结晶，其中蕴含的天下为公、民为邦本、为政以德、革故鼎新、任人唯贤、天人合一、自强不息、厚德载物、讲信修睦、亲仁善邻等，是中国人民在长期生产生活中积累的宇宙观、天下观、社会观、道德观的重要体现，同科学社会主义价值观主张具有高度契合性。"要传承中华优秀传统生态文化与法律文化，基础就在于实现中华优秀传统生态文化与法律文化的创造性转化和创新性发展。中华优秀传统文化底蕴深厚，优秀传统生态文化和法律文化是其重要组成部分，在生态文明建设的新时代，意味着传统与现代的交融碰撞。推动中华优秀传统文化的创造性转化和创新性发展能够消解这种碰撞，实现传统与现代的交融，以中华优秀传

---

① 参见梁治平：《法辩：中国法的过去现在与未来》，中国政法大学出版社 2002 年版，第 158 页。
② 参见何勤华、刘译元：《论中华法系的传承与中国自主法学知识体系的建构》，载《中国法律评论》2024 年第 1 期，第 17 页。

统生态文化和法律文化激活传统智慧的生命力和创造力。

就实现中华优秀传统文化的创造性转化和创新性发展而言，其实际上主要是解决传统与现代的矛盾，核心在于如何实现中华优秀传统文化的现代化问题。在对中华优秀传统文化进行创造性转化和创新性发展的过程中，必须清醒地坚持中国的主体地位，坚守中国立场，对中华优秀传统文化要素进行辩证综合和有机融合，对文化资源进行分析、评价、选择，以正确的历史观作为合理价值取向的标准，对经过筛选的文化资源进行综合创造，从而创造出面向现代化、面向世界、面向未来的中国特色现代文化。

要实现中华优秀传统生态文化与法律文化的创造性转化和创新性发展，需要做好三个环节：第一，传统文化的传承首先面临一个"思想再现"的过程，即需要对传统文化作正确的理解，使其在时代语境下恢复其原初含义，这并非基于原教旨主义式的恢复传统文化的本来面目，而是在尊重传统文化的基础上，尽量地"再现"其时代语境与历史演变，恢复和挖掘其精神实质，以古释今来对传统文化进行拓展、丰富和利用；第二，在"思想再现"之后，还需要对传统文化资源进行"去语境化"，也即通过思维加工和理论抽象，对传统生态文化与法律文化进行批判性分析，总结和提炼蕴含其中的一般性意蕴和特殊性内涵，并将其转变为高度凝练的精神性资源；第三，在去语境化之后，还需要对其进行"再语境化"，抽象出来的精神性资源与一般性理论不能没有使用价值，如果只是做总结，那么它便不能成为有效的思想遗产，因此"再语境化"实际上就是将优秀传统文化与当代文化和现代社会需求适当结合，并赋予其新的时代内涵。① 这也是马克思主义的一种重要的思维方法——从抽象上升到具体的

---

① 参见李新潮：《中华优秀传统文化创造性转化创新性发展的运行机理》，载《理论学刊》2022年第2期，第26-27页。

辩证思维方法。中华优秀传统文化中的生态文化和法律文化是建构中国自主的环境法知识体系的本土资源，如何将其"致于用"是关键。陈顾远教授在总结法律史研究的目的时说道，法律史研究"非为过去标榜，实为现在借鉴，并为将来取法"①，中华优秀传统文化的根本使命即服务于建构中国自主的环境法知识体系。

中国古代的"天人合一"传统哲学，经由习近平总书记转化为"人与自然和谐共生"的现代性表达。建构中国自主的环境法知识体系，应当在深入、全面研究中华优秀传统文化中的生态哲学基础上，以习近平法治思想的生态文明法治理论为指导，以"人与自然生命共同体"为核心，重构环境法的价值论。超越西方法律"主客二分"的哲学，突破传统法律的主客体关系，以"人与自然和谐共生"为基础，重构环境法本体论。应认真总结中国道路、中国实践、中国特色，丰富和完善"可持续发展"理论，重构环境法实践论；以"主体性中国"的研究自觉，从中国问题本身去理解"中国式现代化"，形成独具特色的中国环境法学话语体系。

---

① 陈顾远：《中国法制史概要》，商务印书馆 2017 年版，第 3 页。

第四章　全球环境治理共识的借鉴与超越

生态环境问题是当今世界面临的全球性挑战。生态环境问题的解决有赖于国际社会的基本共识以及以此为基础的一致行动。习近平法治思想的生态文明法治理论立足中国国情，以海纳百川的宽广胸怀，吸收和借鉴全球环境治理共识和世界各国先进的法治经验，在理念层面承继全球环境治理共识，在基本原则层面积极推动全球环境治理基本共识的法治转化；以充分的理论自信和成熟的实践基础，提出许多具有原创性的观点与主张，积极促进达成新的全球环境治理共识，为当代全球环境治理体系贡献了东方智慧与中国方案。

第一节　全球环境治理共识与原则制度

一、全球环境治理基本共识

在全球范围内，环境保护运动从 20 世纪 60 年代兴起，迄今经历过几个高潮。随着全球性环境问题的出现和不断发展，世界各国合作应对环境问题挑战的需要更加迫切。自 1972 年联合国人类环境会议以来，在联合国和有关国际组织的大力推动下，在世界各国的共同努力下，形成了一些全球环境治理的基本共识和原则。习近平法治思想的生态文明法治理论在承继和吸纳这些共识与原则的基础上实现了新的超越。

（一）人类共同关切事项

人类共同关切事项的概念源于世界各国在生态环境领域共同利益的持续增加和深化，并使环境保护逐渐从一项国际合作中的范畴内化为各国国内政策和法制发展的相对独立概念。20 世纪 70 年代以来，各国认识到在主权利益之外还存在着对各国以及全人类生存和发展都至关重要的共同利益，由此逐渐形成了"人类共同关切事项"的观念。[1] 在此背景下，全球环境恶化和能源资源锐减等可能威胁到全人类共同生存和发展基础的问题逐渐成为国际社会所共同关切的对象。"人类共同关切事项"的观念在发展过程中经历了由内涵逐渐确定到语义逐渐明晰的过程。在 20 世纪 70 年代，人类社会先后将自然遗产保护、濒危野生动植物保护等作为关系到世界各国共同利益的事项。1972 年《联合国人类环境会议宣言》指出，"保护和改善人类环境，是关系到世界各国人民福利和全世界经济发展的一个重要问题"[2]。1973 年《濒危野生动植物种国际贸易公约》和 1989 年《控制危险废物越境转移及其处置巴塞尔公约》也作出了类似的规定。这些国际环境法律文件为"人类共同关切事项"的概念明确了基本内涵。20 世纪 90 年代之后，"人类共同关切事项"成为全球环境治理的基本内容。例如，

---

① 参见秦天宝：《国际法的新概念"人类共同关切事项"初探——以〈生物多样性公约〉为例的考察》，载《法学评论》2006 年第 5 期。

② 《联合国人类环境会议宣言》。参见联合国官方网站 https://documents.un.org/doc/undoc/gen/n73/106/78/pdf/n7310678.pdf?token=SjpxQO4OUj6E2im0Yk&fe=true，2024 年 7 月访问。

1988 年联合国大会通过的关于为人类今世后代保护气候变化的决议将气候变化列为人类共同关切事项；1992 年联合国环境与发展大会通过的《生物多样性公约》在序言中认为生物多样性保护是人类共同关切事项。内涵日益明晰的"人类共同关切事项"也从国际环境治理层面反作用于各国的国内环境立法。这些规定在初步奠定全球性环境治理体系的同时，使环境法成为各国法律体系中具有独特理念基础和价值追求的法律领域，为现代环境法的蓬勃发展奠定了基础。

（二）可持续发展

自工业革命以来，社会生产力的进步带来了人类社会经济的发展，但日益严峻的全球环境问题也暴露出传统工业化观念的局限性。人们逐渐认识到，以传统的工业化观念为指引的生产生活方式虽然提升了当代社会经济效益，但却透支了未来世代赖以生存与发展的生态环境。自 1972 年联合国人类环境会议以来，联合国及有关国际组织不断推进全球环境保护共识的达成。1987 年，《我们共同的未来》中将可持续发展定义为既能满足当代人的需要，又不对后代人满足其需要的能力构成危害的发展。[①] 自此，可持续发展作为一种面向未来的新发展观，成为全球环境治理的理念基础和最大共识，并在此后一系列重要国际文件中被不断重申及完善。1992 年，联合国环境与发展大会通过了以可持续发展理念为核心的《关于环境与发展里约热内卢宣言》（简称《里约宣言》）和《21 世纪议程》，标志着国际社会对于世界发展转型形成了两点重要共识：一是传统工业化发展模式必须向可持续发展模式转变；二是现有的国际话语体系与世界秩序正在发生重大转变，全球治理的议程设置也随之发生变革，需要构建与

[①]　参见世界环境与发展委员会：《我们共同的未来》，王之佳、柯金良等译，夏堃堡校，吉林人民出版社 1997 年版，第 52 页。

之相适应的新全球治理体系。① 在可持续发展理念提出后，经过《里约宣言》、《21 世纪议程》和《2030 年可持续发展议程》的不断重申、强调和发展，可持续发展的内涵逐渐明确，已形成包括 17 个目标，统筹经济、社会、生态等全人类生活各方面、各领域的综合性目标体系，为全球环境治理的理念与机制创新提供了更加明确的方向指引。

（三）环境健康安全

随着科学技术的发展，人类对自然环境的开发利用能力相较于原始文明和农业文明达到了空前的程度，与此同时工业废弃物等工业文明的"现代性后果"也使得环境问题对人类健康的威胁与损害日益凸显，环境健康安全问题日趋突出。在 20 世纪 30—60 年代，主要工业国家先后发生了马斯河谷烟雾事件、多诺拉烟雾事件、伦敦烟雾事件等"八大公害事件"，在 20 世纪 80 年代后又发生了一系列新的严重的公害事件。在这些公害事件中，各种污染物质通过空气、水、食物链等方式进入人体，或在特定环境条件下发生作用，严重损害了公众的健康安全，威胁着人类的生存和发展。② 在此背景下，20 世纪 70 年代之后的全球环境治理活动将保护公众健康作为生态环境保护的重要目标，通过一系列国际环境法律文件对环境健康安全问题给予了更多重视，其中《联合国人类环境会议宣言》具有里程碑意义。1972 年《联合国人类环境会议宣言》肯定了"人类有权在一种能够过着尊严和福利的生活的环境中，享有自由、平等和充足生活条件的基本权利"③，并要求"各国应采取一切可能的步骤来防止海洋受到那些会对人类健康造成危害的、损害生物资源和破坏海洋生物舒适环境的或

---

① 参见关婷、薛澜：《世界各国是如何执行全球可持续发展目标（SDGs）的？》，载《中国人口·资源与环境》2019 年第 1 期。

② 参见吕忠梅：《环境法新视野》（第三版），中国政法大学出版社 2019 年版，第 18 页。

③ 《联合国人类环境会议宣言》共同信念 1。

妨害对海洋进行其他合法利用的物质的污染"①。此后,《非洲宪章》《圣萨尔瓦多议定书》等国际性法律文件相继对生态环境与健康的关系予以肯定。《非洲宪章》第 24 条规定:"一切民族均享有一个有利于其发展的总体令人满意的环境。"《圣萨尔瓦多议定书》第 11 条规定:"公民有权生活在一个健康的环境并获取基本公共服务。"② 除通过环境权对公众的环境与健康实施保护外,世界卫生组织(World Health Organization,WHO)在环境健康安全领域也积极推进和制定了一系列国际立法,例如 1951 年制定的《国际公共卫生条例》要求对严重侵害人体健康的流行病采取预警制度并采取积极有效的措施;1978 年《阿拉木图宣言》明确提出基础卫生保健的概念,确立了 2000 年实现人人享有卫生保健的战略目标。③ 环境健康安全议题的确立,为现代全球环境治理明确了重点和方向:一方面,应将安全价值置于环境法价值体系的重要位置,通过环境风险监测、评估、管理等一系列法律机制防止环境开发利用活动对公众健康造成不可逆转的损害;另一方面,环境法律体系应更加重视公众的健康与安全问题,保障公众的环境健康权,同时将公众对于环境健康的需求融入环境标准、环境监测等指标和管理方式中。

二、全球环境治理的基本原则

全球环境治理的基本共识通过相关国际宣言和国际条约,转化为国际环境法的基本原则,主要体现为共同但有区别的责任原则、风险预防原

---

① 《联合国人类环境会议宣言》共同信念 7。
② [法]皮埃尔·玛丽·杜普、[英]豪尔赫·E. 努维阿莱斯:《国际环境法》,胡斌、马亮译,秦天宝审校,中国社会科学出版社 2021 年版,第 438 - 439 页。
③ 参见韩利琳、王继恒:《环境与公共健康安全法律问题研究》,法律出版社 2020 年版,第 77 - 78 页。

则、国际合作原则等三个方面。

（一）共同但有区别的责任原则

共同但有区别的责任原则不仅是一项国际环境法的基本原则，而且是一项全球环境治理原则，蕴含着政治、法律和伦理的复杂要求。[①] 这一原则形塑了全球环境治理的价值基础。在 1972 年的联合国人类环境会议上，由于广大发展中国家对合理的环境权益的争取，《联合国人类环境会议宣言》达成的第十一项、第十八项、第二十三项原则分别要求不得损害发展中国家的发展潜力、考虑发展中国家的现行价值制度以及解决环境问题这一全人类共同利益的内容，蕴含着"共同责任"与"差别适用"的内在规定性。《联合国人类环境会议宣言》的达成也标志着国际环境法共同但有区别的责任原则的形成。20 世纪 80 年代开始，共同但有区别的责任原则逐渐以国际条约的形式被反复确认。1987 年《关于消耗臭氧层物质的蒙特利尔议定书》不但在序言中提出了"考虑到发展中国家的情况和特殊需要"，"承认必须为发展中国家对这些物质的需要作出特别规定"，而且在具体义务设定中为发展中国家在削减消耗臭氧层物质方面给予了 10 年的宽限期[②]，这体现了对发展中国家责任承担的特殊待遇。1992 年《里约宣言》进一步地将共同但有区别的责任原则作为一项可持续发展的基本原则，要求"发展中国家，尤其是最不发达国家和那些环境最易受到损害的国家的特殊情况和需要，应给予特别优先的考虑"[③]。当前，共同但有区别的责任原则已被广泛地适用于全球环境治理的各个主要领域，《生物多样性公约》《联合国气候变化框架公约》及其框架下的《京都议定书》

[①] 参见寇丽：《共同但有区别责任原则：演进、属性与功能》，载《法律科学（西北政法大学学报）》2013 年第 4 期。

[②] 参见《关于消耗臭氧层物质的蒙特利尔议定书》第 5 条第 1 款。

[③] 《里约宣言》原则六。

都通过具体的法律机制将环境保护义务在发达国家和发展中国家之间有差别地分配。其中,《京都议定书》因其采取的强制发达国家减排措施,也被视为贯彻国际环境法上共同但有区别责任原则的首部具有法律约束力的国际法律文件。① 通过各具体领域的国际环境保护实践以及国际法律规范的确认,共同但有区别的原则已成为全球环境治理的基本共识,对于塑造"共同责任""差别适用"的全球环境治理价值观发挥着基础性作用。

(二) 风险预防原则

现代科学技术的发展空前地提高了社会生产力,而由于科学发展本身的规律和人们认识水平的局限,也呈现出显著的科学上的不确定性。德国社会学家乌尔里希·贝克 (Ulrich Beck) 就现代社会中存在的不确定性和风险问题提出了"风险社会"② 理论。以预防生态环境风险问题为旨趣开展的全球环境治理合作,促进了环境法领域的预防原则向风险预防原则的发展,风险预防原则也逐步成为一项全球环境治理的共识性原则。预防原则是环境法的一项基本原则,是指在生态环境开发利用活动造成环境质量下降或者损害后果前,预先采取分析和防范措施,以避免、消除或者减轻由此可能带来的环境损害。该原则肇始于 20 世纪 40 年代应对跨国环境污染的国际法律实践。以"特雷尔冶炼厂仲裁案""哥甫海峡案"等一系列典型案例为基础,确立了关于跨国环境危害防治和预防的国家责任,这也成为环境法上预防原则的发端。③ 20 世纪 80 年代,环境风险的概念伴随着"风险社会"这一范畴的提出而日益受到关注。生态环境风险是指生态

---

① 参见金瑞林主编:《环境法学》(第四版),北京大学出版社 2018 年版,第 324 页。
② [德] 乌尔里希·贝克:《风险社会》,何博闻译,译林出版社 2004 年版,第 15-57 页。
③ 参见于文轩:《生态文明语境下风险预防原则的变迁与适用》,载《吉林大学社会科学学报》2019 年第 5 期。

系统及其组成部分可能遭受的结构性和功能性损害的风险。① 风险预防原则最早出现于联邦德国②，1992 年的《里约宣言》③ 对风险预防原则的内容作出了较为经典的阐述，即"为了保护环境，按照本国的能力，广泛采取预防措施，遇有严重或不可逆转损害的威胁时，不得以缺乏科学充分确实证据为理由，延迟采取措施防止环境恶化"。此后，经由《生物多样性公约》及其《卡塔赫纳生物安全议定书》以及《联合国气候变化框架公约》等一系列国际法律文件对这一原则的重申和细化，风险预防原则逐渐成为国际环境法的一项一般性法律原则。④ 目前，一些国家的生态环境立法中明确规定了风险预防原则及风险防范法律制度，《法国环境法典》《瑞典环境法典》《爱沙尼亚环境法典总则》中都规定了体现风险预防内容的法律原则，并对风险预防原则与预防原则作出了较为显著的区分⑤，风险预防原则因此成为一项具有共识性的全球环境治理基本原则。

（三）国际合作原则

国际合作原则是在全球环境治理实践中逐步确立的一项基本原则，对于构建公平合理的全球环境治理格局具有基础性意义。由于全球范围内的环境要素具有整体性、流动性和不可分割性等特点，20 世纪 70 年代后，在世界各国间发展不平衡、不充分等现实因素催化下，全球性环境问题日

---

① 参见于文轩：《生态法基本原则体系之建构》，载《吉首大学学报（社会科学版）》2019 年第 5 期。

② 参见竺效：《论中国环境法基本原则的立法发展与再发展》，载《华东政法大学学报》2014 年第 3 期。

③ 参见《里约宣言》原则十五。

④ 参见王小钢：《环境法风险预防原则条款研究》，载《湖南师范大学社会科学学报》2020 年第 6 期。

⑤ 例如，《法国环境法典》第 L110-1 条分别规定了"谨慎原则"和"预防行动与纠正原则"。《瑞典环境法典》第二章第 3 条在同一条内规定了损害预防原则和风险预防原则。《爱沙尼亚环境法典总则》在第二章分别规定了"预防原则"和"风险预防原则"。

益突出，全球环境治理急需一项有助于促进公平合理的原则指导。一方面，发达国家和发展中国家之间的发展差距日益扩大，而发展中国家的贫困问题使其生态环境状况愈益恶化。另一方面，面对全球气候变化、生物多样性流失、生物安全威胁等全球性问题，没有一个国家或一群国家能够独善其身，也没有一个国家能够仅仅依靠自己的力量完全解决环境问题。[①] 严峻的环境与发展现状使得保护生态环境成为世界各国共同的利益追求，要求各国通过合作采取共同的环境资源保护措施，实现保护全球环境的目的。这意味着国际社会所有成员都应当并且有权利参与到保护和改善国际环境的行动中；同时，国际环境问题的解决有赖于国际社会成员普遍参加的国际合作。在国际环境法律规范中，《联合国人类环境会议宣言》和《里约宣言》对于国际合作原则在全球环境治理中的确立和发展具有重要意义。1972 年《联合国人类环境会议宣言》第 24 项原则规定，"关于保护和改善环境的国际问题，应由所有各国，不论大小，以平等地位本着合作精神来处理"[②]。《里约宣言》重申了这种"新的全球伙伴关系"，提出"各国应本着全球伙伴精神，为保存、保护和恢复地球生态系统的健康和完整进行合作"。相关宣言充分显示了国际社会为了人类的共同利益和永续发展，治理和保护环境资源的愿望和诚意，为国际合作原则在具体领域的确立和展开提供了基础。在具体内容上，国际合作原则要求世界各国在生态环境保护领域消除分歧、共同努力，在坚持多边主义的基础上加强合作；同时，发达国家应当加强对发展中国家提供资金、技术、能力建设等方面的支持，推动共同发展。在制度层面，国际合作原则要求在生态环境保护领域建立基本的信息、教育制度及相关国际机构，建立通知和协商

---

① 参见吕忠梅：《环境法新视野》（第三版），中国政法大学出版社 2019 年版，第 172 页。

② 《联合国人类环境会议宣言》原则二十四。参见联合国官方网站，https://documents.un.org/doc/undoc/gen/n73/106/78/pdf/n7310678.pdf?token＝Eanx5gsXiyGkIDgFd9&fe＝true，2024 年 7 月访问。

机制，加强科学技术共享和专家交流，逐步形成了一整套可实行的框架机制。

三、国际环境法的制度与方法

20 世纪 70 年代以来，为保护全球生态环境，在国际环境法律实践中发展出一系列具有普遍意义的制度，这些制度虽然在全球环境治理层面具有倡导性和框架性特征，但在其被转化为国内法后也具备了法律强制力。与此同时，国际环境法也致力于从推动国家可持续发展转型方面，倡导各国通过采取环境与发展综合决策方法，建立现代环境治理机制。这些制度和方法对保障全球生态安全、防范环境风险发挥了重要作用。

（一）规制性制度

国际环境法中的普遍性制度一般要求各国家、区域或者共同体对生态环境开发利用活动在实施前或者实施过程中采取一定的控制措施，以确保生态环境开发利用活动不对生态安全造成负面影响。在全球环境治理的实践中，这种强制性措施主要表现为环境影响评价、环境风险评估、环境许可以及限制或禁止性措施等形式。在环境影响评价方面，20 世纪 70 年代以来，许多国家和国际组织开始引入环境影响评价的规定，其中 1972 年《联合国人类环境会议宣言》规定了环境影响评价的具体措施。1982 年《联合国海洋法公约》第 206 条规定了海域相关活动的环境影响评价和结果通报措施。在环境风险评估方面，2001 年《卡塔赫纳生物安全议定书》要求缔约方在向进口缔约方环境第一次输入改性活生物体之前要进行风险评估，这一制度在世贸组织框架范围内的《卫生和植物检疫协定》中也得到了体现。在许可制度方面，该制度主要适用于有害废物进出口以及濒危野生动植物贸易等活动规制方面，其中 1989 年《控制危险废物越境转移及其处置巴塞尔公约》规定有害废物进口国在作出决定之前可以要求、促使出口国发放出口许可证；1973 年《濒危野生动植物种国际贸易公约》则针对野生动植物不同的濒危程度采取了相应的许可条件。[①]在限制或禁止性措施等方面，《控制危险废物越境转移及其处置巴塞尔公约》《濒危野生动植物种国际贸易公约》《生物多样性公约》则通过名录、进出口限制以及土地利用管理等方式，限制生态环境开发利用的对象、范围，以达到保障生态安全的效果。

（二）激励性制度

规制性制度和激励性制度都是环境治理的重要手段，其中激励性制度注重发挥市场机制的调控功能，间接地鼓励、引导或者抑制生态环境开发利用主体的决策和行为[②]，在分配稀缺资源的过程中能够更有效地反映各主体的需求情况，提高资源分配效率。在国际环境法实践中，激励性法律制度被越来越多的国际环境法律文件所采用。从效果来看，全球环境治理中的激励性制度包括积极激励和消极激励两个方面。其中，积极激励是指通过市场机制对行为主体实施或不实施特定行为提供的经济性收益，这在应对气候变化领域得到充分运用。1992 年《联合国气候变化框架公约》及其框架下的《京都议定书》建立了应对气候变化的"联合履约机制"（joint implement），允许发达国家在国际碳市场中向发展中国家购买排放权或者排放许可证，帮助发展中国家减少排放，并抵消本国应减排的额度。[③] 由于发达国家具有更低的减排成本和更可靠的减排技术，这种通过

---

① 参见《濒危野生动植物种国际贸易公约》第 3 条、第 4 条、第 5 条。
② 参见金瑞林主编：《环境法学》（第四版），北京大学出版社 2018 年版，第 335 页。
③ 参见《京都议定书》第 6 条。

市场分配减排责任的方式所产生的减排成本更低。消极激励是指通过市场机制对行为主体实施或不实施特定行为带来经济损失，从而引导行为主体作出规范预期的行为。例如，1969 年《国际油污损害民事责任公约》对从事具有环境风险的行为者规定了强制性保险的义务，以确保在造成损害时能够对污染受害者提供有效的赔偿。① 相较于规制性制度，国际环境法律实践中的激励性制度更尊重价值和市场规律，对市场主体的限制更少，这就有利于市场主体遵循经济规律，渐进、灵活地调整生产活动，使其行为更符合绿色发展的要求，而这也有利于为经济社会发展的整体性绿色低碳转型提供内生动力。

（三）损害担责制度

在以国家环境管理为主导的强制性法律制度之外，很多赔偿性和补偿性的法律制度是依托于外部性理论建立起来的。外部性首先是一个经济学上的概念，是指市场主体在从事经济活动时，对经济活动以外的主体的福利造成减损或增进，但其并未对此付出成本或者获得收益的现象，前者称为负外部性，后者称为正外部性。② 在环境保护领域，由于生态环境具有公共性和非排他性，污染者长期以来通常不需要对污染行为付出代价，这就使得国家和社会公众对其污染造成的损害承担了不利的后果。克服这一问题的基本方式即"外部成本内部化"，由造成损害的污染者对其污染行为造成的损害承担责任。在国际环境法律实践中，以 1938 年"特雷尔冶炼厂案"为代表的国际仲裁案件很早就确认了处理国家之间环境损害案件时所应遵循的"领土无害使用原则"。该原则要求一国在管理和使用自己

---

① 参见《国际油污损害民事责任公约》第 7 条。
② 参见［美］曼昆：《经济学原理：微观经济学分册》（第七版），梁小民、梁砾译，北京大学出版社 2015 年版，第 211 页。

的领土时，不得损害他国或国家管辖范围以外地区的环境，这事实上蕴含了造成损害的国家需要对其环境损害行为承担补偿性法律责任的"损害担责"意涵。20 世纪 70 年代之后，以填补负外部性为旨趣的补偿类制度不仅开始适用于造成环境损害的污染行为，也开始适用于合理利用环境的开发行为，突出的表现即排污收费制度和生态补偿制度。在排污收费制度方面，1972 年，经济合作与发展组织（Organization for Economic Co-operation and Development，OECD）环境委员会首次提出了"污染者负担原则"，规定各成员国应要求本国污染企业承担由各自政府部门决定的减少污染措施的费用，禁止各国政府向污染企业提供资金上的补助，以保证环境质量的可接受程度。[①] 1974 年经济合作与发展组织又发布了《关于实施污染者负担原则的建议》，将污染者负担原则确立为基本原则，得到许多国家支持。1992 年的《里约宣言》也重申了该原则[②]，使之成为排污收费制度的法律基础。在生态补偿制度方面，"污染者负担"的另一面向为"受益者补偿"，但国际环境法律实践在此方面的实践活动有限，达成的一些合作成果主要存在于国际流域生态补偿领域，以双边条约形式为主，例如 1986 年南非与莱索托签订的水项目条约，美国、加拿大关于哥伦比亚河流的条约等。[③] 这些条约主要是处于跨境河流不同河段的国家就水资源利用、环境维护、洪水治理等事项的经费达成的协定，是对生态补偿制度的有益探索。

（四）环境与发展综合决策

环境与发展综合决策的理念产生于 20 世纪 70 年代的国际环境保护合

---

① 参见邓海峰：《环境法总论》，法律出版社 2020 年版，第 106 页。

② 参见《里约宣言》原则十六。

③ 参见曾彩琳：《国际流域生态受益方补偿的困局与破解》，载《新疆大学学报（哲学·人文社会科学版）》2015 年第 3 期。

作实践。20 世纪 50 年代之后，西方主要工业国家的能源资源消耗不断增长，生态环境开发利用规模不断扩大，导致了严重的生态环境破坏和能源资源短缺后果。在此背景下召开的联合国人类环境会议首次就倡议各国政府采取措施保护和改善环境、加强国际环境保护合作等议题展开了讨论。该会议通过的《联合国人类环境会议宣言》要求，"在解决世界各地的行动时，必须更加审慎地考虑它们对环境产生的后果"，体现了国际社会已经注意到环境与发展之间的紧密联系以及将二者统筹考虑的重要意义。①此后，1987 年的《我们共同的未来》进一步明确和细化了环境与发展综合决策方法的内涵，该报告也是迄今为止明确、系统地论述环境与发展综合决策问题的重要文件。《我们共同的未来》不认同将环境与发展区分开来进行决策的管理体制，认为这种体制"未能使那些政策行动损害环境的机构有责任保证其政策能防止环境遭受破坏"②。1989 年第 44 届联合国大会第 85 次会议通过的《关于召开环境与发展大会的决议》（44/228 号）阐释了环境与发展综合决策相关问题，认为"应将发展中国家的环境保护视为发展进程的一个组成部分，而不能将二者孤立审议"。在国际社会的不断探索下，1992 年通过的《21 世纪议程》终于明确提出了"环境与发展综合决策"（integration of environment and development in decision-making）的概念，设专章就落实环境与发展综合决策的措施作出了细化要求。由此，环境与发展综合决策成为指导国际社会环境保护合作和各国环境保护立法的一项基本理念和方法，以推动实现经济、环境、社会三个子系统和谐发展。③

①　参见吕忠梅：《环境与发展综合决策：可持续发展的法律调控机制》，法律出版社 2007 年版，第 2 页。

②　世界环境与发展委员会：《我们共同的未来》，王之佳、柯金良等译，夏堃堡校，吉林人民出版社 1997 年版，第 11 页。

③　参见吕忠梅：《环境与发展综合决策的法律思考》，载《甘肃社会科学》2006 年第 6 期。

第二节　对全球环境治理共识与原则制度的吸纳与超越

一、对全球环境治理基本共识的借鉴与吸纳

在加强生态文明法治建设进程中，我国充分借鉴和吸纳全球环境治理基本共识。这既体现在借鉴人类共同关切事项理念推进生态环境法治的全过程之中，又体现在从践行可持续发展理念到推动全球环境治理方案的跨越之中，更体现在以法治手段推进环境健康保障的不懈努力之中。

（一）生态环境法治进程内化人类共同关切事项理念

新中国成立后，我国开始在现代意义上推进本国环境法制建设。[①] 新中国成立初期，我国从重视作为农业命脉的自然环境角度，作出了一些有利于保护环境的规定。1954 年宪法确立了矿藏、水流、森林、荒地和其他资源的全民所有制；20 世纪 50 年代后相继颁布了《矿业暂行条例》《水土保持暂行纲要》等法规，为社会主义建设时期的经济发展和自然资源开发利用提供了制度保障。20 世纪 70 年代正值世界各国环境法和全球环境治理合作快速发展的时期，"人类共同关切事项"以及"环境保护"概念的提出，也为我国以法治建设手段全面推进环境保护工作提供了经验和契机。我国在 1972 年参加了联合国人类环境会议，充分吸取彼时全球环境治理的有益经验，并于 1973 年制定了《关于保护和改善环境的若干规定（试行草案）》，确立了"全面规划、合理布局、综合利用、化害为

---

① 参见吕忠梅：《环境法学概要》，法律出版社 2016 年版，第 55 页。

利、依靠群众、大家动手、保护环境、造福人民"的环境保护工作方针，建立了"三同时"制度和奖励综合利用的制度，该规定也为我国 1979 年《环境保护法（试行）》所沿用。此后，我国不断加强生态环境保护，环境法律体系框架逐渐完善。1990 年印发的《国务院关于进一步加强环境保护工作的决定》提出"保护和改善生产环境与生态环境、防治污染和其他公害，是我国的一项基本国策"，明确了环境保护工作的基本国策地位。之后，2005 年和 2006 年相继颁布的《国务院关于落实科学发展观加强环境保护的决定》《国民经济和社会发展第十一个五年规划纲要》进一步强调了保护环境的基本国策，通过国家政策顶层设计的方式确立了环境保护作为国家赖以生存发展的基本准则和保障的重要地位，这也为环境立法的进一步发展提供了更坚实的政策基础。在此基础上，我国生态环境保护立法蓬勃发展，在污染防治、生态保护、资源能源可持续利用等方面制定和修订了大量立法。截至党的十八大召开前夕，全国人大常委会已制定环境保护法律 10 件，资源保护法律 20 件，在民法、刑法中分别规定了"环境污染责任"和"破坏环境资源保护罪"；此外，国务院颁布环保行政法规 25 件，原环境保护部颁布部门规章 69 件，制定环境标准 1 000 余项[①]，为全面推进环境保护工作奠定了重要的法制基础。

在全面推进生态文明建设新时代，习近平法治思想的生态文明法治理论汲取全球环境治理的有益经验，以"生态整体观"和"总体安全观"诠释和发展人类共同关切事项，塑造生态环境保护领域的"大环保"和"大安全"格局，成为指引我国生态文明建设、引领全球生态环境保护事业的重要理念基础。一方面，生态整体观以整体论和系统论观点，超越了传统环境保护观念的还原论基础，将各类生态环境要素、生物物种视为相互影

---

① 参见杨朝飞：《我国环境法律制度与环境保护》，载《中国人大》2012 年第 21 期。

响、相互联系的统一整体；同时，在环境法律体系的健全和完善过程中，以经济、社会和生态可持续的理路协调推进环境污染防治、自然生态保护、绿色低碳发展领域的法治建设，使生态环保法律体系在治理要素的关联性以及治理范围的广泛性上都得到延伸。由此，在"人类共同关切事项"理念基础上进一步发展的生态整体观深度融入我国生态文明法治建设过程中。以习近平生态文明思想为引领，我国近些年在生态环境领域的立法工作取得显著成效，初步形成综合性法律和专门法律相配合的，涵盖污染防治、生物多样性保护、资源保护、流域保护、特殊地理地域保护在内的生态环保法律体系①，生态环境立法在质和量的方面都有了显著提升，形成了由"小污染防治"向"大生态环保"升级的生态文明法治新格局。另一方面，以总体国家安全观为内核的"大安全观"在时间和空间的维度发展了"人类共同关切事项"和环境保护的内涵，使生态文明法治建设统筹兼顾国内安全和国际安全、环境安全和健康安全、事后安全和事前安全等重要范畴，并将安全价值全面融入生态环境法治之中。习近平总书记在国际场合多次指出，"面对全球环境风险挑战，各国是同舟共济的命运共同体"②，揭示了风险时代塑造共同安全的时代要求与法治需要。在环境保护领域，我国制定《环境保护法》作为该领域的综合性立法，在《海洋环境保护法》《青藏高原生态保护法》等10余部立法中明确规定了"生态安全"的范畴，并通过风险预防原则和风险防控机制在立法中的运用，使安全价值在生态环境立法中表现得整体化、事前化，体现了以"大安全格局"③重塑生态安全的内在规定性。

---

① 参见栗战书：《深入贯彻习近平生态文明思想加快完善中国特色社会主义生态环境保护法律体系》，载《中国人大》2022年第2期。

② 习近平：《论坚持人与自然和谐共生》，中央文献出版社2022年版，第261页。

③ 习近平：《坚持系统思维构建大安全格局 为建设社会主义现代化国家提供坚强保障》，载《人民日报》2020年12月13日，第1版。

（二）践行可持续发展理念的全球环境治理方案

可持续发展理念对全球各国的环境政策与立法产生了深远影响。因应于此，我国自 20 世纪 90 年代起积极推动环境保护和经济发展的顶层设计转型。在环境与发展政策层面，我国于 1994 年批准发布《中国 21 世纪议程——中国 21 世纪人口、环境与发展白皮书》，从人口、环境与发展的具体国情出发，提出了中国可持续发展的总体战略、对策以及行动方案。1996 年，《中华人民共和国国民经济和社会发展"九五"计划和 2010 年远景目标纲要》将实施可持续发展作为现代化建设的一项重大方略，使可持续发展战略在中国经济建设和社会发展过程中得以实施。之后，我国通过将可持续发展理念写入党的全国代表大会报告，进一步明确可持续发展理念在国家经济社会发展中的指导性地位。党的十五大、十六大和十七大报告要求推进可持续发展的精准化、法治化，并在此基础上提炼出"建设生态文明"的新要求，体现出中国共产党将可持续发展理念作为认识和处理人与自然关系的核心理念[1]，并立足于中国经济社会发展现实不断丰富和发展其内涵的实践逻辑。在立法方面，可持续发展理念对我国环境立法产生了广泛而深远的影响，体现可持续发展理念的环境立法、原则、制度和措施不断出台。[2] 1989 年《环境保护法》就规定了"环境保护工作同经济建设和社会发展相协调"，这事实上体现了可持续发展理念"经济—社会—生态"可持续的内在规定性。在具体制度和措施方面，《环境保护法》

---

[1] 党的十五大报告提出，"实施科教兴国战略和可持续发展战略"，强调要"正确处理经济发展同人口、资源、环境的关系"；党的十六大报告提出把"可持续发展能力不断增强"作为全面建设小康社会的目标之一，强调将人口、资源、环境工作切实纳入依法治理的轨道；党的十七大报告进一步将"建设生态文明"作为实现全面建设小康社会奋斗目标的新要求。参见吕忠梅：《迈向中国环境法治建设新征程》，载《地方立法研究》2023 年第 1 期。

[2] 参见王树义等：《环境法基本理论研究》，科学出版社 2012 年版，第 433 页。

确立了环境影响评价、"三同时"、环境标准等法律制度，建立起事前预防、事中管理的制度体系，体现了可持续发展综合决策的内在要求。不难发现，我国在 20 世纪 90 年代到党的十八大之前开展的环境立法实践，不断吸纳可持续发展这一全球环境治理共识的内涵，在环境立法体系和制度塑造方面深受影响。

党的十八大以来，在习近平法治思想的生态文明法治理论的指引下，我国审视国内生态环境保护新的需求与全球环境治理的新挑战，进一步吸纳并发展了可持续发展理念，提出全球发展倡议，为面临"恢复经济"与"保护环境"[1] 双重任务下的全球环境治理向前推进提供了新思路。习近平总书记指出："可持续发展是解决当前全球性问题的'金钥匙'"[2]，"每个国家都有发展的权利，各国人民都有追求幸福生活的自由。我提出全球发展倡议，就是推动国际社会走共同发展之路，重振联合国 2030 年可持续发展议程"[3]。全球发展倡议是习近平总书记为回答全球发展问题而提出的新理念和新思路，是中国为推动全球可持续发展提供的新型国际公共产品[4]，揭示了环境治理应以可持续发展为根本指引和最终目标。从统筹国内外治理理念的角度来看，全球发展倡议是立足于中国经验和治理实践提出的。2015 年，习近平总书记在党的十八届五中全会上提出"新发展理念"，强调创新、协调、绿色、开放和共享，着重解决中国国内的发展动力、发展不平衡、人与自然和谐、发展内外联动、社会公平正义等方面的问题，这些也是当今国际社会普遍面临的问题。2021 年，习近平总书记

---

① 习近平：《论坚持人与自然和谐共生》，中央文献出版社 2022 年版，第 292 页。

② 姜赟、牟宗琮：《习近平出席亚太经合组织领导人同东道主嘉宾非正式对话会暨工作午宴》，载《人民日报》2023 年 11 月 18 日，第 1 版。

③ 习近平：《深化团结合作 应对风险挑战 共建更加美好的世界——在 2023 年金砖国家工商论坛闭幕式上的致辞》，载《人民日报》2023 年 8 月 23 日，第 2 版。

④ 参见侯冠华：《习近平全球发展倡议的多维论析》，载《理论探索》2023 年第 2 期。

在第七十六届联合国大会一般性辩论上提出"全球发展倡议",强调坚持发展优先,关注各国人民福祉,倡导普惠包容,重视创新驱动,关注人与自然和谐共生,提倡坚持行动导向,为各国携手应对困难与挑战、构建今世后代的共同未来注入了"强心剂"。全球发展倡议是新发展理念及其实践经验的国际化拓展,为破解全球发展难题提供了中国思路与中国经验。[①] 全球发展倡议充分吸收借鉴了国际社会关于可持续发展的共识,内化了可持续发展中的合理因素。倡议各国积极参与全球环境治理,构建人与自然生命共同体,是可持续发展理念在全球环境治理中的具体表现。

(三) 将环境健康考量融入生态环境立法及其实施

环境污染问题最直接的影响之一就是损害人体健康,因此工业文明兴起之时西方的早期环境立法,就已将防止人体健康受到侵害作为其目的之一。[②] 从世界各国的立法来看,保护环境与人类健康作为环境法的目的而被写入法律规范的次数最多。[③] 同样地,新中国成立之后的环境立法也重视保障公众的健康安全,1954 年之后陆续颁布了《防止沿海水域污染暂行规定》等法律法规。但需要注意到,尽管保障公众健康是环境法的一项基本目标,但相关立法的保护程度、保护手段、保护内容影响到立法实施效果。1972 年《联合国人类环境会议宣言》强调以保障基本权利的方式保障公众的环境健康权,这使得通过保护生态环境保障公众健康成为国家的一项基本职责,其后各国或多或少地在其宪法和环境保护立法中规定了国家保障公众环境健康的要求。受此影响,我国在 1979 年制定的《环境保护法(试行)》就规定了"保护人民健康"的立法目的,1989 年制定的

---

① 参见保建云:《三大全球倡议的理论境界与深远意义》,载《国家治理》2023 年 9 月(下)。

② 例如英国议会于 1863 年通过的《碱业法》,就采用环境标准管控的方式减少污染物排放,防止损害公众健康。

③ 参见王树义等:《环境法基本理论研究》,科学出版社 2012 年版,第 403 页。

《环境保护法》更是直接将"保障人体健康"作为立法目的，体现了保障公众健康的目的追求。同时，以此为指引，我国也建立了相应的环境标准、环境监测、环境影响评价等制度，为保障公众环境健康安全建立了较为完整的制度体系。在管理体制和法律实施方面，2005 年 1 月，国家环保总局在科技标准司下设立了环境健康与监测处，旨在"完善环保部门环境健康管理和技术支持体系"。2007 年 11 月，《国家环境与健康行动计划（2007—2015）》作为我国环境与健康领域的首部纲领性文件正式颁布实施，形成了国家环保总局和卫生部共同牵头的环境与健康管理体制。通过 20 世纪 80 年代之后的一系列努力，我国基本形成了以《环境保护法》和相关立法为基础，环境保护、公共卫生部门相互配合，以环境标准、环境监测、环境应急等制度为支撑的环境健康保障法治体系。

进入新时代，环境风险、生物安全、气候变化等新兴环境问题为环境健康保障带来一系列新的挑战。习近平法治思想的生态文明法治理论坚持以人为本的理念，将保障公众的环境健康安全这一全球环境治理共识融入环境法律体系之中，加大法制保障力度，优化法律实施效果，进一步推进环境健康安全法制保障的规范化和制度化。在理念层面，习近平法治思想的生态文明法治理论坚持人民安全的总体国家安全观立场，为生态环境开发利用活动确立底线。习近平总书记指出："良好的生态环境是人类生存与健康的基础。"[①] 在此基础上，我国将环境健康安全的理念拓展至《环境保护法》《生物安全法》《青藏高原生态保护法》等相关环境立法中，从生态安全、生物安全等方面协同构建环境健康安全的治理格局。此外，我国在国家战略、法律制度等层面进一步落实环境健康安全保障的要求。2016 年中共中央、国务院印发《"健康中国 2030"规划纲要》，将保障公

---

① 习近平：《论坚持人与自然和谐共生》，中央文献出版社 2022 年版，第 148 页。

众的环境健康安全置于国家发展的重要战略地位。在关切到公众健康安全的生物安全、生态安全等领域，我国环境立法采取风险预防的策略，通常运用更加严格的监测评估标准和风险管理机制，并于 2020 年颁布《生态环境健康风险评估技术指南 总纲》，将保障环境健康安全的全球环境治理共识深度融入新时代生态文明法治建设中。

二、对国际环境治理原则的吸纳

在加强生态文明法治建设的过程中，我国基于自身国情，积极吸收和借鉴国际环境治理的基本原则，加强全过程管理，推动高质量发展，并基于推进公私法沟通的方式实现损害担责。

（一）践行风险预防原则加强全过程管理

预防原则作为国际环境法律实践中逐步被各国际条约确立的一项基本原则，在我国 20 世纪 80 年代的环境立法实践中得到了较为充分的体现。以预防原则为基础，1989 年《环境保护法》规定了一些预防性的法律制度或措施，其共同点是在开展生态环境开发利用活动之前，采取一定的限制性措施，以减少可能对生态环境造成的不利影响。但在风险社会的背景下，预防原则在应对现代生态环境问题时往往显得力不从心。一些现代生态环境风险问题往往具有不确定性的特点，基于现有的科学认知难以对其准确认识，而预防原则的规制对象主要是具有较高确定性的环境损害，难以将具体环境风险纳入其调整范围。这就导致许多生态环境立法未将防范生态环境风险作为主要目的。[①]

---

① 参见于文轩：《风险预防原则的生态法治意蕴及其展开》，载《吉林大学社会科学学报》2023年第 3 期。

在此背景下，1992 年《里约宣言》明确提出了风险预防原则。其后，该原则为《生物多样性公约》《卡塔赫纳生物安全议定书》等国际法文件所重申，内涵趋于明确。风险预防原则的提出，推动了以"事后救济"为基础的传统环境法治理机制的创新。一方面，传统环境法律救济机制的启动和法律责任的承担通常以现实的损害或者危险为基础，遵循"无损害即无责任"的准则；风险预防原则的提出，转变了这种以行为后果为要件的责任承担理论。这使得在一些环境风险规制的领域，行为人需要就尚未发生损害的风险承担责任，而行政机关也需要在"未知"中进行风险规制，这对于行政决策和司法裁判中的成本收益分析程序、风险评估程序、专家论证步骤、风险管理环节等内容都提出了更为细致的要求。[1] 另一方面，风险预防原则推动了环境风险规制机制从关注个体行为的合法性向重视整个风险规制环节的连续性的转型。在损害担责和秩序行政的语境下，环境法调整的重点在于当事人的行为是否造成了现实的损害或者紧迫的风险，或者是否违反了法律法规的要求，但基于规范的判断并不能消除现实的风险状态。因此，环境风险防范的法律制度设计将重点从"行为"转向"过程"，从风险监测、风险评估、风险管理等环节建立全过程的风险防控制度。

习近平总书记站在总体国家安全的高度，重视生态安全领域的风险防控，要求"把防风险摆在突出位置，'图之于未萌，虑之于未有'，力争不出现重大风险或在出现重大风险时扛得住、过得去"[2]。习近平法治思想的生态文明法治理论充分重视生态环境风险防范，以生态安全的底线思维将风险预防的理念融入生态环境法治建设的价值理念、具体原则和法律适

---

①　参见戚建刚：《风险规制的兴起与行政法的新发展》，载《当代法学》2014 年第 6 期。

②　中共中央党史和文献研究院：《习近平关于总体国家安全观论述摘编》，中央文献出版社 2018 年版，第 9 页。

用过程中。在价值理念层面，风险预防的理念和原则近些年来越来越多地体现在生态环境立法的制定和修订过程中；同时，在环境资源刑事犯罪领域适用抽象危险犯，使相关罪名呈现出与传统犯罪不同的不法与罪责结构①，体现出风险预防原则影响下的刑法功能在一些领域更加重视事前预防。在具体原则层面，我国《土壤污染防治法》《生物安全法》《青藏高原生态保护法》等法律明确规定了体现风险预防精神的目标或原则，并以此为基础建立了相应的风险防控法律机制。在法律适用层面，风险预防原则在我国近些年具有代表性的预防性环境公益诉讼案件中已得到适用，为风险预防原则的法律适用方法提供了经验借鉴。随着生态文明建设的持续推进，以风险预防为理念的环境法调整机制将在价值理念、具体原则和法律适用等方面为我国环境治理机制的创新注入更多的活力。

（二）贯彻保护优先原则推动高质量发展

协调发展原则是我国吸收借鉴全球环境治理共识中可持续发展理念和环境与发展综合决策方法的重要制度成果，该原则旨在协调经济建设与环境保护之间的关系，以实现可持续发展的目标。在 20 世纪 70 年代关于处理经济建设与环境保护关系的国际性讨论中，"零增长论"与"先污染后治理"这两类针锋相对的观点一度产生重要影响。1972 年《联合国人类环境会议宣言》初步提出了一种有别于前两种观点的协调发展新思路，其后协调发展理念得到 1987 年《我们共同的未来》以及 1992 年《里约宣言》的重申和发展，明确了可持续发展理念下的协调发展原则。协调发展原则是指环境保护与经济建设和社会发展统筹规划、同步实施、协调发展，实现经济效益、社会效益和环境效益的统一。② 协调发展原则在基础

---

① 参见姜涛：《为风险刑法辩护》，载《当代法学》2021 年第 2 期。
② 参见韩德培主编：《环境保护法教程》（第八版），法律出版社 2018 年版，第 55 页。

理念层面遵循"经济-社会-环境"三个维度的协调和可持续，在对策方法层面则要求将环境保护的任务纳入经济发展规划进行综合决策。

20 世纪 70 年代后逐渐形成并明确的协调发展原则对我国环境法治建设产生了深远影响，环境立法中协调发展原则的调整力度"由弱到强"[①]。1979 年《环境保护法（试行）》规定，在制订国民经济计划时，必须对环境保护和改善统筹安排，并认真组织实施。[②] 1981 年国务院发布的《关于在国民经济调整时期加强环境保护工作的决定》要求"把保护环境和自然资源作为综合平衡的重要内容，把环境保护的目标、要求和措施切实纳入计划和规划"。1983 年 12 月 31 日至 1984 年 1 月 7 日召开的第二次全国环境保护会议又明确了环境保护与经济建设同步发展、经济效益与环境效益协调统一的环境保护基本方针。[③] 1989 年颁布的《环境保护法》在立法目的和立法原则中都体现了环境保护与经济发展相协调的关系：在立法目的条款中写入"促进社会主义现代化建设的发展"的表述，在法律原则条款中更是明确规定"环境保护工作同经济建设和社会发展相协调"，这些规定也被视为首次在国家立法中对协调发展原则的完整表述。[④] 2005 年国务院印发的《关于落实科学发展观加强环境保护的决定》提出了"协调发展、互惠共赢"的原则和因地制宜地协调经济发展与环境保护的工作思路，视各地区的环境容量与保护价值不同，采取"科学利用""环境优先"或是"禁止开发"的措施。我国在吸收借鉴协调发展原则的过程中，认识到环境保护与经济建设之间虽然因实现途径不同而存在客观张力，但二者在发展中具有实质上的、目的上的统一性，协调发展原则的核心就在于协调环

---

① 王继恒：《环境法协调发展原则新论》，载《暨南学报（哲学社会科学版）》2010 年第 1 期。

② 参见《环境保护法（试行）》第 5 条。

③ 参见中华人民共和国生态环境部官方网站，https://www.mee.gov.cn/zjhb/lsj/lsj_zyhy/201807/t20180713_446638.shtml，2024 年 10 月访问。

④ 参见李艳芳：《对我国环境法"协调发展"原则重心的思考》，载《中州学刊》2002 年第 2 期。

境保护与经济发展之间的相互协调和动态平衡关系①，这种动态平衡在一定程度上因应于经济社会发展和环境保护的现实需要。从 1982 年单独地要求将环境保护的目标写入规划，到 1989 年总体地规定协调发展原则，再到 2005 年提出在某些条件下采用"环境优先"措施，体现了协调发展原则的内涵不断丰富，这也为之后环境立法"保护优先"原则的形成创造了条件。

党的十八大之后，习近平法治思想的生态文明法治理论基于协调经济建设与环境保护关系的丰富实践经验，进一步提炼保护优先的生态文明建设法治原则。协调发展原则要求统筹协调经济建设与环境保护的关系，甚至在某些情形下将环境保护置于更高的战略地位，但两者之间有时仍存在矛盾。对此，习近平总书记提出"在整个发展过程中，我们都要坚持节约优先、保护优先、自然恢复为主的方针"②。当然，保护优先并不是不要经济发展，而是为了高质量地发展，从而真正实现发展方式转变的目标③，这无疑是从更高水平发展的视角对协调发展原则的继承与超越。保护优先原则在 2014 年修订的《环境保护法》中体现得最为明显，其在环境保护的基本方针和基本原则的规定中都有所体现。在基本方针条款，修改了 1989 年《环境保护法》将"环境保护工作同经济建设和社会发展相协调"的表述，而要求"经济社会发展与环境保护相协调"，使"保护"成为环境工作的主要方面。在基本原则条款，明确规定了"保护优先"原则，并将其置于基本原则首位，体现了生态环境保护优先的转型。相应地，我国在环境法律制度建设中也践行保护优先原则，"用最严格制度最严密法治保护生态环境"④。一方面，以底线思维规范开发利用管理，在

---

① 参见张梓太：《论环境与发展——关于〈环境保护法〉"协调发展"原则的几点认识》，载《学海》1994 年第 2 期。

② 习近平：《论坚持人与自然和谐共生》，中央文献出版社 2022 年版，第 10 页。

③ 参见吕忠梅主编：《环境法学概要》，法律出版社 2016 年版，第 76 页。

④ 习近平：《论坚持人与自然和谐共生》，中央文献出版社 2022 年版，第 13 页。

已有环境保护制度基础上，构建以环境资源承载力为基础的"三线一单"生态环境分区管控制度；另一方面，健全以行政处罚、刑事惩戒等传统法律责任与生态修复、生态环境损害赔偿等新兴法律责任相结合的环境法律责任体系，践行保护优先的原则。

（三）落实损害担责原则促进公私法沟通

自工业革命以来的很长时期，污染者只要未对具体的人身健康或财产造成直接损害就不承担责任，而污染后果则由国家使用公共资金治理，这种方式既给国家财政造成了沉重负担，实际上也把污染者的治理责任转移给了全体纳税人。[1] 1972 年，经济合作与发展组织理事会首先提出"污染者负担原则"，明确了环境责任应该由污染者承担。[2] 这一原则很快被国际社会广泛接受。

我国在环境法治进程中，充分借鉴国际环境法中的污染者负担原则，并逐步将其转化为国内立法的相关规定。1979 年《环境保护法（试行）》较为概括地规定了单位的污染治理原则，要求单位"应当按照谁污染谁治理的原则，制定规划，积极治理"[3]。1989 年《环境保护法》更为详细地规定了生产单位的环境保护责任制度、污染防治措施、限期治理制度等[4]，并且规定了较为全面的环境行政法律责任，对于追究污染者的法律责任发挥了积极作用。但是，受制于环境保护实践的时代局限，早期国际环境法中的污染者负担原则内容较为有限，具体表现为主体限于污染者、责任承担方式限于支付排污费。[5]

---

① 参见吕忠梅主编：《环境法学概要》，法律出版社 2016 年版，第 92 页。
② 参见柯坚：《论污染者负担原则的嬗变》，载《法学评论》2010 年第 6 期。
③ 《环境保护法（试行）》第 6 条。
④ 参见 1989 年《环境保护法》第 24 条、第 29 条。
⑤ 参见信春鹰主编：《中华人民共和国环境保护法释义》，法律出版社 2014 年版，第 20 页。

党的十八大之后，习近平法治思想的生态文明法治理论立足"山水林田湖草沙生命共同体"的生态整体观，将污染者负担原则"填补外部性、补偿正外部性"的底层逻辑延伸至环境与资源保护的所有领域，提出了内涵更丰富、更契合生态环境保护需要的损害担责原则。相较于污染者负担原则，损害担责原则要求在生产和其他活动中造成环境污染和破坏、损害他人权益或者公共利益的主体承担相应的法律责任，在主体和责任承担方式层面进一步扩展。在主体层面，损害担责原则遵循环境污染者负担、资源开发者养护、生态受益者补偿、环境破坏者恢复的内在逻辑，整合了污染防治、资源利用、生态保护中的相关法律主体；在责任承担方式层面，损害担责原则指导构建公法与私法责任相结合的环境责任体系，既通过刑事责任与行政责任追究行为人破坏国家环境管理秩序所应承担的责任，也通过生态环境损害赔偿等责任要求行为人承担生态环境服务功能、资源价值受损所产生的法律责任。在 2014 年修订的《环境保护法》中，损害担责原则被确立为基本原则。同时，我国在污染防治、生态保护、资源利用等领域的立法，已逐步建立起体现损害担责原则的责任追究制度、生态补偿制度、自然资源有偿使用制度、生态环境损害赔偿制度等。此外，《民法典》的绿色原则与生态环境侵权制度的相关规定，也为发挥损害担责原则的制度功能提供了沟通协调公私法机制的法律通道。

三、对全球环境治理制度的吸纳

在制度和机制层面，我国充分借鉴和吸纳全球环境治理基本共识，以规制性制度保障生态安全，以激励性制度促进发展转型，以补偿类制度填补负外部性，以综合决策方法健全体制机制。

（一）加强环境保护的制度保障

相较于国内环境立法，国际环境法通常缺乏足够的强制力和约束力，大量的国际环境法规范表现为指导性原则、宣言、司法实践处理方法和程序、环境标准等软法的形式①，这就使得相关行动和目标的执行通常依赖于各国自觉的行动。但在 20 世纪 70 年代以来，为保护全球生态环境，在国际环境法律实践中也发展出一系列具有较强强制力和约束力的法律制度，其中有一些国际环境法律制度虽然在全球环境治理层面具有框架性和倡导性，但在其被一些国家转化为国内法后也具有了法律强制力，这些强制性制度对保障全球生态安全、防范环境风险发挥了重要作用。

习近平法治思想的生态文明法治理论践行最严生态法治观，"用最严格制度最严密法治保护生态环境"②，这与全球环境治理在强制性制度建设方面的实践成果相契合。党的十八大以来，我国完善生态环境立法，在污染防治、生态保护等方面不断加强制度建设，在各主要污染防治立法中均规定了环境影响评价制度；同时，通过相关技术标准和准入制度建立健全环境风险评估和环境许可制度；此外，我国在 2014 年《环境保护法》的修订过程中，规定了"按日计罚""主管人员引咎辞职""停产停业"等内容，通过有力的责任机制与全面的禁限制度相配合，建立了涵盖生态环境开发利用活动全过程的管理措施，以严格的规制性制度保障生态环境安全。

（二）创新环境保护的激励措施

习近平总书记指出，"要推动有效市场和有为政府更好结合"③，深刻

---

① 参见吕忠梅：《环境法新视野》（第三版），中国政法大学出版社 2019 年版，第 164 页。
② 习近平：《论坚持人与自然和谐共生》，中央文献出版社 2022 年版，第 13 页。
③ 习近平：《以美丽中国建设全面推进人与自然和谐共生的现代化》，载《求是》2024 年第 1 期。

阐释了市场与政府在生态环境治理中的协调关系。习近平法治思想的生态文明法治理论坚持"绿水青山就是金山银山"的绿色发展理念，将全球环境治理中形成的激励性制度成果运用于我国生态文明法治建设中，以自然资源和生态环境要素为对象，推进自然资源资产产权制度改革，完善生态产品价值实现机制，形成了从确权到权利流转的激励性制度链条。一方面，我国通过明确土地、海洋、矿产、森林等自然资源的自然资源资产产权，推动自然资源所有权与使用权相分离，为自然资源进行市场流转提供基础；另一方面，我国完善碳排放权交易、温室气体自愿减排交易、用能权交易、排污权交易的市场平台，实现总量控制下的能源消耗量和碳排放量有序降低，为经济社会的绿色低碳转型提供了法制保障。

（三）重视环境问题的负外部性填补

习近平总书记指出，"生态环境没有替代品，用之不觉，失之难存"①，这其中蕴含着深刻的人与自然和谐共生的生态伦理观。习近平法治思想的生态文明法治理论以生态优先作为基本价值导向，将保护自然生态的完整性和环境服务功能作为生态文明法治建设的重点，完善环境保护税费、生态环境损害赔偿、生态保护补偿法律制度建设，将"污染者负担原则"的内涵进一步内化为排污收费、损害担责、受益补偿三个面向。在排污收费方面，我国于1982年制定了《征收排污费暂行办法》，对征费污染物的类型、征费标准作出了详细规定；此后，我国于2003年和2016年先后制定了《排污费征收使用管理条例》和《环境保护税法》，推进排污收费制度的规范化和科学化。在损害担责方面，我国于2015年开展生态环境损害赔偿制度试点探索，通过磋商和诉讼等私法性手段实现保护环境要素、生

① 习近平：《论坚持人与自然和谐共生》，中央文献出版社 2022 年版，第 9 页。

物要素以及生态系统功能的目的，并通过《民法典》《生态环境损害赔偿管理规定》以及相关司法解释，明晰生态环境损害赔偿的程序和内容，建立起沟通民法与行政法的责任承担机制。在受益补偿方面，我国于 2024年施行《生态保护补偿条例》，建立起横向补偿与纵向补偿相配合、政府补偿与市场补偿相协调的多元化补偿机制，从生态整体性的高度建立起填补负外部性的生态保护补偿类法律制度。

（四）通过健全体制机制推动绿色发展

在习近平法治思想的生态文明法治理论指引下，我国在推进生态文明建设的过程中，全面综合考虑经济社会发展可能对生态环境整体造成的影响，将环境与发展综合决策方法全方位融入生态环境法治建设之中。我国积极推进生态环境立法，在法律制度、法律机制和法律措施层面充分运用环境与发展综合决策方法。例如，我国在《环境保护法》和相关专门环境立法中规定了规划、环境影响评价、"三同时"、环境保护许可、公众参与等重要的法律制度，同时不断进行制度创新，建立并完善生态保护红线、生态保护补偿等制度，将生态环境保护的考量全面融入社会经济发展的决策中。特别是在对社会经济发展具有基础性作用的规划制度方面，我国充分运用环境与发展综合决策方法，制定符合我国生态文明建设的各级各类规划。同时，我国在近几年出台的《青藏高原生态保护法》《黄河保护法》《湿地保护法》《长江保护法》等区域性、流域性、空间性立法中，建立涵盖多部门、整合多种职权事权的统筹协调机制，通过管理体制创新促进环境与发展综合决策机制的有效实施。

习近平总书记指出，"法律的生命力在于实施，法律的权威也在于实施"①。生态环境管理体制是否科学高效，直接决定了法律制度的实施效

---

① 习近平：《在庆祝全国人民代表大会成立六十周年大会上的讲话》，载《求是》2019 年第 18 期。

果。我国将环境与发展综合决策方法融入生态文明体制改革的过程中，建立健全高效协同的生态环境管理体制和执法机制，确保环境与发展综合决策相关法律制度的有效实施。在管理体制方面，党的十八大以后，我国加大改革创新力度，在 2018 年的国务院机构改革中整合原环境保护部、国家发展改革委、国土资源部等担负的多项职责，组建生态环境部作为推进生态环境治理的主管部门，以更好地在管理和决策中统筹环境效益、经济效益与社会效益。在执法机制方面，我国创新省以下环保机构监测监察执法垂直管理制度改革和生态环境保护综合行政执法改革，推进生态环境执法的独立化、综合化和专业化，以实现生态环境保护综合执法机构和执法队伍的科学设置与高效整合①，为环境与发展综合决策的实施提供体制机制保障。

四、对全球环境治理基本共识的发展与超越

在习近平法治思想的生态文明法治理论的指引下，我国依循辩证思想创新绿色发展观，基于本国实践探索新型现代化道路，创造性地推动生态环境法律体系化，从而在全球环境治理基本共识的基础上实现了创造性的发展和超越。

（一）依循辩证思想创新绿色发展观

在回答发展与保护的关系问题时，可持续发展理念认识到高污染、高消耗的传统发展模式的不可持续性，提出了"既满足当代人的需要，又不对后代人满足其需要构成危害"的设想，要求在经济社会发展的同时注重

---

① 参见李爱年、陈樱曼：《生态环境保护综合行政执法的现实困境与完善路径》，载《吉首大学学报（社会科学版）》2019 年第 4 期。

生态环境保护，开拓一条"通向经济发展新时代的道路"①。但是，受制于时代背景和社会实践的局限性，可持续发展在定义何谓发展以及如何处理发展与保护的关系等重要问题时，存在一定的局限性和模糊性。一方面，它是一种通过加强环境保护促进经济发展的新型经济增长模式，属于经济发展范畴的下位概念，本质上仍是一种经济增长方式，其特殊性在于主张改变以往那种不顾未来的"经济发展"，更加强调经济发展的可持续性。② 另一方面，它将环境保护视为经济增长的必要条件，并服务于经济增长，从而使环境保护成为经济发展的附带条件，为"经济利益与生态利益的妥协"③ 留下了隐患。在一些国家的实践中，当环境保护促进了经济发展，政府就会重视环境保护；而当环境保护约束了经济发展，政府则会降低环境保护的力度。有批评意见认为，"联合国环境与发展大会（UNCED）不愿对经济增长、市场经济、发展过程本身的可取性提出质疑，因此联合国环境与发展大会从不曾有机会去真正解决环境与发展问题"④。

习近平法治思想的生态文明法治理论以辩证统一的观点看待经济发展与环境保护的关系，超越了传统的发展模式以孤立的、对立的视角看待发展与保护关系的观点，将经济发展与环境保护统一于中国特色社会主义生态文明建设的进程中。人类社会与自然环境具有同构性，社会经济发展本身寓于自然环境的演化过程并受其制约。在发展与环境的关系方面，经济

①　世界环境与发展委员会：《我们共同的未来》，王之佳、柯金良等译，夏堃堡校，吉林人民出版社 1997 年版，第 10 页。

②　参见徐祥民：《绿色发展思想对可持续发展主张的超越与绿色法制创新》，载《法学论坛》2018 年第 6 期。

③　李传轩：《从妥协到融合：对可持续发展原则的批判与发展》，载《清华大学学报（哲学社会科学版）》2017 年第 5 期。

④　[美]保罗·肯霍：《商业生态学——可持续发展的选言》，夏善晨等译，上海译文出版社2007 年版，第 202 页。

与环境都是人类发展的重要因素，不能偏颇。但"经济的再生产过程……总是同一个自然的再生产过程交织在一起"①，环境污染与生态破坏也总是与人类的物质生产活动息息相关。因此，解决生态环境问题，必须从调整人类的物质生产方式入手。

党的十八大以来，以习近平同志为核心的党中央更加清晰地认识到经济发展与环境保护的辩证统一关系，将环境保护的要求内化于生产生活等一系列经济活动中，加快转变原有的以资源消耗和生态环境破坏为代价的发展模式，并以"绿水青山就是金山银山"的绿色发展观指引环境法治的变革和创新。绿色发展观超越了传统的经济发展与环境保护相对立的观点，将环境保护内在地寓于发展之中，并且更加强调环境保护的重要性。绿色发展观包含经济发展、社会进步、生态环境保护三大维度，对应于可持续发展理念的经济、社会、环境三大方面。以绿色发展观引领生态环境法治发展，既是根据中国的具体国情对可持续发展理念的承继与发展，也是基于中国特色社会主义实践的理论创造；既是对国际公认的全球环境治理理念的扬弃，也具有鲜明的本土性和原创性。在环境保护的重要性方面，习近平总书记强调，"要像保护眼睛一样保护生态环境，像对待生命一样对待生态环境"②，指明了生态环境保护的重要地位；在处理经济发展与环境保护的关系方面，习近平总书记指出，"绿水青山既是自然财富、生态财富，又是社会财富、经济财富"③，深刻阐述了经济发展与环境保护的辩证关系，揭示了保护生态环境对于保护和发展生产力的重要意义。基于此，我国在生态文明法治建设过程中，一方面将环境保护置于更加突

---

① 中共中央马克思恩格斯列宁斯大林著作编译局：《马克思恩格斯全集》（第 24 卷），人民出版社 1972 年版，第 398－399 页。

② 习近平：《论坚持人与自然和谐共生》，中央文献出版社 2022 年版，第 10 页。

③ 习近平：《论坚持人与自然和谐共生》，中央文献出版社 2022 年版，第 10 页。

出的地位，确立了"经济社会发展与环境保护相协调"[①] 的环境保护基本方针，并建立了一整套贯穿事前、事中、事后的生态环境保护法律制度；另一方面将生态环境保护的要求融入调整生产、生活相关活动的立法之中，例如在《民法典》中以绿色原则为引领，加强民法与环境法的沟通协调。由此，形成了基于绿色发展观的美丽中国建设的创新性方案。

（二）基于本国实践探索新型现代化道路

在借鉴全球环境治理基本共识的基础上，我国基于中国特色社会主义现代化建设的实践土壤，将生态环境保护寓于中国式现代化的实践探索之中，大力发展新质生产力，推动绿色发展低碳转型，为发展新型现代化道路提供了理论和实践经验。党的十九大报告明确提出："人与自然是生命共同体，人类必须尊重自然、顺应自然、保护自然。"这一论断是"人类命运共同体"理念在生态环境保护领域的具体体现，一方面强调自然对于人类生存与发展的基础性作用以及对于人类活动的客观制约，另一方面强调人类对于自然的开发利用应当遵循自然规律。

我国保持高度的理论自觉和道路自信，在生态文明建设的本国探索与实践基础上，将"人与自然和谐共生"作为中国式现代化的本质要求之一，提出了一条新型现代化道路。一方面，"人与自然和谐共生"是实现中国式现代化的题中之义，中国式现代化倡导"人与自然是生命共同体"理念，在保护自然和生态环境中实现生产力的发展。另一方面，发展新质生产力为探索新型现代化道路提供了动力源泉。党的二十大报告强调："高质量发展是全面建设社会主义现代化国家的首要任务。"[②] 习近平

[①] 《环境保护法》第 4 条。
[②] 习近平：《高举中国特色社会主义伟大旗帜 为全面建设社会主义现代化国家而团结奋斗——在中国共产党第二十次全国代表大会上的报告》，载《人民日报》2022 年 10 月 26 日，第 1 版。

总书记明确指出，"发展新质生产力是推动高质量发展的内在要求和重要着力点"①。因此，发展新质生产力是推动现代化建设的关键。新质生产力本身就具有高科技、高效能、高质量、低污染的特征，发展新质生产力有利于推动绿色科技成果创新，使绿色生产力成为经济社会发展的重要动力源，为实现产业结构的绿色低碳发展转型、人与自然和谐共生创造条件。

为此，我国加强绿色发展和新质生产力领域的法治建设。一方面，通过国土空间用途管制、自然资产产权制度改革等方式规范各类自然资源的有序使用，通过税费制度实现自然资源有偿使用，并加快推进能源管理和应对气候变化领域的法制完善，为推进绿色发展提供法制基础。另一方面，通过创新生态保护补偿、碳排放权交易、生态产品价值实现等机制，使有利于生态环境保护的活动实现其应有的价值，激励推进绿色发展的社会活力。由此，我国探索出一条推进"人与自然和谐共生"的现代化道路，为全球环境治理提供了有益经验。

（三）创造性地推动生态环境法律体系化

综观全球环境治理和典型国家的生态环境治理经验，健全的法律体系是实现良好的生态环境法治的最重要的前提和基础条件。为此，国际社会不仅在国际法层面不断推动生态环境领域的国际法发展，同时也以各种方式鼓励各国加强国内生态环境立法。② 在这其中，法律体系化是最重要的措施之一，最主要的实现方式是法典化。民法等法律领域的法典化已成为推动这些领域法治发展的重要手段。在环境领域，目前颁布环境法典的国

---

① 习近平：《发展新质生产力是推动高质量发展的内在要求和重要着力点》，载《求是》2024 年第 11 期。

② 例如，《联合国人类环境会议宣言》引言规定：地方和中央政府将各在其管辖范围内，对大规模的环境政策和行动，肩负最重大的担子。又如，《里约宣言》原则十一要求各国制定有效的环境立法。

家有德国、法国、意大利、瑞典、菲律宾、爱沙尼亚、哈萨克斯坦等。[①]
从法典文本结构和内容看，这些国家主要根据各自生态环境管理的实际需
求和立法传统开展法典编纂工作，并未形成统一的模式。

在习近平法治思想的生态文明法治理论指引下，我国基于新时代生态
环境保护事业发展的内在需求，同时充分借鉴全球环境治理共识和上述国
家生态环境法典编纂的有益经验，正在以创新性的"适度法典化"的模式
推进生态环境法典编纂工作，对现行的法律制度规范进行系统整合、编订
纂修、集成升华，以期形成具有中国特色、实践特色、时代特色的高质量
的法典。[②] 这一开创性的工作不仅体现了最严法治观，而且对提升环境治
理体系和治理能力现代化水平具有重大的实践意义，为新型法典编纂作出
原创性贡献，具有重大的世界意义。[③]

第三节　对全球环境治理的引领与贡献

习近平总书记在不同国际场合多次深刻阐述保护全球生态环境的重要
性，倡议人与自然和谐共生，呼吁全世界共同推进生态环境治理。[④] 在
习近平法治思想的生态文明法治理论的指引下，我国通过统筹推进国内和
涉外环境法治，推动全球生态文明法治建设，在全球环境治理中发挥着越
来越重要的引领作用。

---

① 本部分资料主要来源于吕忠梅教授总主编的《各国环境法典译丛》（法律出版社出版）和相
关国家立法机关、行政机关官网发布的环境法典文本。

② 参见《全国人大常委会法工委：生态环境法典编纂工作已经启动》，载中国人大网 2024 年 2
月 27 日，http://www.npc.gov.cn/npc/c2/c30834/202402/t20240227_434813.html。

③ 参见吕忠梅：《深刻认识编纂生态环境法典的重大意义》，载人民政协网 2024 年 8 月 15 日，
https://www.rmzxb.com.cn/c/2024-08-15/3591555.shtml。

④ 参见《习近平：共同推进全球生态环境治理》，载求是网 2021 年 6 月 5 日，http://www.qs-theory.cn/zhuanqu/2021-06/05/c_1127532206.htm。

一、统筹推进国内和涉外环境法治

我国坚持国内和涉外环境法治统筹推进，积极履行国际环境法义务，切实参与和引领全球环境治理过程，彰显负责任大国形象，为推动和引领全球环境治理作出重要贡献。

（一）积极履行国际环境法义务

在参与全球环境治理的过程中，中国始终积极履行国际环境法义务，探索出一条适合中国国情的生态环境法治道路。[1] 党的十八大以来，在习近平总书记的亲自谋划和推动下，中国生态环境法治体系不断完善，这是统筹推进国内和涉外环境法治、积极履行国际环境法义务的重要表现。

履行国际环境法义务在环境法治体系方面的体现，主要包括立法、执法、司法等方面。在立法方面，生态文明载入宪法，国家环境保护义务成为宪法规范，以《环境保护法》为核心的中国特色生态环境法律体系已基本建立，全面覆盖污染防治、生态保护、自然资源可持续利用、绿色低碳发展等领域。在执法方面，生态环境执法体制机制改革向纵深展开，中央生态环境保护督察等监督执法机制建立并逐渐完善，生态环境综合行政执法改革持续推进，环境执法与环境刑事司法之间的衔接机制逐步健全，生态环境执法的质效得到了明显提升。[2] 在司法方面，环境司法专门化体系基本成熟，专门化环境资源审判机构实现了对重点区域和流域全覆盖，司法

---

[1] 参见吕忠梅、吴一冉：《中国环境法治七十年：从历史走向未来》，载《中国法律评论》2019年第5期。

[2] 参见吕忠梅：《环境法治建设十年回顾与环境法典编纂前瞻》，载《北京航空航天大学学报（社会科学版）》2023年第1期。

在环境治理中的积极作用不断凸显①，预防性环境司法逐渐发挥重要作用，环境公益诉讼持续发展。"绿孔雀案""弃风弃光案"等一系列具有重大影响的环境案件的妥当处理，为中国环境司法赢得国际声誉。

在全球环境治理的诸多领域中，中国积极履行国际法义务。在应对气候变化领域，中国将碳达峰碳中和纳入生态文明建设整体布局和经济社会发展全局，将减污降碳协同增效作为经济社会发展全面绿色转型的总抓手，落实国家自主贡献目标，应对气候变化工作取得显著成效。② 在生物多样性保护领域，中国一贯高度重视生物多样性保护，取得显著成效。进入新时代以来，生物多样性治理新格局基本形成，生物多样性保护进入新的历史时期。中国在担任《生物多样性公约》第十五次缔约方大会主席国期间，充分发挥主席国的领导力和协调力，全力推进谈判进程。从2019年起，中国成为《生物多样性公约》及其议定书核心预算的最大捐助国，并率先出资成立昆明生物多样性基金，支持发展中国家生物多样性保护事业。③

（二）参与和引领全球环境治理进程

在全球生态环境问题日益严峻的背景下，中国积极参与和引领全球环境治理，提出一系列重要倡议和主张，推动各方维护多边共识、聚焦务实行动、加速绿色转型，为共同建设清洁美丽的世界尽己之力。④

长期以来，中国积极推动各项国际环境条约的制定，为全球环境治理

---

① 参见秦天宝：《司法能动主义下环境司法之发展方向》，载《清华法学》2022年第5期。

② 参见生态环境部：《中国应对气候变化的政策与行动2023年度报告》。

③ 参见《万物并育和合生——中国积极推动全球生物多样性治理进程》，载中国政府网2022年12月8日，https://www.gov.cn/xinwen/2022-12/08/content_5730825.htm。

④ 参见《中国为全球环境治理贡献智慧（环球热点）》，载人民网2023年10月12日，http://world.people.com.cn/n1/2023/1012/c1002-40093328.html。

规则的完善贡献力量。1972 年，中国派遣代表团参加联合国人类环境会议。此后，中国始终积极参与全球环境治理，参加了多项国际环境保护公约，达成多项双边或多边协定。1992 年，中国在《联合国气候变化框架公约》和《生物多样性公约》通过后即签署，成为首批签署两项公约的国家。2016 年，中国加入《巴黎协定》，成为第 23 个完成批准协定的缔约方。2021 年，在《联合国气候变化框架公约》第二十六次缔约方大会各方谈判陷入胶着的关键时刻，中美两国联合发布《中美关于在 21 世纪 20 年代强化气候行动的格拉斯哥联合宣言》，积极建设性地推动了大会进程。[①] 2021 年，《生物多样性公约》第十五次缔约方大会在昆明召开，通过《昆明宣言》，并在随后形成《昆明-蒙特利尔全球生物多样性框架》。2022 年，《湿地公约》第十四届缔约方大会在武汉召开，并通过《武汉宣言》。2023 年 9 月 20 日，中国在《〈联合国海洋法公约〉下国家管辖范围以外区域海洋生物多样性的养护和可持续利用协定》开放签署首日即签署，充分反映中国在积极参与全球海洋环境治理及海洋生物多样性保护方面的决心。中国积极引领全球环境治理体系的完善，实现了从全球环境治理体系的重要参与者到引领者的重大转变。

不仅如此，中国作为负责任大国，还为全球环境治理作出更大的贡献。2021 年，习近平主席在"领导人气候峰会"上指出："中方秉持'授人以渔'理念，通过多种形式的南南务实合作，尽己所能帮助发展中国家提高应对气候变化能力。从非洲的气候遥感卫星，到东南亚的低碳示范区，再到小岛国的节能灯，中国应对气候变化南南合作成果看得见、摸得着、有实效。中方还将生态文明领域合作作为共建'一带一路'重点内容，发起了系列绿色行动倡议，采取绿色基建、绿色能源、

---

① 参见《中国贡献助力全球应对气候变化开启新征程》，载中国政府网 2021 年 11 月 14 日，http://www.gov.cn/xinwen/2021‒11/14/content_5650885.htm。

绿色交通、绿色金融等一系列举措，持续造福参与共建'一带一路'的各国人民。"① 为带动"一带一路"国家实现绿色发展，提升环境治理能力，实现合作共赢，中国成立"一带一路"绿色发展国际联盟，为其他国家提供政策、资金、技术等方面的支持。2023 年，习近平主席在第三届"一带一路"国际合作高峰论坛开幕式上再次强调绿色发展在"一带一路"国际合作中的重要地位。他强调："中方将持续深化绿色基建、绿色能源、绿色交通等领域合作，加大对'一带一路'绿色发展国际联盟的支持，继续举办'一带一路'绿色创新大会，建设光伏产业对话交流机制和绿色低碳专家网络。落实'一带一路'绿色投资原则，到 2030 年为伙伴国开展10 万人次培训。"② 由此，中国通过切实的行动，有力地推动了全球可持续发展进程，为全球环境治理作出了实质性贡献。

二、推动全球生态文明法治建设

在习近平法治思想的生态文明法治理论指引下，我国以构建人类命运共同体理念更新全球环境治理的基本价值观，以"绿水青山就是金山银山"的绿色发展观引领全球经济社会发展模式转型，在参与和引领全球生态文明法治建设的过程中，立足于本国探索与实践，不断贡献中国智慧和中国方案。

（一）塑造公平正义的全球环境治理价值基础

21 世纪以来，全球治理面临一系列新挑战、新问题。同时，逆全球化思潮也使得全球环境治理遭遇困境。面对全球环境治理呈现的新问题、新

---

① 习近平：《论坚持人与自然和谐共生》，中央文献出版社 2022 年版，第 278 页。
② 《习近平在第三届"一带一路"国际合作高峰论坛开幕式上的主旨演讲》，载中国政府网 2023年 10 月 18 日，https://www.gov.cn/yaowen/liebiao/202310/content_6909921.htm。

趋势，习近平总书记提出了以构建人类命运共同体为代表的一系列新理念。

构建人类命运共同体理念的核心内容，是"持久和平、普遍安全、共同繁荣、开放包容、清洁美丽"①，这也是引领未来全球环境治理的基本目标。构建人类命运共同体理念于 2017 年 2 月被写入联合国决议，同年 3 月被载入联合国安理会决议和人权理事会决议。构建人类命运共同体理念符合国际社会的主流价值观，为全球环境治理变革提供了基本价值指引，得到了国际社会的广泛认可。法国巴黎第八大学教授皮埃尔·皮卡尔认为，构建人类命运共同体理念是"人类历史上最重要的哲学思想之一"；英国学者马丁·雅克认为，中国提供了一种"新的可能"，开辟了一条合作共赢、共建共享的文明发展新道路，"这是前无古人的伟大创举，也是改变世界的伟大创造"；第七十一届联合国大会主席彼得·汤姆森指出，构建人类命运共同体是"人类在这个星球上的唯一未来"②。近些年来，我国生态文明法治建设在全球环境治理中的示范性不断增强。2013 年，联合国环境规划署理事会会议通过了推广中国生态文明理念的决定草案；2016 年，联合国环境规划署发布《绿水青山就是金山银山：中国生态文明战略与行动》报告。这表明，以构建人类命运共同体为指引的生态文明理念正为全球环境治理提供着宝贵借鉴。

（二）引领绿色低碳的经济社会发展模式转型

工业革命以来的"先污染、后治理"的发展模式，把人类社会带入前所未有的生态危机困局。以"绿水青山就是金山银山"为核心的绿色发展观，转变了长期以来在环境治理过程中将生态环境保护与经济社会发展相

---

① 中共中央宣传部：《习近平新时代中国特色社会主义思想学习纲要》，学习出版社、人民出版社 2019 年版，第 219 页。

② 《激荡五洲四海的时代强音——习近平新时代中国特色社会主义思想的世界性贡献述评》，载《人民日报》2022 年 2 月 7 日，第 1 版。

互对立的观点，纠正了以经济发展压倒环境保护的零和博弈思维，为正确处理经济发展与环境保护关系提供了方法论指引。

在"绿水青山就是金山银山"理念的指引下，我国坚定走绿色、低碳、可持续发展之路，为人类社会走向全面绿色转型提供方法指引和实践范例。国际社会对于这些努力给予充分肯定。曾任联合国副秘书长、联合国环境规划署执行主任的埃里克·索尔海姆认为，中国绿色发展的进展鼓舞人心，每个人都在为碳达峰碳中和作贡献；日本环境卫生中心客座研究员箕浦宏明认为，中国提出"绿水青山就是金山银山"理念，对人类未来发展意义重大；非洲碳交易所董事韦斯利·道格拉斯表示，中国是全球绿色发展、合作共赢的典范，中国绿色发展理念和经验值得非洲国家学习，非洲国家应该更积极地与中国合作，跟上世界绿色发展的脚步；塞内加尔经济学家萨姆巴表示，随着共建"一带一路"持续推进，中国的绿色能源产业不断拓展，为全球相关产业发展提供助力。①

"绿水青山就是金山银山"的绿色发展观以辩证的思维统筹协调发展与保护的关系，为推动生态文明法治建设提供了基本立场和方法。一方面，绿色发展观不否认发展与保护任何一方的重要性，而是在二者统筹协调的基础上，更加强调生态环境保护。单纯的经济增长和技术革新无法解决全球性的生态环境破坏和发展不平衡不充分的问题，只有基于共建共享的高质量发展机制，才能更有效地解决全球环境问题。另一方面，绿色发展观将发展与保护统一于推进生态文明建设进程中。遵循这一要求，我国综合运用并创新生态文明法律制度，从保护与发展两方面协同推进生态文明建设。这些基于绿色发展观的创新性的探索和经验，为共谋全球生态文明建设提供了重要的中国方案。

---

① 参见《"为全球经济绿色复苏注入活力"——国际社会积极评价中国生态文明建设成就》，载《人民日报》2021年9月1日，第3版。

中篇 | 理论体系

第五章　中国环境法价值论

建构中国自主法学知识体系的目标任务、路径方法和重点内容，尚处于学术争鸣、公共讨论过程中，"法的价值论"无疑是内生其中的一项基础共识。中国特色社会主义法治区别于西方法治的关键，不在于概念术语、法律技术等法律"器物"层面，而是根源于主权构造、政法原理、道德哲学等统摄法律之道的实质价值分野。环境法价值不仅构成中国自主的环境法知识体系的理论原点，更是中国环境法学回答中国之问、世界之问、人民之问、时代之问的题眼。建构环境法价值体系，应以习近平法治思想的生态文明法治理论为指导，总结和提炼中国环境法的基本价值体系，为中国自主的环境法知识体系奠定理性基础。

第一节　环境法价值的演进与建构需求和供给

一、环境法的价值演进

马克思认为，"'**价值**'这个普遍的概念是从人们对待满足他们需要的外界物的关系中产生的"①。这表明价值属于具有普遍意义的关系论范畴，是作为实践主体的人和作为客体的外界物之间的一种对立统一关系。"人的需要"构成实践主体评价外部客体的内在尺度，而客体对于主体需要的满足，就是价值属性。法的价值在一般意义上是指法对于人类的一切有用性，"法的价值是以法与人的关系作为基础的，是法对于人所具有的意义和人关于法的绝对超越指向"②。这种"绝对超越指向"指称人类对法的期望、追求、信仰等理想状态。据此，可将环境法的价值界定为环境法对于人类的特定需求的满足，是环境法存在的伦理正当性依据，直接决定着环境法主体的法律思维方式与法律实践，更是环境法律进步的内在依据与精神动力。

法的价值是指法律对于人类需要的满足，实质上表征了法与人之间的关系。人的需求是多元的、多层次的，法律与人的关系也是丰富多样的，因此，作为一个法学基本范畴的"法律价值"在现实中是由多元价值构成的价值体系。环境法价值也是一个体系化的存在，是由多元价值按照一定的结构方式构成的整体。在环境法价值体系中，有些价值是环境法的基本和核心价值，体现了环境法对人类的最基本需要的满足，已形成基本共识，具有确定性；而有些环境法价值具有地域性和时代性，"它根植于社会发展的需要，存在于人的生活场景。当人的生活时空发生转化，社会的法律需求发生变化时，法律价值体系的要素会相应地消逝、凸现或重组"③。这要求我们用一种同情式理解的目光，理解环境法价值体系的演进，客观看待不同时期、不同国家对环境法价值体系构成要素的侧重与坚守，也能培养我们对于中国特色环境法治的道路自信、理论自信、制度自

---

① 中共中央马克思恩格斯列宁斯大林著作编译局：《马克思恩格斯全集》（第19卷），人民出版社1963年版，第406页。

② 卓泽渊：《法的价值论》（第三版），法律出版社2018年版，第45页。

③ 李炳烁：《法律价值体系之内的自由与和谐》，载《法制与社会发展》2006年第4期，第12页。

信、文化自信。只有与中国社会发展相互匹配、与国情文化相互契合的环境法价值体系，才是最合理的制度安排。

（一）古代农业社会语境下的环境法价值

现代意义上的"环境法"因第二次世界大战后工业化进程的迅速推进带来的严重环境污染问题而催生。但如果我们放宽历史视界，将"环境法"理解为有关人与自然之间长期互动的社会历史行动，那么，中国古代当然存在"环境法"规范与实践。在长达数千年的农耕史中，"靠天吃饭"是基本生存方式与生产方式，这意味着农业时代的人只能被动接受无法透彻掌握的自然规律，农业劳作对自然的影响有限，自然总体上属于"人类世界出现之前的自然界和人类世界产生之后但人类活动尚未涉及的那部分自然界"，是一种"自在自然"[1]。所以古代农业社会信奉的是顺应自然、尊重自然的"自然法"，法的精神是"道法自然"，这塑造了"中华民族源远流长的'天人合一'生态哲学观和'寓道于术'的实质法治思维"[2]，并生成了"以时序政"的法律思维和法律实践。从先秦时期"四时之禁""以时序政""依时行政"的政治智慧[3]，到自秦汉到明清"法天时，兴地利，导人和"的立法理念，形成了中国古代"遵循'春生夏长秋收冬藏'的农业生产规律及资源可持续利用的思想，并在其中贯穿着'以时禁发'的原则，把气候的变化规律和动植物的生长规律转化为人的行为规范，以实现自然资源的可持续利用的目的"[4]。

---

① 姚顺良、刘怀玉：《自在自然、人化自然与历史自然——马克思哲学的唯物主义基础概念发生逻辑研究》，载《河北学刊》2007年第5期，第7页。

② 吕忠梅、田时雨：《论具有中国特色环境法典的编纂》，载《中国法律评论》2022年第2期，第1页。

③ 参见任文洁：《小麦的推广种植与先秦时期"四时"观念的强化》，载《史学月刊》2022年第3期。

④ 姜美英：《中国古代法律典籍中的环境保护问题探析》，载《人民法院报》2023年4月7日，第5版。

然而，古代农业社会的时间观更多呈现为一种"天不变，道亦不变"微观尺度的循环时间观，"古代社会中广泛流行着循环时间观。这种时间观认为，时间像一个圆圈，世界上万事万物在经历了一个时间周期之后又回复到原来的状态"①。在循环时间观影响下，古代农业社会的"环境法"展现的是一种消极顺应的法律观，欠缺指向长远的未来向度，因而并不具有现代"环境法"的属性。

价值观是特定时代的产物，中国古代农业社会并没有直接针对现代环境问题的立法，主要是为适应封建国家治理的需要而间接地实现了法律将自然纳入保护范围，一定程度上起到了应对"环境问题"的客观效果。因此，古代农业社会的"环境法"的价值从属于中国传统法的价值体系。中国传统法的价值观的社会基础至少包括自然经济、宗法制度、集权政治三个主要的方面，中国传统法形成了正直、公平、惩罚、划一、天、仁、礼、治乱、等级、宗法、善等价值观。② 以此价值体系观之，古代农业社会的"环境法"价值观主要表现为象征自然的"天"——与天吻合、服从于天，这种中国独特的价值理念与价值话语，虽然与现代法治话语不尽一致，但其精神内核依然具有跨越时代的启示与传承意义。

西方国家的现代意义上的环境法是在工业革命之后才产生的，在此之前并未针对社会问题意义上的"环境问题"展开专门立法，"环境"并未成为独立的立法对象。但在现代环境法产生之前，西方的一些法学流派和法学理论也关注到自然环境或者重视法律与环境之间的关系。典型如孟德斯鸠的法律学说，孟德斯鸠认为最适合人类本性的法律，就是

---

① 吴国盛：《时间的观念》，北京大学出版社 2006 年版，第 210 页。
② 对中国传统的法的价值观的论述，参见卓泽渊：《法的价值论》（第三版），法律出版社 2018 年版，第 158－172 页。

那些最适合于各民族具体情况的法律，所以，这些法律必须与该民族的政府类型相适应，并与气候、土地以及居民的职业、宗教、行为方式、习惯等因素相适应。① 虽然西方传统法学理论主要着眼于人的本性、人类社会研究法律，"环境"并未在法学理论视域中占有一席之地，但前述法律应与气候、土地等因素相适应等散见于其中的灵光乍现式的论述，却是西方封建社会时期对于法律与环境之间关系认知的可贵探索。

（二）近代西方工商社会语境下法价值对自然的影响

"农业文明产生法律，工业文明孕育法治；但农业文明时代有法律而无法治，工业文明时代有法治无生态"②。产生这种现象的一个重要原因在于随着工业革命的兴起，人类的科技水平有了长足进步，自然不再是不确定的未知领域或无法超越的物理阻碍，反而可成为促进社会进步和经济增长的资源。这一时期，以个人主义和形式法治为核心的法价值体系对自然产生了重要的影响。

1. 自在自然被改造成为人化自然

"人化自然"是马克思论述人与自然的关系时使用的一个重要范畴。③马克思认为，人化自然其实是自然的异化，因为工业革命颠覆了自然与人的主从关系，自然从驯顺的对象变成了索取的对象，这不仅制造了环境污染等环境问题，更重要的是令自然成为资本主义生产关系所支配的生产工

---

① 参见［英］彼得·斯坦、约翰·香德：《西方社会的法律价值》，王献平译，郑成思校，中国法制出版社 2004 年版，第 23 页。

② 吕忠梅：《习近平法治思想的生态文明法治理论》，载《中国法学》2021 年第 1 期，第 50 页。

③ "人化自然"是马克思主义法理学批判近现代资本主义文明的重要理论工具，意指经人有目的之行动所设计或重塑的自然。参见［德］马克思：《1844 年经济学哲学手稿》，中共中央马克思恩格斯列宁斯大林著作编译局编译，人民出版社 2000 年版，第 88-89 页。

具或生产资料，"只有在资本主义制度下自然界才不过是人的对象，不过是有用物；它不再被认为是自为的力量"①，工业使人类从对自然的崇拜转向对自然的利用。正是在这个意义上，马克思期待的共产主义是无产阶级实现人的全面自由解放和自然主义的理想复归。

人化自然既是过程也是客观存在的事实，是人类生存层面的必要举措。② 然而，如何评价和对待这一事实却会造成迥然有异的影响。近代西方工商社会语境下的法律认可与固化了这一事实，从而选择了人与自然对立的法律价值观。这具体体现在：第一，在法律观上秉持人类中心主义，以人类和人类利益为中心，仅仅在极少数情况下才认为环境与人定法有着一定的关联性③；第二，以个体本位为中心的所有权的逻辑前提是人类对自然的主宰；第三，用益物权、分层所有权等制度设计，体现了对自然资源"物尽其用"的理念。这些法律理念、原则和制度体现了人对自然的主宰、将环境作为客体的法律价值观。

2. 历史进步论取代循环时间观

这一时期，基督教的线性时间观和启蒙哲学的历史进步论取替了传统的循环时间观，给人类带来了世界历史的未来意识和进步意识。基督教哲学坚拒周而复始的无意义的循环时间观，认为之所以有历史恰恰是因为它存在开端、过程和终结，只有把时间看作线性且不可逆转的，才有可能区分过去、现在和未来，并为其赋予意义。随着"历史意识"深入人心，启蒙哲学家发明了"历史进步论"，尝试用不断进步和无限增长的乐观期许

---

① 中共中央马克思恩格斯列宁斯大林著作编译局：《马克思恩格斯全集》（第46卷）（上），人民出版社1979年版，第393页。

② 参见宫敬才：《马克思经济哲学语境中的人化自然理论》，载《河北大学学报（哲学社会科学版）》2024年第2期。

③ 参见［澳］彼得·D.伯登：《地球法理——私有产权与环境》，郭武译，商务印书馆2021年版，第17页。

迟延历史的终结。历史进步论也释缓了人类对自然的危机意识，科学理论发展和技术进步大大丰富了人类对自然的利用方式并提高了利用效率。

历史进步论哲学观念下的法律演进观的一个重要方面体现为，随着科技进步和立法技艺提高，人类可以逐渐拓展立法对象以不断扩大与提高人类对自然资源的开发利用范围与程度。这一立法理念实质上将人类从其嵌入的生命共同体中抽离出来，秉持"经济人"的人性预设，将追求财富增长的极大化作为终极关怀，反映在立法上则是片面地追求效率价值和个人权利自由价值，保障私有财产、契约自由和过失责任即是这种价值单一的表现。这种简单化的思维方式排斥人的其他利益需求和价值取向，忽视社会公共和社会整体和谐的价值，更否定了自然环境对于人类生存的其他价值，不可能将环境保护纳入自己的认知体系。[①]

（三）现代风险社会语境下的环境法价值

从 20 世纪五六十年代开始，世界范围内环境问题爆发，人类的专门环境立法进入蓬勃发展时期。现代各国环境立法虽然也受到各自所在国家的法系特征（比如大陆法系成文法传统）、法律传统（比如英美法系的实用主义规制路径）、地域特征与问题特殊性（比如日本早期聚焦于"公害"立法）等的影响，但由于自然环境的联系性和整体性特征，在现代环境法产生之初，各国环境立法在演进阶段的同步性、立法规制重点的相似性、立法特色的同质性等方面，更具有趋同性。

从全球现代环境立法演进史角度，可以粗略地把 20 世纪五六十年代至今的环境法分为两个阶段，我们可以简要梳理并归纳这两个阶段的环境法律价值。

---

① 参见吕忠梅：《沟通与协调之途：公民环境权的民法保护》，法律出版社 2021 年版，第 140-141 页。

第一阶段，从 20 世纪五六十年代至 20 世纪 80 年代。这一阶段的环境立法开始直接以"环境问题"为规制对象，环境立法带有鲜明的问题应对特色，以针对环境要素的污染为立法重点，制定了大量的污染防治单行法。这一阶段的环境法律价值可以概括为两个方面：第一，安全价值。20世纪五六十年代开始制定的专门环境立法，是在传统法律制度体系失效后的仓促应对之策。传统法律部门的失效，典型体现为以传统法律上的"损害"救济为目标的制度机理难以有效应对"环境问题"引致的各种危险以及风险，这从根本上冲击了人类基于传统法律获得满足的"安全"需求。因此，这一阶段，大量的污染防治立法以确定污染物的"安全水平"、设置"安全边际"为立法目标和制度主线。① 第二，公平价值。公平价值是传统法律价值，但这一阶段的环境立法，重新反思了公平价值，引入了代际公平，丰富与拓展了公平价值的内涵。

第二阶段，从 20 世纪 80 年代至今，环境立法迎来质的飞跃，包括：形式上立法数量的增加，体系渐趋完善；立法理念的进步和层次的提升，更加重视整体环境保护，多个国家陆续制定环境保护基本法和综合性环境立法；随着"风险社会"概念的正式提出和被广泛接受，风险预防理念逐渐被引入环境立法及其实施；"可持续发展"被提出并迅速成为全球认可的环境法价值理念。

二、中国特色环境法价值体系的建构需求与供给

法的价值是法学知识体系中的一个基础性概念，法的价值论是法学理论体系中的一个基石性范畴，其本身由内在关联的多元价值构成，兼具客

---

① 具体分析参见 [美] 保罗·R. 伯特尼、罗伯特·N. 史蒂文斯主编：《环境保护的公共政策》（第 2 版），穆贤清、方志伟译，黄祖辉校，上海人民出版社 2004 年版，第 111-121 页。

观性与主观性、实然性与应然性，与社会发展、法治进步、认知升级及需求层次日渐丰富同频共振。因此，建构中国特色的环境法价值体系，必须立足中国实际，准确把握中国法律价值体系和世界环境法价值体系中的一般性与特殊性。

（一）中国环境法价值研究现状及其不足

虽然长期以来，法的价值是法学研究的核心范畴之一，理论法学界对法律价值进行了持续的、系统的探讨，但目前中国环境法学研究对环境法价值体系这一核心命题缺乏足够的关注和深入的研究。梳理研究现状可知，中国当前关于环境法价值体系的研究存在以下不足：第一，环境法价值研究一直以来未受到足够的重视，从未进入研究的中心地带[①]；第二，鲜少从本体论角度对环境法价值及其价值体系展开针对性研究，现有的在形式上以"环境法价值"为题的相关研究多集中于或者从"价值追求""价值取向""价值预设"等泛称角度展开关于环境法的理念、目标、立法建议等方面的研究，或者对"效率""效益""正义"等具体价值的研究[②]；第三，鲜见从法律价值理论、环境法价值体系法理的角度展开系统深入的研究，中国环境法的独特价值尚未得到充分的理论阐释。环境法价值体系深度研究的缺失，对中国环境法治建设产生了负面影响：第一，未能实现以环境法价值统摄立法的指导意义。环境法价值体系集中反映了人的需求体系、折射了人们的世界观，理想的环境立法应当在梳理和凝练特

[①]　这从已经出版的著作中可见一斑。迄今为止，仅见的以环境法价值为题的著作主要有汪劲：《环境法律的理念与价值追求》，法律出版社 2000 年版；刘建辉：《环境法价值论》，人民出版社 2006年版；王彬辉：《基本环境法律价值：以环境法经济刺激制度为视角》，中国法制出版社 2008 年版。

[②]　以"环境法价值"为主题检索中国知网，仅有 100 余篇论文，而这些论文多数不是在"法律价值"本体论意义上展开环境法价值研究，而是在"价值追求""价值取向"等泛称意义上使用"环境法价值"。

定时代和地域的人们的多层次的丰富需求并达成共识的基础上，揭示与确定人与环境法之间的应然关系，从而指导环境立法。而在我国环境立法之初，在"问题应对"指导思想下仓促制定众多环境问题应对单行法，缺失了环境法价值体系的讨论、凝练与达成共识的关键环节，是我国现行生态环境单行法体系缺漏与重复并存、抵牾甚至冲突丛生的重要原因。第二，未能发挥环境法价值规范法律实施的指导功能。环境法价值研究的缺失也导致对抽象、模糊、歧义规则的解释莫衷一是、歧见纷纭；环境法价值研究的缺位、共识性价值的匮乏，也影响了守法主体基于对共同环境法价值的认同而自觉遵从环境法律规范，环境法的接受度与操作性难以充分彰显。第三，未能实现环境法价值体系对环境法研究范式的指引作用。研究范式是特定学科领域的研究共同遵循的理论框架与研究规范，虽然不同学科的研究范式存在差异，在法学研究中对于研究范式的构成与类型也众说纷纭，但在通过研究范式的讨论形成学科共识并为研究提供共同规范这个层面上并无异议。经由讨论对环境法的价值取向达成基本共识，是形成环境法研究范式的必经环节，而当前中国环境法学研究中环境法价值体系研究的缺失，导致现实中环境法学研究过于关注具体法律规范的应用性、对策性研究，共同理论命题的缺失影响了环境法学学科的成长与成熟。

因此，中国的环境法学研究亟待补足环境法价值研究的缺失，这既是明确中国环境法价值体系以实现指引环境立法、执法、司法、守法的需要，是促进环境法研究范式形成并完善的需要，也是环境法内生属性的特殊需要。环境法具有"领域性"或者"边缘性"，是因为它对社会关系的"二次调整性"，即在某类社会关系已有法律进行调整的基础上，通过另一性质的法律对该社会关系再次进行调整。① 这一特点决定了环境法是以问

---

① 参见吕忠梅：《环境法回归 路在何方？——关于环境法与传统部门法关系的再思考》，载《清华法学》2018年第5期。

题为导向，融多种研究范式于一体的整合性、交叉性、开放性、应用性和协同性的新型法学理论体系、学科体系和话语体系，是新兴、交叉领域"诸法合一"的有机结合，与传统部门法学同构而又互补。[①] 这一新型部门法属性既导致环境法的价值体系包括传统法律价值在环境法领域的具体化，更要求针对其"领域型法"或者"二次调整法"所具有的与传统部门法同构而又互补的"诸法合一"复合性，归纳其内生的多维立体式的价值体系。

（二）建构中国环境法价值体系的原则

当前关于中国环境法价值体系构成尚未有充分讨论、形成基本共识，亟待理论证成与系统建构。建构中国环境法价值体系需要遵循一些原则。

1. 坚持马克思主义立场、观点和方法

中国环境法价值体系研究，应以马克思主义法学理论为指导，坚持用马克思主义的立场、观点和方法研究法律现象与法学理论。传统法律价值是在人类中心主义、主客二分的背景下认识与界定人与法律之间的关系，而识别与界定环境法价值要在"人与自然和谐共生"的整体目标中定位环境法的价值体系。这就要求界定环境法的价值体系要突破传统法律中人与自然绝对主客二分的研究范式，将更加客观、全面地认识人与自然的关系作为界定环境法价值的基础。自然辩证法强调了人与自然的辩证统一。自然环境对于人类同时具有经济价值与生态价值。传统法律只重视人的社会性，环境法还应重视人的自然性，这是因为，人的存在必须以人与自然在一定空间内进行正常的物质循环、能量流动和信息传递为基础，离开了自然，无所谓人，也无所谓人性。人的生命来自自然并与自然不可分离，忽视了人的生命有限而带来的理性有限和"趋利避害"本能，放纵了人为满

---

① 参见刘剑文：《论领域法学：一种立足新兴交叉领域的法学研究范式》，载《政法论丛》2016年第5期。

足自身需要罔顾环境成本的行为，最终导致自然资源枯竭、人群健康受害、生态平衡破坏等后果。① 因此，环境法的人性标准应当超越传统法律，将人的社会性与自然性纳入统一考量，以此人性标准为基础制定的环境法必须以充分兼顾人的自然性与社会性、实现人与自然和谐共生为前提和基础，实现对人的需求的满足。因此，必须以自然辩证法对人兼具社会属性与自然属性的认知为基础，提炼契合并促进人与自然和谐共生的环境法价值体系。

2. 准确把握环境法与传统法律的关系

在环境问题产生之初，没有专门的针对性立法，环境污染引致的权益损害纠纷只能通过解释适用既有的调整自然资源等的相关法律加以解决，但各种努力均难以达到对受害人充分与合理救济的预期效果。其原因在于既有的权利体系及其保障与救济途径，不能满足新型权益救济需求，这就需要从理论上证成、从制度上归纳和在实践中正视、规定和救济新型权益。

如何进行法制创新以及构建新的制度规范，可供选择的方法有两种：一是打破旧世界，建立新规则；二是在原有规则基础上进行延拓，并实现新旧规则之间的沟通与协调。选择的前提是如何认识新旧规则之间的关系。如果新规则可以完全代替旧规则解决所有问题，则推翻旧规则完全必要而且可能；如果新规则并不能完全解决旧规则已经规范的问题，旧规则就还有存在的必要性。从法律发展史上看，环境法的产生不是新规则完全替代旧规则的过程，恰恰相反，它是在旧规则基础上不断发展的结果。事实上，环境法作为古老的法律之树上发出的新枝，也必须吸收传统法律的养分才能更好地生长。② 现代环境法的这一产生与演进的逻辑决定了环境法

---

① 参见吕忠梅：《环境法典编纂视阈中的人与自然》，载《中外法学》2022 年第 3 期。
② 参见吕忠梅、刘超：《戴上眼镜读书、摘下眼镜对话——师生共评汪劲教授的〈环境法学〉》，载《人大法律评论》2009 年卷，法律出版社 2009 年版，第 298 页。

与传统部门法之间的关系，环境法的产生和发展并不是一个新规则完全替代旧规则的过程，而是新规则不断在旧规则的基础上发展。① 环境法并非与传统法律相互隔绝、完全并立的部门法，它是在传统部门法倾向于"物化"环境资源从而在解决环境问题存在内生缺陷时进行的规则创新，故此，环境法是对社会关系在传统法律部门已进行调整的基础上进行的"二次调整"。这一关系决定了需要在环境法与传统法律的关系性范畴、环境法与传统法律价值进行比较的语境下界定环境法的价值。针对环境法之于传统法律的边际上创新的关系导致的张力，吕忠梅教授提出了二者的价值取向的关系之问：环境法与传统法律在基本价值方面，到底是价值本身有差异还是位阶差异？并主张"在价值层面，既承认和肯定法的一般价值，保持环境法与传统法在价值上的一致性；又赋予其新的内涵与位阶"②。这一论断既内合环境法的产生及其功能与传统部门法之间的复合关系，凝练了环境法镶嵌于中国特色社会主义法律体系的价值体系的坐标定位，也提出了建构中国自主的环境法知识体系及其话语体系的目标指引。具体而言，在建构环境法与传统法律价值体系之间的关系时，应当遵循的原则包括：环境法与传统法在一般价值上保持一致性，但赋予了这些传统法律价值新内涵、新要求、新表达；同时还应注重提炼和建构环境法的特色价值体系。

3. 传承中华优秀传统生态智慧与生态文化

法律价值是任何时代立法都不可忽视的问题，是立法的动力依据和价值指引。在我国已经启动生态环境法典编纂立法程序的背景下，价值理念是法典编纂的灵魂。③ 建构环境法价值体系本质上是为调整复杂环境利益

---

① 参见吕忠梅：《环境法回归 路在何方？——关于环境法与传统部门法关系的再思考》，载《清华法学》2018 年第 5 期，第 6 - 23 页。

② 吕忠梅：《环境法回归 路在何方？——关于环境法与传统部门法关系的再思考》，载《清华法学》2018 年第 5 期，第 21 页。

③ 参见张梓太：《从我国法典编纂传统中汲取立法智慧》，载《人民日报》2024 年 10 月 8 日，第 9 版。

关系的规范体系确立准则体系。一方面，这种准则体系源于对人类文明发展历史中形成的人类与自然相互作用共性规律的提炼与总结；另一方面，基于生态文化是国家环境法治的内在精神要素，而环境法治又是社会主义生态文明建设规律的外在反映，生态环境法典编纂中如何对待中华民族绵延几千年的传统生态文化也不可忽视。① 因此，在建构中国环境法价值体系时，还应当充分重视和传承中华优秀传统生态智慧与生态文化，从中汲取精神养分并推动其时代化发展，将其有机融入价值体系建构过程中。

从中华传统生态文化内涵上看，"'天人合一'、与自然平等和谐相处，是中华传统生态文化的主旋律，也是贯穿中国社会发展的一条思维主线，其以哲学、美学、法律等不同形态融入人民生活，塑造着整个社会思想意识"②。马克思主义唯物辩证法思想在发展过程中形成了整体生态观，虽然中华优秀传统生态文化的价值理念与马克思主义整体生态观理念相契合，中国古代法典秉持"天人合一"理念与独具特色的"生命模式"也能为中国当前预期建构的"人与自然和谐共生"生态环境法治保障体系提供思想源泉与技术支撑③，但产生于农业文明时代的"天人合一"观，有一定的历史局限性，中华法系法典编纂传统与现代生态环境法典编纂和而不同。因此，必须以时代条件鉴别中华传统生态文化中的"优秀成分"，以马克思主义基本原理激活中华优秀传统生态文化，进而以马克思主义法学理论为指引，提炼兼顾承载人类共同价值基因、传承中华优秀传统生态文化的中国环境法价值体系，为中国生态环境法典编纂提供价值指引。

---

① 参见吕忠梅：《生态环境法典编纂与优秀传统生态文化的传承》，载《法律科学》2024 年第 3 期。

② 吕忠梅：《生态环境法典编纂与优秀传统生态文化的传承》，载《法律科学》2024 年第 3 期，第 32 页。

③ 参见张梓太：《中国古代法典传统与当代生态环境法典编纂》，载《法学评论》2024 年第 3 期。

4. 合理借鉴世界环境治理经验与成果

中国环境法产生与发展的另一条路径是对西方发达国家环境立法的借鉴。从 20 世纪五六十年代开始，现代意义上的环境法在美国、欧洲和日本等西方发达国家渐次产生。在全球化背景下，我国的法治建设难免受到西方法治发达国家的影响。1972 年，我国派出政府代表团参加了联合国人类环境会议。受该会议的影响，我国于 1973 年 8 月召开了第一次全国环境保护会议，制定《关于保护和改善环境的若干规定（试行草案)》，这是我国第一个真正应对环境问题、保护环境的综合性文件。随后，针对当时已经出现的环境污染事件，开始了直接针对环境污染问题的立法探索。① 因此，在产生的契机、针对的问题、规制对象和立法路径等方面，中国环境法均在一定程度上受到西方发达国家的影响。而且，从一般规律上论，在环境法产生于应对经济社会发展中伴生的问题而具有应急色彩、具有高度的科技关联性、亟待应对不确定性风险等方面，世界各国环境法也具有共性特征。

但需要注意的是，中国环境法与西方环境法有不同的产生路径，二者国情不同、治理机制不同、法律授权方式不同、立法顺序不同②，这就需要我们在比较中西方环境法时高度重视这些差异。

基于此，梳理和阐释中国环境法的价值，要同时兼顾环境法既脱胎于传统部门法又实现了系统超越、适度借鉴西方发达国家环境法但与之发展路径有异的双重特性，进一步阐释中国环境法价值与西方环境法价值之间的源流与嬗变的关系。

---

① 参见吕忠梅主编：《环境法学概要》，法律出版社 2016 年版，第 44 页。

② 西方国家环境法是沿着"司法救济失灵—专门环境立法—修订民法"的路径而产生的，中国环境法则相反，是沿着"专门环境立法—制定民法—司法救济"的路径产生和发展的。这表明：虽然西方国家和中国的环境法所要调整的社会关系是相同的，但国情不同、治理机制不同、法律授权方式不同、立法顺序不同，我们在研究环境法时不能不关注这些不同。参见吕忠梅：《环境法回归 路在何方？——关于环境法与传统部门法关系的再思考》，载《清华法学》2018 年第 5 期，第 9 页。

第二节　中国环境法价值的建构理路

一、中国环境法价值体系建构的哲学基础

习近平新时代中国特色社会主义思想是马克思主义中国化时代化的最新成果，习近平法治思想的生态文明法治理论蕴含了丰富的马克思主义法学思想，是建构中国环境法价值体系的哲学基础。

（一）和谐发展观

"人与自然和谐共生"的现代化，是中国式现代化的本质特征，也是确立中国环境法价值体系的终极追求。其体现的人与人之间以及人与自然之间和谐共生的均衡状态，在环境法价值中包括两个层面。

"人与自然和谐共生"首先是实现人与人的和谐发展，这根源于马克思主义法学的辩证法理论品质。"我们既要绿水青山，也要金山银山。""绿水青山"与"金山银山"表征的是生态环境对人类同时发挥的不同类型与性质的价值，对不同类型的社会群体与社会个体产生的不同性质的价值与利益。人类当今所面临的生态环境危机恰是人们只要"金山银山"，不要"绿水青山"造成的严重后果，要解决好这些问题，必须树立"宁要绿水青山，不要金山银山，而且绿水青山就是金山银山"的新理念。环境法通过确立和谐发展价值，重新勘定权利边界，调整多元社会主体的利益配置机制，均衡"绿水青山"与"金山银山"表征的利益关系，以实现不同社会主体之间的利益协调与和谐发展。

"人与自然和谐共生"必须建立在人类顺应自然、尊重自然、保护自然的基础之上。"当人类合理利用、友好保护自然时，自然的回报常常是

慷慨的；当人类无序开发、粗暴掠夺自然时，自然的惩罚必然是无情的。人类对大自然的伤害最终会伤及人类自身，这是无法抗拒的规律。"① 这就要求深刻反思长期存在的强势人类中心主义和功利主义的环境价值观，以法律的方式体现"人与自然和谐共生"的互惠关系，将人对优质生态产品、优美生态环境的需要定位为新时代促进人的全面发展的重要组成部分，以法治方式矫正生态环境保护方面不平衡不充分发展的现状。②

和谐发展观所蕴含的"人与人的和谐""人与自然的和谐"的双重内涵，为确立环境法价值体系提供了判断标准。它表明环境法需要在传统法律只调整"人—人"关系的基础上，将"人与自然"关系纳入调整"人与人"关系的视野，构建"人—自然—人"共生共荣的法治体系。③ 环境法的价值选择，必须符合这一判断标准。

（二）"人与自然生命共同体"理念

"人与自然生命共同体"是习近平法治思想的生态文明法治理论的核心概念，"人与自然是生命共同体。生态环境没有替代品，用之不觉，失之难存。"④"人与自然生命共同体"包含了两个层次，强调"人与自然是生命共同体"以尊重"山水林田湖草是生命共同体"为前提，自然界是一个有机存在的统一体，人只是大自然链条上的一个环节和有机构成部分。人与自然是生命共同体，揭示了人与自然是在一种共生共存的关系中实现自身、发展自我，生态自然的构建与实现也必须以人的自由全面发展为前提，因而人的发展包括自然的发展，自然的发展也是人的发

---

① 习近平：《推动我国生态文明建设迈上新台阶》，载《求是》2019 年第 3 期。
② 参见吕忠梅：《人与自然和谐共生的现代化需要法治》，载《光明日报》2020 年 11 月 5 日，第 11 版。
③ 参见吕忠梅：《人与自然和谐共生视野下的环境法学理论创新》，载《东方法学》2023 年第 2 期。
④ 习近平：《推动我国生态文明建设迈上新台阶》，载《求是》2019 年第 3 期。

展的应有之义。①

"人与自然生命共同体"理念为确立环境法价值体系提供了方法指引。在"人与自然生命共同体"理念中，重视生态系统的整体性和联系性并非仅描述客观现实而与价值无涉，重申和重视"山水林田湖草是生命共同体"是为了强调"人与自然是生命共同体"，这既是对人与自然和谐共生提出了要求，也是对"生态中心主义"的否弃与超越，"明确将人的生存和发展作为生命共同体理念的逻辑起点"②。这就要求环境法的价值选择在坚持以人为本的基础上，重新定位人与作为客体的自然的关系，这是构建"人与自然生命共同体"的前提和基点。

与此同时，"人与自然生命共同体"理念所深刻阐述的生态系统整体性、协同性为环境法价值选择提供了整体性、系统性、协同性方法论。"人的命脉在田，田的命脉在水，水的命脉在山，山的命脉在土，土的命脉在林和草，这个生命共同体是人类生存发展的物质基础。"③ 这表明"人与自然生命共同体"是由"人类社会—自然生态"构成的巨大复杂系统，蕴含着丰富的体系、多层次关系。这就需要按照系统性、整体性方法，从多个维度合理建构多层次环境法的价值体系，以保证实现"人与自然和谐共生"的价值目标。

（三）守住自然生态安全边界

"人与自然和谐共生"的底线是生态安全，生态安全不仅是人类生存的基本需求，而且是人类文明存在和发展的基本前提，在这个意义上，"守住自然生态安全边界"是环境法的价值动因。

---

① 参见穆艳杰、于宜含：《"人与自然是生命共同体"理念的当代建构》，载《吉林大学社会科学学报》2019 年第 3 期。
② 耿步健：《论习近平生命共同体理念的整体性逻辑》，载《探索》2021 年第 3 期，第 4 页。
③ 习近平：《推动我国生态文明建设迈上新台阶》，载《求是》2019 年第 3 期。

在传统法学理论中，安全能否作为法律的基本价值存在不同认识。一般认为安全在法律秩序中具有从属性和派生性，"在正义理论中只给予安全以一张幕后交椅"①。本质上是因为法律在强势人类中心主义伦理观之下，将生命共同体看作属人的政治共同体，罔顾安全在自然正当秩序中追求美好生活的语境及背景，仅重视"安全"价值主体的社会属性却忽视其自然属性，因而塑造出了一种"附属性的安全观"。

在"人与自然生命共同体"理念下，自然是生命之母，人与自然的和谐共生是人类生存和发展的物质基础，"是最普惠的民生福祉"，守住自然生态安全边界，就是保护人类自身。从人类文明发展史上看，"生态兴则文明兴，生态衰则文明衰"。当今中国，生态安全更是关系到中华民族的伟大复兴和人民生活的美好幸福，发展过程中的人类活动已经触及自然生态边界，守住自然生态安全边界，刻不容缓。这就需要改变强人类中心主义的伦理观与价值观，建立"人与自然和谐共生"的新伦理观与价值观。法律在关注人类自身、注重维护人类社会秩序的同时，也要关注自然、关注生态系统的稳定与平衡。

其实，西方古典法哲学一直高度关注自然，"他们企图用自然的原因来说明现象，而不求助于神话中的事物"，推断秩序的本原可能是水（泰勒斯）、火与灵魂（赫拉克利特）、气（阿拉克西米尼）、数（毕达哥拉斯），又或者是土、气、水、火四种元素，还有某些人格化的活动力量——爱与恨（恩培多克勒）。② 这些论断回归了人类生存的本源和真实状态，"安全"被视作法律的一种实质价值，"秩序"则用以描述法律制度的形式结构，呈现为内在于自然进程和社会进程中的某种程度的一致性、

---

① 具体论述可参见［美］E. 博登海默：《法理学：法律哲学与法律方法》，邓正来译，中国政法大学出版社 2017 年版，第 318-319 页。

② 参见［美］梯利：《西方哲学史》（增补修订版），［美］伍德增补，葛力译，商务印书馆 1995 年版，第 20-23 页。

连续性和确定性，社会生活秩序根源于自然正当秩序的整体结构之中，不得"违背自然"。[①]"人与自然生命共同体"意味着"生态安全"不是人类赐予自然的，而是人类实现自身全面发展的需要，是人类追求幸福美好生活的需要，当然要成为环境法的重要价值。

二、中国环境法价值体系建构的法理基础

建构中国环境法价值体系，还应辨析其法理基础，为建构中国自主的环境法知识体系及其话语体系确定理论指引。

（一）创新环境法价值体系建构的理论基础

法的价值体系由多重元素以多种方式构成，在各种关于法的价值体系的结构划分视角中，法的作用结构指称法的多元价值相互之间的作用关系，也是直接对法的多元价值的意义、位阶的定位。故此，从法理的角度审视，对于环境法价值与法律一般价值之间的关系，应当从两个层面去界定：第一，二者首先是特殊与一般的关系，环境法属于法律家族成员的属性，决定了环境法要实现自由、平等、公正、人权、秩序等一般法律价值，既与传统法律在法律价值追求上保持一致性，又要在特定的社会环境利益关系调整领域对一般法律价值予以具体化；第二，二者是传承与创新的关系，虽然环境法属于法律家族成员，但环境法具有"领域法""二次调整法"等法律家族新成员的特性，这要求针对环境法特性建构环境法价值体系以观照与概括环境法与传统法律体系之间的传承与创新的关系，创新环境法价值理论。

---

① 参见［美］E. 博登海默：《法理学：法律哲学与法律方法》，邓正来译，中国政法大学出版社 2017 年版，第 232 - 233 页。

如何理解和界定环境法价值理论作为环境法价值体系建构的法理基础？这需要在环境法价值理论与传统法律价值理论比较而形成的坐标体系中予以阐释。如果说，传统法律价值是历时性的"平面型"价值体系，那么环境法价值体系是共时性的"立体型"价值体系。

具体而言，传统法律所实现的自由、平等、公平、正义、秩序等价值所构成的价值体系是一个内容逐渐拓展、内涵不断丰富的弹性结构，是一个随着人类社会的发展进步、法律的演进完善，在法律规范类型不断丰富、制度渐趋完善的过程中，法律满足人类需求的层次、内容不断丰富完善的过程。因此，传统法律价值体系建构过程，体现了较为明显的历时性特征，也即传统法律价值体系中的诸多具体价值，体现了在人类社会发展和法律演进历史的不同时期，法律对于人类不同维度需求的满足，所以形成了"平面型"的价值结构，这一价值体系具有两个方面的特征：第一，价值体系中的具体价值是在不同阶段、从人类需求的不同维度归纳的，这些具体价值之间不是截然割裂、泾渭分明的，而是互相联系、互相渗透甚至是互相包容和互相从属的[1]；第二，不同的法学流派、法学理论在对法律性质进行解释时，总是倾向于在某个特定时间里强调诸多具体法律价值当中的一个，而忽视其他价值。[2] 因此，对于某一特定法律价值的重视与守望，成为众多法学流派与法学理论观点争论与进路分歧的"前见"，这本质上是由传统法律价值体系产生及其构成的本质属性决定的。

相比于传统法律价值体系，环境法在法律家族谱系中的定位，决定了环境法价值体系在应然上具有共时性、"立体型"特征。现代作为部门法的环境法，实质上是以特定领域的社会问题——"环境问题"作为调整对

---

① 参见卓泽渊：《法的价值论》（第三版），法律出版社 2018 年版，第 117 页。

② 参见［英］彼得·斯坦、约翰·香德：《西方社会的法律价值》，王献平译，郑成思校，中国法制出版社 2004 年版，第 9 页。

象的"领域法",并且针对"环境问题"并非从无到有地供给法律规范,而是在传统法律制度体系已经对环境社会关系进行了调整,但解决环境问题存在诸多缺陷时,为了矫正这些问题进行专门的环境立法[①],通过另一性质的法律对环境社会关系再次进行调整。因此,环境法是在传统部门法类型基本齐全、传统法律制度体系基本完备的背景下,针对传统部门法解决现代环境问题、调整环境社会关系存在的内生困境而产生的。申言之,现代环境法预期应对传统部门法呈现的共时性问题,其预期满足的人类的需求、调整的新型利益关系是共时性呈现的。这就要求,建构的环境法价值体系较少有历时性问题解决过程中沉淀的"历史包袱",而应当在体系化归纳环境法对人类共时性需求多维满足时,凝练体系完整、结构合理的价值体系,即建构科学的环境法价值体系中的多元环境法价值的位阶结构,同时,也针对其在既有部门法体系基础上进行的"二次调整",归纳提炼环境法价值体系之于传统法律价值的内涵创新。

(二) 对传统法律价值的传承与拓展

法律价值一直以来是法理学、法哲学研究的基本问题。经过长期争论,关于"法律价值"的核心内涵及其构成,达成了一些基本性共识,比如,大多主张从人与法律的关系、作用于人的效用及人对此的评价[②]、法律机制的内在状况[③] 等角度展开对法律价值的阐释。较为普遍的认识是,法律价值包括自由价值、平等价值、秩序价值、公正价值、人权价值等等。[④] 环境法作为法律家族的成员,必须获得这些法律的"基因",才能区别于环

---

① 参见吕忠梅主编:《环境法学概要》,法律出版社 2016 年版,第 46 页。
② 参见曹翔:《"法律价值"含义的中西比较》,载《南京社会科学》1993 年第 2 期。
③ 参见李其瑞、何为:《法律价值概念探幽》,载《法律科学》1990 年第 1 期。
④ 参见"马克思主义理论研究和建设工程重点教材"《法理学》编写组编写的《法理学》(第二版)的第三章"法的价值",人民出版社 2021 年版;卓泽渊:《法的价值论》(第三版),法律出版社 2018 年版。

境科学、生态学等科学学科，保有其"法律"学科属性。但由于环境法的"人与自然和谐共生"的价值追求、"人与自然生命共同体"理念、"守住自然生态安全边界"的价值动因等特殊性，环境法价值需要在传统法律价值基因的遗传基础上实现"变异"。[①]

环境法上的自由价值是对传统法律自由价值的限缩，克减以传统民法上的所有权为典型表征的权利主体的权能（自由行使权利的方式），要求将权利主体在传统法律上"物尽其用"理念下的绝对自由转换为"绿色原则"下开发利用自然资源的相对自由。[②]

环境法上的正义价值是对传统法律正义价值的扩展。一方面，传统法律秉持的人类伦理观忽视自然；另一方面，传统法律保障一部分人获得更多更好的生态环境产品，而另一部分人则因贫困、种族、地域等原因承受着更多的污染和生态破坏后果，这使得传统法律确立的正义价值及其判断标准受到质疑。西方国家的环境正义运动，就是对新的正义价值的呼唤。环境法回应了这种社会需求，将生态伦理纳入法律价值选择，确认种际、域际、代际的法律关系，建立了全新的正义观。

环境法上的公平价值是在近代法律"以平等求公平"和现代法律"以不平等求公平"的基础上，将时间和空间概念引入后形成的代内公平、代际公平、权利公平，实际上是环境正义价值的进一步延伸。

环境法上的人权价值是对传统以个人权利为主的人权内涵与外延的扩展。环境法的人权价值体现的是"人与自然和谐共生"的终极追求，具有沟通个人权利与集体权利、生存权与发展权、私法价值与公法价值的特性[③]，是新型的"可持续人权"。

---

① 参见吕忠梅：《环境侵权的遗传与变异——论环境侵害的制度演进》，载《吉林大学社会科学学报》2010年第1期。

② 参见吕忠梅：《〈民法典〉"绿色规则"的环境法透视》，载《法学杂志》2020年第10期。

③ 参见吕忠梅：《论公民环境权》，载《法学研究》1995年第6期；吕忠梅：《再论公民环境权》，载《法学研究》2000年第6期。

环境法上的秩序价值是在传统社会秩序的基础上将秩序扩展到"人—环境—人"的人与自然共生、共荣、共控的新秩序。相对于传统法律调整主体之间的直接社会关系，环境法调整的特定领域社会关系（环境社会关系）中普遍存在"人—环境—人"的间接关系特性。① 这要求预期通过环境法实现人与人之间的社会秩序必须以重视人与环境之间的有序性为前提和基础，这就要求确立符合"人—环境—人"关系特征的秩序价值，确保法律重视自然界的有序性以及人与环境的有序性，满足并服务于人与人之间的有序关系。

三、中国环境法价值体系的建构

按照关于法的价值体系的结构划分，环境法价值体系包括目的性价值和工具性价值。其中，反映环境法所追求的社会目的与理想、体现法律中人类目标追求的是目的性价值，在环境法的价值体系中居于主导地位；为实现环境法目的性价值（法的理想）应具备的基本属性或共性价值是工具性价值，在环境法的价值体系中居于配合地位。前者是后者的目的，后者是前者实现的手段。实际上，环境法的价值体系是目的与工具的统一体。目的性价值符合环境法价值的全部判断标准，体现环境法主体、客体的完整性，整合、统领环境法律关系的运行，反映环境法的本质特征；环境法要实现其目的性价值，必须依靠工具性价值的支持与具体实施。没有工具性价值，目的性价值就可能成为无法转化为社会现实的空中楼阁。② 在法律目的性价值与工具性价值的二元价值体系构造中，目的性价值居于主导

---

① 参见吕忠梅：《环境法律关系特性探究》，载秦天宝主编：《环境法评论》2018 年第 1 期，中国社会科学出版社 2018 年版。

② 参见吕忠梅：《"人与自然和谐共生"视野下的环境法价值论》，载《政治与法律》2023 年第 7 期。

性、支配性地位，工具性价值居于从属性、配合性地位，也即法律的工具性价值由法律的目的性价值决定和派生，进而支撑与实现目的性价值，二者从而形成一个有机统一的价值体系。这一法理与逻辑也应具体体现于环境法的价值体系中，环境法的目的性价值决定环境法的工具性价值选择，环境法的工具性价值是目的性价值的外化或者具体延展。

（一）确立环境法的目的性价值

环境法的目的性价值赋予环境法体系合理性的前提与基础，根本上表征了环境法在整个法律体系中的定位、地位与根本任务。"有关法律的目的——亦即有关社会控制的目的以及作为社会控制之一种形式的法律秩序的目的——以及从这种法律目的来看法律律令应当是什么的哲学观、政治观、经济观和伦理观，乃是法官、法学家和法律制定者工作中的一个具有头等重要意义的要素。"[1] 由于涉及"哲学观、政治观、经济观和伦理观"，环境法的目的性价值不仅是一个纯粹的法律问题，更是一个重大的公共政策判断。

现代环境法在西方国家产生之初，严重的环境污染问题导致既有法律不敷使用，针对此现象，迫切需要在传统权利之外设定新的权利，维护公共利益。为此，联合国大会在决定召开第一次人类环境会议的决议中，号召在世界范围内展开人在优美环境中生活的法理依据是什么的大讨论，这才有了以"寂静的春天"[2] 为镜鉴，以"大地伦理"[3]、"增长的

---

① ［美］罗斯科·庞德：《法理学》（第一卷），邓正来译，中国政法大学出版社 2004 年版，第 368 页。

② 美国女生物学家蕾切尔·卡森（Rachel Carson）发表的《寂静的春天》，开篇讲述道，在一个原本自然和谐的城镇中，牛羊病倒死去，田野树林陷入无声，人们为死亡阴影所笼罩。这个有关"明天的寓言"向世人发出追问："是什么东西使得美国无数城镇的春天之声沉寂下来了呢？"参见［美］蕾切尔·卡森：《寂静的春天》，吕瑞兰、李长生译，上海译文出版社 2008 年版，第 1—3 页。

③ 美国生态学家奥尔多·利奥波德的自然随笔集《沙乡年鉴》中倡导大地伦理学，认为大地伦理学应该把土地、水、植物和动物包括在内，把它们看成一个完整的整体：大地。参见［美］奥尔多·利奥波德：《沙乡年鉴》，侯文蕙译，商务印书馆 2023 年版。

极限"① 等为基础的"为环境辩护",产生了环境保护的哲学观、政治观、经济观、伦理观,"公共财产信托"说所代表的环境正义、环境公平催生了环境权,也使得这一权利自提出之始就与传统权利"和而不同"。可以说,工业革命以来的法律基于个人主义价值取向只有动力机制,缺乏自我约束、自我评价机制,完美的形式理性对环境污染、生态破坏造成的人群健康受害、经济秩序紊乱等问题束手无策。在反思形式主义法治的基础上,开始出现新的法学流派,西方法学家开展了实质法治的探索②,明确提出以目的(或价值)作为法治评价标准。由此,环境问题带来的社会变革不仅对传统法律价值提出了变革诉求,也为环境法建立二元价值体系开辟了道路。

在环境法出现的早期,环境权所体现的"环境正义"在一定程度上起到了目的性价值的作用,其不仅作为环境法独立存在的权利基石,而且建构了环境法与传统法律之间的"二次调整"关系,决定了环境法在法律体系乃至法治体系中的地位与根本任务。自1972年联合国人类环境会议以后,各国开始了以保障人群健康为目的、以环境要素污染防治为核心的"小环境"立法,将传统法律的人的全面发展的核心价值拓展到人人享有健康优美的自然环境。

随着环境问题从"污染"扩大到"生态"、从"局部"蔓延至"全球",面对全球性气候变化、生物多样性丧失、严重环境污染对人类生存和发展的巨大威胁,以污染控制为核心的环境法也面临着新的挑战。1987年,《我们共同的未来》中明确提出了"可持续发展"的概念,并要求世界各国运用法治手段实现可持续发展转型。法学家进一步提出"制度有必

---

① 参见[美]丹尼斯·米都斯等:《增长的极限——罗马俱乐部关于人类困境的报告》,李宝恒译,吉林人民出版社1997年版。

② 参见高鸿钧:《现代西方法治的冲突与整合》,载高鸿钧主编:《清华法治论衡》第1辑,清华大学出版社2000年版,第1—59页。

要由目的来引导"①，通过将实质正义纳入法律规范的方式，将实质正义与形式正义在一定制度之内予以统合，以建立经济社会发展的自我评价、自我约束、自我反省、自我规范机制。可持续发展作为一种新的哲学观、政治观、经济观、伦理观得到世界各国确认，各国通过将可持续发展法律渊源化的方式，将以污染控制为核心的"小环境法"拓展为促进"经济—环境—社会"可持续发展的"大环境法"。

"可持续发展"作为当代环境法的目的性价值，体现在 1992 年以来迅速兴起和发展的环境法典编纂和环境基本法修订方面。一些国家为了促进国家的可持续发展转型，将可持续发展确定为环境法典编纂的价值核心和逻辑主线，如瑞典、法国、意大利、爱沙尼亚等国②；一些国家修改环境基本法，通过确立可持续发展的价值目标③，大幅整合集成原有的分散立法，如荷兰、加拿大、南非、波兰、泰国等国。④ 这种以服务国家战略为目的进行的环境法价值目标选择与路径确定实践，既体现了环境法作为"地球行星家政法"⑤ 的共同规律，也体现了世界各国将可持续发展确定为环境法价值目标的不同方式。

对于中国环境法价值体系建构而言，确定环境法的目的性价值同样需要考虑共性与个性的关系。我们认为，中国环境法的目的性价值应该确定

①　[美]诺内特、塞尔兹尼克：《转变中的法律与社会》，张志铭译，中国政法大学出版社 1994 年版，"代译序"第 7 页。

②　参见吕忠梅：《发现环境法典的逻辑主线：可持续发展》，载《法律科学》2022 年第 1 期。

③　参见李挚萍：《中国环境法典化的一个可能路径——以环境基本法为基础的适度法典化》，载《中国政法大学学报》2022 年第 5 期。

④　参见吕忠梅、杨诗鸣：《荷兰〈环境与规划法〉的体系化发展路径与启示》，载《环境保护》2024 年第 6 期；李挚萍：《南非〈国家环境管理法〉的多法融合体系化之路》，载《环境保护》2024 年第 6 期；马鑫：《波兰〈环境保护法〉发展历程及特点》，载《环境保护》2024 年第 6 期；陈惠珍：《以综合性环境基本法推进环境立法体系化——以加拿大环境立法为例》，载《环境保护》2024 年第 6 期；魏旭：《泰国〈国家环境质量促进和保护法〉的体系化推动意义及启示》，载《环境保护》2024 年第 6 期。

⑤　See William H. Rodgers, Jr., *Environmental Law*, West Publishing Co., 1977, p.1.

当代环境法最大的价值公约数——可持续发展:一方面,运用世界共同的环境语言,从可持续经济、可持续环境和可持续社会相统一的角度考虑环境法治体系,将可持续发展的要求转化为执法、司法的根本价值取向,推进环境法的现代化;另一方面,运用习近平法治思想的生态文明法治理论,寻找"人与自然和谐共生"与可持续发展的价值目标的一致性,为建构中国自主的环境法知识体系提供理论基石。

(二) 明确环境法的工具性价值

环境法的工具性价值,是与环境法的目的性价值相对称的一个概念,是指环境法为实现其目的性价值应具备的基本属性。环境法在将可持续发展特定化为目的性价值之后,传统法律的一般价值也需要结合环境法的目的性价值进行特定化。如前所述,环境法在发展过程中已经对传统法律的自由、正义、公平、人权、秩序等价值进行了传承与创新。

观察中国环境法的发展史可知,中国现代意义上的环境法产生的历史条件与法治基础都不同于西方国家,但中国现代环境法与西方的环境法也有一些共同特征。如中国现代环境法在受到西方国家严重环境污染问题的警醒而起步,开始于为应对环境污染问题而制定的"小环境法",具有对策性较强、以行政管理机制为主、变动比较频繁等特征。随着全球性环境问题的发展,中国环境法与世界其他各国环境法一样,也面临着从"小环境法"向"大环境法"提档、从频繁变动向体系化升级、从以行政管理机制为主向综合运用行政司法机制转型。因此,中西方的环境法在立法形式与制度设计上虽各具特色却也经常相互借鉴,而这种技术上的借鉴从价值层面看,是"殊途同归"抑或"貌合神离",有待辨析。在这个意义上,界定中国环境法的工具性价值,还需要与西方各国的环境法价值进行横向比较。

　　中西方环境法均姓"法"，其所具有的"法律血统"决定了其必须承袭和追求公平、正义、自由等一般法律价值。然而，不同国家的法律传统、法系特征及其国情所需应对环境问题的特殊性，在很大程度上影响着本国的环境法价值体系建构及其位阶与重心。比如，西方学者普遍主张"正义是社会制度的首要价值"①，环境正义被认为是西方环境法最重要的价值。美国的环境正义思潮与运动，对美国的环境立法及其运行产生了直接影响。②《德国环境法典（专家委员会草案）》直接将"长期环境正义的发展之指导方针"作为一项原则。③其他诸如生命价值、自由价值、平等价值等也以不同方式在环境法中得到体现。而在我国的法学理论中，正义被视为法的基本价值目标，是"促进法的进步性变革的经常性力量"④。环境法学者也会运用环境正义理念阐释环境法律问题，但很少直接将环境正义作为独立价值，更多是从"环境正义"的内涵与指涉角度阐释环境法对环境正义的实现机制，而将环境法的价值具体化为"正义"内摄的自由（权利）、公平、秩序等。因此，中国环境法的工具性价值界定应更具有中国法律传统、法学研究语境等"个性化"特征，体现"人与自然和谐共生"理念下的生态安全、代际公平、种际和谐等具体价值。

　　综上，对环境法价值作目的性价值与工具性价值的二元划分的理论构造，既赋予可持续发展法律上的正当性并将其法律渊源化，使可持续发展从国家战略转化为具有现实性与生命力的法律概念，又妥善处理可持续发展与传统法律价值之间的关系。确立可持续发展的目的性价值地位，可以

---

　　①　[美] 约翰·罗尔斯：《正义论》，何怀宏、何包钢、廖申白译，中国社会科学出版社 1988 年版，第 1-2 页。

　　②　具体分析参见 [美] 詹姆斯·萨尔兹曼、巴顿·汤普森：《美国环境法》（第四版），徐卓然、胡慕云译，北京大学出版社 2016 年版，第 30-32 页。

　　③　具体内容参见德国联邦环境、自然保护和核安全部编：《德国环境法典（专家委员会草案）》，沈百鑫等译，法律出版社 2021 年版，第 43 页。

　　④　周旺生：《论法律正义的成因和实现》，载《法学评论》2004 年第 1 期，第 37 页。

采用国际通行语言表达"人与自然和谐共生"的中国环境法哲学观、政治观、经济观、伦理观，使环境法得以对绝对的个人意志自由和权利进行限制，使环境法律体系获得正当性；以可持续发展合理地拓展传统法价值，可以更好地处理环境法与各种已有法律的关系，维护已经建立的基本经济社会秩序，确认以实现生态安全、环境公平和公益保障为功能的环境法体系的合理性。这种二元构造蕴含着目的性价值与工具性价值的统一，实现了实质正义与形式正义的整合。

第三节　中国环境法的价值体系展开

前述内容已论证，中国环境法价值体系应包括目的性价值和工具性价值的二元结构，本部分将在此二元结构下进一步具体阐释中国环境法的价值体系。

一、可持续发展目的性价值

"目的性价值"在"法的价值是人们关于法的绝对超越指向"意义上[①]，体现的是环境法的目标和理想。可持续发展作为当代人类最大的共识，既是中国生态文明建设所要实现的目标，也是世界环境治理体系的共同追求。其所蕴含的当代人与后代人共同发展的终极目的、人与自然伙伴关系理念、环境与发展综合决策方法，与中国的"生态文明建设是关系中华民族永续发展的根本大计""人与自然和谐共生""绿色发展"高度契合。将"可持续发展"确立为中国环境法的目的性价值，表征人类通过环境法预

---

① 参见卓泽渊：《法的价值论》（第三版），法律出版社 2018 年版，第 50 页。

期实现的目标与理想，体现环境法的实质正义。

（一）可持续发展是世界各国环境法的共同价值追求

从法理上来看，目的性价值的确定核心在于契合并服务于国家战略。经济社会发展离不开社会结构调整与制度变革的推动与保障，法律价值的转化本质上是提升法治促进和保障社会有序变革的功能，为社会改革发展中的利益关系调整提供法律依据和制度保障。作为指称和指引环境法发展的目标与理想的目的性价值，必然需要契合国家重大战略转型和社会重大利益调整的需求。

在比较法上，各国环境法演进中的标志性发展均伴随着国家战略目标的贯彻与转换。自现代环境法兴起以来，从 1972 年联合国人类环境会议提出"环境保护""环境管理"的概念和要求，各国纷纷制定以保障人群健康为目的、以环境要素污染防治为核心的"小环境法"；到 1992 年里约热内卢联合国环境与发展大会明确提出"可持续发展"概念，要求世界各国实现可持续发展转型，许多国家开始编纂环境法典或者以基本法方式推进环境立法体系化，以建立促进"经济—环境—社会"可持续发展的"大环境法"。在环境法典编纂方面，多国采取将可持续发展法律化的方式，将其确定为法典编纂的价值核心和逻辑主线。[1] 比如，瑞典内阁于 1997 年发表声明，为致力于将瑞典转变成生态可持续国家而启动《瑞典环境法典》编纂[2]，并直接将可持续发展作为立法目的。[3] 又如，《法国环境法典》

---

[1]　参见吕忠梅：《发现环境法典的逻辑主线：可持续发展》，载《法律科学》2022 年第 1 期。

[2]　参见《瑞典环境法典》，竺效等译，竺效、张燕雪丹等校，法律出版社 2018 年版，"译者序"第 2 页。

[3]　《瑞典环境法典》第一章"环境法典的目的和适用范围"之第 1 条："本法典的目的在于促进可持续发展，以确保当代与未来世代有一个健康和良好的环境。……"《瑞典环境法典》，竺效等译，竺效、张燕雪丹等校，法律出版社 2018 年版，第 3 页。

不但明确了"可持续发展目标",而且对其进行了具体解释。[1]《德国环境法典(专家委员会草案)》《独联体生态示范法典》等,均体现了推动国家实现可持续发展转型的法典编纂价值目标。[2] 此外,一些国家通过修改环境基本法的方式,确立可持续发展价值目标。[3] 比如,2024 年 1 月 1 日起实施的荷兰《环境与规划法》,以推动实现可持续发展国家转型为目标,整合了原有的 26 部法律和上万个地方执行计划,以一站式规划许可统筹发展与保护的关系。[4] 加拿大、南非、波兰、泰国等国家也采取了基本相同的方式。[5] 这些立法实践不仅体现了世界各国环境法治建设服从于、服务于国家战略,进而决定其环境法价值目标选择与路径确定的共同规律,也体现了世界各国将可持续发展确定为环境法价值目标的不同方式。

可持续发展的提出,使环境法的范围逐步扩大到污染控制和生态保护,进而扩大到以环境可持续为主、涉及经济可持续和社会可持续的相关领域。[6] 如前所述,在反思形式主义法治的基础上,西方法学家开展了实质法治的探索,明确提出以目的(或价值)作为法治评价标准,通过将实质正义纳入法律规范的方式,将实质正义与形式正义在一定制度之内予以

---

[1] 《法国环境法典》第一编"总则"第 L110 - 1 条之 2:"……有助于实现旨在'满足当代人发展和健康需求的同时,不损害子孙后代回应其发展和健康需求的能力'的可持续发展目标。……"《法国环境法典》(第一至三卷),莫菲、刘彤、葛苏聃译,安意诗、周迪校,法律出版社 2018 年版,第 3 页。

[2] 参见吕忠梅、田时雨:《环境法典编纂何以能——基于比较法的背景观察》,载《苏州大学学报(法学版)》2021 年第 4 期。

[3] 参见李挚萍:《中国环境法典化的一个可能路径——以环境基本法为基础的适度法典化》,载《中国政法大学学报》2022 年第 5 期。

[4] 参见吕忠梅、杨诗鸣:《荷兰〈环境与规划法〉的体系化发展路径与启示》,载《环境保护》2024 年第 6 期。

[5] 参见李挚萍:《南非〈国家环境管理法〉的多法系融合体系化之路》,载《环境保护》2024 年第 6 期;马鑫:《波兰〈环境保护法〉发展历程及特点》,载《环境保护》2024 年第 6 期;陈惠珍:《以综合性环境基本法推进环境立法体系化——以加拿大环境立法为例》,载《环境保护》2024 年第 6 期;魏旭:《泰国〈国家环境质量促进和保护法〉的体系化推动意义及启示》,载《环境保护》2024 年第 6 期。

[6] 参见杜群:《日本环境基本法的发展及我国对其的借鉴》,载《比较法研究》2002 年第 4 期。

统合，以建立经济社会发展的自我评价、自我约束、自我反省、自我规范机制。在这种法治模式下，"制度有必要由目的来引导"①。由此，环境问题带来的社会变革不仅对传统法律价值提出了变革诉求，也为可持续发展法律渊源化开辟了道路。

（二）可持续发展指引中国环境法治建设

中国是世界上最早接受并贯彻可持续发展战略的国家之一。1992 年，中国政府在里约热内卢联合国环境与发展大会上宣布实施可持续发展的政策举措②，并签署《联合国气候变化框架公约》《生物多样性公约》。1994 年，中国发布了世界上第一个发展中国家的 21 世纪议程——《中国 21 世纪议程》。1995 年 9 月，党的十四届五中全会正式将可持续发展战略写入《中共中央关于制定国民经济和社会发展"九五"计划和 2010 年远景目标的建议》。③ 中国从"九五"计划到"十四五"规划，都明确了可持续发展战略。自"十三五"规划开始，明确提出要"积极落实 2030 年可持续发展议程"④。2016 年以来，中国多次发布落实 2030 年可持续发展议程的国别报告。⑤"十四五"规划和 2035 年远景目标纲要将中国构建新发展格局的整体部署与联合国 2030 年可持续发展议程有机结合，提出"生态环境根本好转，美丽中国建设目标基本实现"的综合性目标体系，充分体现

---

① ［美］诺内特、塞尔兹尼克：《转变中的法律与社会》，张志铭译，中国政法大学出版社 1994 年版，"代译序"第 7 页。

② 参见吕忠梅、吴一冉：《中国环境法治七十年：从历史走向未来》，载《中国法律评论》2019 年第 5 期。

③ 参见《中共中央关于制定国民经济和社会发展"九五"计划和 2010 年远景目标的建议》，载《求实》1995 年第 11 期。

④ 《中华人民共和国国民经济和社会发展第十三个五年规划纲要》，载《人民日报》2016 年 3 月 18 日，第 1 版。

⑤ 参见杨晓华、张志丹、李宏涛：《落实 2030 年可持续发展议程进展综述与思考》，载《环境与可持续发展》2018 年第 1 期。

了中国政府实施可持续发展战略转型的决心与行动。

我们认为，我们应当将"可持续发展"作为环境法的目的性价值，理由如下：第一，可持续发展已成为中国的国家战略，应当在相关立法中予以贯彻。自参加 1972 年联合国人类环境会议开始，中国积极参与联合国可持续发展战略的实施。自 1992 年中国政府代表团参加里约热内卢联合国环境与发展大会并签署《里约宣言》开始，中国接受并引入"可持续发展"概念与理念，陆续制定一系列可持续发展政策和法律，"可持续发展"被确立为国家战略。党的十八大将"生态文明建设"纳入"五位一体"总体布局，本质上是为了实现可持续经济、可持续生态和可持续社会三方面的协调统一，为实现中华民族伟大复兴夯实生态环境基础。[①] 第二，可持续发展已成为环境法的特色目标，促进了法律价值的拓展。可持续发展观已取代传统发展伦理观成为环境法的伦理基础。[②] 可持续发展成为环境法的认识论和方法论，可持续发展从自然观、伦理观与代际公平观等方面支持了环境法观念更新，从主客体关系重构、环境权理论的合法性与合理性论证等方面支持了环境法基础理论创新，以确立风险预防原则为基础推动了系列环境法制度创新。[③] 第三，可持续发展已被越来越多的环境单行法确立为立法价值目标，随着 1992 年联合国环境与发展大会将"可持续发展"确立为指导方针，大会制定并通过的《21 世纪议程》和《里约宣言》正式提出了可持续发展战略，1995 年党的十四届五中全会正式将可持续发展战略写入《中共中央关于制定国民经济和社会发展"九五"计划和2010 年远景目标的建议》，自此之后，中国环境单行法陆续在立法目的条款中正式规定"可持续发展"。第四，可持续发展已成为国际上环境立法

---

① 参见吕忠梅：《发现环境法典的逻辑主线：可持续发展》，载《法律科学》2022 年第 1 期。

② 参见蔡守秋、万劲波、刘澄：《环境法的伦理基础：可持续发展观——兼论"人与自然和谐共处"的思想》，载《武汉大学学报（社会科学版）》2001 年第 4 期。

③ 参见吕忠梅：《论可持续发展与环境法的更新》，载《科技与法律》2005 年第 2 期。

通行的法律价值，中国确立可持续发展价值可加强与世界各国环境法的融合性关系。如前所述，可持续发展已成为世界上多个国家环境法追求的法律价值，甚至被直接作为立法目的条款；可持续发展也已成为国际环境法的基本原则，很多环境条约明示或默示地承认可持续发展原则，一些重要的国际组织决议和宣言等文件直接或间接地规定了可持续发展原则，可持续发展原则的代际公平、代内公平、可持续利用和环境与发展一体化已经在大量的国际法文件中得到承认，并影响到国内环境法的制定。① 由此可见，可持续发展已经成为多个国家的国内环境法和国际环境法的重要法定概念和立法追求，确立可持续发展的目的性价值地位，有利于加强中国环境法与世界环境法的融合性。

二、中国环境法的工具性价值

可持续发展蕴含着"经济可持续—环境可持续—社会可持续"的逻辑体系。"经济可持续"内含"当发展能够保持当代人的福利增加时，也不会使后代的福利减少"的要义，体现了公平价值，包括本代人之间的公平以及代际的公平，本代人公平的价值理念可以经由传统部门法维护，代际公平的价值是环境法的部门法特色价值；"环境可持续"维度的核心要义是要求人类的经济和社会发展不能超越资源与环境的承载能力，这也是其"持续性原则"的核心内涵，这一理念需要通过生态安全价值及其体系化制度表达予以维护。基于此，中国环境法的工具性价值应当包括生态安全、代际公平、种际和谐②，以体现环境法对传统法价值的传承与拓展。

---

① 参见王曦：《论国际环境法的可持续发展原则》，载《法学评论》1998 年第 3 期。
② 以下对于中国环境法的工具性价值具体内容的论述，参见吕忠梅：《"人与自然和谐共生"视野下的环境法价值论》，载《政治与法律》2023 年第 7 期。

(一) 生态安全

生态安全是人类生存和发展必备的生态条件和生态状态，或者说是生态系统满足人类生存与发展的必备条件。生态安全涉及海洋、森林、草地、农田等四大生命系统，以及大气、水和其他资源等三大环境系统的安全，由上述支持地球生命、支持人类生存和社会经济发展的七大生态要素构成的复合生态系统，具有极强的综合性，仅从单个要素或者单方面考虑生态安全，既不全面也不现实。生态安全在不同空间区域表现为不同的形式，并且涉及一定空间区域的生态过程，具有明显的空间区域性，必须从空间区域或流域尺度考虑实现生态安全的途径和措施。生态系统有其运行规律，不存在绝对的生态安全，生态安全具有相对性、动态性，实现完全的、永久的生态安全十分困难。

当代人类面临的生态危机表明，生态安全的威胁主要来自人类活动，人类活动引起环境破坏，导致生态系统对自身生存和发展造成威胁，若要解除这种威胁，人类必须找到正确途径、采取有效措施，以法律手段保障生态安全就是其中最重要的解除生态威胁的正确途径与有效措施。一些可能导致人类生存和发展威胁的资源危险、能源危险和环境危险等非传统风险，已成为与国防安全风险、经济安全风险同等重要的国家安全风险，关乎国家、民族、经济社会发展等公共利益，为"守住自然生态安全边界"，生态安全应成为环境法的基础价值。在我国，习近平总书记创造性地提出总体国家安全观，推动制定《国家安全法》，将生态安全纳入国家安全体系，为环境法的生态安全价值奠定了理论与实践基础。

生态安全是建立在对人与自然关系整体性认识基础上的价值观，要求以环境立法的形式树立生态理性，提升人们的生态意识和生态智慧，使人们认识到任何个人对生态环境开发利用的行为所产生的后果不仅归属于他自己，而且涉及影响者与被影响者、人与自然、当代与未来，个人的行为必须受到整体公平与正义的约束。必须超越个人的、局部的、眼前的经济利益，将人类的、长远的、整体的利益纳入法律的考量之中。生态风险的化解既是每个人都应享有的权益，也是每个人都应履行的义务和承担的责任。环境法的生态安全价值，对建立风险预防原则及其相关制度、完善空间区域法律制度、形成政府主导的现代环境治理体系，都具有重要的意义。同时，在"只有一个地球"的认知基础上，生态安全价值为统筹国内法律与涉外法律，建立有效的国内环境问题综合控制、全过程控制和环境治理国际合作机制及危机处理机制赋予了正当性与合理性，为实现可持续发展目的性价值提供了具体路径与方法。

（二）代际公平

代际公平是可持续发展面向未来的时空观的必然产物，指人类在世代延续的过程中既要保证当代人满足或实现自己的需要，也要保证后代人能够有机会满足他们的利益需要。

实践中，国际社会和不少国家都高度关注未来人类利益。20世纪以来的一系列多边或双边的国际公约中，都出现了关于"后代利益"的表述，如1946年的《国际捕鲸管制公约》序言提道，"为后代人保护由鲸类所代表的重大自然资源"符合"世界各国的利益"①。还有1968年的《非洲保护自然界和自然资源公约》、1973年《濒危野生动植物种国际贸易公约》（又称《华盛顿公约》）等都表达了"为了人类今世后代"的利益或幸福立约的思想。20世纪80年代以后，特别是1992年联合国环境与发展大会正式确立可持续发展以后，国际公约以及多个国家的国内立法，都将

---

① 邹克渊：《捕鲸的国际管制》，载《中外法学》1994年第6期，第51页。

代际公平纳入。正是由于国际社会的共同努力和多个国家的立法支持，人类共同利益、人类共同遗产、后代权利等概念进入各种形式的法律文件，代际公平价值成为实现可持续发展的具体法律手段。[①]

在我国，"生态文明建设是关系中华民族永续发展的根本大计"，"生态环境是人类生存和发展的根基，生态环境变化直接影响文明兴衰演替"[②]。

目前，迫切需要以立法方式确认代际公平价值，为实现可持续发展提供可操作的法律途径与方法。代际公平作为一种法学理论，学者们的观点并不相同，但其最基本的共识是法律应关注后代人的利益或权利。《我们共同的未来》提出，发展包含对现有的人类需求的限制，要求"不可再生资源耗竭的速率应尽可能少地妨碍将来的选择"，要求"保护动植物物种"，要求"把对大气质量、水和其他自然因素的不利影响减少到最小程度"[③]。其在很大程度上推动了代际公平的认知统一，代际公平可被归纳为为了满足人类整体性利益而必须在法律上实现代内与代际的利益协同。代际公平所关注的是人类整体作为一个生命系统的可持续性发展，在一定意义上是对现世人之权利维护和现实主体利益保障的传统法价值基础的颠覆，它要求在保障现世人权利的基础上，将视野延伸到后代的人类，目的是保障后代人的利益。在代际公平观中，当代人与后代人的法律关系不再是"物权"，而是"债权"，当代人今天生活的环境并不是我们所拥有的，而是从后代人那里借来的，我们无权任意挥霍、随意处分后代人的财产。从时间上看，代际是指当代人和未出生的后代以及未来世代之间；从内容上看，它强调的是后代权利的合理存在。人类生存和发展对于自然条件的依存，使后代人和当代人得以通过同一个地球家园联系在一起。每一代地

---

① 参见吕忠梅、鄢斌：《代际公平理论法律化之可能性研究》，载《法学评论》2003年第5期。
② 习近平：《推动我国生态文明建设迈上新台阶》，载《求是》2019年第3期。
③ 世界环境与发展委员会：《我们共同的未来》，王之佳、柯金良译，夏堃堡校，吉林人民出版社1997年版，第56页。

球人对于地球家园的任何破坏行为所造成的后果，最终都必然会由他们的后代承担，因此，代际合作成为必要。

在法律上确立代际公平价值，可以为建立保护后代人利益的机制并约束当代人污染和破坏环境的行为开辟道路。实际上，代际公平是对可持续发展的基本内涵的法律化表达，其所包含的代内公平主张可以为生存权和发展权的优位提供依据，代际公平主张则为"人与自然和谐共生"的终极关怀提供了可行的制度进路。环境法的代际公平价值，需要通过程序正义加以实现①，这进一步体现了可持续发展的实质法治与形式法治相融合的特征。

（三）种际和谐

种际和谐是可持续发展的人与自然和谐观的具体体现，是在种际伦理基础上提炼的法律价值，指人类要尊重其他生物的价值，公正对待自然界其他生物，主动承担起保护生态平衡、维持生态系统稳定的责任，做生态圈负责任的参与者，通过人类的积极努力，使地球生态系统维持可持续运行。

人类在开发利用自然资源和享受生态环境的时候，应该为其他生命种群留下充分的生存和发展空间以及充足的环境资源。种际和谐包括人与人的和谐以及人与自然的和谐两层含义，重点是强调人与自然的生物共同性、生态共同性，在考虑人类利益的同时，也考虑自然的利益，以实现人与自然的和谐共生、共同繁荣。② 因为人类具有更为强大的生存能力，法律在调整人与自然的冲突中，主体只能是人类，因此种际和谐的本质是人类以自我约束、自我规范的方式与其他物种相处。传统的价值概念建立在

---

① 参见吕忠梅、鄢斌：《代际公平理论法律化之可能性研究》，载《法学评论》2003 年第 5 期。
② 参见易小明：《论种际正义及其生态限度》，载《道德与文明》2009 年第 5 期。

主体和客体的二元关系基础上，价值属于主体与客体的关系范畴，它是主体与客体的二元函数。在西方由柏拉图肇始，历经亚里士多德、笛卡儿、康德，最后经黑格尔集大成的形而上学的二元世界观及其主客体相关的价值观念中，生命的价值、生命存在本身都随着主体的异化而被异化了。价值的异化、人的异化与生态危机、价值危机互为因果，在诸多危机重压之下，哲学开始反思人本身。在 20 世纪最后的二十年中，利奥波德和罗尔斯顿等人提出的自然价值与经验价值、内在价值与工具价值的划分以及动物权利的概念等环境伦理逐步产生了社会影响，特别是有机哲学家怀特海的广义价值理论受到重视，成了生态伦理论者将价值概念扩展到自然物的理论支点。[1]

随着传统物理学静止机械观的衰落，系统的世界观开始形成。在此基础上，分子生物学家雅克·莫诺提出了生命系统的三大特征，即生命是有目的性和计划性的客体、自主的形态发生、繁殖的不变性。[2] 这构成了生命系统内在价值的基本内容，换言之，生命系统的价值就是维持自身生存与繁殖这个最高目的。人类作为复杂生命系统之一种，其存在之最高目的也应当如此。由此我们不难看出，种际和谐其实是人类从整体角度出发对于自身存在之目的追求，人类只有承认生命系统的生物共同性、生态共同性，才会尊重其他生命，与其他生命平等相处、和谐相处。在立法中，西方国家主要是通过在法律地位上将自然生命体去客体化，并赋予其福利保护的方式，实现种际和谐。[3]

在"人与自然生命共同体"理念下，将生态秩序调整作为法的重要组

---

[1] 参见张华夏：《广义价值论》，载《中国社会科学》1998 年第 4 期。

[2] 参见［法］雅克·莫诺：《偶然性和必然性：略论现代生物学的自然哲学》，上海外国自然科学哲学著作编译组译，上海人民出版社 1977 年版，第 5—8 页。

[3] 如多国通过修订民法典，承认"动物不是物"。参见李飞：《罗马法中非人动物的法律地位》，载《华侨大学学报（哲学社会科学版）》2022 年第 1 期。

成部分，把人与自然和谐共生纳入法的价值，将自然对人的行为的限制和人的自我约束、自我规范通过法律规制体现出来，是中国特色环境法应有的追求。种际和谐首先是人类应承认生命的固有价值平等，人类不以自己的利益作为衡量其他种群生命价值的唯一标准；其次是人类应尊重生物多样性，生物多样性对人类的生存与发展至关重要，人类不能做其他生命种群生死的决定者，而应该做生态系统的维护者、修复者，而不是破坏者；最后是人类应以自我约束方式与其他生命种群和谐相处，人类应遵守与其他生命种群共有的生态规则，以"共赢"的态度与其他生命种群成为伙伴与邻居，共同建设绿色地球家园。

种际和谐价值以人与自然共存共生的良好状态为目标，需要我们从法律关系上超越"主客二分"哲学，统一把握人类与其他生命共同体的关系，高度重视"人"的生物属性，通过发挥"法"作为人类行为调整器的作用，促进人与人的和谐、人与自然的和谐。在环境法中确立种际和谐价值，不仅有利于表达人类与自然界万物共处的基本生存法则，将其作为法律精神更好地化解人与自然之间的矛盾与冲突，而且有利于拓展环境法学的研究范围，引导人们树立适应"人与自然和谐共生"要求的人生观、社会观、自然观。

第六章　中国环境法本体论

建构中国自主的环境法知识体系，本体论是核心内容。在我国，环境法是新兴法律学科，经过多年研究，学界在研究对象、体系定位等方面达成了一定共识，但对环境法"是什么"以及"为什么是"等基本问题，还远未达成统一的学术认知，其主要原因在于对环境法基础理论研究的基本立场不同和方法论自觉欠缺。如果说，习近平法治思想的生态文明法治理论为建构中国自主的环境法知识体系提供了世界观与方法论，新时代新征程新目标为中国环境法学的转型升级带来了最佳机遇，那么，深化对环境法的基石范畴、学科属性、体系、法律关系等基本理论的认识，促进形成中国环境法的基础性学术共识，则是必须完成的重点任务。

第一节　环境法的范畴

一、环境法的基石范畴

任何学科都是由特定范畴组合而成的认知系统，环境法也不例外。有没有"建立起能够表明自己独立存在和理论优势的范畴体系"① 是衡量判断一个学科是否独立、成熟的重要指标。基石范畴又称核心范畴，是指在学科概念体系中居于核心地位，对其他概念具有衍生力、解释力和统领作用的基石概念。"它既是我们认识研究某一学科的起点，也是认识研究某一学科的终点。围绕着核心范畴可以展开某一学科的整体架构，对各基本范畴的研究可归结到核心范畴。"② 环境法治建设也是如此，环境法的基石范畴"关涉到环境法学叙事的逻辑起点，也关涉到环境法学的价值目标和精神内核的提炼"，并"为环境法制度构建提供学理意义上的指导"③。中国环境法的基石范畴有"生态环境""可持续发展""环境权"，分别指向环境法的权利基础、环境法的目的性价值及全球最大共识、环境法的保护对象。

（一）生态环境

环境法是保护和改善"环境"之法，"环境"当然成为该学科的第一块"基石"。就保护对象而言，"环境"似乎应为环境法的基石范畴。这种认识在现代环境法诞生初期没有问题，但在我国全面建设生态文明、追求人与自然和谐共生的新时代背景下，"环境"已不足以全面概括、准确表达环境法的保护对象。再加上汉语的特殊用法以及中国环境法治建设进程中若干虽然偶然但意义重大的现实因素的影响，作为组合概念的"生态环境"已取代单一概念的"环境"成为中国环境法的基石范畴。

1. 作为法律概念的环境、自然资源、生态

世界上首次把"环境"与法律联系起来并正式提出"环境法"概念的

---

① 张文显：《法哲学范畴研究》，中国政法大学出版社 2001 年版，第 1 页。
② 陈金钊：《论法学的核心范畴》，载《法学评论》2000 年第 2 期，第 24 页。
③ 史玉成：《环境法学核心范畴之重构：环境法的法权结构论》，载《中国法学》2016 年第 5 期，第 281 页。

是 1969 年在美国召开的"法律与环境会议"①，尽管与会者并未对他们创制的环境法概念中的"环境"作清晰、明确的界定，但对相关内容的探讨及其所推动制定的法律、专门创设的机关都是针对当时极为严重的污染问题治理的，从而使得环境法也成为污染防治法的代名词。② 这里的"环境"实际指代的是环境要素因污染排放活动所直接影响的"环境容量"，结合以保障公众健康为指向的立法目的，其在具体时空上更进一步被限缩为"生活环境"；故其内涵特定、外延狭窄。但这种理解的影响十分深远，使得早期环境法主要指污染防治相关立法。③

法律上的"自然资源"概念出现得更早。一般认为，"自然资源"是"自然生成、以自然状态存在、主要受自然规律支配的资源"④，其须具备"有用性"和"稀缺性"。长期以来，法律上被归于自然资源范畴的限于土地、林、草、矿等能够直接转化为有形产品、为人类提供劳动对象的自然物质，相关立法以对自然资源的分配和利用为中心，围绕"物"的归属和利用展开。在很长时间内，有"资源"无"环境"，"环境"概念出现之初又与"污染"画上等号，因此，两者相互独立、泾渭分明。

相对而言，"生态"概念在法律上出现得较晚。德国学者恩斯特·海克尔（Ernst Haeckel）于 1866 年创造"生态学"概念⑤，作为生态学研究对象的"生态系统"，是"一定空间中的生物群落与其环境组成的系统，其中各成员借助能流和物质循环，形成一个有组织的功能复合体"，这是一个"把生物与环境视为一个统一整体的概念"⑥。早期生态学主要关注

---

① 参见［美］理查德·拉撒路斯：《环境法的形成》，庄汉译，中国社会科学出版社 2017 年版，第 49 页。

② 参见金瑞林主编：《环境法学》，北京大学出版社 2002 年版，第 21 页。

③ 如日本早期的环保领域基本法为《公害对策基本法》，就是以污染防治为中心的。

④ 《中国大百科全书》第 30 卷（第二版），中国大百科全书出版社 2011 年版，第 120 页。

⑤ 参见《中国大百科全书》第 19 卷（第二版），中国大百科全书出版社 2009 年版，第 571 页。

⑥ 《中国大百科全书》第 19 卷（第二版），中国大百科全书出版社 2009 年版，第 567 页。

自然界中与人距离较远、相互影响较少，人迹罕至的部分。现代环境法出现之后，"生物""生态"等概念被从自然科学引入法律。但环境法最初以污染防治为主，虽然引入了"生态"的概念，但并未将其纳入直接调整范围，对其亦无明确的概念界定。

2. 环境、自然资源、生态的含义日渐融合

20 世纪末以来，以全球气候变化、生物多样性减少和跨境环境污染为特征的现代环境危机日益加剧，生态学的发展促使世界重新认识人与自然的关系。各种围绕"环境"建立的新型学科——环境科学、环境经济学、环境管理学等交叉学科的研究成果不断涌现，使得环境、自然资源和生态概念的外延不断扩展，指涉范围重叠，指代对象逐渐趋同，相关立法也日益融合。

就"环境"而言，在人类足迹已遍布地球每一个角落、生态学揭示万物存在普遍联系的背景下，可能影响人类生存、发展的自然物质和空间的范围不断扩展，保障资源充足、实现生态安全成为"环境保护"的应有之义。如联合国环境规划署及全球环境基金明确提出的"全球环境问题"，"既有污染问题，又有自然生态和自然资源问题"[1]。

就"自然资源"而言，现代科技、组织、资本的强大使各种形式和性状的自然物质和空间都能够得到一定的控制和利用，环境质量的普遍下降也使得原始自然变得稀缺，人类对自然的"利用"可以不限于物质性改造、改变形态的积极开发，而可以是精神性享有或保持原貌、远观欣赏的消极利用。现代"资源学"中的自然资源的含义有了很大的拓展，"地球表层的自然环境要素及其构成的自然环境整体几乎都属于自然资源范畴，自然资源与自然环境难以区分"[2]。

---

① 徐嵩龄：《关于"生态环境建设"提法的再评论（第一部分）》，载《中国科技术语》2007 年第 4 期，第 51 页。

② 彭补拙等编著：《资源学导论》（修订版），东南大学出版社 2014 年版，第 1—2 页。

就"生态"而言,"人因自然而生,人与自然是一种共生关系,对自然的伤害最终会伤及人类自身"①。当生态学的研究视野中加入"人"的因素时,生态与环境的重叠不言而喻,并兼具"自然资源——有价值之物"的意蕴。人类所栖身的生态系统既是影响其生存和发展的"环境",也是最值得珍惜、必须充分保护与合理利用的"自然资源"。在"有人在场"的现代生态学看来,地球就是由各类生物和无生命物质依特定规律组合而成的复杂系统,它既是全人类生存和发展所赖以为基的资源,又是人与其他物种共同栖居的"环境"。

因此,现代意义上的"环境"、"自然资源"和"生态"已成为从不同角度对自然的描述,其实际指代对象都是以地球为载体的整个自然界。无论作为环境、自然资源还是生态,自然都有受到法律保护从而被纳入"环境法"(或"自然资源法""生态法")的可能,相关法律制度也"出现共同向以生态系统为基础的环境资源综合管理演进的趋势"②。在此背景下,广义的"环境法"与"自然资源法"、"生态法"已无实质区别。当前,各国以"环境"、"自然资源"或"生态"为前缀命名的法律中往往都包含着污染防治、资源保育、生态保护相关内容,法律命名更多体现的是立法传统、基本国情等决定的侧重面向的不同,并无实质性差异。

3. 界定"生态环境"

如前所述,对于"环境""自然资源""生态"等概念,各国根据国情在法律上均有使用且混用。在我国,作为中国自主的环境法知识体系的基石概念,"环境""自然资源""生态"等概念也需要根据汉语的独特语法和表述习惯,以及立法传统等因素加以慎重选择。我们认为,作为复合词

---

① 习近平:《论坚持人与自然和谐共生》,中央文献出版社 2022 年版,第 135 页。
② 巩固:《环境法典基石概念探究:从资源、环境、生态概念的变迁切入》,载《中外法学》2022 年第 6 期,第 1532 页。

组的"生态环境"应成为中国环境法的基石范畴。

在汉语中，某些事物既有细微差别，又总体趋于一致，可以大致区别但难以精细分割时，往往被并列称呼，并可以产生"一加一大于二"的表达效果，典型如"思想意识""文物古迹"等。"它们的涵义就是有简化的'和'和'或'的意义"①，但并不是对两类不同事物的简单集合，而是对兼具两类事物属性的一大类事物的共同指代。

在立法传统上，我国1982年宪法首次使用了"生态环境"概念②，在一段时间内，其因具体含义不明确、实际用法可能超出立法原意，遭受了科学家的争议与质疑。③ 但"生态环境"作为法律用语，与科学用语具有联系但并非完全相同。从前述"环境"、"自然资源"与"生态"的发展过程，以及《宪法》确立的"美丽中国"国家目标、"国家保护和改善生活环境和生态环境"的国家任务以及国务院领导和管理生态文明建设的国家职责看，使用作为复合词组的"生态环境"更加符合"人与自然和谐共生"的中国式现代化的新要求，可以更好地促进中国环境法从以污染防治法为主的"小环境法"转型升级为全面调整"人与自然和谐共生"关系的"大环境法"。

实际上，经过50多年的发展，中国的环境保护实践也呈现出从片面强调污染防治、与资源保护和生态建设刻意分开的"小环保"向三者一体化、治理综合化的"大环保"转变的趋势。④ 尤其是党的十八大以来，在习近平生态文明思想指引下，"生态文明"所蕴含的"自然"，兼具了"环

---

① 蒋有绪：《不必辨清"生态环境"是否科学》，载《科技术语研究》2005年第2期，第27页。

② 参见侯甬坚：《"生态环境"用语产生的特殊时代背景》，载《中国历史地理论丛》2007年第1期，第117页。

③ 代表性观点可参见全国科学技术名词审定委员会主办的《科技术语研究》2005年第2期的"热点词·难点词纵横谈"专栏。

④ 参见巩固：《"生态环境"宪法概念解析》，载《吉首大学学报（社会科学版）》2019年第5期，第73-76页。

境""自然资源""生态"三重含义，如此丰富的意蕴只有作为复合词组的"生态环境"能够全面、准确表达；在立法实践中，2014 年《环境保护法》修订以来制定、修订的法律，也都使用了"生态环境"的概念。

由此，应当将"生态环境"确立为中国环境法学的基石范畴。这是一个在科学基础上承载价值判断，从而揭示人与自然互动共生的关系性概念。在法律上，可将其定义为"影响人类生产、生活、生存及与自然共生的各种天然的和经过人工改造的自然因素，包括但不限于相关要素、空间、功能、服务等所构成的生态系统整体"①，其包含"资源、环境、生态"三重面向及相关内容，其内涵是指影响人类生存和发展的自然、社会、经济因素及其相互作用的总体，从而能够更加全面、准确、系统地反映生态文明的核心理念和促进环境法转型的实践要求。作为组合概念的"生态环境"也可以有效地区别于单一概念的"环境"、"自然资源"和"生态"，为它们在狭义层面单独使用留下空间，避免概念使用混乱。

基于对"生态环境"的理解，需要对《宪法》第 26 条有关"国家保护和改善生活环境和生态环境"的表述进行包含、递进关系的解读。首先，从概念内涵看，"生态环境"包含"生活环境"；其次，从立法发展过程看，狭义的环境保护起源于对"生活环境"的保护，即环境污染防治，在今天生态环境保护的范围大大扩展的情况下，"生活环境"因与人类生存直接相关仍然需要受到特别关注和优先保护。由此，才能"把各种具体类型的'环境'及围绕其保护开展的各种具体制度、举措都统摄到'保护和改善生活环境和生态环境'这一单一的'大环保'条款之下，为生态文明建设相关活动提供完整、统一的宪法依据"②，避免出现将生活环境保

---

① 吕忠梅：《环境法典编纂方法论：可持续发展价值目标及其实现》，载《政法论坛》2022 年第 2 期，第 22 页。

② 巩固：《"生态环境"宪法概念解析》，载《吉首大学学报（社会科学版）》2019 年第 5 期，第 78 页。

护相关制度排除在"生态环境保护"之外的逻辑谬误。

（二）可持续发展

法律不是无意义的规范堆砌，而是有价值取向的规则体系。价值是凝聚法律规范、构建制度体系的内在主线，是不同法律规范之间意义脉络的联结和体现。除公平、正义、自由、秩序等法律的一般价值外，不同法律领域会因其使命与目标不同而有独特侧重或偏好的价值，从而使得某一领域的法律规范在一定价值引领下构成整体性特色。对现代环境法来说，可持续发展既是当今人类孜孜以求的价值目标，又是纠正不可持续行为、实现社会经济秩序变革所依凭的原则理念，还是指引目标实现的方式和手段。可以说，可持续发展促进了环境法乃至当代法律体系的根本性变革，奠定了现代环境法的理性与方法基础，构成价值层面的基石范畴。

1. 可持续发展的含义

众所周知，可持续发展作为面向未来的发展观是随着人类对全球环境与发展问题的广泛讨论而被提出的。《我们共同的未来》中对可持续发展的权威定义有两个重要的关键词：一是人类需要，尤其是贫困人民的基本需要，即其"各种需要"应被放在特别优先的位置；二是"限制"，环境有限，即环境满足眼前和将来各种需要的能力有限。[①] 因此，可持续发展要求在不破坏生态环境承载能力的前提下，协调经济社会发展与环境的关系；在不危及后代人需要的前提下，协调当代人发展与后代人发展的关系；在不危害全人类整体经济发展的前提下，协调不同国家、不同地区及各国内部发展的关系，真正把发展建立在节约资源、增强环境支撑能力、

---

① 参见世界环境与发展委员会：《我们共同的未来》，王之佳、柯金良等译，夏堃堡校，吉林人民出版社1997年版，第52页。

生态良性循环的基础之上，最终实现可持续发展。①

　　在可持续发展概念诞生后，其基本思想被国际社会广泛接受，联合国在大力推动世界各国可持续发展转型实践过程中，提出了一套以平衡环境保护、社会发展和经济发展之间关系为目的的具体的可实施方案②，既能普遍适用于所有国家又充分考虑了世界各国的国情、能力和发展水平差异，同时尊重国家政策和优先目标。在国际治理体系中，可持续发展已经成为当代人类最大的"发展共识"。③ 在学术研究方面，一些国际组织和各相关学科的学者也从不同角度对可持续发展进行了定位和定义，我国环境法学界也有不少研究成果。

　　实际上，与传统的发展观把人的利益作为唯一的价值尺度不同，可持续发展要求建立一种人与自然共生、共荣的和谐发展关系，并且通过规范和完善社会经济活动实现经济、社会、生态效益的统一。可持续发展具有一些与传统法律明显不同的特征：首先，可持续发展坚持以人为本，强调当代人相互之间、当代人与后代人之间的公平正义，延展了法律公平的内涵；其次，可持续发展强调人与自然的伙伴关系，要求法律调整"人—自然—人"的关系，扩充了法律关系的要素；最后，可持续发展强调共同但有区别的责任，要求建立人类自身新秩序，建构地球生命共同体治理规则。④ 这些恰是环境法从传统法律中分离并获得独立价值与地位的"密码"。

　　在很长一段时间内，环境保护被认为与可持续发展密不可分，甚至被认为是区分可持续发展与传统发展的分水岭和试金石。⑤ 随着人类对环境

---

　　① 参见刘思华：《发展绿色经济 推进三重转变》，载《理论月刊》2000 年第 1、2 期合刊。

　　② 参见董亮、张海滨：《2030 年可持续发展议程对全球及中国环境治理的影响》，载《中国人口·资源与环境》2016 年第 1 期，第 8 页。

　　③ 参见郇庆治：《重聚可持续发展的全球共识——纪念里约峰会 20 周年》，载《鄱阳湖学刊》2012 年第 3 期，第 25 页。

　　④ 参见吕忠梅主编：《环境法原理》（第二版），复旦大学出版社 2017 年版，第 65 页。

　　⑤ 参见吕忠梅主编：《环境法原理》（第二版），复旦大学出版社 2017 年版，第 65 - 66 页。

问题认识的不断加深，尤其是将"环境"的概念由原来的"污染"扩大到"生态""资源""环境"三位一体，21世纪的可持续发展理论也有了很大的进步，在继续坚持环境、经济、社会协调发展核心理念的基础上，开始将可持续发展与环境保护脱钩，更加强调拓展可持续发展的时间、空间维度，强调市场、社会、政府的共同参与。[①] 今天的可持续发展，以经济、社会、生态效益有机协同为目标，不断优化人与自然和人与人的关系，以获得人类生存和发展的可持续性。它要求在时间上实现当前利益与未来利益的统一，在空间上实现整体利益与局部利益的统一，在文化上实现理性尺度与价值尺度的统一。[②] 在这个意义上，可持续发展并未彻底走向"生态中心主义"；但是，也不能简单地将可持续发展等同于"人类中心主义"，它对传统"人类中心主义""大国歧视"进行了批判与超越。[③]

2. 可持续发展对传统法律的"革命"

人类中心主义强调人与自然的对立，强调人的强大与自然的弱小，忽视人与自然的和谐与统一，为人类破坏自然环境奠定了理论基础。把人看作理性动物，导致人类征服自然、驾驭自然的狂妄；把人看成自然界的高贵者，使人误以为自己是大自然的主宰；把人看作满足欲望的动物，令人猖獗地掠夺自然。传统法律将"人"假定为"经济人"，将自然环境作为法律关系的客体，自觉或不自觉地成了人类破坏自然、掠夺自然的"帮凶"。在这个意义上，保护生态环境不仅需要把伦理道德从人类社会扩展

---

① 参见诸大建：《用国际可持续发展研究的新成果和通用语言解读生态文明》，载《中国环境管理》2019年第3期，第5-6页。

② 参见吕忠梅主编：《超越与保守——可持续发展视野下的环境法创新》，法律出版社2003年版，第3页。

③ 参见吕忠梅主编：《超越与保守——可持续发展视野下的环境法创新》，法律出版社2003年版，第13页。

到自然界，更需要对现有的法律观进行反思，建立符合新的法律观的人类行为规则。可持续发展为建立这种新的行为规则提供了深入认识和正确引导人与自然关系的认识论和方法论。

首先，可持续发展为重构主客体关系提供可能。人类在改造自然的活动中产生了人与人的关系和人与自然的关系。在人与人的社会关系中，人创造出了自己的社会本质；人在与自然的相互作用中也能够在人性中打上自然的烙印，产生不同于动物的反映人与自然关系的基本行为模式。① 可持续发展要求对于生命和自然进行全新理解，在某种程度上承认了客体的主体性，以"可持续"解决时间问题，以"发展"解决空间问题，为环境法理性和价值双重尺度的整合提供了可能②，实现了主客体关系的重构。

其次，在主客体关系中引入历史向度，为代际公平提供指引。人类的时空观与时代紧密联系，农耕文明面向过去，工业文明面向现在，生态文明面向未来。可持续发展以未来思维的方式思考人与自然之间的历史联系，思考人与自然的现实状况，思考人与自然的未来发展。可持续发展在主客体关系中引入了历史的向度，不仅要有过去，还要有未来作为引导，开启了法律的未来意识，为建立和维护代际公平规则提供基础。

最后，在空间拓展中体现新的公平观，为建构新的国际秩序提供基础。可持续发展要解决发达国家的过度发展和发展中国家的发展不足两类问题。因此，可持续发展需要解决的是发展中的空间问题。传统的经济社会发展秩序建立在发达国家的"实力"之上，造成南北对立、贫富两极分化严重，发展中国家的经济遭受严重破坏。因此，可持续发展要求两类国

---

① 参见曹孟勤：《新人性观与生态伦理——关于生态伦理之哲学基础的重新认识》，载《学术研究》2003 年第 2 期，第 22 页。

② 参见吕忠梅主编：《超越与保守——可持续发展视野下的环境法创新》，法律出版社 2003 年版，第 4-10 页。

家的主体地位平等，公平、公正地占有和分配经济资源，公平地对待全人类，公平地占有和分配人类资源。这种主体和客体之间横向联系的建立，为全球环境治理规则奠定了空间基础。

3. 可持续发展与生态文明相互交融

在中国环境法中，"生态文明"也是一个高频词。确定中国环境法的基石范畴，必须厘清可持续发展与"生态文明"之间的关系，并阐明选择理由。世界范围内，理论上，生态文明与可持续发展都源于对人类面临的生态危机的反思，但两者的思想渊源不同；实践中，可持续发展在联合国大力推动和世界各国参与下取得了一定实践成效，生态文明还停留在理论构想层面。在中国，生态文明既有丰富的理论成果，又有成功实践，更实现了可持续发展与生态文明的有机融合。因此，厘清我国生态文明的理论渊源，从中国生态文明建设的丰富实践考察生态文明建设与可持续发展的关系，才能站在统筹国际国内两个大局的高度，合理选择中国环境法的理论工具。[①]

首先，生态文明理论与可持续发展理论的研究对象相同。可持续发展与生态文明的提出都是源于对工业革命所造成的生态危机的反思。生态文明涉及生态和文明两个不同的方面，其中，"生态"是自然科学的范畴[②]，"文明"属于社会科学的范畴。[③] 对于这个由不同"学科"组合而成的新概念，人们虽然认识并不一致[④]，但均承认生态文明是在反思工业文明基础上，从人类文明演进规律中寻找解决生态危机的方案，描绘超越工业文

---

① 参见吕忠梅：《发现环境法典的逻辑主线：可持续发展》，载《法律科学》2022 年第 1 期，第 80 页。

② 参见曾繁仁：《关于"生态"与"环境"之辨——对于生态美学建设的一种回顾》，载《求是学刊》2015 年第 1 期，第 108 页。

③ 参见周宏春：《试论生态文明建设理论与实践》，载《生态经济》2017 年第 4 期，第 175 页。

④ 参见卢风：《"生态文明"概念辨析》，载《晋阳学刊》2017 年第 5 期，第 63 页。

明的新社会图景。很长时间，这是思想界和学术圈的一个构想，无论是生态哲学，还是生态社会主义①，外界关注度不高。中国的"生态文明"学术概念的提出时间与西方学者的提出时间相同②，理论界的高度关注始于党的十七大之后，其研究基本沿着"原始文明—农业文明—工业文明—生态文明""物质文明—精神文明—政治文明—生态文明"两种思维演进。③在生态文明与可持续发展的关系方面，学者们认为：可持续发展与生态文明在提出背景与目标理念上具有内在一致性④，生态文明建设有利于可持续发展目标的实现，可持续的生产方式和消费模式必将带来生态文明的结果，两者互为因果，相辅相成，相互促进。⑤

其次，中国的环境法治实践遵循生态文明建设是手段、可持续发展是目的的逻辑。在官方政策文件中，"可持续发展"最早出现在 1994 年国务院发布的《中国 21 世纪议程》中，"生态文明"最早出现在 2005 年《国务院关于落实科学发展观加强环境保护的决定》中，两者同时使用时，多将可持续发展作为生态文明建设的目标。在国家总体战略中，"十三五""十四五"规划纲要都将落实 2030 年可持续发展议程⑥作为生态文明建设的目标之一，并将其与美丽中国建设有机结合。⑦ 在立法中，1992 年以来

---

① 参见广州环境保宣教中心编：《马克思恩格斯论环境》，中国环境科学出版社 2003 年版，第 224－238 页。

② 参见吕忠梅：《发现环境法典的逻辑主线：可持续发展》，载《法律科学》2022 年第 1 期，第 81－82 页。

③ 参见夏光：《生态文明与制度创新》，载《理论视野》2013 年第 1 期，第 18 页。

④ 参见孙新章等：《以全球视野推进生态文明建设》，载《中国人口·资源与环境》2013 年第 7 期，第 10 页。

⑤ 参见谢永明、余立凤：《生态文明与可持续发展关系探讨》，载《环境与可持续发展》2012 年第 4 期，第 95 页。

⑥ 参见《中华人民共和国国民经济和社会发展第十三个五年规划纲要》，载《人民日报》2016 年 3 月 18 日，第 1 版。

⑦ 参见《中华人民共和国国民经济和社会发展第十四个五年规划和 2035 年远景目标纲要》，载中国政府网 2021 年 3 月 13 日，http://www.gov.cn/xinwen/2021－03/13/content_5592681.htm。

制定、修订的相关立法大多确立了"可持续发展"的立法宗旨，2007 年后立法中开始同时出现"可持续发展"与"生态文明建设"，并呈现以"推进生态文明建设"作为治国理政方略、以"促进经济社会可持续发展"作为价值目标的实践逻辑。这充分体现了中华民族永续发展是中国生态文明建设的终极追求，也是可持续发展"既满足当代人的需要，又不对后代人满足其需要的能力构成危害"的核心价值体现。在这个意义上，将生态文明建设纳入经济建设、政治建设、文化建设、社会建设全过程，本质上是为了解决不可持续发展问题，统筹协调经济、环境和社会的关系，通过建构"人与自然和谐共生"的法律关系，为实现中华民族伟大复兴夯实绿色发展的基础。

可见，中国环境法以可持续发展作为基石范畴，并非盲目照搬国际经验，而是中国生态文明建设的内在需求和必然结果。可持续发展既能体现"人与自然和谐共生"的生态文明理念，保障实现"美丽中国"国家战略，又能展示"共谋全球生态文明建设"的博大胸怀，为构建人类命运共同体贡献中国智慧和中国方案，是建构中国自主的环境法知识体系的合理选择。

（三）环境权

法律是调整人与人关系的社会规范，现代法是权利本位法。"从宪法、民法到其他法律，权利规定都处于主导地位，并领先于义务，即使刑法，其逻辑前提也是公民、社会或国家的权利。"[①] 在发生学上，新的权利产生是出现新的立法并催生新法律学科的前提与基础。循此逻辑，"环境法作为国家保护公民的环境权益以及赋予公民参与环境管理权利的法律"[②]，

---

① 张光博、张文显：《以权利和义务为基本范畴重构法学理论》，载《求是》1989 年第 10 期，第 24 页。

② 吕忠梅：《论公民环境权》，载《法学研究》1995 年第 6 期，第 60 页。

是围绕环境权的确认、保障和实现所进行的规范设计和制度体系构建。就此而言，环境权也是环境法的基石范畴，是以权利义务为主要内容的环境法律规范体系的构建基点。

1. 环境权作为一项基本权利的提出与确认

环境问题与现代性紧密相关，20 世纪初期前后各国因严重的环境污染问题被迫制定了一些控制污染的法律，但并未出现环境保护的立法理念，本质上仍是私法领域不动产相邻关系在公法上的延伸。[①] 在此思维主导下，生态环境作为可以自由取用的公共物品，对其利用只要未造成国民健康和财产的显著危害，国家就不能介入，由此形成了限制行政权启动的法理。[②]

进入 20 世纪 60 年代，《寂静的春天》拉开了现代环境保护运动的大幕并在世界范围内掀起了第一次环保运动浪潮。人们在震惊于环境问题对人的生命和健康造成的严重后果的同时，开始要求国家积极采取措施保护和改善环境并要求法律支持。人们试图通过"绿化"既有人权，尤其是生存权和健康权作为国家承担环境保护任务的合法性与正当性基础[③]，却因有违传统法理而告失败。于是，环境权作为一项人权被提出——保障人权是国家存在的价值和行使国家权力的合法性基础。[④]

1968 年，联合国通过第 2398 号决议，号召在全球范围内展开对人享有良好环境权利的法理基础的大讨论。[⑤] 1972 年，联合国人类环境会议通

① 参见张宝：《环境规制的法律构造》，北京大学出版社 2018 年版，第 157 页。
② 参见［日］原田尚彦：《环境法》，于敏译，法律出版社 1999 年版，第 7 页。
③ See Lauren Worstman, *"Greening" the Charter: Section 7 and the Right to A Healthy Environment*, 28 Dal. J. Leg. Stud. 245（2019），pp. 248 - 256.
④ 参见郭道晖：《人权的国家保障义务》，载《河北法学》2009 年第 8 期，第 10 页。
⑤ See Grieger, Andreas, *Only One Earth: Stockholm and the Beginning of Modern Environmental Diplomacy*, Environment& Society Portal, Arcadia（2012），no. 10, Rachel Carson Center for Environment and Society.

过的《联合国人类环境会议宣言》的序言和原则一均承认了人权与环境保护的关联。[①] 这促使一些国家开始将环境权作为一项基本权利，进而将环境保护作为法治国家的基本任务，从而催生了现代意义上的环境法。[②] 1976 年葡萄牙宪法率先完成了环境权的法定化。[③] 1992 年，联合国环境与发展大会确认可持续发展并达成全球共识。《里约宣言》在原则一中宣布人类"应享有以与自然相和谐的方式过健康而富有生产成果的生活的权利"[④]，由此引发新一轮的环境权入宪热潮。截至 2019 年底，已经有 156 个国家直接或间接确立了环境权，其中 110 个国家通过宪法为此项权利提供保护，126 个国家批准了明确载有健康环境权的区域条约，101 个国家在环境立法中作出了明确规定。[⑤] 2021 年，联合国人权理事会正式通过决议，承认环境权是一项人权。[⑥] 2022 年 7 月，联合国大会通过关于环境权的历史性决议，宣布享有清洁、健康和可持续的环境是一项普遍人权。联合国秘书长古特雷斯指出，这一具有里程碑意义的进展表明，会员国可以团结起来，共同应对气候变化、生物多样性丧失和污染这三重全球危机。他强调，"该决议将有助于减少环境不公正，弥合保护差距，并赋予人们权能，特别是那些处于弱势地位的人，包括儿童、青年、妇女和土著人民"，并敦促各国将这一新承认的权利"变成每个人、每个地方都能目睹

---

① See Sumudu Atapattu, *The Right to a Healthy Life or the Right to Die Polluted? —The Emergence of a Human Right to a Healthy Environment under International Law*, 16 Tulane Environmental Law Journal 65 (2002), pp. 74 – 75.

② 参见张宝：《规制内涵变迁与现代环境法的演进》，载《中国人口·资源与环境》2020 年第 12 期，第 157 页。

③ 1976 年葡萄牙宪法第 9 条规定将保障环境权、保护环境和自然资源作为国家的基本任务，并在第 66 条规定了环境权和国家在环境保护上的职责。

④ 《里约环境与发展宣言》，载万以诚、万岍选编：《新文明的路标——人类绿色运动史上的经典文献》，吉林人民出版社 2000 年版，第 38 页。

⑤ Report of the Special Rapporteur on the issue of human rights obligations relating to the enjoyment of a safe, clean, healthy and sustainable environment (A/HRC/43/53) (2020).

⑥ 参见《"获得健康环境"被联合国人权理事会宣布为一项人权》，载《联合国新闻》2021 年 10 月 8 日，https://news.un.org/zh/story/2021/10/1092552。

的现实"①。

2. 正确认识环境权

多年来，国内外人权学者、环境法学者对环境权进行了广泛而深入的探讨，由此形成了形形色色、五花八门的环境权概念和理论。在环境权的性质、权利主体、权利内容、实现路径等方面，都有不同主张，其原因在于大多将传统权利理论套用在对环境权的理解和适用上。因此，建构中国自主的环境法知识体系，既需要对环境权"祛魅"，也需要使环境权"入世"，结合环境（以及环境问题、环境事务）的特点和时代发展辩证认识和创新解读环境权，认识其权利本质，把握其特色之处。

一方面，环境权作为一项权利，具备法律权利的基本元素和主要成分，即权利主体、权利对象、实施方式、对应义务和正当性基础。具体表现为：环境权的主体包括当代人和后代人，环境权由当代人和后代人共同享有；环境权的对象是人类环境整体，包括天然环境要素和人为环境以及它们所构成的系统功能和效应；环境权的实施方式丰富多样，包括公民对环境使用、主张国家保护、请求司法保护、参与环境管理等；环境权是权利与义务的统一，每个公民在享有环境权利的同时也承担保护环境的义务，这是现代权利观的基本要求；环境权的正当性来自环境保护对人类生存和发展的需要，现代社会环境问题的产生及其恶化使公民产生了保护环境的权利要求，生态学和环境科学的发展使国家具备了保护这一权利的物质手段。②

另一方面，从前述内容也可以看出，环境权在作为权利的每一基本方

---

① 《历史性决议！享有清洁健康环境是一项普遍人权》，载《联合国新闻》2022年7月29日，https://mp.weixin.qq.com/s?__biz=MjM5NzU4OTM0MQ==&mid=2651077259&idx=1&sn=efadc2b3cc00afc7b4b492956e566f03&chksm=bd2722b98a50abaf934117b871b6c6f35fb38c54252b7fb2e4cf5f3d3141cb452804663bd329&scene=27。

② 参见吕忠梅：《再论公民环境权》，载《法学研究》2000年第6期。

面都具有不同以往权利的特殊性。在主体方面，其不同于传统权利主体的个体指向，而是包括"人人"在内的当代人，以及抽象、虚拟、具有时空延展性的后代人，具有抽象性和集体特征，内部成员之间的复杂关系需要妥善处理。在对象方面，其指向针对不同价值需求、可能存在冲突的各种环境形态和功能，具体实践中只能结合现实情境予以类型化处理。在实施方式方面，各种制度举措的属性不一、效果不同，适用场景、条件和顺位各异，需要精细排序。在对应义务方面，尽管抽象地看，环境权利义务最终都是由公民个人实际享有和承担的，但具体情境下的权利享有者和义务承担者又是错位、各异的，需要细致甄别不同情境下的具体身份。而从权利正当性角度看，尽管环境利益需求的正当性毋庸置疑，但除最基本的健康、生存之外，相关利益能否、应否得到满足，国家能够提供什么样的保护、保障到什么范围和程度，离不开经济、技术、发展水平、治理能力等一系列现实条件的保障，需要结合现实国情作复杂的政策考量和政治抉择，并常常面临众口难调的困境。

这些特点决定了环境权实践的复杂和困难。作为一种人人享有的集体性、公益性权利，环境权主要和最终还是要通过国家经由精细立法和科学管理所全面调动和有效组织的环保相关"集体行动"的实施来实现。在此过程中，必须考虑人类内部不同群体、生态环境不同面向、法律实施的各种手段、权利义务的不同场景以及价值需求与现实条件之间的平衡，从而指向和导出复杂的环境法律制度体系，这些非以往任何单一的传统权利制度所能比拟。但无论如何复杂，环境法律规范和制度体系的价值基点和根本目标还在于对环境权的确认和保障，这也是现代法所普遍秉持的"权利本位"的应有之义。尤其值得注意的是，基于生态环境的公共物品属性和环境保护的公益事业特征，环境保护主要是通过对利用和改造人类环境的活动附加限制来实现的，在公共政策和法律上体现为普遍的环境保护义务，故环境法具有广泛设定义务规范的特点。[1] 但从义务规范的价值目标，以及环境法规范构成的整体价值取向，即"在法定权利和义务的系统中，权利和义务何者为起点、重心、主导"的角度看[2]，人对环境的需求和利益显然才是根本。义务服务于权利保障，限制是为了更大的自由，对这一辩证关系的认识和把握，是理解和实践环境权的关键。

3. 确认环境权

确认和保障环境权是以习近平法治思想的生态文明法治理论为指引，建构中国自主的环境法知识体系的必然要求。习近平总书记指出："尊重和保障人权是中国共产党人的不懈追求"[3]，"要促进人权事业全面发展，坚持中国人权发展道路，顺应人民对高品质美好生活的期待，不断满足人民日益增长的多方面的权利需求，统筹推进经济发展、民主法治、思想文化、公平正义、社会治理、环境保护等建设……在物质文明、政治文明、精神文明、社会文明、生态文明协调发展中全方位提升各项人权保障水平"[4]。在生态文明建设过程中，习近平总书记反复强调："生态环境保护就是为民造福的百年大计。"[5]"良好的生态环境是最公平的公共产品，是最普惠的民生福祉。"[6]"随着我国社会主要矛盾转化为人民日益增长的美好生活需要和不平衡不充分的发展之间的矛盾，人民群众对优美生态环境需要已经成为这一矛盾的重要方面，广大人民群众热切期盼加快提高生态环境质量。人民对美好生活的向往是我们党的奋斗目标，解决人民最关心最直接最现实的利益问题是执政党使命所在。"[7] 这充分表明，包括环境

---

① 参见徐祥民主编：《环境法学概论》（第 3 版），人民出版社 2022 年版，第 32－33 页。
② 参见张文显：《法哲学范畴研究》，中国政法大学出版社 2001 年版，第 346 页。
③ 习近平：《习近平谈治国理政》（第 4 卷），外文出版社 2022 年版，第 268 页。
④ 习近平：《习近平谈治国理政》（第 4 卷），外文出版社 2022 年版，第 271 页。
⑤ 习近平：《论坚持人与自然和谐共生》，中央文献出版社 2022 年版，第 82 页。
⑥ 习近平：《论坚持人与自然和谐共生》，中央文献出版社 2022 年版，第 26 页。
⑦ 习近平：《论坚持人与自然和谐共生》，中央文献出版社 2022 年版，第 8 页。

权在内的人权的理论与实践是习近平新时代中国特色社会主义思想的重要内容，以法律形式确认这种生态环境与人民之间重大而直接的利益关联，以环境权的范畴加以集中体现，并将其作为环境保护和生态文明建设的出发点和落脚点，是贯彻落实习近平法治思想的生态文明法治理论的题中应有之义。

从环境权角度看，环境法就是环境权益保障法。全面认可、准确识别人民对生态环境的各种正当利益与合理需求，根据其目标要求和内容特点将其转化为可现实操作的法律"权利"或"法益"，以之为基点设置权利义务、构建制度机制，为其实现提供完备的制度保障，是环境法治建设的任务所在，也是党和国家一再强调的"真正下决心把环境污染治理好、把生态环境建设好，为人民创造良好生产生活环境"①，"积极回应人民群众所想、所盼、所急，大力推进生态文明建设，提供更多优质生态产品，不断满足人民日益增长的优美生态环境需要"② 等对环境法治建设的要求和体现。

我国法律中目前没有明确使用"环境权"概念，但这并不等于没有环境权立法的基础和实践。实际上，当前我国环境法治实践中已有大量确认和保障环境权的内容。在立法层面，《环境影响评价法》既明确认可了"公众环境权益"的存在，又提供了实现和保障这种权益的具体手段——征求意见。2014 年修订的《环境保护法》专设"信息公开和公众参与"一章，围绕公众环境知情权、参与权等程序性环境权的行使建立起了具体的规则体系。在人权政策层面，2021 年 9 月国务院新闻办公室发布的《国家人权行动计划（2021—2025 年）》明确将"环境权利"作为独立的人权类型并明确了"环境权利"的性质、保护范围、保护手段以及实施、

---

① 习近平：《论坚持人与自然和谐共生》，中央文献出版社 2022 年版，第 30 页。
② 习近平：《论坚持人与自然和谐共生》，中央文献出版社 2022 年版，第 8 页。

贯彻和评估机制，确认了环境权的人权属性并以多种方式提供保障。

尤其值得注意的是，在宪法层面，尽管我国《宪法》中没有明确的环境权条款，但建立了较为完备的环境保护"国家目标条款体系"，"通过对国家权力课予不同层次的义务，满足了'环境权入宪'的功能期待"①。在此基础上，更进一步地对环境权作出明确规定，"将国家保护环境、保护人权的意图体现得更明确、更直接"②，为环境法中的各种义务性规定和责任条款提供明确的权利指引，并为"重构环境权力与权利"、实现环境法与民法的"沟通与协调"奠定良好基础③，具有积极意义。

综合来看，中国环境法具有三大基石范畴，"生态环境"表征保护对象，"可持续发展"表征价值目标和人性基础，"环境权"表征规范体系的逻辑起点。就此而言，可以说，环境法既是"生态环境"保护法，又是"可持续发展"实践法，还是"环境权益"保障法。而如果考虑三者之间的逻辑关系，更准确地说，环境法是为了保障人民的"环境权益"而对"生态环境"进行系统保护，以全面实现"可持续发展"的法律。

二、环境法的重要范畴

除基石范畴外，环境法中还有诸多重要范畴，指代环境法在某方面的重要内容，体现环境法在某方面的重要特色，是联结不同环境法律规范、

---

① 张翔：《环境宪法的新发展及其规范阐释》，载《法学家》2018 年第 3 期，第 90 页。

② 巩固：《环境权热的冷思考——对环境权重要性的疑问》，载《华东政法大学学报》2009 年第 4 期，第 132 页。

③ 参见吕忠梅：《环境权力与权利的重构——论民法与环境法的沟通和协调》，载《法律科学》2000 年第 5 期，第 85 页。

形塑具体体系结构的重要基点。

（一）环境、资源、生态

尽管在现代"大环保"语境下，环境、资源、生态作为环境法的保护对象，难舍难分，但这是就总体意义上的环境法整体而言的。就环境法内部子法律体系构成，尤其是单个具体的法律规范而言，它们往往具有更加具体的特定指向。此时，狭义的环境、资源、生态概念因其各自重点指向的差异，仍有用武之地，在法律实践中得到了广泛运用。

狭义"环境"强调由诸多要素共同构成的空间整体，侧重于在这种整体空间中各要素彼此影响、共同作用而对人类或其他物种的生命健康所起到的实际作用。由此形成的"环境质量"，成为从前述角度对自然状态进行衡量判断的代名词；其实际指代对象，主要集中于水、土、气、声、辐射等自然物理空间的基本构成要素；其所指涉活动，主要是向自然空间内"排放"相应物质或能量从而导致空间结构或者说环境质量发生重大变化的行为，即"排污"行为。由此，狭义上的"环境保护"也多指代污染防治相关内容。譬如，《水污染防治法》第 4 条的"水环境保护工作"、第 5 条的"水环境治理"、第 17 条的"水环境质量改善目标"、第 28 条的"水环境保护联合协调机制"等表述中的"环境"。

狭义"资源"强调特定自然要素或空间在经济层面的有用性，侧重于相关利用活动从经济角度看是否理性、科学、可持续，故其实际指代的主要还是那些个体性、商品化的自然物质，即通常所谓经济类自然资源。但由于现代经济的货币化和金融性，经济理性与生态理性往往不尽一致，货币利益最大化与相关自然资源能否得到最大限度保育和可持续利用往往脱节，故环境法对相关资源物的考量和保护不能完全遵循贯彻经济逻辑，而是更侧重于生态环境整体，遵循生态逻辑。尤其"由于'资源'根深蒂固的经济色彩及潜在的'等待开发'意味"①，其在现代环境法中的使用已被极大弱化，相关经济性资源在环境法中更多被作为"生态要素"对待，相关法律规范可以且应该被纳入以生态系统保护为指向的"生态法"范畴。这也意味着，"自然资源法"只是与环境法部分交叉而无法为后者完全涵盖，与自然资源开发利用相关的大量产权制度和交易规范，更多属于经济法范畴。

狭义"生态"强调不同物种之间相互影响、共同依存的结构和关系。作为一个最晚使用的兜底性概念，其重点指代狭义环境、资源概念所不能有效表达的自然存在，其典型如各种动植物、生态区域、生物多样性等，侧重其中处于原始状态、与人类利用不那么直接相关的部分。近年来，由于生态学的扩展，生态概念在环境法中的运用日渐广泛，各种环保制度，最终都以对生态系统的保护为指向。但从局部来看，就相关法律规范的直接目的和首要功能而言，区别于环境法其他部分的狭义"生态"及"生态保护法"仍有其独立存在的价值和必要。

（二）环境污染与生态破坏

人与自然的矛盾贯穿人类文明始终，但污染是典型的工业文明产物，是工业文明发展到一定程度才普遍困扰人类的现代性问题。现代环境法也是因应对污染问题而生的。之所以用"环境法"来统领污染防治相关法律，乃是因为污染物的不易觉察、广泛分布和综合构成与"环境"概念特别契合。正因为此，在中西语境中，"污染"往往与"环境污染"或"污染环境"不加区别，狭义的"环境保护法"也一度成为"污染防治法"的代名词。1972年《联合国人类环境会议宣言》首倡的"环境保护"，即"主

---

① 巩固：《环境法典基石概念探究：从资源、环境、生态概念的变迁切入》，载《中外法学》2022年第6期，第1541页。

要是针对西方发达国家严重的环境污染而导致的人类健康受害而提出"[①]。

环境污染是"在生产和生活中直接或间接向自然环境排放超过环境自净能力的物质或能量，引起或可能引起自然环境和自然空间的化学、物理、生物等方面特性的改变，危害或可能危害公众健康或者破坏生态环境、造成环境质量恶化的现象"[②]。"环境污染"既是环境法的客体概念，是相关权利义务设定指向的对象，能够准确体现环境法律关系的特殊性；又是环境法中的事实概念，是引起环境法律关系发生、变更和消灭的原因；还是环境法中的内容概念，是据以在主体间分配权利义务、构建规范体系的指针。[③]

在现代环境法中，与环境污染具有类似地位，同时作为环境法的客体概念、事实概念、内容概念的还有"生态破坏"。科学意义上的生态破坏指人类社会活动引起的生态退化及由此衍生的环境效应，导致生态环境的结构和功能发生变化，对人类生存发展以及环境本身发展产生不利影响的现象，包括环境污染在内。但在环境法语境中，作为与环境污染相并而立的且使用更晚的概念，其特指污染物排放以外的其他人类活动导致生态环境的结构和功能发生不利于人的负面变化的现象。常见的生态破坏有水土流失、沙漠化、荒漠化、森林锐减、土地退化、生物多样性减少、地下水漏斗、地面下沉乃至气候变化等。生态破坏的致害行为既包括积极的、有意的资源开发利用行为，也包括各种并无主观故意但客观上违背自然规律的消极行为。与污染问题的"现代性"不同，生态破坏古已有之。古代人遭遇的各种以"人地矛盾""资源耗竭"等形式呈现的环境问题，主要都

---

① 吕忠梅：《生态环境法典中的"环境污染"概念辨析》，载《政法论丛》2024 年第 2 期，第 17 页。

② 吕忠梅：《生态环境法典中的"环境污染"概念辨析》，载《政法论丛》2024 年第 2 期，第 23 页。

③ 参见吕忠梅：《生态环境法典中的"环境污染"概念辨析》，载《政法论丛》2024 年第 2 期，第 20 - 21 页。

是生态破坏问题。但直到现代生态学的创立、传播和相关概念的广泛使用，才有了作为专业概念的"生态破坏"，其进入法秩序中成为重要法律概念的时间更晚，但大有后来居上、压倒"环境污染"之势。因为至少从科学角度看，"生态破坏"包含"环境污染"，环境污染防治大都兼具预防和改变生态破坏的效果。但由于"环境污染"问题的特殊性及其防治的专业性，以及相关法律规范的庞大体量，分别以二者为核心概念统领环境法内部不同规范，并作为环境法内部体系划分的基本分野，仍为必要。

（三）生态环境损害

生态环境损害（又称"生态损害"或"环境损害"），概指一切人类活动导致或者引起的生态环境不利变化。与一般法律损害直接影响特定种类的人类利益不同，生态环境损害是以"生态环境"为媒介的损害，其对人类利益的负面影响乃是对生态环境（无论特定要素、局部区域还是整个系统）本身之结构、功能的扭曲和改变所致，这种改变在影响人类利益的同时也改变着生态环境的自然状态本身，具有损害二重性。也正因为此，环境法对生态环境损害的救济尽管从根本上说是对人类利益的救济，在实际操作上却往往体现为对与具体人类利益无直接关系的"生态环境本身"的救济，通过对生态环境自然状态的恢复和维持来救济和保障与之有关的各种人类利益。

从生态环境损害角度看，环境法的大部分内容都是围绕着对生态环境损害的识别和救济展开的。因此，除"生态环境损害赔偿"这一直接针对生态环境损害进行恢复、填补的特色制度外，其他环境法律制度也大都可被视为生态环境损害救济体系的组成部分，甚至可以以之为中心构建完整的环境法律制度体系。譬如，《爱沙尼亚环境法典总则》第1条"立法目的"的第1项提出，"尽最大可能地降低环境妨害，以保护环境、人体健康、福利、财产和文化遗产"，并将"环境妨害"作为基础概念。《爱沙尼亚环境法典总则》第二节根据环境妨害的性质将"环境妨害"进行类型化：依致害对象分为"对环境的直接或者间接负面影响"与"经由环境对人体健康、福利、财产或者文化遗产造成的影响"，依妨害发生可能性及其后果分为"环境风险"与"环境威胁"。由此，其实际上是按照"环境—环境问题—环境保护/环境妨害"的进路，构建了以"环境妨害"为基础概念的法律规范体系，环境法典的调整范围、逻辑体系均围绕"最大可能地降低环境妨害"或"最大可能地保护环境"这条主线展开。[①] 正因为此，有观点认为"环境法就是用来应对环境不利变化也就是环境损害的法，就是调整人们为应对环境损害而结成的各种社会关系的法"，从而主张把环境损害作为环境法学的"逻辑起点"。[②] 这对以消极保护为主要内容的传统环境法来说，基本适用，但对价值目标已不限于对生态环境的消极"保护"而包括积极"改善"，内容涵盖"绿色发展"的现代环境法来说，尚嫌不足。但无论如何，"生态环境损害"作为环境法上的独特概念，具有重要的基础性地位。

(四) 环境义务与责任

没有无权利的义务，也没有无义务的权利，权利与义务总是相对而生的。就环境法而言，尽管从价值角度来看其是权利本位法，以环境权益为中心，但就法律规范的数量和内容来看，其义务性规定显然占据更大比重，这主要是环境利用行为的群体差异性以及生态环境的公共性、开放性带来的成本收益的"外部性"所致。一般认为，对环境的利用行为可分为

[①] 参见吕忠梅：《发现环境法典的逻辑主线：可持续发展》，载《法律科学》2022 年第 1 期，第 75 页。

[②] 参见徐祥民、刘卫先：《环境损害：环境法学的逻辑起点》，载《现代法学》2010 年第 4 期，第 45 页。

"本能利用"与"开发利用"两类，前者是行为人在自然状态下为生存繁衍而凭借自然本能消极利用环境的行为，是任何人都必须从事的行为；后者是行为人为谋取经济利益而借助科技等外力对生态环境进行积极开发的行为，在现代社会主要以各种组织形式的企业为主体。① 两类行为不仅主体不同、需求不同、对环境的影响不同，而且利用环境所带来的成本、收益也存在巨大差异。由于生态环境的开放性，开发利用者往往独享环境开发收益而将产生的污染、破坏成本推给全社会共同承担，从而损害人人皆为的本能利用，这是经济学视野下现代环境问题的产生根源。由此，环境法所保障的环境权益，主要是就作为本能利用者的公众而言的；与该权益相对应的义务，主要是由以企业为代表的各种开发利用者所承担的。也因此，现代环境法源起于约束企业相关环境活动的管制法，为企业设定环境义务和责任，并设置相应监管机制确保其充分履行义务和责任，是现代环境法的主体内容和基本方法。"在我国实施的环境保护工程中，在国际社会为应对气候变化签订的公约中，在我国制定的环境保护法中，人们都运用了环境义务这一法律手段。"②

与生态环境损害类似，环境义务和责任也具有以生态环境为媒介的特点，其内容和范围主要依据对生态环境整体的影响来判断，而不管对现实法律主体是否造成具体的有形损害，其典型如温室气体排放。与环境权益人人享有、本能利用人人必需不同，环境保护虽然人人有责，但义务分担不能秉持平均主义，而是主要依据对生态环境的负面影响和所得收益，在时空范围上要充分考虑环境影响的历时性、累积性、扩散性等复杂因素，尽量做到环境"成本收益"平衡。正因为此，环境义务主要是由对生态环境造成较大影响的特定主体承担的，在一国范围内，主要是企业等经济组

---

① 参见汪劲：《环境法学》（第四版），北京大学出版社 2018 年版，第 67-69 页。
② 徐祥民：《论维护环境利益的法律机制》，载《法制与社会发展》2020 年第 2 期，第 72 页。

织，在气候变化等国际议题领域，主要是发达国家。但随着环境形势的严峻和环保观念的深入，环境法律义务的范围也在不断扩大：主体方面，从企业到事业单位再到普通公民个人；范围方面，从工业生产扩展到流通、消费、回收再利用，以及农业及一般社会生活领域；内容和目标方面，从减少污染排放、生态破坏到节能降碳、循环利用再到绿色发展。如何准确判断不同主体的环境"贡献"，公平合理地分配环境义务，确保环境法高效实施，是环境法面临的重要任务和重大挑战。

（五）国家环保权力

"任何环境保护的法律制度都依赖于政府对个人行为的约束。"[①] 环境权益需要通过环境义务来实现，并且这种义务主要是由国家依法设定、通过国家机关的监督管理来保障履行的。这在根本上是因为生态环境的公产本质和环境保护的公益属性需要由国家这一最大公共主体代表和维护。由此，国家环保权力，即"国家为保护和改善生态环境所运用的国家权力"[②]，也是环境法上的重要概念。尤其在面向生态文明建设的"大环保"背景下，国家环保权力已不限于肩负污染防治等狭义"环境保护"职责的个别管理部门的职权，而涵盖不同政府主体行使的各种对或直接或间接影响环境的人类行为进行规划、监测、评价、许可、禁限、管控、处罚等的权力。如何对它们进行科学设置，使之有效运行，是环境法的重要内容。以《黄河保护法》为例，该法赋予沿黄各省区更多生态建设、环境保护、节约用水和防洪救灾等管理职能，涉及县级以上地方人民政府职责 82 处，其中涉及省级人民政府 27 处、县级以上其他地方人民政府 55 处，省级人

---

① ［美］理查德·拉撒路斯：《环境法的形成》，庄汉译，中国社会科学出版社 2017 年版，第 39 页。

② 巩固：《生态环境法典的权力基础与编纂策略》，载《江淮论坛》2024 年第 1 期，第 137 页。

民政府有关部门 10 处、县级以上其他地方人民政府有关部门 19 处。从权利基础来源角度看，国家环保权力可分为"秩序管理权"与"公共财产权"两大类，它们在价值目标与行使条件、作用对象和范围、内容和手段、权力后果与救济方式、权力行使与法律规定的关系、公众的身份与权益等方面各不相同①，需要因地制宜，类型化建构，分类规范行使。

第二节　环境法的性质与特征

一、环境法的性质

环境法的性质指环境法的法律属性，在以公私法二元划分为基本分野的现代法治背景下，特指其究竟是属于公法还是私法的问题。

（一）环境法跨越公私法域

环境法的价值追求是当代人和后代人的可持续生存与发展，具有鲜明的公共利益目标，环境法的保护对象是为不特定公众乃至全人类所共享共用的自然环境，环境法产生的直接原因是民法制度无力因应环境问题所产生的"公害"，环境法主要借由直接体现国家意志的行政管制手段实施。这些因素使环境法展现出强烈的公法性，长期被纳入行政法体系，被视为部门行政法之一种。② 2011 年国务院新闻办公室发布的《中国特色社会主义法律体系》白皮书也把污染防治相关法律纳入行政法范畴。③

---

① 参见巩固：《生态环境法典的权力基础与编纂策略》，载《江淮论坛》2024 年第 1 期，第 139 -142 页。

② 代表性论文参见赵娟：《论环境法的行政法性质》，载《南京社会科学》2001 年第 7 期。

③ 参见中华人民共和国国务院新闻办公室：《中国特色社会主义法律体系》，载中国政府网 2011 年 10 月 27 日，http://www.gov.cn/jrzg/2011 - 10/27/content_1979498.htm。

但是，环境法属于公法的认识仅仅看到了专门环境立法强调国家行政干预，而忽略了私法规范在环保实践中的存在和作用。实际上，环境法中始终存在运用私法手段的内容，最为典型的是对公害受害人的救济，一直采用追究侵权责任的方式。随着经济社会的发展和环保领域的扩展，采用公法手段管理环境的弊端日益显现，迫切需要借用私法手段和市场机制进行制度创新，其典型如排污权交易、碳市场、环保服务合同等。在此背景下，各国或通过修订民法典方式直接将生态环境保护义务纳入民事活动领域，如奥地利、德国、法国、俄罗斯、瑞士的民法典将动物规定为特殊客体，对其施加特别保护；或在编纂民法典时规定对民事活动施加环保义务的绿色条款，如我国《民法典》第 9 条规定的 "绿色原则"、《越南民法典》第 263 条规定的 "所有人保护环境的义务"；或就环境责任追究制定特别立法，熔私法规范与公法规范于一炉，如德国的《环境责任法》及《环境损害预防及恢复法》等。

由此可见，现代环境法已超越传统公法之一隅，兼具公私法律规范及手段，呈现出明显的跨法域属性。广义环境法作为以环保为目的的各种法律规范的 "集合"，包含了公私不同属性的法律规范。虽然环境法律规范的绝大部分是公法性规范，但私法性规范也有其价值，不可或缺。只有充分认识和运用好环境法的跨越公法与私法的、二者相互融合的优势，才能促进环境治理的多元参与、协调平衡。

（二）环境法是兼具公私法属性的 "领域法"

领域法是中国学者针对 "传统部门法研究范式之于新兴领域的局限性" 而提出的一种新的法律划分方法。[①] 此理论依 "事项" 划定法律规范

---

① 参见刘剑文：《论领域法学：一种立足新兴交叉领域的法学研究范式》，载《政法论丛》2016 年第 5 期，第 4 页。

的范围，不强调社会关系的单一性，凡属于调整某一特定社会经济生活"领域"同类事项的法律规范，无论在传统法律体系中居于何种部门，都可被统摄到同一"领域法"范畴之下，具有特定领域的"诸法合一"色彩。在这一理论框架下，环境法与知识产权、财税、金融、科技、互联网、军事、教育、体育、海洋、航天航空等领域的法律一道，被归于特殊的"领域法"，应秉持问题中心主义的研究方法，在体系上具有对外开放性和内在统合性。① 领域法学的提出破除了传统部门法范式的束缚和局限，为正确理解和解释具有综合性、交叉性的新兴法律提供了有效的概念工具和理论框架。②

从现代"大环保"角度看，环境法是典型的领域法。一切调整环保领域相关事项、对生态环境具有保护和改善作用的法律规范，无论是公法还是私法，是运用行政管制手段还是市场交易手段，也无论规定在何种级别的法律文件之中，是通过行政执法还是司法诉讼执行实施，都应当被纳入"环境法"范畴之中，受到生态环境保护大目标和相关科学规律的约束和指引，获得协调分工和统筹安排。领域法的定位意味着，环境法范畴内的公法规范与私法规范尽管在法律属性上存在差异，但在内容和功能上可能近似甚至相同，这就需要明确适用顺位，实现二者协调互补，其典型如借助民事诉讼实施的生态环境损害赔偿与借由行政手段实施的恢复性行政责任。领域法的定位也意味着，环境法内部可以根据具体保护对象或要解决的重点问题的差异对法律规范作进一步划分，其中的每一个子部分都包含了以特定问题的解决为指向的级别、属性各异的不同法律规范——纵向上包括法律、法规、规章、解释在内的各级渊源，横向上包括民法、刑法、

---

① 参见刘剑文：《论领域法学：一种立足新兴交叉领域的法学研究范式》，载《政法论丛》2016年第5期，第6页。

② 参见吴凯、汪劲：《论作为领域法的环境法：问题辨识与规范建构》，载《辽宁大学学报（哲学社会科学版）》2019年第1期，第97页。

行政法等传统部门法相关规范。对具体法律规范而言，其只要被纳入某法域，就有基于该法域的特性和任务，需要与该法域的其他法律规范一并考量、统筹安排；但这并不妨碍其作为其他法域的组成部分，同时受到来自其他法域的约束和指引。① 现实的具体法律规范，往往都是兼具不同属性、承载多种功能的。重要的不是限定具体法律规范的归属领域，而是通过科学的规范表达和妥善的关系处理实现最优的制度安排。也唯其如此，环境法律规范才能同时为其他法域，继而为整个法律体系所接受，实现环保目的与法秩序的无缝衔接，从而具备获得良好实施的规范基础。显然，这种意义上的环境法，既开放、辩证，又灵活、务实，是一个与其他法大量交叉重叠、不断融合互动的动态体系。

二、环境法的特征

环境法的法律本质毋庸置疑，但与传统部门法相比，环境法又具有自己的鲜明特色，这从根本上说是环境问题的特殊性使然。从环境治理角度来看，这种特殊性主要体现为三点：一是负外部性和损益不对称。环境污染、破坏的直接受益者总是特定而明确的，他们有充分的激励和手段追求其利益；受害者却往往分散而宽泛，难以有效组织起来主张和维护其权益。尤其是环境问题制造者往往是拥有强大经济、技术和政治资源的企业，而受害者往往是众多分散的普通居民，二者具有力量上的不对称性。二是科技性和动态变化。环境问题的发现与解决均有赖于相关科学技术，而科技发展往往滞后且科技总处在不断发展之中，故相关制度举措往往只是基于立法当时的主流科技的设计，需要动态调整，不断与时俱进，其良

---

① 如有关水污染防治的法律规范可能构成水资源或湿地保护相关法域的组成部分，而有关动植物犯罪处罚的法律规范当然也是刑法的固有部分。

好执行和实施更有赖于相关设施设备、技术条件的支持。三是利益复杂性与决策公共性。生态环境与社会各界息息相关，严格保护的背面是对自由利用的约束和限制，以及相应的经济、社会成本。故而，对于任何自然物质和空间，法律是否保护、保护到什么程度，客观上都影响到不同群体（甚至不同世代）的利益，是对环境成本、收益的再分配，属于公共决策，需要利益权衡。这些特点导致环境法具有以下的鲜明特征：

第一，公益性。环境问题的负外部性和损益不对称使得人类良好生活所共用共享的生态环境因少数人的牟利经营而受损，环境法就是为解决这一问题而生的，故在目的和功能上具有典型的公益性。"环境法所表现出的社会和公共职能不仅仅是为了个别群体、统治阶级、国家或地区的单一政治、经济利益需求"，"更多源于保护全人类的共同利益和保护人类生存繁衍基础的生态利益，以实现人类社会、经济可持续发展的目标"[①]。正因为此，环境法所保障的环境权益主要是针对公民、公众、污染受害者以及抽象的"社会""后代人""全人类"等主体而言的，对他们施以倾斜保护；企业等环境资源开发利用者，在环境法中主要是环境义务承担者。

第二，二次调整性。作为晚近出现的、因应对传统法律制度所致生态环境危机而产生的新兴法律，环境法对既有法律规范已调整的社会关系以"人与自然和谐共生"为目标而进行再次调整，具有明显的二次调整性。[②] 环境法所确立的监管制度和体制对企业和政府环境行为的监督、民法典绿色原则和规则对民事活动施加普遍的环保义务，都是环境法的二次调整性的鲜明体现。[③] 二次调整性也意味着，环境法相对于传统法在价值和规范

---

① 汪劲：《环境法学》（第四版），北京大学出版社 2018 年版，第 25 页。
② 参见吕忠梅：《环境法学》（第二版），法律出版社 2008 年版，第 32 - 38 页。
③ 参见吕忠梅：《人与自然和谐共生视野下的环境法学理论创新》，载《东方法学》2023 年第 2 期，第 9 - 10 页。

上具有优先性，传统法所认可的行为可能在环境法中受到约束和限制，只能在符合环境法律规定、不违背环境法基于环保目标施加的特别限制的情况下实施。

第三，适应性。由于环境问题的科技性和动态变化，环境法不仅要"根据科学技术以及科学推理的结论确立行为模式和法律后果"，"根据自然科学规律（生态规律）确立协调人与自然关系的法律准则"[①]，立定科学基础，运用技术手段；而且其内容、体系需要根据科学进展和实际情况变化不断灵活调整、补充更新，使制度效果保持在现有可行的科技手段所能达到的最佳状态。故而，与传统法律部门强调法的稳定性不同，环境法在保持基本框架稳定的情况下，具体制度往往动态调整、不断优化，其典型如各种标准、名录、目录等。

第四，公众参与性。"生态文明是人民群众共同参与共同建设共同享有的事业，要把建设美丽中国转化为全体人民自觉行动。"[②] 环境问题的利益复杂性与决策公共性意味着环境法的制定和实施本质上是一种公共决策，应广泛听取各方面意见，在综合考虑各方需求、协调平衡不同群体利益基础上作出，故需要更加充分的公众参与。正因为此，公众参与被国际社会和各国环境法确立为一项基本原则。

第三节　环境法的体系

环境法的体系有两种含义：一种是依照法的制定机关和法律文件划分的以法的渊源和形式为指向的"立法体系"，另一种是依照特定学理划分的法律部门构成意义上的"法律体系"。

---

① 汪劲：《环境法学》（第四版），北京大学出版社 2018 年版，第 23 页。
② 习近平：《论坚持人与自然和谐共生》，中央文献出版社 2022 年版，第 11-12 页。

一、环境立法体系

作为现行法之一种，环境立法体系与我国立法体制相呼应，可分为环境宪法、法律、行政法规、部门规章、地方性法规和规章、司法解释等。在宪法方面，2018 年的宪法修改把"生态文明"等内容写入宪法，建立起较完整的环保"国家目标"条款体系，通过对国家权力课予不同层次的环保义务，在规范层面实现了与"环境权入宪"类似的功能。[1] 在法律层面，除《环境保护法》及诸多污染防治、资源保存、生态保护相关专门立法外，很多传统法律中也不乏环保条款。譬如，《民法典》中由绿色原则和绿色规则构成的 30 多个"绿色条款"，《刑法》第六章"妨害社会管理秩序罪"第六节专设的"破坏环境资源保护罪"相关条款，以及《全国人民代表大会常务委员会关于全面禁止非法野生动物交易、革除滥食野生动物陋习、切实保障人民群众生命健康安全的决定》等。行政法规作为国务院制定的在全国范围内普遍适用的规范性文件，也是环境法的重要渊源。尤其在 2018 年宪法修改特别赋予国务院"生态文明建设"职权的背景下，就生态文明建设相关工作制定行政法规乃是国务院积极落实宪定职责、完成环保"国家目标"的应有之义和必然之举，并充分发挥行政机关快速因应环境问题的优势，减轻立法机关负担。[2] 相关典型立法如最新通过的《碳排放权交易管理暂行条例》《生态保护补偿条例》。在地方立法（地方性法规和规章）方面，值得特别一提的是，考虑到我国幅员辽阔、情形复杂，《立法法》特别规定"生态文明建设"相关地方立法权限下放到所有设区的市的人民代表大会及其常务委员会。而为弥补环境法律规定往往表

---

① 参见张翔：《环境宪法的新发展及其规范阐释》，载《法学家》2018 年第 3 期，第 90 页。

② 参见张翔：《环境宪法的新发展及其规范阐释》，载《法学家》2018 年第 3 期，第 97 页。

述较为原则、笼统，难以应对复杂的环保实践的不足，最高人民法院和（或）最高人民检察院发布诸多环保相关司法解释，成为环境诉讼的重要依据，典型如《最高人民法院、最高人民检察院关于检察公益诉讼案件适用法律若干问题的解释》。

与党政形式上分离、单纯依托官僚体系和法律制度进行科层化治理的西方模式不同，现代中国是由执政党组织与相应政府体系融合而成的"党政体制"，"中国共产党不仅是人民意志的引领和代表主体，也是国家意志的实施和运行主体"[①]。党的十八届四中全会明确，党内法规体系是中国特色社会主义法治体系的重要组成部分。在环境保护领域，党内法规与国家立法相互协调、衔接互补，共同致力于生态文明和美丽中国的建设目标，其典型如《党政领导干部生态环境损害责任追究办法（试行）》《生态环境保护专项督察办法》《领导干部自然资源资产离任审计规定（试行）》《关于全面推行河长制的意见》等，其所确立的"党政同责""终身追责""生态环保督察机制""自然资源资产离任审计""河长制"等，在中国环境法治实践中发挥着重要作用，"为各类环保权力主体施加了严密约束，是我国生态文明建设的动力之源和根本保障"[②]。

二、环境法律体系

法律体系是"由一个国家的全部现行法律规范分类组合为不同的法律部门而形成的有机联系的统一整体"[③]，其核心要素是"法律部门"（或称

---

① 王浦劬、汤彬：《当代中国治理的党政结构与功能机制分析》，载《中国社会科学》2019 年第 9 期，第 6 页。

② 巩固：《人与自然和谐共生的理论阐释与法治图景》，载《法制与社会发展》2024 年第 3 期，第 26 页。

③ 《中国大百科全书·法学》，中国大百科全书出版社 1984 年版，第 84 页。

"部门法")。长期以来，我国法学界沿袭苏联法学在继承大陆法系传统的基础上界定并发展起来的部门法理论①，试图按照同一标准对所有法律规范作泾渭分明的部门划分，认为"凡调整同一种社会关系并运用同一类调整方法的法律规范的总和就构成一个法律部门"②。这一理论无力对环境法、经济法等综合性法律作出合理解释和准确定位，致使这些新兴法的部门独立性长期存疑。环境法学者为争取环境法的独立地位、更好推动学科发展而不得不极力论证环境法的调整对象和调整方法的独特性③，刻意凸显其与传统法的区别之处。如今，苏联部门法理论的局限性已获公认，环境法作为一个内容独特、体量巨大的规范群的客观存在更已是一个不争的事实。在此背景下，环境法应"淡化部门法意识、摒弃学科成见，以解决环境问题的共同目的来消弭部门法之间的理论隔阂和观念差异"④，"以生态环境的有效改善、环境公共产品的有效供给、环境权益的有效保障等为直接目标，加强部门法之间的协调与沟通，促进中国环境法学研究学术品性的提升"⑤。

摒弃产生于特定时代的苏联法学理论而进行客观审视，法律部门不过是从特定角度、依相应标准对在某方面具有特殊共性的法律规范作统一称呼以便于研究和适用而已，其划分标准是相对而非绝对的、多元而非单一的。作为以生态环境保护为目的和功能的法律规范群，环境法的部门独立

---

① 参见何文杰：《部门法理论革新论》，载《兰州大学学报（社会科学版）》2007年第4期，第102页。

② 张志铭：《转型中国的法律体系建构》，载《中国法学》2009年第2期，第142页。

③ 参见蔡守秋：《论环境保护法的地位》，载《重庆环境保护》1985年第5期；史文清、冯忠秋：《环境保护法是一个独立的法律部门》，载《环境科学与技术》1988年第1期；马骧聪：《关于环境法、自然资源法和国土法的思考》，载《法学研究》1989年第6期。

④ 柯坚：《当代环境问题的法律回应——从部门性反应、部门化应对到跨部门协同的演进》，载《中国地质大学学报（社会科学版）》2011年第5期，第29页。

⑤ 吕忠梅：《环境法回归 路在何方？——关于环境法与传统部门法关系的再思考》，载《清华法学》2018年第5期，第6页。

性毋庸置疑。把各种具有环保目的、发挥环保功能的法律规范统摄到"环境法"概念名目下，并作为同一"部门"对待，有利于发现、归纳和把握这些法律规范因在目的、对象、内容、功能等方面的环保指向而具有的共同规律和特征，作出合理指引和安排。但这并不意味着它们与其他部门法截然分离、完全独立，不可以同时归属于其他法律部门。譬如，大量环境管制、政府履职的相关条款，既是环境法的主体内容，当然也属于行政法的固有内容；对环境污染、生态破坏受害者的救济条款，既是环境法不可或缺的组成部分，又是现代民法绿色化的重要体现；有关清洁生产、循环经济、节能减排、低碳发展、环保税费、绿色金融等绿色产业发展的法律规范，更需要同时从环境法和经济法两方面审视，兼用二者的相关原理、制度与方法，才能科学制定、良好运行。

正因为此，对于环境法这样的新兴综合法而言，在含义表达上更具开放性的"领域法"比带有浓重区隔意味的"部门法"更为适当。从领域法角度看，环境法就是环保领域各种法律规范的统称，随着现代环保事务由以污染防治为主的"小环保"向包括资源保存保育、生态系统平衡和多样性维持、气候变化应对、绿色低碳发展在内的"大环保"转变，环境法的"领域"和范围也日益扩展，包括了各种与这些活动密切相关的法律规范，并因此可以进一步划分为"污染防治法""自然生态保护法""绿色低碳发展法""气候变化应对法"等子领域。其中，每一子领域又可根据保护对象和事项范围的具体差异作更进一步的细分，如污染防治法可根据污染类型细分为"物质型污染防治法"、"能量型污染防治法"和"新污染物防治法"，"物质型污染防治法"则可进一步划分为"水污染防治法""大气污染防治法""固体废物污染防治法"等。而每一具体"子领域法"，又都包含了与该领域具体问题的解决有关的从宪法、法律到法规、规章、司法解释等不同效力层级的法律规范，都综合运用民法、刑法、行政法、经济法、财税法等法律部门的调整方式和具体手段，与这些法律部门存在相应的交叉关系。这也是学者们强调的环境法之"综合性"的典型体现。

第四节　环境法律关系

环境法律关系是环境法在调整人类影响或利用生态环境的行为的过程中所产生的权利义务关系，是"以环境法律规范为基础、以环境为媒介而产生的主体间互动关系，兼具广泛性与复杂性"①。与一般法律关系不同的是，环境法不仅调整人与人之间的社会关系，还是"协调人与自然关系之法，通过调整与环境相关的人与人关系来实现人与自然的和谐，是环境法的终极目的和贯穿主旨"②。这使得环境法律关系始终受到人与自然关系的影响，在主体、客体、类型等方面都具有自己的特殊性。尤其是以实现人与自然和谐共生为根本目标、秉持"人与自然和谐共生"价值理念的中国环境法学理论，必须对以"主客二分"为基础的传统法律关系进行反思和修正，矫正将"自然"作为单纯客体的思维，在一定程度上承认"自然"的主体性，构建符合"人—人""人—自然"双重和谐需求的新型法律关系。③

一、环境法律关系的特点

其一，以环境法律规范为基础。环境法律关系是环境法律规范调整和

---

① 吕忠梅：《环境法律关系特性探究》，载秦天宝主编：《环境法评论》2018年第1期，中国社会科学出版社2018年版，第1页。

② 巩固：《环境法典基石概念探究：从资源、环境、生态概念的变迁切入》，载《中外法学》2022年第6期，第1523页。

③ 参见吕忠梅：《人与自然和谐共生视野下的环境法学理论创新》，载《东方法学》2023年第2期，第8-9页。

反映的社会关系，其内容由环境法决定，随环境法变迁。同一社会关系，在不同的环境法律规范中呈现不同状态，获得不同的法律效果。譬如，随着动物保护立法的演进，越来越多的野生动物被纳入法律保护范畴，之前曾经合法的自由猎捕、运输、交易野生动物的行为不再合法。另外，由于环境社会关系的形成具有"人—环境—人"的间接性[1]，故环境法律关系往往并不直接等同于环境法所调整或保护的社会关系。

其二，体现人与自然之间的互动关系。法律关系是法律主体之间的关系，环境法律关系除直接反映在法律上有主体资格的"人"之间的关系外，还间接反映该关系背后的人与自然之间的关系。典型例子如在因动物受害提起的环境公益诉讼中，相关法律关系既直接体现为原告与被告之间的关系，实际上也涉及受害动物与被告之间的关系，并且后者更具根本性。在此法律关系中，受害动物虽然不是有行动资格和能力意义上的权利主体，却是在进行相关价值判断、决定行为取舍时受到考量的"主体"。

其三，以生态环境为媒介。环境法律关系是法律主体间以环境为媒介而形成的法律关系，这是其区别于其他法律关系最鲜明的特色。[2] 这使得环境法律关系普遍存在"人—环境—人"的间接关系特性，是人与自然关系在环境法中经由法律规范调整的转化结果和呈现状态。

其四，范围广泛，类型多样，性质多元。环境社会关系的广泛性和复杂性导致环境法律关系的种类与性质较为多元，使环境法律规范呈现出明显的复合性，也使相应的法律关系呈现出不同性质和特点。环境法律关系中"既有当事人地位平等的环境民事法律关系，也有当事人地位不平等的

---

[1]　参见吕忠梅：《环境侵权的遗传与变异——论环境侵害的制度演进》，载《吉林大学社会科学学报》2010 年第 1 期，第 127 页。

[2]　参见吕忠梅：《环境法律关系特性探究》，载秦天宝主编：《环境法评论》2018 年第 1 期，中国社会科学出版社 2018 年版，第 7 页。

环境行政法律关系、环境刑事法律关系"①。

二、环境法律关系的本质与革新

传统法学理论建立在现代机械论哲学基础之上，以"主客二分"的绝对化思维看待人与自然关系。追求人与自然和谐共生的中国环境法秉持辩证看待人与自然关系的马克思主义立场②，需要根据环境法的价值理念拓展环境法律关系客体的范围，实现主客体关系的重构，集中体现在以下两个方面③：

一是改变自然的纯粹客体的地位，认可和保障其一定的主体性。传统法律关系客体理论强调客体对人的有用性以及人对客体的支配，是现代机械论哲学在法学理论上的体现。中国环境法所秉持的辩证自然观强调人对自然的依赖，认可生态环境具有独立于人的内在价值，通过把自然物规定为受到特别保护的"特殊客体"的方式体现自然所具有的一定的主体性，通过把各种环境利用行为限制在生态环境本身所能够接受的合适限度内，体现人类对自然界和自然物的基本尊重。

二是客体不限于"物"，把自然的各部分都纳入法律的调整和保护范围。作为传统法律关系最重要客体的"物"，主要是有体、独立、可支配、有经济价值的物，生态环境无论是作为具有联系性、系统性和协调性的生态系统整体，还是具有各种为人类生存发展所必需的生态服务等功能，都决定其不能被"物"所涵盖或替代。由此，作为环境法律关系客体的"生

---

① 吕忠梅主编：《环境法原理》（第二版），复旦大学出版社 2017 年版，第 124–135 页。

② 参见巩固：《人与自然和谐共生的理论阐释与法治图景》，载《法制与社会发展》2024 年第 3 期，第 12 页。

③ 参见吕忠梅：《环境法律关系特性探究》，载秦天宝主编：《环境法评论》2018 年第 1 期，中国社会科学出版社 2018 年版，第 10–18 页。

态环境"（或称"环境资源"）的各方面均须突破"物"的限制，作为具有一定主体性的客体，对其应进行相对而非绝对的支配，以实现不直接体现于其物质实体的价值。

要合理界定环境法律关系客体，环境法须秉持主客体尺度的辩证统一，在坚持人类主体地位的同时，最大限度保障自然环境按照其自身的性质和规律运行。其基本路径和方法是，通过对生态环境的特定化、类型化，将人与自然的关系纳入法律关系框架，为实现人与自然和谐共生、代内及代际公平提供法律途径。① 而对生态环境进行特定化、类型化的过程，也是划分环境法内部各具体领域，形成"污染防治法""自然生态保护法""绿色低碳发展法"等子领域法的过程。尽管这些子领域法都涉及生态环境，具有环保指向，但具体的调整对象和价值目标各有千秋，需要分别遵循相应规律、满足不同要求，从而形成原理、规则和而不同的具体规范群，反映和调整不同面向的人与自然关系，共同致力于人与自然和谐共生。

三、环境法律关系的类型

环境社会关系的丰富多样与环境法律关系客体的主体性特征，使环境法律关系具有丰富的表现形式和类型。譬如，按照基础法律规范，环境法律关系可分为污染防治法律关系、自然生态保护法律关系、绿色低碳发展法律关系等。按照主体间的地位与相互关系，环境法律关系可分为平权型环境法律关系和隶属性环境法律关系。前者的主体处于平等地位，权利义务内容具有一定的任意性；后者的主体间地位不平等，权利义务具有强制

---

① 参见吕忠梅：《环境法典编纂方法论：可持续发展价值目标及其实现》，载《政法论坛》2022年第2期，第28页。

性，主要由法律规定。按照主体是否具体和特定化，环境法律关系可分为绝对环境法律关系和相对环境法律关系。前者的权利主体是具体的、特定的，义务主体不具体、不特定，权利重心在于权利人自己的积极行为，义务主体只有不妨碍权利人行使权利的消极义务；后者的权利主体与义务主体都是具体的、特定的，权利主体的权利实现依赖于义务主体的积极行为，权利主体的权利与义务主体的义务相对应。按照法律关系的存在形态，环境法律关系可分为抽象环境法律关系和具体环境法律关系。前者是根据环境法律的相关规定而形成的社会主体之间普遍存在的环境法律关系，并不针对具体的社会主体，只有当社会主体按照条文指引实施具体行为时或社会主体行为符合该条文规范时，才会转化为具体环境法律关系；后者是在具体发生的环境法律事实中产生的环境法律关系，主体和法律事实都是具体的，权利义务具有具体性，是真实的、实际发生的环境法律关系。从意志特征角度看，抽象环境法律关系体现环境治理与保护方面的国家意志，具体环境法律关系还体现了具体的环境当事人的意志，对二者的划分有助于准确界定主体间关系的性质，准确认定责任，妥善解决环境问题。[①]

---

① 参见吕忠梅：《环境法律关系特性探究》，载秦天宝主编：《环境法评论》2018 年第 1 期，中国社会科学出版社 2018 年版，第 18 - 21 页。

第七章　中国环境法方法论

　　就建构中国自主的环境法知识体系而言，方法论具有决定性意义。中国自主的环境法知识体系远未形成，与环境法缺乏方法论的自觉和共识密切相关。[①] 对于环境法学研究而言，方法论作为实现价值共识与法律形式有机结合的规律总结，是环境法研究的理性基础；对于环境法治实践而言，方法论是揭示环境法治发展基本规律、促进环境法治统一的重要保障。但长期以来，由于对环境法治的历史演进、体系构成、实施效果、社会功能等方面的规律性总结少，对法律规范背后的历史逻辑、理论逻辑、实践逻辑的追问少，难以回答外国环境法理论、外国环境法制度到中国为什么"水土不服"，中国的法律文化土壤中应长出怎样的环境法之树，中国的环境法治实践对于全球环境治理的制度性贡献是什么等深层次问题，使得环境法治的发展陷入重重冲突。中国环境法方法论的建

---

　　① 参见吕忠梅：《中国自主的环境法知识体系建构初论》，载《中共中央党校（国家行政学院）学报》2023 年第 3 期。

构，需要在习近平法治思想的生态文明法治理论特别是方法论的指引下，以阐释中国环境法的理性为基础，合理界分传统法学方法论与环境法方法论的关系，进而提炼出环境法方法论指引下的具体方法，为中国环境法理论和实践的发展提供观察问题、发现问题、分析问题、解决问题的思维方式与理论工具。

第一节 环境法方法论的变革需求

一、建构环境法方法论的理论前提

环境法作为应对环境问题而生的新兴法律学科，具有两个层面的含义：一是主体对环境的行为，体现为"人—环境"的表象；二是环境对主体的影响，体现为"环境—人"的实质。因而，环境法在本质上是人与人基于生态环境而形成的社会关系，生态环境的媒介性决定了环境法与传统法律所调整的社会关系的不同特性：一是必须因应作为客体和媒介的自然生态本身的属性，二是必须关注客体对于主体的影响以及主体的"应变之道"。故环境法本质上是以法律方式调整"生态—社会"巨大复杂系统所形成的"人—自然—人"关系的规则体系[1]，必须充分体现生态系统、社会系统、法治系统各因素相互作用的过程。这种巨大复杂系统的特殊性，对建构环境法价值论、本体论和方法论都有着深刻影响，是建构中国自主的环境法知识体系的理论前见。因此，建构中国环境法方法论需要深刻把握其所涉的自然逻辑、政治逻辑和法治逻辑。

---

① 参见吕忠梅：《"人与自然和谐共生"视野下的环境法价值论》，载《政治与法律》2023 年第 7 期。

（一）自然逻辑

1. 西方国家对人与自然关系的反思

在人与自然关系的问题上，西方国家一直存在着人类中心主义与生态中心主义的论争。现代以前的人类中心主义，强调人对自然的绝对主宰和人对自然不加控制的掠夺，否定自然的内在价值，形成了以感性偏好为基础的强人类中心主义思想，这种人类中心主义的自然观是环境问题产生的思想根源。在人类中心主义"主客二分"思维的支配下，传统法律缺乏对生态环境价值的应有关怀，环境问题被视为经济社会发展的必要代价，因而法律不仅不对利用自然的行为加以限制，反倒鼓励"物尽其用"。在以自由权与财产权保障为中心的近代法律框架下，私法应对环境问题的重心不在于受害者救济，而是强调行为人的自由；公法也是尽量避免对社会过多干涉和对行为自由过多抑制。尽管在 19 世纪晚期和 20 世纪上半叶出现了环境保护的零星立法，但主要集中于自然资源利用和城市环境卫生保护方面，其重心在利用而不在保护，更缺乏系统的环境保护思想和制度化的环境保护手段。

20 世纪以后，工业化的快速推进导致环境问题在全球范围内急速蔓延。在此背景下，非人类中心主义的思潮开始勃兴，主张将道德关怀的范围扩展至非人类社会，逐渐形成了动物权利论、生物中心论和生态中心论等不同流派。非人类中心主义投射于法律领域，形成法律生态主义，主张打破主客体划分，承认动物、生物乃至自然体的主体地位，如"大地法理学"① 和"荒野法"②，并出现了承认自然权利的立法。与此同

---

① See Gaia Foundation，*Summary of Some Ej Developments Globally*，http://www. earth-jurisprudence. org/.

② See Cormac Cullinan，*Wild Law：A Manifesto for Earth Justice*，Second Edition，Chelsea Green Press，2011.

时，环境伦理学上也逐渐发展出强调物质欲望应受理智限制的弱人类中心主义主张。[1] 与强人类中心主义奉行的个体本位、群体本位不同，弱人类中心主义实际上是人类本位的人类中心主义，即把人类整体的、长远的利益奉为根本价值尺度的人类中心主义。[2] 可持续发展即是在这种理念下应运而生的，其所追求的是既满足当代人的需求，又不损害后代人满足其需要的能力的发展，其虽然依旧秉持人类中心主义立场，但所强调的是在自然承载能力限度内的发展，对绝对的"主客二分"哲学进行了矫正。

2. 中华优秀传统生态文化的传承与弘扬

与西方不同，中华文明传承中积淀了"天人合一""道法自然"等丰富的生态智慧，并形成了与之相关的国家治理理念、法律制度，契合"一方水土养一方人"的自然环境与气候特质，在世界哲学史上留下了浓墨重彩的诗篇。[3] 但近代以后，随着西方科学沙文主义、文化霸权主义在全球的扩张，"西法东渐"过程中伴随着中华优秀传统文化传承和弘扬的停滞乃至中断。我国环境法治理论和实践的发展亦如此，虽在初期借鉴域外法治理念和方法迅速建立了中国的环境法体系，但由于其本质上是基于西方"主客二分"的哲学传统，难免重蹈西方人类中心主义和生态中心主义论争的覆辙，难以真正缓解环境立法迅速增加和生态环境逐渐恶化的张力。

习近平法治思想的生态文明法治理论继承和发扬中华优秀传统文化中"天人合一、万物一体"的生态智慧，创造性地提出"自然是生命之母，人与自然是生命共同体，人类必须敬畏自然、尊重自然、顺应自然、保护自然"[4]，明确"人与自然和谐共生"是中国式现代化的重要特征和本质

---

① 参见杨振华：《弱人类中心主义：环境伦理学的另一种论证》，载《东方论坛》2013年第2期。
② 参见汪信砚：《生态文明建设的价值论审思》，载《武汉大学学报（哲学社会科学版）》2020年第3期。
③ 参见吕忠梅：《生态环境法典编纂与优秀传统生态文化的传承》，载《法律科学》2024年第3期。
④ 习近平：《在纪念马克思诞辰200周年大会上的讲话》，人民出版社2018年版，第21页。

要求①，从根本上超越了西方的"主客二分"环境哲学，不再把自然生态单纯地当作客体，也不再以满足人的需求作为判断自然价值的唯一标准，而是把自然生态当作人类的伙伴，要求用最严格的制度、最严密的法治保护生态环境。② 在本体论层面，要超越西方法哲学秉持的机械论、还原论、二元论的对立思维，将人与自然的"共生"关系纳入法律的概念、原则和制度，形成"人与自然和谐共生"的法治理论③；在方法论层面，要将"人与自然生命共同体""人与自然和谐共生"作为价值统领，为建构中国环境法方法论奠定自然生态基础。

（二）政治逻辑

"每一种法治形态背后都有一套政治理论，每一种法治模式当中都有一种政治逻辑，每一条法治道路底下都有一种政治立场。"④ 中国特色社会主义法治体系的民族性、本土性和时代性决定了中国环境法治及其方法论，必须被置于中国特色社会主义政治制度的语境之下，尤其是党政权力的运作逻辑和央地关系的基本架构之中加以考察。

我国中央和地方国家机构职权的划分，遵循在中央的统一领导下，充分发挥地方主动性、积极性的原则，逐渐形成了公共事务通过属地化方式逐级下分，但地方官员晋升基于上级评价的治理结构。改革开放后的一段时间内，出现了片面理解"以经济建设为中心"，甚至极端化为唯GDP论英雄的现象。生态环境保护未作为地方政府考核评价的"硬指标"，因此

---

① 参见习近平：《高举中国特色社会主义伟大旗帜 为全面建设社会主义现代化国家而团结奋斗——在中国共产党第二十次全国代表大会上的报告》，人民出版社2022年版，第23-24页。

② 参见吕忠梅：《习近平生态文明思想的"最严法治"论》，载《法学》2024年第5期。

③ 参见吕忠梅：《人与自然和谐共生视野下的环境法学理论创新》，载《东方法学》2023年第2期。

④ 中共中央文献研究室编：《习近平关于全面依法治国论述摘编》，中央文献出版社2015年版，第34页。

难以有效发挥晋升激励的作用。当地方政府肩负大量的支出责任但财力又不足时，一些地方轻则"搭便车"希望相邻地区加大生态环境保护力度而坐享其成，中则"以邻为壑"将污染转移到辖区之外以规避治理，重则出现污染企业"用脚投票"向监管不严地区转移进行"逐底竞争"的现象，甚至出台保护污染企业的"土政策"导致规制俘获。这些问题使环境保护法成了"没有牙齿的老虎"。只要"金山银山"不要"绿水青山"的高投入、高耗能、高污染经济增长模式，成为制约我国经济社会可持续发展的瓶颈。

党的十八大报告将生态文明建设纳入"五位一体"总体布局，提升了生态文明建设在治国理政中的地位。新时代以来全面部署深化生态文明体制改革，以前所未有的决心和力度推进美丽中国建设，其中最重要的改革便是压实地方党委政府生态环境保护的政治责任，具体体现为：一是理顺发展与保护的关系。各级党委政府必须贯彻落实"高水平保护是高质量发展的重要支撑，生态优先、绿色低碳的高质量发展只有依靠高水平保护才能实现"[①] 的新要求。二是明确地方政府对所辖区域生态环境质量负总责，并实行党政同责。通过实行中央环保督察制度，"党政同责、一岗双责、终身追责"成为生态环境保护权力运行的基本逻辑。三是将生态环境保护作为地方官员晋升的"硬约束"。中共中央办公厅、国务院办公厅印发的《党政领导干部生态环境损害责任追究办法（试行）》规定，将资源消耗、环境保护、生态效益等情况作为考核评价地方领导班子成员的重要内容，建立干部晋升或转任的生态环境保护"一票否决"机制，并通过自然资源资产离任审计等制度，常态化压紧压实地方党委政府的生态环境保护责任。这种生态环境保护的政治逻辑，决定了中国环境法方法论的特殊

---

① 习近平：《推进生态文明建设需要处理好几个重大关系》，载《求是》2023 年第 22 期。

性，也要求中国环境法方法论的建构不能照搬西方的政治逻辑和法治话语体系。

（三）法治逻辑

习近平总书记指出："法治是人类文明的重要成果之一，法治的精髓和要旨对于各国国家治理和社会治理具有普遍意义，我们要学习借鉴世界上优秀的法治文明成果。"[1] 我国在清末改制修律时引进西方法学原理和法律制度，形成了具有大陆法系特点的法学理论和制度体系。新中国成立初期，我国法学理论和制度受苏联影响较大，也基本上保留了大陆法系的主要特征。改革开放以来，在继承中华优秀传统法律文化和借鉴人类法治文明成果的基础上，逐渐形成了中国特色社会主义法学理论和法律体系。在学理上，首先将法律分成公法和私法，进而以调整对象和调整方法为标准将之划分为不同的部门法；在实践中，则将法律体系划分为宪法及宪法相关法、民法商法、行政法、经济法、社会法、刑法、诉讼与非诉讼程序法等七大部门。[2] 这既是受到近代以来"西法东渐"的影响，也是我国吸收人类法治文明有益成果的重要体现。[3]

党的十八大以来形成的习近平法治思想是对中国特色社会主义法治道路认识不断深化的理论结晶。"党的领导是我国社会主义法治之魂，是我国法治同西方资本主义国家法治最大的区别。"[4] 习近平总书记关于党的领导与社会主义法治关系的重要论述，"使党领导法治这一原则，从党建

---

① 习近平：《论坚持全面依法治国》，中央文献出版社 2020 年版，第 111 页。
② 参见《中国特色社会主义法律体系》，载中国人大网 2011 年 10 月 28 日，http://www.npc.gov.cn/zgrdw/npc/xinwen/2011-10/28/content_1677848.htm。
③ 参见马小红：《寻找中国古代法文明模式的特点》，载《法治日报》2024 年 2 月 21 日，第 10 版。
④ 习近平：《习近平谈治国理政》（第 4 卷），外文出版社 2022 年版，第 288 页。

理论植入法治理论，完成了从政治话语向学术（法理）话语的转化"，也构成了中国特色社会主义法治理论的最大特色。① 与此同时，习近平总书记从中国实际出发，提出将党内法规纳入中国特色社会主义法治体系，创新和发展了中国特色社会主义法治理论。

实际上，中国特色社会主义法治道路、法治理论和法治体系"三位一体"，共同构成了全面推进依法治国、加快建设社会主义法治国家的道路指引、理论支撑和制度保障②，也构成了中国环境法方法论建构的法治逻辑。它要求环境法方法论必须回应中国法治的现实情境，在实践层面形成完备的生态环境法律规范体系、高效的生态环境法治实施体系、严密的生态环境法治监督体系、有力的生态法治保障体系，形成完善的生态环境党内法规体系，促进生态环境治理体系和治理能力现代化；在理论层面要打破西方公私法划分的藩篱，反思公私法以及传统部门法划分的局限，创新部门法理论，超越学术性学科，迈向领域型学科和领域法学，从而为环境法找到在法学大家族中的合理定位。③

二、传统法学方法论应对环境问题的局限

建构中国自主的环境法知识体系，须回应环境问题的变迁张力，开辟新法理、建立新制度，有效应对环境议题因而成为检验传统法律制度有效性的"试金石"及促进法学理论创新发展的"催化剂"。环境法作为法律家族的新成员，其价值追求、制度体系的特殊性必然要求方法论的创新。这意味着，作为环境法核心范畴体系的环境法方法论既涵摄于法学方法论之

---

① 参见何勤华、周小凡：《"中国特色社会主义法治理论"考》，载《中国社会科学》2022年第12期，第71页。
② 参见李林：《坚持和发展中国特色社会主义法治理论》，载《求是》2015年第3期。
③ 参见吕忠梅：《论环境法典的"行政领域立法"属性》，载《法学评论》2022年第4期。

下，也具有不同于传统法学方法论的特质。因此，建构环境法方法论需要以传统法学方法论为起点，以法学的独立与理论的科学为目标，建立获取"法律的新颖性、可靠性知识"所进行的手段采择及路径设计的方法论。[①]

（一）传统法学方法论的基本指向

何谓法学方法论，学界莫衷一是。有的将其等同于法学研究方法论，认为法学方法论就是由各种法学研究方法所组成的方法体系以及对这一方法体系的理论说明。[②] 有的将其等同于法律适用的方法论，即研究在司法裁判中如何准确、科学适用法律规范的学科。[③] 也有学者认为法学方法论有广狭义之分，广义方法论同时涵盖法学研究的方法论和法律适用的方法论，狭义方法论主要指法律适用的方法论。[④] 从学说史角度看，将法学方法论限定于法律适用方法论无疑受到了域外学说尤其是民法学说的影响。如1999年引入的我国台湾地区学者杨仁寿的《法学方法论》[⑤] 以及随后引进的德国民法学家卡尔·拉伦茨的《法学方法论》[⑥]，均是将法学方法论的含义限制在法律解释的范畴内。我国学者尤其是理论法学者，就方法论的运用而言，多认为应该从宽泛的意义上使用法学方法论，并主张为避免歧义，将法学方法论限定于法学研究的方法论，而将法律适用的方法论称为法律方法论[⑦] 或者法律学方法论。[⑧]

---

① 参见胡玉鸿：《法学方法论的属性定位、发生契机与体系构造》，载《学术月刊》2023年第4期。
② 参见张文显主编：《法理学》（第三版），高等教育出版社、北京大学出版社2007年版，第24页。
③ 参见王利明：《法学方法论：以民法适用为视角》（第二版），中国人民大学出版社2021年版，序言。
④ 参见舒国滢等：《法学方法论问题研究》，中国政法大学出版社2007年版，第6页。
⑤ 参见杨仁寿：《法学方法论》（第二版），中国政法大学出版社2013年版，第38页。
⑥ 参见陈爱娥：《〈法学方法论〉导读——代译序》，载［德］卡尔·拉伦茨：《法学方法论》，陈爱娥译，商务印书馆2003年版，第5页。
⑦ 参见焦宝乾：《法律论证导论》，山东人民出版社2006年版，第2-7页。
⑧ 参见林来梵、郑磊：《法律学方法论辩说》，载《法学》2004年第2期。

传统法学方法论建立在经典科学世界图景之上，其核心是机械论世界观及其衍生的决定论和还原论。[1] 人们试图按照自然科学的范式来重组法学知识，从而使法学从"实践性技艺"走向一门"科学"——法律科学。[2] 在方法论层面，法学方法论的建构无疑受到哲学方法论、一般科学方法论和具体科学方法论分层建构的影响，分别对应法学方法论的最高层次（哲学预设）、中间层次（研究范式）和基础层次（具体方法）。

1. 哲学方法论

最高层次的法学方法论指向应当以怎样的哲学基础作为推论法学理论、法治实践的基础。[3] 西方哲学建立在"主客二分"的人类中心主义之上，在吸收近代经典科学二元论思想的基础上，法学形成了主体与客体、个人与社会、权利与义务等一系列二元对立关系，形成了以人类为中心、以个体为本位、以权利义务为核心的法律理论体系和制度体系。"人"尤其是"个人"成为法学研究的逻辑起点，"法律规范最终只能通过回溯到所有相关的个体及其属性来加以证成"[4]。在近代法学向现代法学演进的过程中，尽管个人与社会不再截然对立，但主客二分、以个人和特定群体为保障对象的法律体系并未受到大的冲击。

2. 一般科学方法论

中间层次的法学方法论指向应当以怎样的思维方式认识法学理论和法治实践。在以还原主义为核心的近代科学世界图景中，法学家将关注重心从宏观整体层面转移到了微观具体层面，且希望借助科学理性方法重组法

---

① 参见［英］柯林武德：《自然的观念》，吴国盛译，北京大学出版社 2006 年版，第 6-10 页。

② 参见舒国滢：《论近代自然科学对法学的影响——以 17、18 世纪理性主义法学作为考察重点》，载《法学评论》2014 年第 5 期。

③ 参见胡玉鸿：《法学方法论的属性定位、发生契机与体系构造》，载《学术月刊》2023 年第 4 期。

④ ［德］迪特玛尔·冯·德尔·普佛尔滕：《法哲学导论》，雷磊译，中国政法大学出版社 2017 年版，第 158 页。

学知识，使其成为一门"法律科学"，形成了法学方法上的还原论。在法学理论上，层层分解出自然法和实证法、公法与私法，进而分解出以权利与义务为核心的法律关系，直至还原成作为原子单位的法学概念；在法律实务上，将法律体系分为不同的部门法，对各部门法再层层进行分解，直至还原成作为法律体系基本细胞的法律规范与法律关系。

3. 具体科学方法论

基础层次的法学方法论指向应当以哪些科学方法来支撑法律的制定与实施，其中最主要的分类是解释论和立法论。解释论是通过解释既存的法律规范而形成的理论，其目的在于正确地理解和适用法律；立法论则是围绕着如何设计出合理的法律规范或者如何改进既有的法律规范而进行的研究，其目的在于指导或者影响立法实践。狭义上的法学方法论，在一定程度上就是指向解释论，至于文义解释、历史解释、体系解释、目的解释以及合宪性解释等方法，均是解释论之下的具体方法。此外还有近年来讨论甚烈的教义法学和社科法学之争，前者主要是通过对法律条文的解释和分析来探究法律的意义和适用范围，基本等同于法律解释学或者解释论；后者主张从人文和社会科学的角度研究法律，把法条看作可批判的对象。故在形式上，教义法学与社科法学，较为接近解释论和立法论。

（二）传统法学方法论的局限

在环境法产生之前，传统法学也试图解决环境问题，但因为沿用传统法学方法，陷入了明显的碎片化、经济优先和绝对人类中心主义的困境，因此，出现了产生新的法学领域的需求。而环境法在兴起之初，难以为传统法学范畴、价值理念所接受，身居"边缘之境"[①]。出现这种情形，一

---

① 侯佳儒：《环境法兴起及其法学意义：三个隐喻》，载《江海学刊》2009 年第 5 期，第 144 页。

方面是传统法学方法论在应对环境问题时的局限所致，另一方面更凸显出建构符合环境法发展需求的独立方法论的迫切性。

1."主客二分"的哲学方法论难以契合环境法的自然理性

在传统法学方法论秉承的哲学方法论中，占据主流的仍是以保障个体或群体的自由和财产为最高宗旨的强人类中心主义。工业革命之后形成的近代法治体系，无论是公法还是私法均是以保障自由和财产为核心，近代民法更是以所有权绝对、契约自由和过错责任作为基本支柱，强调私权神圣和意思自治，以自然人作为法律上的人的基本预设。[①] 公法也是奉自由权为首要人权，强调国家负有消极不侵害公民自由的义务，国家权力被严格限定于秩序行政的领域，且受到依法行政等法治原理的严格束缚，所谓"无法律则无行政"。在此背景下，生态环境作为典型的"公地"，在私法上可以被特定化为物权客体时，则所有权人具有绝对的占有、使用、收益、处分之权能并得排除他人干涉，仅在因过错造成他人损害时方承担相应的责任；在行政法上基于尊重财产自由而形成限制行政权启动的法理。正是在这个意义上可以说，过于强调保障人的自由和财产权的传统法理，恰是造成环境问题的制度根源。

2."还原主义"的一般方法论难以契合环境法的自然逻辑

建立在机械论、还原论与决定论上的传统法学方法论，秉持还原性与解构性的思维，虽有助于将法律知识系统化、精确化，使人们深入理解法律，认识法律的运行规律，建立法学的范畴体系，但是，在面对复杂的自然系统时，则捉襟见肘。生态系统在多数情况下总是呈现出"1＋1＞2"的效果，若将生态环境要素彼此分离看待，则会破坏生态系统的连续性和统一性。还原主义的传统法学方法论忽视了生态系统各要素之间的联系性

---

① 参见梁慧星：《从近代民法到现代民法——二十世纪民法回顾》，载《中外法学》1997 年第 2 期。

与相关性，缺少对生态环境利益的通盘考虑，人为导致法律系统应对环境问题的碎片化。

3. "公—私"二分的具体方法论难以契合环境法的政治逻辑和法治逻辑

我国法律传统深受大陆法系影响，注重公法与私法的划分，但近年来逐渐出现公私法律规范混合的趋势和跨部门法律规范，公法私法化和私法公法化的浪潮使法律部门开始变得不再"纯粹"。① 环境问题既有公共性质又有私法关系的特殊性质，环境法便采取了综合立法模式和多元调整方法，从而使得以"公法—私法"二元结构及部门法理论为基础的法律规范类型难以概括环境立法的发展实践。② 更为关键的是，中国特色社会主义法治体系下党内法规和国家法律协同增效，共同推进国家和社会治理，这也是两大法系传统法治国理论难以解释的重大问题。

（三）建构中国环境法方法论的基本思路

面对传统法学方法论应对环境问题的不足，建构中国环境法方法论，需要厘清环境法方法论的理论基础，从科学层面考察环境问题的致害机理，从社会层面考察转型中国的社会结构，从法律层面考察法治中国的运行逻辑，进而实现自然逻辑、政治逻辑和法治逻辑的高度契合。

1. 以"人与自然生命共同体"理念为指引，建构适应"人—自然—人"关系的方法论体系

"人与自然生命共同体"理念，超越了西方环境法哲学上人类中心主义和生态中心主义"非此即彼"的论争，在坚持马克思主义辩证法、传承中华优秀传统生态智慧的基础上，运用生命共同体世界观和辩证思维、系

---

① 参见郭明瑞、于宏伟：《论公法与私法的划分及其对我国民法的启示》，载《环球法律评论》2006 年第 4 期。

② 参见吕忠梅：《类型化思维下的环境法典规范体系建构》，载《现代法学》2022 年第 4 期。

统思维看待人与自然关系，在法律上承认自然的内在价值，在为人类注入"生态理性"的同时，也赋予自然一定的主体性，为人类尊重自然、顺应自然奠定基础。①

"人与自然生命共同体"理念对环境法方法论的塑造主要表现为以下几个方面：

一是重塑自然的法律地位。自然固然可以为人所利用，但自然本身也具有维持其生命周期、结构、功能和进化的"权利"。环境法在将自然定位为法律关系客体的同时也应在理念上承认其具有一定的主体性，并通过限制主体权利和增加主体义务来体现对自然的尊重。②

二是建立整体主义方法论。超越"主客二分"哲学观催生的还原主义方法论，环境法需要秉持山水林田湖草沙一体化保护和系统治理的思维，建立整体主义方法论，以整体、系统思维看待环境问题，实现从实体思维到关系思维、从线性思维到非线性思维、从对抗性思维到合作性思维的转变。③

三是超越纯粹的个体主义方法论。生态系统、社会系统的复杂性和交互性需要环境法"既见树木，又见森林"，既要以整体主义方法观察、分析、思考环境法所面临的"人类社会—生态平衡"的巨大复杂系统问题，也要以个体主义、还原主义方法观察巨大复杂系统中的个体、要素，以妥当处理"权力—权利""公益—私益""人类—自然"等各种关系。④ 也即是说，环境法并非完全抛弃方法论的个体主义，只不过环境法上的个体主义

① 参见吕忠梅：《"人与自然和谐共生"视野下的环境法价值论》，载《政治与法律》2023 年第 7 期。

② 参见吕忠梅：《环境法律关系特性探究》，载秦天宝主编：《环境法评论》2018 年第 1 期，中国社会科学出版社 2018 年版。

③ 参见吕忠梅：《寻找长江流域立法的新法理——以方法论为视角》，载《政法论丛》2018 年第 6 期。

④ 参见吕忠梅：《环境法典编纂研究的现状与未来》，载《法治社会》2023 年第 4 期。

是整体主义涵摄之下的个体主义，是对传统纯粹的个体主义的"双重超越"。

2. 回应"人与自然和谐共生"现代化要求，形成适应美丽中国建设的方法论体系

2018年宪法修改实现了"生态文明"入宪，并将"美丽"增列为社会主义现代化强国建设的目标，形成了由美丽中国建设国家目标、生态环境保护国家任务、领导生态文明建设国家职责共同构成的环境宪法内容。党的二十大报告明确提出了建设"人与自然和谐共生"的中国式现代化新要求。2024年1月，中共中央、国务院印发《中共中央 国务院关于全面推进美丽中国建设的意见》，要求加快形成以实现人与自然和谐共生现代化为导向的美丽中国建设新格局，并特别强调在全面推进美丽中国建设中的法治保障作用。这就需要我们准确把握影响环境法治运行的政治和社会结构，建立与中国式环境治理现代化相适应的环境法方法论体系。

一是社科法学方法论的运用。社科法学更多关注影响法律的政治、经济、文化、社会等因素，这些因素深刻影响着环境立法、执法、司法的运作，只有充分了解当前我国的社会结构和政治逻辑，方能实现环境治理体系的现代化。例如，地方保护主义一直被认为是推进基层生态环境保护的最大掣肘因素之一[1]，因此，环境法治的重要目标之一就是在释放地方创新动能与防止地方保护主义之间寻求平衡。

二是多方共治体系的构建。坚持和加强党的全面领导是我国环境治理体系的最大特征，也是与西方去中心化的多中心环境治理体系的最大不同。我国已提出构建党委领导、政府主导、企业主体、社会组织和公众共同参与的现代环境治理体系，运用法治思维和法治方式促进形成党委、政府、企业、公众等各类主体权责明晰的多方共治体系，建立健全"督企"

---

① 参见郭少青：《环保考核、官员晋升与环境法律的实施》，载黄卫平、汪永成、陈家喜主编：《当代中国政治研究报告》第16辑，社会科学文献出版社2018年版，第139页。

与"督政"并重的机制是建构环境法方法论的重点。

3. 落实"两个最严"的法治要求，形成适应法治中国建设的方法论体系

实现"人与自然和谐共生"的现代化，必须充分发挥法治固根本、稳预期、利长远的保障作用，"用最严格的制度、最严密的法治保护生态环境"①，这就需要将环境法方法论置于全面推进依法治国的语境之下加以考察。

一是明确领域法学的定位。公私法划分是近代法律体系架构的基础，尽管晚近以来公私法的界限逐渐模糊，但公法和私法依然是认识和分析法治的基本范式。我国法律也深受其影响，在法学研究和法学教育中注重公法与私法的分野，但随着社会的发展，开始出现公私法律规范混合的趋势和跨部门法律规范，使法律部门的划分变得不再"纯粹"。② 对于环境法而言，单纯沿用公法或者私法的方法论很难得到妥当的结论，环境法在学科属性上明显呈现出法律与科学交汇、法律与政策交融、公法与私法交叉的"领域法"特征。③

二是立法论与解释论的协同。立法论与解释论是法学研究的两种基本立场，也是法学研究的两种基本方法。在一定程度上，立法论指向法学研究的方法论，解释论指向法律适用的方法论。当前中国正处于美丽中国建设加速推进的过程中，立法论在环境法治建设中仍然占据主导地位，而在生态环境法典出台之后，环境法的方法论就需要尽快由立法论向解释论

① 中共中央文献研究室编：《习近平关于社会主义生态文明建设论述摘编》，中央文献出版社2017年版，第110页。
② 参见郭明瑞、于宏伟：《论公法与私法的划分及其对我国民法的启示》，载《环球法律评论》2006年第4期。
③ 参见吕忠梅：《人与自然和谐共生视野下的环境法学理论创新》，载《东方法学》2023年第2期。

过渡。

综上，环境法治必须建立在自然逻辑、政治逻辑与法治逻辑高度契合之上，既要认识自然所具有的高度复杂与系统特征，又要回应社会转型过程中可能存在的政府规制失灵现象，还要顾及本国法治运作的内在逻辑，实现三重理性的契合。要推动环境法成为具有知识连贯性的法律学科，首先要厘清环境法的方法论。

第二节　中国环境法的方法论和方法体系

一、环境法方法论的层次和结构

从环境法学发展史来看，方法论一直以"短板"形式存在。长期以来，因缺乏统一价值引领和方法论共识，环境法研究缺乏学术意义上的对话与交流的语境，成果良莠不齐，使得环境法的学科范式迟迟难以形成。在此意义上，建构中国环境法方法论，能够为中国环境法学"提档升级"，形成中国环境法的学科体系、学术体系和话语体系提供有力支撑。但是，必须清醒地认识到，建构环境法方法论是一个艰难的过程。这需要我们一方面深刻反思现有学术研究缺乏方法论自觉的问题，另一方面在建构中国自主的环境法知识体系的过程中高度重视方法论基础建设。

如前所述，尽管包括法学在内的各学科对于方法论研究都投入了大量精力，但对于何谓方法论、各学科有哪些独特的方法体系，学界仍然是莫衷一是，关于法学方法论也存在狭义与广义之争。我们认为，中国自主的环境法知识体系的方法论，指向广义层面的法学方法论。原因在于，中国环境法经过 50 多年的发展，已形成相对完整的法律体系，基本实现了生态环境保护"有法可依"。在环境保护以政府监管为主的理念下，环境立法以建立行政监管机制为主，这就造成了行政执法规范相对完备而裁判性规范严重不足的局面。虽然 2014 年修订的《环境保护法》建立了公益诉讼制度并完善了法律责任制度，特别是在最高人民法院设立环境资源审判庭、推进检察机关提起环境公益诉讼改革以后，环境司法迅速发展，在环境司法实践推动下，法律适用的方法论在环境法领域逐渐受到重视，但法律适用过程中也暴露出裁判性规范缺乏、相关诉讼制度法律依据不足等明显问题，使得环境法难以建立自身的法律适用方法论。这与以民法为代表的强调以法教义学为核心的狭义法学方法论有着明显区别，在环境法律规则尚难以进行有效的法教义学研究的背景下，环境法方法论也难以单纯指向法律方法论。尤其是在当下生态环境法典编纂已经启动的背景下，广义的法学方法论研究显然更具有急迫性。

一般而言，方法是人们实现目的的手段或途径，是主体接近、达到或改变客体的工具或桥梁；方法论则是关于方法的理论。通常认为，方法论包括哲学方法论、一般科学方法论和具体科学方法论三个层次，其中哲学方法论是关于认识世界、改造世界根本方法的最一般的方法理论，它强调方法论与世界观的统一；一般科学方法论是研究各门具体学科、带有一定普遍意义的、适用于某些相关领域的方法理论；具体科学方法论则是研究某一具体学科所涉及的某一具体领域的方法理论，是一般科学方法论的发展和延伸。三个层次的方法论是相互依存、相互影响、相互补充的对立统一，而哲学方法论是方法论的基础和根本。① 尽管这三个层次的方法论指向不同的学科领域，但要讨论环境法的具体方法论，不可不首先对更高层次的哲学方法论和一般科学方法论进行考察，只有有了正确的哲学方法论指导，在此基础上吸收一般科学方法论的合理因素，才能正确建构中国的

---

① 参见李淮春主编：《马克思主义哲学全书》，中国人民大学出版社 1996 年版，第 137—138 页。

环境法方法论和方法体系。因此，讨论环境法的方法论，需要以哲学层面的方法论为基础，逐层讨论环境法的具体方法。

二、哲学层面的环境法方法论

哲学层面的环境法方法论，或可称为环境法哲学层面的方法论，实际上是指环境法的世界观。具体而言，环境法哲学层面的方法论主要指向以何种人类观、自然观和法律观来看待环境法，以何种方法来重塑"人与自然和谐共生"的法律关系。鉴于哲学方法论是世界观和方法论的统一，可以从这两个方面对环境法哲学层面的方法论加以解读。

（一）从"主客二分"到"人与自然生命共同体"

长期以来，西方哲学存在着人类中心主义和生态中心主义的论争，前者将人与自然对立，强调自然对人的工具价值，注重自然的经济价值而忽视其生态价值；后者则强调自然的主体地位和权利资格。同时，二者内部均又有不同的主张，如人类中心主义有强弱之分，生态中心主义亦有深浅之别。现代法律虽然在形式上仍然坚守人类中心主义的外观，但无疑已经受到生态中心主义的深刻影响，尤其是在浅层生态中心主义的影响下，理性偏好的弱人类中心主义已经逐渐为法学界所接受，现代法学开始逐渐纳入自然理性的考虑。在此背景下的环境法，不仅是"法律蛋糕"的其中一块，还是"法律蛋糕"整体的一种成分，给整个法学理论和法律体系增添了质感和味道[①]，即现行法治理论和制度体系都需要回应生态环境作为

[①]　吕忠梅教授提出："环境法从来不是一块纯粹的法律蛋糕"，意指环境法的跨学科、跨领域属性。参见吕忠梅：《环境法回归 路在何方？——关于环境法与传统部门法关系的再思考》，载《清华法学》2018 年第 5 期。

"公地"的属性,进行"绿色化改造"。在此意义上,弱人类中心主义和浅层生态中心主义的边界实际上已经非常模糊,二者在法律效果上也不再具有实质区分,仅是在形式上还维持了人类中心主义的立场:在弱人类中心主义背景下,"自然的权利"(right of nature)表现为"人(类)对自然的权利"(human right to nature),故自然受损实际上是公共利益受到损害,由立法确认公益,行政执法保护公益,而司法则通过法定诉讼担当来救济公益;浅层生态中心主义虽然要求承认"自然的权利",但最多只是在立法上抽象地宣示自然的权利①,在落实机制上与弱人类中心主义并无实质区别,同样是课予行政机关保护环境的职责和义务,并同样只能由特定主体代表自然提起诉讼,与弱人类中心主义可谓殊途同归。

"人与自然生命共同体"理念在一定程度上超越了"主客二分"的哲学世界观和方法论。习近平总书记指出,"自然是生命之母,人与自然是生命共同体"②,强调"大自然是包括人在内一切生物的摇篮,是人类赖以生存发展的基本条件。大自然孕育抚养了人类,人类应该以自然为根,尊重自然、顺应自然、保护自然"③,超越了人类中心主义和生态中心主义非此即彼的二元对立,汲取中华优秀传统文化中"天人合一""道法自然"的生态智慧,在承认人具有价值主体性的基础上,认为人和自然既不是主宰关系,也不是对抗关系,而是一种共生关系,意味着共同体成员互为主客体且相互需要。④

---

① 如厄瓜多尔在 2008 年修改宪法新增第 7 章"自然的权利",其中第 71 条规定:"自然,孕育生命的大地母亲,有生存、保全并按照其周期、结构、功能与进化过程得到再生的权利;任何人、民族、团体或部落,均可向公共机构要求其承认自然的权利……"2010 年,玻利维亚通过《大地母亲权利法》(Law of the Rights of Mother Earth),课予玻利维亚各级政府机关与人民相应的义务,要求政府设立"大地母亲办公室"推动大地母亲权利的落实。

② 习近平:《在纪念马克思诞辰 200 周年大会上的讲话》,人民出版社 2018 年版,第 21 页。

③ 习近平:《共同构建人与自然生命共同体——在"领导人气候峰会"上的讲话》,载《人民日报》2021 年 4 月 23 日,第 2 版。

④ 参见廖小平:《习近平生态文明思想的价值维度》,载《光明日报》2022 年 5 月 16 日,第 15 版。

这种世界观和方法论的变革，要求法律作出回应和调整。以"人与自然生命共同体"哲学观为基础的环境法，将人的自然属性纳入法律的考量，认为人在生存和发展过程中必须与自然形成"共生共荣"的伙伴关系，而不是传统法律上的主导和支配关系。在"人—自然—人"的环境法律关系中，自然不仅作为客体，而且具有一定的主体性，这也是环境法不同于传统法理的本质特征。① 在这个意义上，环境法的本质就是将"人与自然"关系纳入调整"人与人"关系的视野，构建"人—自然—人"共生共荣的法治体系。

只有在"人与自然生命共同体"的世界观和方法论指引下，诸多被认为是矛盾的环境法现象才能得到周延解释。例如，污染环境罪的罪过形式有故意说、过失说、混合说的不同认识，其实质是对环境犯罪的法益有不同认知。1997 年《刑法》规定的重大环境污染事故罪持人类中心主义立场，在罪过形式上持过失说，若为故意，则构成其他罪名。2011 年，《刑法修正案（八）》将重大环境污染事故罪修改为污染环境罪，不再要求在严重环境污染的要件之外附加公私财产遭受重大损失或者人身伤亡的严重后果，如果仍坚持原有的人类中心主义的立场，就会形成悖论：若罪过形式为故意，则行为人并不希望或者放任对人造成损害；若罪过形式为过失，则未造成人之损害时就难以入罪。实际上，只要认可生态环境的独立价值，就可以认定行为人对污染环境显然是持故意的心理，而不需要再考察其对人之损害持何种态度，也即承认了生态环境具有一定的主体性。②

（二）从"只见树木，不见森林"到"既见森林，又见树木"

"主客二分"的哲学世界观催生了还原主义方法论，这一方法论深刻

---

① 参见吕忠梅：《人与自然和谐共生视野下的环境法学理论创新》，载《东方法学》2023 年第 2 期。

② 如张明楷教授认为，从生态学的人类中心的法益论出发，污染环境罪只能是故意犯罪。参见张明楷：《污染环境罪的概念与法益》，载《民主与法制》2022 年第 4 期。

地影响了近代自然科学和社会科学的发展，可谓近代自然科学和社会科学的元理论。还原主义或者说还原论发轫于古希腊的原子论，历经中世纪的唯名论、近代的形而上学唯物论等形式，逐渐成为人类探索自然和社会的核心纲领之一。在自然科学领域，形成了以"钟表"隐喻为核心的经典科学世界图景，描述人们认识世界的方法论：整个宇宙的运行如同钟表的运转，宇宙中的万物都是钟表机械的部件，这体现了机械论的观点；宇宙这部时钟，可以拆卸分解后再重新组合，这描述了还原论的特征；而在决定论指导下，时钟的运行周期可计算性和可预测性的模型论证是现实的。在此科学思维的支配下，科学呈现出前所未有的简单性，这种信念和认知模式，虽在今天看来存在诸多不足，却以经验和理性相结合的方式实现了"世界的祛魅"①，从而使近代科学得以从中世纪神学的束缚中解放出来。还原论也催生并锻造了包括法学在内的社会科学的基本方法论。近代以后，法学家将关注重心从宏观整体层面转移到了微观具体层面，希望借助科学理性方法重组法学知识，使其成为一门"法律科学"，形成了法学方法上的还原论。

环境法产生之初，虽然在一定程度上关注到了自然的价值，但在传统"主客二分"哲学的影响下，基本沿袭了还原主义方法论，以部门法视角对环境法进行解读。客观而言，这种以"割离"为本质的部门法思维具有巨大的理论创造优势，但在面对具有整体性、复杂性、交互性、时空大尺度性的生态系统时，这种方法论虽能挽救一些"树木"，却无法防止"森林"继续退化。这就要求环境法实现方法论转型，超越"只见树木，不见森林"的还原主义，迈向"既见森林，又见树木"的整体主义，强调以整体主义方法论作为基本理论工具解释和回应当代人类面临的生态与社会的

---

① Alexandra Walsham, *The Reformation and "The Disenchantment of the World" Reassessed*, The Historical Journal 51 (2008).

双重危机，建构具有系统性、整体性、协同性的环境法知识体系，形成领域型法学理论。①

1. 在个人利益和公共利益的关系中理解整体主义方法论

个人主义从个体行为出发理解集体行为，强调个体价值和利益优先于社会和群体。② 传统法律以个人主义方法论为基础，认为社会利益是个人利益的总和，而每个个体则是自己利益的最佳判断者，强调个人的独立、自主和平等价值进而塑造富有创造性的个人世界。③ 传统部门法基本上都是以个体为保护对象：民法保障的是自然人、法人的人身权利和财产权利，刑法保护的是公民的人身权利、民主权利和其他权利，行政诉讼法保护的是公民、法人和其他组织的合法权益。

产生于风险社会背景下的环境法，与传统部门法在价值取向上有本质区别，这种区别也必然体现在方法论上。环境法是为克服传统法律过于关注个人利益而忽视环境公共利益的弊端而生的，一开始就不是以个体权利和自由为保障对象的，而是为传统法律施加了"紧箍咒"。它更加突出个人对社会整体的从属性，偏重采取整体主义方法对环境公益的保护进行规范设计，"环境法不是为人类个体利益忙碌的法，而是为人类整体利益服务的法"④。如我国现行《环境保护法》第1条将"保障公众健康"作为立法宗旨，充分体现了整体主义的方法论。

2. 在个人利益保护与公共利益保护路径的比较中理解整体主义方法论

从性质上说，个人主义方法论可以归于还原主义方法论范畴，或者说还原论是个人主义方法论的元理论。在这个意义上，个人主义方法论与整

① 参见吕忠梅：《人与自然和谐共生视野下的环境法学理论创新》，载《东方法学》2023年第2期。
② 参见吴贤静：《环境法学研究的方法论选择》，载《学术研究》2017年第4期。
③ 参见方印：《环境法方法论思考》，载《甘肃政法学院学报》2013年第4期。
④ 刘卫先：《环境法学研究的整体主义立场》，载《郑州大学学报（哲学社会科学版）》2016年第4期，第25页。

体主义方法论主要是从不同法律部门中"人"的形象、法律保护的利益来检视其重心是在保护个体私人权益的层面还是在保障社会公共利益的层面进行讨论；而还原主义方法论和整体主义方法论的比较则是为了廓清社会公共利益保护的路径问题。

环境法是高度科技关联性和广泛利益冲突性的法律部门，是不同的个体或者子系统经过"黏合"而形成的宏观聚集体，涉及两个层面的聚合：一是在调整对象上涉及自然系统、科技系统和社会系统等不同子系统的聚合，二是在调整方法上聚合了民事、刑事、行政、诉讼等不同法律规范的工具。值得注意的是，这种聚合不是简单的合并，也不是消灭个体式的吞并，而是通过"黏合"和"涌现"形成了新的类型和更高层次的个体。环境法聚合的过程，体现出其"领域性学科"的明显特征[1]：（1）每个子系统或个体的本质特征都不可忽视，如生态整体性、科技风险、政治结构、传统法手段的功能等；（2）正如生态环境不能进行简单分割，环境法亦不能被"拆零"为部门环境法。这就要求以社会公共利益保护为目标的环境法，在方法论上超越还原主义，从整体系统的角度，充分考虑自然、社会、法律系统的整体性与交互性，建立环境法自身独特的理论体系和制度体系。

当然，强调环境法方法论的整体主义，并不意味着忽视对个体利益的保护，也不意味着环境法完全摒弃还原主义方法论。超越还原主义，强调超越的是极端的还原主义，如果排斥一切形式的还原分析，那么整体主义将会变成泛泛而谈的"空中楼阁"。经过多年发展，整体主义也逐渐向还原论靠拢，弱化的整体论包含一定的还原论要素，与弱化的还原论互相借鉴，由此在方法论上形成了整合还原主义与整体主义的策略。[2] 因此，环

---

[1] 参见［美］D. E. 司托克斯：《基础科学与技术创新：巴斯德象限》，周春彦、谷春立译，科学出版社 1999 年版，第 62—63 页；谢维和：《谈学科的道理》，载《中国大学教学》2012 年第 7 期。

[2] 参见杨晓坡：《还原论、层次观与机制解释——兼论现代社会科学方法论的分歧与整合》，载《内蒙古社会科学》2021 年第 3 期。

境法上的整体主义方法论主要是要超越而非摒弃个体主义方法论和还原主义方法论，目的在于将社会公共利益保护与个体利益保护有机融合，以实现在方法论上"既见森林，又见树木"。

三、环境法的方法论体系

如果说哲学层面的环境法方法论主要确定环境法的世界观、自然观、法律观，反映的是环境法的根本立场、要实现的根本目的和发展方向，是环境法区别于其他法律部门的根本标准，那么环境法的方法论体系则是微观层面分析环境法律现象的具体方法。事实上，目前法学方法论尤其是狭义法学方法论，多是在微观层面讨论司法适用、解释和论证的具体方法，但对于环境法而言，单从司法层面显然不足以涵盖立法、执法等重要环节，故对于环境法具体方法论的讨论，需要超越法律适用的方法论，从指导立法、执法、司法、守法等法治运行全过程的角度讨论环境法的方法论体系。能够担此大任的，当数立法论与解释论、社科法学与教义法学两类争议甚多的方法，常见的各种法律方法，几乎都可以归于这两类方法之下。

（一）立法论与解释论融合发展

立法论与解释论在具体法学方法论中起着基础和前提性的作用。解释论寻求通过在现行法律框架内对法律含义的解释得到妥适的结论，实际上是面向实践的"法官视角"；而立法论则寻求通过调整现行法律框架实现对新情况的应对，本质上是面向立法的"立法者视角"。法律既要追求至善又要追求安定性，既不能一成不变又不能朝令夕改，由此形成立法论和解释论的张力。在中国特色社会主义法律体系基本建成之后，法学研究应实现由立法论向解释论的转变，原因在于，立法不可能随时启动和完成，案件却每时每刻都在发生，"任何一个国家的法学研究的主流，都是立足于这种解释论的基本立场，通过法律解释和适用的技艺，填平公众看到的现行法表象与应然之法的落差，使得法律维持在一个尽量克服朝令夕改的不确定性和能够实现正义的可预期状态（即法治状态）"①。故而，立法论的主张，只有在穷尽解释论仍然无法满足法律公平正义要求的基础上方可提起，需要警惕立法万能主义，尤其要警惕脱离法治运行实践的立法空想主义。

对于我国环境法的发展而言，从 1979 年至今，环境立法快速发展，截至目前已有生态环境保护法律 30 余部、行政法规 100 余件、地方性法规 1 000 余件，基本形成了生态环境保护法律体系。长期以来，环境法学研究深受立法思维影响，立法论成为环境法的主导方法论。无可否认，以立法论为中心的环境法方法论推动了我国环境立法"从无到有"，为我国生态环境法律体系的形成作出了积极贡献。但在立法论主导下，环境法学研究也存在一些重大局限：一是环境法的法律血统严重不足。环境法更多是作为政策的外衣，环境法学也是偏重对政策的阐释，"对策法学"思维较为严重；同时，由于环境法律规范以行政规制为主导，司法适用相对困难，环境法的"领域法"特性无法在法律适用过程中呈现，这进一步导致环境法难以形成自身的法理。二是环境立法碎片化的问题较为严重。在还原主义思维的支配下，我国当前环境立法的宗旨、原则、制度之间的不协调、不衔接问题十分突出，不同法律对同一问题的规定既叠床架屋、相互重复，又前后矛盾、相互冲突。

正是在这种背景下，生态环境法典编纂被提上了议事日程。编纂生态

---

① 车浩：《立法论与解释论的顺位之争——以收买被拐卖的妇女罪为例》，载《现代法学》2023 年第 2 期，第 178 页。

环境法典，是为实现"人与自然和谐共生"的现代化目标而对现行法律进行系统整合、编订纂修、集成升华。目前，环境法学界提出了以"人与自然和谐共生"为价值指引①、以可持续发展为逻辑主线②的编纂方案，并完成了《生态环境法典专家建议稿（草案）》。③ 生态环境法典编纂，是环境法由"有法可依"向"科学立法"转变的重要标志，也意味着从"成熟一个制定一个"的单项立法向"统筹立改废释纂"的系统立法方式的转变。法典编纂过程中，既涉及运用解释论进行编订纂修，也涉及运用立法论完成集成升华。在法典编纂完成后，环境法方法论则应实现从立法论转向解释论，通过建立适应环境法实际运行需要的"环境法解释论"，推动"纸面上的法律"向"行动中的法律"转化，在法律实施中检视和完善环境法的方法论体系。

（二）教义法学和社科法学相互支持

教义法学（或者称法解释学、法教义学）和社科法学之争是近年来我国法学研究中讨论甚烈的一个话题。教义法学立足于"内部视角"，运用法律自身的原理，以原则、规则、概念等要素推动法律体系化的制定与发展，并通过解释阐释和运用法律④，基本与解释论同义。社科法学则否认法学是一个逻辑自洽自足的体系，主张运用其他社会科学，诸如社会学、经济学、心理学、人类学和认知科学等的方法来研究法律问题。

就环境法而言，其所具有的领域法特性，决定了其需要外部视角。环境法具有两个明显标识：一是高度科技关联性。环境法所有的因应都要以

---

①　参见吕忠梅：《"人与自然和谐共生"视野下的环境法价值论》，载《政治与法律》2023年第7期。

②　参见吕忠梅：《发现环境法典的逻辑主线：可持续发展》，载《法律科学》2022年第1期。

③　参见吕忠梅：《环境法典编纂论纲》，载《中国法学》2023年第2期。

④　参见许德风：《法教义学的应用》，载《中外法学》2013年第5期。

科学机理作为支撑，环境工程学、环境物理学、环境生物学等学科都支撑着环境法学的知识体系。二是广泛利益冲突性。环境问题涉及多元主体、多层次的复杂利益关系，具有政治、经济、文化、社会等多重面向①，这导致为应对环境问题而生的环境法是科学理性、社会理性和法律理性的高度融合。环境法的跨领域性和非自决性决定了其研究进路除了内部视角，也需要借助外部理论和视角观察环境法律现象。② 故社科法学在环境法上有着广泛的拥趸和适用空间。

学术研究固然不应囿于学科藩篱，但并不意味着可以随意超越该学科长久积淀的传统和特质。法学之所以有别于政治学、伦理道德学、哲学等而成为一门独立的科学，就在于它的研究对象的独特性，即以现行有效的实在法为基点、以规范分析为研究方法、以法律解释为适用的逻辑起点、以追求解决案件纷争为目的。在环境法学研究中，随意移植经济学、管理学等的话语体系，以"跨学科研究"的名义掩盖了环境法"法律血统"的严重不足，以此方法论为指导建构的环境法治体系，可能会由于缺乏法律的价值判断导致制度定位和运行的偏离。对法律的研究或观察固然离不开内外两个视角，但内外视角有主次之分，社会科学方法是被法学"引入"的研究方法，须"法学为体，社科为用"，而以教义法学为代表的规范法学却可以包容其他学科对法律的解释方法，将政治、经济、社会、道德、文化等视角下的社科法学与价值法学的要义，整合到具体、可适用的规范界定过程中，并纳入法律体系或裁判规范的构造中。③

---

① 参见吕忠梅：《环境法回归 路在何方？——关于环境法与传统部门法关系的再思考》，载《清华法学》2018 年第 5 期。

② 参见秦天宝：《中国环境法学的社会理论进路：学源、功能与场域》，载《法学》2023 年第 5 期，第 159—178 页。

③ 参见范进学：《规范法学应是法学研究的主流》，载《中国社会科学报》2023 年 1 月 5 日，第 4 版。

环境法亦如此。欲形成逻辑自洽的环境法规范体系，仍需要在方法论上回归规范法学视角和思维，特别是教义法学；社科法学的各种方法可以作为教义法学的解释和论证资源，借助社会科学理论的外部支撑促进环境事理向环境法理转化。同时，社科法学方法论的运用场景主要在立法环节，在法律实施阶段，则应主要采取教义法学的研究范式，通过解释和体系化的方式整合各种价值，消除规范之间的矛盾和模糊之处，同时缓和纷繁复杂的环境问题对环境法秩序造成的冲击。

第三节　环境法方法论的具体展开

一、环境立法方法论

环境法方法论作为认识环境法治、施行环境法治的方法的理论，必须落实到为环境法治运行提供指导，首先是为科学立法提供方法论。

（一）环境立法现状的方法论审视

环境法作为实现人与自然和谐共生现代化的制度路径，其调整对象的特殊性决定了其方法论的特殊性。自然或者说生态系统具有整体性特征，生态系统作为有机联系和不可分割的整体，事实上决定了法律对环境的观照必须基于生态系统的整体性特征，将法律所负载的价值判断与生态系统的整体性这一客观事实结合起来，超越以单个物、具体行为、人身利益和法律责任为规范内容的传统法秩序，实现法律理性与生态理性的契合。质言之，面对生态系统的整体性和复杂性，如果秉持还原主义方法论，"种树的只管种树、治水的只管治水、护田的单纯护田，很容易顾此失彼，最终造成生态的系统性破坏"，只有坚持"人与自然生命共同体"的理念，深刻理解"人的命脉在田，田的命脉在水，水的命脉在山，山的命脉在土，土的命脉在树"①，才能推进山水林田湖草沙一体化保护和系统治理。因此，环境法治必须秉持整体主义方法论，推进整体性治理，"从系统工程和全局角度寻求新的治理之道，不能再是头痛医头、脚痛医脚，各管一摊、相互掣肘，而必须统筹兼顾、整体施策、多措并举，全方位、全地域、全过程开展生态文明建设"②。

经过 50 多年的立法，我国初步建构起以《环境保护法》为统领、涵盖各类环境要素和自然要素保护的生态环境保护法律体系。这些立法大部分以环境要素和自然要素为保护对象，根据其性质分别侧重于保护或利用，如涉及淡水保护的法律就包括《水法》《水污染防治法》《水土保持法》《防洪法》。从方法论上看，这种立法模式实际上建立在还原论基础之上。如果说在环境立法初期，由于立法基础和理论基础均较薄弱，还原论指导下的分阶段、分要素、分功能立法有其必要性和合理性，那么进入新时代之后，以促进建立和完善环境治理体系和治理能力现代化为目标的生态环境立法，就不能再简单延续还原论方法，"成熟一个制定一个"或因某种原因作"急救章"式立法，而是必须按照统筹立改废释纂，提高立法的系统性、整体性、协同性的新要求，以超越还原主义的方法论指引立法目的、立法方式的变革。③ 生态环境法典编纂，为建构新的环境法方法论提供了绝佳机遇。

（二）生态环境法典编纂的方法论

作为国家立法的最高形式，法典编纂具有其他立法形式难以比拟的法

---

① 习近平：《关于〈中共中央关于全面深化改革若干重大问题的决定〉的说明》，载《人民日报》2013 年 11 月 16 日，第 4 版。
② 习近平：《推动我国生态文明建设迈上新台阶》，载《求是》2019 年第 3 期。
③ 参见吕忠梅：《环境法典编纂研究的现状与未来》，载《法治社会》2023 年第 4 期。

治价值、政治价值和文化价值，不仅可以通过形式理性提高法律规范的逻辑体系，实现法制统一，促进法治实施，也可以更好地融入国家治理现代化，促进国家战略转型，实现社会发展变革，还可以弘扬传统律典编纂文化，传承古老生态哲学智慧，实现中华优秀传统文化与社会主义核心价值观的对话，因而可谓环境法体系化的最佳方案。① 编纂生态环境法典，既需要以整体主义方法论观察、分析、思考环境法所面临的"经济—社会—环境"的巨大复杂系统问题，也需要以还原主义方法论观察巨大复杂系统中的个体、要素，以妥当处理"权力—权利""公益—私益""人类—自然"等各种复杂的法律关系，切实做到"既见森林，又见树木"。

1. 立法论与解释论有机融合统一生态环境法典的价值体系

回应环境法律关系的复杂性，以"经济—社会—环境"巨大复杂系统为调整对象。"山水林田湖草是生命共同体"反映了生态系统的整体性，"人与自然和谐共生"表明了生态系统对社会系统的不可替代性，"绿水青山就是金山银山"揭示了生态系统对社会经济系统的多宜性。生态环境对于人类生存和发展而言，具有环境、资源、生态三个面向和支撑人类生命系统、经济系统、社会系统的三重功能，生态环境法典要实现环境、资源、生态在当代经济社会生活不同方面的最优配置，必须直面现行法律由于不同职能部门主导立法、环境资源分别立法所带来的价值不统一、规范不统一等问题，准确处理个人利益与公共利益的关系，统筹考虑在生态环境开发利用与保护改善过程中的不同利益保护路径，通过立法论与解释论的有机融合，建构统一的价值体系。②

具体而言，采取"价值＋法律关系"的方法，"一方面以总则方式界

---

① 参见吕忠梅：《迈向中国环境法治建设新征程》，载《地方立法研究》2023 年第 1 期。
② 参见吕忠梅：《"人与自然和谐共生"视野下的环境法价值论》，载《政治与法律》2023 年第 7 期。

定社会生活中环境法律关系法基本属性，为行为主体是否应该适用环境法律提供依据；另一方面，按照保护对象的不同类型，以分编方式界定环境、生态、资源三个不同面向的法律关系，为行为主体直接适用具体的环境法律规范建立准则"①。

2. 社科法学与教义法学相互支撑实现生态环境法律制度体系化

回应环境法律关系的交互性，以环境、资源、生态"一体三面"为编纂基础。生态环境在客观上存在环境、资源、生态的不同面向，由于这些面向归属于不同部门进行主管，在早期部门立法占主导时，这些面向呈现出分散和零碎保护的状态，欠缺对整个国土空间利用的有序性、不同自然要素的关联性、生态系统的整体性以及同一自然要素不同功能之间的冲突性的关注和协调。这种立法难以实现对"经济—社会—环境"巨大复杂系统的有效因应。在生态环境法典编纂中，既需要从内部视角观察现行环境立法的原则、规则、概念等的运行情况，也需要以外部视角考察生态环境的环境、资源、生态"一体三面"的现实，综合运用教义法学与社科法学方法，促进环境治理从"各管一摊"走向"一体交融"，在社会、生态、经济可持续发展的目标指引下，针对环境污染严重、生态系统退化、资源约束趋紧等现实问题，建立污染控制、自然生态保护、绿色低碳发展的系统性法律规范，实现生态环境保护法律制度的体系化。②

具体而言，综合运用概念思维与类型化思维，完成"从概念到类型""从类型到概念"的双重任务。"一方面对作为法典编纂基础的已有法律进行解释，通过寻找法律条文含义的方式将已有法律概念逆向回溯至生活类型，经由'法律概念—规范类型—生活类型'的过程，将符合一定要求的

---

① 吕忠梅、田时雨：《梦想与行动：中国环境法典之证成》，法律出版社 2024 年版，第 261 - 262 页。

② 参见吕忠梅：《环境法典编纂方法论：可持续发展价值目标及其实现》，载《政法论坛》2022 年第 2 期。

由生活事实提炼的法律规范纳入……。另一方面，需要根据社会经济生活的发展变化，发现因生态环境保护新发展、新要求产生的新生活事实与生活类型，在提炼共性特征、要素的基础上加工形成相应的规范类型，然后尽可能地对规范类型进行抽象与封闭，进而形成法律概念，经由'生活类型—规范类型—法律概念'的方式，在法典中加以固定，实现既'编'又'纂'的目标。"①

二、环境执法方法论

环境立法方法论，必然直接影响环境执法。不可否认，我国现行环境立法以建立行政监管体制机制为主要内容，形成这种局面的原因，既有环境立法初期受西方国家专门环境立法的影响，也有中国国情的强烈需求。在某种意义上可以说，环境立法碎片化与环境执法部门化互为因果，通过生态环境法典编纂实现的环境立法方法论变革，也必然要求环境执法方法论与之同步变革。

（一）方法论视角下的环境执法割裂化

从方法论上看，还原论指导下的生态环境立法直接导致环境行政执法权配置的"条块分割"，以行政区划作为不同层级地方政府地域管辖的基础，在属地管辖的基础上，又将环境管理权归属于不同的职能部门，这就形成了统一管理和分部门管理相结合的管理体制。这种执法权配置，很容易在纵向和横向两个层面引发诸多问题。在横向层面，立法并未对统一监管和分工负责的具体方式予以明确，虽然法律赋予了生态环境主管部门统

---

① 吕忠梅、田时雨：《梦想与行动：中国环境法典之证成》，法律出版社 2024 年版，第 275 - 276 页。

一监管权，但根据"特别规定优于一般规定"的法理，生态环境主管部门的实际权限只能是刨除其他部门"职责范围内"的监管权后的"剩余监管权"。实践中统一监管的权限被肢解，"九龙治水却治不好水"的现象时有发生，甚至滋生"公共权力部门化，部门权力利益化"现象。在"行政管理有区划，环境问题无边界"的客观事实面前，基于行政区划的环境管理体制实际上是人为地割裂了生态环境的系统性和整体性，使具有系统性的环境问题难以得到有效解决。在纵向层面，中央的集中统一管理与地方的事权和责任配置存在一定的错位，不少地方唯 GDP 论英雄，导致环境问题日益严重，一些地方还存在生态环境保护"做盆景"且"一景多用"等形式主义现象，环境治理体系存在明显不足。

党的十八大以来，为破除"条块分割"体制弊端和部门利益、地方利益藩篱，我国从纵横两个层面大力推动生态文明体制改革，其中一个重要环节就是改革环境管理体制。在纵向层面，不仅通过生态环境保护督察、领导干部自然资源资产离任审计、领导干部生态环境损害责任追究等制度压实地方各级党委、政府的生态环境保护责任，还推行省以下生态环境执法机构垂直管理改革，以期通过"条条"改革倒逼地方政府履责，制度化、机制化、长效化地推动落实生态环境保护党政同责、一岗双责。在横向层面，为防止"公共权力部门化"，一方面，在流域和特殊区域立法中建立国家协调机制和地方政府联动机制①；另一方面，明确"管发展的管环保、管行业的管环保、管地方的管环保"的管理职责与生态环境主管部门的"统一监督管理"职责的关系，推进机构改革和生态环境保护综合行政执法改革，整合相关部门污染防治和生态保护执法职责、队伍，相对集中行政执法权，解决多头多层重复执法问题，推动执法重心下沉。这些改

---

① 如我国的《长江保护法》《黄河保护法》建立了国家流域协调机制和地方政府协同机制，《青藏高原生态保护法》则建立了青藏高原这一特殊地理空间的地方联合立法、执法机制。

革，显然体现了整体主义方法论，但在改革过程中，也出现了诸如"执法重心下沉"与"执法权力上收"的悖论。如何建立适应新时代新征程上生态环境执法新要求的新方法论，更好应对生态环境执法中出现的新情况新问题，是建构环境执法方法论的当务之急。

（二）生态环境综合执法改革的方法论

以纵向"命令—服从"与横向"主责—分管"为特色的组织体系，在科层制的精细化分工下逐渐形成了各自的权力边界，虽有助于提升行政效率，但由于忽略了生态系统的整体性和环境议题的复杂性，很容易导致生态环境治理的割裂化。[①] 故在生态文明体制改革上，同样需要超越还原主义方法论，回应我国社会结构和法律系统的特殊性，实现生态环境执法的综合化。

1. 以整体主义方法论促进建立系统保护体制机制

回应生态系统的整体性，实行整合性管理。整合性管理要求实现生态环境的整体和系统保护，包括四个层面的整合：（1）跨介质整合，实现山水林田湖草沙一体化保护和系统治理；（2）跨部门整合，实现统一监管权和分部门监管权的合理配置；（3）跨区域整合，建立行政区划与生态功能区划相结合的管理体制；（4）程序整合，实行统一规划、统一标准、统一监测、统一防治的措施，推动环评与排污许可"审批合一"，完善党政同责、一岗双责、信息共享、综合执法、行刑衔接等。这就要求以整体主义方法论为指导，分析现行体制机制存在的问题，通过体制机制改革、法律授权、执法配套等方式，重构生态环境治理体系。

2. 以整体主义与还原主义相结合的方法促进建立适应性管理制度

回应向高质量发展的转型，实行适应性管理。《中共中央 国务院关于

---

① 参见张敏纯、邓顺萍：《环保垂改与综合执法改革的衔接困局及其消解》，载《江西社会科学》2022年第8期。

全面推进美丽中国建设的意见》明确指出，"我国经济社会发展已进入加快绿色化、低碳化的高质量发展阶段，生态文明建设仍处于压力叠加、负重前行的关键期"。面对这样一个转型时期，需要奉行适应性管理理念，尤其需要注重不同改革之间的协同与衔接，不断优化环境治理的目标和策略。例如，针对垂直管理改革和综合执法改革的冲突，应科学评估当前的社会现实，在向高质量发展转型过程中，"执法权力上收"的价值排序应优先于"执法重心下沉"；但在生态环境治理体系和治理能力现代化基本实现、地方党委政府环境责任全面压实之后，执法重心下沉则应成为优先选项。这一方面需要在理论上确立整体主义与还原主义方法论相结合的基本原则、判断标准、适用规则，另一方面需要根据环境执法实践发展的需要，检验和调适相关理论。

三、环境司法方法论

在方法论意义上，司法是教义法学及其解释论的重点场域。但由于长期以来环境立法以行政机制为主体，环境司法功能的发挥受到限制，缺乏形成环境法解释论的基础条件。2014 年《环境保护法》修订后，最高人民法院、最高人民检察院、公安部相继成立生态环境保护专门机构，大力推进环境司法专门化专业化发展，为建立环境法解释论提供了一定的实践基础，使得我们可以从司法实践中提炼出一些基本的解释论方法。

（一）环境司法解释的含义

环境法作为一种新型的法律规则，其价值判断、目标任务、制度体系与传统法律有着很大的不同，因其调整"人—自然—人"关系的特殊性而存在着较多的不确定性，环境司法专门化专业化正是为适应生态环境立法的特殊性而产生和发展的。迄今为止，各级人民法院、人民检察院受理的环境案件数以百万计，其中蕴含的司法方法论值得深入挖掘。法律非解释不能适用，环境法也不例外。因为"法律如果没有法院来阐明和界定其真正含义和实际操作，就是一纸空文"①。

法律解释在法律适用过程中具有非常重要的地位和作用。它既是法律适用的前提，又是法律的活力来源和促进法律发展的重要方法。实践意义上的法律解释，是指对法律文本的内容和含义所作的说明，包括对文本含义的理解和对这种理解的表达——阐明。② 我国学者根据不同主体的解释效力之有无，将法律解释分为有权解释、学理解释和无权解释三类。

在司法实践中，实际存在着司法机关的规范性解释与法官对个案法律适用所作的解释两类。根据第五届全国人民代表大会常务委员会第十九次会议通过的《全国人民代表大会常务委员会关于加强法律解释工作的决议》，"司法解释"是国家司法机关作出的具有法律效力的规范性解释。对于法官的个案解释，学界有不同看法，存在广义司法解释与狭义司法解释的争论。其实，这种理解存在一定的误区。我们认为，法律解释原本是一种把握法律文本含义的方法，而不是权力，也并不一定与权力的运用相联系。国家机关和公职人员在其职权范围内运用这种方法所作的解释，因为会产生一定的法律效力，所以才与国家权力的运用相联系。③ 最高人民法院的司法解释是一种普遍适用的规则，具有明显的规范性，甚至还有一定程度的"造法"性，因而有必要由法律专门授权并进行严格规定。

由此可见，司法实践中的法律解释应该包括个案解释和规范性解释两

---

① ［美］汉密尔顿、杰伊、麦迪逊：《联邦党人文集》，程逢如、在汉、舒逊译，商务印书馆1980年版，第111－112页。

② 参见张文显主编：《法理学》（第三版），高等教育出版社、北京大学出版社2007年版，第325页。

③ 参见孙国华：《关于法律解释的概念问题》，载《求是学刊》2004年第6期。

种情形。个案解释只对"这个案件"具有法律效力，规范性解释则具有相对普遍的法律效力。在环境司法实践中，可以将环境法个案解释称为"裁判解释"，而将规范性解释称为"司法解释"。[①] 对于环境司法实践而言，应首先通过对个案的研究提炼裁判解释方法，这也是建构环境司法方法论的基础。

（二）裁判解释的基本方法

从环境司法实践的角度，可以将裁判解释方法分为两类：法律解释的技术方法和法律解释的思维方法。后者对于法官准确把握环境司法规律并在个案中加以运用、保证环境司法的公正与效率更为重要。根据环境司法实践的现状，可以将环境法的裁判解释思维方法归纳如下。[②]

1. 语言学方法

语言与思维、法律密不可分。思维借助语言展开，法律借助语言存在。因此，对法律的理解和解释，离不开语言学的基本知识，需要运用语言学的理论和方法来分析、理解和解释法律。事实上，裁判解释的一些技能与技巧，如文义解释、文理解释、限制解释、扩张解释和当然解释等，运用的就是语言学原理。环境法具有明显的科学技术性，由于人类科学认知水平的局限以及实际经济社会发展条件的制约，相比于传统的法律规范，环境法的条文存在更多的不确定性，这就决定了法官在审理具体环境案件时，更需要语言学解释方法。

2. 社会学方法

环境法以"人—自然—人"的关系为规制对象，以建立与维护"人与自然和谐共生"的社会秩序为宗旨，所以环境法的裁判解释必须符合社会

[①] 参见吕忠梅：《环境法的裁判解释初论》，载《江苏社会科学》2010 年第 6 期。

[②] 以下参见吕忠梅：《环境法的裁判解释初论》，载《江苏社会科学》2010 年第 6 期。

需要。运用社会学方法对法律进行解释，注重裁判结果的社会效果的预测和社会目的的考量，能够使裁判更加贴近社会生活，并取得比较好的社会效果。但是，由于环境问题具有科技、社会、政治、文化等多因素关联性，在运用社会学方法时必须高度重视和准确把握环境法的特殊性，既要看到环境污染和破坏可能引发的社会问题，也要看到不同的环境污染和破坏所引发的社会问题可能完全不同，还要看到生态环境保护与经济社会发展之间实际存在的矛盾，准确预测环境法实施的社会效果，妥善处理和平衡各种利益关系。

3. 历史学方法

运用历史学方法对法律进行解释，要求法官在研究立法背景、条款来源审议情况、草案说明等立法资料以及同类规定的因袭与发展沿革历史并进行现实考量后，再对法律条文的含义予以阐明。这一方法在环境案件中的运用，意味着将历史、社会和法律要素联系起来，帮助法官全面理解和正确解读法律条文。环境法作为法律家族的新成员，与传统法律有着同根同源的一脉相承关系，但也对传统法律进行了价值理念与规范内容的延拓。法官在审理具体环境案件中，面对这样的法律条文，更需要运用历史学方法，全面理解和正确解读环境法规范，厘清其本来含义。

4. 系统论方法

系统论是以系统的观点和视野去观察、理解客观世界的一种科学方法，强调观察、分析、解决问题都必须具有全面性、全局观。环境法的裁判解释，需要运用系统论方法，将需解释的法律条文与其他法律条文、整个法律制度或整个法律体系联系起来，从该法律条文与它们的关系，在所属法律体系、所属法律文本中的篇、章、节结构中的位置，以及该法律条文与有关法律规范和该法律制度之间的联系等方面入手，系统全面地分析该法律条文的含义和意义，以防断章取义、孤立片面地理解该法律条文。

环境法具有明显的"二次调整法"特征，其法律制度体系是由相关法律、专门法律、法律化的技术规范三个层次形成的统一体，对于环境法条文的理解，必须运用系统的概念与整体的方法。同时，环境法本身具有的整体主义方法论和系统观，决定了环境法的客体不是静止的、可控的、可分割的物，而是具有生态联系性、不排他性、利益共享性的生态环境，这也是环境法的裁判解释必须运用系统论方法的内在要求。

5. 目的论方法

目的是整个法律的创造者。人类是有意识的动物，故人类的任何活动都具有一定的目的性。在这个意义上，立法活动与司法裁判都具有一定的目的性，保证司法活动符合立法目的，是法律适用的基本原则。因此，目的论方法是法官解释法律的重要思维方法。但是，法官对法律的探求是一种有思考的服从，而不是盲从立法目的来解读法律。法官在解释法律时，需要考虑法律制定后的时代变化和价值观变迁，通过解释法律的含义使法律更好地符合立法目的。我国生态环境立法经过 50 多年发展，虽然已基本形成了全覆盖的法律体系，但现行法律跟不上时代发展、生态文明建设实践需求的情况依然存在，尤其是裁判规则供给不足的现象仍十分突出。法官在审理环境案件过程中，经常会遇到立法目的与定分止争需求之间的矛盾与冲突，呈现出环境立法滞后所带来的法律条款含义与目的的变化，这更需要法官正确运用目的论解释方法，妥当地裁判环境案件。

第八章　中国环境法话语论

　　话语是主体通过一定结构的语言符号传递思想、情感、意图的言语，是主体的精神和思想的表达。而话语体系则是主体通过系统的语言符号，并按照一定的内在逻辑来表达和建构的结构完整、内容完备的言语体系。话语体系不仅是语言符号体系，更是言语内容和理论知识体系。[①] 环境法话语体系主要包括概念、范畴、命题、论断、术语等，它们既是环境法思想、理论的外在表现形式，又是其重要构成元素。环境法话语体系不仅可以影响环境法思想和理论的传播与接受程度，还可以促进环境法思想和理论体系的形成与完善。建构中国环境法话语体系，需要提炼融通中外的新概念、新范畴、新表达，体现中国环境法的特色。

---

　　① 参见郭湛、桑明旭：《话语体系的本质属性、发展趋势与内在张力——兼论哲学社会科学话语体系建设的立场和原则》，载《中国高校社会科学》2016 年第 3 期。

第一节　中国环境法话语的转型需求

一、中国环境法话语的自发形成及困境

习近平总书记在中国人民大学考察时强调，"构建中国特色哲学社会科学，归根结底是建构中国自主的知识体系"①。在党的二十大报告中，这又被进一步明确为"构建中国特色哲学社会科学学科体系、学术体系、话语体系"② 三大体系。构建学科体系的主要内容和任务是形成学科门类齐全、结构合理、发展水平较高的体系；构建学术体系的主要内容和任务是形成系统、完备的概念、原理、方法体系；构建话语体系的主要内容和任务是宣传介绍已经形成的学科体系、学术体系，取得话语权，扩大影响力。③ 可见，自主知识体系是"三大体系"的内核和灵魂。④ 因此，我们将环境法话语体系界定为环境法知识体系的子体系，作为与环境法学科体系、学术体系并列的概念范畴，并以此来观察新中国环境法话语体系的形成过程及转型需求。

（一）中国环境法话语的自发形成

在中国环境法学产生之初，既无环境立法经验又无历史积累，环境法学理论以被动接受、移植为主。作为对中国环境法理论的表达，环境法话

---

① 《习近平在中国人民大学考察时强调 坚持党的领导传承红色基因扎根中国大地 走出一条建设中国特色世界一流大学新路》，载《党建》2022 年第 5 期，第 6 页。

② 习近平：《高举中国特色社会主义伟大旗帜 为全面建设社会主义现代化国家而团结奋斗——在中国共产党第二十次全国代表大会上的报告》，载《人民日报》2022 年 10 月 26 日，第 1 版。

③ 参见简新华：《中国经济学学科体系、学术体系和话语体系构建的十年进展》，载《当代经济研究》2023 年第 1 期。

④ 参见刘练军：《纪检监察学"三大体系"论纲》，载《中国法学》2024 年第 1 期。

语的形成是无主体意识的自然过程，表现为对外源性话语的机械沿用和移植，呈现出明显的自发性。事实上，20 世纪 70 年代起步的环境法体系建构并非自给自足，与大量借鉴域外经验的实践相适应，其总体上是"知识外源型的研究范式"[①] 的产物。

与传统法律学科相似，环境法学始于对环境法律的解释。然而，由于早期的环境法规范以污染管制行政机制为主，可供司法反复适用的规则不多，学理解释的余地很小，可供说明的理由只有科学的发现、技术的运用、自然与社会发展规律的演绎、不断完善的行政管理经验，以及大量制定的环境政策。[②] 换言之，环境法话语所欲表达的理论体系本身就是各种外源性理论的拼盘，对这些拼盘式理论进行的外在表达必然缺乏自主思考和主体意识。大体而言，这一阶段的环境法话语来源主要包括域外环境法话语、环境科学话语、环境管理政策话语。

1. 域外环境法话语的引入

以明确的环境意识的形成、现代完整意义上的环境法律的颁布为判断标准，发达国家的环境法学始于 20 世纪 60 年代中后期。[③] 1972 年在斯德哥尔摩召开的联合国人类环境会议通过《联合国人类环境会议宣言》《人类环境行动计划》等文件之后，发达国家的环境立法呈爆发式发展，受其影响，很多发展中国家也开始重视环境立法。[④] 中国环境法就启蒙于 1972 年的联合国人类环境会议。如果以 1973 年中国第一次环境保护工作会议为发端，围绕 1979 年《环境保护法（试行）》制定而展开的相关研究作为中国环境法学的起点，其产生晚于西方发达国家十年左右。

---

① 陈甦：《当代中国法学研究的研究》，载《中国社会科学评价》2015 年第 3 期，第 32 页。
② 参见汪劲：《环境法学的中国现象：由来与前程——源自环境法和法学学科发展史的考察》，载《清华法学》2018 年第 5 期。
③ 参见张璐：《环境法学的法学消减与增进》，载《法学评论》2019 年第 1 期。
④ 参见汪劲：《环境法学》（第四版），北京大学出版社 2018 年版，第 35－38 页。

即便如此，不同于西方环境法学产生于对现实环境危机的法律应对，中国在近乎零基础的背景下开始了环境法治实践，使中国环境法学最初更像是一种对未来可能出现的环境法理论需求的预判①，主要表现为更多受到全球经济一体化扩张、国际组织推动和国际环境条约的间接影响。

2. 环境科学话语的借鉴

环境法基于环境问题而产生，以环境法规范为研究对象的环境法学不可避免地受到环境科学及相关科学的影响，环境科学话语自然也就成为环境法话语的重要来源。这一方面是因为环境法所具有的以生态规律为基础的科学特性，另一方面是因为传统法律从未像环境法这样是调整"人—自然—人"关系的人与自然生命共同体规则，传统的法学概念、法学研究范式都难以满足迅速发展的环境立法、执法、司法需求，环境法直接"搬运"科学话语可以"应急"。

除与环境相关的自然科学话语外，环境法话语还受到与环境相关的人文社会科学分支的影响。伴随着生态危机加剧，全球性的"环境运动""绿色化浪潮"催生了环境政治学、环境社会学、环境伦理学、环境经济学等交叉性学科，以至于出现了领域型学科的新分类。② 这些以解决环境问题为导向而汇聚的环境前沿学科、边缘学科，其话语体系具有类似的语境、语态、情绪、思维，居于各自学科"边缘"而又"前沿"的状态，互相支持、相互助力、整体推进、整体生发。

环境法学同样具有领域型学科的属性，处于横跨自然科学与人文社会科学的环境学科群中，相应学科的新兴环境话语为环境法学发展提供了理论支持。③

---

① 参见钭晓东：《论新时代中国环境法学研究的转型》，载《中国法学》2020 年第 1 期。
② 参见吕忠梅：《论环境法典的"行政领域立法"属性》，载《法学评论》2022 年第 4 期。
③ 参见侯佳儒、王明远：《边缘与前沿：当代法学背景中的环境法学》，载《政治与法律》2016 年第 10 期。

3. 环境管理政策话语的沿用

行政管理因素在环境保护及环境法实践中具有主导作用历来备受关注，这在世界各国并无大的不同，最早的环境立法都以建立环境管理体制、授权行政机关实施环境监管为主要内容，只是不同国家在管制行政、规制行政、服务行政方面的选择有程度差别。但对于当时还处于计划经济时期的中国而言，以命令控制为主的管制行政表现得尤为突出。

西方国家在传统法学领域的发展源远流长，行政法学到 20 世纪中期已经形成了相对成熟的知识体系，学术资源沉淀与积累丰厚，为环境法学引入这些"外源型"知识资源提供了良好条件，使环境法学在重视行政管理因素的同时，得以保持法学本性。然而，由于历史原因，中国环境法学的发展与现代意义上的行政法学的发展基本同时起步，很难从中国的行政法学获得系统的学术资源与素材。更重要的是，环境法学产生之时中国还处于计划经济时期，行政权的优势及强势无可比拟，且环境法学形成与发展过程中重视行政管理的特性。在这两方面因素的叠加作用下，中国自古以来的"官本位"思维被放大了，环境立法采取了"管理法"模式。[1] 这导致"政策与法律的关系实质上是行政与立法的权力分配关系"[2]，大量的行政管理话语直接进入法律，政策成为环境保护规范依据的优先选择。

回首中国环境立法的进程，政策话语的影响无处不在。在中国环境法学领域，政策的惯性越位和法律的谦抑退缩曾是常态，基于政策实施而开展的运动式治理甚至在一段时间内成为环境法实践的基本路径依赖。[3] 于是以环境法实践为研究对象的环境法学，其话语体系必然受到大量存在的

---

① 参见吕忠梅：《环境法回归 路在何方？——关于环境法与传统部门法关系的再思考》，载《清华法学》2018 年第 5 期。

② 邢会强：《政策增长与法律空洞化——以经济法为例的观察》，载《法制与社会发展》2012 年第 3 期，第 129 页。

③ 参见张璐：《环境法学的法学消减与增进》，载《法学评论》2019 年第 1 期。

环境管理政策及实践话语的影响。

(二) 中国环境法话语的困境

环境法学作为一门年轻的学科，既得益于生态环境保护在国家发展战略中的地位不断提升，也得益于不同学科、不同知识背景研究者的广泛关注和深度介入，以及学术观点和方法见解见仁见智，实现了"跨越式"发展。经过多年的努力，环境法学形成了一套新的术语和学科体系，虽然还很不完善，但是独特的。① 进入新时代以来，"美丽中国"建设目标对环境法学话语体系的主体性、本土性提出了更高要求，但缺乏法学知识资源与基础理论的"跨越式"发展带来的内在隐患日益凸显。

因国家对环境法治的迫切需求和对环境相关学科的重视、扶持，中国环境法学在改革开放初期就被确立为独立的法学学科，建立了从本科到博士的人才培养体系，并且国家提供了固定充足的财政拨款。这一方面极大地加快了环境法学的发展速度，另一方面也使环境法学的成长缺乏理论基础积淀和对法治实践的凝练，导致其理论体系逻辑不周延以及具有极强的对策法学属性。② 这表现在环境法话语方面，则是学界对环境法学的基本话语缺乏共识，远未形成统一、规范的话语体系和理性、科学的研究范式与方法。环境法学在大量移植域外环境法理论、借用其他学科的概念的过程中，对于概念的法学内涵、概念之间的逻辑联系的研究缺乏方法论自觉，造成了不同研究者对同一概念的不同理解，环境法话语的规范性不足、统一性不够，交流与对话十分困难。③

---

① 参见汪劲:《环境法学的中国现象: 由来与前程——源自环境法和法学学科发展史的考察》，载《清华法学》2018 年第 5 期。

② 参见汪劲:《环境法学的中国现象: 由来与前程——源自环境法和法学学科发展史的考察》，载《清华法学》2018 年第 5 期。

③ 参见柯坚、刘志坚:《我国环境法学研究十年 (2008—2017 年): 热议题与冷思考》，载《南京工业大学学报 (社会科学版)》2018 年第 1 期。

一方面，同一词语的用法不同、表征的概念属性不同、表达的内容存在较大差异，致使话语失去应有的交流功能，典型如环境权：环境法学界不同学者在环境法学的基石范畴、环境法基本概念、环境法规范、具体权利等完全不同层次的研究中不加区分地使用，不同语境下的环境权的内涵和外延完全不同，有的研究甚至将伦理学上的和法学上的权利混为一谈。表面看来，有关环境权的争论很激烈，但因为无法在同一语境下交流，实际上是"各说各话"。这种状况既会妨碍环境法学的规范化发展，也会造成环境法学研究的低效甚至无效产出。[1]

另一方面，对于同一理论内容使用不同的词语进行表达，增加了不必要的理论混淆和沟通障碍。例如，关于环境污染这一环境法学的基础性概念，学者从不同角度加以概括[2]，并针对环境污染的构成要素，使用了环境损害、生态损害、环境资源损害、自然资源损害等不同的词语，试图对原本作为技术性概念存在的环境污染从法学意义上进行概括和阐释，并通过将环境要素与损害这一传统法学概念对接来完成概念构造。但实践证明，这种概念构造大多并不成功，不仅导致理论上的分歧和争议，而且引发了实践的混乱。[3]

自发形成的中国环境法话语，因缺乏自主、自觉的话语规范与建构意识，对外来话语"来者不拒"，导致了今天有环境法话语但无环境法话语体系的局面，更缺乏体现自主意识、具有鲜明中国特色的成体系的环境法话语。我们认为，在环境法知识体系中，环境法学科体系、学术体系是环境法话语体系的根基，脱离了学科体系和学术体系实质内容的滋养，话语体系就只能是如无源之水、无本之木的单纯语言表达形式。同时，环境法

---

① 参见柯坚、刘志坚：《我国环境法学研究十年（2008—2017 年）：热议题与冷思考》，载《南京工业大学学报（社会科学版）》2018 年第 1 期。

② 参见吕忠梅：《生态环境法典中的"环境污染"概念辨析》，载《政法论丛》2024 年第 2 期。

③ 参见张璐：《环境法学的法学消减与增进》，载《法学评论》2019 年第 1 期。

话语体系也具有观念功能和建构作用。[①] 一方面，话语体系的构建是环境法知识体系发展的高级阶段，伴随着对环境法学科体系、学术体系及其价值和信仰体系的共识的凝聚和塑造。另一方面，话语作为一种表达方式和交流工具，是环境法学科体系、学术体系的特有标识和身份符号。成熟的环境法话语体系体现了成熟的、得到普遍接受的、获得内在认同的环境法理论观点和理论体系。接受一种话语体系并按照这种话语体系进行言说，就表明主体接受了这种话语体系所指代的知识体系和价值观。在这个意义上，提炼中国环境法话语体系，是建构中国自主的环境法知识体系的基础性工作。

二、中国环境法话语体系的自主转型

在全面推进美丽中国建设和加快推进"人与自然和谐共生"的中国式现代化的背景下，自发形成的中国环境法话语，既不能满足建构中国特色哲学社会科学的理论需要，也不能满足实现"人与自然和谐共生"的现代化的实践需求。因此，我们迫切需要实现中国环境法话语体系从自发到自主的历史转型。

话语问题从来不是一个仅仅表面的、纯粹形式的议题，它具有"实体性"的内容。[②] 话语体系不仅是语言符号体系，更是言语内容和理论知识体系。作为思想上层建筑的重要内容和表征方式的话语体系，在民族和国家内部发挥着重要的凝聚、融合以及教化的作用。[③] 话语体系是文明传

---

① 参见朱振：《中国特色社会主义法治话语体系的自觉建构》，载《法制与社会发展》2013 年第 1 期。
② 参见吴晓明：《当代中国学术话语体系的自主建构》，载《中国社会科学》2011 年第 2 期。
③ 参见郭湛、桑明旭：《话语体系的本质属性、发展趋势与内在张力——兼论哲学社会科学话语体系建设的立场和原则》，载《中国高校社会科学》2016 年第 3 期。

承、文化积淀的集合与总汇，它体现一国的国家形象、综合实力和发展道路，是国家软实力的重要组成部分。① 例如，真正意义上的世界性话语体系是由资本推动形成的。亚历山大东征、成吉思汗西征，虽然使马其顿王国和中国元代的国家版图获得极大扩张，但是话语体系融合得并不明显。资本主义产生以后，很快就使东方话语体系从属于西方话语体系，使得用"商品语言来表达它的思想"② 的资本主义话语体系成为世界性话语体系。

中国在经济和政治方面的硬实力早已居于世界前列，但面临着"话语逆差"问题。曾经在世界性话语体系中，"西强我弱"的局面十分明显，甚至出现了"失语"现象。③ 也曾经世界上随处可见"中国制造"，但是鲜见"中国话语"。中国的经济学、法学、历史学、社会学、政治学等哲学社会科学的主流话语，大都来自西方，极少有核心的概念是打有"中国"印记的。彼时中国话语的影响，与中国经济的快速发展是极不相称的。④ 因此，必须高度重视"用中国的理论研究和话语体系解读中国实践、中国道路，……打造具有中国特色、中国风格、中国气派的哲学社会科学学术话语体系"⑤。

2013 年 8 月，习近平总书记在全国宣传思想工作会议上指出，要加强国家话语体系建设，增强国际话语权，"着力打造融通中外的新概念新范畴新表述，讲好中国故事，传播好中国声音"。党的二十大报告明确提出，要"加快构建中国特色哲学社会科学学科体系、学术体系、话语体

---

① 参见王永贵、刘泰来：《打造中国特色的对外话语体系——学习习近平关于构建中国特色对外话语体系的重要论述》，载《马克思主义研究》2015 年第 11 期。

② 中共中央马克思恩格斯列宁斯大林著作编译局：《马克思恩格斯文集》（第 5 卷），人民出版社 2009 年版，第 67 页。

③ 参见杨鲜兰：《构建当代中国话语体系的难点与对策》，载《马克思主义研究》2015 年第 2 期。

④ 参见杨鲜兰：《构建当代中国话语体系的难点与对策》，载《马克思主义研究》2015 年第 2 期。

⑤ 李长春：《在马克思主义理论研究和建设工程工作会议上的讲话》，载《人民日报》2012 年 6 月 4 日，第 2 版。

系","加快构建中国话语和中国叙事体系","形成同我国综合国力和国际地位相匹配的国际话语权"。

很显然,在全球化背景下中国话语体系建设已不是一项理论研究课题,而是一项国家战略。[①] 中国话语体系的构建不仅是一种上层建筑需要,同时也是一种国民需要,中国的民众需要一块融汇了历史传统智慧与现代文明的精神栖息地。构建中国话语体系并不只是一种学术思维,还是一种政治文化思维,是一种具有国家战略属性的政治理论思维。[②]

中国在改革发展过程中取得伟大成就,走出了一条具有鲜明特色的发展道路。中国经济社会和科学文化发展方式,也应当从以借鉴西方为主,转向以自主创新驱动。与此相应,哲学社会科学话语体系和话语方式,也应当实现从自发到自主、自觉的重大转变。[③] 所谓自主、自觉,不仅强调民族性,更强调原创性。这意味着,环境法话语体系是有关中国环境法的,是中国在吸收、借鉴和消化人类法治文明的基础上对环境法学知识进行的本土化表达。[④]

三、以习近平生态文明思想指导中国环境法话语体系构建

坚持以马克思主义为指导,是当代中国哲学社会科学区别于其他哲学社会科学的根本标志,必须旗帜鲜明地加以坚持。建构中国环境法话语体系也必须将坚持马克思主义的指导地位作为首要原则,将马克思主义的立

---

① 参见韩庆祥:《全球化背景下"中国话语体系"建设与"中国话语权"》,载《中共中央党校学报》2014年第5期。
② 参见陈汝东:《论国家话语体系的建构》,载《江淮论坛》2015年第2期。
③ 参见郭湛、桑明旭:《话语体系的本质属性、发展趋势与内在张力——兼论哲学社会科学话语体系建设的立场和原则》,载《中国高校社会科学》2016年第3期。
④ 参见何勤华、刘译元:《论中华法系的传承与中国自主法学知识体系的建构》,载《中国法律评论》2024年第1期。

场、观点、方法贯彻始终。习近平生态文明思想作为马克思主义中国化时代化的最新成果，是实现"人与自然和谐共生"的中国式现代化的指导纲领，也是中国环境法话语体系自主构建过程中应当遵循的指导思想。

近些年来，学者从不同角度对习近平生态文明思想进行了深入研究，高度概括了习近平生态文明思想的核心概念和基本命题[1]，提炼了习近平生态文明思想的八个重要方面[2]，总结了习近平生态文明思想的六项原则[3]，重点研究了习近平生态文明思想中的理论观点和思维要素，归纳了习近平生态文明思想的理论创新。我们必须认识到，习近平生态文明思想是一个多层次、多维度的有机体系，需要进行体系性理解。申言之，习近平生态文明思想的十个核心概念之间既有明确的层级之别，又存在密切的相互联系：以"社会主义生态文明建设"作为最高伞形概念，可以构建由"总体目标""基本理念""主要原则""重点任务""国际维度"等关键元素构成的社会主义生态文明建设话语体系；也可以从"三个共同体"这一"核心理念"出发，逻辑地推演出一个从理论到实践、从国内到全球的生态文明建设话语体系构架。[4]

党的二十大报告提出了"中国式现代化"的新论断，人与自然和谐共生的现代化是中国式现代化必然的、内在的组成部分。这不仅昭示着中国式现代化是一条以生态逻辑为导向的发展之路，同时也意味着人与自然和谐共生理应成为一种价值规范而被纳入全面依法治国战略布局。[5] 人与自

---

[1] 参见郇庆治：《习近平生态文明思想的体系样态、核心概念和基本命题》，载《学术月刊》2021 年第 9 期。

[2] 参见张云飞：《习近平生态文明思想话语体系初探》，载《探索》2019 年第 4 期。

[3] 参见吕忠梅：《新时代环境法学研究思考》，载《中国政法大学学报》2018 年第 4 期。

[4] 参见郇庆治：《习近平生态文明思想的体系样态、核心概念和基本命题》，载《学术月刊》2021 年第 9 期。

[5] 参见王灿发、张祖增：《人与自然和谐共生式现代化的环境法制进路探索》，载《学术交流》2023 年第 5 期。

然和谐共生是对现代社会应然意义上人与自然关系的高度凝练与总结，是厘清环境法的人类观、自然观，建构环境法哲学的思想基础，同时也构成了环境法话语体系所欲表达和传播的核心思想。

"人与自然和谐共生"的中国式现代化以人与自然和谐共生为鲜明特色和本质要求，以现代化为物质基础和机制保障，既不能抛却人与自然之间和谐共生片面追求现代化，也不能离开现代化提供的经济基础、政治资源、法治保障、科学技术等现实条件空谈人与自然和谐共生。[①] 在这个意义上，"绿水青山就是金山银山"的绿色发展理念，体现了生态文明建设的要求："绿水青山"是自然，"金山银山"是发展，二者之间的持续转换，实现了人类价值观与自然价值观的和谐统一，通过绿色发展实现了人与自然的双重价值。[②] 因此，"绿水青山就是金山银山"系列表述，其实就是"社会主义生态文明观"的主要含义在中国背景和语境下的另一种形象化表达。[③] 同时，"两山理论"所表达的绿色发展也是对世界各国普遍使用的"可持续发展"的中国表达，对于中国环境法话语体系的构建具有重要的指导意义。

第二节　中国环境法话语体系的建构

一、中国环境法话语体系的建构路径

话语体系的发展趋势主要表现在历史性和世界性两个维度上：历史性

---

① 参见秦天宝：《人与自然和谐共生的中国式现代化之环境法治保障》，载《武汉大学学报（哲学社会科学版）》2023 年第 3 期。

② 参见赵建军、杨博：《"绿水青山就是金山银山"的哲学意蕴与时代价值》，载《自然辩证法研究》2015 年第 12 期。

③ 参见郇庆治：《社会主义生态文明观与"绿水青山就是金山银山"》，载《学习论坛》2016 年第 5 期。

是话语体系发展的纵向维度，它表现在创造和继承两方面。世界性是话语体系发展的横向维度，它体现在冲突和融合两个方面。[①] 中国环境法话语体系的建构同样要遵循上述规律，并应当结合环境法学自身的特性进一步将中华优秀传统生态文化和法律文化的继承与现代转化、基于中国生态文明建设实践的话语创新、秉承多元开放的话语立场作为中国环境法话语体系自主构建的主要路径和方向。

（一）中华优秀传统文化的继承与现代转化

任何话语体系都不是随意产生的，而是建立在对此前话语体系的继承和超越的基础之上的。[②] 中华优秀传统文化中的生态观念与生态智慧源远流长，早已为如今回应人与自然关系提供了文化基因。尽管现代意义上的环境法产生于 20 世纪 60 年代中后期，但是中国古代传统法律秉持"天人合一"理念，在"法律自然化"过程中形成了独具特色的"生命模式"[③]，是中国环境法话语体系构建的重要来源。

1. 传承中华优秀传统文化的"绿色基因"

中华优秀传统文化以直接的生存经验为基础而形成，通过对天象等自然节律和动植物生长有机秩序的自觉体悟，认识和把握人类生存与自然界的有机联系，形成人类与天地万物同源、本质统一、人与环境一体的"天人合一"哲学观。先于人类产生的天地万物不仅被当成可资利用的生活资源，也被当成一体相关的生命根源。这是一种把天地万物人类看作一个整体的哲学观。[④]

---

① 参见郭湛、桑明旭：《话语体系的本质属性、发展趋势与内在张力——兼论哲学社会科学话语体系建设的立场和原则》，载《中国高校社会科学》2016 年第 3 期。

② 参见郭湛、桑明旭：《话语体系的本质属性、发展趋势与内在张力——兼论哲学社会科学话语体系建设的立场和原则》，载《中国高校社会科学》2016 年第 3 期。

③ 张梓太：《中国古代法典传统与当代生态环境法典编纂》，载《法学评论》2024 年第 3 期。

④ 参见任俊华：《建设生态文明的重要思想资源——论中国古代生态伦理文明》，载《伦理学研究》2008 年第 2 期。

在中国传统思想文化史上，天人合一中"天"的含义颇为复杂，大体有自然之天、主宰之天、义理之天三种。天人合一的具体内涵则主要包括人与自然的一致、人与外在的强大力量的一致、人与道德自我的一致，就其对中华传统文化影响的基本面而言，主要是后面两个方面，即人与外在的强大控制力量相一致，与呼应神圣天道的道德律令相一致，而不是单纯地与自然一致。^① 但不可否认的是，对人与自然界关系的认识是"天人合一"的最基本含义。尽管对"天"有着不同的理解，其包含的天地之"天"、自然之"天"、物质之"天"，指称自然界毋庸置疑。即使是具有道德意义的义理之"天"的产生，同样借助了自然界不可抗拒的伟大力量。^② "天人合一"最深刻的含义之一就是承认自然界具有生命意义，有自身的内在价值。自然界不仅是人类生命和一切生命之源，而且是人类价值之源。^③ 人性即是天道，道德原则和自然规律是一致的；人生的理想是天人的调谐。^④ 在中国古代，先秦时期的遵天时、尽地利、假外物，秦汉时期的天人相应、制以时禁，唐宋以来的天人相交胜、民胞物与、为天地立心，都是"天人合一"在不同时期的表达。儒家的仁民爱物、万物一体，道家的道法自然，佛教的众生平等，都共同指向天、地、人的同体与和谐共存，"教虽分三，道乃归一"，体现出"混一而同归"的生态智慧。^⑤ "天人合一"始终是贯穿社会发展的一条主线，其以哲学、美学、法律等不同形态融入人民生活，塑造思想意识，影响制度遵守和实施。^⑥

---

① 参见李宗桂：《生态文明与中国文化的天人合一思想》，载《哲学动态》2012 年第 6 期。

② 参见方克立：《"天人合一"与中国古代的生态智慧》，载《社会科学战线》2003 年第 4 期。

③ 参见蒙培元：《中国的天人合一哲学与可持续发展》，载《中国哲学史》1998 年第 3 期。

④ 参见张岱年：《中国哲学中"天人合一"思想的剖析》，载《北京大学学报（哲学社会科学版）》1985 年第 1 期。

⑤ 参见洪修平：《论儒佛道三教的生态思想及其异辙同归》，载《世界宗教研究》2021 年第 3 期。

⑥ 参见吕忠梅：《生态环境法典编纂与优秀传统生态文化的传承》，载《法律科学》2024 年第 3 期。

"天人合一"的哲学观在中国古代以各种方式渗透于社会生活的方方面面，在一定程度上转化为人们保护生态环境的意识和行动，体现为充满生态智慧的法令、制度与管理体制。自商周以来逐渐形成并一直沿用的时禁制度、虞衡制度、崇俭禁奢制度、劝课农桑制度等，充分体现了取之有度、用之有节的人与自然和谐相处理念，具有明显的"法律自然化"① 特征。"天地有节"，法律不能违背天命，不能违背自然之道，如果没有在相应的时节做相应的事情，则可能会招致自然所带来的惩罚。

实现中华优秀传统法律文化在新时代的传承与发展，使其与现代法治实践相贯通、相融合，既对今日建构中国自主的环境法知识体系有着不容忽视的史鉴意义，更为新的环境法知识体系何以"中国"、如何"自主"提供了重要方向标。②

2. 理性鉴别中华传统文化

"天人合一"体现的朴素生态观，彰显了东方的生态智慧，是根植于中华民族血脉之中的"绿色基因"。③ 但是，产生于农业社会的"天人合一"观，在给中国人带来人与物、人与自然和谐境界的同时，也因缺少主客二分和主体性思想，过分重视人伦道德而忽视对自然的认识，过分重视整体性而忽视人的个性，尤其是儒家传统把封建"天理"的整体性和不变性同"天人合一"说结合在一起，成为消极的思想根源。④ 有关自然保护的法律规定，在一定程度上体现了封建统治和小农经济的落后与迷信，是人类在生产力和生产方式较为低下情况下对自然的妥协、服从。

---

① ［美］D. 布迪、C. 莫里斯：《中华帝国的法律》，朱勇译，江苏人民出版社 1993 年版，第 32 页。

② 参见张生、孙烁：《法律史学科与建构中国自主法学知识体系：历史检讨与学科使命》，载《中国法律评论》2024 年第 1 期，第 32 页。

③ 参见王明远：《我国的"绿色基因"及其法律现代化——"天人合一"思想的法律表达》，载《新文科教育研究》2023 年第 4 期，第 64 页。

④ 参见方克立：《"天人合一"与中国古代的生态智慧》，载《社会科学战线》2003 年第 4 期。

今天的中国，既是历史的中国的延续，也是对历史的中国的传承与创新。我们应清醒地认识到"天人合一"观的双重性，"取其精华，去其糟粕"，弘扬中华传统文化中值得肯定且有利于生态文明建设的内在逻辑，在马克思主义思想指导下，着眼于当前生态文明建设的实际，以人民需要、大自然需要为"衡量尺度"[①]，把那些体现生态系统规律、具有广泛影响、被大多数人所接受和领会，对广大人民具有熏陶作用、激励作用，对于保护生态环境具有积极作用的传统生态文化和法律文化，鉴别为中华优秀传统文化，通过"创造性转化"和"创新性发展"建构中国环境法话语体系。

（二）基于中国生态文明建设实践的话语创新

中国的环境法治经过 50 多年的实践积累，为环境法话语体系建构提供了一定经验基础。建构中国自主的环境法知识体系，就是要把中国生态文明法治建设实践中做对了的东西总结出来，进而用我们自主的环境法话语体系，向世界清楚说明和科学解释中国环境法治实践、中国环境法治经验、中国环境法治奇迹、中国环境法治道路和中国环境法治模式。[②]

1. 坚持实践主义话语立场

法治话语是法治理论的表现形式，法治理论是法治话语的基本内核。成熟的话语体系是成熟的法治理论的重要标志，而成熟的法治理论也需要通过不断创新话语体系来表达和传播。实践是理论的来源，因而法治实践构成法治话语的内在基础，法治话语是法治实践的外在表现。

---

① 王学伟：《现代价值观念：优秀传统文化的评价标准》，载《中州学刊》2016 年第 7 期，第 82 页。

② 参见吕忠梅：《中国自主的环境法知识体系建构初论》，载《中央党校（国家行政学院）学报》2023 年第 3 期。

在一定程度上可以说，法治话语是历史冲刷留下的痕迹，是法治实践的集中反映。[①] 这就要求我国法治话语体系的建构奉行实践主义的哲学观，坚持实践主义的话语立场。[②]

实践主义话语立场要求注重法治话语的实在性和具体化，在真实的环境中，以实际存在的社会现象和社会事实为对象，为具体的法治实践提供理论指引和依据。即便是对一般性原理或规则、规律的探求，也应当以中国社会作为实际场景，从而使相关的理论或知识成为"对中国有用"或"在中国有用"的智力成果。[③] 实践主义话语立场还体现为以问题为中心的话语取向，即法治话语应始终围绕具有实在性、当代性、重大性、根本性、普遍性的"中国问题"而展开，以保证法治话语与中国社会现实贴近。[④]

2. 客观认识中国环境法实践话语

经过多年的探索和努力，中国以前所未有的决心和力度，推动生态环境保护发生历史性、转折性、全局性变化，把生态文明从一种理论构想转化为成功的制度实践，把外国的环境法理论主动转化为适合中国国情的法律制度，为中国的生态环境保护取得历史性成就发挥了积极作用，也为世界提供了发展中国家实现可持续发展的法律制度新选择。中国生态文明法治建设获得成功，是因为我们做对了；但这些做对了的东西，从国外的教科书中找不到，从马克思主义经典著作那里也抄不来。过去，我们大多用西方的知识体系来解释中国的环境法治实践，其结果是要么"削足适履"，要么"张冠李戴"，要么"捉襟见肘"[⑤]。中国环境

---

　　① 参见周叶中、林骏：《论新时代中国特色社会主义法治话语体系创新》，载《江汉论坛》2019年第1期。
　　② 参见郑永流：《实践法律观要义以转型中的中国为出发点》，载《中国法学》2010年第3期。
　　③ 参见顾培东：《当代中国法治话语体系的构建》，载《法学研究》2012年第3期。
　　④ 参见陈甦：《中国法学由体系前研究到体系后研究的范式转型》，载《法学研究》2011年第5期。
　　⑤ 吕忠梅：《中国自主的环境法知识体系建构初论》，载《中央党校（国家行政学院）学报》2023年第3期，第2页。

法话语体系迫切需要摆脱对外来学术的"学徒状态",提出其本己的"自律性"要求。[1]

事实上,中国的生态环境保护实践为环境法话语的本土化提供了丰富的基础资源。例如1983年第二次全国环境保护会议确立的经济建设、城乡建设和环境建设同步规划、同步实施、同步发展,实现经济效益、社会效益、环境效益相统一的指导方针,提出的"预防为主,防治结合""谁污染,谁治理"的要求,对"协调发展""预防为主""污染者负担"等环境法基本原则的形成和确立发挥了决定性作用。再如,中国环境管理的"三大法宝"中,"三同时"是由环境政策提出、由环境立法确认,经由理论抽象而成的环境法话语。进入新时代以来,生态文明体制改革中也出现了诸如环境资源承载能力监测预警、"三线一单"生态环境分区管控、生态保护红线、环保约谈、河长制、生态环境损害赔偿、生态环境综合执法、环境司法专门化等新的政策话语,这些话语都可能沿着政策话语—立法语言—环境法话语的路径,演进为环境法话语的重要内容。

(三) 域外环境法话语的合理借鉴

从中国自主的环境法知识体系建构目标看,建构环境法话语体系,必须从根本上改变西方话语主导的话语位势,确立社会主义法治理念作为我国法治"元理论""元知识"的话语权威地位。[2] 但是,这并不意味着闭关自守,排斥外来话语。环境法作为应对当代人类所面临的全球性环境危机的产物,本身具有"地球行星家政法"[3] 的共性,更需要我们以天下大

---

[1] 参见吴晓明:《论当代中国学术话语体系的自主建构》,载《中国社会科学》2011年第2期。

[2] 参见顾培东:《当代中国法治话语体系的构建》,载《法学研究》2012年第3期。

[3] William H. Rodgers, Jr., *Handbook on Environmental Law*, St. Paul: West Publishing Company, 1977, p.1.

同的胸怀，共谋全球生态文明建设，合理借鉴全球环境法的"通用语言"建构中国环境法话语体系。

1. 坚持中国环境法话语体系构建的道路自信

构建中国环境法话语体系要坚持理论自信，勇于学习和借鉴一切人类文明成果，当然也包括西方法治理论。我们坚决反对不加反省地用西方法治话语来格式化中国法治实践，不是用一般原则来解释内容，而是由内容出发建构原则，不能把西方法治理论作为构建中国法治话语体系的标准。但是，我们也必须清醒地认识到，中国法治话语体系的自觉建构不能"闭门造车"，必须建立在交往和交流的基础上。如果说，建构中国自主法治话语体系的目的是在激烈的全球性竞争中拥有一定的话语权，那么，也必须承认，作为当今世界通用的"普通话"的法治话语是由西方法治理论所主导的。中国要建构具有世界影响力的法治话语体系，一方面要透彻理解西方法治话语，另一方面也要寻求与已经成熟的法治话语的交往和交流之道。因此，西方法治话语可以作为一种有意义的理论来源与法治发展的参照系，成为建构中国法治话语的一部分，作为建构中国法治话语的条件而存在。在这个过程中，既需要借鉴西方成熟的法治话语，也需要与西方形成真正意义上的法治话语的学术交流，在不断的对话中形成并掌握话语权。[1]

实际上，我国环境法的产生源于世界环境问题爆发对中国的警醒，因此，中国环境法中的很多重要话语都是对域外环境法概念、制度借鉴或转化的结果。中国早期的环境立法大量移植西方发达国家环境立法和国际环境条约的概念、术语，经由理论化诠释，形成了环境法学话语，典型如对"污染和其他公害"概念的借鉴：在我国环境立法之初，各方面对污染和

---

[1] 参见朱振：《中国特色社会主义法治话语体系的自觉建构》，载《法制与社会发展》2013年第1期。

公害的理解还比较模糊，当时能够找到的将环境污染用汉字形式表述并作出解释的仅有日本原《公害对策基本法》，因此，我国在参照日本公害立法的基础上确立了"污染和其他公害"的概念。[①] 1978 年修改的《宪法》第 11 条第 3 款、1979 年制定的《环境保护法（试行）》第 7 条都采用了"防治污染和其他公害"的表达，并且一直沿用至今，成为中国环境法学的基础性话语之一。再如，环境影响评价是对美国 1969 年《国家环境政策法》规定的 Environmental Impact Assessment 即 EIA 的移植，排污收费制度则是对联合国欧洲经社理事会所提出的污染者负担原则的移植和转化。

2. 实现国际法话语的中国式表达

环境外交是冷战时期中国外交的重要领域，客观上使国际环境法对中国环境法话语产生重要影响。中国自 1972 年以来，已经参加或批准了 30 多部国际环境保护公约、条约，并为履行国际义务积极进行国内法转化，使国际环境法的相关概念转化为中国环境立法的概念、术语，进而成为中国环境法话语的重要来源，如，为履行《联合国海洋法公约》而制定《海洋环境保护法》，为履行《濒危野生动植物种国际贸易公约》而制定《野生动物保护法》，等等。

为建构中国的环境法知识体系，中国学者一方面借鉴发达国家的环境法理论，另一方面也从国际环境法中寻找理论资源，如，作为中国环境法学核心话语之一的环境权，其理论来自美国和日本的相关学术主张。但学者在进行理论论证时，更倾向于以《联合国人类环境会议宣言》等国际环境法中的"软法"为渊源，进而印证环境法学科的正当性。[②]

[①] 参见汪劲：《环境法学》，北京大学出版社 2006 年版，第 325 - 328 页。

[②] 参见蔡守秋：《环境权初探》，载《中国社会科学》1982 年第 3 期；吕忠梅：《论公民环境权》，载《法学研究》1995 年第 6 期；陈泉生：《环境权之辨析》，载《中国法学》1997 年第 2 期。

再如，"可持续发展"作为破解当前全球性问题的"金钥匙"①得到广泛使用，其作为环境法基石性价值概念，也是经由环境法学者以 1987 年《我们共同的未来》的定义为基础，以《里约宣言》《21 世纪议程》等为"软法"依据，逐步经由世界各国立法法律渊源化②，"第一次以系统化的方式使得一国对于自己国内环境的管理成为国际关注的问题"③。中国环境法学将可持续发展引入传统法学，提出了对传统法学予以"绿化"的主张。可持续发展作为环境法学给当代法学带来的最具"革命性"的见解和观点④，成为环境法学的代表性话语。

（四）多学科、多来源话语的引入与转化

话语体系是多样的统一，和而不同，同则不继。不同话语体系在冲突中走向融合，这是人类社会发展的必然趋势。⑤ 环境法作为"领域法学"，从来不是一块单纯的"法律蛋糕"。这更要求中国环境法话语体系建构坚持多元开放的学科立场，对不同类型的话语进行法律话语转化。

1. 不同学科话语有机融合

法学非仅仅关乎规范或司法，其中的多元进路和问题意识可同时指向比规范和司法更为广阔的法治理论及实践。要对环境法律、制度等的运行有真切的质性把握，就离不开人类学、环境科学、环境经济学、环境管理学、社会学、心理学等学科的介入。建构中国环境法话语体系，不可能对

---

① 习近平：《坚持可持续发展 共创繁荣美好世界——在第二十三届圣彼得堡国际经济论坛全会上的致辞》，载《人民日报》2019 年 6 月 8 日，第 2 版。
② 参见吕忠梅：《发现环境法典的逻辑主线：可持续发展》，载《法律科学》2022 年第 1 期。
③ ［英］帕特莎·波尼、埃伦·波义尔：《国际法与环境》，那力、王彦志、王小钢译，高等教育出版社 2007 年版，第 81 页。
④ 参见侯佳儒、王明远：《边缘与前沿：当代法学背景中的环境法学》，载《政治与法律》2016 年第 10 期。
⑤ 参见郭湛、桑明旭：《话语体系的本质属性、发展趋势与内在张力——兼论哲学社会科学话语体系建设的立场和原则》，载《中国高校社会科学》2016 年第 3 期。

这些学科语言"充耳不闻";与此同时,对这些学科语言于中国环境法话语体系的影响,也不应该"视而不见"。

环境科学对环境法的影响主要表现在科学技术话语在环境立法及环境法学中的使用。尽管对技术因素的考量在传统法学领域同样存在,涉及人和自然关系的问题也并非环境法所独有,但由于环境法是有关"人与自然生命共同体"规则,自然规律和科学技术在各个方面对环境法学知识的生成及发展具有不容置疑的影响,对环境法学基本概念体系的影响尤为重大,诸如环境、自然资源、生态系统、环境容量、环境基准等,莫不直接借用了科学技术话语。这也使环境法学话语体系中,如何将科学技术语言转化为法学概念,在赋予科学技术概念以法律内涵过程中实现逻辑的一致性,成为值得研究的重要问题。

环境危机唤醒的是当代整个人文社会科学领域的危机意识,催生的是与生态环境相关的前沿学科、领域型学科的整体性发展。环境法学因其环境危机的法学阐释者身份,应当体现应对环境危机的各个新兴学科的理论诉求、价值禀赋。因此,环境法学具有内在的兼容并蓄的理论气质,与各种新兴的环境相关学科之间存在着共同的问题意识、相同的实践基础、近似的价值取向、"家族性"的理论预设和方法预设。这在跨学科研究成为趋势、交叉研究渐成为主流的当下,为环境法学的发展提供了多元的理论视角和多元的理论支撑。[1] 例如,以经济学的外部性理论为基础,环境管制、排污收费、自然资本、环境价值、生态补偿等话语被引入环境法学。又如,以哲学上的内在价值理论为基础,自然权利、动物福利、代际公平等成为环境法学的前沿话语。这表明"环境法学在保持了法学正统之余也在某种程度上通过引入外部知识对传统法学进行着'革命'。其他学科对

---

[1] 参见侯佳儒、王明远:《边缘与前沿:当代法学背景中的环境法学》,载《政治与法律》2016年第 10 期。

环境法学研究均产生了不同程度的影响，其中尤以经济学、哲学和环境科学为胜"[1]。

多元开放的话语立场也就意味着，不可能孤立地依赖法律内部知识或教条，解释其中动态与复杂的法律运行过程。研究者须保有多维视角，推进不同理论间碰撞。如此有助于推动最终的理论话语落脚于事实，落脚于社会真实的解释力及对策可行性上。这种开放式立场有利于中国环境法学克服那种空洞、没有事实依据的虚无理论，提升环境法话语的有效性和实效性。[2]

2. 多元环境法话语融合转化

多元开放的话语立场要求环境法话语不能成为各种外来话语的机械堆砌，而应根据环境法学理论的内在逻辑和表达需求，遵循继承—改造—创新的基本方法，对多元话语进行转化和淬炼。

对于诸如环境污染、环境基准、环境容量等具有确定内涵的科学技术话语，可以共同使用，以保持话语的科学性，但是应对这些科技话语的法学内涵予以提炼和界定。

对于诸如绿水青山就是金山银山、河长制、一岗双责等源于生态文明改革文件和生态文明建设实践的政策话语、政治话语，不能简单地照搬，而是要用法律的语言、学术话语体系表达其政治意蕴，赋予其明确的法学内涵和规范内容。

对于诸如污染者负担原则、排污权、生态系统服务费、自然的权利等源于环境相关人文社会科学学科的话语，以及诸如环境侵权、环境犯罪、自然资源物权等源于其他法学学科的话语，应当区分处理：对于内涵确定

---

[1] 王社坤：《环境法学研究影响性因素实证分析——基于 CSSCI 法学核心期刊环境法学论文引证的调查》，载《法学评论》2011 年第 1 期，第 68 页。

[2] 参见王启梁：《法学研究的"田野"——兼对法律理论有效性与实践性的反思》，载《法制与社会发展》2017 年第 2 期。

和通用的话语，应当共同使用；对于不能完整、准确表达环境法学理论的话语，应当重新解释，赋予其新的内涵；对于环境法学特有的理论内容，则应当创制新的话语予以表达。

二、中国环境法话语体系的构成

话语体系与思想理论体系是内在统一的，话语体系是思想理论体系的外在表达形式，受思想理论体系的制约。[①] 环境法话语体系的建构立基于环境法学思想理论体系之上，采用何种话语表征环境法学思想、观点、理论、文化，以及使用何种语言文字、词汇、句式、符号加以表达，都直接关系环境法学思想理论体系的传播与接受程度。[②] 法学理论的构造作为一种科学研究活动，必须借助概念、范畴等话语而得到实现，而且这些话语还必须体系化，方能保证在学术研究中的自洽、交流。[③] 因此，建构环境法话语体系与建构环境法学科体系是一枚硬币的两面，需要我们在对已有的环境法学理论研究成果进行整理和发掘，形成具有中国特色的环境法学科体系的同时，建构中国的环境法话语和叙事体系，用中国理论阐释中国实践，用中国实践升华中国理论，打造融通中外的新概念、新范畴、新表述，更加充分、更加鲜明地展现中国故事及其背后的思想力量和精神力量。[④]

---

① 参见杨鲜兰：《构建当代中国话语体系的难点与对策》，载《马克思主义研究》2015 年第 2 期。

② 参见吕忠梅：《中国自主的环境法知识体系建构初论》，载《中央党校（国家行政学院）学报》2023 年第 3 期。

③ 参见胡玉鸿：《刍议新时代法学学科学术话语体系的建构路径》，载《上海交通大学学报（哲学社会科学版）》2021 年第 4 期。

④ 参见《习近平在中共中央政治局第三十次集体学习时强调 加强和改进国际传播工作 展示真实立体全面的中国》，载新华网 2021 年 6 月 1 日，http://www.xinhuanet.com/politics/2021 - 06/01/c_1127517461.htm。

自 20 世纪 70 年代末以来，中国的环境法学研究已经从"照着说""跟着说"时代进入"自己说"时代，取得了丰硕的理论研究成果，基本完成了环境法学科体系"从无到有"的建构。但是，我们也必须清醒地认识到：现有环境法学科体系远未成熟，具有明显的碎片化知识、对策型思维、应急性方案等特征，既轻视甚至忽视环境法的哲理、法理研究，也没有解决中国生态环境法治困境的系统性方案，更缺乏环境法研究的方法论自觉，主体性不彰，原创性不足，难以为生态文明建设提供有效的法治"轨道"。因此，迫切需要加强对中国特色环境法治理论和实践的研究阐释，提炼出有学理性的新理论，概括出有规律性的新实践，形成具有中国特色的环境法学科体系，与此同时，建构相应的环境法话语体系。

中国环境法学科体系是一个内容丰富、结构合理、逻辑自洽的思想体系。从目前已有研究成果和实现宪法确立的"美丽中国"目标要求看，以"本土性"为基础、以"中国特色"为底蕴的中国环境法学科体系主要包括环境法哲学体系、环境法价值论、环境法方法论、环境法本体论、环境法治论等内容。我们需要首先从这几个方面着手，切实解决制约中国环境法知识体系建构的理论瓶颈，为环境法学的未来发展开辟道路。[①] 作为对环境法学科体系的外化表达，中国环境法话语体系也相应地由环境法哲学话语、环境法价值论话语、环境法方法论话语、环境法本体论话语、环境法治论话语等构成。

环境法哲学的核心问题是正确认识人与自然的关系，厘清环境法的人类观、自然观。环境法作为新兴法律学科，建立在反思传统法律秉持"人

[①] 参见吕忠梅：《中国自主的环境法知识体系建构初论》，载《中央党校（国家行政学院）学报》2023 年第 3 期。

是万物的尺度"的哲学基础之上，以缓解"主客二分"哲学导致的人与自然关系极度紧张、实现"人—人"及"人—自然"双重和谐为追求。习近平法治思想的生态文明法治理论在中国生态文明建设的实践探索中生成，在理论创新中升华，在历史传承中把握人类文明进步规律。[①] 其所提出的"人与自然生命共同体"核心命题、"人与自然和谐共生"价值理念、"绿水青山就是金山银山"的辩证思维、全地域全方位全过程开展生态文明建设的系统观念等，是运用马克思主义世界观对现代社会人与自然关系的高度凝练与总结，继承和弘扬了持中贵和、"天人合一"、道法自然的中华优秀传统文化，超越了中、西方传统哲学，具有厚重的中华文化底蕴和鲜明的中国特色，构成中国自主的环境法知识体系的哲学基础。如果说，以习近平生态文明思想为指引，建构"人与自然和谐共生"的法哲学基础，是当前环境法学研究的首要问题，那么，对于环境法话语体系建构而言，就需要在已有的人类中心主义、生态中心主义、内在价值等表征环境法哲学的话语的基础上，紧紧围绕"人与自然和谐共生"这一核心命题，进一步深化理解、深刻把握、深入挖掘、深度凝练环境法哲学话语。

环境法的价值是环境法存在的伦理正当性依据，直接决定着社会中的法律主体的法律思维方式与法律实践，更是环境法进步的内在依据与精神动力。[②] 作为新兴法律领域的环境法，因为有与传统法律不同的价值追求而兴起和发展，价值体系构成环境法的目标选择与根本判断，是环境法研究的思想基础。环境法，应在建立以人民为中心、人与自然和谐发展、守住自然安全边界的判断标准的基础上，建构以可持续发展为目的价值，以

---

① 参见吕忠梅：《习近平法治思想的生态文明法治理论》，载《中国法学》2021 年第 1 期。

② 参见姚建宗：《中国特色社会主义法的价值论》，载《辽宁大学学报（哲学社会科学版）》2013 年第 2 期。

生态安全、代际公平、种际和谐为工具价值的价值体系，以满足"人与自然和谐共生"的多元、多层次需求。① 环境法的价值一般通过环境法的目的、原则具象化，就此而言，环境法价值论话语也就相应地由表达环境法价值的本体以及相应的环境法目的、环境法原则的话语构成。

环境法本体论是对环境法治现象以及实践的本质认识和概括，构成环境法研究的逻辑起点。环境法本体论是以中国环境法治实践为研究对象而形成的对环境法的构成要素与本质属性、法律关系与运行方式、保护范围与制度体系的整体性认知，涵摄了环境法的基石范畴、概念体系、规范性质、制度特征、运行规律等组成部分。环境法本体论是学者关注度高、研究较多的部分，内容丰富，从不同角度、不同层面揭示了环境法的基本内涵、本质属性、根本特征。下一步，应高度重视环境法基础理论建构与中国环境法治实践的契合度、环境法适用的准确性、环境法制度运行的有效性，注重在提炼具有中国特色的范畴体系、标志性概念和设置议题方面下功夫，建构具有鲜明中国特色的环境法本体论话语。

环境法方法论是实现价值共识与法律形式有机结合的规律总结，回答的是"如何将价值预设转化为法律形式"的问题②，是环境法学研究的理性基础。"主客二分"哲学催生还原主义方法论，近现代法学理论也以西方现代科学为圭臬，采用还原论来构建法学范畴和概念体系，通过对法律从整体到部分、由连续到离散的"还原"去发现法律的本质。③ 传统的部门法理论、现行环境法学理论也都是建立在还原论基础之上的。然而，环

---

① 参见吕忠梅：《中国自主的环境法知识体系建构初论》，载《中央党校（国家行政学院）学报》2023 年第 3 期。

② 参见朱志昊：《从价值预设到法律形式：立法方法论基础初探》，载《河南大学学报（社会科学版）》2011 年第 4 期。

③ 参见［苏］Б. 格里戈里耶夫：《原子论与还原论》，刘伸译，载《国外社会科学》1981 年第 8 期。

境问题的特性决定了无法用传统的还原主义思维来解决它。环境法以解决环境问题为使命，面对的是生态系统与人类社会的双重危机，必须以整体主义方法论作为基本理论工具构建环境法学科体系。但是，完全采用整体主义方法论也会出现诸如权利泛化、制度运行缺乏机制等问题，因此，环境法方法论应该是对还原论和整体论的超越，合理运用两种方法论，既见树木又见森林。① 在有这种认识的基础上，我们需要进一步厘清法教义学方法、法社会学方法等传统法学研究方法与环境法研究所需要的"生态性""整体性""体系性"之间的张力，建构融贯"还原主义"与"整体主义"、"个人主义"与"集体主义"、"概念思维"与"类型思维"、"生态系统"与"法律体系"之间关系的方法论体系，达成方法论共识②，并以此为基础构建环境法方法论话语体系，促进形成环境法学研究范式的迭代发展。

环境法治论主要回答环境立法、执法、司法和守法过程中的理论与实践问题，是对环境法律的制定与实施、构成与变迁、发展与愿景的理性认知与概括凝练，构成环境法研究的核心。环境法治论以环境法规范为研究对象，在论证并支撑现行环境法制度的科学性、正当性和合理性的同时，及时发现环境立法、执法、司法、守法实践中出现的新情况、新问题并提炼学术命题加以研究解答，形成体系化的环境立法论、环境执法论、环境司法论、环境守法论。现有研究中，法治论是研究成果最多、内容最丰富，同时为中国环境法治实践作出巨大贡献的部分。下一步，应当加强对环境法治实践的历史演进、体系构成、实施效果、社会功能等方面规律的总结，深化对法律规范背后的历史逻辑、理论逻辑、实践逻辑的提

---

① 参见刘超：《环境法学研究中的个人主义方法论——以环境权研究为中心》，载《郑州大学学报（哲学社会科学版）》2010年第4期。

② 参见吕忠梅：《中国自主的环境法知识体系建构初论》，载《中央党校（国家行政学院）学报》2023年第3期。

炼，通过对外国环境法理论、外国环境法制度到中国为什么"水土不服"，中国的法律文化土壤中应长出怎样的"环境法之树"，中国的环境法治实践对全球环境治理的制度性贡献是什么等深层次问题的回答，凝炼出能够体现中国环境法治成功经验、展现中国环境法治自信、贡献中国环境法治智慧的环境法治论话语。

第三节　中国环境法的特色话语

一、特色话语在中国环境法话语体系建构中的功能

中国自 1972 年参加联合国人类环境会议以来，一直积极参与国际环境保护事务，中国主张、中国智慧、中国方案越来越得到国际社会的认同。尤其是近十年来中国生态文明建设取得的成就，使生态文明的理念正在成为国际环境法的一部分。中国大力发展生态文明建设，为其他国家寻找自己的类似概念，同时为这个概念在国际社会的普及，提供了一个宝贵的榜样。[1] 这对建构中国的环境法话语体系，提炼融通中外的新概念、新范畴、新表达而言，是个极好的契机，为不断提升"中国表达"的认可度、影响力、引领力提供了广阔的空间。但是，从客观来看，中国环境法话语体系的建构，需要与环境法学科体系、学术体系的构建协同开展，是一个长期的过程。在中国环境法话语体系建构的过程中，优先凝练、识别中国环境法的特色话语，是一个优先的路径选择。

所谓特色话语，应当是彰显中国环境法学思想理论研究高水平自主创新成果且彰显中国特色的话语。特色话语既包括能够表达中国环境法学的

---

[1]　参见［美］尼古拉·罗宾逊：《生态文明概念的国际意义》，载《新文科教育研究》2023 年第 4 期。

独特和创新思想理论的新概念、新话语，也包括被赋予新内涵的既有话语，即通过对现有概念的重新界定、扩展或修正来提供新的理论框架或分析视角。无论是新概念、新话语还是新内涵，特色话语都应当展现出其相对于其他类似话语的新优势和新扩展：一方面，特色话语更能体现出话语背后的研究思路的独辟蹊径、研究方法的创新与改进、理论模型的更新或扩展、解释力度的提升、实证效果的增强等；另一方面，特色话语更能清晰地展现出对新研究边界的扩展、对新研究领域的开拓、对新学术方向的引领、对新科学阵地的打造。① 这就使特色话语具有了奠基、引领和激励功能，推动了中国环境法话语体系以及其所表达的环境法学科体系的提档升级、更新换代。

首先，特色话语往往是中国环境法话语体系中的核心话语，是解读中国环境法思想理论的基础工具，也是中国环境法话语体系建构的关键节点和重要支撑。核心话语是建构思想、理论和知识体系的最基本的"物件"，是"链接思想的关节点"。对核心话语的挖掘、阐释和凝练，可为中国环境法话语体系奠定基本的知识框架与语义基础。②

其次，特色话语往往也是凝聚中国知识、体现中国智慧的话语，是对中华优秀传统生态文化的核心价值的经典表达、对中国生态文明建设实践成功经验的升华提炼。通过对这些特色话语的识别、诠释和传播，不仅可以引领中国环境法话语体系的未来走向，引领环境法话语体系自主构建的方向和目标，更能够通过引领和示范作用，启迪新知，推动知识创新，进而不断丰富和完善中国环境法话语体系。③

---

① 参见中国人民大学书报资料中心：《标准·方法·示例：中国哲学社会科学原创学术概念分析报告》，2023 年 12 月发布。

② 参见彭澍、袁军：《以核心术语构建中国话语体系》，载《中国社会科学报》2023 年 5 月 9 日，第 2 版。

③ 参见吴汉全：《话语体系初论》，人民出版社 2020 年版，第 91-92 页。

二、中国环境法的特色话语例证

特色话语必须源自中国实践，具有中国特色，体现中国贡献，凸显自己独立的价值和意义。[①] 限于篇幅，以下仅聚焦于环境法哲学、价值论、方法论、本体论、法治论等环境法学思想理论体系的核心内容，对最能体现中国生态文明建设和环境法治成功经验、最能表达中国环境法学思想理论研究创新成果的环境法特色话语予以例举式阐述。

（一）生命共同体

正确认识人与自然的关系，建立科学、理性的自然观、生命观、人类观，是环境法产生的前提，也是获得国际话语权的前提。习近平总书记用"人与自然是生命共同体""山水林田湖草是生命共同体""人类命运共同体"，即生命共同体，指明了人与自然是一个统一的有机整体，科学回答了人与自然如何和谐共生的问题，为正确认识和科学处理人与自然的关系提供了本体论依据。[②]

"生命共同体"是习近平生态文明思想体系中的元哲学或元逻辑概念[③]，也是习近平法治思想的生态文明法治理论的核心命题[④]，构成了中国环境法哲学的基石性概念，也应当被识别为中国环境法的特色话语。一方面，"生命共同体"概念改变了中国传统哲学"天人合一"观念的内涵

①　参见卓泽渊：《加强中国特色法学话语体系建设》，载《民主与法制》2023 年第 21 期。
②　参见张云飞：《"生命共同体"：社会主义生态文明的本体论奠基》，载《马克思主义与现实》2019 第 2 期。
③　参见郇庆治：《习近平生态文明思想的体系样态、核心概念和基本命题》，载《学术月刊》2021 年第 9 期。
④　参见吕忠梅：《习近平法治思想的生态文明法治理论之核心命题：人与自然生命共同体》，载《中国高校社会科学》2022 年第 4 期。

以及万物平等价值观的内涵的模糊性缺陷，用清晰的语言和逻辑表达了人类与自然的共生关系，是对中国传统哲学"天人合一"观念的继承和现代转换。① 另一方面，生命共同体所蕴含的"人与自然和谐共生"的价值追求，与"可持续发展"同向同行，既是中国式现代化的重要特征，也蕴含着全人类的共同价值。生命共同体理念本身就蕴含着人与人、人与社会、国家与国家乃至全人类的"命运与共"的价值特质，人类命运共同体实际也是发展意义上的生命共同体，构建人类命运共同体就是基于"命运与共"这一价值特质，从发展的角度探讨作为生命共同体的人类地球家园所面临的问题与对策，最终构建起以"天下大同"为价值追求的人类命运共同体。②

准确把握生命共同体这一特殊话语及其背后的理论渊源，是深刻理解习近平法治思想的生态文明法治理论的"密码"。生命共同体要求统筹考虑人的自然属性与社会属性，协调经济视角与生态视角，将生态观念纳入"经济人"的"理性"之中，形成新的"生态理性经济人"。生命共同体不再将自然纯粹地当作开发利用的对象，不再以自然是否可以被人利用作为唯一判断标准，而是将自然作为一个整体纳入法律保护范围，跨越了"主客二分"思维，将"共生"关系纳入了法律的概念、原则和制度。③ 生命共同体深刻揭示了人与自然、自然环境要素相互间以及人与人之间的联系性与循环性，为我们从法律上认识自然夯实了系统性思维底座。生命共同体强调，从单一对象到对象间关系、从线性逻辑到多维空间、从对立对抗到共生共荣的转变，是一种整体主义方法论。其见解更加深刻，视野更加

---

① 参见王雨辰：《习近平"生命共同体"概念的生态哲学阐释》，载《社会科学战线》2018 年第 2 期。

② 参见耿步健：《论习近平生命共同体理念的整体性逻辑》，载《探索》2021 年第 3 期。

③ 参见吕忠梅：《习近平法治思想的生态文明法治理论之核心命题：人与自然生命共同体》，载《中国高校社会科学》，2022 年第 4 期。

广阔，为探索解决生态环境问题、实现可持续发展的途径提供了新型整体方法论。①

以生命共同体为元概念和统领性话语，可以进一步提炼出次一级的环境法话语，例如：能够全面概括和反映人的自然属性和社会属性的话语——生态理性经济人②；能够全面体现"自然"所具有的资源、环境、生态"一体三面"样貌和属性的话语——生态环境③；能够全面展现全球环境治理中的中国主张、中国方案的话语——共谋全球生态文明等。

（二）绿色发展

环境法因环境问题而生，环境问题因环境与发展的矛盾而出现，因此，如何规范环境与发展的关系是环境法本体论的核心任务。当前，"可持续发展"目标已成为全球最大共识，世界各国为推动可持续发展国家转型，也提出了符合自身国情的战略并以法律方式加以宣示，呈现"各美其美"态势。习近平总书记在于泰国曼谷举行的亚太经合组织工商领导人峰会上发表书面演讲时，深刻阐释了中国式现代化的丰富内涵，强调促进经济社会发展全面绿色转型。习近平总书记在主持中共中央政治局第十一次集体学习时指出：发展新质生产力是推动高质量发展的内在要求和重要着力点，绿色是高质量现代化的底色，新质生产力本身就是绿色发展的生产力。这种发展观可以被凝练为绿色发展观，是在发展视角和理论话语体系下对新时代生态文明建设目标及主要任务的概念化表达，应当被识别为中

---

① 参见吕忠梅：《寻找长江流域立法的新法理——以方法论为视角》，载《政法论丛》2018 年第 6 期。

② 参见吕忠梅：《沟通与协调之途——论公民环境权的民法保护》，中国人民大学出版社 2005 年版，第 140 - 148 页。

③ 参见巩固：《环境法典基石概念探究：从资源、环境、生态概念的变迁切入》，载《中外法学》2022 年第 6 期。

国环境法的特色话语。

一方面，绿色发展是中国建构新发展格局的新发展理念之一，是将科学发展、可持续发展以及生态文明建设相结合的发展。其本质就是以人为本的可持续发展，追求资源节约型和环境友好型的发展形式，将经济发展和生态文明建设进行统一的结合。① 绿色发展以其与"创新发展""协调发展""开放发展""共享发展"的协同关系体现了"可持续发展"的核心价值和系统性思维，是值得进一步诠释的"中国表达"。另一方面，绿色发展是对"绿水青山就是金山银山"这一政治话语、政策话语的抽象和转化，形象而又精准地体现了生态文明的社会形态，对人类社会进行了全方面的价值观重构，实现了人类价值观与自然价值观的和谐统一。"绿水青山就是金山银山"通过对现代物质文明社会中自然生态的独特功用或者价值的时代发现②，表达了一种全新的发展观。绿色发展原则作为"两山理论"的法律表达，预示着将生态环境保护纳入法律价值体系的时代要求。这不仅是对矿产资源法、森林法等资源利用类法律的价值纠偏，而且体现了长江保护法等生态保护类法律的应有价值。③

绿色发展观超越了把保护生态环境与发展生产力对立起来的僵化思维，从坚持人与自然的总体性出发，不仅要求以保护和完善生态环境为前提，而且从把良好的生态环境作为自然生产力的高度，重新认识和理解生态环境对人类生存和发展的重要价值。④ 绿色发展不仅是对保护生态环境

---

① 参见赵建军、杨博：《"绿水青山就是金山银山"的哲学意蕴与时代价值》，载《自然辩证法研究》2015 年第 12 期。

② 参见郇庆治：《社会主义生态文明观与"绿水青山就是金山银山"》，载《学习论坛》2016 年第 5 期。

③ 参见秦天宝：《习近平法治思想关于生态文明建设法治保障的重要论述：整体系统观的视角》，载《政法论坛》2022 年第 5 期。

④ 参见卢宁：《从"两山理论"到绿色发展：马克思主义生产力理论的创新成果》，载《浙江社会科学》2016 年第 1 期。

与发展经济之间辩证关系的理念宣示，而且已经在实践层面落地生根，对中国环境法的内涵和外延、价值体系都产生了重大影响。

绿色发展要求建立从绿水青山到金山银山的制度通道，其中最为关键的路径是实现生态产品的价值，将基于生态功能提供的公共服务、基于生态服务提供的生态产品以及为保护生态权益或有益于生态而作出的贡献等，转换为绿色财富，展现自然资源和生态环境的生产力属性。① 绿色发展要求重视自然资源资产的价值，并从产权制度安排方面通过分级代理、产权交易等增强国有自然资源资产的活力。绿色发展要求统筹自然环境的多重价值与功能，协调多元利益诉求，实现人与自然的和谐发展。② "生态兴则文明兴，生态衰则文明衰""宁要绿水青山，不要金山银山""绝不能以牺牲生态环境为代价发展经济"等风格鲜明的论断，集中阐述了环境保护与发展协调过程中的基本立场，即保护优先。"五位一体"总体布局的形成，使保护环境成为发展的对象而不是实现其他发展的手段或措施。这就为保护优先的确立提供了必备的国家战略依托。自此，保护优先这项"革命"性抉择已经进入实施状态。③ 保护优先作为处理生态环境保护与发展之间关系的原则，不仅将"生态兴则文明兴，生态衰则文明衰"等政治话语转变为法律术语，而且符合产业类、管理类和生态类等生态环境立法的定位以及法律生态化趋势的共性原理。④

以绿色发展为基础，在"两山理论"转化方面可以进一步凝练出诸如生态产品价值实现、生态保护补偿、环境资源产品交易等环境法话语；在

---

① 参见胡咏君、吴剑、胡瑞山：《生态文明建设"两山"理论的内在逻辑与发展路径》，载《中国工程科学》2019 年第 21 卷第 5 期。

② 参见吕忠梅：《习近平法治思想的生态文明法治理论》，载《中国法学》2021 年第 1 期。

③ 参见徐祥民：《习近平生态文明法治思想的基本命题：环境保护优先》，载《中国政法大学学报》2021 年第 3 期。

④ 参见秦天宝：《习近平法治思想关于生态文明建设法治保障的重要论述：整体系统观的视角》，载《政法论坛》2022 年第 5 期。

自然资源资产方面可以凝练出自然资源资产审计、国家所有权分级代理等环境法话语；在发展与保护关系方面，可以进一步凝练出保护优先、生态保护红线、自然保护地、生态环境修复等环境法话语。

（三）环境司法

环境法治论关注环境法治的运行过程，这是最具中国特色、最能彰显中国道路和中国自信的环境法学理论话题。以《环境保护法》（2014 年）全面修订为标志，生态环境保护相关法律立改废步伐明显加快，环境法律体系基本建成；以环境执法体制机制改革为动力，各部门多措并举，提升执法质效，环境执法取得长足发展；以环境司法专门化体系建设为契机，专门环境诉讼制度与传统诉讼制度发展良好，环境司法体系运行顺畅。[①] 其中，环境司法的发展最为引人注目，成为最具中国元素的环境法治论话题。

2014 年最高人民法院成立环境资源审判庭后，中国的环境司法专门化体系逐渐形成，环境审判机构数量不断增长，环境审判队伍专业化建设得到加强，环境审判职能规范发展，以及环境司法理念得到贯彻。同时，环境司法的专业化内涵不断拓展，环境资源案件审判更加凸显"生态"特性，专业化审判规则不断完善，案件审理类型化、精细化进展明显。总体上看，生态文明建设新时代司法的"绿色"脉络已清晰可见。[②] 中国环境司法逐步呈现出扩展受案、强调职权、保障执行等审前、审理和审后的多维能动现象，开始突破传统司法的克制与保守，转而强调主动、积极地提供服务与保障。这构成了中国环境司法的鲜明特色。[③] 这就使中国的环境

---

① 参见吕忠梅：《环境法治建设十年回顾与环境法典编纂前瞻》，载《北京航空航天大学学报（社会科学版）》2023 年第 1 期。

② 参见吕忠梅、刘长兴：《环境司法专门化与专业化创新发展：2017—2018 年度观察》，载《中国应用法学》2019 年第 2 期。

③ 参见张忠民：《中国环境司法的能动协同现象与形成发展逻辑》，载《中国法学》2023 年第 5 期。

司法在传统的以维护公共利益为目标的司法类型之外，具有了治理型的司法面向。①

环境司法是近年来中国环境法治论最为活跃的研究领域，也是环境法治实践领域中成果最为丰硕的领域。联合国环境规划署环境法数据库和联合国多边环境协定信息门户，也对中国的环境资源典型案例和环境资源审判白皮书进行了专题介绍，表达了对中国环境司法的认同与推广。因此，应当将环境司法作为中国环境法的特色话语予以定位和推广。

以环境司法为逻辑起点，还可以继续概括出生态环境侵权、环境公益诉讼、生态环境损害赔偿、生态环境禁止令、生态环境惩罚性赔偿等具有中国特色的环境法话语。

---

① 参见杜辉：《环境司法的公共治理面向——基于"环境司法中国模式"的建构》，载《法学评论》2015 年第 4 期。

第九章　中国环境法治论

自 20 世纪 70 年代开启现代化法治进程以来，中国环境法治从无到有不断发展壮大，环境立法体系基本建成，环境执法力度明显加强，环境司法创新成效显著，环境守法水平不断提升。在中国环境法治建设取得历史性飞跃的同时，环境法学理论则显得单薄、滞后，尚未完全从"法制"转向"法治"的环境法知识体系难以充分解答"实践之问"，迫切需要一个具有解释力、包容度、统领性的概念来引领新时代环境法治知识体系创新。中国环境法治论旨在回答环境立法、执法、司法、守法等法治运行过程中的理论与实践问题，是对环境法制定与实施、构成与变迁、发展与愿景的理性认知与概括凝练。[①] 在中国自主的环境法知识体系中，环境法治论具有承上启下、纲举目张之意义，既是环境法价值论、方法论等在法治实践层面的理论延伸，也是环境立法、执法、司法、守法等法治运行环节

---

① 参见吕忠梅：《中国自主的环境法知识体系建构初论》，载《中共中央党校（国家行政学院）学报》2023 年第 3 期。

的理论基础。

第一节　建构中国环境法治论新需求

随着中国环境保护工作从早前的建章立制逐步迈上现代化法治正轨，中国环境法经过多年的理论与实践发展，其学科体系、学术体系、话语体系逐步建立，为中国环境法治建设提供了重要理论支撑。但也必须清醒地认识到，面对新时代生态文明法治建设的巨大成就以及生态环境保护任务的严峻挑战，环境法学理论滞后于环境法治实践，环境法学研究具有较为明显的"纸面"特征，原创性与实践性不足，中国环境法治论尚未形成，既无法满足中国特色社会主义环境法治体系建设的实践需要，也难以满足建构中国自主的环境法知识体系的理论需要。

一、中国环境法治发展及其知识脉络

以史为镜，回顾中国环境法治建设历程，梳理其中环境法知识脉络，对于总结法治研究经验、建构中国环境法治论具有重要意义。改革开放以来，《环境保护法》及多部单行法的制定实施有效解决了环境保护"无法可依"的局面；新世纪朝向中国特色社会主义法律体系的目标奋进，在环境立法理论与实践探索中形成了环境法律体系及其相关知识资源；进入新时代，党的十八届四中全会提出建设中国特色社会主义法治体系，进一步为环境法提出从"法律体系"到"法治体系"的重大时代命题，环境法知识体系也迎来了新的挑战与契机。

（一）环境法制知识萌芽

环境法制知识的萌芽与中国环境法治事业的发展息息相关。新中国成

立之初，百废待兴，环境问题尚不足以成为关注的焦点，直至 1972 年中国派代表团参加联合国人类环境会议并于次年召开第一次全国环境保护会议，党和国家开始高度重视环境保护及其法制化工作，专家学者在参与环境立法活动过程中投身环境法教学研究，中国环境法治建设和环境法学研究的序幕正式拉开。

新中国成立前后，在为工农业生产保障自然条件的朴素环保意识推动下，环境资源法治建设以"农林水利"相关的法制初创为主要特点，相关研究也较为零散。1972 年，联合国人类环境会议在瑞典首都斯德哥尔摩召开，中国派代表团参会并作发言，这次会议促使中国开始重视环境问题并运用法律的手段保护环境。次年，第一次全国环境保护会议召开并通过中国首部环保规范性文件《关于保护和改善环境的若干规定（试行草案)》，确立了"全面规划，合理布局，综合利用，化害为利，依靠群众，大家动手，保护环境，造福人民"的 32 字环保方针。[①] 随着环保意识启蒙，环境法制建设迅速起步，环境法制知识逐渐萌芽。

改革开放以来，社会主义法制建设恢复并快速发展，环境法制的宪法基础更加坚实，环境立法体系初步形成。1978 年修改《宪法》，环境保护正式"入宪"，并明确了自然资源保护和污染防治两个方面的主要内容；1982 年修改《宪法》，完善了自然资源合理利用和保护的相关规定，并将原先的"环境"扩大并明确为"生活环境和生态环境"，为建立专门环境保护立法提供了宪法依据。[②] 1979 年，《环境保护法（试行）》通过，明确了我国环境法制的基本方针和重点任务，确立了环境影响评价、"三同时"和排污收费等基本制度。1989 年，《环境保护法》

---

① 参见汪劲：《中国环境法治三十年：回顾与反思》，载《中国地质大学学报（社会科学版）》2009 年第 5 期。

② 参见常纪文：《三十年中国环境法治的理论与实践》，载《中国地质大学学报（社会科学版）》2009 年第 5 期。

正式颁布，成为我国环境立法体系的"基本法"，推动大量环境单行法相继出台。在环境法制发展的早期阶段，围绕《环境保护法》的试行、正式出台以及相关单行法的制定实施，学者对环境法的调整范围、立法目的、基本原则及法律实施等基本问题展开全面研究[1]，为环境保护法制化实践提供了理论支撑。与此同时，传统法保护环境的局限性以及环境立法的必要性得到了学界普遍认可，并将其落实为推动环境法作为独立法律部门的学术努力。[2]

　　1992 年，联合国环境与发展大会召开，可持续发展理念在世界范围内产生了广泛影响，我国发布"中国环境与发展十大对策"，提出转变发展战略，走可持续发展道路，可持续发展逐步融入中国环境法立法。据统计，我国自 1998 年以来，有新制定或新修改的 14 部环境单行法在立法目的中规定了促进可持续发展，占同期可比立法总数的 82.4%。[3] 随着可持续发展成为国家战略目标，环境法以"革命者"姿态对传统法理论提出挑战，来自环境伦理学、环境科学等的外源型知识为学者认识并证成环境法的独特性提供了丰富资源，通过重构人与自然的关系发现了环境法区别于传统法的价值取向、研究对象、调整方法等独特知识[4]；同时，不少学者致力于对传统法进行"生态化"改造[5]，在激烈的思想碰撞中产生了环境人权、绿色民法、生态法益等新的知识火花。相关研究推动了《大气污染防治法》《水法》等污染防治和自然资源类法律的修改，引发了《侵权责

---

　　① 参见金瑞林：《环境法的适用范围、目的与作用》，载《环境管理》1982 年第 2 期；金瑞林：《我国环境保护法的基本原则和实施中的几个问题》，载《环境保护》1980 年第 1 期。

　　② 参见文伯屏：《环境保护法是独立的法律部门》，载《法学杂志》1980 年第 2 期。

　　③ 参见竺效：《论生态文明建设与〈环境保护法〉之立法目的的完善》，载《法学论坛》2013 年第 2 期。

　　④ 参见蔡守秋：《论当代环境法学的发展》，载《法商研究》1998 年第 3 期。

　　⑤ 参见曹明德：《法律生态化趋势初探》，载《现代法学》2002 年第 2 期；陈泉生：《环境时代宪法的权利生态化特征》，载《现代法学》2003 年第 2 期。

任法》《刑法》等相关法律制定修改对环境问题的关注，深化了环境影响评价、环境侵权救济、环境法律责任等制度设计①，为新世纪中国环境法制建设实现可持续发展转型奠定知识基础。

（二）探索形成环境法知识体系

世纪之交，为加快实现社会主义现代化建设"有法可依"，党的十五大报告提出"形成有中国特色社会主义法律体系"的法治建设目标，中国环境法治顺势进入"快车道"，并在新时代推进生态文明建设过程中实现了历史性变化。法律功能较大提升，法律数量不断增加，法律体系更趋完善，立法模式更为合理，立法工作向注重源头控制转变，从与国际法接轨转到参与国际规则制定。② 依托环境立法理论与实践的发展成就，环境法学从学科边缘走向国家治理议题中央，推动形成了环境法律知识体系，成为中国环境保护事业法治化的重要支撑。

2011 年 3 月，中国特色社会主义法律体系在第十一届全国人民代表大会第四次会议上正式宣告已经形成，其中的环境法虽在形式上分散于行政法与经济法两个部门法之中，但实质上逐步形成了以环境问题为导向的领域型环境法律体系。据统计，到 2013 年，中国已制定《环境保护法》等环境保护综合类法律 4 部，《水污染防治法》等环境污染防治类法律 6 部，《森林法》等自然资源与自然（生态）保护和开发利用类法律 13 部，促进清洁生产与循环经济类法律 2 部，能源合理开发利用类法律 2 部；同时，有 10 部左右的民事、刑事、行政和经济立法中明确规定了环境保护的相关内容，还有 60 余部环境行政法规、600 余部环境行政规章以及 1 200 余部国家环境标准。③

---

① 参见王小钢：《中国环境法学 30 年发展历程和经验》，载《当代法学》2009 年第 1 期。
② 参见翟勇：《我国生态环境立法重要进展》，载《环境与可持续发展》2020 年第 6 期。
③ 参见吕忠梅、吴一冉：《中国环境法治七十年：从历史走向未来》，载《中国法律评论》2019 年第 5 期。

这些环境法律法规数量庞大、内容多样、类型丰富，为环境法学研究提供了丰富的实在法资料，环境立法知识的产出与供给更加充足。

党的十八大以来，党中央高度重视生态文明建设，生态环境领域立法成为全国立法工作的重中之重，十多年来制定和修订生态环境法律法规30余部，在对已有法律进行修改完善的同时填补了多项立法空白，特别是2014年《环境保护法》的修订，通过更新立法理念、完善制度体系巩固了"基本法＋单行法"的立法模式。环境执法方面通过体制机制改革，严厉打击环境违法行为，提高环境违法成本，加大审查监督力度，2018年党和国家机构改革，生态环境保护执法体制与时代需求更加契合，适合中国国情的环境保护执法道路和执法方式越发清晰。[1]绿色司法体系也取得了创新性发展，2014年最高人民法院设立环境资源审判庭，2019年最高人民检察院针对公益诉讼成立第八检察厅，推动了环境司法的专门化和专业化；随着环境公益诉讼制度和生态环境损害赔偿制度先后确立，环境诉讼的特殊性得以被研究关注。

在中国特色社会主义法律体系中，环境法作为重点领域、新兴领域得以加快发展，从生态文明体制改革的法治化到环境法律的制定和修改完善，环境立法研究始终保持高热度；与此同时，面对改革实践中的新情况以及环境基本法与单行法之间的新问题，法律解释等方法也得到了高度重视和运用，以弥合法律适用中的缝隙与冲突。由此，产生了与"立法论"交织并存的"解释论"知识生产线。一方面，生态文明建设的提出及其法定化，为环境法律体系提出了完善基本法、健全生态保护法、修订污染防治与自然资源法，建立预防性、管控性和救济性制度的新要求。[2]

---

① 参见吕忠梅、田时雨：《在习近平法治思想指引下建设生态文明法治体系》，载《法学论坛》2021年第2期。

② 参见王灿发：《论生态文明建设法律保障体系的构建》，载《中国法学》2014年第3期。

在《野生动物保护法》《森林法》《长江保护法》《青藏高原生态保护法》等法律的修改制定过程中，对人与自然和谐共生、绿色发展等价值理念的认知不断深化，形成了相关制度设计的理论方案。另一方面，在"有法可依"的基础上，解决法律实施中的执法、司法问题成为理论界与实务界共同关注的事情，针对环境立法比较抽象、制度可操作性不强、环境法实施效果不佳等问题，一些学者提出聚焦法律解释方法，在司法裁判中具体解决环境法律适用问题[①]，并通过"解释论"研究强化对法律规则的理解、对法律体系的建构，尝试改变"以立法为中心"的研究思路。[②]

二、中国环境法治论亟待构建

进入新时代，在习近平生态文明思想和习近平法治思想指引下，源于中国本土、指引中国实践、具有中国特色的中国环境法治体系逐渐形成，更加需要对当前环境法知识体系的良好基础与明显短板具有清醒认知。值得积极肯定的是，中国环境法知识体系的形成与发展为现代环境法治建设提供了深厚积淀；但同时也不容否认的是，当前围绕法律体系而形成的环境法知识体系无法适应日益丰富的生态文明法治建设进程，难以满足中国特色社会主义法治体系建设的需要。为此，直面中国环境法治建设"实践之问"，在既有环境法律知识体系基础上进一步发展环境法治知识体系，形成富有理论理性与实践理性的中国环境法治论，是建构系统完备的中国自主的环境法知识版图的重要任务。

---

① 参见吕忠梅：《环境法的裁判解释初论》，载《江苏社会科学》2010 年第 6 期。

② 参见陈海嵩：《宪法环境权的功能体系——兼论环境法学研究的"解释论"转换》，载《社会科学辑刊》2013 年第 6 期。

（一）环境法知识体系的"实践之问"

从"法制"到"法治"的环境法知识累积并非一蹴而就，实际上，在早期解决无法可依问题的同时，环境法学研究也关注到了有法不依、执法不严等法律实施问题，有关环境法律责任、环境诉讼制度等主题的研究成果为促进环境法律实施起到了良好作用。[①] 随着新时代生态文明法治建设的深入推进，近年来围绕环境立法体系化、环境执法措施、环境司法专门化、现代环境治理体系、生态环境保护督察等法治实践议题展开了多元化研究，"法治"正在成为环境法学研究的"关键词"。但还需清醒认识到，仍然有不少环境法学研究出现了"两张皮"的致命性缺陷：要么与环境法治需求不相符，要么将西方问题中国化，以"环境法理论"面目出现的学术成果无力解释环境法治现象。[②] 中国环境法知识体系直面"实践之问"。

首先，具有"立法中心主义"倾向的环境法知识生产路径如何反映并指导波澜壮阔的环境法治实践？作为法治运行的基础和依据，立法是法治实践的首要环节，围绕环境立法而形成环境法律知识体系构成环境法知识体系的重要内容。但与此同时，难以否认法律体系目标指引下的环境法知识体系天然具有强烈的立法论偏好，即便近年来兴起的解释论研究为法律适用提供了积极探索，但本质上仍然是囿于"法律层面"的知识生产。对法律实施的忽视，造成立法数量快速增长与环境质量每况愈下的悖反，有学者喻之为法制"疯长"、法治"不长"、生态系统"崩溃"。[③] 此外，由

---

① 参见吕忠梅：《环境法学研究的转身——以环境与健康法律问题调查为例》，载《中国地质大学学报（社会科学版）》2010 年第 4 期。

② 参见汪劲：《环境法学的中国现象：由来与前程——源自环境法和法学学科发展史的考察》，载《清华法学》2018 年第 5 期。

③ 王明远教授之比喻，参见巩固：《激励理论与环境法研究的实践转向》，载《郑州大学学报（哲学社会科学版）》2016 年第 4 期。

于缺乏统一的价值与方法指引，环境法治领域的研究成果内容丰富但良莠不齐，相关研究及其成果较为分散，既有知识体系对中国环境法治实践的规律性认识不足，系统严密的中国环境法治知识体系尚未形成。

其次，大量移植而来的环境法知识生产资料如何体现"法治中国"的主体性意识？法律移植是人类法治文明发展史上的一种普遍现象，在我国环境法治发展进程中，法律移植的现象也曾一度较为突出，从法律理念到法律制度、从立法到执法司法领域，都可见国外环境法的影响，在客观上起到了加快法治建设的作用①，但同时也在一定程度上导致环境法治领域的相关研究存在以国外理论片面解释中国实践、以政策解读简单替代法理论证的研究倾向，难以解答外国环境法理论与制度在中国"水土不服"、中国法律文化应培育出怎样的环境法治体系等深层次问题。② 党的二十大报告在提出"推进美丽中国建设"的同时，强调要"坚持全面依法治国，推进法治中国建设"。这充分彰显了全面建设社会主义现代化国家中的主体性意识。"法治中国"建设，须以法治的基本原则结合本民族的独特品格进行新的创造，从而以自身独具的中国特色发展模式汇入世界法治现代化的进程之中。③ 新时代新征程进一步推进中国环境保护事业法治化，迫切需要加快构建基于"法治中国"的环境法知识体系。

（二）环境法治论的时代需求

新时代党和国家更加注重运用法治思维和法治方式加强生态环境保护

---

① 参见郑少华、王慧：《中国环境法治四十年：法律文本、法律实施与未来走向》，载《法学》2018 年第 11 期。

② 参见吕忠梅：《中国自主的环境法知识体系建构初论》，载《中共中央党校（国家行政学院）学报》2023 第 3 期。

③ 参见夏锦文、胡锦华：《建构中国自主法学知识体系的方法论思考》，载《社会科学辑刊》2024 年第 3 期。

和生态文明建设，党的十八届四中全会强调，全面推进依法治国的总目标是建设中国特色社会主义法治体系、建设社会主义法治国家，标志着法治中国建设进入一个新的历史阶段。中国特色社会主义法治体系的提出，明确了建设环境法治体系的时代命题，也由此意味着环境法知识场域的改变，环境法学亟须扩大研究视野、丰富研究对象，形成契合于"法治体系"的环境法知识体系。这一学术使命意味着研究对象的全景式扩张以及主体意识的全方位觉醒，要求以中国本土法治实践为问题意识来源，贯通环境立法、执法、司法、守法各环节，融通古今中外法治资源，建构独特自主的中国环境法治论。

一是从"基于法律"的知识体系到"基于法治"的知识体系。长期以来，以"立法"为中心的知识产生路径，一方面推动环境法迅速发展壮大，使之成为法学学科体系中的新锐，成为国家立法活动中的活跃领域，环境法学研究在服务国家重大战略政策与环境法制建设中提出了具有创新性的理论命题，呈现出独树一帜的气象[1]；但另一方面，由于立法实践过程中参照国外环境制度较多、运用环境伦理及科学研究范式较多，对中国环境法现象关注不足、从事理到法理论证不充分，在立法繁荣背后的环境法律知识呈现出明显的"对策法学"特征[2]，这进一步导致了环境法学理论与法治实践的脱节，以立法思维为主的环境法理论供给难以满足法官的需求，"大而化之"的理论不能为基层执法者"解渴"，这些现象都触及环境法知识体系的根本。[3] 为此，迫切需要改变"立法万能"的研究思路，树立统筹立法、执法、司法、守法的法治思维，从现代环境治理体

---

① 参见徐祥民、胡中华：《环境法学研究 30 年：回顾与展望》，载《法学论坛》2008 年第 6 期。
② 参见秦天宝、雷盟、张睿琦：《回归法学本位的环境法学研究（1979～2020 年）——基于 8 960 篇核心期刊文献计量分析》，载《人大法律评论》2022 年第 1 期。
③ 参见吕忠梅：《环境法回归 路在何方？——关于环境法与传统部门法关系的再思考》，载《清华法学》2018 年第 5 期。

系、生态环境法典编纂、综合执法改革、司法专门化、全民守法行动等当下中国环境法治前沿中提炼研究命题，形成回应实践、基于法治的知识体系。

二是从"西方中心"的知识体系到"中国自主"的知识体系。改革开放以来，环境保护立法作为与国际接轨的重要领域，其产生与发展受外界影响较大，不仅学者以研究欧美和日本为主，早期相当一部分立法也具有明显的西方痕迹。[①] 法律移植向来是新兴领域法制初创阶段的必经之路，借助他山之石可以迅速完成环境法治的基础建设，使环保事业纳入法治轨道运行，在这个过程中，对发达国家环境法治经验的学习和借鉴也成为我国环境法知识生产的重要来源，甚至形成了一种"特定环境问题—外国立法例与制度成果—中国立法对策与制度建构"的环境法学研究路径。[②] 但时至今日，中国生态文明建设中的法治探索已经远远超出了西方环境法治理论范畴，刻在中华民族基因中的"天人合一"与西方环境伦理"主客二分"的矛盾日益突出，以实质法治为根本追求的中国法治传统与推崇形式理性至上的西方法治精神具有巨大差别，种种环境法现象深刻表明，只有中国自主的环境法知识体系才能解读并引领"中国之治"。

第二节　中国环境法治论的建构理路

建构中国环境法治论须以法治一般原理为基础，经法治形式与实质之辨，可以揭示环境法治作为实质法治的本质属性。在此基础上，通过提炼中华优秀传统生态法治文化中的本土性知识，确立人与自然和谐共生的价

---

① 参见周珂：《环境法学的学术特色与贡献》，载《法学家》2010 年第 4 期。
② 参见柯坚、刘志坚：《我国环境法学研究十年（2008—2017 年）：热议题与冷思考》，载《南京工业大学学报（社会科学版）》2018 年第 1 期。

值建构基准，依托中国特色社会主义法治体系的基本格局，建构兼具实质理性与形式理性的中国环境法治论。

一、形式法治与实质法治的辩证统一

正所谓"知法治所由生，则应时而变；不知法治之源，虽循古终乱"（《淮南子·氾论训》），建构中国环境法治论亦须从法治的一般原理出发。世界法治文明发展进程中有各种类型的法治，出现了形式法治与实质法治的分野，我国在综合古今中外各种法治模式的基础上提出"法律是治国之重器，良法是善治之前提"，精辟表达了中国特色社会主义法治作为形式法治与实质法治相统一的法治模式。[①] 以法治的形式与实质之辨审视环境法治，对于理解中国环境法治的本质属性具有基础性意义。

（一）形式法治与实质法治之辨

纵观人类文明发展史，法治无疑是其中一颗闪耀明珠。在最广泛意义上，无论依法而治、以法而治或经法而治，以法为治者，皆为法治，西方法治、中国儒家法治、法家法治由此都构成了人类法治的具体类型。[②] 古今中外的思想家结合所处时空的皇权、自由、民主等元素，对法治的内涵、类型等方面作出诸多阐释，代表者如梁启超的一种主义说、亚里士多德的二层含义说、世界法学家大会《德里宣言》的三原则说、戴雪的四种解释说、拉兹及富勒的八原则说等。[③] 尽管诸家对法治概念的理解各有不同，但在理论与实践的发展情形中可见其存在形式与实

---

① 参见张文显：《治国理政的法治理念和法治思维》，载《中国社会科学》2017 年第 4 期。
② 参见刘杨：《法治的概念策略》，载《法学研究》2012 年第 6 期。
③ 参见徐显明：《论"法治"构成要件——兼及法治的某些原则及观念》，载《法学研究》1996 年第 3 期。

质两种基本向度。

在从传统社会向现代社会转型的过程中，法治取代神治、人治，并以形式法治和实质法治的面貌相继登场。以西方社会发展过程为代表，现代社会的民主、自由等理念使法的功能和性质发生改变，维护皇权贵族的特权法变为保护普罗大众自由平等的平权法，并逐步脱离了道德及政治等因素的干扰，促成了以规则为中心的"依法而治"的社会，特别是在自由资本主义时期，自由放任的市场经济、意思自治的市民社会、依循规则的科层制管理体制等历史条件成就了以形式合理性为基本导向的法治模式；但与此同时，实质上的公平正义难以得到充分保障，由此一种更具实体价值关怀的法治模式伴随着福利国家的转型而兴起，通过限制绝对财产权来保护公益、适度干预私域以维护公平竞争秩序、统筹考量政治经济及道德等因素从而补救过分拘泥于形式与程序所带来的实质不合理性。① 这两种法治模式表现为不同的理论取向和实践特征：形式法治主张法治作为国家治理的主要方式，强调法律的自治性、稳定性、一般性与普遍性，坚持市民社会与政治国家之区分，侧重维护个人自由、平等，追求形式与程序公正；而实质法治在推崇依法而治的基础上，认为法律并非一个自足的封闭系统，需要通过道德权利等实在法之外的准则检验并防止"恶法"，在程序正义之外追求实质正义。②

形式法治与实质法治的类型化框架成为描述和分析法治的经典理论范式③，也因此构成观察和解释环境法治现象的基本视角。以形式法治观之，环境法治的兴起与发展正是环境治理制度化、规范化、法治化的过程，从《联合国人类环境会议宣言》到如今多部国际环境公约，法治已经

---

① 参见高鸿钧：《现代法治的困境及其出路》，载《法学研究》2003年第2期。
② 参见高鸿钧：《现代法治的困境及其出路》，载《法学研究》2003年第2期。
③ 参见［英］保罗·克雷格：《形式法治与实质法治的分析框架》，王东楠译，载姜明安主编：《行政法论丛》（第13卷），法律出版社2011年版，第643-665页。

成为全球环境治理体系的重要方式，中国也始终重视用法治思维和法治方式保护生态环境，新时代坚持"用最严格制度最严密法治保护生态环境"① 即是环境法治的生动表达。公开、普适的环境法治规范体系，权威、稳定的环境法治运行过程，都表明环境法治满足了形式法治的基本要求，而环境法治的问题导向、目的导向又表明其并非价值无涉。实际上，形式法治的局限性在环境法治诞生之初即有所体现。当生态危机来临，过错责任原则无法解决环境侵权问题，司法审查恪守行政行为合法性边界而对生态理性敬而远之，生态法益的缺失使环境犯罪在刑法体系中难以容身，这些传统法应对环境问题时的力有不逮，本质上正是形式法治在调整复杂环境社会关系时所面临的挑战：新兴且易变的环境问题给法治实践带来了巨大的不确定性，多元主体参与的环境治理体系模糊了公法与私法的界分，对生态价值和环境正义的日益关怀不断动摇着形式理性根基。在实质法治的视角下，环境法治展现出更为鲜明的特质，从人类环保意识的启蒙到可持续发展观及生态文明理念的提出，环境法治始终在价值理念指引下发展演进，并在一定程度上打破了法律系统的封闭性，生态哲学、环境伦理、绿色经济等社会和文化条件为环境法治赋予了更深层次的正当性，使之具备突出的实质合法性；诚然，也需要警惕与实质法治相去不远的法律道德化倾向，避免法治沦为环保主义的工具。

本质上，形式法治与实质法治之间并非绝对对立，特别是以"人治"为对照，二者共享着作为"法治"的核心要素，包括政府受法律限制、形式合法性、法律而非人的统治等，只是在实现"法治"的路径上存在较大差别。② 形式法治的要义指向"法律之为法律在形式上所应达到的标准"，如法律的一般性、公开性、不溯及既往、明晰性、不相互矛盾、可行性、

① 习近平：《推动我国生态文明建设迈上新台阶》，载《求是》2019年第3期。
② 参见李桂林：《实质法治：法治的必然选择》，载《法学》2018年第7期。

稳定性等富勒所主张的法律的内在道德，以及拉兹进一步提出的保障司法独立性、司法审查权、禁止自由裁量权滥用等关乎法律实施的法治原则；而实质法治其实并不排斥这些形式要素，只是进一步充实了法律价值等实质内容，其与形式法治的本质区别在于是否认为实质正义是"法治"的构成要素。① 因此，以形式法治与实质法治的理论框架审视环境法治，并非意味着将环境法治简单归于其中一方阵营，而是强调在建构中国环境法治论的层面上，需要立足环境法治的由来之途，看清环境法治的本来面貌，认真思考当今中国需要什么样的环境法治并为之而不懈努力。

（二）中国环境法的"良法善治"

形式法治与实质法治之争在我国学界由来已久，有坚决为形式法治理论辩护者，他们认为实质法治存在诸多风险②；也有旗帜鲜明的实质法治拥护者，他们认为实质法治乃中国法治发展之进路。③ 聚焦中国环境法治，其作为沟通古今、独树一帜的现代型绿色法治，不仅是形式理性意义上的"法律之治"，更是具有实质价值追求的"良法善治"。

法治作为现代国家的标识性概念得到了世界普遍认同，但如何认识并践行法治，中国与西方存在不同的思想渊源。在西方法治思想史中，亚里士多德对于法治概念的界定被后世学者奉为经典，也奠定了西方法治以形式法治为主的基调。"法治应包含两重意义：已成立的法律获得普遍的服从，而大家所服从的法律又应该本身是制订得良好的法律"④，这一理解

---

① 参见沈岿：《何种形式法治？什么样的开放、反思？——兼应俞祺、胡若溟的评论》，载章剑生主编：《公法研究》（第15卷），浙江大学出版社2016年版，第383页。
② 参见黄文艺：《为形式法治理论辩护——兼评〈法治：理念与制度〉》，载《政法论坛》2008年第1期；陈金钊：《实质法治思维路径的风险及其矫正》，载《清华法学》2012年第4期。
③ 参见付子堂：《实质法治：中国法治发展之进路》，载《学术交流》2015年第3期。
④ 亚里士多德：《政治学》，商务印书馆1965年版，第199页。

简明扼要地点出了"普遍守法""制订良法"的法治要义，使之在确立法律的统治地位上享有绝对的理论优势，后世有关法治的诸多研究也大多在此框架下展开。但与此同时，这项广为传颂的"法治公式"只是粗略勾画出法治的形式轮廓，而在实质意义上有所欠缺，如强调对法律普遍服从但未提出对权力进行限制，又如要求法律制订得体现"良法"但未明示究竟何谓"良法"。① 这些实质内容尽管有自然法学、社会法学等流派以自由、民主、正义、权利等法治理念和制度体系予以填充，但近代西方以理论表述出来的法治形态，基本上是形式主义的法治，因其价值中立的本质，既可能服务于"善"，也可能服务于"恶"。②

相较于西方法治文明，中国传统法治文化具有鲜明的实质法治色彩，为建构中国环境法治论提供了重要的本土资源。先秦时期，法家最早提出"以法治国"理念，尽管存在君权神授、严刑峻法等封建糟粕，但依然不妨碍其成为华夏法治文明的"源头活水"。一方面，法家强调法律之治，"尚法""尊法"的理念与当今"法治中国"的建设目标具有高度的一致性。管子认为，"夫生法者，君也；守法者，臣也；法于法者，民也"，提出"君臣上下贵贱皆从法，此谓为大治"（《管子·任法》），尽管不能将其与"法律面前人人平等"的现代法治理念相提并论，但足以表明法治被认为是一种重要的治国手段。另一方面，法家所推崇的法治是一种"德性之治"，不仅可以与古代社会的德治习俗相兼容，也为自然法则进入法治系统奠定了良好基础。《商君书》通过强调圣王"观俗立法""明主慎法制""不以私害法"，描绘了一个以"圣王"为施政主体、以"至德"为治理追求的法治愿景，而后在"阳儒阴法"的王朝变迁中实现了"百代犹行秦法政"。③

---

① 参见石茂生：《论法治概念的实质要素——评亚里士多德的法治思想》，载《法学杂志》2008年第1期。

② 参见张文显：《法治与国家治理现代化》，载《中国法学》2014年第4期。

③ 参见王林敏：《商鞅的法治论及其当代价值》，载《山东警察学院学报》2023年第6期。

法家之"法""不仅在社会,也在自然"。《管子·七法篇》有言:"根天地之气,寒暑之和,水土之性,人民、鸟兽、草木之生,物虽不甚多,皆均有焉,而未尝变也,谓之则。"这些自然规律构成了人类行为的基础和边界,也因此成为"法"所须遵从的自然法则。韩非子进一步提出"因道全法"的命题,为法家"以法治国"拓宽了自然哲学基础。《韩非子·大体》有言:"因道全法,君子乐而大奸止。澹然闲静,因天命,持大体。故使人无离法之罪,鱼无失水之祸。如此,故天下少不可。"表明法家眼中的"法"不仅是一套人为设计的规则,也源于对自然秩序的模仿,通过人类行为的普遍化可以使人和自然达到一致从而成就彼此。①

以史为镜,可知中国环境法治植根于实质法治土壤;而立足当下,则能深刻理解新时代中国环境法治的实质法治面向,进而有助于探索中国环境法治论的实质法治进路。首先需要明确的是,新时代中国环境法治是兼顾形式法治的实质法治模式。党的十八大以来,中国在环境保护制度化、法治化建设上"内外兼修",既通过编织严密法网巩固形式法治体系,又以生态文明、绿色发展等理念不断丰富实体法治目标;不仅要求"让制度成为刚性的约束和不可触碰的高压线。要严格用制度管权治吏、护蓝增绿"②,同时强调"严肃查处违纪违法行为,着力解决生态环境方面突出问题,让人民群众不断感受到生态环境的改善"③,科学揭示了生态环境保护领域形式法治和实质法治的内涵及其统一性。

在此基础上,实质法治观为形成中国环境法治论提出了理论方向。一是诉诸法律理念,完善环境正义、人权保障等价值体系。鉴于法治形式与

---

① 参见王人博:《一个最低限度的法治概念——对中国法家思想的现代阐释》,载《法学论坛》2003年第1期。

② 习近平:《推动我国生态文明建设迈上新台阶》,载《求是》2019年第3期。

③ 中共中央文献研究室编:《习近平关于社会主义生态文明建设论述摘编》,中央文献出版社2017年版,第109-110页。

实质之分的核心在于是否价值无涉，在实质法治意义上建构中国环境法治论，关键在于思考如何对实质价值进行筛选的问题。① 可持续发展作为人类绿色发展的价值基石，能够使中国环境法治将正义、安全、自由等传统法律价值拓展为环境正义、生态安全、人权保障等具有环境法标识的法律价值。当今中国形成了习近平法治思想和习近平生态文明思想，进一步为环境法治的实质化提供了理论武装，从以人民为中心、人与自然和谐共生、绿水青山就是金山银山等理念中提取能够指引环境法治发展的法律价值谱系，也是建构中国环境法治论的题中之义。二是探索形成改革与法治关系的理论方案。法治安定性与环境社会关系多变性之间的紧张关系是各国环境法治普遍面临的一个问题，实质法治观的开放性使之既能包容改革的创新性，也能保障改革的合法性。自党的十八届三中全会、四中全会先后作出全面深化改革、全面推进依法治国的决定后，中国特色社会主义现代化形成改革和法治"双轮驱动"的局面。② 在深化生态文明体制改革过程中，中国坚持以法治理念、法治方式推动生态文明建设，通过生态与法治"联姻"将生态文明改革顺利纳入了法治化轨道，总结其中实践经验，形成可借鉴、可推广的理论方案，为世界环境治理处理改革与法治关系贡献新的范例。

二、建构"形神兼备"的中国环境法治论

中国环境法治作为一种实质法治，并不意味着其对形式理性的排斥，而是强调要以把握实质法治为主兼顾形式法治的本质属性，建构"形神兼备"的中国环境法治论。不仅要从"法"的维度回答"怎样通过规则进行

---

① 参见刘小平：《为实质法治申辩》，载《法制与社会发展》2024 年第 2 期。
② 参见王乐泉：《坚持和发展中国特色社会主义法治理论》，载《中国法学》2015 年第 5 期。

统治"的问题,更要从"治"的维度回答"如何通过法律实现社会基本价值"的问题①,前者要求环境法治具备那些内在于法本身的形式美德,在中国特色社会主义法治体系的基本框架下展开,而后者为环境法治明确了推动国家和社会治理、构建"人与自然和谐共生"中国式现代化的法治追求。

(一)以"人与自然和谐共生"为建构基准

在党领导全国人民奋力书写的百年绿色史诗中,"人与自然和谐共生"作为其中的闪耀篇章,在坚持马克思主义基本原理、继承中华优秀传统文化、借鉴世界文明成果基础上所提出,构成了中国式现代化的本质特征,成为建构中国环境法治论的价值指引。这一融通古今中外的环境法治命题充分展现了中国生态环境保护的传统智慧,集中表达了新时代生态文明法治的理念创新,系统汇聚了全球环境治理的价值共识,为在实质法治意义上形成中国环境法治论确立了民族性与世界性的建构基准。

习近平总书记深刻指出,"如果不从源远流长的历史连续性来认识中国,就不可能理解古代中国,也不可能理解现代中国,更不可能理解未来中国"②,为环境法治论指明了植根中华优秀传统文化的本土化建构路径。近现代以来,在"西学东渐"潮流的推动下,中华优秀传统文化虽受到西方法治思想、环境伦理学等外来知识的阶段性影响,但内在于其中的法治基因和生态文化却赓续千年,为当代开辟中国式现代化新道路、创造人类文明新形态赋予了深厚力量。中国式现代化是人与自然和谐共生的现代化,这一科学论断无疑是"以中国为观照、以时代为观照,立足中国实际,解决中国问题"③的优秀典范。推进中国环境法治的理论和实践,必

---

① 参见付子堂:《实质法治:中国法治发展之进路》,载《学术交流》2015 年第 3 期。
② 习近平:《在文化传承发展座谈会上的讲话》,人民出版社 2023 年版,第 3 页。
③ 《习近平在中国人民大学考察时强调 坚持党的领导传承红色基因扎根中国大地 走出一条建设中国特色世界一流大学新路》,载《党建》2022 年第 5 期,第 6 页。

须立足波澜壮阔的中华五千多年文明史，使生态理念、法治体系植根于中华优秀传统生态法治文化，从中获得生生不息的深厚滋养，进而塑造出中华民族独树一帜的法治风格。

建构具有民族性的中国环境法治论，必然要追溯中国环境法治自主发展的文化根脉，提炼中华优秀传统生态法治文化中的重要元素并进行知识层面的现代性表达，将其作为解释、完善中国环境法治的理论基础和智识资源，加快构建契合"人与自然和谐共生"的中国环境法治论。具言之，首先要深入挖掘中华优秀传统生态法治文化，发现人与自然和谐共生现代化的文化基因。中华优秀传统文化有很多重要元素，习近平总书记在文化传承发展座谈会上特别列举了"天人合一、万物并育的生态理念"，这一理念凝结了几千年来中华民族认识自然、尊重自然、与自然和谐相处的生态智慧。区别于以主客二分看待人与自然关系的西方哲学，中国古代哲学以"和合"为精神内核，主张"万物并育而不相害，道并行而不相悖"，"天人合一"论也被推崇为中国文化对人类最大的贡献。① 中国古代法治文明受到"天人合一"生态理念的长久浸润，在"法律自然化"的过程中形成了独具特色的"生命模式"，而这也有助于对西方近现代法治和社会发展的"技术模式"予以纠偏。② 其次，要对以"天人合一、万物并育"为代表的传统生态思想进行创造性转化、创新性发展，使之成为当下建构中国环境法治论的知识原料。其中方法要义在于以马克思主义自然辩证法激活中华优秀传统生态文化，并同法治中国建设的具体实际相结合，从而发现生态法治的"古今通理"。③ 正是"天人合一"的生态智慧赋予"人与自然和谐共生"的中国式现代化以厚重底蕴，为中国环境法治建设提供

① 参见钱穆：《中国文化对人类未来可有的贡献》，载《中国文化》1991 年第 1 期。
② 参见张梓太：《中国古代法典传统与当代生态环境法典编纂》，载《法学评论》2024 第 3 期。
③ 参见吕忠梅：《生态环境法典编纂与优秀传统生态文化的传承》，载《法律科学》2024 年 3 期。

了真正具有中国特色的法治理念和现代化道路。

强调中国环境法治知识体系的民族性与自主性，绝不意味着"闭门造车"，而是要海纳百川、博采众长，注重保持知识体系的包容性与开放性。回顾历史，中国环境法治走出了一条自主探索、兼收并蓄、胸怀天下的独特发展之路，随着中国走近世界舞台中央，中国环境法治对于全球环境治理体系的影响与日俱增，中国环境法治论的世界意义毋庸置疑。为此，需要在立足中国本土的同时拓展世界眼光，使中国环境法治论能够"传播中国声音、中国理论、中国思想，……为推动构建人类命运共同体作出积极贡献"[①]。

"人与自然和谐共生"既与全球可持续发展理念相通约，又为全球环境治理体系贡献了处理人与自然关系的"中国方案"，能够从价值与实践多维度拓展中国环境法治论的全球性。一方面，凝聚人类环境法治价值共识。中国传统文化历来具有协和万邦、天下大同的家国情怀，近年来在积极参与全球环境合作进程中，中国创造性地提出"人与自然生命共同体""人类命运共同体""地球生命共同体""人类卫生健康共同体"等理念，为应对全球性环境危机、形成世界环境治理合力凝聚了共识。将"人与自然和谐共生"理念作为应对人类共同挑战的全球性价值观，并落实为统筹推进国内法治和涉外法治的法治行动，是构建具有世界性的中国环境法治论的题中之义。另一方面，引领全球环境治理体系建设。新时代中国环境法治以习近平生态文明思想和习近平法治思想为指导，坚持节约优先、保护优先、自然恢复为主的方针，践行"绿水青山就是金山银山"的理念，统筹山水林田湖草沙一体化保护和系统治理，形成了具有中国特色的生态文明法治模式，为推动实现全球可持续发展提供了宝贵样本。新征程上，

---

① 《习近平在中国人民大学考察时强调 坚持党的领导传承红色基因扎根中国大地 走出一条建设中国特色世界一流大学新路》，载《党建》2022 年第 5 期，第 6 页。

中国作为全球生态文明建设的重要参与者、贡献者、引领者，要更加积极主动与世界共享绿色发展机遇和成果，通过总结中国生态文明法治建设的有益经验并从中提炼自主型理论和实践知识，用中国环境法治论，"向世界清楚说明和科学解释中国环境法治实践、中国环境法治经验、中国环境法治奇迹、中国环境法治道路和中国环境法治模式"①。

（二）以中国特色社会主义法治体系为建构框架

中国环境法治知识体系尚未形成，根源在于对环境法治实践的研究较为分散、相关知识供给不足，这一境况随着中国特色社会主义法治体系的提出迎来新的契机。在全面推进依法治国的战略部署中，"中国特色社会主义法治体系"被赋予了"总目标"的至高定位，对此习近平总书记强调，"提出这个总目标，既明确了全面推进依法治国的性质和方向，又突出了全面推进依法治国的工作重点和总抓手"②，深刻阐释了中国特色社会主义法治体系这一概念所蕴含的政治意义和法治功能。建构中国环境法治论，必须深入理解并运用好"法治体系"这一理论工具。

首先，明确环境法治体系在中国特色社会主义法治体系中的基本定位。从中国特色社会主义法治体系的高度审视环境法治体系，既可以明确其区别于西方法治概念的"中国特色"，又能够标识其不同于其他法律部门的"绿色"特质。一方面，环境法治体系是中国特色社会主义法治体系的重要组成部分，这一宏观定位明确了中国环境法治体系的社会主义性质和方向，要求我们必须始终坚持在党的领导下走中国特色社会主义法治道路，以人民为中心建构中国环境法治体系。坚持党的领导地位和人民主体

---

① 吕忠梅：《中国自主的环境法知识体系建构初论》，载《中共中央党校（国家行政学院）学报》2023年第3期，第58页。

② 习近平：《关于〈中共中央关于全面推进依法治国若干重大问题的决定〉的说明》，载《人民日报》2014年10月29日，第2版。

地位，是中国环境法治建设在长期探索中所形成的宝贵经验，能够确保在正确政治方向和法治轨道上推进中国环境法治体系建设，构成了环境法治旗帜鲜明的"中国特色"。当代中国的环境法治，区别于西方资本主义工业文明下的环境法治，是与马克思主义有机结合的新型法治，其最本质的特征在于有党的领导提供强大的领导力量，有人民作为最广泛最深厚的基础，从而使中国环境法治体系经得起历史检验、具备真理力量和实践伟力。另一方面，环境法治体系是中国特色社会主义法治体系中最具生态文明时代特色的"绿色主力军"，这一微观定位通过聚焦环境法治体系区别于其他领域法治体系的特殊性，证成环境法治体系的相对独立性，并实现与其他法治体系的协调统一。经过多年理论与实践探索，环境法通过对传统法继承、批判、扬弃的一场"法律革命"，发现了自身所具有的人际性、同构性、他知性、伦理性，这些特质与传统法律的人域性、本位性、自知性、权利性形成鲜明对比①，有力推动了环境法治的发展变革，并随着生态文明建设的深入推进，进一步映射到环境法治体系之中。环境法治体系在自身发展壮大的同时，注重扬己之长，围绕生态文明"入宪"、绿色民法典、生态法益、公益诉讼制度等议题，与传统法进行价值与规则层面上的沟通与协调，为建设中国特色社会主义法治体系作出了独特贡献。

其次，依托中国特色社会主义法治体系建构中国环境法治论。作为改革开放以来我国所提出的具有原创性、时代性的概念和理论之一，"中国特色社会主义法治体系"集中表达了习近平法治思想，是创新发展中国特色法学理论、构建中国特色法学体系的一把"金钥匙"②。中国特色社会主义法治体系对于中国自主法学知识体系的形塑功能，也意味着其得以为

---

① 参见江山：《法律革命：从传统到超现代——兼谈环境资源法的法理问题》，载《比较法研究》2000 年第 1 期。

② 参见张文显：《在新的历史起点上推进中国特色法学体系构建》，载《中国社会科学》2019 年第 10 期。

建构中国环境法治论提供思路和方法指引。在认识论意义上，中国特色社会主义法治体系是一个多维度的理论概念，既可以从法律规范体系、法治实施体系、法治监督体系、法治保障体系、党内法规体系的内在视角研究其基本构成，也可以更为开阔的视角从法律体系、法律运行与操作过程、依法治国与依法行政、党的领导与人民民主等各个层面进行理论透视。[①] 从回应中国环境法治实践之间的理论需求出发，环境法治体系是由一系列立法、执法、司法、守法活动所构成的有机整体。[②] 由此可以期待，在知识层面上涵盖从制法到施法的动态过程，形成以立法、执法、司法、守法为基本框架的研究范式，进一步推动中国环境法治实践和法治知识体系建构。

综上，在中国特色社会主义法治体系的语境下，中国环境法治体系的政治方向更加坚定、理论内涵更加丰富、体系定位更加明确。借助中国特色社会主义法治体系这一理论工具，通过环境法治体系对立法、执法、司法、守法等领域的现有研究成果进行系统性整合，有助于解释中国环境法治现象，形成具有中国特色的环境法治论。

第三节　中国环境法治论的理想图景

作为中国环境法自主知识体系中面向法治实践的一个统领性概念，中国环境法治论应客观反映中国环境法治实践状况，在知识层面上形成环境法治运行规范化、有序化的理性认知。新时代全面依法治国提出科学立法、严格执法、公正司法、全民守法，对法治运行过程提出了新要求，为

---

① 参见张文显：《法治与国家治理现代化》，载《中国法学》2014 年第 4 期。

② 参见陈海嵩：《中国环境法治发展总体结构与环境法典编纂指引——以"生态文明入宪"为中心的分析》，载《法学论坛》2022 年第 4 期。

描绘中国环境法治论的理想图景提供了框架指引。环境法治论通过及时发现环境立法、执法、司法、守法实践中出现的新情况、新问题，并从中提炼学术命题加以研究解答，形成体系化的环境立法论、多元共治的环境执法论、治理现代化的环境司法论、凝聚力量的环境守法论。[①]

一、体系化的环境立法论

自 20 世纪 70 年代开启现代化法治进程以来，中国环境法治从无到有不断发展壮大，立法在其中发挥了基础性作用，不仅解决了环境保护"无法可依"的问题，也在实质上成为中国特色社会主义法律体系中不可忽视的重要组成部分。党的十八大以来，生态文明建设纳入中国特色社会主义事业总体布局，生态环境保护领域立法再次进入"快车道"，相关法律达到 30 多件，加之 100 多件行政法规和 1 000 余件地方性法规，初步形成了生态环保法律体系[②]，为环境法治建设奠定了良好的规范基础。但同时由于环境立法研究的滞后，不仅立法实践中的经验教训未得到及时总结，立法进程也因缺乏相关理论指导而出现了一些问题，如环境立法质量有待提高、环境法律的修改废止解释工作不能适应实际、环境法规制定跟不上法律实施需要等[③]，而这些问题的本质在于环境立法缺乏体系化思维指引而呈现出碎片化的样态。为此，亟须直面环境立法实践的现实问题，将"体系化"作为环境立法研究的核心命题，把握好当下生态环境法典编纂的重大契机，结合环境立法研究基础并依托立法学理论与方法，建构真正能够

---

① 参见吕忠梅：《中国自主的环境法知识体系建构初论》，载《中共中央党校（国家行政学院）学报》2023 年第 3 期。

② 参见《栗战书在生态环保立法工作座谈会上强调 深入贯彻习近平生态文明思想 加快完善中国特色社会主义生态环境保护法律体系》，载《人民日报》2022 年 1 月 15 日，第 1 版。

③ 参见孙佑海：《我国 70 年环境立法：回顾、反思与展望》，载《中国环境管理》2019 年第 6 期。

指引立法实践的环境立法论。

（一）"统筹立改废释纂"思维方法

回顾中国环境立法史可以发现，环境立法的数量与日俱增，而立法质量却参差不齐，造成此种困境的因素既有环境问题和经济社会情势快速发展变化的客观方面，也有立法工作思路及相关研究囿于时代局限性的主观方面。环境法初创时期，"出现一个问题、制定一部法律"的应急型立法思路为我国"摸着石头过河"得以迅速建章立制作出巨大贡献，然而经过多年发展，环境立法之间的重复、矛盾、冲突等问题逐步显现，而学界针对环境基本法及单行法提出的立法、修法建议似乎也只是治标不治本，提高立法质量成为中国环境立法研究的首要任务。有关立法质量的评判标准众说不一，但"体系"作为其中一项关键指标却是共识。正如彭真所言，"在人类社会历史上，法律一旦产生，便逐渐形成了自己的体系，并且追求更多的独立性。立法，不能不考虑自身的体系逻辑，不能这个法这么规定，那个法那么规定，互相矛盾"[1]。

在追求体系化的过程中，法典作为立法体系的最高形式得到了高度关注。党的二十大报告对"坚持全面依法治国，推进法治中国建设"作出系统部署，针对立法工作，特别要求"推进科学立法、民主立法、依法立法，统筹立改废释纂，增强立法系统性、整体性、协同性、时效性"[2]。不仅重申了科学、民主、依法的立法原则，更是首次正式提出"纂"的立法方式，为完善以宪法为核心的中国特色社会主义法律体系确立了新的方向。党的二十届三中全会通过的《中共中央关于进一步全面深化改革 推进中国式现

---

① 彭真：《论新中国的政法工作》，中央文献出版社 1990 年版，第 297 页。
② 习近平：《高举中国特色社会主义伟大旗帜 为全面建设社会主义现代化国家而团结奋斗——在中国共产党第二十次全国代表大会上的报告》，载《人民日报》2022 年 10 月 26 日，第 1 版。

代化的决定》进一步明确了"编纂生态环境法典"的重大政治任务和立法任务,为环境立法研究开辟了新的领域。与"统筹立改废释纂"的国家立法思路相适应,中国环境立法论不应局限于某部法律的制定、修改、废除,也不应停留于法律条文的阐释解说,而应着眼于法律体系的总体谋划,以立法的系统、整体、协同为重要考量。具言之,通过梳理中国古代律典传统、总结我国民法典编纂经验、借鉴域外环境法典先例,归纳法典化的普遍规律,在推动生态环境法典编纂实践的同时,提炼适度法典化、提取公因式、融贯性等既符合一般法理、又具有环境法特色的概念与范畴,进一步融合既有的立法、修法、释法知识资源,形成中国环境立法论。

(二) 具有高度理论自觉的立法方法

当前关于法学方法论的研究大多持司法中心主义立场,从"如何获得正确的法律判决"这一问题入手;而"如何获得正确的法律"则被视为一种政治哲学和伦理学议题而被排除在外。[①] 环境立法研究也因此长期缺乏方法论自觉,迫切需要回到立法学原理,为环境立法寻求科学方法指引。

建构环境立法方法论,需要在"立法的环境"中予以把握,此间的"环境"是指那些使立法必要且可能的一组条件,对于兼具法律属性和政治属性的环境立法而言,其"立法的环境"具有双维性,既包括针对法律行动者的法教义性维度,也包括针对政治行动者的政治性层面。基于此,环境立法方法论分为两个层次展开:首先是法律行动者需明确要解决的是什么法律问题以及解决这些问题需要规定什么样的行为法则,其次是政治行动者通过立法评估对前一层次所得到的法律性建议作进一步证成。[②] 在这样

---

① 参见朱志昊:《从价值预设到法律形式:立法方法论基础初探》,载《河南大学学报(社会科学版)》2011 年第 4 期。

② 参见姜孝贤、宋方青:《立法方法论探析》,载《厦门大学学报(哲学社会科学版)》2016 年第 3 期。

的立法论框架下，法学家以我国环境法治中的实际问题为导向精准识别立法需求，运用法律概念等体系化、类型化的法教义学理论工具，完成环境立法议题从事理到法理的转变，并初步提供满足形式合法性的立法方案；而政治家从美丽中国、民生福祉、"人与自然和谐共生"等法治目标出发审查环境立法的合目的性与正当性，使环境立法从价值取向到结构体例及条文设计都能够体现形式理性与实质理性。环境立法方法论不仅为"如何制定良法"提供了框架思路，还要求"制定的良法可实施、易遵守"，这意味着环境立法研究需要关注环境法律与政策关系，重视国家法律体系与党内法规体系的协同，这也是在更广的体系层面上完善环境立法论的努力方向。

二、多元共治的环境执法论

在生态环境保护领域"有法可依"的基础上，推动法律良好实施成为环境法治建设的重点任务。环境执法作为我国环境法治实施的中坚力量，其组织机构和执法体制历经多次变革不断升格完善，执法方式和手段日趋丰富与规范，形成了一条从行政管制到多元共治、从单纯督企到督企督政、从分别执法到协同联动的中国式环境执法道路。[①] 然而，面对生态环境保护综合行政执法等正在推进的生态文明体制改革新形势，基于传统行政法框架衍生而来的环境执法理论面临着"知识赤字"的新挑战。为此，亟须从规制模式、权力配置等环境执法的根源与本质出发，构建适应多元共治新形势的环境执法论。

（一）规制变迁下的环境执法

长期以来，环境执法活动属于享有国家行政权的政府特别是其环保部

---

① 参见吕忠梅、吴一冉：《中国环境法治七十年：从历史走向未来》，载《中国法律评论》2019年第 5 期。

门的"垄断性"职能，执法方式主要依赖于命令控制型的单一规制工具，执法所涉的环境法律关系发生于行政主体与行政相对人之间，环境执法理论也因此被限定于"行政管制"的研究范畴。随着人权保障写入宪法、"美丽"成为国家目的、生态文明建设纳入国务院职能范畴，单向度的环境行政管制越来越难以满足国家环境治理需求。中国环境法呈现出由以命令控制为主的"监管之法"向强调多元共治的"治理之法"的演进趋势，比如2014年修订《环境保护法》，不仅丰富了查封扣押、按日计罚等行政执法手段，同时以信息公开与公众参与专章规定了程序性公民环境权①；又如2020年提出"构建党委领导、政府主导、企业主体、社会组织和公众共同参与的现代环境治理体系"②。从行政管制到多元共治，不仅在实践层面为环境执法明确了新的时代条件，同时在理论层面构成了中国环境执法论的研究前见。

迈向多元共治的环境规制模式对环境执法领域提出了主体与理念上的研究转向。一方面，主体维度上从一元到多元。多元共治的提出，直观上为环境治理提供了丰富的主体性研究视角，尽管在狭义的环境执法概念中并未动摇行政主体的地位，但在治理的语境下企业和公众无疑成为重要的治理主体。环境多元共治强调的是政府、企业、公众等多主体共同参与环境治理，通过发挥不同主体自身的环境治理功能，形成社会主体与行政主体通力协作的环境治理合力。③ 另一方面，理念维度上从对抗到合作。在多元共治的规制模式下，实现生态环境的良好治理是多主体共同的法治目标，彼此之间的关系也显得更为和谐，政府、企业和社会等多元主体之间

---

① 参见张宝：《规制内涵变迁与现代环境法的演进》，载《中国人口·资源与环境》2020年第12期。

② 《中共中央办公厅 国务院办公厅印发〈关于构建现代环境治理体系的指导意见〉》，载《中华人民共和国国务院公报》2020年第8号。

③ 参见秦天宝：《法治视野下环境多元共治的功能定位》，载《环境与可持续发展》2019年第1期。

呈现"环境规制的政府"、"自我规制的企业"以及"合作规制的社会"的
互动局面。① 环境行政法律关系、环境法合作原则等研究主题焕发出新的
生命力，值得环境执法论者关注。

（二）重构环境执法逻辑

在明确环境规制变迁的基础上，还需要回到法理层面，立足权力配置
实现环境执法论的理性化建构。如前所述，较之以往的环境管制，生态环
境多元共治的一个鲜明特质是通过突出公众角色重构了主体间关系，而这
在知识层面上所带来的理论突破口在于环境治理权力配置格局的扩容。一
方面，行政主体的权能"垄断"被打破而需要重新调整内部的职能分工并
实现外部的有序协作；另一方面，社会主体的加入使环境行政公权力与公
众环境权产生交集，将会碰撞出知识火花。围绕这两方面展开理论思考，
可以得出建构中国环境执法论的双重逻辑。

具体而言，一是沿着权力与权力逻辑深化环境执法体制研究，为综合
执法等改革实践提供理论指引。环境执法权在多部门之间如何配置是一个
老生常谈的话题，为解决"九龙治水"、多头执法等问题，我国推出了生
态环境保护综合行政执法改革的顶层设计。② 学术界对此展开了初步思
考，梳理了改革成效及问题③，提出了划定执法权限范围、加强执法队伍
建设等对策建议④，为改革的顺利推进作出了理论贡献。随着实践发展，

---

① 参见王清军：《自我规制与环境法的实施》，载《西南政法大学学报》2017 年第 1 期。
② 党的十八届三中全会通过的《中共中央关于全面深化改革若干重大问题的决定》就"深化行
政执法体制改革"提出了"整合执法主体，相对集中执法权，推进综合执法"等措施；中共中央办公
厅、国务院办公厅印发《关于深化生态环境保护综合行政执法改革的指导意见》，明确了生态环境保
护综合执法队伍的统一执法职能。
③ 参见中国行政管理学会课题组、高小平、沈荣华：《推进综合执法体制改革：成效、问题与
对策》，载《中国行政管理》2012 年第 5 期。
④ 参见李爱华、陈樱曼：《生态环境保护综合行政执法的现实困境与完善路径》，载《吉首大学
学报（社会科学版）》2019 年第 4 期。

还需要进一步深化研究，发现执法权从分散到统一的演化规律，探索环境执法综合化与其他领域执法改革的共性与特性，形成环境执法权配置的法理知识。二是沿着权利与权力逻辑思考公众实体性环境权、公共执法与私人执法等问题。公众作为一个私主体概念参与环境执法，尽管并不影响环境行政权的公法属性，但在客观上涉及环境领域的公共执法与私人执法，事关环境执法的权威与效率，公私合作也许是一种可行方案。同时，公众参与、行政执法这些关键词在公众参与环境法治建设的前期研究中确有涉及，但大多是从完善行政程序的角度思考如何保障公众知情、参与等程序性权利，公众在很大程度上仍然被视为环境执法对象而非环境治理主体。而在中国环境法迈向多元共治的语境下，公众作为治理主体参与环境执法，更加强调的是其实体性权能如何合法合理行使的问题，这就要求执法研究结合环境人权等概念，探索公众实体性环境权的实现空间。

三、治理现代化的环境司法论

司法作为环境法治的最后一道防线，在保障环境公平正义、守护自然生态屏障方面具有重要作用。中国环境司法从地方探索、国家重视到引来世界关注，通过改革司法体制、创新司法理念、健全司法规则，逐步走出了一条具有鲜明中国特色的绿色司法道路，为全球环境治理贡献了中国司法样本。为总结环境司法实践经验，实务界与学术界通力合作开展环境司法研究，相关成果以顶层设计为旨趣，聚焦环境司法专门化和环境审判专业化等内容，对认识环境司法现象、形成环境司法理论、推动环境司法总体发展大有裨益。[①] 但也要清醒认识到，对环境司法的探索主要还在实践

---

① 参见张忠民：《中国环境司法的能动协同现象与形成发展逻辑》，载《中国法学》2023 年第 5 期。

层面，理性、系统的绿色司法体系尚未真正形成[①]，亟须深化理论研究、建构中国环境司法论，为促进生态环境治理体系和治理能力现代化提供司法保障。

（一）司法参与环境治理体系

在一般法理层面，司法权相较于立法权和行政权更具有被动、中立、法定和终局的特性，其在法治实践中的角色定位也往往采取一种自我克制的立场[②]，这种立场将司法限定于事实与规范之间，而与社会治理保持一定距离。随着社会主义建设的快速发展，我国经济发展、环境保护等诸多领域对司法的需求与日俱增，司法机关与学术研究中在描述司法时加上了"能动"的修饰语[③]，尽管相关概念的语境和语义存在争议，但在客观上表明司法需要承担更多使命。特别是在生态文明建设和环境保护领域，环境司法不仅是环境法治体系的一员，同时也已成为国家环境治理体系的重要环节。

继党的十九届四中全会提出推进国家治理体系和治理能力现代化的总体目标之后，中共中央办公厅、国务院办公厅印发了《关于构建现代环境治理体系的指导意见》，进一步细化了现代环境治理体系的时间表、路线图，其中对"加强司法保障"作出明确规定，不仅要求公检法各司其职，同时涉及环境司法专门化、"恢复性司法实践＋社会化综合治理"等方面[④]，为环境司法研究提出了面向环境治理的司法理论新需求。因此，环

---

① 参见吕忠梅、吴一冉：《中国环境法治七十年：从历史走向未来》，载《中国法律评论》2019年第5期。

② 参见张志铭：《中国司法的功能形态：能动司法还是积极司法？》，载《中国人民大学学报》2009年第6期。

③ 参见公丕祥：《当代中国能动司法的意义分析》，载《江苏社会科学》2010年第5期；姚莉：《当代中国语境下的"能动司法"界说》，载《法商研究》2011年第1期。

④ 参见《中共中央办公厅 国务院办公厅印发〈关于构建现代环境治理体系的指导意见〉》，载《中华人民共和国国务院公报》2020年第8号。

境司法如何参与并推动国家环境治理体系和治理能力现代化，成为中国环境司法论不可回避的学术命题。

（二）环境司法治理的功能主义

如何实现"通过司法的环境治理"？回答这一问题需从传统的规范主义视角转向功能主义视角，开展有关环境司法功能的理论探索。现代社会对司法功能的期待呈现多样化态势，大体上可归为两类：一是司法活动所固有的法理功能，包括辨别是非、释法补漏、定分止争、维权护益、控权审规、定罪量刑等；二是司法活动所延伸的社会功能，诸如缓解社会矛盾、促进社会经济、引领社会风气、建构法治秩序、解决政治困境等。[①]在国家环境治理体系和治理能力现代化的语境下，环境司法需要服务于生态文明建设大局、保障人与自然和谐共生的现代化目标，其社会功能尤为凸显，这也与环境法治的实质法治特质相吻合。

司法社会功能的实现方式主要包括创新司法机制、执行公共政策、引领时代价值等[②]，基于此，实现环境司法治理的理论方案至少可以从以下三个方面努力：一是创新环境司法专门化体制机制。作为新时代环境司法改革的重要方向，环境司法专门化专业化取得了显著成就，但仍面临着来自理论和实践的诸多挑战，如环境资源审判"三审合一"何以从刑事、民事、行政案件审判职能归于一个审判庭的"物理"聚合，到审判理念、审判规则、审判程序的"化学"融合。[③] 二是深化环境司法政策研究。近年来，司法机关相继出台了服务、保障生态文明建设、人与自然和谐共生的现代化等一系列司法意见，为发挥司法职能明确了思想原则、目标任务及

---

① 参见孙笑侠、吴彦：《论司法的法理功能与社会功能》，载《中国法律评论》2016年第4期。
② 参见宋保振：《司法的社会功能及其实现》，载《济南大学学报（社会科学版）》2020年第6期。
③ 参见吕忠梅：《建构绿色职权主义生态环境诉讼模式——以生态环境法典编纂为视角》，载《法律适用》2025年第1期。

工作思路。这些司法政策既承接环境法治建设的顶层设计，又从总体上指导司法裁判方向，是研究环境司法治理的宝贵材料。三是探索环境司法价值指引功能。实质法治意义上的环境司法，不再是法律的"自动售货机"，而是扮演着相对更为积极的角色，在提供司法产品的同时，通过发布指导性案例、典型案例等方式，体现尊重自然、爱护自然的价值取向。

与此同时，环境司法的法理功能不容忽视，社会功能的实现实际上也依托于最为基础的法理功能。换言之，积极发挥司法作用，并不意味着司法冲在环境治理事业最前线，而是切实履行宪法和法律赋予的司法职能，运用法律方式方法不断完善环境司法规则体系。近年来，最高人民法院、最高人民检察院通过发布司法解释、指导性案例，为统一环境资源案件裁判尺度作出巨大努力，但环境法律体系总体上仍是以行政管理为主要内容，其与司法实践所需的裁判性规范之间有着不小的距离。为此，环境司法论的一项艰巨任务是在梳理法律法规、司法解释以及指导性案例的基础上，提出环境法从"管理法"向兼容"裁判法"转型的理论方案，进而引导环境司法规则的完善，这一任务结合当前生态环境法典编纂实践可以达到事半功倍的效果。

总之，环境司法功能的类型化有助于回答环境司法何以推动实现生态环境治理现代化，通过区分环境司法的法理功能与社会功能，既能够回应生态环境治理现代化的时代需求，又可以使环境司法运行遵循基本法理，实现法律效果与社会效果的统一。此外，环境司法的功能定位在不同的历史时期下各有侧重，在什么情形下、在何种程度上发挥环境司法的社会功能以及如何在其与司法谦抑性之间寻求平衡等问题，仍然值得进一步研究思考。

四、凝聚力量的环境守法论

守法是法治实施过程的最后环节，也是法治实施效果的最终体现。近年来，习近平法治思想的形成以及全民守法的提出，改变了守法研究长期处于被忽视的境况，推动中国守法理论从以守法义务为核心的传统守法理论发展为以认同法价值为导向的全民守法理论，实现了从消极守法到积极守法再到尊法守法的守法观转向。在环境法治领域，既有研究借鉴经济学原理分析环境违法行为的成本和收益，提出了"守法成本""守法激励"理论①，但环境守法知识仍然是环境法治知识体系中的显著短板。同时，当前有关生态素养、法律信仰的研究对于厘清环境守法的内在机理具有重要意义，但从知识获取路径来看，这些概念主要源自西方话语体系并停留于国外研究的延续②，在解释并推动中国环境守法实践时的理论意义较为稀薄。基于此，应将中华优秀传统守法文化作为本土知识场域，结合"全民守法"，构建凝聚全民价值共识与全民行动力量的环境守法论。

（一）传承普法守法传统

法律的遵守以法律的普及为前提，中国古代曾有"孝公难题"思考法律如何为人所知所用，推动后世走上了"普法"之路，为如今中国环境法治建设高度重视"守法"提供了新的历史视角。据记载，秦孝公针对法律实施提出了这样一个问题："法律制定出来以后，怎样才能尽快使全天下的所有官员和百姓知法、用法并且能够保证法度统一、执法公正呢？"尔后千百年间的探索给出了"以普法谋法治"的回答，并逐步形成了区别于当代西方垄断法律于专职法官的"普法型"法治传统。③

---

① 参见胡德胜：《论我国环境违法行为责任追究机制的完善——基于涉水违法行为"违法成本>守法成本"的考察》，载《甘肃政法学院学报》2016 年第 2 期；巩固：《守法激励视角中的〈环境保护法〉修订与适用》，载《华东政法大学学报》2014 年第 3 期。

② 参见赵唱、薛勇民：《生态素养培育的现实困境与实现路径》，载《南通大学学报（社会科学版）》2017 年第 6 期。

③ 参见凌斌：《法治的两条道路》，载《中外法学》2007 年第 1 期。

明确"普法型"法治与"专法型"法治的区别，对于环境守法论的建构意义在于，法治从精英走向世俗，守法也就有了更加深厚的民意基础，正是成千上万的普罗大众构成了遵法守法的广大力量。在"专法型"法治之下，法律职业人通过高超的法律技艺、复杂的法律方法，使法学成为具有专业壁垒的科学，民众被挡在法律门外而沦为被动守法的对象，当法律的门槛高不可攀，守法也就成了空中楼阁；而在"普法型"法治之下，法治不再是法律人职业共同体的精英游戏，而是具有了世俗色彩，从而变得易于接近、易于遵守。

传承"普法之治"的文化传统可以发现，当今中国提出的"全民守法"实际上内含着"全民普法"的概念。建构环境守法论也因此需要关注环境普法，通过梳理国家普法规划、了解环境普法实践问题，形成有关环境普法的理性认识，并发掘当代普法与守法之间的内在逻辑。

（二）形成中国特色守法体系

理想状态下，守法是一个由内而外、自然而然的过程，当人们具备高水平的法治素养，自觉尊法尚法学法用法，就真正形成了全民守法的社会氛围。这意味着"守法"不仅是一个法律概念，同时也是一个道德概念。古代儒家、法家思想协同塑造的以"德法合治"为根基的中国传统守法模式，可以为探索依法治国和以德治国相结合背景下的环境守法模式提供有益的历史参照。

中国传统法治文化以德法合治、礼法合一为显著特色，实践机理表现为法律儒家化，具体在立法层面上体现为将儒家的道德精神注入法律成为立法宗旨，在守法层面上也存在一种儒家式守法模式，即民众在日常生活中遵循儒家倡导的基本礼仪与程式。[①] 这样的守法模式在"家庭—教育—

---

① 参见孙康：《解构与重构：走出"法律儒家化"的概念窠臼》，载《文史哲》2024 年第 2 期。

道德"的世俗框架下，呈现出规范体系的整全性、家庭伦理的渗透性、推己及人的和谐性。[①] 这些特质，不仅为古代的环境守法拓宽了空间（所守之法不只是祖宗礼法，也包括自然法则；所遵循的不只是人伦，也包括天道；所追求的不只是人际和谐，也包括种际和谐），同时也为新时代环境守法论弘扬传统文化提供了思路。

中国环境守法作为一个"知行合一"的概念，其本质是全民将生态素养、法律素养内化于心、外化于行，进而严格遵守生态环境保护法律法规，依照宪法和法律行使权利或权力、履行义务或职责，推进"人—自然—人"关系和谐发展。[②] 因此，中国环境守法论至少应包括提升全民生态法治素养、推动全民守法行动化等理论研究，深刻理解"全民守法"的规范内涵并通过解构"全民"概念得出不同主体类型的行动方案或许是一种研究进路。

---

①　参见孙康：《中国传统守法模式的特点、价值与优化途径——兼与西方"法律信仰"话语比较》，载《政治与法律》2025 年第 2 期。

②　参见肖爱：《生态守法论——以环境法治的时代转型为指向》，载《湖南师范大学社会科学学报》2020 年第 2 期。

下篇 | **实践创新**

第十章　中国环境立法体系化

习近平指出："建设生态文明，必须建立系统完整的生态文明制度体系，用制度保护生态环境。"[1]"要强化法治保障。统筹推进生态环境、资源能源等领域相关法律制定修订，以良法保障善治。"[2] 党的二十届三中全会审议通过的《中共中央关于进一步全面深化改革 推进中国式现代化的决定》深刻总结了改革开放以来特别是新时代全面深化改革的宝贵经验，部署了"编纂生态环境法典"[3] 的重大政治任务和立法任务，为中国环境立法体系化指明了方向。建构中国自主的环境法知识体系，需要以习近平法治思想的生态文明法治理论为指引，以编纂生态环境法典为重点，为中国环境立法体系化提供理论支撑。

---

① 《中共十八届三中全会在京举行》，载《人民日报》2013 年 11 月 13 日，第 1 版。
② 习近平：《以美丽中国建设全面推进人与自然和谐共生的现代化》，载《求是》2024 年第 1 期。
③ 《中共中央关于进一步全面深化改革 推进中国式现代化的决定》，载中国政府网 2024 年 7 月 21 日，https://www.gov.cn/zhengce/202407/content_6963770.htm。

第一节　中国环境立法现状与体系化新需求

一、中国环境立法的历史演进

环境立法体系化是对我国生态环境立法形成内容完整、结构严密、内在协调的有机整体的理想追求。现行环境立法由行使国家立法权的最高立法机关和行使立法性职权的其他国家机关制定的法律、法规构成相互区别又有机联系的统一整体。现代意义上的中国环境立法起步于 1972 年的联合国人类环境会议后，1973 年我国第一次环境保护工作会议出台相关规范性文件①开启立法进程。经过 50 多年的努力，我国在生态环境保护领域制定了 30 多部法律，100 多部行政法规、600 多部国务院部门规章和司法解释文件，10 余部党内法规以及 1 000 多件地方性法规，一个由不同位阶、不同效力、不同领域的生态环境法律、行政法规、规范性文件和党内法规等组成的环境立法体系已初步形成。梳理中国的环境立法史，大致可以分为三个阶段。

（一）第一阶段：奠定基础（1978—1988 年）

1978 年 3 月全国人大修改的《宪法》首次规定，"国家保护环境和自然资源，防治污染和其他公害"（第 11 条第 3 款），为制定专门环境保护法奠定宪法基础。

1978 年 12 月，中共中央转批的国务院环境保护领导小组《环境保护

---

① 1973 年 8 月第一次全国环境保护工作会议审议通过了《关于保护和改善环境的若干规定（试行草案）》，会后陆续制定了《工业"三废"排放试行标准》《食品卫生标准》等有关环境保护的法规。参见《1973 年：环境保护开始起步》，载中国政府网 2009 年 8 月 30 日，https://www.gov.cn/jrzg/2009 - 08/30/content_1404821.htm。

工作汇报要点》，明确了"要制定消除污染、保护环境的法规"①。1979 年
9 月，第五届全国人大常委会第十一次会议原则通过《环境保护法（试
行）》，在该法说明文件中，提出建立以综合性环境保护基本法为基础的法
律体系的构想。②

其后，依照《环境保护法（试行）》关于"保护自然环境""防治污染
和其他公害"的规定，从 1979 年到 1988 年，全国人大常委会在自然资源
管理和保护方面制定了《森林法》、《草原法》、《渔业法》、《土地管理法》、
《矿产资源法》、《水法》和《野生动物保护法》；在污染防治方面制定了
《海洋环境保护法》《水污染防治法》《大气污染防治法》。1986 年《民法
通则》在第 124 条规定了环境污染损害的民事责任。

在此基础上，国务院及其主管部门依法制定了 20 多部环境与资源保护
法规、规章，制定和发布国家环境标准及其他规范性文件，开始建设以国
家法律与行政环境法规规章、法律化环境政策与标准共同构成的立法体系。

（二）第二阶段：发展完善（1989—2014 年）

1982 年修改的《宪法》第 9 条第 2 款规定："国家保障自然资源的合
理利用，保护珍贵的动物和植物。禁止任何组织或者个人用任何手段侵占
或者破坏自然资源。"第 26 条第 1 款规定："国家保护和改善生活环境和
生态环境，防治污染和其他公害。"随着我国改革开放的深入，1979 年
《环境保护法（试行）》也面临着新的挑战，1980 年国务院成立环境保护
法修订领导小组和工作小组，开始对《环境保护法（试行）》进行修订③，
1989 年 12 月，第七届全国人大常委会第十一次会议通过《环境保护法》。

---

① 国务院环境保护领导小组《环境保护工作汇报要点》（中发〔1978〕79 号），1978 年 12 月 31 日。
② 参见李超伯：《关于〈中华人民共和国环境保护法（试行草案）〉的说明》，第五届全国人民
代表大会常务委员会第十一次会议，1979 年 9 月 11 日。
③ 参见吕忠梅：《〈环境保护法〉的前世今生》，载《政法论丛》2014 年第 5 期。

在对《环境保护法（试行）》进行修订的同时，全国人大常委会继续推进单项立法工作：到 20 世纪 90 年代，通过了《水土保持法》《固体废物污染环境防治法》《环境噪声污染防治法》《节约能源法》；并修改了《大气污染防治法》《矿产资源法》《森林法》《水污染防治法》《海洋环境保护法》《土地管理法》等法律。1997 年修订的《刑法》中，第六章"妨害社会管理秩序罪"专设第六节"破坏环境资源保护罪"，明确了相关罪名及其刑罚。

2000 年以后，全国人大常委会又通过了《环境影响评价法》《防沙治沙法》《放射性污染防治法》《海域使用管理法》《可再生能源法》《清洁生产促进法》《畜牧法》《城乡规划法》《突发事件应对法》《循环经济促进法》《海岛保护法》；修改了《渔业法》《水法》《野生动物保护法》《节约能源法》《水污染防治法》《可再生能源法》《水土保持法》；并在《物权法》和《侵权责任法》中分别规定了与自然资源保护和环境污染侵害救济有关的内容。国务院及其相关职能部门还依照法律规定制定了大量行政法规和部门规章，颁布了系列环境标准。

（三）第三阶段：体系初成（2014 年至今）

2018 年通过的《宪法修正案》对《宪法》"序言"第七自然段进行了修改，增写"贯彻新发展理念"，增加"生态文明"、美丽中国的表述，调整充实了中国特色社会主义事业总体布局和第二个百年奋斗目标的内容，提出"推动物质文明、政治文明、精神文明、社会文明、生态文明协调发展，把我国建设成为富强民主文明和谐美丽的社会主义现代化强国，实现中华民族伟大复兴"[①]。同时，《宪法》第 89 条"国务院行

---

① 《中华人民共和国宪法修正案》（2018 年 3 月 11 日）第 32 条。

使下列职权"中第 6 项修改为"（六）领导和管理经济工作和城乡建设、生态文明建设"①，明确了国务院领导和管理生态文明建设的职责。这些修改与《宪法》第 9 条第 2 款（"国家保障自然资源的合理利用，保护珍贵的动物和植物。禁止任何组织或者个人用任何手段侵占或者破坏自然资源"）、《宪法》第 22 条第 2 款（"国家保护名胜古迹、珍贵文物和其他重要历史文化遗产"）、《宪法》第 26 条（"国家保护和改善生活环境和生态环境，防治污染和其他公害""国家组织和鼓励植树造林，保护林木"）形成了由国家目标、国家任务、国家职责共同构成的环境宪法条款。

2014 年修订通过的《环境保护法》根据党的十八大将生态文明建设提升至"五位一体"总体布局，部署生态文明体制改革的新要求，将《环境保护法》的管理机制从以污染防治为主扩大到污染防治与生态保护并举，规制对象从以企业为主延伸到督政与督企并行，规制范围从以城市为主拓展到城市与农村并重；还专门增加了生态环境保护内容来体现生态文明理念，规定生态红线、生态补偿等基于环境承载能力的绿色发展制度，更明确了《环境保护法》的环境保护领域综合法地位。②

从 2015 年至今，全国人大常委会对已经制定的生态环境保护相关法律进行了大规模修改，并制定了《土壤污染防治法》《噪声污染防治法》《核安全法》《生物安全法》《长江保护法》《黄河保护法》《青藏高原生态保护法》等一批补短板、填空白的法律；修改《民事诉讼法》和《行政诉讼法》，建立环境公益诉讼制度。特别是《民法典》，不仅在总则编确立了绿色原则，而且在物权编、合同编和侵权责任编规定了相应的绿色条款。③ 2020 年《刑法修正案（十一）》除提高了污染环境罪的刑期外，还

---

① 《中华人民共和国宪法修正案》（2018 年 3 月 11 日）第 46 条。
② 参见吕忠梅：《〈环境保护法〉的前世今生》，载《政法论丛》2014 年第 5 期。
③ 参见吕忠梅：《〈民法典〉"绿色规则"的环境法透视》，载《法学杂志》2020 年第 10 期。

将承担环境影响评价、环境监测等职责的中介组织的人员故意提供虚假证明文件纳入犯罪行为，并强化了对陆生野生动物犯罪和违反自然保护地管理法规犯罪等犯罪行为的制裁条款。

在习近平生态文明思想引领下，我国生态环境立法取得全方位、开创性、历史性成就，覆盖全面、务实管用、严格严密的中国特色社会主义"1＋N＋4"环境资源保护法律体系初步形成①，为编纂生态环境法典提供了良好的立法基础。

二、中国环境立法存在的问题及体系化方向

从理论上讲，环境立法具有基础统一性，我国现行的全部环境立法应该是一个有机联系的统一整体。但是，由于历史和现实的原因，立法体系中的客观法则和主观属性出现了不统一，这表现为环境立法在中国特色社会主义法律体系中定位不明，相关法律之间矛盾与冲突多，立法碎片化现象严重，系统性、整体性、协调性不足，难以满足环境治理体系现代化需求，迫切需要改变现状。

（一）现行环境立法缺乏体系性思维

如前所述，中国环境立法起步之初，立法机关曾经提出过先制定环境保护基本法，然后制定单行法的体系化构想，但由于部门分工以及由职能部门提出法律草案等原因，环境保护行政部门提出的法律草案主要集中于污染防治，自然资源行政部门提出的法律草案主要集中于自然资源确权及

---

① 《栗战书在生态环保立法工作座谈会上强调 深入贯彻习近平生态文明思想 加快完善中国特色社会主义生态环境保护法律体系》，载新华网 2022 年 1 月 14 日，http://www.npc.gov.cn/npc/c2/kgfb/202201/t20220114_315874.html。

开发利用管理，最初很少涉及甚至没有资源保护的内容，实践中逐渐形成了污染防治与资源开发利用和保护分别立法的模式。①

2011 年，吴邦国委员长宣布："以宪法为统帅，以宪法相关法、民法商法等多个法律部门的法律为主干，由法律、行政法规、地方性法规等多个层次的法律规范构成的中国特色社会主义法律体系已经形成。"② 这个体系由在宪法统领下的宪法及宪法相关法、民法商法、行政法、经济法、社会法、刑法、诉讼与非诉讼程序法等七个部分构成。③ 截止到 2025 年底，我国现行有效法律有 305 件，与生态环境保护有关的法律，分别归于行政法、经济法两个部门。大致上看，《环境保护法》及污染防治类立法放在行政法部门，这类立法以"保护环境"为单一目标；资源开发利用和保护类立法则放在经济法部门，这类立法以"确定资源权属和促进开发利用"为主、以"资源保护"为辅，典型如《野生动物保护法》也只保护"三有"动物。④

这种立法模式本身就存在因不同法律部门立法取向不同而产生法律制度相互间矛盾和冲突的隐患，加之在 50 多年的立法过程中，多部法律根据不同时期的情况被多次修改，小部分法律长达 20 多年没有被修改，新的法律还在不断制定，这使得初步形成的环境立法体系中尚存在着不同法律规范所蕴含价值之间的冲突、法律规范的缺失和分散导致的法律体系本身的无序和不完整，以及非正式渊源对法律体系的冲击等缺陷。

一是立法理念的转变使新旧法之间产生价值的分歧。党的十八大以来，生态环境保护的重要性被前所未有地提高，环境立法由过去的"使环

①　参见吕忠梅：《论环境法典的"行政领域立法"属性》，载《法学评论》2022 年第 4 期。
②　吴邦国：《全国人民代表大会常务委员会工作报告》，2011 年 3 月 10 日在第十一届全国人民代表大会第四次会议。
③　参见国务院新闻办公室：《中国特色社会主义法律体系》，2011 年 10 月 27 日。
④　参见吕忠梅：《论环境法典的"行政领域立法"属性》，载《法学评论》2022 年第 4 期。

境保护工作同经济建设和社会发展相协调"转为以生态环境保护优先为价值追求，2018 年《宪法修正案》将"新发展理念""生态文明"等写入"序言"，确立了环境立法指导思想更新的宪法依据。同时，环境概念的内涵扩张使旧法暴露出立法目的狭窄的缺陷；生态学的发展使立法机关对环境整体的认识加深，开始重视生态安全保护、低碳发展等其他方面，而不限于环境污染物防治，对人类中心主义视角的立法理念进行了反思与改进。在此情况下，当前仍有大量涉及环境与资源、能源的单行法、法规和规章未进行与新立法理念相匹配的修改，使得环境立法体系出现内部不一致、不协调的问题。

二是由国务院不同部门主导的立法使环境法律体系过于分散。当前存在的大量法规、规章是国务院及其管理部门为依法行使行政管理职能进行的生态环境和自然资源管理制度创制，但由于生态环境和自然资源管理职责分散于不同的国务院部门，这些制度所立足的管理目标不一致，产生了部门规章间难以协调统一的矛盾。此外，由于在该模式下，我国长期以来的生态环境与自然资源法律从立法到实践都存在分离，在该领域中问题尤为突出。

三是环境基本法没有起到统领和协调作用。由全国人大常委会通过的《环境保护法》等综合性环境立法在效力上与其他生态环境保护单行法别无二致，难以发挥其基本法作用，对生态环境领域法律创制和适用的指导作用有限，各法在立法目的、法律原则不一的情况下难免产生冲突。如《水法》第 26 条鼓励开展水能多目标梯级开发，但该开发方式实际上会破坏河流生态系统完整性，与保护优先原则相悖。①

四是环境法律体系的完整性不足，仍存在法律空白。一方面，在生态

---

① 参见曹炜：《环境法典基本原则条款构建研究》，载《中国法学》2022 年第 6 期。

环境保护中仍有立法覆盖不全的领域，如电磁辐射污染防治、有毒有害化学物质管控等，也有法律要素不全导致内容空泛的法律，如《循环经济促进法》《清洁生产促进法》等；另一方面，相关法律缺乏明确定义导致国务院部门权责不清，如环境突发事件应急与安全生产事件应急的边界模糊，在法律适用上存在大量问题。

环境立法存在的这些问题，导致法律之间矛盾冲突多，本可统一的环境保护基本制度在不同的环境要素单行法中，出现了适用原则、适用程序、适用条件、处罚主体或处罚形式等方面的诸多不一致，导致了环境执法和司法中的困难。[①] 为满足环境监管需要，不得不在法律之外出台大量政策措施或者采取"专项行动"等临时性措施。环境司法中，法院也很少能够直接适用环境保护类法律作为裁判依据。[②]

（二）环境立法体系化的未来方向

法律的体系化以构建内部协调一致的统一整体为目标。面对当前环境法律体系不协调导致的法律实践中的诸多问题，解决方式最终都指向立法程序的启动：通过制定一部高位阶的法律，在价值层面提供秩序指引，在法律规范层面对现行法予以整合和填补，并将非正式渊源中行之有效的规范纳入法律中，通过追求进一步的形式理性来实现更高程度的法律体系化。

习近平总书记在二十大报告中强调：坚持全面依法治国，推进法治中国建设。其中明确指出：全面依法治国是国家治理的一场深刻革命，关系党执政兴国，关系人民幸福安康，关系党和国家长治久安。必须更好发挥法治固根本、稳预期、利长远的保障作用，在法治轨道上全面建设社会主义现代化国家。其还明确提出了"统筹立改废释纂，增强立法系统性、整

---

① 参见吕忠梅：《环境法典编纂：实践需求与理论供给》，载《甘肃社会科学》2020年第1期。
② 参见吕忠梅：《中国环境司法发展报告（2017—2018）》，人民法院出版社2019年版。

体性、协同性、时效性"的新要求①，首次在党的正式文件中将"纂"作为一种独立的立法形式，既充分肯定了过去我国以编纂民法典为重大标志的立法新成就，也为未来完善以宪法为核心的社会主义法律体系确定了新起点。② 党的二十届三中全会确定了进一步全面深化改革的总体目标，并对完善中国特色社会主义法治体系作出重要部署，要求进一步深化立法机制改革。会议通过的《中共中央关于进一步全面深化改革 推进中国式现代化的决定》明确提出了编纂生态环境法典的重要立法任务，为更高水平上形成完备的环境立法体系指明了方向。③

改革开放以来，在党的领导下，我国用 30 多年时间形成了中国特色社会主义法律体系，取得了人类法治史上了不起的成就。特别是党的十八大以来，在习近平法治思想指引下，我国立法步伐明显加快、立法质量明显提升，通过宪法修正案、编纂民法典、加强重点领域和新兴领域立法，中国特色社会主义法律体系不断完善。同时，我们也要看到，时代在进步，实践在发展，不断对法律体系的系统性、整体性、协同性、时效性提出新需求，迫切需要我们的立法目标从数量型立法向质量型立法转变，着力提升法律的实施效能；立法模式从"摸着石头过河"向科学规划、统筹安排、协调发展转变，着力提升立法在社会利益分配、社会关系调整和社会矛盾处理方面的整体水平；立法方式从以创制法律为主，向统筹创制法律与清理法律、编纂法典、解释法律、修改法律、补充法律、废止法律协调发展转变，着力增强法律体系的科学性、稳定性、权威性和生命力。统筹"立改废释纂"的立法方式是实现立法目标、转变立法模式的重要手段。

---

① 参见习近平：《高举中国特色社会主义伟大旗帜 为全面建设社会主义现代化国家而团结奋斗》，2022 年 10 月 16 日在中国共产党第二十次全国代表大会上的报告。

② 参见吕忠梅：《进一步加强环境法典编纂研究为实现"人与自然和谐共生的现代化"立良法》，载《民主与法制》2022 年第 42 期。

③ 参见吕忠梅：《让生态环境法典成为新征程上矗立的法治里程碑》，载《民主与法制》2024 年第 28 期。

　　法典编纂被称为国家的最高立法形式，在各种立法方式中具有不可替代的功能：既具有实施意义，通过完善法律的逻辑体系，有效提升立法的民主性、科学性、全面性、可预测性和易操作性，更加便利社会生活；又具有政治意义，通过法典编纂实现法律制度的统一，促进国家转型，实现社会变革；还具有法文化意义，通过法典编纂弘扬国家的核心价值观，促进国家治理现代化。盛世修典，中华法系既具有法典化的文化传统，也具有通过法典编纂将价值观融入法典的"寓道于术"立法方法，可以为新时代法典编纂提供深厚的文化土壤与丰富的立法技术。

　　法典编纂是国家法治建设的重大政治决断，受到比一般立法更为严格的条件约束。生态环境法典作为对生态环境保护领域根本原则和基础性规范的体系性规定，需要以法典化立法方式对现行的生态环境保护法律制度机制和规则规范进行系统整合、编订纂修、集成升华。在此意义上，法典编纂是对法学理论和现行法律提炼的有机结合，本身就是建构中国自主的环境法知识体系的过程。一部好的生态环境法典，首先能够满足国家治理体系的基本需求；其次能够满足执法者学习、选择、适用法律的客观需要，满足法学理论促进法律知识体系化的需求。法学理论或者法学知识资源直接决定着法典化的水平与质量。①

第二节　环境立法体系化模式比较

一、比较法上的环境立法体系化

　　在比较法上，世界各国环境法的发展主要经历了由为了维护环境质量

---

　　① 参见吕忠梅：《让生态环境法典成为新征程上矗立的法治里程碑》，载《民主与法制》2024 年第 28 期。

控制污染、为资源永续利用规制自然资源有序开发的立法阶段，发展到为实现人类社会可持续发展而全方位实行环境管理的立法历程。环境立法的体系化也正是在这个过程中逐渐形成的。

美国从 20 世纪中叶开始至今，在持续生产、空气污染和水污染控制、机动车管理、固体废弃物处理、空气和水质量管理、公民权利、野生生物、土地和水保持基金、野外优美景观、河流、国家标志、历史遗迹保护等许多方面都制定了详尽的法律。1969 年，美国国会通过了《国家环境政策法》，该法是一部法律适用协调法，规定任何联邦活动及其方案都必须进行环境影响评价。

欧洲国家的环境立法主要是对污染物排放进行行政管制，并开始实施环境影响评价、公众参与环境政策以及监督环境状况，以在体制和国际上谋求通过立法保护安全和卫生环境的权利。[①] 欧洲各国大多在 20 世纪 90 年代以前在大气污染、水污染、噪声、化学物质管理、野生动植物保护等领域制定了单行法律。在欧共体（欧盟）的推动下，20 世纪 90 年代以后欧洲各国环境立法开始朝法典编纂的方向发展。

日本在 1959 年制定了《水质综合保护法》和《工场排水法》，于 1962 年制定了《煤烟控制法》。1967 年，举世闻名的"四大公害事件"促使日本制定了《公害对策基本法》，开始走上综合且有计划地防治公害的道路。目前，日本主要的环境基本法律有《环境基本法》《自然环境保全法》，单行法律主要包括有关大气污染和恶臭、噪声和振动、水质污染和地面沉降、土壤污染和农药、化学物质管理、被害救济与纠纷处理及费用负担与资助等方面的法律，以及有关地球环境、废物循环、自然保护、国土利用等方面的法律。

---

① See A. Kiss, D. Shelton, *Manual of European Environmental Law*, Cambridge University Press, 1994, p. 10.

东亚的一些国家的环境立法受日本的影响较大，这些国家以日本环境立法为模式开展环境立法。例如，韩国自 1965 年以来，分别在环境基本政策、环境污染损害纠纷处理、大气环境保全、噪声振动控制、水质环境保全、有害化学物质管理、海洋污染等领域制定了法律。

20 世纪 70 年代，西方发达国家的环境立法除呈爆发式发展以外，在立法目的上也具有一定的阶段性特征：从 1970 年至 1980 年，注重完善控制区域污染的环境立法，同时将自然保护立法从自然资源开发利用立法中独立出来，修改传统刑法和民法，以适应保护环境的需要；从 1980 年至 1990 年，从注重对污染的末端控制转变到对资源利用的全过程管理，完善处理国际环境问题的国际立法，注重国内环境立法与国际环境立法的协调，强调越界污染损害的国家责任以及探索国际环境保护合作；1990 年以后，以国际环境法为统帅，将重点放在全球环境问题的立法上，在全球环境保护的理念下修改国内环境法。为实现可持续发展战略，各国还制定了有关促进循环经济和废物再利用方面的法律。

20 世纪 80 年代以后，各国通过环境立法控制的范围业已扩大到工业、商业、金融和贸易领域，因为经济投入与经济发展已经被人们认为与保护环境直接相关。1987 年，《我们共同的未来》中提出了"可持续发展"的理念和方法。这时环境法的焦点开始转移到鼓励预防污染和恢复环境退化区域以及促进物质循环等防治环境损害、治理环境责任公众参与方面。到 90 年代，各国环境立法体系的准备基本完成，以环境基本法为首的环境法律体系已基本建立，环境法的重点也开始转移到法律的实施上来。

二、各国环境立法体系化的主要模式

采用怎样的环境立法并形成何种环境立法体系，世界各国并没有统一的方法和内容。总体上看，各国环境立法体系化的模式主要是基于法律制度背景、经济发展程度、自然资源禀赋以及环境问题特征等本国实际逐渐形成的。从法治国家环境立法体系化的基本模式来分析，目前主要有"基本法＋单行法"模式和法典化模式两大类。

（一）"基本法＋单行法"模式

"基本法＋单行法"模式，是指一国环境立法体系主要是由一至两部综合性环境法律和若干部以污染要素控制和自然要素保护为目的的单项法律共同组成的。从各国环境立法的发展看，大多数国家环境立法体系化的建构都经历了"基本法＋单行法"模式的发展阶段。确定何种类型的环境法律制度取决于一国的政治体制、经济状况、立法体制、地理因素以及环境问题的严重性和公民的习惯等因素。环境问题的控制需要全方位、多主体的参与，环境单行法律和特别法律的不断增多造成立法、行政和司法机关工作压力上升并导致社会成本增加。单一的环境保护对策与国家总体经济政策、发展计划、工业技术水平等现状的相对脱节，还造成对环境的法律控制最终演变成为环境保护与经济发展相对抗的矛盾。加上环境行政、资源行政以及经济发展行政分属于政府各部门，它们之间的职能与行政目标的差异也造成大量单项环境与资源保护法律在实施上因部门利益冲突而大打折扣，难以从总体上达成国家的环境与资源保护政策目标。为此，各国（地区）纷纷在制定和实施大量单项环境与资源保护法律的基础上，新制定了高位阶的统筹各类环境与资源保护政策目标的环境基本法。

目前，环境立法体系实行"基本法＋单行法"模式并具有显著特征的国家是日本。日本现行的环境法体系是由环境基本法（含环境影响评价法）、公害控制（污染物排放与削减）法、有害物质管理法、循环管理法、自然和文化环境保全法、地球环境保护法、环境保护费用负担资助法、公害和环境事件司法和行政解决法等环境法律组成的。日本环境省所属环境法令研究会编集的《环境六法》① 可以说是对日本现行环境法律体系的一种总结，其收集的主要法令包括法律、政令、部令和告示等。《环境六法》不是一部由官方组织的汇编型环境法典，它的结构分为两卷，第一卷主要收集环境保护和污染防治的法令，第二卷则收集地球环境、废物循环、自然保护、国土利用和关系法令等内容。与《法国环境法典》相比较，它也可以说是一部半官方汇编型的"日本环境法典"。

在其他主要国家中，美国虽然是普通法系国家，但美国成文环境法律也较为完善，目前已经构建了一整套环境立法体系。由于普通法系所固有的特色，从形式上看，美国环境法是一个由联邦—州之间的关系与冲突、行政法、行政程序、民法、刑法以及国家关于科学、技术和能源的发展政策组成的复杂的混合体②，除《国家环境政策法》外，还在清洁空气、职业安全卫生、水污染、海岸带管理、杀虫剂杀真菌剂和杀鼠剂、海洋保护研究和庇护、危害种类、安全饮用水、深水港、林业和山地可更新资源规划、资源保持和回收法、渔业保持和管理、土地政策和管理、国家森林管理、水土资源保持、地面矿产控制和开垦、国家能源和综合环境反应、赔偿和责任等领域制定了完备的法律。值得一提的是，美国众议院还组织了将联邦成文法律汇编为《美国法典》（United States Code）③ 的工作。目前所有联邦环境法律均按照《美国法典》的标题编排纳入不同章节之中，例如：《国家环境政策法》收编于涉及公民基本权利的"公众健康与福利"

---

① 日本环境省环境法令研究会几乎每年度都会编集出版《环境六法》，由中央法规出版株式会社出版发行。

② 参见 R. W. 芬德利等：《美国环境法简论》，程正康等译，中国环境科学出版社 1986 年版，第 Ⅵ 页。给环境法下与之相似定义的还有美国的 T. 苏里文律师。参见王曦：《美国环境法概论》，武汉大学出版社 1992 年版，第 60—61 页。

③ 《美国法典》是由众议院组织的对生效的公法、一般法以及永久性法律汇编而成的一部法典，内容按 50 个标题编排，由政府出版发行。

卷，《联邦水污染控制法》则被编入"航行与可航水域法律"卷第 26 章中。

除此之外，还有一些国家虽然采取了"基本法＋单行法"模式，但基本法的综合性使其越来越具有法典的结构与特征，这类基本法被称为具有法典之实的基本法，典型如荷兰的《环境与规划法》、加拿大的《环境保护法》、波兰的《环境保护法》、泰国的《国家环境质量促进与保护法》、南非的《国家环境管理法》等①，体现出"基本法＋单行法"模式逐渐向法典化模式体系化思维靠拢。

（二）法典化模式

自 20 世纪 70 年代兴起现代意义上的环境法以来，环境保护逐渐成为法治国家应承担的基本任务。从 1972 年联合国人类环境会议到 1992 年联合国环境与发展大会，环境基本法是环境保护立法的主要形式。1992 年前后，环境立法法典化浪潮的兴起，打破了环境基本法模式的"一枝独秀"局面，其中的缘由在于环境基本法越来越难以满足国家任务变迁对环境立法体系化的需求，需要探索更为权威、统一、安定的"典治"模式。通常而言，国家目标在不同历史时期的侧重内容与发展方向有所不同，因此环境法典编纂作为国家目标的立法实践，其成败与否的本质问题是法典化在何种情形下、以何种方式能够成为实现国家目标的一种法治工具。

目前已有哥伦比亚、菲律宾、瑞典、法国、意大利、哈萨克斯坦、爱

① 参见吕忠梅、杨诗鸣：《荷兰〈环境与规划法〉的体系化发展路径与启示》，载《环境保护》2024 年第 6 期；李挚萍：《南非〈国家环境管理法〉的多法系融合体系化之路》，载《环境保护》2024 年第 6 期；马鑫：《波兰〈环境保护法〉发展历程及特点》，载《环境保护》2024 年第 6 期；陈惠珍：《以综合性环境基本法推进环境立法体系化——以加拿大环境立法为例》，载《环境保护》2024 年第 6 期；魏旭：《泰国〈国家环境质量促进和保护法〉的体系化推动意义及启示》，载《环境保护》2024 年第 6 期。

沙尼亚等国通过并生效实施了国家环境法典，另外还有德国、俄罗斯、柬埔寨等国也分别由专家或者政府主导编纂了环境（生态）法典草案。从目前世界上已经制定的以"法典"命名的各国环境立法看，其主要有三种模式。

1. 以法国为代表的汇编模式

法国环境立法是在 20 世纪 70 年代欧共体环境法运动的推动下迅速发展起来的。为了便于行政法庭和刑事法庭审理环境损害案件，法国议会开始制定一系列有关保护环境和自然的法律，包括关于废物的 1975 年 7 月 15 日法律、关于海洋污染防治的 1976 年 7 月 7 日法律、关于自然和环境保护的 1976 年 7 月 10 日法律，此外还制定有大量实施细则。[①]

由于历史上形成的成文法传统，法国对环境法的系统化和法典化十分重视。为了使环境法的体系趋于合理和便于实施，法国从 20 世纪 90 年代就开始组织编纂环境法典，拟将法律法规和有关法律中涉及环境的条文分类整合汇编为一部完整的环境法典。

2000 年 9 月，法国政府通过政令宣布政府依据议会授权通过了环境法典的法律部分。在法律部分获得通过后，法国环境部继续开展行政法规部分的编纂工作，直到 2007 年行政法规部分最后提交审议并获得通过，由此法国环境法典编纂完成。[②]

法国环境法典是把所有的环境保护法律、行政法规进行重新编纂后形成的法典，总共分为共同规定，自然环境，自然空间，自然遗产，污染、风险和损害预防，适用于新喀里多尼亚、法属波利尼西亚、瓦利斯和富图纳、法属南方和南极洲领地及马约特岛的规定，以及南极环境保护等七

---

① See NIELS. S. J KOEMAN, *Environmental law in Europe*，Kluwer Law International，1999，p. 217.

② 参见刘洪岩主编：《域外环境（生态）法典编纂：实践与启示》，法律出版社 2022 年版，第 120 页。

卷。在内容上，法国环境法典只将涉及环境保护方面的法律法规编纂在内，而诸如森林、城建、矿产资源的法律法规则不包括在内，只进行单项立法。

2. 以瑞典为代表的"适度法典化"模式

瑞典在 1969 年就颁布了以环境污染防治为核心的综合性法律《环境保护法》。1972 年联合国人类环境会议以后，瑞典还在自然资源、自然保护、动植物物种保护、健康保护、农业用地管理、转基因生物、化学产品、生物杀虫剂、林地杀虫剂、含硫燃料、防止船舶污染水体、海上倾废、环境损害等领域制定了数十部环境法律，并在 1974 年修改宪法时增加了环境保护的条款。除此之外，瑞典政府及其有关管理部门还颁布了数百个有关环境保护的条例和规章。

1995 年瑞典加入欧盟。欧盟环境政策及法律的一体化改革对瑞典提出了客观的立法需求。与此同时，国际环保理念与国家发展战略的互动也促使瑞典考虑编纂环境法典。1997 年 12 月，瑞典社会民主党政府提出了将 16 部环境法律汇集成为一部环境法典的草案并向议会提交。1998 年 6 月，议会审议通过了该议案。①《瑞典环境法典》于 1999 年 1 月 1 日正式生效施行。与之同时，瑞典还制定通过了一部《环境有害活动法》。

目前的《瑞典环境法典》分为总则、自然保护、关于特定活动的特殊规定、案件与事项的审查、监督、处罚、赔偿等七编约 500 条。《瑞典环境法典》的内容主要是各个单项环境保护法律中的共通性和基础性规定，而更多细则则留待政府通过条例作出细化的规定。②

3. 以德国为代表的实质性编纂模式

德国环境法历史较短，但其发展趋势引人注目。1994 年德国宪法修

---

① See Government Offices of Sweden（Regeringskansliet）：The Environmental Code：a summary of the Government Bill，1998，p. 1.

② See Swedish Environmental Code，Preface，p. 1.

正案第 20 条第 a 款作了如下表述："鉴于对未来世代的责任，国家应当通过立法，并且通过实施法律权力在宪法命令的框架内，保护生命和自然基础。"因此，环境保护成为德国联邦宪法的一部分。

德国环境立法的最重要来源是由政府和州议会通过的法律，环境立法中没有统扩性的环境保护法律，而是以各个领域单项环境法律规定应对相应的环境问题。这些法律分为三大类：一是作为行政法的单项环境法律，主要为对特定作业予以禁止，对有害设施、制品、活动予以许可，为征收环境税等提供依据；二是作为私法的法律，主要内容基于民法的一般原则，适用于对第三人的赔偿责任，以及停止涉及环境上不良影响的民间企业行为等案件；三是刑事上的处罚规定，通过刑法对造成环境恶劣影响的行为予以制裁。

德国联邦层面的环境法数量众多，有数十部的环境法律、无数的法律条例和行政规范，此外还有大量地位等同于规范的规定。在这种情况下，继续颁布环境单行法只会让整个体系更加混乱，环境法内各法律法规之间的冲突矛盾也影响环境整体效益的实现。所以，德国试图大刀阔斧地走环境法法典化的道路，以期待厘清环境法律系统的内部逻辑，增删相应法律，从而实现德国环境法的统一与协调。① 德国的环境法典编纂工作跌宕起伏。20 世纪 80 年代末期至 1994 年，德国完成了环境法典的教授草案，目的是将环境法律中的一般性条款编纂在总则中，并且意图将环境法律保护的各种客体分别编纂于分则各编中。之后，自 1992 年起由各行业的专家组成的专家委员会基于教授草案总则部分编制了"专家委员会草案"并于 1997 年公布；1999 年德国环境部又编制了一份工作草案但不久之后被联邦各部门拒绝。2006 年联邦与州共同组成的工作小组再次编纂完成环

---

① 参见刘洪岩主编：《域外环境（生态）法典编纂：实践与启示》，法律出版社 2022 年版，第 23－24 页。

境法典草案并于 2008 年提交审议，2009 年该草案因受到基督教社会联盟和巴伐利亚州的反对而宣告失败。①

尽管德国环境法典编纂的努力因政治原因而受挫，但可以肯定的是，德国环境法典专家委员会草案不管是在内容上还是在体系上，都是一部令人印象深刻的著作方案。② 以德国环境法典专家委员会草案为例，总则编包括一般规定、规划、项目、产品、干预措施和监控、企业环境保护以及环境责任和其他经济手段、环境信息、跨国环境保护等八章；分则编则包括自然保护与景观养护和森林保护、土壤保护、水体保护、污染防治和能源供给、核能和辐射防护、交通设施和管线设施、基因技术和其他生物技术、危险物质、废物管理等九章。

虽然从理论上可以将法典化模式分为三种不同具体形式，但与民法典编纂相比，无论哪种形式，都未完全按照罗马法或潘德克顿体系进行编纂，而是根据环境立法的特征，以一定程度地牺牲体系性的方式，保持了环境法典的开放性。③

这也表明，环境立法的法典化也借鉴了"基本法＋单行法"的思维模式，是在"法典化"与"解法典化"基础上的再法典化。

三、两种环境立法体系化模式的比较借鉴

综观域外环境立法体系化的发展过程，随着环境立法领域的不断扩展和立法数量与内容的不断增加，环境立法体系总体上呈现出以趋同化、统一化和协调化为特征和方向的转变，逐渐呈现出"基本法＋单行法"和法

---

① 参见刘洪岩主编：《域外环境（生态）法典编纂：实践与启示》，法律出版社 2022 年版，第 26 页。
② 参见沈百鑫等译：《德国环境法典（专家委员会草案）》，法律出版社 2022 年版，第 2 页。
③ 参见吕忠梅：《中国环境立法法典化模式选择及其展开》，载《东方法学》2021 年第 6 期。

典化等两大模式。两种模式各有优劣，并无高下之分。在当今解法典化与再法典化的时代背景下，两种模式也有相互融合的明显趋势。但在中国已经确定以法典化模式实现环境立法体系化的时代背景下，从建构中国自主的环境法知识体系角度，需要厘清一些基本问题。

（一）两种模式各有优劣

一般而言，"基本法＋单行法"模式的体系化路径是指制定一部统摄整个环境法领域的基本法，在这部法律中对主要理念、基本原则、基本制度、调整手段等一般性内容作出规定，基本法之外的环境单行法主要规定具体事宜，但各环境单行法应以环境基本法为共同遵循。法典化模式的路径是将所有的或绝大部分环境法规范整合成一部结构完整、体系严谨的法典，不再保留环境单行法或者保留少量环境单行法。

两种模式各有优劣。"基本法＋单行法"模式的优点是，不用考虑整体逻辑主线与篇章结构，只需保证各单行法不违背基本法的基本理念、基本原则和基本制度，并保持规则上的一致性。其明显的缺点是，尽管希望所有的环境法规范都能在基本法的统摄下保持一致，但由于结构上处于分散状态，单项立法的时机、条件甚至具体立法目标、立法任务各不相同，老的单行法在不断修改过程中及新的单行法的制定难以避免规则"逸出"，单行法逃离基本法约束的现象经常发生。正如有学者指出的："无论是在理论上还是实践上，20 世纪的法律都越来越不被看作一个连贯一致的整体、一个体系和一个法令大全了，而越来越被视为一盘大杂烩，一大堆只是由共同的'技术'联结起来的支离破碎的特殊判决和彼此冲突的规则。"①

---

① ［美］伯尔曼：《法律与革命——西方法律传统的形成》，高鸿钧、张志铭、夏勇等译，中国大百科全书出版社 1993 年版，第 44 页。

　　法典化模式的优缺点正好与"基本法＋单行法"相反。优点在于：既具有完善的逻辑体系，体现立法的民主性、科学性、全面性、可预测性和易操作性，可以便利社会生活；又具有政治象征意义，通过法典编纂实现法律制度的统一，加速国家战略转型，促进社会变革；还具有法文化意义，促进国家的现代化。① 具体到环境法典，当然也有实现环境立法更高程度体系化、强化社会政治改革实现可持续发展、促进环境治理体系现代化的价值。② 法典化模式最大的困难在于：需要有成熟的法学理论予以支撑，足以保证将现有的环境法律通过筛选、整合编纂成一部具有逻辑性的法典；同时，法典被马克斯·韦伯称为"形式法"，特别是《法国民法典》和《德国民法典》中的法律概念是语意明确的、经得起逻辑分析的③，这种"形式合理化"的法典有可能导致法律体系的停滞、僵化，甚至使立法脱离社会生活和法律调整的实际需要。

　　随着环境法的发展，世界各国在完善环境法体系的过程中，也在不断探索创新。一个非常值得关注的现象是："基本法＋单行法"模式与法典化模式正在逐步融合，各国都在实践中寻找两种模式优势互补的途径。一方面，一些采取"基本法＋单行法"模式的国家，通过加强基本法的统摄力弥补结构分散带来的弊端，尤其是确立环境法的可持续发展目的价值，建立分层次的价值体系④，维系环境法规范的理念统一、原则统一、制度统一；许多国家的环境基本法虽然没有使用法典的名称，但已具有了法典的外观、结构和实质内涵。另一方面，一些采取法典化模式的国家，也创

---

① 参见张小军：《刍议中国法律法典化的价值和意义》，中外法律体系比较国际学术研讨会论文集，载万方数据：https://d.wanfangdata.com.cn/conference/7268458。
② 参见《瑞典环境法典》，竺效等译，竺效、张燕雪丹等校，法律出版社2018年版，译者序第6-7页。
③ 参见苏国勋：《理性化及其限制——韦伯思想引论》，上海人民出版社1988年版，第219-222页。
④ 参见李挚萍：《环境基本法目的探究》，载《中山大学学报（社会科学版）》2008年第6期。

造了"适度化"的法典编纂模式，以实用主义理性和对实质正义的追求改革"形式合理化"法典编纂模式，推动法典化理论与实践的转向。① 典型的如《瑞典环境法典》，其采取"适度化"编纂方式，属于国家框架性实质编纂加授权立法的模式，放弃了传统法典绝对的严密性与确定性以实现环境法典的相对开放性和可操作性，既解决了已有立法分散不便实施的问题，又在一定程度上进行了革新，实现了环境立法现代化目标；同时，环境法典与道路法、铁路建设法、森林保护法等单行法平等适用，以更新特别法的方式侧面弱化了法典可能存在的僵化之弊端。② 此外，有的国家的环境法典虽有"法典"之名，实际上起着基本法的作用，如菲律宾在《环境法典》之外，还有《水法典》《渔业法典》《森林改革法典》等多部法典，而《环境法典》在环境法体系中起着提纲挈领的作用。③

总体上看，各国环境立法体系化虽然根据国情与法律传统，采用了不同的模式，但在本质上都体现了环境法将实质正义与形式正义相融合、促进国家治理现代化的特点，建设可持续发展国家或者促进国家实现可持续发展转型，是两种模式的共同追求。④

（二）中国环境立法体系化选择

中国环境立法体系化模式最初的选择便是"基本法＋单行法"模式，但并未形成实质性的体系化。在环境、资源、能源和循环经济立法及其行政职能呈多元分化的体制下，除污染防治立法速度快、覆盖面广外，自然生态保护和物质循环方面的立法则呈现出明显不足的特点。在环境与资源

---

① 参见李艳芳、田时雨：《比较法视野中的我国环境法法典化》，载《中国人民大学学报》2019年第2期。
② 参见竺效、田时雨：《瑞典环境法典化的特点及启示》，载《中国人大》2017年第15期。
③ 参见《菲律宾环境保护法典》，岳小花译，法律出版社2020年版，译者序第9-11页。
④ 参见吕忠梅：《发现环境法典的逻辑主线：可持续发展》，载《法律科学》2022年第1期。

立法"二分"模式下，虽然立法数量多、速度快，但重复率高，矛盾冲突多，法律适用比较困难；在污染防治立法中，立法时间跨度长达 50 年，制定时间不一，其间又经过多次修改，导致《环境保护法》与大气、水、固体废物、噪声等污染防治法的条文重复率高达 30% 以上；在不同的单行法中，一些基本制度的适用原则、适用程序、适用条件、处罚主体或处罚形式都不一致，环境执法和司法常常陷入困境。[①]

若要坚持这一模式下的进一步体系化，就必须将《环境保护法》按照新的立法理念以基本法的思路进行修改，适当从环境法律概念与制度中抽象一般性条款，增加生态保护、资源开发利用与保护、绿色低碳发展等方面的一般性规定，并按照《立法法》的规定由全国人大进行审议通过，再对相关现行环境单行法进行全面修改填补。

虽然环境基本法可以为生态环境领域单行法提供价值指引，一定程度上能够解决法律之间的条文冲突与价值冲突，但对中国环境法的体系化收效甚微：一是"基本法＋单行法"模式缺乏统一价值引领与统一判断约束，不以追求逻辑融贯性为体系化要求，"归纳—演绎"的思维在法律体系建构中的体现较弱，也就意味着在法律适用中不能通过简单的逻辑推理去理解法律条文的本意，而必须依靠一定的经验主义，这使单行法之间的冲突依赖于立法解释和司法解释进行解决。二是"基本法＋单行法"模式无法解决部门主导的立法体制导致的法律分散问题，环境基本法对其他法律部门中的生态环境保护规范无法进行整合或指引，因此，新制定或修改的法律脱离基本法约束以及法律适用问题仍会存在。

在这种情况下，中国如果回到"基本法＋单行法"模式，其工作量和难度不亚于编纂法典，且无法彰显法典编纂的促进国家治理体系现代化的

---

① 参见吕忠梅：《环境法典编纂：实践需求与理论供给》，载《甘肃社会科学》2020 年第 1 期，第 2 页。

特殊优势。因此，关于中国环境立法体系化的方案，各方面一致的共识是选择法典化模式。自 2021 年全国人大常委会立法工作计划明确提出"研究启动环境法典、教育法典、行政基本法典等条件成熟的行政立法领域的法典编纂工作"①，到 2024 年《中共中央关于进一步全面深化改革 推进中国式现代化的决定》将"编纂生态环境法典"作为重大政治任务和立法任务，中国环境立法体系化的目标已经确定。

第三节　中国环境立法体系化的思路和方法

一、中国环境立法法典化的具体模式选择

在中国已经明确通过法典编纂方式实现环境立法体系化目标的背景下，是否应该采取法典化模式的讨论已无必要。鉴于法典编纂方式本身也可以有多种选择，因此，需要进一步讨论中国环境立法法典化的具体模式。

（一）汇编式法典模式和编纂式法典模式

世界各国法典化模式主要分为编纂式和汇编式。编纂式通常是指按照一定的体系所进行的具有逻辑自洽、规则完整、价值融贯、内容完备等特征的法典编纂，此种模式大多以总分结构为典型特征，因高度的体系化又被称为体系式法典。② 汇编式则是指按照一定的体例将现有单行法进行汇总、整理和编排，形成法典。

汇编式法典对我国环境立法体系化的积极意义在于，对现行法律规范

---

① 《全国人大常委会 2021 年度立法工作计划》，载中国人大网 2021 年 4 月 21 日，http://www.npc.gov.cn/npc/c2/c30834/202104/t20210421_311111.html。

② 参见王利明：《论编纂式法典化》，载《政治与法律》2023 年第 12 期。

进行全面梳理与整合，有助于寻找和消除现行法中存在的冲突。但汇编式法典几乎不涉及法律概念与制度的抽象与逻辑建构，仅对法律条文作形式上的内容编排，亦无法通过一定的秩序对立法、执法与司法进行价值指引，无法为解决当前环境法律中的核心问题提供裨益，法律概念、原则、责任的冲突将会是这一模式下层出不穷的矛盾。其找法便利性的唯一优势在法律文本查询极为便利的当下也已几乎丧失。因此，法律汇编对中国环境立法体系化的作用十分有限，甚至不及"基本法＋单行法"的立法方案。

编纂式法典则是自古以来的法典论者所追求的最为理想的法典，即在潘德克顿学派抽象化、逻辑化、体系化的编纂方法下，通过构建一个等级森严的"概念阶梯"，以高度的逻辑理性对概念与内容进行编排，使法典形成协调一致的法律体系。但也因其过度强调形式理性，编纂式法典与实质理性的矛盾是不可避免的：编纂式法典所提取的规范素材源于过去与现在，据此预设的未来社会图景难免与实际发展出现偏差，届时形式理性与实质理性的矛盾就会凸显于法律适用之中。况且，对于具有领域法特征的环境法而言，在覆盖甚广的各方面法律规范中抽象出共性的一般性条款本身就是一项极其困难的工作，这使得编纂式法典在当前阶段仍难以适用。

正如非法典编纂论者的代表观点所述，法典不能伴随社会进步，不能包含法律之全部，亦不能终止单行法。[①] 从我国《民法典》编纂基于对潘德克顿学派思想的"扬弃"而诞生，再到知识产权法等因社会发展而产生的新兴领域法对民法典所构造的体系产生冲击，"解法典化"似乎是编纂式法典将面临的必然问题。编纂式法典虽然对中国环境立法体系化需求的满足是最彻底的，但克服其中的困难所付出的成本却是难以计量的，维持法律体系严密和完整的时长也尚未可知，因此在当前阶段并非必要。

---

① 参见［日］穗积陈重：《法典论》，李求轶译，商务印书馆2019年版，第17-21页。

（二）"适度法典化"模式

相较于其他方案，折中的"适度法典化"模式更具备完成环境立法体系化的优势。适度法典化应当是在基础概念统领下实现法典调整范围适度，以及在基本逻辑指引下的体系严密适度，本质是环境法典在概念与体系上所秉承的理性主义尺度。为体现环境法的实质法治特点，需要构建以目的价值为核心、以工具价值为技术方法的基础概念与基本逻辑体系，具体包括两个方面：一是动态开放的实质性法典编纂。这表明环境法典编纂不是简单的法律汇编而是实质性编纂。对此，既要体现环境法的"二次调整法"特征①，也要体现环境法对实质正义的追求，克服僵化和机械的弊端。在目前的立法资源条件下，环境法典编纂不必面面俱到，不必取代所有的环境单行法，而应该选择体现环境法本质和实现国家任务的最为根本和精要的部分并加以整合，对其基础性范畴、制度和内容进行全面规定，为促进环境治理体系现代化建立一个全面具体、有机协调的法律框架体系。二是以理念变革和方法创新为基础的法典编纂。环境法典编纂要学习民法典编纂技术，在借鉴潘德克顿体系和教义学方法的同时，还必须根据环境法的特点进行理念变革和方法创新。

借鉴各国环境法典编纂的成功经验与教训，"适度法典化"的主张被提出并得到广泛认同。② 这是一种从实际出发，以务实性、适应性和灵活性相结合的态度所进行的法典编纂技术路径选择。具体来讲，以编纂实质性"适度"环境法典实现立法内容的创新，保持环境法律体系的相对稳定

---

① 参见吕忠梅：《环境法回归 路在何方？——关于环境法与传统部门法关系的再思考》，载《清华法学》2018 年第 5 期，第 6-23 页。

② 参见张梓太：《中国环境立法应适度法典化》，载《南京大学法律评论》2009 年第 1 期，第 242-243 页；吕忠梅：《新时代环境法学研究思考》，载《中国政法大学学报》2018 年第 4 期，第 12 页。

性；同时，保留相关单行法，对于不完全属于环境保护的现行立法、正在制定或准备制定的单行法律，以及具有高度不确定性和安全风险大的复杂环境事务，以及时出台或更新单行法的方式进行适应性增删、修正，减少法典可能存在的僵化弊端。①

二、"适度法典化"模式下环境立法体系的构造

"适度法典化"模式具有典型的"双法源"特征②，这意味着未来中国环境立法体系的构成应当是以环境法典为基础并保留部分单项法律。环境立法体系中的行政法规、具有灵活性的中央层面的政策和部门规章、标准，以及依照《立法法》由地方人大通过的地方性法规依然是环境立法体系的重要组成部分。在这个构造中，应明确法典编纂的相关标准与原则。

（一）将条件成熟的生态环境保护领域的法律全部编纂纳入环境法典

以实现环境公平和生态安全为主要价值目标的法律规范与法典的目的价值完全契合，应以法律汇编的方式将其全部纳入法典之内。对现行30余部生态环境保护领域单行法律中的立法目的条款进行考察，可对其主要立法目的实现类型化的归纳，应全部纳入环境法典的法律主要包括两类：

一是以保护和改善环境为主要立法目的的法律，包括以环境保护基本法为定位的《环境保护法》，以及《大气污染防治法》《土壤污染防治法》《水污染防治法》《固体废物污染环境防治法》《噪声污染防治法》《放射性

---

① 参见吕忠梅：《中国环境立法法典化模式选择及其展开》，载《东方法学》2021 年第 6 期。
② 参见吕忠梅：《环境法典编纂论纲》，载《中国法学》2023 年第 2 期。

污染防治法》等通过控制污染对环境要素进行直接保护的污染防治单行法，还有作为生态环境保护基本手段之一的《环境保护税法》。此外，以"可持续发展"为主要立法目的，以预防环境"不良影响"为次要目的的《环境影响评价法》也应被归为此类。

二是以维护生态安全为主要目的的法律，包含了维护生态系统功能、保护生物多样性、防治生态灾害等立法目的的表述，包括《防沙治沙法》《湿地保护法》《水土保持法》《野生动物保护法》。

在完成法律汇编后，应同时宣告废止这些单行法律，以避免规范效力冲突，保证法典的权威性和统一性。

（二）将政策性强和应当授权行政裁量的具体规范授权行政法规或部门规章确立

环境法的领域法性质决定了其法律要素依据社会实际发展而频繁变动，会不断产生逃逸法律体系甚至规制范围的空白。随着法律概念不断被创制和更新，适度法典化方案舍弃一定的体系化程度所换取的灵活性、开放性在应对社会发展上虽保持了优点，但仍无法缓和环境风险紧迫性和立法程序滞后性之间的矛盾。环境法律不能也不必延伸到生态环境领域的各个细枝末节，一方面，由于生态环境问题的形成与地理位置、资源禀赋、产业结构等因素高度相关，需要具体问题具体分析，以普适性为前提的法律难以进行过于细致的规定。另一方面，大量时效性环境问题也对环境立法产生了挑战，为应对社会情形变化而进行的频繁修法必然损害法律安定性与体系稳定性，继而影响权威性。因此，在环境立法中将这部分具有强时效性、政策性的规范授权行政法规、部门规章作出规定，能够缓和法律普适性与环境问题特殊性、环境风险急迫性与立法程序滞后性之间的矛盾。

（三）将生态环境保护空白领域的重要规范留待制定单行法律

在生态环境保护领域中，仍然存在立法空白，需要在环境法典中进行完善和补充。根据现行法律规定的成熟度，可以将其分为三类：

一是已以部门规章等形式进行规定的较为成熟的法律制度，需要由环境法典给予正式法上的认可，如作为生态环境保护基本法律手段之一的生态环境标准制度。

二是现行法律法规中暂无相关规定的，需要以环境立法弥补法律空白，如电磁辐射污染防治、微塑料等新型污染物防治、有毒有害化学物质管控、环境突发事件应对、温室气体减排等领域。

三是需要补全其法律规范要素的法律，如《清洁生产促进法》和《循环经济促进法》。这类法律主要为倡导性条款，缺乏法律后果规则，其法律实效难以被认可，因此，应在法典中进行相关规则的完善，使其成为完整的、具有法律实效的规范。

（四）提取资源、能源和循环经济单行法律中的共通性生态环境保护规范纳入环境法典

由于现行资源、能源和循环经济单行法律所保护的法益主要是自然资源和能源的所有权、使用权及其带来的相关经济利益，以及国家安全等其他方面的利益，其目的价值与环境法典的主要追求并不完全一致，难以将其协调至法典的统一秩序下。因此，从这些法律中抽象出共通性规范纳入环境法典中，有利于维持环境法律体系的完整性。

这些法律主要可分为三类：一是同时包含资源、能源合理开发利用和生态环境保护立法目的的法律，包括《海域使用管理法》《节约能源法》《黑土地保护法》《可再生能源法》《反食品浪费法》。此外，《资源

税法》虽无立法目的条款，但仍以资源保护和合理开发利用为主要目的，应被归为此类。二是同时包含自然资源保护和生态环境保护二元目的的法律，包括《海洋环境保护法》《土地管理法》《水法》《森林法》《草原法》《海岛保护法》。三是以维护其他方面的国家安全为主要立法目的，以维护生态安全为次要目的的法律，包括《生物安全法》《核安全法》等。

对于这些法律，在抽象出与法典价值追求一致的生态环境保护法律条款并将其纳入法典后，应对相应条款进行删除或修改，涉及其他价值追求的条款仍保留在原法律内以维持原有法律体系的稳定和完整。

三、中国环境立法的体系化构想

在明确"适度法典化"基本模式及以法典化为基础建构中国环境立法体系化思路后，还需要进一步明确中国环境立法体系化的基本内容。根据中国环境法的价值论、本体论、方法论、法治论与话语体系，中国环境立法的体系化应呈现整体性、系统性、协同性的样态。

（一）通过环境法典编纂建构中国环境立法体系的基盘

如前所述，"适度法典化"模式是中国环境立法体系化的最佳选择方案。从理论上分析，环境法典的编纂可以回应两方面的需求为目的：一是满足国家现代环境治理体系的新目标所带来的提升治理能力和治理水平的外部需求；二是满足因现行环境法律规范存在矛盾冲突、缺乏体系性等诸多问题而产生的法典编纂内在需求。① 此外，我国受中华法系传统和大陆

① 参见吕忠梅：《环境法典编纂：实践需求与理论供给》，载《甘肃社会科学》2020 年第 1 期。

法系的双重影响，成文法是我国的主要法律渊源形式，法典是法律规范的一种高级形态，且中国具有《禹刑》《汤刑》《九刑》的汇编体例，《唐律疏议》完整性、逻辑性等基本要素。出礼入刑、隆礼重法；民惟邦本，本固邦宁等着眼于文明秩序整体建构而形成了"道"重于"术"、"理"先于"制"的法治风格。① 法典编纂建立在对法的清理和汇编之上，将现存同类法或同一部门法加以研究审查，决定它们的存废，然后加以修改、补充而最终形成集中统一的、系统的法。②

法典一经形成，即成为该法律部门的主要渊源，这是由其性质所决定的。中国环境法典编纂面临着环境立法体系的广义性、法源的广泛性、法律关系的多重牵连性和法律责任制度的复合性等异于民法典编纂的法律基础和条件，因此可以以潘德克顿体系为方法基础，采用"总—分结构"，在法典构造上分为总则、污染控制、自然生态保护、绿色低碳发展、生态环境责任等五编，在此之下可以考虑设立分编、章、节。③

此外，还需要明确环境法典内部各编的关系及其与外部其他相关法律法规和规范性文件的关系，以此构成中国环境立法体系的主要法律渊源，将当前松散的环境法律规范整合重构为具有较强逻辑性、完整性的法典体系。经修订后保留在法典外的单行法在涉及生态环境的其他重要领域承担特别法的功能，作为与法典体系并行的数个"微体系"而存续，如自然资源法、能源法等。在法典体系与单行法"微体系"之下，行政法规、规章等渊源各自展开作细化补充或解释，共同构成新时代的中国环境立法体系。

---

① 参见吕忠梅：《生态环境法典编纂与优秀传统生态文化的传承》，载《法律科学》2024 年第 3 期。
② 参见周旺生：《立法学》（第二版），法律出版社 2009 年版，第 518－519 页。
③ 参见汪劲：《论中国环境法典框架体系的构建和创新——以中国民法典框架体系为鉴》，载《当代法学》2021 年第 6 期。

（二）以实现可持续发展为价值目标提炼环境立法的共通性规则构筑环境法典总则编

总则编主要规定立法目的和依据、适用对象和调整范围、生态环境保护的基本原则，并宣示性地规定国家重大环境政策事项，同时还应当规定环境法典与民法典、刑法、诉讼程序法等国家基本法律的适用关系和适用规则，以及环境法典与未来可能制定于法典以外的生态环境与自然资源、能源等单行法律的适用规则等生态环境法律规范。

总则编编订既要体现"总—分结构"的基本构造，又要反映可持续发展的机构变革和基本法律制度需求在总则编的安排。为此，结合制度传承与理论创新可以将总则编分为基本规定、国家生态环境治理体制和机制以及国家生态环境治理共通性法律手段等内容。

国家生态环境治理共通性法律手段与各编具体法律制度的区别，在于其不直接管制向环境排放污染物或开发利用自然资源以及要求物质循环等行为，而是采用外部影响排污行为或破坏生态环境行为的方法，通过提供规划、标准等行政和技术要求，运用影响、诱导和经济刺激等政策方法，以及明确事后可能受到制裁的法律后果等手段，促使生态环境利用行为人主动于事前采取预防措施并在事中遵守各种生态环境监管的行政措施。

（三）以实现社会可持续为目标构建污染控制编的管理规则体系

从污染控制法的目的看，改善人类生活品质、创造美好生活环境的目的与可持续发展的最终落脚点是使人类社会契合于可持续发展的社会属性。为此，环境法典污染控制编的构建是统合现行环境污染防治法律规范将其编订入典，构建一体化的污染控制管理规则，实现社会可持续的目标。

现行单项污染防治法律已经涵盖了海洋、水、大气、噪声、固体废物、土壤、放射性和核安全等绝大部分污染防治领域。其中多数法律已施行 20 余年，污染控制法律制度及其实施机制已经相对稳定，目前的主要问题是结构趋同与内容重复，以及存在环境介质与主要污染物防治分别立法导致的协调性不足、缺漏与抵牾并存等状况。鉴于我国单项污染防治法律制度相对完善，污染控制编应当以融贯理论为方法指引，通过编订实现法律规范的逻辑一致性，通过纂修彰显污染控制编的理念创新、体例创新和制度创新。经过编订纂修纳入法典后，现行单项污染防治法律应当全部废止。

（四）以实现生态可持续为目标构建自然生态保护编的环境利用权益衡平规则体系

自然生态保护法主要面对已被确权并受物权制度严格保护的自然资源、野生动植物或者自然区域等广域国土空间和生态系统，因此不能对其直接采用行政上的"命令—控制"规则来实现保护，而要在考量自然生态公益与自然资源私益两方利益的基础上，通过限制、禁止、赎买、补偿等方式规定自然资源和生态要素的利用行为和保护规则。自然生态保护法保护的法益既包括人类，也包括作为环境要素的自然资源和生态系统以及自然物独立于人类以外的、内在的价值。

鉴于我国自然生态保护立法的实际情况，应当整合现行自然生态保护法律法规和自然资源单行法律中的自然生态保护规范，着力构建以生态系统为基础的环境资源综合管理制度体系及其环境利用权益的衡平规则，采用编订加纂修的方法进行适度编纂。

一是对现行自然生态保护法律的基础性条款进行抽象、提炼和体系化整合，凝练自然生态保护规范的一般规则，并分章节、按领域对它们分别进行编订。二是对现行自然资源单行法律中的保护性条款进行提炼，经过编订纂修使之成为内容相对一致但条文相对抽象的保护性规范，并将其纳入自然生态保护编的一般规则中；同时将原自然资源单行法律予以修订，重新通过于环境法典之外。三是对尚未制定法律或者仅由行政法规、部门规章规范的自然保护地和生物多样性保护等领域，则主要应当采用纂修的方法创制新的法律条文并将其纳入自然生态保护编。

（五）以实现经济可持续为目标构建绿色低碳发展编的绿色经济架构和物质循环型市场规则体系

以实现经济可持续为目标构建绿色低碳发展编的绿色经济架构和物质循环型市场规则体系，就需要结合我国的新发展理念和"双碳"目标，借鉴各国环境法典在推动国家可持续发展转型过程中对经济结构升级、综合利用资源和节约能源的作用，将绿色低碳发展编纂修成为环境法典中最具前瞻性和创新性的部分。[1]

鉴于此，绿色低碳发展编不应再以单个环境要素的控制为规范的逻辑基础，而应围绕"生产—流通—消费"的经济系统逐项嵌入"绿色化、循环化、低碳化"的义务，通过采用不同方法，构建实现经济可持续目标的低碳和物质循环型经济的法律规则，将对物质和能量的治理融入市场经济的全过程，倚重对倡导性、鼓励性、柔性手段的运用[2]，并辅之以义务性、强制性手段，通过积极关注气候变化等国际性问题，提供实现"双碳"目标的中国规则体系。

---

[1]　参见吕忠梅：《环境法典编纂论纲》，载《中国法学》2023 年第 2 期。
[2]　参见张忠民：《环境法典绿色低碳发展编对可持续发展理念的体系回应与制度落实》，载《法律科学》2022 年第 1 期。

（六）以调整可持续发展倡导的"人与人"和"人与自然"的新型公正关系为内容构建生态环境责任编的法律后果规则体系

在环境法典中，法律责任制度的基本功能是保障法律制度的实施，因而环境法典中的法律责任制度体系将致力于构建从总则到分则各编所有制度措施和具体行为模式的法律保障，并为相关法律、行政法规、地方立法中的法律责任规则设计提供依据和指引。生态环境责任编的重点主要体现在环境法典中有关法律责任制度的创新之上，既有对民法典和刑法规定不足的弥补和细化，又有对于如何定位新型法律责任形式和确立生态环境争议纠纷的非诉机制解决、生态环境公益诉讼、生态环境保护司法程序规则等实现裁判功能的问题的规定。此外，还应当对一般行政责任和特别法律责任规则作出专门化的安排。

方法上，首先，应当在总则编中确立追究和承担生态环境法律责任的基本条款和行政执法与司法裁判适用国家基本法律中有关行政、民事和刑事责任的基本规则。其次，应当在污染控制、自然生态保护和绿色低碳发展等三编的最后，分章节分别规定违反各该编行政义务规范、禁止限制性规范等行为模式相对应的行政法律后果，以便于对这三编数量巨大的行政行为模式条文及其相对应的行政法律后果规定的查找和适用。最后，应当设立生态环境责任编：一是对民事和刑事等由国家法律统一规定的责任规则作适用性和引导性规定，二是对承担环境侵权民事法律责任、生态环境损害赔偿责任的具体规则作出衍生性规定，三是对危害环境犯罪在罪状形式及刑罚种类等方面作出适用刑法的具体规定，四是确立追究各类法律责任的不同于一般诉讼程序的特别程序规则以及非诉处理环境争议纠纷所应当适用的独特性、变通性程序规则。

四、"适度法典化"模式下的环境立法体系间的相互关系

中国环境立法体系化的"适度法典化"模式选择，将会对现行环境立法乃至整个法律体系带来直接影响：首先是将原来分属于行政法部门和经济法部门的环境立法进行法典化之后，需要对已经基本形成的中国特色社会主义法律体系整体进行重构；其次是"适度法典化"模式下，如何处理"双法源"之间的关系以及环境法典与相关法典及其基本法之间的关系。这些都是中国环境立法体系化的重大理论与实践问题。

（一）完善法律体系分类方法，优化中国特色社会主义法律体系

法理学上的部门法理论影响深远，但近年来学者们进行了一些创新研究并取得不少成果。有学者在反思法律体系理论的基础上，提出了"多次多维立体层面式"划分法律部门的观点。[①] 在环境法学研究中，有学者认为环境法是独立的法律部门，并非遵循调整对象说[②]；有学者提出，环境法是领域法而非部门法。[③] 随着研究的深入，环境法的"领域法"属性得到越来越多学者的赞同。在环境法典编纂研究中，达成的基本共识之一也是将环境法典定位于"领域型法典"[④]。

近年来的法治实践中，加强领域立法的部署反复出现。如党的十八届四中全会明确提出，要完善以宪法为核心的中国特色社会主义法律体系，加强对涉及公民权利、经济、政治、文化、社会、国家安全、生态文明等

---

① 参见何文杰：《多次多维立体式的部门法划分标准及其运用》，载《云南大学学报（法学版）》2014 年第 3 期。

② 参见李艳芳：《论生态文明建设与环境法的独立部门法地位》，载《清华法学》2018 年第 5 期。

③ 参见常纪文：《环境法是领域法而非独立部门法》，载《科学时报》2010 年 9 月 10 日，第 A03 版。

④ 吕忠梅：《环境法典编纂论纲》，载《中国法学》2023 年第 2 期。

七个重点领域的立法。[①] 党的十九届四中全会再次提出加强重要领域立法。[②] 2021 年，中共中央印发的《法治中国建设规划（2020—2025 年）》提出："加强重点领域、新兴领域、涉外领域立法。"[③] 从立法机关的立法规划、计划及立法工作推进中，也可以看到两个明显特点：一是完善以宪法为核心的中国特色社会主义法律体系，立法更加关注"重要/点领域"而非"法律部门"；二是尽管不同文件对"重要/点领域"立法的表述有所不同，但"生态文明"立法始终稳居其中，从未变化。[④]

实践是理论的来源，也是理论发展的根本动力和最终目的。中国的法治实践迫切需要创新部门法理论，充分认识社会主要矛盾变化以及中国式现代化目标对完善中国特色社会主义法律体系的新要求。中国进入新时代，社会结构正处在向更高现代性演变过程中，经济政治社会文化诸问题的交叉性、整合性和动态性十分明显，需要有越来越多的综合、复杂和更具公共价值的新型法律创制，环境法是这种法律的典型。这些法律通常由特定问题束集聚而成，内在理念与观察视角难以嵌入传统话语，不能也不宜将其截然纳入部门法的精密分类和既定框架中。当然，领域法并非要取代部门法，二者应共存于现代社会和法律系统中，以不同的价值和理路作用于不同的社会关系，分工协作又相互成就，共同推动法律体系的革新。[⑤]

因此，包括环境法在内的"重点领域"立法应该也可以成为我国立法

---

① 参见《中共中央关于全面推进依法治国若干重大问题的决定》，载《人民日报》2014 年 10 月 29 日，第 1 版。

② 参见《中共中央关于坚持和完善中国特色社会主义制度 推进国家治理体系和治理能力现代化若干重大问题的决定》，载《人民日报》2019 年 11 月 6 日，第 1 版。

③ 《中共中央印发〈法治中国建设规划（2020—2025 年）〉》，载《人民日报》2021 年 1 月 11 日，第 2 版。

④ 参见吕忠梅：《论环境法典的"行政领域立法"属性》，载《法学评论》2022 年第 4 期。

⑤ 参见耿颖：《现代社会转型与领域法话语的展开》，载《武汉大学学报（哲学社会科学版）》2018 年第 6 期。

体系中一种新的分类方法，应在认真总结我国立法实践基础上，探索领域法的规律与特征，合理确定领域法下的"重要立法领域"，形成由《中国特色社会主义法律体系》白皮书确定的法律部门和"重要立法领域"的二层法律结构，完善以宪法为核心的中国特色社会主义法律体系。环境立法当然应成为"重要立法领域"中的独立一支，不再"寄生"于行政法、经济法部门之中。[①]

（二）理顺生态环境法典与外部环境立法之间的关系

"适度法典化"模式下，意味着中国未来的环境立法体系是在生态环境法典之外，还会存在一定数量的生态环境单项立法，如何处理这种"双法源"之间的关系，需要有明确的思路与方案。与此同时，也需要处理好环境法典与传统部门法之间的关系。

1. 生态环境法典与单行法的关系

根据 2023 年 9 月公布的十四届全国人大常委会立法规划，除积极推进生态环境法典编纂工作以外，也有部分条件比较成熟的涉及生态环境的法律草案拟在该届全国人大常委会任期内提请审议，这些法律的调整对象与环境法典存在交叉，但由于具备不同的立法目的与价值追求，在现阶段无法被纳入法典体系，而是就各自调整对象和范围形成生态环境特别事项的"微体系"：一是能源法、原子能法、可再生能源法等能源保护法，以及矿产资源法、渔业法、水法等自然资源保护法；二是涉及危险化学物质管控的危险化学品安全法和涉及环境应急管理体制机制的突发事件应对管理法等，其以保障公众人身、财产安全和社会秩序稳定为其主要目的。

---

① 参见吕忠梅：《论环境法典的"行政领域立法"属性》，载《法学评论》2022 年第 4 期。

此外，十四届全国人大常委会立法规划中还有需进一步研究的国家公园法（或自然保护地法）、电磁辐射污染防治法等与生态环境保护直接相关、属于法典体系应含内容，但立法安排上暂不纳入法典规定的法律规范，未来还将会制定重要江河流域保护、应对气候变化、碳达峰和碳中和等方面的单行法律及相关规范性文件。作为对法典未尽事宜的补充规定，这类法律与法典的调整范围和事项不重复，在一段时期内将会以单行法形式存在。

2. 生态环境法典与环境相关法律的关系

生态环境法典是国家基本法律，法典外部其他相关法律既有国家基本法律也有其他相关法律。生态环境法典颁布实施后，中国环境立法体系总体上依旧由宪法中的环境条款、环境与资源保护法律、国务院行政法规中的生态环境保护规定、对生态环境法律适用具有普遍意义的有权解释和国务院部门规章中的生态环境保护规定共同构成，这是由环境立法所涉及的领域特性和中国法律渊源的基本构造决定的。然而，就环境立法体系内部的形式渊源和法律效力而言，生态环境法典与外部其他相关法律也存在着如下关系。

首先，生态环境法典在环境立法体系中具有统领性和指导性的地位。法典总则编的形成是基于对现行所有生态环境法律渊源的考量和抽象，无论是法典分则各编还是法典外各单行法，都应"涵摄"于其范围之内。其意义和功能在于强调总则对所有环境法律关系中各类环境利用行为的统一指导性和统一适用性。法典总则通过较为清晰的公权力主体权责划分和相对明确的条文表达建立统一的监管体制，全面指导法典外生态环境相关法中的行政监管规定。此外，法典总则所确立的基本原则、适用规则等技术性规定和一般性条款对法典外相关法同样具有指导和约束作用，法典外相关法需以此为基本框架，保持环境立法体系的一致性和完整性。

其次，生态环境法典与环境立法体系内其他国家法律的适用和效力关系。基于适度法典化方案的选择和我国在自然生态保护、绿色低碳发展等领域尚有大量法律空白的现实，对此生态环境法典只规定重大事项和基本规则，尚有部分法律需要由全国人大常委会制定或者授权国务院通过行政法规对部分事项先作规定，因而可能出现生态环境法典与其他国家法律之间在适用和效力关系上的"双法源"现象。

一是生态环境法典与民事、行政等方面的其他国家基本法律之间应定位为特别法和一般法的关系。环境法典定位为生态环境保护领域的基本法律，与《民法典》《刑法》《行政处罚法》等国家基本法律处于同一效力等级，无法以法律效力作为法律适用顺序的界分依据。环境法由于同时具备公法与私法双重性质，在法律手段上不可避免地与相关基本法律规定存在交叉，但在适用范围上，生态环境法典相较于民事、刑事等实体法和诉讼程序法所具备的普遍约束力而言，在特定领域、主体、空间和事项上有更强的限定性，应作为民事、刑事、行政法规范在生态环境保护领域的特别法规范，因此，对于生态环境法典所使用的共同性法律手段中无特殊规定的部分，应参照适用其他基本法律。

二是生态环境单行法是生态环境保护领域的特别法。在具体适用规则上，主要涉及两类单行法：一种是应将部分内容纳入法典的单行法，在提取与法典价值追求一致的生态环境保护法律条款后，其余规范即生态环境领域特别条款，应在法典中以准用性规范条款引致单行法相关规定。另一种是因不符合法典的普适性形式价值标准而被排除在外的生态环境单行法，应在法典总则中对其适用规则予以确认，作为生态环境保护领域的特别法存在，其以特殊区域的生态环境立法为典型。

三是生态环境法典是自然资源、循环经济和能源等单行法中涉及生态环境保护管理规定的基本准则。自然资源、循环经济和能源等单行法虽侧重调整开发和利用自然资源中的经济关系，但本质上仍属于环境法典所调整的环境利用关系范围之内，需以法典总则确立的法律关系框架为基础。法典总则确立的国家生态环境监督管理体制是国家公权力机关作为环境法律关系主体实施生态环境保护监管的基本规范，贯穿全部环境利用关系之中，单行法中涉及生态环境保护管理的规定应遵守其体制框架。

第十一章　中国环境执法综合化

习近平多次指出，"我国生态环境保护中存在的突出问题大多同体制不健全、制度不严格、法治不严密、执行不到位、惩处不得力有关"，"让制度成为刚性的约束和不可触碰的高压线"[①]。环境执法是环境法治体系的关键环节。生态环境法律法规以行政管理规范为主体内容，行政执法是其获得实践效力的强制保障。我国生态环境立法数量多、涉及的领域广，是以行政机制为主的法律规范体系，环境法实施的主要方式是行政执法。中共中央办公厅、国务院办公厅于 2018 年印发《关于深化生态环境保护综合行政执法改革的指导意见》（以下简称《指导意见》）[②]，明确了环境执法综合化改革的方向和任务。《中共中央 国务院关于全面推进美丽中国建设的意见》（2023 年 12 月 27 日）提出了"改革完善体制机制"的要求，

[①] 习近平：《加强生态文明建设必须坚持的原则》，载《习近平谈治国理政》（第 3 卷），外文出版社 2020 年版，第 363 页。

[②] 2018 年 12 月 4 日，中共中央办公厅、国务院办公厅印发《指导意见》，就深化生态环境保护综合行政执法改革、整合组建生态环境保护综合执法队伍提出了具体的意见和要求，标志着我国环境执法综合化改革进入新阶段。

并对生态环境执法体制改革提出了推进联合执法、加强执法协作等具体要求。党的二十届三中全会决定也强调要"深化行政执法体制改革，完善基层综合执法体制机制，健全行政执法监督体制机制"。建构中国自主的环境法知识体系，应在习近平法治思想的生态文明法治理论指引下，锚定环境执法综合化目标开展对环境执法实践问题的研究，提出提高环境治理能力和促进治理水平现代化的理论方案，为中国环境执法实践提供智识支持。

第一节　环境执法的历史发展与新需求

一、环境执法的发展历程

环境法是综合性的部门法，现行环境法律法规以行政管理规范为主，因此环境执法在环境法的运行中具有重要地位，环境执法状况是环境法治实现与否的重要表征。环境执法伴随环境立法的发展而不断发展，对应于环境立法的不同发展阶段，中国的环境执法大致经历了三个发展阶段。

（一）新中国成立后开始起步（1949—1978 年）

1949 年中华人民共和国成立后，与社会主义经济建设相伴随，环境问题也逐步显现，运用法律手段保护环境的立法活动也开始起步。宪法中关于自然资源的规定、有关矿业等的法律法规一定程度上反映了环境保护的要求。1971 年中国恢复在联合国的合法席位后，受国际上环境保护思想和行动的影响，为回应国内建设中出现的环境污染等问题，以 1973 年国务院出台的《关于保护和改善环境的若干规定（试行草案）》为代表，加上《工业"三废"排放试行标准》（1974 年试行）等一系列法规文件，中国环境立法的雏形逐渐显现。

这一阶段的环境立法相对零散，效力层次不高，相应的环境执法也未得到充分的重视，行政执法体制机制不健全，环境执法有相对零散的个案，但规范性不足，并未真正进入法治化的运行轨道。

（二）伴随改革开放逐渐规范化（1979—2012 年）

1979 年第五届全国人民代表大会常务委员会第十一次会议通过了《环境保护法（试行）》，明确了立法目的并对国家机关、企事业单位的环境保护职责和义务作出了规定，开启了我国环境立法的新进程；1982 年《宪法》规定了环境保护战略，《海洋环境保护法》等单行法陆续出台；1989 年《环境保护法》出台，相关立法进程加快。至 2010 年前后，我国的环境法律体系已经基本形成，基本制度和针对主要环境问题的具体制度都已有立法规定。

立法的逐步完善极大地推动了环境执法的规范化发展，环境执法实践迅速发展。一方面，法律、行政法规规定的制度得到越来越严格的执行，建设项目环境影响评价、环境行政处罚等成为环境管理体系的重要方面，发挥着保障环境保护目标实现的重要作用。另一方面，积极探索适合中国国情的环境管理方式，以政策措施等配合环境执法的开展，有力促进了环境执法的成效。特别是 1989 年《环境保护法》确立了环境保护的基本法律制度，环境单行法的规定也逐步健全，构建了预防为主、综合整治、污染治理、损害担责等执法机制，中国特色的环境执法机制逐步清晰。[①]

（三）新时代推进严格化综合化（2013 年至今）

党的十八大以来，环境法治建设在习近平总书记"最严法治"论的指

---

① 参见吕忠梅、吴一冉：《中国环境法治七十年：从历史走向未来》，载《中国法律评论》2019 年第 5 期。

引下，承担起保障统筹推进"五位一体"总体布局、协调推进"人与自然和谐共生"的现代化新使命，以《环境保护法》的修订为代表的环境立法不断发展完善，环境执法体制改革进入了"深水区"。

一方面，不断发展健全的环境立法为环境执法提供了更加规范的依据和更高标准的要求。2018 年生态文明"入宪"，2014 年《环境保护法》全面修订，从价值导向、立法目的、环境监管体制、主要制度等层面为环境法律体系的完善奠定了基础，特别是赋予环保部门按日计罚、查封扣押、限产停产等职权，为环境执法的严格化、综合化发展提供了制度依据。《大气污染防治法》等多部环境单行法的制定、修改极大推进了环境法律制度的精细化发展，为环境执法的科学化、合理化发展奠定了制度基础。同时，环境法律的发展也给环境执法提出了更高的要求，不同部门间职权的协调等问题逐步显现，环境执法中的各种矛盾也慢慢凸显。

另一方面，环境执法体制改革也深入展开。2014 年以来，国家相继出台《生态文明体制改革总体方案》等数十项涉及生态文明建设的改革方案，对生态文明建设进行全面部署和系统安排，其中相当多的内容涉及环境执法体制机制改革。2018 年国务院机构改革重新整合了自然资源、生态环境两大类型的政府环境职责，形成了环境管理职责的二元分工与协调配合的基本格局，环境执法也在此框架下逐步整合，《环境保护法》确立的"环保部门统一监管、有关部门分工负责"的管理体制得到落实。同时，生态环境保护综合行政执法改革不断推进，环境执法综合化的发展方向已经明确。

经过多年的发展，中国的环境执法已经形成了基于环境立法的全覆盖格局，环境执法涵盖了生态环境保护的几个基本方面：一是污染防治。污染防治是环境法的重要内容，也是环境执法的主要领域，我国已经出台了多部污染防治法，电磁辐射污染防治法也在立法过程中，污染防治执法对污染防治法的实施具有关键作用。二是生态保护。生态保护是对自然生态的保护，针对生态破坏问题，与自然资源的利用密切相关，涉及的法律相对较多。在生态环境统一保护的理念下，生态保护是重要的环境执法领域，主要针对自然资源利用方面的违法行为。三是核与辐射安全。核与辐射安全是生态环境保护的特殊方面，形式上属于污染防治的范畴，但因事关基本安全问题，其污染防治不同于普通的污染防治，相关管理制度也具有特殊性①，对应的执法也构成一个相对独立的执法领域。

二、环境执法的新需求

整体而言，环境执法体制机制已经基本建立，负责主要的执法事项的主体相对明确，重点领域的执法取得了效果。但是，环境问题仍在不断发展变化，环境行政管理事项和管理方式也在不断发展变化，中国的环境执法仍面临不少问题。正确认识这些问题并细究其背后的原因，是推进中国环境执法体制机制进一步健全的前提。

（一）环境执法的困难与问题

改革开放以来，我国环境执法在执法理念、执法模式、执法体制、执法手段、执法监督与责任等方面取得了长足的进步②，取得了较多共识和积极效果。总体来看，中国环境执法基本形成了相对稳定的格局，执法理念由经济发展优先转变为生态文明法治观；执法模式由单一管制走向多元治理；执法主体由弱变强，执法职能由条块分割发展到纵横统一；执法手

---

①　参见刘长兴：《论环境法法典化的边界》，载《甘肃社会科学》2020 年第 1 期。

②　参见刘明明：《改革开放 40 年中国环境执法的发展》，载《江淮论坛》2018 年第 6 期。

段不断丰富，执法力度由小变大；执法监督由"督企"向"督企"与"督政"并重，执法责任由虚变实。[1] 同时我们也要承认，环境执法中还存在一些明显的问题。

首先是环境执法的碎片化。环境执法事项繁多、复杂是目前的主要问题，呈现出执法碎片化特征，具体体现为执法理念碎片化、执法机构碎片化、执法机制碎片化、执法方式碎片化[2]，条块分割，多头执法，分层管理等是经常被诟病的环境执法问题。

其次是环境执法的标准不一、尺度不一等。在更具体的层次中，环境执法中还存在选择性执法、执法裁量随意、以罚代刑等现象[3]，由此导致了执法争议频繁出现、执法效果难以达到预期等问题，最终损害了环境执法之保障环境法律实施功能的发挥，对环境管理目标和整体效果的实现产生了不利影响。

执法是法律在社会中现实运行的重要途径，其中出现的问题从根本上说来自立法与社会现实需求之间的不匹配。就基本定位来讲，环境执法是对环境法律的执行，是在环境管理过程中对环境违法行为的查处，是环境管理的最后强制手段。正是因为环境执法的强制性特征，如果存在环境立法与社会现实需求之间的偏离，更容易出现执法矛盾和问题。

一是环境执法事项繁多。环境保护涉及范围广、事项杂，除典型的污染防治外，实践中还存在大量的与环境保护有关的事项需要被纳入政府管理和执法范围。环境执法事项多而杂，既涉及工业生产、农业生产过程，还涉及商业服务乃至日常生活环节。在经过整理归纳后纳入《生态环境保

---

① 参见刘明明：《改革开放 40 年中国环境执法的发展》，载《江淮论坛》2018 年第 6 期。
② 参见王余生、陈越：《碎片化与整体性：综合行政执法改革路径创新研究》，载《天津行政学院学报》2016 年第 6 期。
③ 参见孙杰：《环境执法中的"以罚代刑"现象及其规制》，载《山东社会科学》2017 年第 3 期。

护综合行政执法事项指导目录》^① 的执法事项仍有 248 项，包括违法排污、环境影响评价违法、违法购买销售环境敏感物质、违反污染物登记规定、未按照规定实行污染相关后期管理、未按照规定保存化学物质资料、废物处理过程违法、核设施管理违法等诸多情形。这还不是全部的环境执法事项，生态保护方面的执法事项未被纳入。繁多的环境执法事项给执法部门带来了压力，也会产生其他方面的社会影响。

二是环境执法职能分散。生态环境保护方面的执法事项在环境保护目标上具有一致性，都是环境管理过程的一个环节或者保障措施，但是未必与政府的事权划分体系相契合，因此往往被分散到不同的政府职能部门，从而使环境执法职能呈现分散性特征，甚至类似的执法职能也可能被分配给不同的部门。政府的事权划分通常是基于公共产品供给的视角，按公共产品种类、受益范围、部门隶属关系以及事权构成要素进行的^②，已经形成相对稳定的体系，而环境成为重要的公共产品是相对晚近的事，而且与众多其他公共产品存在交叉融合，因此在相对专门的环境保护部门之外，还有众多的相关部门有环境管理和环境执法职能。分散性是环境执法职能的基本特征，也是综合化改革所针对的具体问题。

三是环境执法的协调成本高。环境保护目标与经济发展目标之间难免存在一定的冲突，环境执法中协调不同的政府管理目标经常存在困难。作为环境行政管理中一个相对独立的环节，环境执法的开展只有在基础性管理基本到位的条件下才相对容易，但目前环境基础性管理本身也存在种种矛盾和问题，经常影响执法的开展，环境管理与环境执法的协同性还有待提升。同时，环境执法职能分散在不同的部门，部门之间的权责分配不对

---

① 参见《生态环境部关于印发〈生态环境保护综合行政执法事项指导目录（2020 年版）〉的通知》（环人事〔2020〕14 号），2020 年 3 月 11 日。

② 参见李森、彭田田：《政府间事权划分思路的比较与综合：基于中国现实的分析》，载《财政研究》2021 年第 1 期。

应、执法信息交流不顺畅等也比较常见，环境执法的协调成本相对较高，导致执法标准不一等问题凸显。

（二）环境执法综合化的需求与目标

应对环境执法碎片化和不统一问题，需要深入分析环境执法的现实需求，并确立环境执法的基本目标，从更高的层次来将碎片化、分散化等问题纳入统一的体制机制中。就此而言，综合化是环境执法改革的基本方向。

1. 环境执法综合化的需求

为解决环境执法事项繁多、职能分散、协调成本高等长期以来制约环境执法功能发挥和效果提升的问题，党的十八大后，环境执法综合化改革提上日程。2015 年中共中央、国务院出台的《生态文明体制改革总体方案》明确了建立"系统完整的生态文明制度体系"的目标；2018 年中共中央办公厅、国务院办公厅印发的《指导意见》进一步明确了"有效整合生态环境保护领域执法职责和队伍，科学合规设置执法机构，强化生态环境保护综合执法体系和能力建设"的目标；党的二十届三中全会决定再次强调了"完善基层综合执法体制机制"的要求，全面建设美丽中国目标的实现不仅需要生态环境立法的发展完善，也需要生态环境执法体制机制的不断优化。在环境执法综合化的具体推进路径上，已有学者提出需要推行整体性变革，消除碎片化管理，从树立整体执法理念、整合执法机构、协调执法机制、创新执法方式四个方面进行改革创新，构建整体性综合行政执法模式，实现执法服务的无缝隙供给。①

从环境执法面临的问题来看，环境执法的综合化需要针对几个问题进行有效回应：一是环境执法事项的整合需求。繁多的环境执法事项不仅困

---

① 参见王余生、陈越：《碎片化与整体性：综合行政执法改革路径创新研究》，载《天津行政学院学报》2016 年第 6 期。

扰环境执法机关，也让企业等当事人无所适从，并且极易导致出现法律冲突和执法不公。对诸多环境执法事项的梳理、整合有助于建立统一的执法标准，甚至发现环境立法中的问题并反过来纠正和完善立法。二是环境执法职能的合理配置需求。环境执法职能的分散配置必然带来执法不便、冲突增加，在环境保护整体目标之下适当集中、统一执法职能，是解决当前环境执法现实问题的根本途径。三是降低执法协调成本的需要。执法职能分散、配置不合理极大增加了执法的协调成本，相对统一的执法机构是降低执法协调成本、提升执法水平、优化执法程序的可行途径。

2. 中国环境执法综合化的基本目标

为了解决环境执法中存在的现实问题、提升执法效能、理顺执法体制，《指导意见》提出：环境执法综合化改革的目标是建立职责明确、边界清晰、行为规范、保障有力、运转高效、充满活力的生态环境保护综合行政执法体制，形成与生态环境保护事业相适应的行政执法智能体系；主要任务是整合执法职责、组建执法队伍、规范机构设置、优化职能配置、明确执法层级、加强队伍建设。《指导意见》还提出了清理执法事项、规范执法程序、完善监督机制、强化协调联动、创新执法方式等具体措施。环境执法综合化的最终目标是服务于生态文明建设，为环境保护目标的实现提供保障。环境执法作为环境法治体系的关键环节，其最终目标是通过保障环境法律制度的有效实施，来实现环境法律保护生态环境、推进生态文明建设的目标，"为打好污染防治攻坚战、建设美丽中国提供坚实保障"。基于此，可以将目标细化为如下基本目标。

（1）基础目标：理顺环境执法职能。环境执法职能是开展执法活动的前提，法律确定的执法事项需要落实到具体的执法部门，针对环境执法职能相对分散、配置不尽合理的问题，整合相关部门生态环境执法职能是环境执法综合化的最基础目标。理顺环境执法职能需要对法定的执法事项进行分类梳理，根据执法事项的性质和所属领域进行归类，尽量将同类执法事项归由同一部门管辖，实现执法职能的相对集中、合理配置。

（2）组织目标：建立环境综合执法机构。环境执法职能未必集中于单一的执法机构，但是以环境综合执法机构为中心来整合环境执法队伍，更有利于环境执法职能的统一行使，以及必要时的协调联动。因此，从职能机构建设的角度，环境执法综合化的目标应当包括建立相对统一的环境综合执法机构，统筹执法资源和执法力量，建立生态环境保护综合执法队伍，负责至少大部分的环境执法事项。

（3）效果目标：增强执法的统一性、权威性、有效性。以环境执法职能和执法机构的相对统一为基础，环境执法综合化要追求的社会效果是提升环境执法的统一性、权威性和有效性，避免多头执法带来的不公正、社会接受度低、执法效果差等问题，提升执法的威慑力和强制性，坚决制止和惩处破坏生态环境行为。

（4）制度目标：提升依法行政水平，规范环境执法行为。环境执法的职能分散、多头执法也给执法机构正确、准确适用法律，公正处理违法行为带来了困难，使执法行为难以有相对统一、合理的标准，从而扩大了执法机构的自由裁量权，容易导致选择性执法以及执法"寻租"等问题。环境执法综合化的重要目标是为执法行为规范化提供制度保障，通过执法体制的完善、执法标准的统一等规范化建设来提升依法行政水平，提升环境执法行为的规范性。

第二节　环境执法综合化的基本理论进路

一、环境执法的功能与定位

环境执法的碎片化、分散化问题，也是根源于对环境执法之功能和定位的认识不够准确。环境执法被很多人认为是"直观而简单"的事务，无须太多的理论和复杂的设计，然而，环境执法实践中已经出现的问题以及其综合化改革需求表明，简单将环境执法当作纯粹的实践问题至少是一种误解，环境执法成效受到多种因素的影响与制约，执法体制、执法方式、执法手段与措施的配置也必须遵循法治规律，因此，深化对环境执法的理性认知才能真正改进执法实践。正是在这个意义上，环境执法综合化成为环境法知识体系的重要内容。

（一）环境执法的基本功能

环境执法是行政执法的重要领域，其基本定位是环境法律的执行，是最广泛、最普遍的落实环境法律的活动，是环境法律实施的重要方面和基本途径，在环境法治运行中具有极为重要的意义，甚至被认为是环境法治的核心方面。对环境执法相对广义的理解主要出现在学理上，实践中的环境执法通常是狭义上的，仅指依法查处生态环境违法行为，依法开展污染防治、生态保护、核与辐射安全等方面的日常监督检查。① 环境执法是针对环境违法行为的查处活动，其功能与价值体现在不同层次的目标中。

从社会整体角度看，环境执法的功能在于实现环境保护的目标。生态文明是人与自然和谐的文明，必然要求一定的环境目标设定。环境执法是直接针对环境违法行为的法律执行活动，是实现环境保护目标的直接手段。从结构主义出发，社会被视作一个结构完整的有机整体，法律功能则是法在这一有机整体中，作为独特的社会规范体系所具有的一种对整个社会体系的调整、控制与整合的力量，从而改造和完善社会中的人，并进而

---

① 《指导意见》将生态环境保护综合执法队伍的职能明确为"依法查处生态环境违法行为，依法开展污染防治、生态保护、核与辐射安全等方面的日常监督检查"。

改造和完善社会的机能，发挥和实现法的价值。① 环境执法在环境法整体功能的发挥上具有决定性作用，实现环境保护目标是环境执法的基本功能。

从法律系统的角度看，环境执法的功能在于保障法律的实施。立法、执法、司法和守法构成法治运行的基本结构。执法即法律执行在广义上是指国家行政机关、司法机关，法律授权、委托的组织及其公职人员，依照法定职权和程序，贯彻实施法律的活动，包括一切执行法律、适用法律的活动，包括针对违法行为的执法活动。在此意义上，环境执法是执法活动的一个环节，具有执法的基本功能并且对于法律实施具有基本的保障作用。

从法律责任的角度看，环境执法的功能在于确保责任的追究。损害担责是环境法的基本原则，违法者应当承担相应的法律责任。环境执法是对环境违法行为的查处，除发挥对违法行为的震慑、预防等一般性功能之外，主要功能在于对违法责任的追究，即通过对违法者课以行政处罚等责任，来实现对违法后果的法律救济。

（二）环境执法在法治体系中的定位

环境执法的功能是在环境法治运行过程中体现出来的，对其定位要在法治体系中进行考察。坚持建设中国特色社会主义法治体系，要加快形成完备的法律规范体系、高效的法治实施体系、严密的法治监督体系、有力的法治保障体系和完善的党内法规体系。② 对环境执法在环境法治建设中的功能定位首先要在法治体系下观察，环境法治体系就是要构建充分体现人与自然和谐共生的完备法治规范体系、高效法治实施体系、严密法治监

---

① 参见孙岳兵：《结构主义视角下法律功能范畴研究》，载《求索》2016 年第 1 期。
② 参见徐显明：《论坚持建设中国特色社会主义法治体系》，载《中国法律评论》2021 年第 2 期。

督体系和有力法治保障体系。① 执法是法治实施体系的主要方面，环境执法也是环境法实施的基本途径。

从法律实施的角度看，环境执法是在法治规范体系的基础上运行的：一方面，与环境司法共同构成环境法实施的基本途径；另一方面，要接受司法审查，从而与环境司法之间形成监督制约关系。从环境法治的基本运行结构看，环境执法与立法、司法以及守法和社会监督等存在多种形态的联系。

1. 环境立法是环境执法的基础

良善的法律是法治的前提②，执法在法治体系中的地位首先体现在其与立法的关系中。我国的环境立法承担着主要的环境法律制度供给功能，绝大部分的环境法律规范是通过立法形成的。③ 环境立法是环境执法的前提，是对环境违法行为进行判定、处理的基本依据。环境立法状况对环境执法具有决定性影响，环境执法的内容和效果在很大程度上是由环境立法决定的。相对而言，环境法律规范较传统的部门法律规范在外在形式上表现得更为分散与去中心化。④ 这也是环境执法职能分散、执法主体较多的根本原因。同时我们也要看到，环境执法是法治运行中相对独立的一个部分，有其自身的运行规律，因此环境执法状况也不是完全取决于环境立法状况。

2. 环境司法是环境执法的底线

执法与司法是法律实施的基本途径，二者都是通过公权力运行来推进

① 参见张震、袁周斌：《人与自然和谐共生的中国式现代化之法治体系与方略》，载《重庆大学学报（社会科学版）》2023 年第 2 期。

② 参见田兆军：《良法与善治："法治"价值观的当下解读》，载《中国政法大学学报》2019 年第 6 期。

③ 习惯法特别是少数民族习惯法在环境法中也发挥一定作用，但不占重要位置。参见常丽霞、田文达：《当代少数民族生态环境习惯法研究述评》，载《烟台大学学报（哲学社会科学版）》2018 年第 6 期。

④ 参见杜健勋：《中国环境法治：体系、教义与法典化》，载《学术论坛》2022 年第 2 期。

和保障法律的实施，是法治实施体系的核心内容。从法律运行的阶段来看，司法是法律争议（包括执法争议）的正式解决途径，环境司法通过解决环境执法争议保障环境执法的合法性、合理性，是环境执法的监督和保障性制度。具体来说，环境执法与环境司法的关系存在几个层面：一是环境司法对环境执法的审查作用。对于环境执法中存在的争议，在行政复议之外还可能需要通过司法途径来确认其合法性和合理性。二是环境司法对环境执法的监督作用。环境行政公益诉讼（包括其诉前程序）的重要功能是监督行政机关依法履职，对于行政执法中的不作为、乱作为，可以通过环境行政公益诉讼进行补救和监督。

3. 环境守法是环境执法的延伸

执法与守法是法律在社会中贯彻落实的两个方面，特别是就行政管理制度而言，执法是行政主体的职责，是确定行政相对人义务并采取措施确保其履行的行为，而守法主要是指行政相对人遵守法律规定或者按照行政主体的要求行事，呼应了执法的要求。执法针对违法行为，而社会违法现象与社会的守法观念、法治意识密切相关。对于环境法治目标的实现而言，环境守法是环境执法的替代通道。但是，相对于环境立法、执法、司法而言，环境守法所受重视不够，通常环境法律的强制性就是通过环境执法、司法来体现的，缺少了对自觉守法的考虑。从环境法治运行的成本和效率角度来看，应当以生态守法为法治逻辑中心推进生态环境法治转型，增强生态守法动力[①]，为环境执法提供良好的社会环境。这是环境守法与执法关系的一个层面。从另一个层面看，环境执法是促进和确保环境守法的重要力量：只有对环境违法行为进行严格的查处，才能建立守法者获益的社会预期，遏制环境违法行为，形成普遍守法的良好法治环境。

---

① 参见肖爱：《生态守法论——以环境法治的时代转型为指向》，载《湖南师范大学社会科学学报》2020年第2期。

另外，社会监督对环境执法的公正、顺利开展也具有重要意义。

二、环境执法体系的系统性建构

环境执法是对环境违法行为的查处，呈现为一个个单独的案件。对具体的当事人而言，个案的合法、合理处置是核心问题，在这个层次上执法综合化似乎并无意义。但是，对环境执法案件不能仅从孤立的角度来看，更应当放在环境法律实施、行政权力运行、环境保护目标实现、社会经济发展的大背景之下考察。环境保护是一项整体性事业，其基础和目标都是生态系统的整体性，因此，立足于系统性观念来构建综合化的环境执法体系，对于实现环境执法目标就具有决定性意义。

（一）立足于生态环境保护目标推进环境执法

生态环境是一个整体，对生态环境的保护主要的着眼点是其整体性价值，即对全人类生存和发展的价值。保护生态环境是环境法的基本目标，也是环境执法的最终目标。生态环境保护是一项公共事业，而且生态环境具有显著的整体性、系统性特征，故生态环境保护目标的实现需要整体视角和总体安排。

基于生态环境保护的目标的整体性要求，需要确立环境执法的系统性观念，作为指导环境执法体制机制改革的基本出发点。对于环境执法，不能仅从个案层次进行衡量和确定，更应当立足于生态系统的保护，追求整体性目标。这对于环境职权的设定、执法目标的确定和执法措施的选择都具有决定作用。质言之，环境执法的系统性观念是推进执法体制机制改革、完善环境执法制度的根本所在。

1. 立足于整体保护目标推进执法综合化

在整体性价值目标下，环境执法就不应当是分散的、相互独立甚至相互不一致的，综合化是回应生态环境整体性保护的措施，将环境执法纳入相对统一的体系之中，有助于执法行为的协调，共同服务于生态环境保护的整体目标。在通过执法实施环境法律的过程中，生态环境保护目标的整体性从两个层次给执法提出了整体性要求，需要一定程度的综合化执法：一是生态环境保护目标与经济发展目标之间的总体平衡需要执法力度的整体把握。环境法目的二元论指出，保护生态环境和促进经济发展之间应当取得平衡①，这需要整体上把握生态环境保护的目标和推进力度，其中环境立法的制度取舍具有关键意义，同时环境执法的总体把握也至关重要。二是生态环境保护的整体性和系统性决定了仅依赖分散、独立的个案执法无法实现保护目标，而是需要执法的整体推进、系统性措施的保障，将个案的意义放在整体中进行考量才能发挥其作用。这要求环境执法的综合化来推进。也就是说，生态环境保护目标的整体实现需要环境执法系统运行且关注整体效果，因此克服分散执法的局限、实行综合化执法是必要的。

2. 基于社会系统运行建构综合执法机制

法律是在社会系统中运行的，生态系统的整体保护与社会系统的运行也需要相互协调，才能实现人与自然的和谐共生。行政执法综合化的社会基础法律是在特定的社会系统中运行的，本身构成社会治理体系的一部分，又形成相对独立的法治体系。环境行政执法也建立在相应的社会文化、社会观念基础之上，环境执法综合化改革也有相应的社会基础。

"人与自然和谐共生"是环境法的基本追求，和谐也是中华传统观念文化的基本理念，"人与自然生命共同体"理念既要贯彻到环境法律体系的建构过程中，也要体现到环境执法的过程中。环境执法综合化有助于将各种相关行为纳入统一考量，将人与自然和谐、社会和谐作为基本目标来

---

① 参见吕忠梅主编：《环境法》（第二版），高等教育出版社 2017 年版，第 26 页。

完成执法任务。公平是行政执法的基本目标，环境执法公平需要执法权的统一行使，综合化的目标之一是执法权的相对集中和统一行使。环境执法事项繁多，案件类型众多，涉及领域也较多，需要对多种利益进行衡量和选择，个案判断是基础，但是个案之间需要有相对一致的标准，才能实现过罚相当等基本的公平公正。环境执法综合化对执法事项的统一梳理、对执法权的集中行使有助于建立统一的执法标准，避免选择性执法和任意裁量，提升环境执法的公平性。

（二）基于系统性观念推进执法权的分工与统合

行政权是公权力的基本类型，整体上由行政机关行使，具体行使时需要划分为不同的领域由不同的行政机关分工合作。行政执法权是行政权的重要内容[①]，执法权分配本质上是行政权的合理划分问题。环境执法综合化及其限度需要从推进执法权的分工与统合的角度进行考察。

首先，执法权的相对独立是基于执法专业化的需求，是行政权的纵向分工的结果。行政权的内容包括通常的管理权，以及针对违法行为的执法权，二者有不同的特点，执法权是相对专业的法律执行过程，具有严格的法律事实认定、法律条文适用要求。将执法权从行政权中区分出来，交由相对独立的执法机构来行使，符合执法权的运行规律要求。

其次，执法权的相对集中是基于执法规范化的需求，是执法权横向整合的结果。执法虽有不同的法律依据、不同的事实情形，但是需要遵从相对统一的规范，执法综合化特别是执法机构的统一是执法规范化的基础，也是执法权合理配置的基本要求。

总之，执法权在相对独立的基础上有效统合，才能实现权力分工与集

---

① 也有观点认为，行政权与执法权是两种权力，既有共性与部分的重合，又有各自的特点与运作范围。参见鄂振辉：《执法权与行政权辨析》，载《北京行政学院学报》2005 年第 6 期。

中之间的平衡，从而为权力的规范行使、高效行使奠定基础。环境执法综合化是在执法权相对独立基础上同领域执法权的相对集中，把握行政权配置的基本规律才能确保其分配、行使科学、合理。

(三) 着眼于环境执法综合化夯实制度基础

环境执法综合化改革目标是由中央政策文件确定的，但是从根本上讲涉及执法制度、执法依据的系统化改造，需要更加明确的制度基础。环境法律制度的体系化是环境管理职权合理配置的基础，进而决定着环境执法的基本结构。此外，环境执法制度的发展和完善也需要法律法规的确认和推进。

1. 促进环境法律制度的体系化

环境执法对环境违法行为的查处必须有明确的法律依据，环境立法中设定的违法行为认定标准、处罚等处理规则是环境执法的直接依据。因此，环境执法综合化的根基是环境立法的制度整合，在环境法律制度体系化的基础上才能更好推进环境执法的综合化。

首先，环境执法事项的归类和整合需要法律层面的设计。生态环境保护包括污染防治、生态保护两大基本领域，以及核与辐射安全等特殊领域，每个领域又可进一步细分，并可从不同管理角度设置法律规范，因此违法行为的类型、层次多样，导致了环境执法事务繁杂、内容混乱。从环境立法上将环境执法事项进行归类，对同类环境事务的行为规范进行系统设置，有助于对环境违法行为的类型划分、认定标准的统一，从而为环境执法综合化奠定良好基础。

其次，环境执法行为的类型化需要法律层面的依据。环境执法中的查处环境违法行为以违法责任的追究为中心，但不限于简单的责任追究，检查、责令停止违法行为、行政强制、行政处罚等都可能运用，之下还有更具体的责任类型。环境执法的混乱某种程度上是因为对上述查处行为的规定不够统一，在环境立法中对其进行类型化规定是推进环境执法统一的基本条件。例如，对于责令停止行政行为可以分为中间型责令停止行政行为与终局型责令停止行政行为，应当适用不同的行政行为规范。[①]

最后，环境执法的主体需要在法律层面有相对统一的规定。环境法律法规中的法律责任规定通常都明确了查处的职能部门，这是导致环境执法主体多元、执法职权交叉的法律上的原因。环境立法中以环境执法事项的归类整合为基础，将环境执法职权适当集中于单一部门，是环境执法综合化中执法机构统一执法的职权依据。

就立法层级而言，环境法律和行政法规是环境执法的主要依据，上述与环境执法相关的法律体系化主要应当在法律和行政法规层面推进，同时地方立法质量提升和依法决策是规范环境执法的关键[②]，地方环境立法也是环境执法的直接依据，在法律体系中发挥重要作用，需要考虑环境执法的综合化需求，依据上位法进行合理的职权配置和具体制度设计。当然，在环境法律体系化过程中，政策文件甚至工作文件在法律框架下对环境执法综合化的安排也具有重要意义，可以推动环境执法综合化发展，但是从长期来看，环境法律制度的体系化发展才是推进环境执法综合化发展的根本途径。

2. 优化统一环境执法体制和机制

在环境执法相关法律制度体系化整合的基础上，环境执法制度本身的统一化和整合也是实现环境执法综合化的重要保障，具体来说：一是要明确综合环境执法的基本体制，将法定职责整合、执法队伍建设、执法机构

[①] 参见潘晨苗、汪厚冬：《生态环境执法中责令停止行政行为的法律属性研究》，载《环境保护》2023 年第 6 期。

[②] 参见王曦、刘志和：《中央生态环保督察下基层环境执法的现状与优化——以 T 企业为例》，载《环境保护》2022 年第 18 期。

设置、执法职能配置、执法层级分配等统一考虑，以专门执法机构为中心确立综合化的环境执法体制。二是要推动执法机制的整合，从执法程序、执法方式、执法措施、执法协作等角度对执法机制进行统一规划，确立执法职责的综合化运行机制。这些内容需要反映在环境执法制度的具体构造中。

第三节 环境执法综合化的制度进路

环境执法综合化不仅是政策目标，更是环境执法制度发展的基本方向，还是环境法律体系化的重要方面。在环境法律体系下，环境执法综合化的制度构造应当立足于执法权的界定和配置，建立环境执法的程序协调机制，从而形成生态环境保护领域综合执法的基本制度，进而，在区分不同类型环境执法机制的基础上，建立执法制度和机制之间的有机联系，发挥制度协同效应，形成环境执法的综合化模式。

一、环境执法综合化的制度结构

按照制度性质来分，环境执法制度大概可以分为实体制度和程序制度两个方面，实体上主要是执法职权的确认和配置，程序上主要是程序机制的整合，实体制度和程序制度的共同改进才能实现执法综合化的目标。

（一）环境执法的职权配置

执法是行政权行使的重要方式，职权确定是开展行政执法的前提和依据。环境执法综合化首先是环境执法职权配置的综合，即在明确执法权的基础上对具体职权进行适当的集中和分配，形成协调的执法权体系。

首先，环境执法职权要相对独立化。相比于一般行政管理行政执法具有自身特点，行政从"管理"到"执法"的转变在我国是改革的产物，标志着法治的进步。[1] 环境执法权虽然仍属于行政权范畴，但基于其运行特征有必要进行相对独立的构造，这主要体现在执法权的确认标准相对独立、执法机构相对独立和执法人员的专业化配置。对环境执法权要在立法规定的基础上通过执法事项清单或者权力清单等形式进一步明晰化，使之具备相对独立运行的条件。同时，行政执法权要与行政管理过程相衔接，在信息沟通、监督职责等方面有相对明确的分工。

其次，环境执法职权要按领域整合，形成相对集中的执法权体系。行政执法权虽然相对独立于行政管理权，但仍与行政管理存在密切关联，行政执法权的整合要与行政管理领域的划分基本匹配。2018 年国家机构改革对政府的自然资源管理职权和生态环境监管职权进行了统合，形成了自然资源、生态环境两个领域分立又相对统一的管理体制，形成了环境管理职权划分为自然资源管理和生态环境监管的二元格局。[2] 在此基础上，环境执法职权也应当对应划分到两个部门：生态环境保护部门主要对应污染防治执法、生态保护执法，自然资源管理部门主要对应对开发利用自然资源中违法行为的执法，另外还有核与辐射安全等特殊领域的执法。按照行政管理领域划分的执法权应当相对集中行使，构成环境执法综合化的基本架构，相关执法权保留由相应部门行使，但要与集中行使的执法权相互协调，形成总体上配合、相互一致的体系。

（二）环境执法的程序整合

环境执法的综合化还要在程序上实现制度整合，形成对违法行为查处

---

[1] 参见姜明安：《论行政执法》，载《行政法学研究》2003 年第 4 期。

[2] 参见刘长兴：《环境管理职权配置的二元结构论》，载秦天宝主编：《环境法评论》（第 8 辑），中国社会科学出版社 2019 年版，第 62 - 74 页。

的完整程序制度，避免相互之间衔接不畅造成的重复执法或者留下执法空白。其一，环境执法程序要与环境行政管理相衔接，将环境行政管理过程中或者后续监管中存在的违法行为纳入查处范围，实现环境行政管理的事前、事中控制与事后追责的全过程管理。其二，环境执法要与刑事责任追究程序相衔接，在环境保护行刑衔接的实体规范优化①的基础上实现程序合理化。其三，环境执法的具体程序之间要进行合理规划和有效衔接，将对违法行为的调查发现、及时制止与严格处罚相互联系起来，形成完整的违法行为查处程序机制。

（三）环境执法综合化的范围

从实体和程序两个方面推进环境执法综合化是基本方向，立足于职权衔接和程序整合的综合化执法制度应当反映在环境立法中，并在环境执法的专门性制度中得到规定。在污染防治执法、生态保护执法以及特殊环境执法几个领域推进建立综合化执法机制的同时，要考虑综合化的合理限度问题。一方面，环境执法权与环境管理职权的衔接需求和对应性决定了综合执法还难以打破环境管理的部门权限划分，主要应当在部门管理职责范围内实现环境执法职权的集中，并推进部门间执法职权的衔接和配合。在此意义上，完全统一的生态环境保护综合执法既不必要也不太可能。另一方面，环境执法程序的整合应当着重于内部程序的优化和规范化，同时将行政执法的专门程序与相关程序衔接起来，并且通过加强部门之间的执法沟通来体现执法程序的统一化，但是环境执法事项繁杂以及相互关联性的特征决定了程序上的完全统一也不现实。总之，环境执法综合化发展方向之下，不能走向执法权的完全集中和执法程序的简单统一，而应当在综合

---

① 参见侯艳芳：《环境保护行刑衔接的实体规范优化》，载《国家检察官学院学报》2023 年第5 期。

化、整体性目标之下实现制度的有效衔接，体现综合化的需求与要求。

二、环境执法的内容和方式

环境执法针对环境违法行为，其判定依据是不同的环境行政管理法律制度，因此执法内容取决于环境行政管理法律制度的内容。环境执法方式是围绕查处违法行为的需求而采取的各种措施，是环境执法行为的具体表现方式。其基本类型构造和相互分工、配合是环境执法综合化的基础。

（一）环境行政管理法律制度及其执行

环境法是综合性的部门法，但其主体内容是行政管理法律制度，规定于环境立法中的行政管理法律制度构成环境法律制度的主要内容，包括环境规划、环境标准、环境影响评价、环境行政许可、环境监测等。这些制度一方面需要通过行政管理过程得到落实，另一方面也为相关当事人确立了行为规范、设定了法律上的义务。环境法律的实施就是法定义务的实现过程，环境执法所针对的违法行为即指当事人对法定义务的违反。

环境法上的首要义务是不得污染环境、破坏生态，相应的法律制度直接指向排放污染、开发利用自然资源的行为，违反污染排放和自然资源开发利用的法律规定即构成违法，而且是结果意义上的违法，即在违反法律的同时还造成环境污染或者生态破坏的后果。对于污染环境和破坏生态现象的查处是环境执法的重点，也是可以直接取得环境保护效果的执法领域。

同时需要注意的是，环境法上确定的义务更多的是过程性的，虽未直接造成环境污染或者生态破坏后果，行为人仍需承担法律上的责任。风险性是环境问题的基本特征，风险行政成为环境行政的基本特征，或者说环境行政在很大程度上就是环境风险行政。其产生背景和根据是，风险社会① 条件下，风险行政已经成为传统的秩序行政之外重要的行政活动领域和方式。② 因此环境行政管理法律制度不能仅针对环境污染和生态破坏的行为进行设计，而应以风险产生过程的规范和控制为中心。

对环境法上后果性义务或者过程性义务的违反都是违法，环境执法的综合性要体现对不同类型的违法的全面查处，同时还要基于违法行为的特征和性质给予相应的处理。

（二）环境执法的方式

环境执法对违法行为的查处涉及多个层面，通常受到关注的处罚只是其中一个环节，虽然它经常是重点环节，但不能代表环境执法的全部。对环境执法方式可以按照不同的标准进行不同的划分。

首先，根据强制性不同，环境执法方式包括强制执法方式和柔性执法方式。环境执法的基本要求是"严格"，这意味着强制性是其基本特征，对违法行为的认定和处理都要严格按照法律规定进行。大部分的环境执法都具有强制性，现场检查、行政处罚等都以强制性为基本特征。随着软法等观念的兴起，柔性执法进入了理论视野并有一定的实践，环境执法中也出现了现场指导等柔性执法方式，但是从根本上讲，柔性执法方式存在隐藏根本矛盾、柔性边界模糊、违法执法、执法不作为、利益相关者负效益等治理失灵可能性，暴露出作为公共行政双螺旋结构之一的价值理性失语带来的治理危机③，因此柔性执法不能成为环境执法的主要方

---

① 参见［德］乌尔里希·贝克：《风险社会》，何博闻译，译林出版社 2004 年版。
② 参见宋华琳：《中国行政法学分论研究：体系、课题与立场》，载《安徽大学学报（哲学社会科学版）》2020 年第 3 期。
③ 参见杨杨、于水：《城市综合行政执法柔性治理失灵：发生逻辑与矫正策略》，载《城市发展研究》2020 年第 2 期。

式，仅限于在特殊情形下适用优先，并且要注意柔性执法可能存在的本身不合法的问题。

其次，根据步骤和手段不同，环境执法方式可以分为违法行为的发现、制止和追责等具体方式。对当事人环境相关行为的检查是发现违法行为的基本手段，其中现场检查是《环境保护法》规定的基本方式，在环境执法中具有发现违法行为、监督当事人行为的意义，是重要的环境执法方式。对于环境违法行为，责令停止违法行为、责令恢复原状是基本的执法措施，可以统称为责令改正，是执法者具体令违法者所应承担的第一性法律义务的意思表示①，在环境执法中也是基本的执法方式。行政处罚是对违法者追究责任的基本方式，环境行政处罚的规制功能包括法律威慑、风险预防和生态恢复三个维度②，在环境执法中具有核心地位和作用。行政强制是执法过程中的必要措施，集中体现了环境执法的强制性特征，包括强制措施和强制执行，都是环境执法的基本手段。

三、环境执法的综合化模式

环境执法的综合化模式建立在环境法基础制度和环境执法基本制度之上，立足于综合化的环境执法需要从横向即执法领域和纵向即执法过程两个方面进行执法权整合，在适度集中、统一的基础上形成内容明确、运行协调的执法机制。

（一）环境执法综合化的基本面向

行政执法的质量和水平在很大程度上取决于执法体制，行政执法综合

---

① 参见杨镝：《行政执法中责令改正的法理特质与行为结构》，载《浙江学刊》2019 年第 2 期。
② 参见谭冰霖：《环境行政处罚规制功能之补强》，载《法学研究》2018 年第 4 期。

化是建立高效的行政执法体系的基本方向。推进行政执法综合化是构建现代政府职责体系和组织体系的客观要求，是转变政府职能的重要途径，也是完善基层治理体系的关键举措。[①] 环境执法综合化是在行政执法综合化的大背景之下展开的，基本遵从行政执法综合化改革的基本逻辑。

环境执法综合化旨在针对环境执法权的分散、多样和行使不统一等问题，通过对执法权的归类整合、执法主体的适当集中和专门化建设以及执法权行使的统一规范，从整体上实现环境执法的适当集中、适度一致，从而发挥环境执法的整体效应，并且避免分散执法可能存在的不公正问题。就此而言，环境执法综合化主要体现在两个方面：一是执法权的横向整合即相同领域的统一执法，二是执法程序的纵向整合即执法过程的协调配合。

（二）环境执法的横向整合

环境保护是关系全社会的事业，与很多行政管理领域都有直接或者间接的关系，因此环境执法涉及的行政管理领域众多，执法主体多元。生态环境保护不仅包括大气、水等环境要素的污染防治，还涉及各种自然资源破坏的防治。污染防治的行政管理和执法除涉及生态环境部门之外，海洋部门对海洋、海岛污染防治，自然资源部门对地下水污染防治，农业部门对农业面源污染防治等都有相应的职权。自然资源的管理和执法涉及海洋部门对海洋和海岛的生态保护职责、自然资源部门与土地和矿藏开发相关的生态保护职责、水利部门的流域水生态保护职责、林业部门对自然保护地的生态保护职责等。另外，生态环境部门的核与辐射安全管理职责也是生态环境保护职责的重要方面。

环境执法的综合化需要将上述职权职责对应的执法权统一到生态环境

---

① 参见夏德峰：《综合行政执法改革的难题及其破解》，载《中国行政管理》2016 年第 6 期。

保护执法体系中，将环境保护的相关执法权整合为统一的环境执法权，涵盖污染防治、生态保护两个基本领域，以及核与辐射安全等特殊环境保护领域。将这些领域的执法职能整合起来，赋予生态环境保护综合执法机构，是环境执法综合化的基本内容。

（三）环境执法的过程整合

环境执法是对违法行为的查处，包括发现、处理的整个过程，以及前后衔接环节。首先，行政检查是发现违法行为的主要途径，环境执法综合化要规范行政检查制度，明确行政检查启动的程序和主体以及范围、频次、手段等，避免多头检查、重复检查等问题。现场检查是环境法中的重要制度，还存在企业拒绝现场检查的制约手段不足等问题，应当通过明确拒绝现场检查行为的认定标准、梳理罚款数额层次设置、加强处罚方式的震慑力、健全商业秘密保密机制等途径来完善我国的环境现场检查制度。[①] 其次，行政处罚和行政强制是处理违法行为的主要措施，责令改正也是常用的违法行为处理措施，都应当在规范化的基础上相互协调，形成相对统一的适用规则来推进环境执法的综合化。最后，环境执法与环境行政管理、环境刑事处罚的制度衔接也应当在综合化制度中加以充分考量，建立环境行政管理与环境执法、环境执法与环境司法之间的信息沟通、案件移交、结果反馈机制，将环境执法放在整个执法、司法体系之中以发挥其应有作用。

环境执法的级别管辖也是执法综合化的基本内容。原则上，对于环境执法案件应当根据案件的社会影响、违法严重程度在不同层级的执法机构之间进行划分，主要由县级和地市级执法机构进行执法。对行政处罚以及

---

① 参见谌杨：《论我国环境现场检查制度之阙如与完善》，载《环境保护》2019 年第 5 期。

行政强制的执行，应当有严格的级别划分，但是对于行政检查应当做好协调，避免在发现违法行为过程中出现多主体重复检查等问题。

（四）环境执法综合化的限度

在环境立法采用分散立法、众多环境法律法规并立的制度条件下，环境执法改革还需要考虑综合化的限度问题。尽管综合化的环境执法有诸多的优势，并且可以通过自身的程序机制完善对分散的环境管理职权进行梳理和整合，但是，并非所有的环境执法都有必要也都适合纳入综合执法的范围。对于相对特殊、需要相对独立的环境执法事项，不应当过度追求统一和综合，可以在环境综合执法之外保留部分环境执法权，例如涉及核污染等特殊的环境执法事项，由专门机构进行专门执法更具合理性。即使通过生态环境法典编纂将大部分环境管理职权整合到一部法典中，相应的执法权需要更高程度的统一和综合，也不应当将环境执法综合化作为绝对的目标。

第四节　环境执法综合化的发展展望

党的十八届三中全会决定提出了"深化行政执法体制改革"的重大任务和"整合执法主体，相对集中执法权"的明确要求。党的二十届三中全会决定继续强调要"深化行政执法体制改革"，并提出了"完善基层综合执法体制机制"的具体要求。2018 年《指导意见》出台和国务院机构改革落实中央全会精神，已经明确了环境执法综合化的方向。综合化是我国行政执法改革的基本方向，从城市管理向生态环境、市场监管① 等多领域

---

① 参见骆梅英、黄柳建：《市场监管综合行政执法改革中的权限配置》，载《苏州大学学报（哲学社会科学版）》2021 年第 6 期。

扩展，截至目前，我国综合行政执法改革模式已基本形成，环境执法的综合化发展是其中的重要方面，已经取得了不少进展。《中共中央 国务院关于全面推进美丽中国建设的意见》（2023 年 12 月 27 日）提出了"全领域转型""全方位提升""全地域建设""全社会行动"的整体要求，也需要生态环境执法的全面保障。但是我国的生态环境保护工作仍任重道远，立法、执法和司法还需要不断发展完善以为生态环境保护提供全面、有力的制度支撑。

一、中国环境执法综合化的着力点

环境执法综合化的问题指向和目标明确，已经取得了一定成效。就未来发展方向而言，环境执法综合化还需要针对环境执法中的现实问题，进一步明确综合化的方向，继续致力于克服已有执法制度的弊端，解决执法实践中的问题，明确具体的环境执法综合化措施。

（一）推进环境执法权整合和体系化

环境执法体制机制改革已经在一定程度上解决了环境执法的"散""乱"问题，但环境执法权的分散问题仍然存在，环境执法综合化要将分散的环境执法权进一步集中、统一起来，以职权为中心形成综合化的执法体制。

首先要继续推进环境执法权的部门整合。政府的环境保护职责可以分为污染防治和生态保护两个基本领域，涉及众多职能部门。基于行政管理与行政执法密切关联的考虑，对违法行为的查处由对应的行政管理部门负责是长期以来的惯常做法，也在立法中成为相对稳定的制度。这就导致环境执法权分散在生态环境、自然资源、海洋、农业、水利乃至发展改革等众多部门中。环境执法综合化要按照生态环境保护执法职权的边界，进一步将主要的污染防治、生态保护执法权从各个部门集中到环境执法机构，有针对性地解决环境执法权分散的问题。

其次要推进环境执法权的区域集中。生态环境具有较强的区域性特征，生态环境保护需要地理区域内的统一保护，但地理区域与行政区域往往并不一致，而环境行政管理、执法是按照行政区域划分的，这就导致环境执法经常无法覆盖整个地理区域。为了实现生态环境的整体保护，有时需要跨区域进行环境执法。跨区域生态环境联合执法是解决环境执法权区域分散的途径之一，但目前还面临区域合作协议不规范、执法权来源不清晰、保障机制不健全等诸多问题，需要通过立法为联合执法中的管辖权委托提供明确依据，并通过在区域合作协议中明确列举管辖权委托的地域和事项范围来规范跨区域生态环境联合执法的实施，同时就信息通报、涉案线索和证据移送机制等跨区域联合执法的保障机制进行完善。① 环境执法权上提是解决执法权区域分散问题的另一条可能途径，即将涉及地理区域整体生态环境保护的执法权交由上级机关来行使，从而实现执法权在地理区域层次的统一，但这往往与执法权的级别分工要求不一致，因此其发挥作用的空间有限。进一步的解决途径是，通过环境执法权的跨区域、跨层级综合协调来解决其区域分散问题。这也是环境执法综合化的重要方面。

（二）推进环境执法的程序衔接和配合

环境执法过程包括多个环节、多种方式，其相互之间的协调需要综合化的整体考虑。环境执法还与环境行政管理、环境司法存在密切关

---

① 参见骆家林：《论跨区域生态环境联合执法机制的完善》，载《青海社会科学》2022 年第 5 期。

联，要取得生态环境保护的整体效果也需要前后衔接。环境执法过程离散是执法权分散的表现形式，即对违法行为查处的权限还存在相互分离、协调性不足的问题，解决这一问题也需要进一步推进执法综合化，即对环境执法过程进行通盘考虑并建立前后衔接良好、协同性强的综合性执法机制。

首先是加强环境行政管理与环境执法的衔接。环境行政管理伴随着对环境保护义务的确认，而义务的违反构成违法时需要环境执法，因此环境行政管理与环境执法是密切联系的两个阶段，甚至很多违法行为就是环境行政管理过程中出现的。在此情形下，环境行政管理与环境执法并不能完全分开，将环境执法机构单独设置更需要注重环境行政管理与环境执法之间的对接和协调。环境执法综合化应当从整体上处理好环境行政管理与环境执法之间的关系，建立环境执法对环境行政管理中发现或者潜藏的违法问题的承接机制。

其次是强化环境执法的各个环节之间的协调。对违法行为的发现、处理以及后续执行等也在一定程度上相互独立，针对违法行为的执法措施之间也需要相互关照和衔接。行政检查对象的选择、频次的掌握、措施的采用等都直接涉及执法的宽严，行政处罚的方式和幅度、范围和对象等也直接关系生态环境保护的力度和范围，行政处罚和行政强制的执行与环境执法的最终效果直接相关。目前环境执法中还存在检查和处罚相互脱节、为处罚而检查等选择性执法问题，需要从整体上安排环境执法的总体方案，协调各个执法环节之间的关系，建立综合性的执法体系，提升执法的效率和公平性。

最后是加强环境执法与刑事责任追究之间的衔接。环境行政违法与环境犯罪之间的界分需要相对统一的标准，并由顺畅的程序衔接机制来保障。环境执法综合化有利于行刑衔接的规范化，生态环境领域行政执法权的集中化从行政执法的视角对于明确环境行政违法与环境犯罪之基本构成要素、加重要素的差异提出了要求①，实践中还需要继续推进行政执法与刑事司法的衔接。

（三）加强环境执法措施的多元协作

环境执法需要对违法行为进行全面的处置，其中包括可以采用多种行政执法措施，主要有行政检查、行政处罚、行政强制等。环境执法最终是以个案的形式呈现出来的，每个案件所采取的执法措施、处理方式等可能各不相同，要将其统一到环境保护的整体目标之下、贯彻系统性要求，环境执法综合化还需要推进多元环境执法措施的规范化、统一化。

首先，行政检查制度的规范化是环境执法综合化的基本要求。违法行为发现具有高度的随机性，如果没有合理的违法行为发现机制，就可能造成环境执法的随意性、选择性问题。行政检查的规范化是降低违法行为发现的随机性的基本措施，环境执法综合化要求建立统一、规范的行政检查制度，覆盖可能的环境违法行为以体现对违法现象的同等对待。同时，环境行政的信息沟通等应当与行政检查制度相衔接，共同构建公正、科学的综合性违法行为发现机制。

其次，责令停止的类型化适用是环境执法综合化的体现方式。对于已经发现的违法行为，及时责令停止违法行为是基本的处理方式。环境执法中的责令停止行政行为分包括中间型责令停止行政行为与终局型责令停止行政行为，前者是在进行时态的环境违法行为可能造成潜在危险的情况下作出的，而后者针对的是已经造成实质性危害的进行时态的环境违法行为。根据各自的行为结构，环境执法中的中间型责令停止行政行为应被定

---

① 参见侯艳芳、陈望舒：《生态环境领域行政执法权的配置对行刑衔接的影响及其应对》，载《山东社会科学》2021 年第 9 期。

性为行政命令，而环境执法中的终局型责令停止行政行为应属于行政处罚[1]，按照不同的规范结构分别进行制度设计并合理运用是环境执法制度完善的重要方面。

再次，行政处罚的合理运用是环境执法综合化的关键。行政处罚是违法行为查处的关键措施，在一般认识上甚至环境执法几乎等同于行政处罚，处罚不公也是影响环境执法效果的最主要问题。环境执法几乎涉及所有行政处罚方式的运用，但对违法行为所课行政处罚的种类、幅度等并不容易统一把握。环境执法综合化的关键是将各类行政处罚公平运用到对不同违法行为的处理中，从整体上体现执法的公平公正。例如，对罚款数额的确定要有整体、系统的考虑，最优的环境行政罚款政策应考虑罚款数额、制裁率和环境危害之间的相互依存关系[2]；不同的行政处罚方式之间也应当相互关照、配合运用，避免畸轻畸重或者运用失当；环境行政处罚的创新要基于环境违法行为处理的特殊需求，并在环境处罚的体系中进行合理定位，避免不适当的创新影响执法的社会效果。

最后，行政强制的规范化运用也是环境执法综合化的体现。行政强制措施和行政强制执行各有其适用条件和效果，在环境执法中要确立其适用条件、适用程序和法律后果，使其从整体上与行政处罚相协调，并发挥相对独立的作用。有学者指出，应当在立法上科学、合理地设置行政强制执行权，逐步建立行政主导型强制执行体制，积极探索在行政系统内部设立相对独立的强制执行机构，并进一步强化行政强制执行的救济保障措施。[3]

---

[1]　参见潘晨苗、汪厚冬：《生态环境执法中责令停止行政行为的法律属性研究》，载《环境保护》2023年第6期。

[2]　参见张福德：《环境行政执法效率的经济分析》，载《中南大学学报（社会科学版）》2012年第4期。

[3]　参见田太荣：《完善中国行政强制执行模式的若干思考》，载《云南社会科学》2021年第5期。

另外，环境执法中特殊方法和程序也要与整体制度相协调，避免特殊程序和方法对执法体系产生不良影响，损害环境执法的公信力和公平性。例如，执法和解虽然能够发挥提高执法效率、节约行政成本、化解执法纠纷等重要作用①，但应当慎重适用，并且不同的执法和解模式应适用于不同的执法情境，执法主体应根据执法实践的需要灵活运用，综合考虑执法的个案效果和整体效果。

二、中国环境执法综合化的推进路线

环境执法综合化的推进不仅是执法制度建设与实践运行问题，还需要立足于环境法律体系乃至法律体系完善，以环境立法体系化为基础。当然，环境执法综合化的关键是环境执法职权的系统调整和优化配置，并落实到执法主体层次。

（一）编纂生态环境法典为环境执法综合化建立法律基础

环境立法体系化是环境法律制度发展的基本趋势，在环境立法已经基本覆盖主要环境保护领域的背景下，体系化是环境立法进一步发展的核心命题。生态环境法典是环境立法体系化的最高形式，生态环境法典编纂正式进入立法规划标志着我国环境立法体系化进入新阶段。

环境执法是环境法实施的主要途径，环境立法体系化是环境执法综合化发展的制度基础。借生态环境法典编纂的契机，对环境行政管理职权进行全面梳理和整合，特别是对环境执法职权的统一化配置进行全面考量，是解决目前环境立法分散、不统一的关键所在。环境立法体系化正是要从

---

① 参见方世荣、白云锋：《行政执法和解的模式及其运用》，载《法学研究》2019 年第 5 期。

实质上理顺环境法律制度，从而为环境执法提供系统性强、内在逻辑统一的依据，为解决执法权配置的内在统一性缺乏问题奠定基本制度基础。在此意义上，可以说环境执法综合化要以环境立法体系化为前提，环境立法体系化是推进环境执法综合化的基本动力。

（二）推进环境执法权的调整和集中，实现真正的综合

环境执法权的相对集中是环境执法综合化的关键，在法律规定的环境执法权的基础上，还可以通过特殊安排进行环境执法权调整以实现职权相对集中。法律上已经为执法权的相对集中提供了制度通道①，并且明确了生态环境领域建立综合行政执法制度的方向。据此，环境处罚权的相对集中可以由国务院或者省级人民政府决定，虽然这还不是环境执法权的全部，但已经解决了环境执法权集中的核心问题并指明了环境执法综合化的方向。在环境执法权相对集中的基础上，执法权之间的衔接将更加顺畅。

（三）推进环境执法机构改革，构建综合化执法的组织基础

环境执法权集中需要落实实施机构，专门的环境执法机构是环境执法综合化的重要标志。《指导意见》提出了"规范机构设置"的目标，对环境执法机构的统一设置进行了规定。环境执法机构的科学设置及职责的合理确定是关系到环境法能否得到有效实施的首要问题，要遵循权威独立、依法设置、精干效能等原则设立专门的环境执法机构②，并且加强机构整合力度，建立健全部门间的合作协调机制。③ 以环境执法机构为依托，推

---

① 《行政处罚法》第18条第2款规定："国务院或者省、自治区、直辖市人民政府可以决定一个行政机关行使有关行政机关的行政处罚权。"

② 参见贺思源：《论我国环境执法机构的重构》，载《学术界》2007年第1期。

③ 参见谭宗泽、杨抒见：《综合行政执法运行保障机制构建》，载《重庆社会科学》2019年第10期。

进环境执法主体的组织结构优化并增强其权力配置[1]，才能真正奠定环境执法综合化的组织基础。

---

[1] 参见倪朝：《论综合行政执法主体的制度依据与保障——基于功能主义的分析框架》，载《安徽师范大学学报（人文社会科学版）》2023 年第 2 期。

第十二章　中国环境司法专门化

习近平总书记指出："中国持续深化环境司法改革创新，积累了生态环境司法保护的有益经验。"① 中国的环境司法体制改革和专门化专业化实践，是党的十八大以来生态文明体制改革和法治建设的重要组成部分。经过多年的努力，中国探索出一条具有中国特色的环境司法道路，建成了世界上独一无二的环境司法体系和环境公益诉讼制度，向世界贡献了中国的环境司法智慧和解纷方案，也为建构中国自主的环境法知识体系提供了良好的实践基础。环境司法是将生态环境法律作用于环境行为、贯彻环境法律意志、维护环境法治秩序不可或缺的重要环节，成熟的环境司法体系与司法制度对于促进实现人与自然和谐共生的现代化具有关键作用。进一步加强理论研究，可以为中国环境司法体系和司法制度成熟定型提供更有力支撑，为在全球环境治理中更好发挥司法功能提供中国方案。

---

① 《习近平向世界环境司法大会致贺信》，载中国政府网 2021 年 5 月 26 日，https://www.gov.cn/xinwen/2021 - 05/26/content_5612800.htm。

第一节　环境司法的发展现况与新需求

一、环境司法的历史脉络

环境司法已然成为全国各级环境司法机关的抓手。环境司法机关充分发挥司法职能作用，积极回应人民群众对环境司法的新期待与新要求，赋能环境司法助力于经济社会发展全面、绿色转型，促进人与自然和谐共生的现代化建设，为优美宜居的生活空间、山清水秀的生态空间提供坚实的司法保障。环境司法不仅在国内发挥效用，同时积极参与并引领全球环境治理，为全球环境司法事业贡献了中国智慧和中国方案。

我国的环境司法历经了三个阶段：第一阶段为萌芽期（1989—2007年），如武汉、沈阳、大连等地方法院寻求与当地环保局设立环保法庭的尝试。第二阶段为初创时期（2007—2014年），在一些出现比较严重的污染事件的地方，在地方主要领导人的大力支持下，以贵阳市设立"环保两庭"（贵阳市中级人民法院环境保护审判庭和清镇市人民法院环境保护法庭）为起点，昆明、无锡等地紧随其后。[①] 贵州清镇市人民法院环境保护法庭的成立直接推动了 2014 年最高人民法院环境资源审判庭的建立，为国家层面环境司法的改革积累了经验。[②] 这表明了地方法院根据环境纠纷的司法实践，"自下而上"地追求环境司法的专门化。第三阶段为发展时期（2014 年至今），以最高人民法院环境资源审判庭的建立为起点，最高人民法院出台了《全面加强环境审判工作为推进生态文明建设提供有力司法保障的意见》，提出高级人民法院应当设立环境审判机构、中级人民法

---

① 参见吕忠梅主编：《环境法学概要》，法律出版社 2016 年版，第 246 页。

② 参见《贵州"环保法庭"推动了全国生态文明法治的发展》，载《法制生活报》2021 年 7 月 13 日，第 1 版。

院应当根据审判业务量合理设立环境审判机构，基层人民法院根据案件可以经批准设立环境专门审判机构。

（一）第一阶段：萌芽期（1989—2007 年）

中国环境司法肇始于 1979 年的《环境保护法（试行）》的施行。当时我国经济发展正处于起步阶段，由经济利益引发的环境纠纷日益增加，社会公众对环境司法提出了不同于传统司法的诉求。例如 1980 年王某诉青岛化工厂氯气污染损害赔偿案中，青岛市中级人民法院率先在司法实践中适用了无过错责任理念，早于 1986 年《民法通则》区分一般侵权和特殊侵权，并运用了疫学因果关系理论，以实现保护污染受害人的目标。但彼时的环境立法尚未健全，环境司法仍处于碎片化的起步阶段，对一些原本应当属于环境污染或生态破坏的案件只是依据传统的思路或归口进行处理，例如中国对环境污染采用刑事制裁的"第一案"——张长林案。1979 年《环境保护法（试行）》在法律责任部分（第六章"奖励和惩罚"）仅仅笼统规定了对严重污染和破坏环境并造成人员伤亡或者重大损失的负责人或公民要追究行政责任、经济责任或刑事责任。[①]

针对实践中的需求，我国地方法院开始尝试建立专门的环保法庭，环境司法进入萌芽时期。1989 年，湖北省高级人民法院向最高人民法院提交了"关于武汉市硚口区人民法院设立环保法庭的情况报告"[②]。此举是

---

① 1979 年《环境保护法（试行）》第 32 条第 2 款规定：对严重污染和破坏环境，引起人员伤亡或者造成农、林、牧、副、渔业重大损失的单位的领导人员、直接责任人员或者其他公民，要追究行政责任、经济责任，直至依法追究刑事责任。

② 1989 年 2 月 10 日《最高人民法院对"关于武汉市硚口区人民法院设立环保法庭的情况报告"的答复》认为：（1）环保法庭与人民法庭性质不同，目前在基层人民法院设立环保法庭尚无法律根据。为适应实际需要，可在武汉市硚口区人民法院有关审判庭内设立专门审理环保案件的合议庭进行试点，并注意总结经验。（2）国家审判机关的审判职能与国家行政机关的行政管理职能不应混淆，人民法院不要在法院以外同行政管理部门联合（或共同）另行设立专业法庭。（3）人民法院在审理专业性较强的案件时视案情需要，可请有关专家作为陪审员参加合议庭。

我国建立专门环保法庭的第一次尝试，最终武汉市硚口区人民法院与区环保局共同设立了环保法庭。辽宁等地的环保局也设立了十余个环保法庭作为派出机构，但由于不符合法律规定且无案可审均被撤销。[①] 1997年《刑法》首次规定了"破坏环境资源保护罪"。但从司法实践看，我国重大环境污染和生态破坏案件层出不穷，但被追究刑事责任的案件比例较小。此种情形不仅导致了生态环境的日益恶化，还积累了社会矛盾，由环境污染纠纷引起的社会群体事件时有发生。[②] 一系列水污染、危险废物泄漏、砷污染、沙尘暴天气、儿童血铅超标、"洋垃圾"进京等事件使环境污染纠纷集中爆发。环保执法所面临的问题使得通过环境司法手段解决环境污染纠纷，守住社会公众权益的"最后一道防线"成为必然选择。

（二）第二阶段：初创时期（2007—2014 年）

2000 年后，一些地方发生的重大环境污染事件，促使地方领导人开始重视环保法庭的设立，推动了环境司法的进程，于是环境司法进入了初创时期。[③] 自 2007 年 11 月 20 日全国首家环境资源审判庭——贵州省清镇市人民法院环境保护法庭设立以来，环保法庭在全国范围内"遍地开花"，形成了大同小异的管理体制和运行机制，"由下而上"的环保法庭成为司法体制中的独特景象。2010 年，《最高人民法院关于为加快经济发展方式转变提供司法保障和服务的若干意见》明确提出，在环境保护纠纷案件数量较多的法院可以设立环保法庭，实行环境保护案件专业化审判，提高环境保护司法水平。这是最高人民法院在司法政策中首次明确提出环境审判专业化，

---

① 参见吕忠梅主编：《环境法学概要》，法律出版社 2016 年版，第 246 - 247 页。

② 参见汪劲主编：《环保法治三十年：我们成功了吗？——中国环保法治蓝皮书（1979—2010）》，北京大学出版社 2011 年版，第 291 页。

③ 参见李庆保主编：《环境司法概论》，法律出版社 2023 年版，第 9 页。

环境司法不再局限于环保法庭，标志着我国的环境司法发展进入新阶段。①

（三）第三阶段：发展时期（2014 年至今）

随后在 2014 年，最高人民法院设立环境资源审判庭，并发布《关于全面加强环境资源审判工作为推进生态文明建设提供有力司法保障的意见》。不断细化环境司法解释和解释性质文件。这标志着中国的环境司法进入"快车道"，环境司法也从"自下而上"的地方实践转为"自上而下"的顶层设计。截至 2022 年 12 月，我国 31 个省、自治区、直辖市共有环境资源审判专门机构（组织）2 426 个。② 为满足生态环境跨区域大保护需求，最高人民法院还在全国相继设立了南京、兰州、昆明、郑州、长春、乌鲁木齐等跨省域集中管辖环境资源案件的专门法庭。全国范围内环境资源审判机构的专门设置为环境司法提供了重要的组织基础，意义重大。

二、环境司法专门化的运行逻辑

环境司法专门化是我国环境法治体系日趋完善的时代表征。在发展过程中，环境司法专门化与环境司法专业化相辅相成，环境司法能动化与环境司法协同化齐头并进，这契合了环境案件处理的底层逻辑，也符合了环境法治演化的发展逻辑，在此基础上实现了环境司法的守正创新。

（一）专门化与专业化相辅相成

整体观之，环境司法专门化建设遵循"顶层设计"与"区域试验"双

---

① 参见吕忠梅等：《环境司法专门化：现状调查与制度重构》，法律出版社 2017 年版，代序，第 5 页。

② 参见吕忠梅等：《中国环境司法发展报告（2022 年）》，法律出版社 2023 年版，第 4 页。

向互动、地方性与普适性相互融合的改革范式开展①；就建设内容而言，充分考量了环境审判机构、环境审判机制、环境审判程序、环境审判团队和环境审判理论"五位一体"的多向度、多层次专门化诉求；就生成动因而言，环境司法专门化源于实践需求而非规范推导，由严峻的现实问题与频发的环境纠纷催生而来，具有明显的"回应性"特征②，改革进程多与各地方试点成立专门环境审判机构双轨并行，并在实践过程中日趋显现环境司法的特殊性，对理论建构与机制建设不断提出新的发展要求；就实践逻辑而言，审判机构与审判机制专门化是逻辑起点和前提基础，二者分别作为有形载体与无形载体承担和分配审判资源、践行审判程序、凝聚审判理论、锻炼审判队伍，自规则设计和运行动态的动静双重维度串联应用逻辑与司法实践，旨在实现个性经验到共性理论、地方实践到普适规律的渐次过渡与双向转化；就互动模式而言，环境司法专门化与环境审判专业化是环境司法稳定发展的"一体两翼"，环境司法专门化的深化发展增加了环境审判专业化的内在需求与外在压力，环境审判专业化的水平提升则支撑了环境司法专门化的全面推进。③

1. 发展方向与路径选择相得益彰

在环境司法专门化制度建设过程中，存在环境司法体系的专门化和环境司法审判的专业化两大样态，其中，环境司法体系的专门化是环境司法发展的方向，环境司法审判的专业化是环境司法发展的道路，二者在推动环境司法专门化发展过程中相互结合，共同形成了保护生态环境的专门化司法制度。环境司法的专门化方向与环境审判的专业化路径相辅相成。如前所述，环境司法兼具理论性与实践性的双重意蕴，它不仅需要环境司法

---

① 参见宋宗宇、郭金虎：《环境司法专门化的构成要素与实现路径》，载《法学杂志》2017年第7期。

② 参见吕忠梅等：《环境司法专门化：现状调查与制度重构》，法律出版社2017年版，第42页。

③ 参见张璐：《环境司法专门化中的利益识别与利益衡量》，载《环球法律评论》2018年第5期。

理念的持续革新，也需落实于具体实操的层面。一方面，环境司法的发展需要专门化方向指引以实现体系"扩容"，应对日趋复杂的环境问题，展现环境司法专门化的独特价值的同时持续规范环境审判实践，于案件类型、工作机制等层面推进审判实践专业化发展；另一方面，环境司法的全方位落实需依托环境审判专业化"落地"以丰富实践内涵，凝聚价值共识，通过加深对环境资源案件审判的特殊性、规律性的认识，不断提高审判质量，将环境司法专门化的制度优势转化成实现社会公平正义的治理效能。

环境司法专门化是环境司法发展的方向和目标，所有的一切环境司法工作都是围绕它而展开的。从最高人民法院环境资源审判庭设立以来，最高人民法院"坚持司法为民、公正司法，以审判专门化为总抓手，以改革创新为动力，更新司法理念，完善体制机制，提升能力素质，强化监督指导，加强理论研究，开展国际交流，依法公正高效审理各类环境资源案件，为推进新时代生态文明建设和绿色发展提供坚强有力的司法服务和保障"。包括环境审判机构、环境审判机制等在内的环境司法专门化体系建设是环境司法发展的基本方向，目的在于展现独特的环境司法审判价值，从而实现环境问题的集中高效治理。而环境司法专门化的具体实现则需要专业化的加持，以专业化审判促进专门化的形成与发展。例如，环境资源审判机构的设置是专门化的重要内容，但是环境资源审判机构的设置目的正是在于环境资源案件的审判，实现案件审判的专业化，若空有机构的设置而未能实践，只能说任务是失败的。又如，环境资源案件的归口审理模式也是针对涉及环境保护的普通案件而言的，是以环境资源案件的统合为前提的。专业化是专门化前进的道路，专门化的推动力在于专业化。在普通案件中强调绿色司法的理念其实就是对环境司法专门化的一种方向性努力。在普通案件审判中贯彻绿色司法理念对于有力发挥司法服务保障生态文明建设的作用意义重大。

2. 基层探索与高位推进相互促进

从具体内容来看，环境司法专门化与环境司法专业化也是相互促进的，二者构成了基层探索与高位推进的关系，其中环境司法专门化是基础，是根基，环境司法专业化是上层，是支柱，二者共同构造了环境司法的"大厦"。一方面，环境司法专门化搭建了环境司法的根基，构成了专业化开展的基础。专门的环境审判机构是进行专业审判的组织基础，专门的环境司法工作队伍是进行专业审判的人事基础，专门的环境资源审判机制是进行专业审判的规则和程序保障，专门的环境司法理论是进行专业审判的思想支撑。另一方面，环境司法专业化构成了环境审判的基本表征，提升了专门化建设的水平。环境资源案件类型的划分为环境司法专门化提供了相对固定的作用场域，使环境司法专门化更为具象。例如，环境民事案件的审判所衍生和需要的规则展示了环境司法专门化的建设成效，也进一步刺激了环境司法专门化的发展。环境行政案件的类型化处理促进了环境司法专门化的发展和案源的延拓。在实践过程中，环境司法专业化不断总结出规律，不断提升审判质量，将环境司法的制度性优势通过实践和形式转化为看得见、摸得着的治理效能，推动了环境司法专门化的有效落实。案件的审判是司法的核心环节，而环境司法专业化的内容主要体现于这个过程之中，因此，环境司法专业化构成了环境司法中最一般和最普遍的样态。

专业化虽然强调的是普通案件中绿色司法理念的落实，但是绿色司法理念本身就代表着专业化方向。以此来看，专业化构成了专门化的一个重要方面。之所以把专业化单列出来，是因为专业化已经较为成熟定型，具有了独立观测和描述的必要性。

（二）能动化与协同化齐头并进

除去专门化与专业化外，能动化与协同化也是描述环境司法特征的重要方面。作为环境法治的关键环节，我国环境司法显现出审前有限能动、审理适度能动和审后积极能动的能动现象，它镶嵌在具有中国特色的政法体制中，又呈现出政治引领、行政观照和法院主导的程度各异的协同现象。二者相互耦合，并存于环境司法专门化体系之中。环境司法协同是司法能动主义的某种呈现，因为司法能动在环境案件处理中的突出作用之一即是促进各部门之间的协作。① 环境司法中的协同化已经成熟，其独立性较强，所以把它单独列出来进行说明。以此而论，环境司法能动化与协同化是齐头并进的，构成了环境司法专门化发展中的又一重要现象。

1. 环境司法以能动化为基础

在生态文明建设总体布局和能动主义司法观的影响下，中国环境司法逐步呈现出扩展受案、强调职权、保障执行等审前、审理和审后的多维能动现象，自传统司法的克制与保守向主动积极地提供保障的"服务者"角色转型，这构成了环境司法专门化的重要板块。②

审前阶段的能动是在司法制度中的有限能动。虽然环境司法的受案范围一直呈扩张化的趋势，并被视为司法能动的重要体现，但在以受案范围的扩张为主要表征的审前阶段，司法并未实现诉讼的结构性颠覆，而只是对诉讼发生基础进行了"审慎"的拓宽，具体表现为：参与主体日益多元

---

① 参见孙海涛、宋欣然：《司法能动视角下环境行政公益诉讼制度运行的风险与对策》，载《河海大学学报（哲学社会科学版）》2022年第5期。
② 参见张忠民：《中国环境司法的能动协同现象与形成发展逻辑》，载《中国法学》2023年第5期。

化、相对固定化；打破既有案件归类基础，环境新型案件日益增多并呈现出新兴类型化样态等发展态势。[①] 审理阶段的能动是以职权为中心的适度能动，法院在注重积极行使职权的同时也强化着职权的行使能力。虽然在审理阶段，最高人民法院等司法机关以准立法者的角色出现在诉讼之中，但并未突破既有的诉讼结构与诉讼规则，因而只呈现出适度能动的样态。审理阶段的能动主要表现在行使法官的释明权、强化法院的调查取证权、建立和倚重专家库、约束当事人的处分权、寻求行政机关支持等内容。据此观之，法院的积极行使职权只是镶嵌于审理阶段之中，以保障当事人权利为依归的一种目的性安排，旨在强化职权行使而非主导程序运行。裁判阶段的能动主要表现在可以基于既有的裁判种类，针对诉讼具体的内容和形式予以适当变更，如作出附整治方案的判决、探索司法主导下的综合调处方式、创新责任承担方式以及进行司法性立法行为等。[②] 审后阶段的能动是以保障执行为目的的积极能动。审后阶段的能动主要就是执行的能动，包括执行前、执行中和执行终结后三个阶段。在此阶段，法院更为追求社会效果的实现与良好社会效应的达成，司法权显得更为积极主动，并发挥着类行政权的功能，因为单纯依靠能动的审判可能无法周延地保护公共利益，通过延拓到执行环节方能避免公共利益在事实上搁浅。其核心要义为探索如何通过审判权和执行权的良好配合、互相嵌入来更好保障执行顺利开展，保护环境公共利益、私人利益和国家利益，进而在中国的法制环境和法律框架下寻求合理的环境司法制度设计，能动拓展司法范围。[③]

2. 环境司法以协同化为基础

基于能动主义司法观，近年来，环境司法开始在既有组织架构下创

---

① 参见吕忠梅等：《中国环境司法发展报告（2020年）》，法律出版社2021年版，第35页。
② 参见秦天宝：《司法能动主义下环境司法之发展方向》，载《清华法学》2022年第5期。
③ 参见吕忠梅等：《环境司法专门化：现状调查与制度重构》，法律出版社2017年版，第164页。

造、延伸和调适，司法机关与其他机关之间以及司法机关内部都存在不同程度的"联合"与"协作"，整体呈现出党政协同、政法协同及法法协同的多元协同现象，协同强度顺次递减。[①]

首先，党政机关引领环境司法的党政协同呈现出强协同的局面。党政协同的本质是党政关系的一种协同、同步的状态。党的意志具有政治上的权威性，是引领我国各项工作的基本指引和遵循。在环境司法中，经由政策引领和党政法治的转换，党的意志得到认真贯彻落实。在生态环境立法领域，"环境政策法律化"是党政体制内的政策与决策上升成为法律意志的过程，党领导下的相关司法政策往往指引着生态环境司法改革与转型发展的方向路径。

其次，政法机关参与环境司法的政法协同呈现出中度协同的现象。由于我国司法机关之间监督、配合与制约的权力体制，协同成为法检"配合"关系的一种具体形式，在环境司法中体现得尤为明显。由于司法机关之间的相互合作和辅助，一种建立于信息共享基础之上的协同机制应运而生，这种协同现象主要呈现为以检察权和审判权联动为表征的法检协同，以及以综合考量法治、政治为要义，着力推进相关党的机关、行政机关、立法机关、司法机关、检察机关等部门相互影响、共同参与法治的"政法法治"。

最后，审判机关践行环境司法的法法协同应当归入弱协同之序列。审判机关之间也存在协同的关系，具体表现为法院内部机构和外部机关之间的协同。然而从运行机制来看，环境司法需借助传统的诉讼程序，而且外部机关之间大多并未存在有责任条款约束的合作协议的协同机制，故审判机关之间的协同在内部呈松散状，在外部则无法形成权责的闭环机制。就

---

① 参见张忠民：《中国环境司法的能动协同现象与形成发展逻辑》，载《中国法学》2023年第5期。

法院内部协同的视角来看，其协同根由在于应对环境利益的复杂性，通过归口整合分散的司法资源来提高环境司法效率[①]，协同过程主要关涉法律规范的正确适用及复杂环境问题的妥善应对；就法院之间的协同而言，其协同关键在于优化法院统与分、上与下的关系，构建起立体互通、上下联动的法院体系。就统分关系而言，主要是处理好普通法院与行业或专门法院的关系。就上下关系而言，主要体现为上级法院与下级法院的监督与被监督关系。

三、环境司法现存的问题与专门化新需求

从历史来看，环境司法经历了不断发展完善的过程，为环境法治作出了重要贡献。但作为一个新的领域，环境司法在发展过程中仍出现了一些问题，包括程序的依附性、行政区划的分割性、系统性保护张力不足、传统救济手段的滞后性等问题，影响了环境司法的发展。在大力推动生态文明建设的背景下，建构专门性的环境司法体系成为一种趋势和选择。

(一) 环境司法现存的问题

在经济转型期环境保护与经济发展矛盾突出的大背景下，面对公民环保意识的觉醒和环境权益的强烈需求，环境司法为公民提供了环境利益表达的合法渠道。环境司法既是维护环境正义的最后一道防线，也是推动生态环境保护，促进经济社会发展全面绿色转型的关键力量。总体来看，我国环境司法的发展趋势向好：专门化发展趋势持续并深化，专业审判机构

[①] 参见吕忠梅等：《中国环境司法发展报告（2020年）》，法律出版社2021年版，第4页。

和审判职能不断完善；环境司法效能不断提升，环境公益诉讼案件数量稳步上升，环境公益诉讼发展迅速；环境司法规则体系不断完善，环境保护领域立法、司法解释和指导性案例不断发布。但是，我国环境司法仍然存在以下问题。

1. 传统司法规则难以回应环境问题的复杂性

环境污染和生态破坏潜伏周期长、损害不确定，常涉及自然科学或其他学科，通常都比较复杂，使尚未及时更新的环境司法规则徒增窘境：第一，环境诉讼启动难。传统司法体制下环境诉讼的启动遵循利害关系原则，原告必须证明自己存在损害的基本事实才能进入案件的立案受理程序。环境公益诉讼提起主体的资格和地位也不明确，高额的诉讼和鉴定费也阻碍了潜在原告提起诉讼。[1] 第二，证据规则给环境案件中的事实认定制造了重重困难。虽然在我国的环境侵权诉讼中，举证责任机制向相对弱势的原告进行倾斜，但是事实认定难题仍不能避免，法院在事实认定中也需要环境损害鉴定等机制作支撑。第三，规则供给缺口大。大量环境纠纷未能进入司法程序，原因很大程度上在于现行环境司法领域裁判规则供给不足，比如：环境实体法的建设未及时跟进，无法回应现实的环境法律问题。环境程序规则也不完整和全面。环境纠纷对诉讼程序有更高的规范要求，但是地方性规则各有差异和详略，容易导致同案不同判，影响环境司法的公信力。

2. 环境审判机制难以兼顾环境系统的整体性

生态环境的系统性对于维护生态平衡、保障生物多样性以及促进人类社会可持续发展有着重要意义，需要统筹推进山水林田湖草沙的全要素系统治理。但是我国环境审判机制难以兼顾环境系统的整体性，第一个表现

---

① 参见宋宗宇、陈丹：《环境司法专门化在中国的机制障碍与路向转换》，载《重庆大学学报（社会科学版）》2013 年第 6 期。

是：传统审判机制与环境系统的整体性难以嵌套。在环境司法领域，民事诉讼、行政诉讼和刑事诉讼三大传统诉讼类型的划分没有充分考虑环境保护案件本身的特殊性和环境法律的专门规定，以致此类案件审理质量不高，甚至有失公平。[①] 环境案件常表现为天然的类型交叉，环境系统的整体性要求法官采取复合审理，这样才能突破不同法官认识问题的局限性，考虑环境问题的系统性。第二个表现是，就目前环境审判"三审合一"模式的试点来看，实践中还存在环境审判机构缺乏规范指引、审判程序独立性不足、案件管辖范围变动不居、环境司法创新理论根基缺乏等问题。[②] 第三个表现是，就具体制度的设置而言，在受案范围上，生态环境案件的认定标准仍较为模糊；在案由规定上，未体现出生态环境案件的专门特点，因此难以使环境审判类型化和专门化。由此可见，环境审判机制改革想要达到适应环境系统性、整体性的客观要求，还任重道远。

3. 传统救济模式难以填补环境利益受到的损害

环境利益作为司法"盲点"难以得到救济，但是环境一旦受到污染或破坏就难以逆转，对环境利益受损置之不理的行为有违"有损害就有救济"的法理。[③] 在实践中，环境责任的承担、履行情况和监督情况也不容乐观：其一，在一些环境案件当事人为自然人的情况下，"执行难"是普遍存在的问题，考虑以其他方式进行生态环境的替代性修复成为环境司法需要思考的问题。其二，环境公益诉讼和生态环境损害赔偿诉讼中的赔偿金处置和监督都是环境诉讼中出现的新问题，赔偿金是否需专案专用，如何确定用途和使用方式，都还需要环境司法作出进一步的回应。其三，环境责任还需要进一步扩展。对损害环境利益的行为需要追责，确定这种责

---

① 参见王树义：《论生态文明建设与环境司法改革》，载《中国法学》2014年第3期。
② 参见王明亮、李灿：《环境案件"三审合一"模式的实践考察与完善进路》，载《河北法学》2022年第3期。
③ 参见王树义：《论生态文明建设与环境司法改革》，载《中国法学》2014年第3期。

任时必须援引损失补偿原理，体现"特别牺牲及衡平"的补偿①，重视环境的恢复与再生。

（二）环境司法专门化的发展诉求

作为环境治理体系中有成效的环节，环境司法是守护公民健康、维护环境权益的"最后一道防线"，环境司法很大程度上代表了环境法治的基本运行样态。但是环境司法存在的问题很大程度上影响了其作用的发挥，需要进一步完善。

1. 环境司法专门化的现实需求

要解决环境司法依附传统救济方法、环境保护的跨区域性要求等问题，就要实现环境司法从一般性走向专门化，构筑起环境司法专门化模式。党的十八大以来，在习近平总书记"最严法治"论的指引下，环境法治建设承担起保障统筹推进"五位一体"总体布局、协调推进"四个全面"战略布局的新使命。自从 2014 年 7 月最高人民法院设立环境资源审判庭以来，环境司法专门化日益得到重视，也为环境司法专门化的开展奠定了坚实的基础。2023 年《中共中央、国务院关于全面推进美丽中国建设的意见》提出，要"完善公益诉讼，加强生态环境领域司法保护，统筹推进生态环境损害赔偿。加强行政执法与司法协同合作，强化在信息通报、形势会商、证据调取、纠纷化解、生态修复等方面衔接配合"。这对生态环境领域的司法建设提出了新期待、新要求。正是在生态环境保护的特殊性需求下，环境司法专门化得到逐步推动。此外，环境侵害的间接性、累积性、滞后性、不确定性与科技性等特性，要求在审理程序、责任形式和救济方式上进行专门对待，直接沿用传统诉讼模式往往力有未逮，

---

① 参见钭晓东、黄秀蓉：《论中国特色社会主义环境法学理论体系》，载《法制与社会发展》2014 年第 6 期。

仅具有法律专业知识的法官往往难以胜任。[1]

第一，环境跨区域保护的整体性要求。区域内的相对独立生态环境单元需要不因行政区划的分割而断裂，其保护遵循着相互影响的整体主义理念。环境保护需要跨区域进行，回应环境保护的系统性特质需求。而对生态环境的系统性保护正是一种专门化的体现。与其他领域相比，环境资源案件具有较强的集中性特征，这就要求设置专门的机构或者协调机制以超越现有的行政区划的割裂性困境，从而达到一种专门性的建构。在现有的依附传统救济方式的诉讼程序中，司法对环境的保护往往是片面性的：既可能是单纯回应私益性的环境利益，也可能是单纯回应公益性的环境利益。在这种模式下，掺杂着公益和私益的环境利益就无法得到保障。环境侵权案件本身具有恢复性、公益性、复合性、专业性的特点，这些特性也表明环境资源审判应该走专业化的道路。[2] 从应对综合性环境利益保护的需求来看，开展环境司法专门化建设势在必行。

第二，环境问题的科技性对人员的专业性要求。环境问题解决的一大难点为因果关系的认定，高度科技关联性被认为是环境问题的最大特色[3]，这也加大了环境损害认定的难度。科技性意味着环境问题的解决依靠科技，相应地，环境资源案件的审理人员需要具备一定的科学知识与技能，如果单纯依靠鉴定机构的鉴定或专家辅助人的证人证言则剥夺了审判机构法律解释与法律推理的职能。以往通过经验法则发挥作用的判案方式出现问题，从而不得已放弃事实论证而直接采纳鉴定结论，出现了被学术界诟病的"以鉴代审"问题。[4] 因此，环境问题的科技性决定了需要配备

---

① 参见张宝：《环境司法专门化的建构路径》，载《郑州大学学报（哲学社会科学版）》2014 年第 6 期。

② 参见马思雨：《对我国环境司法专门化建设的思考》，载《理论观察》2015 年第 1 期。

③ 参见叶俊荣：《环境政策与法律》，元照出版有限公司 2010 年版，第 139 页。

④ 参见董邦俊、容艳：《环境司法发展的困境与突破》，载《民主与法制时报》2022 年 10 月 20 日，第 5 版。

专业化的审判人员。

第三，环境保护救济的及时性需要。在采用传统救济方式的情况下，环境损害救济途径具有明显的依附性，这也带来了很大问题。传统损害救济手段的有限性导致无法形成合力来救济环境损害，急需集中专门化力量手段的运用。环境损害的对象除人身与财产外，还包括生态环境，而对生态环境造成的损害往往是累积和滞后的，传统的民事、行政、刑事救济以人身权和财产权为请求权基础，无法完全救济环境损害。同时，传统审判程序与规则也无法适应环境案件采无过错责任与举证责任倒置的特点，这决定了环境司法专门化的出场。

2. 环境司法专门化的基本目标

在新的时代背景下，中国环境司法需要进一步优化环境司法工作机制、执行机制，新型环境资源案件类型与标准需要得到具体呈现，沿着更为专门化的方向前进，走向更高水平、更高质量的环境司法专门化。

第一，基础目标：厘清环境司法职能。环境司法职能是实现环境司法活动的前提，明确的职权配置是充分发挥环境司法职能的关键。针对环境司法依附传统救济方式的力量和专业分散的不足，厘清环境司法的职能是实现环境司法专门化的最基础目标。将与生态环境保护相关的司法活动和事项进行集中性规定、规范有助于为环境司法专门化的整体性构建提供基础性支撑。

第二，组织目标：建设专门性环境司法机构。环境资源案件是分散集中于民事、行政等诉讼程序之中的，以环境司法专门化机构建设为中心推动环境资源案件的审理，能够更有力地对案件予以集中和专业化处理，能够促进机构之间更为有力的协同。因此，从机构设置的角度来看，环境司法专门化的组织目标主要是建设专门性环境资源审判机构，同时包括建设专门性的审判队伍，从而筑牢实现环境资源审判的根基。

第三，效果目标：增强环境司法的可行性、高效性和稳定性。以环境司法专门化机构、机制等为支撑，环境司法专门化追求的是社会效果与法律效果的统一和实效性，以避免司法程序力量的分散。流域生态环境司法专门化既要充分发挥一般生态环境司法及其专门化的制度效能，也要通过立足于流域生态环境的自然和人文特性，拓展、完善司法体制、机制，将保护和提升流域生态环境的整体性、系统性、稳定性作为流域生态环境司法专门化的目标。[①]

第四，制度目标：提升司法能力，规范裁判行为。环境司法程序依附其他传统诉讼程序，不仅不利于自身能力的提升，也可能带来裁判行为的不规范。环境司法专门化以增强法律的可行性为效果目标，这就要求环境司法专门化也要做好权力的规范性控制，在严格依法的基础上，不断增强自身能力，提升生态环境类纠纷解决的公平性。

第二节　环境司法专门化的理论进路

一、环境司法专门化的性质与特征

环境司法专门化背后有着深厚的理论支撑，具有政治、社会等多方面因素的作用。中国自主的环境法知识体系的建构，应将环境司法置于中国特色社会主义法治道路的大背景下进行观测，以做到厘清问题本质、挖掘背后的基础理论，为环境司法的专门化建设提供基本支撑。

（一）环境司法专门化的基本属性

环境司法专门化可理解为专属于环境法律部门的诉讼制度，是以现

---

① 参见肖爱、汤世豪：《流域生态环境司法专门化：根基、守成与发展》，载《南京工业大学学报（社会科学版）》2024 年第 1 期。

代环境法核心范畴和价值目标为基础所形成的独特制度、机制、体系，与传统诉讼制度、机制存在功能上的本质差异。[①] 换言之，环境司法专门化的产生动因在于环境法之于传统部门法的特殊性。因此，在对环境案件的审理中，环境司法专门化除要解决法律层面的争议外，还应有对环境法价值和功能的考量，通过法律手段实现环境治理效果的优化。

1. 以保护环境公共利益为价值取向

从环境法的调整对象看，环境法以调整经由环境保护而产生的社会关系为基础形成，其本质是人与自然关系中的法律利益诉求[②]，并且从以保护人身权与财产权为主，逐渐扩张到对生活环境与生态环境舒适优美等高质量的发展需求。环境法的价值体系应当是一个由不同类型、不同层次的价值构成的有机系统，主要由可持续发展目的性价值以及生态安全、代际公平、种际和谐等工具性价值共同构成。[③] 其中，可持续发展作为环境法的目的性价值，在环境立法上体现为将生态承载能力的可持续作为人的权益实现与保障的必要限度。[④] 由此观之，环境法的价值取向已经不再是个人利益保护，而是环境利益——社会公共利益的保护。[⑤] 故此，依据环境司法专门化与环境法的关系予以类推，环境公共利益为环境法的基本依归和存在基础，完善环境公益的法律保障与救济制度自然也构成了环境司法专门化的价值选择。[⑥] 环境司法专门化的功能主要在于维护环境公共利

---

① 参见郭武：《层次性重叠，抑或领域性交叉？——环境法与其他部门法关系省思》，载《社会科学》2019 年第 12 期。

② 参见张璐：《环境法独立性阐释与环境法典编纂》，载《中共中央党校（国家行政学院）学报》2022 年第 4 期。

③ 参见吕忠梅：《"人与自然和谐共生"视野下的环境法价值论》，载《政治与法律》2023 年第 7 期。

④ 参见吕忠梅：《人与自然和谐共生视野下的环境法学理论创新》，载《东方法学》2023 年第 2 期。

⑤ 参见吕忠梅：《环境司法理性不能止于"天价"赔偿：泰州环境公益诉讼案评析》，载《中国法学》2016 年第 3 期。

⑥ 参见刘超：《环境修复审视下我国环境法律责任形式之利弊检讨——基于条文解析与判例研读》，载《中国地质大学学报（社会科学版）》2016 年第 2 期。

益，实现对受损害的生态环境的有效修复，以促进对环境公共利益保护的周延和全面。譬如，《民法典》第1234条所创设的生态环境代修复制度，授予"国家规定的机关"和"法律规定的组织"以私法上的代修复行权主体资格，在一定程度上拓展了《民法典》侵权责任编的环保功能。①

2. 体现中国环境司法的根本特征

中国共产党领导是中国特色社会主义法治的根本特征。中国环境法治具有明显的"高位驱动"特性，中国共产党是推进中国环境法治发展的核心要素。② 在新时代背景下，人民群众诉求重心的变化引致应对生态环境问题成为中国共产党新的执政重点，生态环境优先成为中国共产党新的执政导向，生态环境利益成为中国共产党新的执政价值。③ 积极回应生态诉求是筑牢中国共产党执政地位根基的必然选择：生态环境的保护事关国计民生，对于党和国家来说既是获得民众支持与信任的来源，也是自身存在和发展的基础。党的政治决断与环境政治话语所包含的环境法治意识形态，需要通过环境司法专门化等具体路径得到落实和开展。环境司法专门化坚持党的全面领导，注重在司法过程中实现政治功能与生态功能的对接，将绿色发展、生态保护等价值理念融入环境司法专门化的发展中，转化或体现为具体的司法机制、司法规则、司法制度，形塑环境司法专门化的制度框架和法律体系。在推动绿色发展等理念落实的过程中，司法机关成为重要的承载主体，最高人民法院等司法机关实际上已承担着与政治功

---

① 参见彭中遥：《〈民法典〉中生态环境损害代修复制度之探析》，载《中国高校社会科学》2022年第1期。

② 参见程飞鸿：《环境法适度法典化：立法限度、规范表达与教义学构造》，载《政治与法律》2023年第6期。

③ 参见刘希刚、王永贵：《习近平生态文明建设思想初探》，载《河海大学学报（哲学社会科学版）》2014年第4期。

能相并列的生态功能，并以绿色发展理念为指引，把政治导向融入环境治理当中。[①] 保障环境司法专门化逐步成为中国环境法治走向现代化的必由之路。[②]

3. 推动政法体制现代化

环境司法作为环境治理的重要环节，其形成与运转是推动政法体制现代化建设的基本方式。在环境司法专门化的发展过程中，一方面，环境保护的伦理属性与政治属性的融通需要以政法体制为载体；另一方面，党关于环境保护的意志也需要通过政法体制来落实。因此，环境司法专门化的发展过程就是党关于生态环境保护的意志不断融入政法体制的过程，政法一体可以被视为我国环境司法专门化的基本表征，有着深厚的历史背景与深刻的社会根源，构成了我国环境司法专门化形成与运作的特色之一。在形成过程中，政法体制作为党政融通的一域，对环境司法专门化的发展影响巨大，既涉及机构改革等方面的组织问题，又涉及机构协作等方面的机制问题。可以说，环境司法受到政法体制的深度影响，同时反过来，环境司法也构成了政法体制不断走向成熟的重要推动力。在运作过程中，环境审判机构一般会受到相应的国家政策的影响，在审判工作中注重相关的环境政策，以确保司法政策的宏观指引与微观指导功能的有效发挥。

（二）环境司法专门化的实践特征

环境司法专门化体系的形成是一个不断完善的过程，从最初的环境资源审判机构的建设，到后来环境司法规则、环境司法机制的跟进，以及以此实践为研究对象的理论研究的产生，环境司法从点到面、从要素到系

[①] 参见张忠民：《中国环境司法的能动协同现象与形成发展逻辑》，载《中国法学》2023年第5期。

[②] 参见郭武：《论环境行政与环境司法联动的中国模式》，载《法学评论》2017年第2期。

统，渐成体系。从发展规律上看，环境司法专门化的体系建构体现出制度优化与司法权分工配合等方面的特性。

1. 优化司法制度

作为环境法治的重要向度，环境司法专门化的形成前提是对环境法治基本原则的固守，其建设反映了司法制度不断优化的过程。环境司法专门化由小到大、由弱到强，形成了具有中国特色的环境司法体系，许多制度、措施都体现出了创新性，是我国对全球环境司法建设的重要贡献。在司法理念方面，中国坚持的新发展理念已经融入环境司法之中，形成了"绿色司法""预防性司法"等深刻反映人与自然关系的司法理念；在制度规则方面，中国环境司法体系结构完备，制度供给具有创新性和实践性，在惩罚性原则的适用、"三审合一"审理规则的实施等方面取得了相应的成效；在公益诉讼实施方面，检察机关职能的拓展、"公益诉讼起诉人"地位的确立、诉前检察建议的开展以及"数字检察"等方式都更加精准地保障和监督着法律的实施。这是我国在环境保护方面的制度优势转化为国家治理效能的一个生动体现。同时，我们也应当看到，环境司法专门化体系还处于初创阶段，需要进一步完善。面对"大环保"格局建设的重任，环境司法专门化的发展呈现出一定的政策驱动、积极参与环境事务社会治理等方面特征，这为环境司法的法源供给与社会效果预设了较大的空间并提供了开放的制度场域。

2. 强化司法权监督制约机制

保障司法权分工制约与协作配合的统一是环境司法体系运作的关键，只有形成相互制约的规则，权力才能得到有效实施。司法机关之间的分工、配合是实现司法公正、高效、权威的重要制度安排，而环境司法专门化建设正好为司法权之间的监督、制约贡献了机制支撑。目前，我国环境司法专门化已经确立了公安机关、检察机关和审判机关之间分工负责、互相配合、互相制约的体制机制，确立了各自的任务范围，整体上保证了司法权的顺利运行。在生态环境保护方面，司法体制机制具有相对的独特性：一方面是专门的司法机构的设置。在检察机关方面，最为明显的就是公益诉讼专门机构的设置，把检察机关定位为"公益诉讼人"，并使其以该身份提起诉讼。这就为检察机关应对环境保护任务增加了一项新职能。过去几年间，检察机关充分发挥公益诉讼职能，立足于流域治理的综合性特点，积极开展跨流域生态环境公益诉讼案件工作。另一方面是专门性的环境司法机制的确立。仅有单一的司法机关不足以应对系统性的环境问题，各个司法机关之间的单打独斗不足以解决好问题。司法机关之间的协作就成为开展环境保护司法工作的重要举措。包括日常沟通联络、交流会商在内的工作机制方式都在推动协作的基础上，形成了司法治理合力，有力地保证了司法力量。这是环境司法体系的重要表征之一。同时，生态环境保护领域诸多顶层设计的实施，对司法权保障提出了更高要求。以环境司法专门化的体系建设为契机，加快形成了更为体系化的立法与专业化的司法，强化了司法机关统与分、上与下的关系，构建起立体互通、上下联动的司法机构体系，在最大限度上促进人民法院、人民检察院和公安机关在环境司法领域中的分工、配合，向践行绿色司法理念、实现社会公平正义的治理效能发展。[①]

二、环境司法专门化的样态

环境司法专门化是环境司法制度的发展方向，也是环境法律制度体系的重要组成部分。环境司法专门化具体表现为组织、机构、机制等方面的整

[①] 参见吕忠梅等：《中国环境司法发展报告（2020 年）》，法律出版社 2021 年版，第 36 页。

体性和协同性布局，在具体审判样态上表现为五大类案件的专业化审判样态。

（一）环境司法体系的基本结构

前已述及，环境司法专门化呈现了"五位一体"的体系架构，其中，环境审判机构和环境审判机制是环境司法专门化的枢纽所在，因为它们分别作为有形和无形的载体，具体分配着环境审判的资源，践行着环境审判程序，凝聚着环境审判理论，锻炼着环境审判队伍。

1. 环境审判机构的专门化

司法机构是处理纠纷的重要载体，环境司法的专门化主要体现为环境资源审判庭的设立。环境审判是人民法院依照法定程序对涉及环境污染和生态破坏的行政、民事和刑事案件进行审理并判决的活动。[1] 在环境保护方面，我国已经建立起来了专门的环境司法机构，即环境资源法庭。2007年，最高人民法院批准设立了贵州省清镇市人民法院环境资源保护法庭。这是我国设立的首个环境司法专门机构，并且是具有独立编制的机构。由此实质性地开启了环境司法专门化进程。之后，最高人民法院按照生态文明建设的需求，积极推动环境资源法庭的设置。截至 2022 年 12 月，我国31 个省、自治区、直辖市共有环境资源审判专门机构（组织）2 426 个。[2] 例如为满足生态区域保护需求，最高人民法院在全国相继设立了南京、兰州、昆明、郑州、长春、乌鲁木齐等跨省域集中管辖环境资源案件的专门法庭。全国范围内环境资源审判机构的专门设置为环境司法提供了重要的组织基础，意义重大。

2. 环境审判机制的专门化

审判机制是法院内部各主体、各层级的职权结构及其运行机理，它确

---

① 参见汪劲：《环境法学》（第四版），北京大学出版社 2018 年版，第 103 页。
② 参见吕忠梅等：《中国环境司法发展报告（2022 年）》，法律出版社 2023 年版，第 4 页。

定了各主体、各层级在审判活动中的地位和作用；它主要着眼于审判职权的配置与界定、审判流程的建立与控制、审判动态的监督与把控等方面。宏观来看，环境审判机制的专门化囊括了环境资源案件审判集中管辖机制、环境资源案件审判体系以及环境司法协作机制，也即涉及审判前、审判中和审判后三个阶段，此处使用宏观意义上的环境审判机制。由于生态环境的系统性，环境司法在管辖方面突破了行政区域，开创了跨区域集中管辖制度，强调以流域的自然特征为依据进行案件的管辖，并且集中由一家法院管辖。在审判阶段，设立了环境资源案件"二审合一""三审合一"的审判模式，也即把涉及民事、行政、刑事责任的环境案件统一集中到一起审理，形成集中由环境资源审判庭统一审理的布局。同时，在外部衔接方面，强调审判机关与行政机关的联动，主要表现为环境司法联席会议制度、环境司法信息共享机制和环境司法服务机制三种形式。通过一系列"协议"等形式，形成了审判机关与检察机关、行政机关等相互协作的机制。在审判阶段，强调司法主导下的综合调处机制，寻求环境问题的系统性和终局性解决方案。

3. 环境审判程序的专门化

环境审判程序的专门化主要体现为出台司法解释或者制定工作规范来增强环境审判程序的可操作性。为此，最高人民法院等司法机关发布一系列司法文件，引领环境司法规范发展。例如，最高人民法院最早于2015年1月和6月分别公布《关于审理环境民事公益诉讼案件适用法律若干问题的解释》（2020年修正）和《关于审理环境侵权责任纠纷案件适用法律若干问题的解释》（2020年修正，已失效），对环境公益诉讼案件和环境侵权案件的起诉资格、受理条件、证据制度、责任方式、诉讼费用负担等环境诉讼程序进行了细化，后于2019年6月公布《关于审理生态环境损害赔偿案件的若干规定（试行）》（2020年修正），对生态环境损害赔偿案件的原告资格、管辖法院、举证责任、诉讼费用等方面进行了明确。其间最高人民法院于 2017 年 4 月印发《关于审理环境公益诉讼案件的工作规范（试行）》，规定了社会组织提起环境公益诉讼案件的起诉、受理、审理前的准备（公告程序）、开庭审理、裁判和执行等具体程序。此外，最高人民法院等也积极发布指导性案例来完善程序。指导性案例的发布，为环境治理水平的提升、全社会培育生态环境保护的法治氛围提供了重要的工具。

4. 环境审判理论的专门化

在环境司法方面理论研究也蔚为大观，这些理论研究一方面成为环境司法体系重要组成部分，另一方面成为推动环境司法实务发展的重要指引和指导。环境审判理论的专门化集中体现在学术界和实务界的研究成果，以及环境司法智库和实践基地建设上：首先，在学术研究上，环境司法成为环境法学、民法学、刑法学、行政法学、诉讼法学等各领域法学研究的一个关注重点，涌现出一大批高质量的著作和论文。其次，司法机关的实务研究成果也日渐丰硕。最高人民法院以委托研究课题、发布案例分析、出版"审判实务规范丛书"等方式积极促进环境司法相关实务研究。最后，最高人民法院成立环境资源司法研究中心及学术委员会，以构建环境资源法治领域的一流智库、核心智库为目标，在环境司法的重大决策中发挥参谋助手作用，为环境资源审判提供理论和技术支撑①；同时也在高校、法院系统内建立理论研究基地和实践基地。

5. 环境审判队伍的专门化

专业的审判队伍是推动环境司法审判工作高质量发展的必然选择。传统的法官队伍受自身知识技艺和专业能力的局限，无法完全满足或适应部

---

① 参见《最高法院成立环境资源司法研究中心》，载《法制日报》2015 年 5 月 20 日，第 1 版。

分环境案件的审理需求。这决定了环境案件的审理对审判队伍的专业素质提出了较高要求。环境审判队伍的专门化主要体现为三个方面：其一为以司法责任制改革为目标建设审判队伍，按正规化、职业化、专业化标准遴选环境审判法官，按审理者裁判、裁判者负责原则组建审判队伍，实行扁平化管理。其二为深入广泛推进法官业务培训。例如，最高人民法院针对环境资源审判业务领域的实务人员定期举办全国环境资源审判业务培训班，各地方法院也通过邀请最高人民法院法官、司法研究中心的专家学者为法官授课，增强其环境司法专业审判能力。其三为组建专业支持队伍，聘任环境专业人士为人民陪审员，直接参与案件审理，提高法院专业化审判水平和质量，优化环境审判合议庭的知识结构；或者组建环境资源技术咨询专家库，为环境资源司法政策等规范性文件的制定提供咨询，为环境司法审判专业技术问题提供意见，为纠纷解决提供沟通交流和帮助。[1]

（二）环境资源审判的专业化

在环境司法专门化"五位一体"的基本体系架构下，普通案件审理中进一步融合传统"民、行、刑"的领域划分方法，再结合环境司法所特有的环境公益诉讼和生态环境损害赔偿诉讼两种诉讼模式，最终在环境司法审判专业化的推进中，呈现出环境民事案件、环境行政案件、环境刑事案件与环境公益诉讼案件、生态环境损害赔偿诉讼案件"3+2"专业化审判样态。

1. 环境民事案件的专业化审判

环境民事案件的专业化审判集中体现在侵害法益判定、损失数额认定、归责原则选择、因果关系证明以及责任承担落实上的特殊关照和专业处理。第一，关于"侵害法益"。在原因行为方面，既包括污染环境行为

---

[1] 参见吕忠梅、张忠民：《环境司法专门化与环境案件类型化的现状》，载《中国应用法学》2017 年第 6 期。

也包括破坏生态行为；在损害后果方面，既包括环境污染也包括生态破坏；在损害法益方面，既包括个人利益也包括公共利益。第二，关于损失数额认定。在受害人难以证明损失具体数额的情况下，法官可以综合已有证据进行认定，也可以采用肯定成本损失计算、虚拟成本计算等方法。第三，关于归责原则。环境侵权案件并非一律适用无过错责任，环境噪声污染案件等要求侵权行为具有超过国家规定的噪声排放标准的违法性，适用过错推定；在共同侵权行为中，对受害人适用无过错责任，但在共同侵权行为人之间，则分别适用无过错责任、过错推定、过错责任。第四，关于因果关系。环境侵权案件并非完全适用举证责任倒置，对环境侵权既涉及个人利益又涉及公共利益的案件，可采取因果关系推定方法。第五，关于责任承担。环境侵权案件在担责方面，可由雇佣者与受雇者承担连带责任，第三人造成环境污染承担连带责任等；在责任承担方式方面，除了传统的承担民事责任方式外，还有生态修复、替代性恢复、环境治理等新的方式；环境民事案件的调解，可采取附执行方案等特殊形式达成。

2. 环境行政案件的专业化审判

在司法实践中，环境执法行为既涉及多个行政机关和多部法律，又关乎个人利益和公共利益，还存在自由裁量权的行使和行政司法行为等。[①]具体而言，其一，环境行政案件中的被告，包括负有环境监管职责的行政机关和相关法律、法规、规章授权的组织，既有环境保护部门，也有地方人民政府，还有海洋保护部门、城市管理行政执法部门，等等。其二，环境行政案件中的原告，包括环境行政行为的相对人以及其他与环境行政行为有利害关系的公民、法人或者其他组织；在规定了公众参与程序的环境行政许可、环境影响评价、环境规划等行为中，公民、法人或其他组织可

---

① 参见吕忠梅主编：《环境法学概要》，法律出版社 2016 年版，第 207 - 214 页。

以利害关系人身份提起行政诉讼。其三，环境行政案件的范围包括行政许可行为、环境影响评价审批行为、环境行政强制措施、海域管理行为、环境行政处罚行为、环境行政调处行为，等等。其四，环境行政案件的司法审查，既包括对权力来源的合法性审查，也包括对执法程序的合法性审查，还包括对自由裁量权行使的正当性审查。其五，对环境行政执法行为，尤其是行政强制、行政处罚涉及的相对人违法行为的认定，包括拒绝检查、逃避监管、弄虚作假、不履行环境保护法定义务等环境保护法规定的违法行为，通过建立专业判断标准和证据规则加以完成。

3. 环境刑事案件（又称环境犯罪）的专业化审判

环境犯罪具有不同于传统犯罪的特征，在犯罪主体、犯罪行为、侵害法益、刑罚等规则设置上都有其特殊之处。第一，关于犯罪主体和责任承担。环境犯罪的主体以单位居多，这是由于环境污染多由企业的生产经营活动造成，而犯罪行为的具体实施则需要由生产经营决策者和具体操作者共同完成，因此，环境刑事案件采用了"双罚制"，即责任主体为单位和相关责任人，刑罚为自由刑、财产刑。第二，关于共同犯罪和数罪并罚。环境犯罪中的单位犯罪及个人犯罪，既有主观上的共同意思联络或者共同故意问题，也有客观上的自然环境规律引发二次污染加重危害后果问题，需要进行特别考量；环境犯罪也可能涉及其他罪名，尤其是非环境犯罪类罪名如行贿、受贿罪，对不同性质的数罪并罚时也需特殊规则。第三，关于量刑和刑罚。环境犯罪中以单位犯罪为主，以罚金刑为主要的刑罚。然而环境污染造成的后果严重，进行环境治理或者生态修复所需资金数额巨大，量刑标准不能是传统的经济损失，而应以环境治理费用或生态修复资金需求为量刑标准，并合理适用罚金刑。

4. 环境公益诉讼案件的专业化审判

环境公益诉讼被认为是专门环境诉讼的典型。自 2012 年《民事诉讼法》修正，从程序上建立环境污染公益诉讼制度以来，环境公益诉讼的相关立法逐渐完善，为其案件的专业化审判提供了基本依据。在环境公益诉讼的原告方面，既包括符合法定条件的社会组织，也包括法律规定的行政机关，还包括法律授权的人民检察院；在关涉利益方面，环境公益诉讼也可能涉及个人利益，可能出现多重法律关系的交叉、法律责任竞合或聚合；在区域管辖方面，环境公益诉讼涉及的环境要素多、生态性强，客观上也可能存在地方保护主义等实际障碍①；在责任承担方面，传统的民事责任与行政责任承担方式不能完全适用于环境公益诉讼，根据环境公益诉讼案件的特殊性，生态修复、生态服务功能恢复、污染治理、第三方治理等专门环境法律责任承担方式成为可供选择的方案。②

5. 生态环境损害赔偿诉讼案件的专业化审判

基于 2015 年《生态环境损害赔偿制度试点改革方案》（已失效），生态环境损害赔偿制度在全国 7 个省份试点推行。总结试点经验，2017 年《生态环境损害赔偿制度改革方案》颁布，生态环境损害赔偿制度正式在全国范围内实施。2019 年《关于审理生态环境损害赔偿案件的若干规定（试行）》（2020 年修正）出台，使生态环境损害赔偿制度走上法治化道路。2020 年《民法典》明确了生态环境损害赔偿责任，将该制度的相关规范正式纳入法律位阶，弥补了制度改革中实体法依据不足的问题。此类案件解决的一个程序亮点即为"磋商前置"，磋商相较于诉讼而言属于一种柔性的纠纷解决方式，可据以充分了解对方的诉求，积极争取和维护各自合法权益，最终订立共赢方案。在责任承担方面，此类案件中替代性修复责任承担方式不断扩张使用，实践中，替代性修复出现了"主体替代""方式替代"

---

① 参见吕忠梅、张忠民：《环境司法专门化与环境案件类型化的现状》，载《中国应用法学》2017 年第 6 期。

② 参见吕忠梅、窦海阳：《修复生态环境责任的实证解析》，载《法学研究》2017 年第 3 期。

"对象替代"等全方位扩展的态势。"社会行为"与"金钱赔偿"是"方式替代"的两种基本样态，原地同质的对象替代最为普遍。责任的具体承担方式与造成损害的污染物、生物或生态系统特征相关，呈现多样化态势。

第三节　环境司法专门化的未来展望

新时代以来，全国各级司法机关继续以环境司法专门化建设为抓手，以改革创新为动力，认真贯彻绿色司法理念，不断提升环境司法能力。于是，具有鲜明中国特色的绿色司法理念、绿色审判道路、绿色司法制度体系更加成熟定型。[①] 在生态文明建设总体布局和能动主义司法观的影响下，中国环境司法一定程度上突破了传统司法的克制与保守，转而强调主动积极地提供服务。环境司法在创新中不断发展，在持续发展中稳步前行，专门化水平越来越高，不断迈向新的征程。中国环境司法专门化除与传统司法体系存在殊异之处外，也在全球司法体系中形成了鲜明的特色，服务于全球生态环境保护，产生着国际影响力。在大力推进生态文明建设以及环境法治的背景下，环境司法保持完全的克制主义、纯粹的形式主义已不适合当下的情势。[②] 在环境司法专门化建设的新征程上，要推动环境司法建设向更为扎实的方向前进。

一、完善适应"人与自然和谐共生"的绿色司法体系

党的十八大以来，环境司法制度得到长足发展，环境公益诉讼制度、生态环境损害赔偿制度先后建立，环境司法专门化和专业化不断推进，构

---

① 参见吕忠梅等：《中国环境司法发展报告（2020 年）》，法律出版社 2021 年版，代序，第 1 页。
② 参见吕忠梅：《环境司法理性不能止于"天价"赔偿：泰州环境公益诉讼案评析》，载《中国法学》2016 年第 3 期。

建了"人与自然和谐共生"的现代化法治格局。党的二十大报告提出中国式现代化是"人与自然和谐共生的现代化",对环境司法专门化提出了更高的完善需求。习近平总书记明确指出:"中国式现代化是人与自然和谐共生的现代化。人与自然是生命共同体,无止境地向自然索取甚至破坏自然必然会遭到大自然的报复。我们坚持可持续发展,坚持节约优先、保护优先、自然恢复为主的方针,像保护眼睛一样保护自然和生态环境,坚定不移走生产发展、生活富裕、生态良好的文明发展道路,实现中华民族永续发展。"[①]"人与自然和谐共生"是中国式现代化重要特征的深刻认识,表明了"人与自然和谐共生的现代化"在中国式现代化中的历史方位,确立了环境法治建设的新使命。新征程上建设环境司法,必须锚定"人与自然和谐共生的现代化"这一目标。当前,推动"人与自然和谐共生的现代化"的绿色司法方向已经清晰,形成了"绿色司法""预防性司法"等深刻反映人与自然关系的司法理念。这为全球环境司法在价值指导理念上提供了一定的参考。在制度规则方面,中国环境司法体系结构完备,制度供给具有相当的创新性和实践性。这为接下来的司法治理提供了很好的借鉴。但理性、系统的绿色司法体制机制还处于探索之中,需要在实践中进一步明确环境司法组织的功能、性质、工作原则以及相应的工作机制,努力解决环境司法制度与已有司法制度的体系衔接问题、机制协调问题。总体上,应当不断探索环境司法改革创新,推动完善适应"人与自然和谐共生"的绿色司法体系。

(一)完善环境司法体制机制

准确把握"推动绿色发展,促进人与自然和谐共生"的整体部署,完

---

① 习近平:《高举中国特色社会主义伟大旗帜 为全面建设社会主义现代化国家而团结奋斗——在中国共产党第二十次全国代表大会上的报告》,载《人民日报》2022年10月26日,第1版。

善环境司法体制机制。在司法体制改革过程中，应当进一步完善环境司法
体制和工作机制，维护生态环境公共利益。在推进中国式法治现代化的新
征程上，要继续坚持以人民是否满意、是否有"获得感"来检验司法体制
改革的成败得失，把握人民群众对司法体制改革的认可程度，努力使司法
体制改革合乎民心、顺乎民意。① 要以此为标准，夯实环境司法基础，持
续推动环境资源审判专门机构高效建设，深化环境资源审判组织体系建
设，探索环境资源专门审判新模式，推进设置具有地方特色的环境资源审
判法庭；促进公益诉讼检察组织快速发展，推动流域公益诉讼检察专门机
构建设，发挥职能优势，适当开展环境巡回检察机构建设，提高集中管辖
的规范化程度；形成跨行政区域集中管辖实施方案的常态化保障机制，不
断夯实生态环境领域集中管辖机制的基础。建立健全环境资源立案、审
判、执行各环节协作机制，明确环境司法事前、事中、事后各阶段协作的
重点内容，推动环境司法协作迈上新台阶，实现机制的有效协调。完善环
境执法司法长效合作机制，认真落实框架协议，统一执法司法尺度，形成
环境行政执法与刑事司法促进生态保护的强大合力。②

（二）充分发挥环境司法的功能

立足于"人与自然和谐共生"的高度，统筹环境法律的立改废释纂。
要以优化环境法律制度供给为基础，推动环境司法的规范化和效能的有效
发挥。坚持人民至上的法治立场，实现政治话语向法律话语的转译，将人
民群众的绿色期盼、党的二十大精神、指示转化为"人与自然和谐共生"
的法理要义，并通过相应的话语落实在环境法律体系之中。在现有的部门
法判断标准之上，建立领域性法律判断标准，以环境法律关系建构的"人

---

① 参见公丕祥：《习近平法治实践论的理论创新》，载《法律科学》2024 年第 2 期。
② 参见吕忠梅等：《中国环境司法发展报告（2022 年）》，法律出版社 2023 年版，第 40 页。

与自然和谐共生"哲学基础、综合采用各种手段应对环境危机的问题导向、统筹实质法治与形式法治的协同性方法，形成具有独特"标志"的环境法律体系，为建构中国特色社会主义法律体系中的独立领域提供理论支撑。① 及时总结环境司法专门化与普通化发展的相关实践，提出环境保护基本法和各环境单行法修改完善的建议，以体系化逻辑推动生态环境领域立法不断前进。总体上，应当将"人与自然和谐共生"哲学基础等理论加以具体运用，以实现生态环境治理体系和治理能力现代化需求为方向，进行各种不同利益关系的协调与平衡，在准确识别环境法基本价值、环境法基本原则的同时，对环境法律规范进行体系化整合。在识别和总结规律的基础上，提炼出"人与自然和谐共生"的新规则，助力于法律体系的更新。具体而言，可对现有的污染防治法律、自然资源保护法律、能源利用法律等进行优化更新，以实现环境法律体系整体的协调。

（三）积极稳妥推进环境公益诉讼

习近平总书记在党的十九届四中全会上指出："在现实生活中，对一些行政机关违法行使职权或者不作为造成对国家和社会公共利益侵害或者有侵害危险的案件，如国有资产保护、国有土地使用权转让、生态环境和资源保护等，由于与公民、法人和其他社会组织没有直接利害关系，使其没有也无法提起公益诉讼，导致违法行政行为缺乏有效司法监督，不利于促进依法行政、严格执法，加强对公共利益的保护。由检察机关提起公益诉讼，有利于优化司法职权配置、完善行政诉讼制度，也有利于推进法治政府建设。"② 为此，应进一步完善环境公益诉讼制度，积极探索适合保护生态环境需求的绿色司法制度，提高司法专门化的绿色程度，促进形成

---

① 参见吕忠梅：《人与自然和谐共生视野下的环境法学理论创新》，载《东方法学》2023年第2期。
② 习近平：《论坚持全面依法治国》，中央文献出版社2020年版，第101页。

绿色职权主义审判机制，不断提升专业化水平。积极推进生态优先的绿色司法理念向传统司法领域延展，在传统司法中准确把握发展与安全、经济发展与环境保护的关系，实现环境正义。充分落实"坚持标本兼治、常抓不懈，从影响群众生活最突出的事情做起，既下大气力解决当前突出问题，又探索建立长久管用、能调动各方面积极性的体制机制，改善环境质量，保护人民健康，让城乡环境更宜居、人民生活更美好"[1] 的要求，提升社会的多元共治水平。

二、健全"三审合一""多检融合"的环境司法体制

从机构职能来看，司法既包括以审判职能为中心的法院系统，也包括以监督职能为中心的检察院系统，二者都是司法体制的重要组成部分。为贯彻落实党中央决策部署，针对适应时代需求和不断满足人民群众对美好生活向往的目标，需要实现环境司法专门化与时俱进，不断优化其内核。应坚持公正司法，完善公正高效权威的中国特色社会主义环境司法制度，继续推进生态环境司法专门化，建立健全行诉对接、行检协调、法检协同机制，完善生态环境公益诉讼制度，加强检察机关生态环境公益诉讼工作。[2] 积极总结环境司法实践经验，以理论促进实践问题的解决，优化"三审合一""多检融合"的环境司法体制。增强生态环境检察专门程序性制度供给，保障生态环境综合执法机制与"四检融合"检察机制、"三审合一"审判机制与"四检融合"检察机制之间以及其相互之间的有机衔接，处理好行刑衔接、多诉竞合、诉调结合等实际工作中出现的相关问题。[3]

---

[1] 中共中央文献研究室编：《习近平关于社会主义生态文明建设论述摘编》，中央文献出版社2017年版，第83页。

[2] 参见吕忠梅：《迈向中国环境法治建设新征程》，载《地方立法研究》2023年第1期。

[3] 参见吕忠梅：《生态环境法典编纂的立法选择》，载《江淮论坛》2024年第1期。

（一）优化"三审合一"的环境司法制度

自 2014 年设置环境资源审判庭以来，法院系统就大力推进环境司法专门化专业化建设，不断践行风险预防、环境正义、生态恢复等绿色司法理念，提高案件办理质效。至此，以绿色司法理念为核心的规则体系更加完善，从而提升了生态环境领域司法保障的水平。通过确立环境资源审判组织、审判机制、审判程序、审判队伍、审判理论的"五位一体"的专门化建设，我国逐步形成了生态环境资源案件类型、案件管辖、案件审理的民事、行政、刑事"三审合一"以及"四审合一"机制，并有所实践。但是审视我国现在三大诉讼分立的体制后可以发现，现行的《民事诉讼法》《刑事诉讼法》《行政诉讼法》不能为"三审合一"提供法律支撑，司法实践中探索的一些责任承担方式和案件办理方式缺乏法律制度支撑，"三审合一"机制存在实质性推进的困境。因此，必须突破三大诉讼分立机制，为实现"三审合一"的化学反应建立专门诉讼规则，在认真总结现有司法经验的基础上，统筹考虑生态环境案件的法律关系多维性、调整方法综合性、责任承担方式多元性等特征，在生态环境法典中建立符合"三审合一"需求的特殊程序规则，统一诉讼目的，统一诉讼资格，统一审理程序，统一证据规则和证明标准，统一裁判方式，统一法律适用规则，为实质性解决三诉分立所带来的生态环境案件审理问题提供法律依据[①]；统一环境资源案件中证据的收集、采用规则，提高因果关系认定的准确度，建立健全环境资源案件证明标准体系，增强环境民事、行政、刑事诉讼证明标准的衔接与证据的转化。

此外，应当在"三审合一"基础上，优化"四审合一"机制，完善公

[①] 参见吕忠梅：《生态环境法典编纂的立法选择》，载《江淮论坛》2024 年第 1 期。

益诉讼制度体系。持续推进公益诉讼规则建设，明确生态环境公益诉讼的类型，将立法和司法实践中出现的行政附带民事公益诉讼、刑事附带民事公益诉讼、生态环境损害赔偿诉讼等统一纳入生态环境公益诉讼的范畴，构建起完整的系统性的环境公益诉讼制度体系。在司法审判的基础上，完善环境资源案件"审执合一"机制，保证司法裁判的执行力度，建立环境公益诉讼与环境私益诉讼、环境公益诉讼与环境行政磋商等程序的衔接机制，健全环境公益诉讼"第三方参与生态修复"等执行机制，明确环境公益诉讼程序，增强生态环境检察专门程序性制度供给，推动环境司法专门化迈向新高度，激发环境司法共治合力。

（二）健全"多检融合"的环境司法制度

检察机关作为宪法规定的法律监督机关，在生态环境保护领域发挥着重要作用。经过实践发展，具有中国特色的生态环境检察模式已经形成，成为生态环境治理的重要力量。但是面对新时代的新问题，全面履行生态环境检察职能，推动刑事检察、民事检察、行政检察、公益检察的融合履职，才可能实现检察机关的法律监督权在生态环境领域的全覆盖，形成"始终坚持用最严格制度最严密法治保护生态环境"的检察工作合力。

健全"多检融合"的环境司法制度，总体上需要在全面梳理改革探索与工作实践基础上形成对中国特色生态环境检察制度的理性认识，具体可以从以下三个方面着手：首先是深入贯彻落实习近平生态文明思想和习近平法治思想，将其中所蕴含的人与自然和谐共生观、系统保护观、绿色发展观、人民至上的法治立场和中国特色社会主义法治体系建设要求，转化为生态环境检察的生态优先、绿色发展的司法理念，建立保护和发展相适应、担责与修复相结合、个案与整体治理相协调的系统性思维。其次是基于生态环境案件的多元利益交织、多重法律关系交互、多种法律责任叠加以及高度科技关联性的特征，合理整合相关检察资源，构建"四检融合"的专门化机制，通过设立专门办案机构，实现生态环境刑事、民事、行政与公益检察的"物理融合"；创建符合生态环境检察规律的专门工作机制，促进"四检融合"产生化学反应；建立生态环境检察专业团队奠定"四检融合"的组织与人才基础；研究形成专门程序，为"四检融合"创造工作环境与条件。最后是着力推进紧扣"四检融合"实践的专门理论研究，回答什么是生态环境检察体系、如何建立生态环境检察体系、建设什么样的生态环境检察体系等基本理论问题，破解三大诉讼分立带来的体制机制障碍，为相关立法提供理论支撑。① 总之，要根据不同类型公益检察的法律制度，总结不同类型公益检察的相关规律，在融合的基础上，促进形成融合履职的生态环境检察制度，推进环境公益诉讼制度的体系化建构，实现检察权在生态环境领域的全面性覆盖。

做好"四检融合"检察机制的外部衔接也是实现其完善的重要路径，是提升生态环境检察制度的重要方面。仅有单一的司法机关不足以应对系统性的环境问题，各个机关之间的单打独斗不足以解决好问题，司法机关之间的协作就成为开展环境保护工作的重要举措，包括日常沟通联络、交流会商等工作机制。对此，应当增强"四检融合"检察机制与生态环境综合执法机制、"四检融合"检察机制与"三审合一"审判机制之间以及其相互之间的有机衔接，强化部门协作配合，处理好环境行政执法与环境刑事程序衔接等问题，形成依法惩治环境违法行为的强大合力。坚持检察一体化推进，依法能动履职，完善区域检察协作机制，系统推进环境公益保护治理。积极推动"行政检察＋行政公益诉讼检察""两行并进"模式建

---

① 参见吕忠梅：《融合履职视野下的生态环境检察》，载《国家检察官学院学报》2024 年第 1 期。

设，着力提升监督质效。准确界分环境行政公益诉讼与环境行政附带民事公益诉讼，构建协调有效的两诉衔接机制。系统研究刑事附带民事公益诉讼案件，发现并提炼刑事附带民事公益诉讼的"两审合一"规则，切实解决司法实践中的"诉讼主体错位""诉讼规则错配"问题。[①] 此外，也需要做好环境诉讼与非诉业务的连接，实现二者的有效衔接。如果说，实践已经证明"以诉前实现维护公益目的为最佳司法状态"，那么，需要认真梳理改革过程中的探索与创新，正视生态环境公益检察的诉前解决和提起诉讼的不同，对生态环境公益检察进行类型化，从而在立法中分类进行规范。由此，可形成以生态环境公益检察为大概念、涵摄生态环境公益诉讼与非诉监督两种类型的公益检察业务，而不是采取"旧瓶装新酒"的方法将诉前公益检察监督归于"诉讼"，破坏既有的法律概念与相关理论的确定性。[②]

三、建立法典化时代的多元化纠纷解决机制

党的二十届三中全会决定已经明确提出编纂生态环境法典的重大政治任务和立法任务。2023 年第十四届全国人大常委会已经将生态环境法典编纂列入立法规划和 2024 年度立法工作计划，并正式启动生态环境法典编纂工作。建立运行顺畅的法律机制是法典编纂的核心内容，生态环境法典编纂虽然以现行有效的行政监管机制为基础，但在我国当前生态环境司法实践迅猛发展的背景下，结合司法实践构建良好的司法机制是必然选择。[③] 在生态环境法典中，建立起良好的司法裁判规则和运行机制，对于

[①] 参见吕忠梅：《检察公益诉讼立法应解决的基础理论问题及建议》，载《人民检察》2023 年第21 期。

[②] 参见吕忠梅：《融合履职视野下的生态环境检察》，载《国家检察官学院学报》2024 年第 1 期。

[③] 参见吕忠梅：《生态环境法典编纂的立法选择》，载《江淮论坛》2024 年第 1 期。

法典的生命力至关重要，也是司法得以持续性运行的重要保障。于生态环境法典来说，通过生态环境责任编的设置来实现纠纷的解决是一个重要路径，是多元化纠纷解决机制的重要保证。

在现有的法律框架下，生态环境纠纷的解决面临着"交叉"解决的困境：不仅生态环境民事纠纷、生态环境行政纠纷、生态环境刑事纠纷相互纠缠，而且环境公共利益与环境私人利益的相互交织，利益多元重叠。如此复杂的纠纷，单靠三大"诉讼法"单打独斗是不可能有效解决的。环境法律制度建立在以公权限制私权的理念基础之上，其法律规范具有私法规范与公法规范交叉性，一个生态环境违法行为可能同时触犯多种不同性质的法律规范，这使得生态环境纠纷常常是不同纠纷的聚合，而且实践中当事人对同一纠纷提起不同性质的诉讼，且反复上诉和申诉，徒增案件数量和诉累却无法真正解决纠纷。[1] 因此，现有法律制度下的纠纷解决方式难以因应复杂多元的环境保护需求，法典化时代下多元化纠纷解决机制就必不可少，以实现对"顽疾"的攻克。

针对环境纠纷的解决必须探求特殊的制度规则，以实现对生态环境利益的优化保护。最高人民法院发布过《关于审理矿业权纠纷案件适用法律若干问题的解释》《关于审理民事公益诉讼案件适用法律若干问题的解释》等司法解释，探索专门化纠纷解决路径，提升生态环境保护司法的专业化能力。这也表明了司法实践中生态环境纠纷的特殊性，有着不同于一般案件的特殊需求。实践中，一个企业污染类案件可能涉及行政处罚、刑事处罚，甚至生态环境损害赔偿，这些责任有可能都要承担。对于一个企业来说，这是一个较重的责任。责任之间的交叉与重叠无助于纠纷的解决，反而可能进一步引发其他的纠纷。这也是现有三大责任体系无法克

---

[1] 参见吕忠梅：《融合履职视野下的生态环境检察》，载《国家检察官学院学报》2024 年第 1 期。

服的一大难题。在生态环境法典编纂的契机下，应当把成熟的经验以立法方式加以提升、固化，借助法典这一体系性工具，根据生态环境保护的特殊需求，优化整合现有生态环境纠纷救济机制，建立专门的程序和裁判性规则、纠纷解决方式，设计合理的生态环境纠纷解决制度体系，以生态环境法典促进生态环境保护的多元共治，推动生态环境纠纷的实质性化解。

在生态环境法典中应当按照法典的体系性安排，将体系化的生态环境法律责任独立成编，具体可设置通则、环境行政责任、环境民事责任、生态环境损害责任、生态环境纠纷解决五章，建立"用责任制约权力"和"以责任保障权利"的生态环境法律责任制度。其中生态环境纠纷解决专章，要在总结、提炼现有环境司法实践经验的基础上，推动多元化纠纷解决机制的建设；运用"补充"方式，集中规定生态环境责任实现的具体规则，认真梳理现行法中有关环境纠纷解决的法律规定、改革政策和司法解释，充分论证生态环境法律责任对救济机制的需求，紧密结合生态环境责任的特点，弥补现行诉讼法及多元解纷机制缺乏"对环境的责任"的追究程序的不足[①]；要立足于生态环境法律责任的特殊性、专门性需求建构生态环境纠纷解决机制，具体要在现有生态环境法律规定、司法解释和生态文明建设的制度成果、实践成果中提取公因式，形成由纠纷诉讼解决机制和非诉解决机制相结合的体系化制度安排，彰显环境法典实体法与程序法相衔接、行为法与裁判法相融合、保护法与促进法相统一的特征：一是确立以环境司法专门化为核心的诉讼解决机制，建立生态环境司法机构和专家支持制度、生态环境案件和跨行政区域案件的专属管辖与集中管辖制度，明确不同类型环境诉讼关系处理的具体规则，规定环境诉讼的专门性

---

① 参见吕忠梅：《环境法典编纂论纲》，载《中国法学》2023年第2期。

证据规则、特殊执行机制、裁判规则等，以更好建构环境司法专门机制和回应现实中的环境司法难题。二是建立生态环境纠纷的非诉解决机制，在承认一般性的协商、调解等方式基础上，确立生态环境纠纷行政处理、生态环境损害赔偿磋商、生态环境仲裁等专门化机制，针对生态环境纠纷解决提出专业化、法治化、预防化方案。①

此外，也要积极探索司法机关与行政机关、专业机构、社会公益组织合作解决环境纠纷的机制，建立环境刑事案件与行政处罚案件的处罚衔接、环境民事案件和公益诉讼案件的诉调衔接、生态环境损害赔偿案件的诉商衔接机制，运用行政调解、人民调解等诉讼替代机制解决环境纠纷，在环境纠纷解决过程中切实贯彻公众参与原则。② 在环境司法实践中，对于环境资源案件专门审理，人民法院也会邀请专业人员担任人民陪审员，邀请专家证人等参与审判，以增强解决专门性问题的辅助力量，以专业智慧提升案件办理质效。如福建省高级人民法院制定下发了《关于推广生态环境审判技术调查官制度助力打造美丽中国示范省的意见》，以不断提升环境司法专门化水平。未来可以建立健全智库平台，充分发挥专家在环境资源案件审判中的智力支持作用，助力于纠纷的良好解决。

目前，我国环境法治体系基本形成，同时生态环境保护领域诸多顶层设计的实施，对环境法治体系的完善提出了更高要求。应当以环境司法体系建设为契机，进一步加快生态环境保护立法，健全生态环境保护执法，形成系统性法治网络，推进生态文明建设迈上新台阶。对于生态环境保护的法治体系而言，未来需要形成更为体系化的立法、严格化的执法、专业

---

① 参见吕忠梅：《环境法典视角下的生态环境法律责任》，载《环球法律评论》2022 年第 6 期。
② 参见吕忠梅：《习近平法治思想的生态文明法治理论之核心命题：人与自然生命共同体》，载《中国高校社会科学》2022 年第 4 期。

化的司法，以最严密的法治保障人类赖以生存的基础，努力让人民群众在每一个司法案件中感受到公平正义。总之，应当做到以"人与自然和谐共生"为价值观指引，积极践行最严密法治观和绿色司法观，不断加快构建中国环境司法体系，为实现建构中国自主的环境法知识体系贡献应有的智慧和力量。

第十三章　中国环境守法行动化

习近平总书记在全国生态环境保护大会上指出，"持续开展'美丽中国，我是行动者'系列活动，广泛动员园区、企业、社区、学校、家庭和个人积极行动起来，形成人人、事事、时时、处处崇尚生态文明的社会氛围"①。从建构中国自主的环境法知识体系的角度，贯彻落实习近平生态文明思想中"坚持把建设美丽中国转化为全体人民自觉行动"的基本原则②，必须通过构建理性的环境守法体系，促进环境守法改变"认同度较高、认知度不足、践行度较低"③的现状，以法治思维与法治方式营造"美丽中国，我是行动者"的良好社会氛围。但在过去的环境法理论中，对环境守法的研究相对薄弱，积累的知识严重不足，在建构中国自主的

---

① 习近平：《以美丽中国建设全面推进人与自然和谐共生的现代化》，载《求是》2024年第1期，第6页。

② 参见习近平生态文明思想研究中心：《深入学习贯彻习近平生态文明思想（深入学习贯彻习近平新时代中国特色社会主义思想）》，载《人民日报》2022年8月18日，第10版。

③ 吕忠梅、吴一舟：《中国环境法治七十年：从历史走向未来》，载《中国法律评论》2019年第5期，第123页。

环境法知识体系过程中，这既是挑战，也是机遇。"建构中国自主的环境法知识体系，既不是'两耳不闻窗外事'的'纯理论'构想，也不是'闭门造车'的'地方性'知识，而是必须面向现代化、面向世界、面向未来，坚持理论创新与实践创新相结合，中国立场与国际视野相统一，现代问题与历史文化渊源相联系，将建构中国自主的环境法知识体系与建构国家治理体系紧密结合，为实现中国式现代化提供好方案、好方法。"[①] 这也是建构以守法行动化为目标的环境守法体系所应有的立场与态度。

第一节　中国环境守法的定位及现状

一、环境守法的定位

要推动形成环境守法新常态，首先必须明确环境守法在环境法治体系中的定位，包括从价值论层面讨论环境守法的法治意义，从构成论层面讨论环境守法的基础架构，分析传统守法模式和其在环境守法中遭遇的逻辑困境，并评估环境守法新模式在解决此类问题时的具体效用。

（一）环境守法的法治意义

环境守法作为生态环境法治体系运行中的基础环节，在生态环境法治体系中具有其独特的价值。对这种价值可以从其与生态环境法治体系的关系、其与生态环境法治体系各个组成部分之间的关系、其与生态环境法治体系社会效用的关系等角度加以理解。

---

① 吕忠梅：《中国自主的环境法知识体系建构初论》，载《中共中央党校（国家行政学院）学报》2023 年第 3 期，第 66 页。

1. 体现生态环境法治的整体性

环境守法是在环境法律运行中保障法律实效最主要的一个环节。调整"人—自然—人"关系的环境法，其涉及的行为不仅包括人与人之间的交互，也包括人与自然之间的交互。换言之，任何对环境产生影响的行为都有可能被纳入环境法的调整范围。同时，环境守法是在环境法律运行中涉及主体最多的环节：在法律运行的各环节中，立法、执法或司法都只涉及部分社会主体，但所有社会主体都应当成为守法主体。守法的这一特性使其成为在法律运行过程中唯一能够在实际上关联所有主体的法律实施的重要环节。

2. 融通生态环境法治体系立法—执法—司法—守法全流程

与守法不同，立法、执法和司法环节都有相对具体的主导方。而不同的角色分工在有效明确责任的同时，也可能使不同主体在具体工作中带有自身角色的立场，以污染防治立法为例：立法者会倾向于追求更高的污染防治标准、更丰富的污染防治手段、更系统的污染防治规则。执法者在面对立法提出的过高要求时，既有可能通过改进工作方法、提升工作效能来实现立法目标，也有可能通过对规则的"变通"理解使立法目标停留在形式层面。如果说立法、执法和司法环节中的不同职责分工可能导致同一事项上的冲突，那么守法主体责任的同一性就是消解这种冲突的有效工具。在守法环节，立法者、执法者或司法者都具有专门守法者和普通守法者的双重属性。这使负有专门职责的专门守法者能作为普通守法者感知其履职行为以及其他专门守法者的履职行为对法律运行效果的最终影响，从更为宏观的角度思考自身履职行为在法律运行过程中产生的实际效果。这正是融通环境立法—执法—司法—守法全流程的重要思想基础，将被划分为不同环节的法律运行活动聚合到统一目标之下，促进取得更好的实际效果。

3. 引导法治思维生态化转型与新法治信仰形成

在法学理论中，法律以设定权利义务作为规制人的行为和调整社会关系的主要方式。[①] 然而权利、义务的对合性，使得其享有或者承担主体时常处于一种对抗状态。在许多具体领域中，制约机制确实是法治精神的重要体现，但并不意味着这些机制在精神和思维层面可以完全取代法治精神和法治思维。如果说法治精神的核心在于法律在国家和社会治理中占主体地位，法治思维的重点在于运用法律知识认识和解决社会问题，那么无论是隔离与分别还是联合与求同，都是体现法治精神和培养法治思维可以选择的路径。在环境法领域，生态系统的普遍关联性使得法律关系的相对方在现实利益层面并非泾渭分明。环境法律关系既包括作为个体的人与人之间的关系，也包括作为整体的人与生态环境的关系。整体的人与生态环境的关系加入，为更加深入地观察法治思维提供了一个可以和强调角色对立、相互制约的法治思维相互对比的样本。既然同时存在强调角色对立、相互制约的法治思维和强调共存、互融、协作的法治思维，那么就不能将前者与法治思维等量齐观，也不能将角色对立、相互制约作为法治思维的唯一特征。要通过推进环境守法，使守法主体能够在守法行为中感受两种不同的法治思维，在引导法治思维生态化转型的同时，形成"人与自然和谐共生"的新法治信仰。

（二）环境守法的具体模式

守法作为法律运行的具体环节，其活动必须遵循相应的法律规定。但守法主体的多元化使其活动的具体表现形式十分复杂。而环境法调整人类社会—自然环境巨大复杂系统的特征，使守法活动的表现形式更为复杂，

---

① 参见张文显：《法理学》（第五版），高等教育出版社 2018 年版，第 128 页。

需要引入社会学、经济学的相关理论，为抽象环境守法的具体模式提供辅助。

1. 威慑与服从：传统守法模式在法律运行中的表现形式

在社会学意义上，无论个体的性格如何温驯，都不可能在没有知晓法律的情况下自然守法，因此，守法模式的形成必然发生于法律实施之后。有学者将通过规则的制定和实施使其作用对象形成某种行为模式乃至思维模式的过程称为规制。① 在现代国家治理体系中，规制具备两方面特征：一是存在一系列为社会各方所知晓并经一定程度认可的规则体系，二是存在专门负责维护和执行这些规则的公共机构。② 群体意义上的守法模式正是在这种规制的作用下逐步形成的，其中，惩戒（包括可能出现的惩戒）扮演着重要角色。先秦时商鞅就主张，"行刑……轻其轻者，轻者不止，则重者无从止矣"③。通过处罚形成威慑，进而使规制对象服从法律，是古今中外构建守法模式的通用手段。这种以"威慑—服从"为底层架构的规制模式同样被认为是环境守法的主要形式。

2. 成本与收益：环境守法在传统守法模式中的逻辑困境

实际上，"威慑—服从"的权衡模型建立在人的趋利避害本能之上。规制对象因为对违法将会受到惩罚的恐惧，以及相信守法可以免除这种风险，而采取符合法律规定的行动策略。"经济人"假设的核心是强调人倾向于用最小的成本去获取最大的利益。规制对象之所以会对法律的威慑产生恐惧，就是因为其认为违法的成本大于收益，出于对损失的厌恶（恐惧）而选择守法。这也是法律运行中守法实效性的基本逻辑。传统法学也

---

① 参见胡苑：《论威慑型环境规制中的执法可实现性》，载《法学》2019 年第 11 期，第 152－164 页。

② Julia Black，*Critical Reflections on Regulation*，27 Australian Journal of Legal Philosophy 1 (2002).

③ 《商君书·说民》。

将"经济人"作为法律人的标准。但环境法建立在对理性经济人假设反思的基础之上①，成本与收益理论不能为环境法以"威慑—服从"为底层架构的规制模式提供有力支撑。从环境法的角度看，"经济人"假设明显存在难以兼顾威慑感知多元化、难以兼顾威慑手段的边际效用递减、难以兼顾规制对象将外部成本内部化等问题，需要重新探索和构建环境守法实效性的基本逻辑。

3. 认同与合作：环境守法模式的新逻辑

在 20 世纪 90 年代初期，西方学界在对环境保护领域威慑型规制模式反思的基础上，提出了以公私合作或者公私合作管理为主要形式的"合作型环境管理"的概念。② 在中国，清代思想家王韬也提出过"君民共治"的理念：在王韬看来，单纯依靠政府或者民众进行治理都存在一定的弊端，只有君民共治，才能达到理想的状态。③ 这种合作型规制模式能够解决原有模式存在的问题：一是减少冲突和内耗。在合作型规制模式下，原本作为规则制定者、执行者和监督者的政府开始尝试转型为引导者、协作者和支持者，以缓和在威慑型规制模式下被诱发和加剧的对立情绪。二是集聚资源。在威慑型规制模式下，处于相对消极地位的规制对象的首要关注点在于避免受到处罚，环境守法的成本主要由政府负担。而在合作型规制模式下，共同的利益目标可以激励规制对象在环境守法中投入更多资源，以减少政府的资源支出。三是减少阻碍。威慑型规制模式下主要由政府负责构建环境守法体系。但随着国家法治水平的提升，对政府行为合法性的要求也越来越高，"法无授权不可为"，较为漫长的立法流程在一定程

---

① 参见吕忠梅：《人与自然和谐共生视野下的环境法学理论创新》，载《东方法学》2023 年第 2 期，第 4 - 17 页。

② 参见 [英] 蒂姆·佛西、谢蕾：《合作型环境治理：一种新模式》，载《国家行政学院学报》2004 年第 3 期，第 92 - 94 页。

③ 参见王韬：《弢园文录外编》，楚流、书进、风雷选注，辽宁人民出版社 1994 年版，第 35 页。

度上限制了政府营造新型环境守法模式的活动。而在合作型规制模式下，私权主体能够凭借相对较高的自由度与政府形成互补。

二、中国环境守法现状的理论审视

中国自主的环境法知识体系以中国环境法治的现实状况为其实践基础，因此在准确把握环境守法的定位的基础上，要使其能够为构建中国自主的环境法知识体系提供支持，还必须对环境守法现状进行理论审视，依据现状对中国环境守法的整体认知、社会共识以及行动化状况，尤其是存在的问题，作出系统评价，才能在保持知识体系整体框架逻辑统一的同时，为推动形成环境守法新模式提供指引。

(一) 对环境守法的整体认知相对单一

在我国，环境守法作为环境法律运行的一环，仍处于相对薄弱的地位，这与对守法的整体认知存在一些缺失和偏差有关。

1. 守法环节的属性单一

无论是在党的历次代表大会通过的纲领性文件中，以及诸如《中共中央关于全面推进依法治国若干重大问题的决定》等法治建设的顶层设计中，还是《中共中央、国务院关于加快推进生态文明建设的意见》等生态文明建设的顶层设计中，立法、执法、司法等法律运行环节往往兼具工具属性和目的属性，即这些环节不仅是政策的作用对象或目标，同时也可以作为对其他环节进行调节的工具，而有关守法的表述则具有相对更纯粹的目的属性。

2. 缺乏具体的价值关联

立法、执法、司法等法律运行环节兼有的工具属性使其能够兼容更多价值目标，如立法环节经常与科学、民主、依法等价值目标进行互动，进而形成诸如科学立法、民主立法、依法立法等更具体的法治运行原则；执法环节中有依法执法、效能执法、公平执法等原则；在司法环节中有预防性司法、恢复性司法等原则。而守法环节因为其较为纯粹的目的属性，与其他价值目标的关联性就相对较弱。

3. 理论研究明显偏弱

由于政策和价值层面素材的相对缺乏，守法相关主题的研究成果也远少于其他三个环节的。根据笔者在中国知网检索获取的数据，截至 2023 年 10 月 4 日，立法相关主题的学术论文共有 24.18 万篇，执法相关主题的学术论文共有 20.7 万篇，司法相关主题的学术论文更是达到了 29.68 万篇，而守法相关主题的学术论文仅有 4 558 篇，数量差距非常明显。

（二）环境守法的社会共识尚未达成

法谚有言，"一切法律之中最重要的法律既非刻于大理石上，也非刻于铜表上，而是刻于公民心中"。法律将规制行为作为调整社会关系的主要抓手，而任何行为都最终取决于主体的主观决定。借用教育学的理论，就个体而言，法律的规范作用需要借由教育、引导、评价、预测、强制等方式实现法律知识[①] 的迁移，才能使法律规定从外部的强制性规定转化成内心的自律性准则。[②] 影响社会规则内化的因素包括对规范的认知和对规范价值的情感体验，并且社会规则内化经历依从、认同和信奉等阶段。[③]

---

① 此处所说法律知识并非特指法律职业者所具备的专业知识，而是泛指社会公众都应当知晓并遵守的规定和常识。

② 参见杨道涛：《道德内化主客观条件合力形成论》，载《学校党建与思想教育》2017 年第 19 期，第 54—56 页。

③ 参见冯姬、王娟：《论提高德育实效性的途径》，载《教育研究与实验》2004 年第 1 期，第 43—47 页。

将这种个体社会规则内化过程提升至群体层面，社会规则内化过程实际上也就是社会共识的达成过程。

社会共识的达成是一个多层次、渐进式的过程。站在个体的角度对一种社会共识所包含的价值导向进行观察，可以根据个体对社会共识所包含的价值导向的认同程度不同将这种社会共识分为认知层面的共识、规则层面的共识以及信念层面的共识三个层次。认知层面的共识是指个体已经意识到某种社会共识所包含的价值导向的意义，也愿意在不影响自身其他利益的前提下将它作为决定自身行为策略的一种依据；规则层面的共识则是指个体能够为实现这种社会共识让渡部分自身利益；而信念层面的共识则是指个体将这种社会共识所包含的价值导向作为自身追求的目标。

就环境守法而言，关于它的社会共识大致处于从认知层面的共识向规则层面的共识发展的过程当中，仍有较大提升空间。虽然从整体来说，环境守法的重要性已经获得社会公众的普遍认可，但在具体情形下，当环境守法所维护的整体利益（也包括违法个体的利益）与个体的具体利益发生冲突时，部分个体未必愿意基于环境守法的要求让渡部分自身其他的利益。正如一些学者指出的：一方面，环境污染侵害社会公众的整体利益；另一方面，环境治理本身也会触及各方的实际利益，进而引起反弹。而这种反对的声音甚至不仅来自那些可能会从环境污染中直接获益的各类市场主体，也来自那些看似并没有受环境污染直接影响的普通民众。如 2015 年 12 月，广东揭阳普宁的部分民众为了反对在其居住地附近建设生活垃圾环保处理中心举行游行，个别民众甚至冲击政府和学校，围攻警察、打砸警车，最终导致该项目建设陷入停滞。[①] 事实上，近些年来发生的"邻避"事件，在一定程度上反映了环境保护领域仍然缺乏足够的社会共识。

---

① 参见朱悦进：《环保共识，如何突破多方博弈困局》，载《环境》2016 第 1 期，第 3 页。

（三）环境守法行动化相对不足

环境守法行动化是指环境守法主体将环境守法要求付诸行动的过程。由于各类主体在环境守法活动中承担的职责和义务不同，所以其环境守法行动化的具体表现形式也会有所区别。

1. 政府及其所属部门：从规制到引导

各级政府及其所属部门作为专职负责执行法律要求和维护法律权威的主体，其守法行动化的表现形式不仅包括其在履行职务过程中遵守法律规定，而且包括通过履行职责约束其他社会主体遵守法律的规定。在"命令—控制"型治理模式下，政府及其所属部门主要通过对相对人行为的规制来约束其他主体遵守法律。但这种模式在环境守法这种涉及"人—自然—人"的巨大复杂系统中多种不同性质法律关系交织的领域不能对各类守法主体产生足够的影响力。因此，党的十八大以来，生态文明体制改革的一个重要方向就是"形成导向清晰、决策科学、执行有力、激励有效、多元参与、良性互动的环境治理体系"①。在这个体系中，政府及其所属部门的定位从单纯的行为规制者逐渐转向行为的引导者：一是加强对政府及其所属部门的环境守法行为引导，通过引入生态环境质量目标考核、生态环境审计及生态补偿制度等，将生态环境保护作为对政府及其所属部门的重要考核因素，要求政府自觉守法。二是加强社会教育和普法宣传引导。中共中央、国务院联合印发的《生态文明体制改革总体方案》明确提出，要"……加大生态文明建设和体制改革宣传力度……倡导绿色生活方式，形成崇尚生态文明、推进生态文明建设和体制改革的良好氛围"。三是通过建立公众参与制度引导。2014 年修订的《环境保护法》专门增加了

---

① 中共中央办公厅、国务院办公厅印发《关于构建现代环境治理体系的指导意见》，载中国政府网 2020 年 3 月 3 日，http://www.gov.cn/zhengce/2020 - 03/03/content_5486380.htm。

"信息公开和公众参与"一章，赋予社会公众知情权、参与权、表达权、监督权，并建立了社会组织提起环境民事公益诉讼的制度，以法定方式鼓励和保障社会公众和社会组织依法有序参与生态环境治理。

2. 社会组织：从辅助到独立

党的十九大报告提出，要"发挥社会组织作用，实现政府治理和社会调节、居民自治良性互动"。一直以来，各类社会组织在环境保护、矛盾化解等社会治理活动中发挥了重要作用，但由于缺乏对应的法律授权和人财物保障，往往被定义为政府治理的"有益补充"，使其主动性、专业性和灵活性难以得到充分发挥。近年来，随着生态环境领域公众参与制度的建立，尤其《环境保护法》建立了社会组织提起环境民事公益诉讼制度，生态环境领域社会组织的活动愈发活跃：一是数量增加。根据民政部的统计数据，截至 2023 年下半年，我国生态环保类社会组织约 7 000 家①，接近 2006 年统计数据②的 300％。二是活动丰富。除了传统的宣传教育、污染物清理等活动外，生态环保类社会组织利用其专业人才、资金筹集等优势提供更具专业性和持续性的公益服务，如上海静安区爱芬环保科技咨询服务中心就为上海市提供了一套可复制、可推广的城市生活垃圾处理方案。③ 三是作用增强。环境民事公益诉讼制度为生态环保类社会组织独立以自己的名义，就侵害环境公共利益的行为向法院提起诉讼提供了法律依据。实践中，已有数十家社会组织独立或联合提起环境民事公益诉讼，还有一些社会组织通过向检察机关提供公益诉讼线索、以第三方治理或监督治理方式参与环境公益诉讼案件的执行等，实际参与了环境公益诉讼。

---

① 参见顾磊：《环保公益组织具韧性 基层志愿服务有潜力》，载《人民政协报》2023 年 12 月 26 日，第 10 版。

② 参见林英：《我国环保民间组织达 2768 家》，载《光明日报》2006 年 10 月 29 日，第 6 版。

③ 参见王冰洁：《公益环保组织的专业化路径探索》，载《中国社会报》2023 年 8 月 21 日，第 3 版。

3. 普通民众：从遵守到参与

普通民众是环境守法活动的主要主体。但与对国家机关、社会组织等的要求不同的是，生态环境法律对普通民众的环境守法要求除了不得违反禁止性或限制性规定外，大多为倡导性、鼓励性条款。这在一定程度上导致了普通民众对环境守法采取消极态度，具备认知但行动不足，强调他律但自律不足，关注政府投入但主动参与不足，等等。其实，"每个人都是生态环境的保护者、建设者、受益者，没有哪个人是旁观者、局外人、批评家，谁也不能只说不做、置身事外"①。生态环境事务的普遍关联性，对包括普通民众在内的环境守法主体的行动化提出了更高要求。为构建生态文明建设全民行动体系，贯彻落实习近平生态文明思想，应在完善整体认知、强化社会共识、构建体制机制等方面为推进环境守法行动化提供支持。

第二节　环境守法的本土性与行动化

一、中国环境守法的本土性

就环境守法主体对守法对象的认识而言，守法对象会使守法主体产生何种认知，除了受到守法对象所传递的信息影响，还会受到守法主体自身已有认知的影响。如果将这个结论拓展至社会层面，社会公众与环境有关的共识就扮演着认知的作用。但中国的法治道路历经百年探索，有明显不同于他国的特征。正如有学者所指出的，"自清末以来，中国法律制度的变迁，大多数都是'变法'，一种强制性的制度变迁。这样的法律制定颁布后，由于与中国人的习惯背离较大或没有系统的习惯惯例的辅助，不易

---

① 习近平：《推动我国生态文明建设迈上新台阶》，载《求是》2019年第3期，第12页。

甚至根本不为人们所接受，不能成为他们的行动规范"①。如果说，在立法、执法和司法等运行环节中，这一缺失或许在一定程度上可以为法律的外部强制力所弥补，那么，在守法环节中，守法对象与守法主体在认知上的脱节将会成为守法实效性的重大障碍。要补足这一短板，必须将注意力重新投回到守法主体本身，总结本土性守法认知或共识。

（一）基于属地经验形成的基础认知

所谓属地经验，是指守法主体基于在其日常生活的范围内所能够获取到的与法律相关的信息所达成的共识。虽然随着互联网的发展，守法主体能够获取的信息不会受到日常生活范围的限制，守法主体与其所处的日常生活环境间的联系也有所减弱，但通过网络间接获取的信息，其影响程度会存在较为明显的差异。同时需要注意的是，有些在更大范围内获取的社会公众普遍认同的认知，同样是地方经验的内容。根据守法主体接受属地经验的时间先后，可以将属地经验细分为初始认知、现实案例以及共同预期。

1. 初始认知

正如一些专门从事教育学研究的学者指出：在当下的现实生活中，儿童很早就形成了家庭、乡土和国家的概念，而这些概念又与道德观念联系在一起，因此，在儿童的观念中，家庭、乡土和国家充满着神秘感、神圣感、秩序感。② 其不限于精神层面，还包含物质层面。而这种有关周边客观环境的初始认知，就成为环境守法主体后续理解、评价、认同各类环境相关信息的基础。在形成初始认知的过程中，即便是那些已经在更大范围内成为共识的认知，如环境与人类的关系，保护环境的必要性和重要性

---

① 苏力：《法治及其本土资源》，中国政法大学出版社1996年版，第13页。
② 参见康永久：《先验的社会性与家国认同——初级社会化的现象学考察》，载《教育学报》2014年第3期，第9-26页。

等，在这个阶段也会更多以属地经验的形式体现出来，形成一些具有属地特点的表达方式。如我国彝族地区有将环境与神灵崇拜结合的习俗，"高山有魂云雾升，物类有魂便昌盛，草原有魂草茂盛"[①]。彝族人将自然视为人生的源头与归宿，由此衍生出具有地方特色的环境理念。此外，也会形成具有属地特点的保护对象，如藏族地区重视对雪山的保护，闽南地区重视对海洋的保护等。

2. 现实案例

属地经验的直观性是其成为守法主体共识的重要原因。这种直观性不仅体现为核心价值的直接输入，同时也体现为具体案例的直观展示。生活中发生在身边的相关案例对于受众认知的影响远大于通过其他渠道了解到的同类案例产生的影响。需要注意的是，如果尚未形成统一的价值观，身边的现实案例对于初始认知的影响可能是负面的。在环境守法方面，一些案例能够进一步强化守法主体对守法对象的认可。如浙江湖州安吉县天荒坪镇余村由一个以采矿业为主要经济构成的污染村转变为一个以旅游业为主的生态村，当地居民在获得更好生活环境的同时也获得了更多的经济效益。余村的经验促进安吉县乃至整个湖州市对"绿水青山就是金山银山"达成了较强共识。与之相反的是，在改革开放初期，一些地方通过发展高污染产业来"赚快钱"，形成民众为追求短期经济利益忽略甚至放弃保护生态环境的初始认知。

3. 共同预期

如果说初始认知和具体案例是形成环境守法主体相关属地认知的基础素材，那么环境守法主体有关周边环境评价及其发展趋势的预期就是相关属地认知的主要表现形式。守法主体根据自身的初始认知，结合通过各类

---

① 范彦晓、王传发:《浅析少数民族传统生态文化的科学性》，载《西南林业大学学报（社会科学）》2018 年第 5 期，第 40－43 页。

具体案例获取的信息，最终形成对环境发展水平的评价和对未来发展的预期。这种预期，也正是环境守法主体在对守法对象传递的信息进行理解、评价、认同时所主要参照的价值评价标准。

（二）基于传统文化沉淀的思想理念

除属地经验外，传统文化中有关环境的内容也是守法主体有关环境共识的重要组成部分。在我国，很早就已经出现有关人与自然之关系的讨论，如先秦道家典籍《道德经》中说"人法地，地法天，天法道，道法自然"①。也就是说，在道家看来，人类社会的经验归根结底来源于对自然的模仿。《道德经》中还说："上善若水。水善利万物而不争。处众人之所恶，故几于道。"② 道家还认为，不仅作为整体的自然是人类经验的终极来源，自然界中的诸多元素也包含着有关世界的终极真理。这种崇拜自然的思想，成为后世敬畏自然、尊重自然、保护自然思想的思想渊源。

先秦时期的其他学派也有与环境相关的表述，如孔子曾说过，"伐一木，杀一兽，不以其时，非孝也"③。儒家之所以强调要重视环境，是出于其所主张的"仁爱之心"。在他们看来，具有仁爱之心要求人们不仅要善待他人，还要爱护环境，乃至竹石草木。而孔子所说的伐木杀兽以时，就是要给予草木、鸟兽以繁衍生息的时间，体现的正是对于草木、鸟兽的仁爱之心。法家也非常重视对环境的保护。法家代表人物管仲基于其"天人调和"的思想，要求国人在从事农业生产时"春辟勿时，苗足本。不杀雏鷇，不夭麛鹿，毋傅速。亡伤襁褓"④。由此可以看出，法家之所以强调环境保护，是因为法家认为保护环境能够获取更大和更具持续性的

---

① 《道德经·第二十五章》。
② 《道德经·第八章》。
③ 《大戴礼记·曾子大孝》。
④ 《管子·五行》。

利益。

从对天道的敬畏到对自身的要求，从道德法则到现实利益，我国传统文化蕴含前人大量有关环境的思考。这些内容与其他传统文化一起，通过传承和发扬共同影响乃至塑造后世，包括当下我国社会公众，在面对环境问题时接收、理解、甄别、判定相关信息的基本价值观体系。如果说，士、农、工、商四民制度构成我国传统社会的基本架构，那么，士人阶层在政治地位、知识储备等方面所占据的优势，使其思想成为传统文化中的主体。正如西晋文学家陆机在《陇西行》中所言，"我静如镜，民动如烟"①。在他们看来，农、工、商等群体作为"民"的需求、现状和变化复杂似"烟"。"我静如镜"不仅要求管理者在面对纷繁复杂的"民动"时能够避免外部干扰，谨守本心，同时也要求管理者对如烟的"民动"因势利导。因此，虽然我国传统文化中较少直接体现作为守法主体的普通民众行为策略的选择判定标准，但可以通过对士人群体有关的描述分析、了解相关行为策略。由于缺乏较为深入的观察，当时统治阶级对于普通民众行为策略的理解倾向于表面化，容易催生片面的政策，导致实施效果不及预期，甚至产生反作用。

（三）基于治理实践凝聚的社会共识

在公共事务中，法律和政策作为制度依据为其运行和发展构建了基础框架。但同时，法律和政策作为普适性规范，其效用的发挥与规制对象的特性关系紧密，必须结合这种特性形成具体的治理模式。而治理模式的运行效果，也在相当大程度上决定了公共事务的运行和发展情况。就生态环境保护而言，环境本身具有的鲜明属地特性，使得环境法律和政策的落实

---

① 钟惺、谭元春：《诗归》（卷八），张国光点校，湖北人民出版社 1985 年版，第 150－151 页。

对治理模式兼容政策目标和地方特性的能力提出了更高的要求。自1979年《环境保护法（试行）》颁布、实施至今，我国地方在探索环境治理模式的过程中积累了丰富的经验，不仅使法律和政策在当地获得了良好的实施效果，同时也使当地民众对于这些法律和政策形成了正向认知。这些治理模式也成为生态环境保护领域地方性知识的重要组成部分。

1. 余村模式：资源型发展模式的生态转型路径

2005年8月15日，时任浙江省委书记的习近平在湖州市安吉县天荒坪镇余村考察时提出了"绿水青山就是金山银山"的科学论断，指引当地民众将一个主要依靠矿产资源发展经济的污染村建设成为环境优美且生活富足的生态村。当地在"两山理论"的指引下，结合自身实际，探索出一条从通过强制性手段限制乃至禁止高污染行业发展到以贯彻落实有关法律政策为契机推动形成新的生态的发展路径，最终实现物质文明、精神文明和生态文明的"多赢"。余村模式是地方探索基层环境治理模式的典型成功案例。[①]

从环境守法的角度观察，余村模式的贡献体现为在治理环境问题过程中凝聚守法主体共识。改革开放初期，在中国相当一部分地区，尤其是农村地区，由于缺乏资金、途径和技术，往往只能依靠土地和自然资源的变现获取发展的"第一桶金"，守法主体容易形成经济发展和环境保护相对立的认识。而余村模式能够扭转这种在当地已经具备一定社会基础的错误认识，一是得益于在改革初期以较为强硬的手段制止污染行为的持续和蔓延，二是归因于在改革推进过程中积极争取相关各方的指导和支持，并形成具有权威性的理念、认知和依据；三是归因于通过改革取得直接为当地

---

① 参见俞小平：《"绿水青山就是金山银山"理念指引下的余村蝶变》，载《环境保护》2023年第Z2期，第46-47页；田兵兵、岳崇国、郭晓波等：《"绿水青山就是金山银山"理念的转化机制与路径探析——浙江经验总结及对广东的启示》，载《广东经济》2022年第8期，第36-41页；李青松：《余村的启示意义》，载《党建》2017年第12期，第43页。

群众所感受到的生态环境的持续改善和经济的良好发展成效，使守法对象能够切实感受到新模式产生的积极效果，进而改变错误认识，重新凝聚与治理模式相匹配的共同认识。

2. 枫桥经验：生态领域的群防群治模式

枫桥经验是 20 世纪 60 年代浙江省绍兴市诸暨县（现浙江省诸暨市）枫桥镇创造的"捕人少，矛盾不上交，依靠群众，以说理斗争的形式把绝大多数'四类分子'就地改造成新人"的社会管理经验，取得了良好的治理效果。[①] 1963 年，毛泽东就枫桥经验作出专门批示，"要各地仿效，经过试点，推广去做"[②]。2003 年，浙江省委书记习近平也就枫桥经验作出批示："充分珍惜'枫桥经验'，大力推广'枫桥经验'，不断创新'枫桥经验'。"[③] 在党和国家的大力推动下，"枫桥经验"被逐渐推广应用到经济、政治、文化、社会以及生态文明等领域。[④]

1978 年，浙江省公安厅在向浙江省委、省政府提交的《关于诸暨县枫桥区按照新宪法，对表现好的"四类分子"摘帽的情况报告》中指出："枫桥区在对'四类分子'加强改造的同时，对改造表现好的四类分子摘帽的经验是可行的，有利于社会主义事业。""枫桥经验"的核心要义之一，在于充分发掘当地人民群众的内生动力。人民群众作为环境守法主体，不仅是环境法律的规制对象，也是环境法律正常运行所必须依靠的重要力量。不仅要充分发挥普通人民群众的作用，也要充分调动那些可能对

---

① 参见雷树虎：《"枫桥经验"发展演进的四重逻辑——从毛泽东到习近平》，载《科学社会主义》2020 年第 3 期，第 110-115 页。

② 中共中央文献研究室编：《毛泽东年谱（1949—1976）》（第 5 册），中央文献出版社 2013 年版，第 283 页。

③ 雷树虎：《"枫桥经验"发展演进的四重逻辑——从毛泽东到习近平》，载《科学社会主义》2020 年第 3 期，第 110-115 页。

④ 参见景跃进：《"枫桥经验"：中国式现代化的基层实践与表征符号》，载《探索与争鸣》2023 年第 8 期，第 5-8 页。

当地环境造成负面影响的人民群众的积极性，吸引更多守法主体参与到环境保护领域的群防群治中去。

二、域外实践对阐释中国环境守法本土性的启示

准确理解中国环境守法的本土性，不仅要立足于本土视角对体现中国环境守法本土性的各类要素进行分析，还必须通过与不同国家的类似要素的比较，对体现中国环境守法本土性各类要素的异质性进行阐释。

（一）欧美国家：制度规则和思想理念的协同

我国环境法律体系在建设之初，曾经在相当大程度上受到欧美发达国家的影响，但在法律实施之后，发现，借鉴自欧美发达国家的环境影响评价、许可证以及环境标准制度等"洋经验"的实际执行效果不如结合中国实际加以创新的区域环评限批、中央环保督察及党政同责等"土政策"①。对这种现象，可以通过法的历史类型与其社会基础的适配性进行理解，任何一项制度的正常运转必须有其相对应的社会基础。在守法环节中，有学者根据守法主体遵守法律的具体形式不同，将守法分为消极守法和积极守法。② 其中消极守法主要强调守法主体不能实施法律禁止的行为，积极守法则要求守法主体积极履行法律规定的义务。在环境法领域，当初由于环境影响评价、许可证以及环境标准等制度对于守法主体履行法律规定义务的能力要求较高，而在我国大部分公民或企业并不具备相应能力，再加上直接引进"西方经验"时缺乏相应配套措施，故而其无法像在原生制度环

---

① 吕忠梅、杨诗鸣：《美国环境法实施机制之透视——以环境公益损害救济为例》，载《湖南师范大学社会科学学报》2021年第2期，第18-30页。

② 参见倪正茂：《法哲学经纬》，上海社会科学院出版社1996年版，第917页。

境中一样发挥作用。

但需要注意的是，制度与环境的关系并非恒定不变：一方面，制度本身会不断完善；另一方面，守法主体履行法律规定义务的能力也会随着制度的实施逐步提高。事实上，区域环评限批、中央环保督察和党政同责等制度是结合中国国情对环境影响评价、许可证、环境标准制度进行的本土化配套，也即这些制度并未被废止，而是在与本土化制度相结合后，真正发挥了支柱性作用。由此可知，欧美发达国家的经验并不只是简单的复制和模仿对象，而是可以为我国环境法律体系建设提供努力的目标、参考的对象以及前进的动力。如何使这些经验在我国发挥其应有的价值？归根到底必须立足中国国情、结合中国社会经济发展条件和治理结构。当前，我国环境法治建设已经实现了从"照着做"到"领着做"的历史性超越，对于欧美发达国家相关经验的借鉴更应当关注其核心理念和实施路径的变化趋势，如重视科技进步和法治完善的双轨并行和相互补充，构建更加科学的环境信息和标准体系，实现国家、社会和私人的多元协同，推进政府组织间的多层治理和国际合作等。[1]

（二）金砖国家：国际趋势和国内需求的平衡

一般来说，法学乃至整个社会科学领域在进行国别比较研究的过程中，往往倾向于关注欧美发达国家的经验与做法。但正如前文所指出的，经验的有效性对其所处的社会环境也有相应要求。而在对欧美发达国家经验的本土适应性进行评估的过程中，其他发展中国家借鉴和应用欧美发达国家经验的成效就是非常有价值的参考对象。巴西和南非与中国同为金砖国家成员。作为新兴市场国家和发展中国家的典型代表，它们在环境领域

---

[1]　参见沈百鑫：《德国环境法治的经验和对我国的启示——以空气污染治理为重点比较领域》，载《德国研究》2021年第1期。

面临着与中国相似的问题。与欧美发达国家相比，巴西和南非等发展中国家在构建环境守法体系过程中的特殊性在于：其不仅要考虑如何实现环境目标，还必须考虑如何兼顾经济发展的需求；不仅要考虑国内的实际情况，还要考虑如何回应其向国际社会作出的承诺。而在这个过程中，相当一部分民众乃至一些政府官员对于环境问题都抱持一种漠不关心的心态。一些研究报告曾经指出，虽然南非的许多政策中都有涉及环境问题，但在南非国会的讨论中，多数议员对于气候变化等环境议题的参与度就非常低。[①] 但值得注意的是，近些年来这种境况似乎有改善的趋势，比如 2019 年，巴西多地民众就曾因为热带雨林火灾，不满政府对于当地热带雨林的保护措施而爆发过游行。在这个过程中，包括媒体、环境非政府组织等非官方机构在引导和启发民众对于环境问题的认知，提升民众对于环境问题的关注度等方面发挥了非常重要的作用。随着有关环境问题的社会共识逐步达成，相关政策、法规的实施效果也有明显的改善。

（三）域外哲学社会科学成果启示：环境目标与法律权威融合

虽然一直到 20 世纪 70 年代，欧美才出现了世界上最早的环境保护法律，但有关环境保护问题的研究远早于此。早在 19 世纪 40 年代，马克思和恩格斯就已经在其著述中警示工业社会化对环境的破坏及其可能带来的危险："……我们不要过分陶醉于我们人类对自然界的胜利。对于每一次这样的胜利，自然界都对我们进行报复。"[②] 此后，还有诸多学者结合各自的专业特点对环境问题进行过多角度的阐述，如 20 世纪 70 年代丹尼斯·梅多斯（Dennis Meadows）、德内拉·梅多斯（Donella Meadows）、

[①] See Aaron Atteridge, *Multiple Identities: Behind South Africa's Approach to Climate Diplomacy*, 45 SEI Policy Brief 3 (2011).

[②] 中共中央马克思恩格斯列宁斯大林著作编译局编译：《马克思恩格斯文集》（第 9 卷），人民出版社 2009 年版，第 559-560 页。

乔根·兰德斯（Jorgen Randers）和威廉·贝哈文斯（William W. Behrens
Ⅲ）等人所撰《增长的极限》（*The Limits to Growth*），从人口增长、人
类活动等角度阐述了人类活动对地球环境造成的负面影响，成为当下环境
保护实践和理论研究的重要理论基础。[①] 除哲学社会科学领域的研究成果
以及其催生的文化行为外，域外的守法文化对我国构建环境守法新模式也
具有积极的借鉴意义。以古希腊哲人苏格拉底宁愿慷慨就义，也不愿违背
彼时的城邦法律为典型代表，在古早时期西方国家就已经形成了其特有的
守法文化，如苏格拉底说："如果我逃离雅典等于是践踏了雅典的政府和
法律，如果人人都践踏法律，造成法律的裁决失去权威，雅典就不能苟
存"[②]。博登海默认为，西方法律传统上与宗教存在非常紧密的联系："在
古希腊的早期，法律和宗教没有多大区别。在法律和立法问题中，人们经
常援引特耳非的圣理名言，他的名言被认为是阐明神意的一种权威性意
见。宗教仪式渗透在立法和司法的形式中，祭司在司法中也起到重要的作
用。"[③] 此外，在一些学者看来，对法律的遵守和信仰是构建法治体系的重
要精神要素："法律生活的现代化，绝不只意味着引起近代国家……进行立
法，关键在于把这种纸上的'近代法典'变成我们生活现实中的事实"[④]。

三、基于本土特性推进中国环境守法行动化

推动守法意识变为守法行动，是构建守法体系的基本目标。守法认知
的主体性决定了研究守法行动化策略必须高度重视本土性，不仅需要对环

---

　① 参见［美］德内拉·梅多斯、乔根·兰德斯、丹尼斯·梅多斯：《增长的极限》，李涛、王志
勇译，机械工业出版社 2021 年版，第 4—5 页。

　② 周天玮：《法治理想国：苏格拉底与孟子的虚拟对话》，商务印书馆 1999 年版，第 229 页。

　③ ［美］E. 博登海默：《法理学：法律哲学与法律方法》，邓正来译，中国政法大学出版社 2004
年版，第 144 页。

　④ ［日］川岛武宜：《现代化与法》，申政武等译，中国政法大学出版社 2004 年版，第 97 页。

境守法所涉及的本土性要素进行充分阐释，还必须在此基础上探索具有可操作性的实施路径，推动本土特性与环境守法行动化的有机连通，实现从纸面上的法律到活生生的守法行动的转换。

（一）融会贯通：构建环境守法行动化方法论

在环境法治领域，"方法论作为实现价值共识与法律形式有机结合的规律总结，是环境法研究的理性基础"①。因此，构建相应的方法论体系可以为推进中国环境守法行动化提供理论指引。作为在生态环境法治领域中连通主观和客观、行为和对象以及现实状况和预期目标的理论体系，环境守法行动化的方法论，其内容既包含关注法律解释和续造的法教义学②和强调法律实效性的法社会学等传统法学研究方法，也包含对生态环境法治研究中所特别需求的"生态性""整体性""体系性"的理解、阐释和践行方法，同时还包含在生态环境法治研究中用于分析具体问题的"整体主义"和"还原主义"、"个体主义"和"集体主义"等价值阐释方法，以及"概念思维""类型思维""量化思维""关联思维"等逻辑推演方法。③ 要准确把握上述多个范畴方法间的关系，使之在一个体系内完成统合，必须用某种逻辑将各类方法加以串联。当然，这并不意味着各类方法间的关系就是单一的。统一理论体系中也可以存在多种不同维度的逻辑关联，其中较为经典的逻辑关联包括"问题导向"和"目标导向"等逻辑联系。

在"问题导向"的逻辑关联中，以对环境守法行动化中遇到的问题为

---

① 吕忠梅：《中国自主的环境法知识体系建构初论》，载《中共中央党校（国家行政学院）学报》2023 年第 3 期，第 57 - 68 页。

② 参见雷磊：《什么是法教义学？——基于 19 世纪以后德国学说史的简要考察》，载《法制与社会发展》2018 年第 4 期，第 100 - 124 页。

③ 参见刘超：《环境法学研究中的个人主义方法论——以环境权研究为中心》，载《郑州大学学报（哲学社会科学版）》2010 年第 4 期，第 123 - 127 页。

逻辑起点并围绕问题产生的原因、解决问题的方法展开分析。首先，须运用法教义学和法社会学等传统法学研究方法定义问题的法律意义，在此基础上结合生态环境法治研究对"生态性""整体性""体系性"的需求确定问题背后包含的价值需求，并通过运用的"整体主义"和"还原主义"、"个体主义"和"集体主义"等价值阐释方法，将价值需求转化为具体的行动目标，然后再综合运用法教义学和法社会学等传统法学研究方法，以及"概念思维""类型思维""量化思维""关联思维"等逻辑推演方法，设计具体解决方案。

在"目标导向"的逻辑关联中，以环境守法行动化的目标为逻辑起点并围绕实现目标的障碍、产生障碍的原因、消除或减少障碍的方案等展开分析。在解析目标的过程中，可能涉及法教义学和法社会学等传统法学研究方法，"整体主义"和"还原主义"、"个体主义"和"集体主义"等价值阐释方法的运用，以及生态环境法治研究对"生态性""整体性""体系性"需求的阐释。此外，在实现目标的过程中，仍可能涉及法教义学和法社会学等传统法学研究方法，以及"概念思维""类型思维""量化思维""关联思维"等逻辑推演方法。

除上述两种常见的较为经典的逻辑关联外，聚焦于某项具体工作的"任务导向"、分析不同事物间影响的"联系导向"都可以作为把握不同方法间关系的逻辑进路。

（二）不同而和：凝聚环境法治的文化认同

一直以来，我国传统文化对待不同认识都秉持"和而不同"的包容心态，《礼记》中就有"乐者为同，礼者为异。同则相亲，异则相敬……"[①] 的理念。

---

① 《礼记·乐记》。

1955 年，周恩来在万隆会议上更是将"求同存异"上升成为中国处理国际关系的基本原则。这种带有极大包容性的理念是中华文化一体多元的重要思想基础，但同时也在客观上给在环境领域形成文化认同，尤其是达成深层次的共识，造成了阻碍。加之现代环境法治理念的确产生于欧美发达国家，我国部分民众认为，环境法治只是主要为精英阶层所关注的"舶来品"。在他们看来，环境法治虽然确实有非常重要的实际价值，但它仍然要排在经济发展、资源分配以及物质生活条件的改善等关乎个人短期内可获得的直接具体利益之后，对环境法治并未真正形成"破坏环境等于人类自杀"的深层次认同。要实现环境守法行动化，就必须进一步推动在更大范围内形成关于环境法治的文化认同。这需要全社会不仅在认知上接受环境法治在我国社会治理体系中的价值，更必须在思想上将环境法治所包含的相关理念内化为自身基本价值观的组成部分，成为感知现象、理解问题、评价成效、指引行为的基本标准。

（三）转型升级：构建新时代环境守法共识

在世界百年未有之大变局的时代背景下，社会的剧烈转型使社会思想发生着更加复杂的变化。"在四十年的改革开放历程中，由经济关系的演进而导致的价值观变迁一直在潜移默化地进行：传统价值观的根深蒂固，西方价值观的不断传入，市场经济价值观的普遍渗透，马克思主义价值观的深化濡染……中国正在经历着从一元价值观为主体到一元价值观与多元价值观互动的转变。可以说，社会价值观的变革与多元，与社会资源和社会阶层的分化一道，共同构成了中国社会转型的重要特征。"①

---

① 陈娜：《转型中国的多元社会思潮与媒介表达困境》，载《南京社会科学》2018 年第 4 期。

根据新近的社会学研究成果，利益、价值与制度三个要素共同形成了社会共识的基本内在机制。① 社会价值观的多元化同样给构建新的社会共识，包括环境法治共识，带来更大挑战。价值观指引主体的行为，主体的行为传递的价值观影响着社会共识，社会共识又反作用于价值观。在这个有关价值观、行为和共识的环路（参见图 12 - 1）中，任何一个要素的变化都会引发另外两个要素的连锁反应，并在持续运行过程中强化这种趋势。在这种情况下，必须明确在哪一个环节用何种方式向环路注入何种要素，才能构建起与环境守法新模式相匹配的共识，并确保这种共识能够在随后的循环中保持乃至于进一步强化。

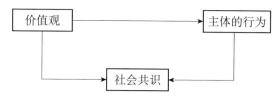

图 12 - 1　价值观、主体的行为和社会共识间的影响链路

构建全社会关于环境法律运行的共识，需要对环境守法体系的系统性进行阐释，而守法意识是一个较为合适的切入点。我国在这方面有悠久的历史积淀。老子曾对国家统治者与民众之间关系作过系统论述："太上，不知有之；其次，亲而誉之；其次，畏之；其次，侮之。"② 老子将统治者与民众之间的关系分为不知有之、亲而誉之、畏之和侮之，这种类型化方式同样适用于描述民众对于法律运行的态度："侮之"说明民众对于法律运行保持着抵触的态度，"畏之"说明民众对于法律运行抱持着畏惧的态度，"亲而誉之"则说明民众认同法律运行，而"不知有之"则说明民

---

① 参见赵文龙、贾洛雅：《社会共识机制与共识凝聚途径探析：一种社会学的视角》，载《福建论坛（人文社会科学版）》2020 年第 2 期，第 178 - 190 页。
② 《道德经·第十七章》。

众并没有将法律的要求作为一种外部的强制性规则，而是作为一种自觉自愿履行的行为准则。参照这一逻辑，可以将守法意识分为知法、畏法、尊法和崇法四个层次（参见图 12 - 2）。知法层次的守法强调的是守法主体对法律内容的知晓与否，畏法层次的守法强调的是守法主体对法律要求的顺从与否，尊法层次的守法强调的是守法主体对法律价值的认可与否，而崇法层次的守法强调的是守法主体的外部行为和内心准则之间一致与否。

图 12 - 2 环境守法意识的四个层次

第三节　推进中国环境守法行动化

一、模式创新：构建多层次协同型环境守法行动化模式

当前，在理论研究层面，强调各方主体共识合作模式的呼声很高[1]，但在实践中，以法律强制力和现行环境法治运行机制为基础的威慑—服从

---

[1]　参见宋丽玉、秦格：《环境区域协同治理制度的法经济学分析》，载《商业经济》2023 年第 2 期，第 157 - 159 页；肖爱：《生态守法论——以环境法治的时代转型为指向》，载《湖南师范大学社会科学学报》2020 年第 2 期，第 48 - 56 页；邓可祝：《重罚主义背景下的合作型环境法：模式、机制与实效》，载《法学评论》2018 年第 2 期，第 174 - 186 页；邓可祝：《环境守法导则：一种新型环境合作治理模式》，载周赟主编：《厦门大学法律评论》(2016 年上半年卷)，厦门大学出版社 2016 年版，第 30 - 46 页。

模式仍然是保障环境守法的主要依托对象。[①]其实,中国传统治理中德刑关系的演变,为重新定位威慑——服从模式与合作关系在环境守法模式中的作用提供了新的思路。作为构建环境守法模式的路径,威慑——服从模式和合作模式都包含目标和手段两个层面。在目标层面上,两种模式都旨在促使相关主体自觉守法。在手段层面上,威慑——服从模式与合作模式的冲突也并非不可调和。对守法主体而言,无论哪种模式,最终都是通过利益权衡作出行为决定。因此,在构建以守法行动化为目标的环境守法模式时,应在同一的目标指引下,融合相关手段,构建协同型守法模式。

(一) 实现守法与立法、执法与司法的呼应联动

在传统的法律实施体系中,守法被认为是其他环节的结果体现,本身不会对其他环节反向输出价值。构建以守法行动化为目标的新模式,必须重新审视这一定位。正如施克莱指出的,守法本身就代表着一种伦理态度,"它把是否遵循规则当作判断道德行为的标准,将道德关系视为由规则所确定的权利义务关系"[②]。因此,环境守法不仅是环境立法、执法和司法活动的结果,而且也会对环境立法、执法和司法活动产生反作用。如有学者指出,守法本身要求"法官在审判当中,应当充分尊重规则的权威来展开技术性司法,并通过建构司法的技术性权威来树立司法的权威,反对超越法律规则框架之上的'例外性司法'"[③]。守法本身要求"法官遵循法律而不是其个人的道德判断和政策判断,即使在疑难案件当中,法官用

---

① 参见吴卫星:《我国环保立法行政罚款制度之发展与反思——以新〈固体废物污染环境防治法〉为例的分析》,载《法学评论》2021年第3期,第163-172页;张学府:《作为规制工具的处罚决定公开:规制机理与效果优化》,载《中国行政管理》2021年第1期,第29-35页;胡苑:《论威慑型环境规制中的执法可实现性》,载《法学》2019年第11期,第152-164页。

② [美]朱迪丝·N.施克莱:《守法主义》,彭亚楠译,中国政法大学出版社2005年版,第1-2页。

③ 王国龙:《守法主义与裁量正义》,载《法律科学》2013年第3期,第8页。

自己的道德观和政策观来取代立法者的道德观和政策观，这实际上就超越了司法权的限度，并进而损害了法律的权威"①。环境守法行动化，一方面能够更好体现环境立法、执法和司法的质效，另一方面也更能体现守法对环境立法、执法和司法的要求，即充分尊重"规则的权威性"。换而言之，环境立法、执法和司法是环境领域法律权威的来源，维护环境领域法律的权威也是推动环境守法行动化对环境立法、执法和司法的要求。

（二）发挥环境守法意识的"社会黏合"功能

孔子说，"不教而杀谓之虐；不戒视成谓之暴"②。知晓法律是守法主体遵守、践行和认同法律的前提、基础。环境法作为一个相对"年轻"而且复杂的法律领域，要将守法变成全民行动，不能仅仅依靠法律实施的直接影响。对于绝大部分守法主体而言，在产生环境法律需求前，其对相关法律的了解主要通过普法渠道。而目前的环境普法活动往往侧重站在普法者的角度、以宣传的方式进行，尚未达到"润物细无声"的教育程度，离"知法、懂法、用法、崇法"的法治社会目标还有很大距离。因此，以环境守法行动化为目标的普法活动，必须高度关注对普法对象产生的具体作用和实际效果。这就要求改变目前普法的内容与形式。

首先是提高普法活动信息的传播度。从传播学的角度来说，真正决定信息传播效果的并不是信息的一次传播，而是在此基础上发生的二次以及多次传播。影响这种传播效果的要素，不仅包括传播者一次直接投入的资源，也包括传播内容本身具备的特征，如传播的内容是否便于理解，能否引发传播对象的共情等。这就要求环境法普及活动要从受众角度统筹设计内容与形式，遵循传播规律开展环境法律普及。

---

① 王国龙：《守法主义与裁量正义》，载《法律科学》2013年第3期，第9页。
② 《论语·尧论》。

其次是高度重视环境普法内容的价值观输出。环境普法活动能否与环境守法形成相互支持的良性循环，不仅取决于普法活动传递信息的传播度，更取决于传递信息所包含的价值观是否与环境守法所需要的价值观保持一致。目前的环境普法活动以简单图解或讲解法律条文为主，介绍案例或事例时以威慑为主，停留于"宣传"层面，很少触及法律条文所蕴含的环境法价值、环境法治原则、环境法治精神，无法达至"入脑、入心"的教育效果。因此，必须改变目前的普法方式，以"教育"而非"宣传"的方式开展环境普法活动。

最后是形成环境法治的舆论场。环境普法追求的效果是不仅单个的守法对象都能够感知、理解和接受普法的内容及其蕴含的价值观，更重要的是通过普法活动推动形成环境守法意识，进而通过意识的"社会黏合"功能，在社会范围内就环境守法形成一种与强制性法律互补的柔性行为规范，使得协同型守法模式得以真正运行。

（三）促进道德、法律等不同类型社会规范的协同

在一定意义上，守法具有义务属性，换言之，是守法主体所负担的遵守法律要求的义务。守法义务的形成与履行既以法律为前提和基础，也与道德等其他社会规范之间存在关联。在伦理学视野中，守法义务具有道德意义。在社会生活中，法律是道德的底线：一是守法义务的许多具体要求，如不得杀害他人，不得利用不道德的手段谋夺他人财产等，本身就是道德义务的转化；二是遵守所在国家法律本身就是政治道德的具体要求。[①]

因为守法义务与法律、道德等诸多社会规范具有多元对应性，故在推动环境守法行动化过程中，不能将构建协同型环境守法模式局限于法律领

---

① 参见骆意中：《守法义务与特殊性》，载《法制与社会发展》2018年第5期，第130-144页。

域。除环境法律外，道德、伦理、传统习俗也应被纳入新的环境守法模式。环境法规范中，应有权利转化而来的法定权利本身就兼具法律和道德双重属性，生态伦理及习惯法也是环境法的重要渊源。因此，促进环境守法行动化的重要方面在于激励守法主体积极参与，主动履行义务，通过道德、伦理及习俗加以引导十分必要。

二、文化传承：厚植环境守法行动化精神土壤

从个体来说，促进环境守法行动化，重点在于培育和提升个体积极主动践行环境法律要求的意愿；从整体来说，促进环境守法行动化，重点在于形成积极主动践行环境法律要求的社会氛围，即环境守法文化。环境守法文化的形成不仅需要相应的社会活动作为基础，也需要与其他社会文化密切联系。中华民族具有"和合"文化基因，其协和万邦的天下观、天人合一的自然观、和而不同的社会观、人心和善的道德观等[①]，都对形成新时代环境法治文化具有重要意义。这也需要我们坚持"两个结合"原则，使环境守法模式扎根于中华优秀传统文化的深厚土壤，为环境守法行动化提供良好的文化基础。

（一）中华优秀传统生态思想智慧激活环境守法行动化

习近平总书记指出，"中华民族向来尊重自然、热爱自然，绵延5000多年的中华文明孕育着丰富的生态文化"[②]。"我们的先人们早就认识到了生态环境的重要性。孔子说：'子钓而不纲，弋不射宿。'意思是不用大网

[①] 参见方盛举、杨睿哲：《和合文化与中华民族共同体建设》，载《理论与改革》2023年第4期，第39-51页。
[②] 习近平：《推动我国生态文明建设迈上新台阶》，载《求是》2019年第3期。

打鱼，不射夜宿之鸟。荀子说：'草木荣华滋硕之时则斧斤不入山林，不夭其生，不绝其长也；鼋鼍、鱼鳖、鳅鳝孕别之时，罔罟、毒药不入泽，不夭其生，不绝其长也。'《吕氏春秋》中说：'竭泽而渔，岂不获得？而明年无鱼；焚薮而田，岂不获得？而明年无兽。'这些关于对自然要取之以时、取之有度的思想，有十分重要的现实意义。"[①] 在祖先们看来，自然环境作为人类赖以生存的基础，带有独立于人类意识之外的客观性。这种客观性，也是人类获取知识和智慧的终极来源。中华优秀传统文化发展出了许多有关人与自然之关系的认知和理论。不仅对于解决当时社会的环境问题具有指导意义，也是当今环境守法行动化的重要文化动力。

1. "天人合一"世界观

从庄子讲"天地与我并生，而万物与我为一"[②]，到孟子讲"万物皆备于我矣。反身而诚，乐莫大焉。强恕而行，求仁莫近焉"[③]，再到程颢讲"仁者，浑然与物同体"[④]，"中国传统文化以直接的生存经验为基础而形成，通过对天象等自然节律和动植物生长有机秩序（的）自觉体悟，认识和把握人类生存与自然界的有机联系，形成人类与天地万物同源、本质统一、人与环境一体的'天人合一'哲学观，先于人类产生的天地万物不仅当成可资利用的生活资源，也当成一体相关的生命根源"[⑤]。人与自然同为一体的世界观一直是中华优秀传统文化的重要内容。而中华优秀传统文化中有关人与自然紧密联系的论述，也使守法主体更容易理解和认可环境守法的必要性与重要性。

---

① 习近平：《在省部级主要领导干部学习贯彻党的十八届五中全会精神专题研讨班上的讲话（2016 年 1 月 18 日）》，载《人民日报》2016 年 5 月 10 日，第 2 版。

② 《庄子·齐物论》。

③ 《孟子·尽心上》。

④ 程颐、程颢：《二程集》，王孝鱼点校，中华书局 2012 年版，第 395 页。

⑤ 吕忠梅：《生态环境法典编纂与优秀传统生态文化的传承》，载《法律科学》2024 年第 3 期，第 35 页。

2. 师法自然的方法论

在中华优秀传统文化中，通过对自然环境的观察和学习获取解决问题的方法，一直是人类与自然之关系的重要体现。师法自然的底层逻辑在于，通过对处于稳定态的自然运行模式的模仿，以期能够在社会领域达成同样的效果。特别值得注意的是，道家主张的"道法自然"对人的行为要求是"无为"，即按照天地万物的自然本性作出适应性行为①，所谓"为而不恃"②、"为而不争"③，因为天地万物不是与人相对立的，而是与人同亲共祖（道）的一体之命。万物在天然状态下本来圆满自足、各具常态和天然本性，人类按照自己的意志去改造万物、改变自然状态，会给万物造成损失和破坏。④ 如果说，环境守法模式的目标兼具自然稳定态和社会稳定态两方面的追求。"无为"可以为在环境守法行动化过程中实现目标提供已经为前人所验证的方法路径。

3. 仁民爱物的价值观

中华优秀传统文化中的生态智慧对于环境守法行动化的推动作用不仅体现在世界观和方法论层面，也体现在价值观层面。作为中华优秀传统文化的重要思想渊源，儒家思想将仁爱作为其核心价值主张。而这种仁爱不仅包括对人的仁爱，也包括对物乃至外部环境的仁爱。如《后汉书》在对东汉政治家、文学家王符进行评论时就曾指出，"夫五代之臣，以道事君，泽及草木，仁被率土，是以福祚流衍，本支百世"⑤。这种"泽及草木"的仁爱思想，赋予了环境守法更加丰富的价值内涵，使守法行为不只是基于

---

① 参见吕忠梅：《生态环境法典的编纂与优秀传统生态文化的传承》，载《法律科学》2024 年第 3 期，第 36 页。

② 《道德经·第二章》。

③ 《道德经·第八十一章》。

④ 参见王立平、王正：《中国传统文化中的生态思想》，载《东北师大学报（哲学社会科学版）》2011 年第 5 期，第 191 页。

⑤ 《后汉书·王充王符仲长统列传》。

外部强制性的被动行为，同时也是一种能够满足内心价值追求的主动行为，为推动守法主体将外部规则内化为内心确信提供了更为丰富的文化依据。

（二）中华优秀传统治理智慧推动环境守法行动化

推动环境守法行动化，不仅包含对作为个体的守法主体的要求，也包含对作为整体的守法主体的要求。在中华优秀传统文化中，尤其是作为中华优秀传统文化主要组成部分的儒家思想中，就包含大量有关国家和社会治理的智慧。而由这些治理智慧延伸出的理论和制度，能够为推动构建环境守法新模式提供有益的启发。

1. 隆礼重法

对中国影响深远的儒家提倡"内圣外王之道"的礼制，推崇道德修养与治国安民的统一，因此希望为政者"修己安人"，"内而成圣，外而成王"[①]。孟子以仁为礼乐制度基奠，进一步提出"仁政"思想，并提出环保等方面的措施。[②] 他劝诫君王"不违农时，谷不可胜食也；数罟不入洿池，鱼鳖不可胜食也；斧斤以时入山林，材木不可胜用也。谷与鱼鳖不可胜食，材木不可胜用，是使民养生丧死无憾也。养生丧死无憾，王道之始也"[③]。荀子认为"礼者，法之大兮、类之纲纪也"[④]，主张援法入礼的"隆礼重法"，提出"草木荣华滋硕之时，则斧斤不入山林，不夭其生，不绝其长也"[⑤] 的"圣王之制"[⑥]。这些主张为历代治国者所采纳，

---

① 韩星：《内圣外王之道与当代新儒学重建》，载《新疆师范大学学报（哲学社会科学版）》2016 年第 6 期，第 19－24 页。

② 参见李祥俊：《儒家王道政治的历史渊源、理论建构与思想演进》，载《当代中国价值观研究》2017 年第 5 期，第 48 页。

③ 《孟子·梁惠王上》。

④ 《荀子·劝学》。

⑤ 《荀子·王制》。

⑥ 谢耀亭：《圣王之道：荀子政治思想来源及其特质》，载《中原文化研究》2017 年第 5 期，第76 页。

不仅提升了环境保护在政治实践中的地位，也推进了环境保护的制度化。① 在儒家看来，社会治理的目标是不仅要使民众出于对刑罚的畏惧遵守法律的要求，更要通过道德和礼法的感化，使民众形成遵守社会规则的自觉。推进环境守法行动化，首先需要守法主体发自内心地认可法律。

2. 德刑并用

德与刑是中国传统社会最为主要的两种治理手段。虽然在春秋战国时期，对于如何认识两者在国家治理过程中的作用，是"德主刑辅"还是"刑主德辅"，曾经发生过激烈的争论，但实际上，无论是儒家还是法家，都没有彻底否定另一种治理手段存在的必要性。秦汉之后，随着大一统思想的逐渐形成，德与刑之间的关系也在发生变化。汉代崔寔的"粱肉药石论"、王符的"明罚救法论"、荀悦的"德刑并用适宜说"，都对单纯依靠道德教化的治理方法提出了批判。② 此后，从唐代《唐律疏议》中的"德礼为政教之本，刑罚为政教之用"，到宋代朱熹主张德礼政刑不可偏废，再到明代朱元璋强调"明刑弼教"，德与刑作为最为主要的两种治理手段，几乎贯穿了整个中国传统社会。新时代中国推进全面依法治国过程中，坚持将依法治国与以德治国相结合作为一项基本原则，表明法律与道德这两种不同社会规范的功能相辅相成。推动环境守法行动化，不仅要考虑措施的惩戒效果，同时也要考虑措施的教化效果。

3. 基层自治

中国传统治理体系非常重视基层自治力量的运用：一是重视发挥基层代表人物的作用。根据墨家典籍记载，战国时期的魏国就设有三老这一职务。③

---

① 参见吕忠梅：《生态环境法典的编纂与优秀传统生态文化的传承》，载《法律科学》2024 年第 3 期，第 37 页。

② 参见何显兵：《中华传统德刑观的历史演变及其当代启示》，载《法治现代化研究》2023 年第 2 期，第 149 页。

③ 参见《墨子·号令》。

秦汉之后，三老的职责进一步明确："三老掌教化，凡有孝子顺孙，贞女义妇，让财救患，及学士为民法式者，皆扁表其门，以兴善行。"[①] 需要注意的是，三老并不属于行政官吏，类似于官府给予的一种荣誉，主要凭借自身的德行和声望施行教化。[②] 二是重视基层自治规则建设。明代大儒王守仁在以右佥都御史身份巡抚南（南安府）、赣（赣州府）等地时曾经颁布《南赣乡约》，详细解释了乡约的作用："故今特为乡约，以协和尔民，自今凡尔同约之民，皆宜孝尔父母，敬尔兄长，教训尔子孙，和顺尔乡里，死丧相助，患难相恤，善相劝勉，恶相告诫，息讼罢争，讲信修睦，务为良善之民，共成仁厚之俗。"[③] 乡约并非律法，而是基层民众共同认可的自治规则，主要依靠民众的自觉和共同监督执行。三是重视基层自治和行政治理间的衔接。在中国传统社会治理体系中，基层自治体系作为行政治理体系的有益补充而存在。如三老不仅可以对民众实行教化，还可以就基层治理问题向官府提出建议，"择乡三老一人为县三老，与县令、丞、尉以事相教"[④]。违反乡约的民众不仅会受到道德谴责，还可能触发官府的处罚机制。如明代万历年间山西地区的《乡甲约》就规定，"大奸大恶，久惯行凶，报恶纪恶，动辄与人为雠者，许同约百家连名指实，用手本封固，差约中一人密禀州县掌印正官，差的当兵快当时锁拏，扭解本院"[⑤]。这种以发挥代表人物的作用为切入点，以基层自治规则建设为主要方式，并以行政强制力作为最终保障的基层自治模式，不仅能够充分调动民众参与基层治理的主动性，同时也与行政治理体系形成衔接，对于探索推进环境守法行动化的具体路径具有积极参考意义。

---

① 《后汉书·百官志》。

② 参见姜生、刘波：《"三老民之师"：汉代地方治理与儒家礼制的结合》，载《云南民族大学学报（哲学社会科学版）》2022年第5期，第147-153页。

③ 王守仁：《王阳明全集》（卷十七），吴光、钱明、董平、姚延福编校，上海古籍出版社2010版，第507页。

④ 《汉书·高帝纪上》。

⑤ 牛铭实：《中国历代乡约》，中国社会出版社2005年版，第148页。

(三) 中华优秀传统法治文化启迪环境守法行动化

中华优秀传统文化蕴含着丰富的法治内容,其中有关法律信仰的部分,对于推动环境守法行动化具有积极的启发意义。在孔子看来,"足食,足兵,民信之矣"① 是保证国家长治久安的基本条件。而在这三者中,民众对于统治者的信任是国家机器正常运转的最基本保障,所谓"民无信不立"②。这一理念同样适用于环境守法行动化,只有使民众形成对法律的信仰,才能使民众自觉遵守法律、维护法律,并积极践行法律。

1. 培育法律信仰

中华优秀传统法治文化之所以强调培育民众对于法律的信仰,原因在于充分认识到了法律在国家治理中的基础性作用。管仲就认为"安国在乎尊君,尊君在乎行令,行令在乎严罚"③。在管子看来,法律能否得到严格执行,是国家能否长治久安的关键。虽然管子仅将法律能否得到严格执行归结于是否"严罚",但其论证逻辑同样适用于推动环境守法行动化。环境法治能否实现,环境法律实施能否产生预期的效果,其关键同样在于法律能够得到严格执行。只有使民众能够切实感受到法律的实效性,民众才会逐步建立起对法治的信任,进而形成尊法、守法、崇法的自觉。

2. 展示法律实效

为培育民众对于法律的信仰,中华优秀传统法治文化中有大量的实际案例提供的方法,可供借鉴的重要方面是强调法律的直观性和实效性。在直观性方面,《盐铁论》中曾如是评价秦代律法:"秦法繁于秋荼,而网密于凝脂"④。秦朝法令繁杂,民众难以理解,难免动辄得咎,导致"赭衣

---

① 《论语·颜渊》。
② 《论语·颜渊》。
③ 《管子·重令》。
④ 《盐铁论·刑德》。

塞路，囹圄成市"①。汉高祖刘邦起兵进入咸阳后，与民众"约法三章"
（"杀人者死，伤人及盗抵罪。余悉除去秦法"②），取得了民众的广泛拥
戴。在实效性方面，商鞅在秦国主持变法，"恐民之不信，已乃立三丈之
木于国都市南门，募民有能徙置北门者予十金。民怪之，莫敢徙。复曰：
'能徙者予五十金'。有一人徙之，辄予五十金，以明不欺。"③ 只有使民
众切身感受到法律切实有效，尤其是遵守法律能够带来实际的利益，才能
使民众真正认可并愿意遵守法律。

3. 树立法律权威

展示法律实效，是为了树立法律权威。唐朝贞观年间，唐太宗曾经针
对在官吏选拔中伪造履历的行为专门颁布敕令，规定"不首者死"。是时
恰巧有官员因履历造假被发现，时任大理寺少卿的戴胄却依照法律判处该
名官员流放。唐太宗认为这种做法使皇帝失信于民，而戴胄却认为，"法
者，国家所以布大信于天下，言者，当时喜怒之所发耳。陛下发一朝之
忿，而许杀之，既知不可，而置之以法，此乃忍小忿而存大信"。唐太宗
认可并赞扬了这种做法。④ 法律的权威不仅体现在对民众的制约，更体现
在对官员乃至最高统治者的限制，只有法律得到社会各个阶层的共同遵
守，才能使整个社会形成信法、守法、护法的良好风尚。

三、机制构建：环境守法行动化的促进机制

守法在环境法律运行中的特殊地位和价值对其自身状态也提出了更高
要求。要推动环境守法迈向新模式，不能仅依靠守法主体的自发行动，还

---

① 《汉书·刑法志》。
② 《史记·高祖本纪》
③ 《史记·商君列传》。
④ 参见《贞观政要·公平》。

必须有相应的机制作为辅助。

（一）实施体系：系统协调的支柱性机制

推动环境守法迈向新模式，关键在于激发守法主体自觉遵守法律的意识和能动性。而这种意识和能动性的养成，实际上就是一种外部动机的内化。心理学上将这个从"无动机—外部动机—内部动机"的发展过程称为有机整合，并认为这是人类接受外部规则并将其吸收、转化为自身的行动决定的基本路径。① 构建能够有效促进环境守法行动化的机制，使外部规则的守法要求内化成守法主体自身的认识，可以按照这一路径由外至内配置推进措施。

1. 外部强制机制

任何外部规则在其设立之初都不可能与其规制对象的内心认同完全重合，因此在这个阶段要使规制对象遵照规则的要求，就必须有相应的外部强制性措施来保证规制对象能够按照规则的要求采取行动，具体到环境守法方面，一是要求环境守法主体能够知晓规则的内容；二是要求环境守法主体能够理解规则的要求；三是要求环境守法主体能够根据规则的要求开展活动；四是要求环境守法主体能够运用规则处理相关问题，以求在外部形式上使环境守法主体的行为符合法律的要求。

2. 系统支持机制

虽然通过外部强制性措施确实能够使守法主体的行为在形式上与法律的要求达成一致，但如果仅依靠外部强制力维持这种状态，势必需要耗费大量的治理资源，很难具有可持续性。而要使这种基于外部强制力形成的行为模式内化为守法主体的内心认同，还必须有系统性支持措施推进其转

---

① See Decliel，Ryanrm，*Intrinsic Motivation and Self-determination in Human Behavior*，Plenum Press，1985，p. 299.

化，具体到环境守法方面，就需要通过采取诸如信息公开、提供查询服务、便利公众参与等措施，使环境守法主体更为便捷地知晓环境法律的内容，更为充分地理解环境法律的要求，更为准确地按照环境法律的要求开展活动，以及更为熟练地运用环境法律处理相关问题，使环境法律由外部规则逐渐内化为守法主体的内心认同。

3. 直接激励机制

要使环境法律由外部规则逐渐内化为守法主体的内心认同，除了通过外部强制性措施使守法主体逐渐适应按照环境法律的要求开展活动外，还必须让守法主体能够在按照环境法律的要求开展活动的过程中获得正向反馈。只有在外部强制性措施作用下形成的行为习惯和基于行为习惯获得的正向反馈的共同作用下，才能使环境守法主体真正意识到尊法、学法、守法、用法不仅能帮助其避免由于违反法律规定产生的风险，还能够使其通过尊法、学法、守法、用法获得更多收益，进而使外部规则内化为内心认同。

4. 文化养成机制

对于守法主体而言，当外部规则内化为内心认同时，守法就不仅仅是环境法律的强制性要求，同时也是其基于自身理性判断所作行为决定。而要使这种内心认同在社会范围内成为民众的共识，就必须进一步赋予其文化意义。而社会文化的全方位感染力，会使得受其影响的社会个体不需要重复从外部规则到内心认同的转化过程，成为环境守法环节乃至整个实施的文化支持。

（二）技术赋能：现代数字社会建设助力环境守法行动化

2021年9月，习近平主席向世界互联网大会乌镇峰会致贺信时指出："中国愿同世界各国一道，共同担起为人类谋进步的历史责任，激发数字经济活力，增强数字政府效能，优化数字社会环境，构建数字合作格局，筑牢数字安全屏障，让数字文明造福各国人民，推动构建人类命运共同体。"① 随着信息技术的发展，以数字化技术、制度和文化为主要内容的数字文明已经成为社会文明的重要组成部分。社会文明的数字化在向环境守法提出新要求的同时，也为环境守法行动化提供了新思路和新工具。

1. 守法要素数字化

通过守法要素数字化可以极大提升环境守法精细化程度，促进守法行动化。数字文明的核心在于其要素的数字化，就环境守法而言，数字化为对其行动化过程中所涉及要素的观察和描述提供了新的思路和工具。在生态环境领域，各类要素大多兼具主观感知和客观描述的双重属性，尤其是主体感知的多元性，使得在对这些要素进行观察和描述的过程中往往只能在属性层面进行概念式的表达。受到概念表达精准度的限制，基于这些概念开展的环境守法活动也只能停留在原则和概念层面。守法要素的数字化为在数量层面上对守法要素，尤其是要素的主观感知进行描述提供了新的思路和工具，使环境守法主体能够对相关要素进行更加精准的感知，并据此更加精准地满足法律的要求，提升环境守法的精细化程度。

2. 守法目标数字化

通过守法目标数字化可以极大提升环境守法标准化程度，鼓励守法行动。守法要素的数字化在为守法主体提供更加精准的感知的同时，也为环境守法目标的精准表达提供了范例。如果说守法要素数字化的价值主要体现在守法主体守法活动的精准性方面，那么守法目标数字化的价值主要体现在守法主体守法目标的标准化方面。与作为守法主体行为依据的守法要素不同，以统一的法律原则和规定为主要依据的守法目标更加强调统一

---

① 张璁、余建斌、张远南等：《让数字文明造福各国人民》，载《人民日报》2021年9月27日，第1版。

性。守法目标的数字化，为守法主体在进行行为决定的过程中提供了更加明确的方向。

3. 守法体系数字化

通过守法体系数字化可以极大提升环境守法信息化程度，提升守法行动。环境守法不仅是对作为个体的环境守法主体的要求，也是对作为整体的环境守法主体的要求。与其他领域相比，环境守法领域中环境守法作用对象的同一性决定了个体行为之间具有更强的关联性。环境守法的这一特性要求新模式下的环境守法必须更加关注各类主体行为之间的相互影响，以及对环境的共同作用。要准确把握这些变化，守法模式就必须具有更强的统合效能。而由信息技术发展推动的数字化趋势，不仅能够使守法模式更加精准表达守法要素和守法目标，还可以通过守法模式的信息化，使守法模式更有效率地对守法主体，尤其是守法主体之间行为的影响进行观察和统合，进而实现更好的守法效果。

第十四章　中国环境治理的国际化

　　生态文明是中国适应时代需求提出来的具有世界意义的全新概念，是人类文明发展的历史趋势。建设生态文明关乎人类未来。[①] 从 1972 年参加联合国人类环境会议到现在，中国积极参加了联合国发起的历次重要的国际环境保护会议，在全球环境治理中发挥了重要的作用。党的十八大以来，在习近平生态文明思想指引下，中国全面加强生态文明建设，为推动全球可持续发展贡献了中国智慧、中国方案。生态文明建设离不开"全球视界"的宏阔背景，离不开超越民族—国家界限的多元主体之间的相互作用、相互依存。[②] 这意味着需要在诸多关键领域统筹推进国内环境法治和涉外环境法治，推动中国环境治理理念与经验的国际化，借鉴国际环境法治经验，推动全球环境治理发展。

---

　　① 参见《习近平在第七十届联合国大会一般性辩论时的讲话》，载新华网 2015 年 9 月 29 日，http://www.xinhuanet.com//world/2015 - 09/29/c_1116703645.htm。
　　② 参见张首先：《困境与出路：生态文明建设的全球视界及运行机制》，载《中国地质大学学报（社会科学版）》2010 年第 1 期。

第一节　中国环境治理理念与经验的国际化

一、中国环境治理理念与经验的国际化之需

气候变化、生物多样性丧失等环境问题具有全球性特征。由于历史原因和国家实力等因素，过去中国一直相对被动地应对全球环境治理及国际环境法治的发展。但随着中国现代化水平的逐步提高和综合国力的不断提升以及国际影响力和话语权的增强，中国需要加强对外交流，在全球环境治理发展中明确新的角色、定位，更加主动有为地参与和引领国际环境法治的发展，既服务于中国生态文明建设，也推动全球生态文明建设。

（一）提升中国环境治理理念与经验国际化是双赢选择

国际环境问题具有全球性，全球环境治理是全球治理的重要领域之一。全球治理思想可追溯至以国家为中心的世界体系形成之后，作为理论的全球治理概念兴起于 20 世纪 80 年代。全球治理则是国家层面的治理和善治在国际层面的延伸。[①] 自 1972 年在斯德哥尔摩召开联合国人类环境会议以后，环境问题一直是国际社会关注的一个重要议题。《联合国人类环境会议宣言》指出，"保护和改善人类环境是关系到全世界各国人民的幸福和经济发展的重要问题；也是全世界各国人民的迫切希望和各国政府的责任"。由于臭氧层耗损、生物多样性丧失、危险废弃物越境转移、海洋污染等全球环境问题频发，全球环境治理在发展中也面临严峻的挑战，全

[①] See Commission on Global Governance, *Our Global Neighborhood*, 1995, at https://www.gdrc.org/u-gov/global-neighbourhood/.

球环境治理体系正发生转型和变革，国际环境法在经过几十年发展之后仍在继续快速演变和发展。全球环境治理的发展代表了国际环境事务的发展趋势和重心，在当今更加需要中国的积极参与。

中国生态文明建设与全球生态文明建设之间存在互助共促关系。对中国而言，逐步推进中国环境治理理念与经验的国际化，有助于增强中国在全球生态文明建设中的话语权和影响力。对国际社会而言，中国生态文明建设走在世界前列，有独创性的理论和实践。在新的历史条件下推进全球环境治理体系变革也需要推进中国环境治理理念与经验的国际化。党的十八大以来，我国把生态文明建设作为统筹推进"五位一体"总体布局和协调推进"四个全面"战略布局的重要内容，生态文明理念日益深入人心。人类是命运共同体，保护生态环境是全球面临的共同挑战和共同责任。①统筹推进国内法治和涉外法治在逻辑上蕴含着把国内环境法治贯穿于涉外领域的可能。中国生态文明建设对全球环境治理具有重要的推动作用。因此，对中国生态文明建设经验加以理论阐释，推动中国环境治理理念与经验的国际化，有助于中国在推进生态文明建设进程中统筹国内国际两个大局，做好应对全球环境治理变革的准备。

由于在技术、资金、理念和履约能力上缺乏雄厚实力支撑，早期我国对于全球环境治理的态度相对保守被动，实行以外促内的政策，主要采取接受国际援助和借鉴国外经验等方式。近些年来，中国作为负责任大国，更加主动有为地参与全球环境治理，例如，在生物多样性保护的全球治理中，中国以履行《生物多样性公约》为中心进行多边合作，积极参加该公约的缔约方大会、相关议定书会议、附属执行机构会议和预备会议等多类型会议，在生物安全、遗传资源获取与惠益分享、信息交换、传统知识产

---

① 参见习近平：《推动我国生态文明建设迈上新台阶》，载《求是》2019年第3期。

权、外来入侵物种、土地、森林、山脉、水等领域建立合作。中国也通过双边合作，建立稳定的交流合作机制。① 中国以"生态文明：共建地球生命共同体"为主题举办《生物多样性公约》第十五次缔约方大会，推动《昆明—蒙特利尔全球生物多样性框架》案文出台，突出体现了中国对全球生物多样性治理的积极贡献。此外，在全球气候治理、全球海洋环境治理等多个领域，中国通过积极参与和引领国际规则制定、履行相关国际义务等方式发挥着越来越重要的作用。据此，中国环境治理理念与经验的国际化既有利于提升中国在全球环境治理中的话语权与影响力，也是推进全球环境治理发展和环境法治变革的重要基础。

（二）中国环境治理理念与经验国际化助力共谋全球生态文明建设

中国的现代化进程贯穿于工业化与后工业化双重社会转型中，传统环境问题与现代风险性环境问题交织并存。② 在解决环境问题的实践中发展而来的中国环境治理理念与经验具有独特的价值。作为世界上最大的发展中国家，中国秉持构建人类命运共同体理念，坚定践行多边主义，提出全球发展倡议、全球安全倡议，深化务实合作，积极参与全球环境与气候治理，为落实联合国 2030 年可持续发展议程，推动全球可持续发展，共同构建人与自然生命共同体，共建繁荣清洁美丽的世界贡献了中国智慧、中国力量。③ 构建人类命运共同体理念倡导在追求本国利益的同时兼顾他国合理关切，在谋求本国发展中促进各国共同发展，既考虑当代人发展，也不危及后代人可持续发展。④ "人与自然生命共同体"理念要求遵循系统

---

① 参见秦天宝：《中国履行〈生物多样性公约〉的过程及面临的挑战》，载《武汉大学学报（哲学社会科学版）》2021 年第 1 期。

② 参见秦天宝：《双重社会转型下中国环境法的挑战与因应》，载《中国法学》2024 年第 2 期。

③ 参见国务院新闻办公室：《新时代的中国绿色发展》白皮书，载国务院新闻办公室网站 2023 年 1 月 19 日，http://www.scio.gov.cn/ztk/dtzt/49518/49519/index.htm。

④ 参见李爱敏：《"人类命运共同体"：理论本质、基本内涵与中国特色》，载《中共福建省委党校学报》2016 年第 2 期。

治理方法，统筹考虑自然生态各要素，呈现人与自然和谐共生的惠益关系。[①] 对全球环境治理价值理念的提升主要体现在以下方面：第一，坚持人与自然和谐共生，强调生态系统对社会系统的不可替代性，提升全球环境治理的整体系统观，破解全球环境治理碎片化带来的困境。第二，共谋全球生态文明建设，为全球环境治理国际与国内维度的协同作出了示范，秉持共同但有区别责任原则，推动全球环境治理中责任分配体系的重构。第三，推动绿色发展，统筹生态环境保护和经济发展，推动全球生态文明建设实现人类价值观和自然价值观的和谐统一。

二、中国环境治理先进理念的国际化

中国在环境治理实践中，形成了人与自然和谐共生、共谋全球生态文明建设以及推动绿色发展等先进理念。这些理念的传播对于推进全球环境治理和促进全球经济社会可持续发展有重要意义。

（一）人与自然和谐共生理念的国际化

伴随人类的技术进步与经济发展需要，各国对环境和资源的开发利用需求日益迫切。与此同时，生物多样性丧失、海洋环境污染、气候变化等环境问题日益突出，直接关乎人类命运。全球环境治理面临更加严峻的挑战，需要妥善处理好经济社会发展与环境保护之间的关系。中国努力建设人与自然和谐共生的现代化，推动形成人与自然和谐共生的新格局，走出了一条具有中国特色的人与自然和谐共生的发展道路。[②] 党的二十大报告

---

① 参见秦天宝：《整体系统观下实现碳达峰碳中和目标的法治保障》，载《法律科学》2022 年第 2 期。
② 参见吕忠梅：《迈向中国环境法治建设新征程》，载《地方立法研究》2023 年第 1 期。

将"人与自然和谐共生的现代化"作为中国式现代化的主要特征，强调生态系统对社会系统的不可替代性，强调系统观念。[①] 这一理念在环境法治领域体现为从国家法律为主到党规国法并列的环境法体系转型，从利益冲突到利益增进的范式转换，从经济社会发展与环境保护相协调的二元论到保障公众健康的一元论的价值转向，从个别分散到开放融合的调整范围扩展以及强调系统思维的实施机制嬗变。[②] 同时，中国倡导共建人类命运共同体、地球生命共同体，成为全球生态文明建设的重要参与者、贡献者、引领者。中国坚持人与自然和谐共生的理念和经验的国际化有助于提升全球环境治理的整体系统观，破解全球环境治理碎片化带来的困境，促进国际社会摒弃损害甚至破坏生态环境的发展模式，让良好生态环境成为全球经济社会可持续发展的支撑。

建设人与自然和谐共生的中国式现代化实践是人与自然和谐共生理念国际化传播的生动素材。人与自然和谐共生理念的国际化需要从多层次、多角度、多方位实施。

首先，我国通过主场外交的方式对外传播了人与自然和谐共生理念，积极参加和引领全球环境治理进程，例如，联合国生物多样性大会（第一阶段）生态文明论坛在云南昆明召开，我国为《昆明—蒙特利尔全球生物多样性框架》的出台作出了突出贡献。

其次，我国优化调整产业结构，广泛推行绿色生产方式，以积极作为有效履行国际义务，推动了坚持人与自然和谐共生理念的国际化。例如，我国严格履行《关于汞的水俣公约》所规定国际义务的标志是，《国家药监局综合司关于履行〈关于汞的水俣公约〉有关事项的通知》要求自

①　参见吕忠梅：《"人与自然和谐共生"视野下的环境法价值论》，载《政治与法律》2023 年第 7 期。
②　参见秦天宝：《人与自然和谐共生的现代化与环境法的转型》，载《比较法研究》2024 年第 3 期。

2026 年起全面禁止生产含汞体温计和含汞血压计产品。

最后，社会沟通、民间沟通等也日益成为人与自然和谐共生理念国际化传播的重要领域。例如，生态文明贵阳国际论坛已成为促进全球生态文明建设和可持续发展的重要平台，2023 年生态文明贵阳国际论坛即以"共谋人与自然和谐共生现代化——推进绿色低碳发展"为主题。

（二）共谋全球生态文明建设理念与经验的国际化

全球环境治理的核心问题是如何通过全球合作应对各国共同面临的世界性生态环境问题与挑战。全球环境治理有国际与国内两个维度。我国生态文明建设对全球环境治理体系重构的推动既体现在我国生态文明建设的国内成就和世界意义，为全球环境治理国际与国内维度的协同作出了示范，也体现在坚持和强调共同但有区别责任原则，促进全球环境治理中发达国家与发展中国家的责任体系的公平公正。

现在的国际环境法已在全球层面上要求各国采取损害预防和风险预防方法保护环境，这也意味着各国应更注重对其管辖或控制下的活动加以环境规制。[①] 各国对国内主体和相关活动的环境规制是其参与全球环境治理、履行国际环境义务的重要方面。全球环境治理要实现良好的效果，也需要各国基于各自的国情进行有效的国际合作。然而，至少从 20 世纪 90年代初至今的现实来看，国内与国际维度之间的诸多僵硬界限依旧难以实质性消除，最大的障碍并不在于对共同目标、要求的认知、理解，而在于对各自应该作出的切实努力存在着难以弥合的歧见。[②] 我国生态文明建设实现了国内与国际维度的协同。人类命运共同体的理念呼吁各国弘扬人类

---

① See Patricia Birnie，Alan Boyle & Catherine Redgwell，*International Law and the Environment*（3rd ed.），Oxford University Press，2009，p. 39.

② 参见郇庆治：《生态文明建设政治学：政治哲学视角》，载《江海学刊》2022 年第 4 期。

命运与共的全球伦理精神，强调各类国际行为体都应当有保护全球环境的责任意识和担责意愿，通过遵循共商共建共享原则革新传统逻辑，为全球环境治理提供新动力。[①] 我国生态文明建设作为范例，无疑推动了全球环境治理国际与国内维度的协同。

此外，发达国家和发展中国家处于不同发展阶段，在环境问题上的历史责任和现实能力存在差异。[②] 发达国家与发展中国家之间的关于责任分配的分歧已经成为制约全球环境治理进程的重要因素。共同但有区别责任原则在 1972 年《联合国人类环境会议宣言》、1992 年《里约宣言》等一系列国际法律文件中有所体现。[③]《联合国气候变化框架公约》和《生物多样性公约》等全球环境治理的重要公约以共同但有区别责任原则为指导，为发达国家和发展中国家规定了不同的义务与权利。但随着国际经济、政治形势的变化，共同但有区别责任原则发生着变化。[④] 发达国家试图强化"共同责任"，淡化"区别责任"。坚持发达国家和发展中国家的区别责任，是实现全球环境治理良好效果的重要条件。我国在全球环境治理中主张以共同但有区别的责任原则为基石，以国际法为基础，以有效行动为导向，强化自身行动，提升合作水平。[⑤] 我国坚持共同但有区别责任原则，在国内生态文明建设中积极履行国际义务，承担与中国发展水平相称

---

① 参见俞国锋、李春林：《构建人类命运共同体与全球环境治理的伦理转向》，载《光明日报》2021 年 9 月 2 日，第 12 版。

② 参见《习近平在联合国生物多样性峰会上的讲话》，载中国政府网 2020 年 9 月 30 日，http://www.gov.cn/xinwen/2020－09/30/content_5548767.htm。

③ 参见秦天宝、张金晓：《共同但有区别的责任原则下中国生物多样性立法的体系化》，载《太平洋学报》2022 年第 1 期。

④ See Tuula Honkonen, *The Principle of Common But Differentiated Responsibility in Post-2012 Climate Negotiations*, Review of European Community & International Environmental Law 18 (3), 2003, pp. 257－267.

⑤ 参见习近平：《以共同但有区别的责任原则为基石，全面有效落实〈联合国气候变化框架公约〉及其〈巴黎协定〉》，载中国政府网 2021 年 10 月 31 日，http://www.gov.cn/xinwen/2021－10/31/content_5648047.htm。

的国际责任，推动了全球环境治理中责任分配体系的重构，在气候变化、生物多样性保护等具体议题上促进各国合作，推进全球环境治理。

（三）绿色发展理念的国际化

"绿水青山就是金山银山"的绿色发展理念体现了要努力实现生态环境保护和经济发展之间的统筹兼顾、互惠共赢，而不是过分强调或偏执于某一方面的利益关切。推动全球生态文明建设也需要实现人类价值观和自然价值观的和谐统一。①

我国作出的碳达峰、碳中和重大战略决策是我国践行绿色发展理念的突出体现之一。我国推动能源革命，推进产业绿色低碳转型发展，促进了经济、社会发展的全面绿色转型，也促进了全球绿色发展。我国推动全球绿色发展，强调自然环境保护对经济社会发展的重要意义，有助于提升全球环境治理中对自然环境的经济、社会价值的重视，也有利于避免现有全球环境治理中将环境保护与经济、社会发展片面割裂的一些做法。此外，绿色发展理念的国际化还体现在"美丽中国"故事的对外传播以及共建绿色"一带一路"的不断推进。我国绿色发展理念与全球生态治理相呼应，为全球可持续发展提供了"中国绿"。

三、中华优秀传统生态文化的国际化

中华文明传承五千多年，积淀了丰富的生态智慧。这些生态智慧对于解决当下的环境问题仍有现实意义。中国"天人合一""取之有度、用之有节"等优秀传统生态文化是中国当下强调人与自然整体性和尊重自然规

---

① 参见郇庆治：《社会主义生态文明观与"绿水青山就是金山银山"》，载《学习论坛》2016年第5期。

律的重要思想渊源和精神资源。立足于我国生态文明建设实践，弘扬优秀传统生态文化，对于国际社会解决因人类经济、社会发展所带来的全球性环境问题有重要意义。

（一）"天人合一"

"天人合一"体现了我国古人对人与自然和谐相处的思考。"天人合一"所蕴含的整体思维，从根本上超越了西方法律的"主客二分"哲学思维，要求法律保护自然整体。[①] 从"天人合一"思想对环境治理的当代价值来看，我国推动的生态文明建设实际上也就是"尊重自然、顺应自然、保护自然"基本理念得到落实的过程。我国在立法中以整体性思维统筹经济、社会发展与环境保护。1992 年在里约热内卢召开联合国环境与发展大会以来，全球环境治理进展不大，全球环境形势日趋严峻，导致全球环境治理的复杂性与紧迫性加剧。联合国大会通过的《变革我们的世界：2030 年可持续发展议程》明确了 17 个可持续发展目标，其中气候行动、保护水下生物等多个目标直接与全球环境治理相关。联合国环境规划署《与自然和平相处》报告也展现了国际社会看待和衡量自然的方式亟须发生转变，人类应承认自然是人类不可或缺的盟友。"天人合一"的东方智慧体现了尊重和承认自然的内在价值，承担起工业文明向生态文明转型的理论任务，提醒人类对自身局限性保持警惕。"天人合一"的哲学思想体现了对生态系统发展规律的尊重和依循，有助于促进人类在社会生活中更好地与自然和平共处。

（二）"取之有度、用之有节"

习近平总书记指出："取之有度，用之有节"，是生态文明的真谛。[②]

---

① 参见吕忠梅：《中国自主的环境法知识体系建构初论》，载《中共中央党校（国家行政学院）学报》2023 年第 3 期。

② 参见习近平：《共谋绿色生活，共建美丽家园》，载《人民日报》2019 年 4 月 29 日，第 2 版。

孟子强调："不违农时，谷不可胜食也；数罟不入洿池，鱼鳖不可胜食也；斧斤以时入山林，材木不可胜用也"①。"取之有度、用之有节"既体现了人类对自然资源与空间的利用应合理有度，不应超出生态系统的客观承载能力和环境容量，不应破坏生态系统结构，维护生态系统的服务功能，也体现了人类应形成绿色低碳的生产方式和生活方式，节约资源，减少浪费，爱护环境。"取之有度、用之有节"思想的国际传播有利于推动国际社会形成绿色低碳的生产方式和生活方式，缓解全球生态环境面临的压力。

四、中国环境法律制度的国际化

当前全球环境治理既面临气候变化、生物多样性保护等全球性环境问题的严峻形势，也面临如日本福岛核污染水排海等一国环境问题外溢所带来的突出挑战。这意味着各国环境法律制度在国际法框架下既存在相互衔接的需要，也在应对共同的环境挑战中存在共通性的内容。我国现行环境法律制度借鉴与吸收了先进的国际法律制度，同时也为世界提供了中国经验与中国方案。

（一）国际环境法律制度的中国借鉴

中国环境法治发展过程中，基于中国国情，在国内环境立法的制定或修订中会将国际环境法相关制度转化为国内主体应遵守的法律规定，实现国际环境法的国内实施和遵守，有效促进了中国环境治理的发展。如《湿地公约》提出"各缔约国应鼓励就湿地及其动植物区系开展研究"，并要

---

① 《孟子·梁惠王上》。

求建立名录保护机制。我国《湿地保护法》建立了湿地资源调查评价制度，并通过建立湿地名录制度对湿地进行分类管理。又如，我国借鉴《1992 年国际油污损害民事责任公约》中的强制保险和财务保证制度，于《海洋环境保护法》中规定了船舶油污损害赔偿责任由船东和货主共同承担的原则，建立了船舶油污保险、油污损害赔偿基金制度；并制定了《船舶油污损害民事责任保险实施办法》。在涉外船舶油污损害赔偿纠纷案件中，我国法院适用了 1992 年公约规定的严格责任原则，并根据 1992 年公约关于赔偿范围的规定，将环境损害赔偿范围限于已实际采取或将要采取的合理恢复措施的费用。

在生物安全领域，我国《生物安全法》借鉴《卡塔赫纳生物安全议定书》有关改性活生物体越境转移的风险评估及其管理制度，明确规定国家建立首次进境或者暂停后恢复进境的动植物、动植物产品、高风险生物因子国家准入制度。此外，在濒危野生动植物物种保护方面，最高人民法院和最高人民检察院《关于办理破坏野生动物资源刑事案件适用法律若干问题的解释》规定，未经批准擅自进出口列入经国家濒危物种进出口管理机构公布的《濒危野生动植物种国际贸易公约》附录一、附录二的野生动物及其制品，应当认定为《刑法》规定的走私国家禁止进出口的珍贵动物及其制品。

这些国际法律制度在我国国内立法、执法和司法中的转化、吸收、借鉴和适用，有效提升了我国环境治理的水平，提高了我国环境法治的国际化程度，促进了我国环境法治与国际环境法治的互动。

（二）中国环境法律制度的国际贡献

国家实践是国际环境法发展的重要基础。作为后发的法律秩序，国际法在发展过程中借鉴较为成熟的国内法是很自然的。① 我国的生态文明建设经验既可为全球环境治理提供有益的借鉴，也可以影响和塑造国际环境法律制度的发展，增强全球环境治理的正当性和民主性。党的十八大以来，我国生态环境法律和制度建设进入了立法力度最大、制度出台最密集、监管执法尺度最严的时期，其中诸多制度实践丰富了全球环境治理体系，推动了全球环境治理制度的发展：例如，我国在陆海统筹原则下加强海岸带协同治理，对全球海岸带治理提供了有益的经验；又如我国在气候治理方面提出"双碳"目标并不断优化、健全政策体系，促进多元法律制度协同共治②，综合利用包括市场机制在内的多种手段实现"双碳"目标，可为全球气候治理制度发展提供重要的参考。此外，我国从生态系统整体性和流域系统性出发，出台《长江保护法》《黄河保护法》等流域性法律，促进流域经济、社会发展全面绿色转型，为各国流域治理提供了有益借鉴和中国经验。

第二节 中国环境治理国际化的主要机制

一、全球环境治理中的中国角色

全球环境治理主要是国际社会通过建立新的公平的全球伙伴关系，经由条约、协议、组织所形成的复杂网络来解决全球环境问题，以促进人类社会的可持续发展。③ 总体来看，全球环境治理是指解决全球环境问题的包括治理主体、治理进程和治理机制在内的体系。其中，治理主体既包括

---

① 参见蔡从燕：《国内公法对国际法的影响》，载《法学研究》2009 年第 1 期。

② 参见曹明德：《社会系统论视角下实现碳达峰碳中和目标的法律对策》，载《中国法学》2023 年第 5 期。

③ 参见蔺雪春：《全球环境治理机制与中国的参与》，载《国际论坛》2006 年第 2 期。

国家或国际组织等国际性的主体，也包括跨国公司等跨国性主体，也可能包括个人、企业等私营部门组织和其他民间团体。其治理进程既包括正式的，也包括非正式的。而其治理机制包括具有法律约束力的制度、自愿协议等不同机制。联合国环境规划署等重要国际环境组织以及其他非国家行为体的参与突出体现了全球环境治理主体的多元化。披露、认证或基于市场的治理等新工具或手段的采用也体现出全球环境治理涉及跨部门的协作。①

中国深度参与全球环境治理是中国环境治理理念与经验国际化的重要方面。当下面临气候变化异常、生物多样性丧失和污染危机等突出的环境问题，全球环境治理需要作出必要的变革和发展，以推动全球环境问题的解决，实现可持续发展的相关目标。随着国际影响力和话语权的提升，中国也日益成为全球环境治理的积极贡献者。为建立全球环境治理的中国影响，中国环境治理国际化的主要机制应以为全球环境治理贡献中国智慧，提升中国在全球环境治理中的影响力与话语权为基本目标。中国环境治理国际化应定位于服务于中国式现代化建设，服务于全球环境治理体系变革。这意味着中国需要通过广泛的环境治理国际合作在国际环境条约谈判参与、环境义务履行、绿色"一带一路"建设、促进发展中国家环境治理能力建设等方面传播中国经验，也需要通过创造性发展和传播中华优秀传统生态文化促进中国环境治理的国际化。

二、环境治理国际合作机制

国际合作是国际法的基本原则之一，也是一项习惯国际法义务。重要

---

① See Philipp H. Pattberg, Fariborz Zelli, *Encyclopedia of Global Environmental Governance and Politics*, Edward Elgar Publishing, 2015, pp. 28 - 29.

的全球性环境公约均规定了各国在环境保护方面的国际合作义务。国际合作义务一般意味着各国应本着善意进行协商，以达成协议并尊重其他利益相关国家的立场。广泛开展环境治理国际合作，是中国环境治理理念与经验国际化的重要机制之一。

（一）引领/参与国际环境条约谈判

在国际环境条约谈判等国际立法的过程中，政治决策者主张选择自由，在外交上讨价还价和妥协。法律由政治行为体通过政治程序制定，并以达到政治目的为归依。法律对国家行为的影响也是由政治力量决定的，国际法同样是特定"社会"及其政治体系的产物。^① 在国际环境条约谈判的过程中，国家创新的环境法治经验会对国际环境条约的谈判和缔结产生重要影响。

随着我国生态文明建设的大力推进和环境法治建设的发展、完善，我国形成了一些具有创新性的环境法治经验。这些经验对《巴黎协定》《昆明—蒙特利尔全球生物多样性框架》等国际环境条约的谈判与通过，以及正在进行的塑料污染规制公约等国际环境条约的制定或谈判有重要的影响。如在《巴黎协定》的谈判过程中，我国始终代表广大发展中国家的利益，坚持和重申"共同但有区别的责任""各自能力"等基本原则，向联合国提交"国家自主决定贡献"清单，积极主动地推进谈判进程，为《巴黎协定》的通过作出了引领性贡献。

在生物多样性治理方面，我国将生物多样性保护逐步纳入国家法治体系，先后颁布和修订《野生动物保护法》《森林法》《生物安全法》《湿地保护法》等多部法律法规，并正在逐步构建以国家公园为主体的自然保护

---

① See L. Henkin, *International Law: Politics and Values*, Kluwer Academic Publishers, 1995, p. 1.

地体系，推进自然保护地立法体系化。[①]"国家公园法"的制定已被纳入第十四届全国人大常委会立法规划。保护地问题是《昆明—蒙特利尔全球生物多样性框架》谈判中的关键问题之一，我国的自然保护地法治经验，以高度重视自然保护地生态价值的态度，在谈判中为达成兼具雄心与务实的平衡"框架"发挥了积极作用。

在塑料污染规制方面，近年来我国逐步采取多种措施以减少塑料污染，推行强制垃圾分类制度。《固体废物污染环境防治法》规定了包括塑料在内的固体废物的污染环境防治坚持减量化、资源化和无害化原则（统称 3R 原则）。《2030 年前碳达峰行动方案》《国务院关于加快建立健全绿色低碳循环发展经济体系的指导意见》，均提出要扎实推进塑料污染全链条治理。目前联合国环境大会正在制定一项具有法律约束力的关于塑料污染治理的条约。我国针对塑料污染的全生命周期管理以及落实 3R 原则的经验将对该条约后续谈判或磋商起到积极推动作用。

（二）履行国际环境条约规定义务

国际社会已针对臭氧层保护、生物多样性、气候变化等全球性环境议题制定了《保护臭氧层维也纳公约》《生物多样性公约》《巴黎协定》等数量众多的国际环境条约。我国环境法治经验也对这些国际环境条约的履行起到了促进作用。如在臭氧层保护方面，我国《大气污染防治法》规定，国家鼓励、支持消耗臭氧层物质替代品的生产和使用，逐步减少直至停止消耗臭氧层物质的生产和使用。《消耗臭氧层物质管理条例》也对我国境内从事消耗臭氧层物质的生产、销售、使用和进出口等活动的

---

① 参见秦天宝、刘彤彤：《自然保护地立法的体系化：问题识别、逻辑建构和实现路径》，载《法学论坛》2020 年第 2 期。

规制进行了规定。在这些规定的约束下，我国实现消耗臭氧层物质的淘汰量达到发展中国家总量的 50% 以上，成为对全球臭氧层保护贡献最大的国家。[1]

在生物多样性保护方面，我国通过完善法律法规和体制机制、加强就地和迁地保护、推动公众参与、深化国际合作等政策、措施，有力推动改善了生态环境，其中，设立陆地自然保护区、恢复和保障重要生态系统服务、增加生态系统的复原力和碳储量等 3 项目标超额完成，生物多样性主流化等 13 项目标取得良好进展[2]，为推动实现全球生物多样性保护目标和联合国可持续发展目标作出了积极贡献。

在气候变化应对方面，我国加强了自《巴黎协定》以来对国际气候议程的一贯承诺。[3] 一国应对气候变化的司法实践通常构成其国家自主贡献报告的重要内容，在我国，最高人民法院专门发布司法文件，"积极探索气候变化司法应对举措，推动构建国家气候变化应对治理体系"，并增加了"碳排放交易纠纷"和"碳汇交易纠纷"的民事案由[4]，有力促进了《巴黎协定》的履行。此外，厦门是东亚海洋污染的预防和管理一期项目设立的海岸带综合管理示范区。[5] 我国在海岸带保护与管理方面的立法和实践经验对《联合国海洋法公约》第 197 条、第 199 条和第 200 条所体现的区域海洋合作相关规定的落实起到了促进作用。[6]

---

[1] 参见吕忠梅、吴一冉：《中国环境法治七十年：从历史走向未来》，载《中国法律评论》2019年第 5 期。

[2] 参见国务院新闻办公室：《中国的生物多样性保护》白皮书，载中国政府网 2021 年 10 月 8 日，http://www.gov.cn/zhengce/2021-10/08/content_5641289.htm。

[3] 参见《中国积极参与应对气候变化全球治理》，载《法治日报》2022 年 11 月 28 日，第 5 版。

[4] 参见秦天宝：《"双碳"目标下我国涉外气候变化诉讼的发展动因与应对之策》，载《中国应用法学》2022 年第 4 期。

[5] 参见张坤：《海岸带综合管理国际合作实践三十年促进区域海洋治理构建海洋命运共同体》，载《自然资源报》2021 年 11 月 19 日。

[6] 参见郑凡：《半闭海的海洋区域合作：法律基础与合作机制》，厦门大学出版社 2020 年版，第 54 页。

（三）共建绿色"一带一路"

"一带一路"建设取得了丰硕的成果，为全球多边合作与发展提供了稳定的平台。[1] 我国政府部门发布的《关于推进绿色"一带一路"建设的指导意见》《关于推进共建"一带一路"绿色发展的意见》等政策性指导文件，均要求践行共商共建共享原则，坚持人与自然和谐共生理念，建设更紧密的绿色发展伙伴关系，推动构建人与自然生命共同体；要求我国企业严格遵守东道国生态环保法律法规和规则标准。在推进共建绿色"一带一路"的进程中，我国在环境治理方面的理念与积累的实践经验将指导我国企业与"一带一路"周边国家企业在绿色基础设施建设、绿色能源、绿色贸易、应对气候变化等方面展开合作。

（四）促进发展中国家环境治理能力建设

部分发达国家推行霸权主义和强权政治，这已成为影响全球环境治理效果的主要因素之一。[2] 我国在生态文明建设中强调统筹国内国际两个大局，坚持多边主义，通过多种形式的南南务实合作，尽己所能帮助发展中国家提高应对气候变化和绿色发展的能力，将生态文明建设领域合作作为共建"一带一路"重点内容，发起了系列绿色行动倡议，采取了绿色基建、绿色能源、绿色交通、绿色金融等一系列举措。[3] 我国推动设立昆明生物多样性基金，向发展中国家提供力所能及的支持和帮助。我国生态文

---

[1]　参见阮煜琳：《"一带一路"倡议十周年：绿色丝绸之路建设取得丰硕成果》，载中国新闻网 2023 年 5 月 10 日，http://www.chinanews.com.cn/gn/2023/05-10/10004999.shtm。

[2]　参见侯桂红、刘建伟：《中国生态文明建设的世界意义》，载《中国环境报》2022 年 10 月 17 日，第 3 版。

[3]　参见习近平：《共同构建人与自然生命共同体——在"领导人气候峰会"上的讲话》，载中国政府网 2021 年 4 月 22 日，http://www.gov.cn/xinwen/2021-04/22/content_5601526.htm。

明建设的经验也可为其他发展中国家提供有益的借鉴。此外，发达国家与发展中国家之间长期以来在气候治理、生物多样性治理等领域的资金提供和基金设立等方面存在分歧，我国在全球环境治理的各个重要场域为发展中国家发声，促进发达国家履行向发展中国家提供资金、技术等方面的承诺。例如，在《联合国气候变化框架公约》缔约方大会谈判中，我国与其他发展中国家站在一起，为落实损失与损害基金发挥了重要作用。

三、中华优秀传统生态文化的国际传播机制

中华文化"走出去"是推动文明交流互鉴、增强中华文明传播力和影响力的重要方面。习近平法治思想的生态文明法治理论是马克思主义基本原理与中国优秀传统文化相结合的最新成果。包括生态法治文化在内的中国生态文化的对外传播有利于提升中国在全球环境治理中的话语权。

（一）完善优秀传统生态文化对外传播的内容资源

中华优秀传统文化中的生态智慧体现了尊重自然、顺应自然、保护自然的思想理念。"天人合一""取之有度、用之有节"等生态文化的对外传播需要结合新时代中国推进生态文明建设和参与全球环境治理的实践，完善对外传播的内容资源，生动鲜活地阐发中华优秀传统生态文化的精神内核，在厚重的文化底蕴基础上讲好"美丽中国"故事。如作为首部完整的特殊区域生态保护的国内立法，《青藏高原生态保护法》体现的整体保护、系统保护和协同保护的规律，体现的"人与自然生命共同体"的核心理念，是东方智慧对全球可持续发展的贡献。[①] 联合国环境规划署执行主任

[①] 参见吕忠梅、马鑫：《打造特殊空间区域保护的"中国样本"》，载《环境保护》2023年第16期。

安德森曾表示，中国推进生态文明建设的理念和"绿水青山就是金山银山"的良好实践是全球借鉴和参考的样本。①

（二）创新优秀传统生态文化对外传播的方式

长期以来，中华优秀传统生态文化对外传播的方式较为单一，且主要以官方宣传为主。在互联网时代，用好数字传播时代的技术赋能，依靠中国数字技术的强劲发展，利用数字化知识与信息，以网络信息为载体，可以加强对"地球生命共同体"等生态文化的宣传和跨文化传播。此外，鼓励企业或民间力量参与中华优秀传统生态文化对外传播，借助企业的海外经营活动以及民间主体的自发传播可以潜移默化地推广中华优秀传统生态文化，实现多层次对外传播渠道的搭建，提高国际传播影响力，增强中华优秀传统生态文化的感召力。

第三节　中国与国际环境法治的互鉴

一、中国生态文明建设对可持续发展的贡献

从国际法上看，可持续发展形成于人们对人与自然之关系的认识的转变过程，经历了从概念到目标，再到议程的长期探索和努力实践。1983年12月，联合国成立由挪威首相布伦特兰夫人为主席的"世界环境与发展委员会"，开展对世界面临的问题及其应对战略研究。1987年，该委员会发表了题为《我们共同的未来》的报告，认为环境危机与能源危机和发展危机不可分割，地球资源和能源远不能满足人类发展的需要，人类必须

---

① 参见涂瑞和：《引领全球生态文明建设》，载《人民日报》2021年11月3日，第17版。

为当代人和后代人的利益改变发展模式。因此，该报告提出了"既满足当代人的需要，又不对后代人满足其需要的能力构成危害的发展"的可持续发展概念①，强调这是一直到遥远的未来都能支持全球人类进步的道路。② 1992 年联合国环境与发展大会《里约宣言》正式确立了"可持续发展"的国际法地位③，并通过《21 世纪议程》将环境、经济和社会关注事项纳入一个统一政策框架，提出了包括 2 500 余项行动的详细建议。其后，联合国多次召开会议，反复强调坚持经济、社会发展和环境保护三大支柱统筹的原则，要求各国切实推进全球可持续发展进程。④ 2015 年 9 月 25 日，联合国 193 个成员国正式通过的《变革我们的世界：2030 年可持续发展议程》涵盖了 17 项可持续发展目标（SDGs）。可见，在国际治理体系中，可持续发展已经成为当代人类最大的"发展共识"⑤。

（一）中国生态文明理论与可持续发展同宗同源

与可持续发展一样，生态文明理论被视为人类思想史上的巨大进步，但在很长时间内，局限于思想界和学术圈。西方学者主要认为人类文明必将发生转型并走向新的文明形态，以拯救西方文明危机。虽有许多理论构想，但总体上还不够系统、不成熟，有许多空想的成分。⑥ 在中国，生态

---

① 参见世界环境与发展委员会：《我们共同的未来》，王之佳、柯金良等译，夏堃堡校，吉林人民出版社 1997 年版，第 52 页。

② 参见世界环境与发展委员会：《我们共同的未来》，王之佳、柯金良等译，夏堃堡校，吉林人民出版社 1997 年版，第 5 页。

③ 在《里约宣言》的 27 项原则中，原则 1、4、5、7、8、9、12 明确写入可持续发展。参见《里约环境与发展宣言》，载《环境保护》1992 年第 8 期。

④ 参见曾贤刚等：《可持续发展新里程：问题与探索——参加"里约＋20"联合国可持续发展大会之思考》，载《中国人口·资源与环境》2012 年第 8 期。

⑤ 郇庆治：《重聚可持续发展的全球共识——纪念里约峰会 20 周年》，载《鄱阳湖学刊》2012 年第 3 期。

⑥ 参见钟望：《论习近平生态文明思想对生态社会主义的理论超越》，载《江南社会学院学报》2020 年第 4 期。

文明真正引发广泛的讨论与重视，也是在党的十七大报告明确提出生态文明建设之后。① 一个有意思的现象是在各种有关生态文明的论著中，被认为代表了可持续发展理论的一些重要著作和国际文件，如《寂静的春天》《沙乡年鉴》《增长的极限》《联合国人类环境会议宣言》《我们共同的未来》等，也都被认为是其思想来源。《21 世纪议程》也为生态文明建设提供了重要的理念与制度基础，表明其理论的同源性。有学者认为，生态文明建设有利于可持续发展目标的实现，可持续的生产方式和消费模式必将会带来生态文明的结果，两者互为因果、相互促进。②

（二）中国生态文明建设实践与可持续发展目标相辅相成

中国不仅把生态文明理论变成了治国理政实践，而且使其与实施可持续发展战略互为价值与手段，为世界可持续发展作出了巨大贡献。

从时间上看，"可持续发展"先出现在中国的相关文件和法律中：中国于 1994 年发布《中国 21 世纪议程》③，同时制定《中国 21 世纪议程优先项目计划》。1995 年中共十四届五中全会首次提出"必须把社会全面发展放在重要战略地位，实现经济与社会相互协调和可持续发展"④。自 1996 年"九五"计划开始，直到"十四五"规划，都对可持续发展进行了相应安排。

---

① 党的十七大报告明确提出："建设生态文明，基本形成节约能源资源和保护生态环境的产业结构、增长方式、消费模式。循环经济形成较大规模，可再生能源比重显著上升。主要污染物排放得到有效控制，生态环境质量明显改善。生态文明观念在全社会牢固树立。"参见胡锦涛：《高举中国特色社会主义伟大旗帜 为夺取全面建设小康社会新胜利而奋斗——在中国共产党第十七次全国代表大会上的报告》，《求是》2007 年第 21 期，第 10 页。

② 参见谢永明、余立风：《生态文明与可持续发展关系探讨》，载《环境与可持续发展》2012 年第 4 期。

③ 这是国际社会出台的第一部国家级 21 世纪议程。参见刘培哲：《可持续发展理论与〈中国 21 世纪议程〉》，载《地学前缘》1996 年第 1 期。

④ 《中共中央关于制定国民经济和社会发展"九五"计划和 2010 年远景目标的建议》，载《求实》1995 年第 S1 期。

2005 年《国务院关于落实科学发展观加强环境保护的决定》中首次出现"生态文明"的提法。党的十七大报告将"建设生态文明"纳入小康社会建设的总体目标。① 党的十八大报告将生态文明建设纳入"五位一体"的治国理政总体布局②，党的十八届三中全会通过的《中共中央关于全面深化改革若干重大问题的决定》确定的全面深化改革战略布局中，将生态文明体制改革与经济体制改革并列。③ 其后的文件中，落实可持续发展议程与生态文明建设始终密切相关，党的十九大报告、二十大报告都明确了生态文明建设在实现"两个一百年"奋斗目标中的重要地位，"十四五"规划和 2035 年远景目标纲要提出了"广泛形成绿色生产生活方式，碳排放达峰后稳中有降，生态环境根本好转，美丽中国建设目标基本实现"的综合性目标体系。这充分体现了中国政府在落实联合国可持续发展目标方面的决心与行动。中国政府将生态文明建设作为关系中华民族永续发展的根本大计进行系统谋划，一方面坚定不移地走中国特色绿色发展道路，推进人与自然和谐共生的现代化；另一方面也高度重视与联合国可持续发展议程相结合，促进全球环境治理体系向实现生态文明转型。④

（三）中国生态文明建设实践对可持续发展理论的创新发展

习近平主席指出："可持续发展是破解当前全球性问题的'金钥匙'"⑤。

---

① 参见胡锦涛：《高举中国特色社会主义伟大旗帜 为夺取全面建设小康社会新胜利而奋斗——在中国共产党第十七次全国代表大会上的报告》，载《求是》2007 年第 21 期。

② 参见胡锦涛：《坚定不移沿着中国特色社会主义道路前进 为全面建成小康社会而奋斗——在中国共产党第十八次全国代表大会上的报告》，载《人民日报》2012 年 11 月 18 日，第 1 版。

③ 参见《中共中央关于全面深化改革若干重大问题的决定》，载《人民日报》2013 年 11 月 16 日，第 1 版。

④ 参见吕忠梅：《发现环境法典的逻辑主线：可持续发展》，载《法律科学》2022 年第 1 期。

⑤ 习近平：《坚持可持续发展 共创繁荣美好世界——在第二十三届圣彼得堡国际经济论坛全会上的致辞》，载《人民日报》2019 年 6 月 8 日，第 2 版。

中华民族永续发展是中国生态文明建设的终极追求，也是可持续发展"既满足当代人的需要，又不对后代人满足其需要的能力构成危害"的核心价值体现。按照"物质文明—精神文明—政治文明—生态文明"的思路，中国形成了"四个全面"战略布局、"五位一体"总体布局，构成了完整的治国理念体系。这充分表明加强生态文明建设，是为了解决中国的不可持续发展问题。[1] 将生态文明建设纳入经济建设、政治建设、文化建设、社会建设全过程，本质上是为了实现可持续经济、可持续生态和可持续社会三方面的协调统一，为实现中华民族伟大复兴夯实生态环境基础。[2]

自 1992 年提出可持续发展以来，特别是 2012 年联合国可持续发展大会以来，可持续发展理论与实践都有了新的发展。[3] 中国的生态文明建设实践是对可持续发展在中国实现方式的积极探索，在这个过程中，中国秉持共建人类命运共同体理念，认真落实生态环境相关多边公约或议定书，推动落实联合国《2030 年可持续发展议程》，推动和引导建立公平合理、合作共赢的全球环境治理体系。2016 年 5 月，第二届联合国环境大会发布了《绿水青山就是金山银山：中国生态文明战略与行动》报告，为全球可持续发展、为人类更加美好的未来作出应有的贡献。[4] 在联合国《2030 年可持续发展议程》勾画的人类（people）、地球（planet）、繁荣（prosperity）、和平（peace）、伙伴关系（partnership）这个"5P 愿景"中[5]，在世界自然保护联盟（IUCN）发布的《IUCN 基于自然的解决方案 全球

---

[1]　参见卢风：《绿色发展与生态文明建设的关键和根本》，载《中国地质大学学报（社会科学版）》2017 年第 1 期。

[2]　参见吕忠梅：《发现环境法典的逻辑主线：可持续发展》，载《法律科学》2022 年第 1 期。

[3]　参见诸大建：《用国际可持续发展研究的新成果和通用语言解读生态文明》，载《中国环境管理》2019 年第 3 期。

[4]　参见《联合国发布〈中国生态文明战略与行动〉报告》，载人民网 2016 年 5 月 27 日，http://world.people.com.cn/n1/2016/0527/c1002-28383245.html。

[5]　参见《变革我们的世界：2030 年可持续发展议程》，载外交部网站，http://infogate.fmprc.gov.cn/web/ziliao_674904/zt_674979/dnzt_674981/qtzt/2030kcxfzyc_686343/t1331382.shtml。

标准》《IUCN 基于自然的解决方案 全球标准使用指南》中①，都不难发现中国生态文明理论与实践的影响。

中国在生态文明建设实践中，高度重视法治体系的健全和完善，建立了以宪法为依据，以专门生态环境立法为主干，相关法律、法规相衔接的生态环境法律体系。不仅宪法确立了建设"美丽中国"的国家任务②，1992 年以来制定或修订的环境与资源法律大多确立了"可持续发展"价值目标，近年来制定的《长江保护法》《生物安全法》则在确立可持续发展价值目标的同时，体现了绿色发展、生态安全等可持续发展的新要求。③"如果说工业文明是西方社会对人类发展的革命性创新，那么，中国的生态文明建设则是东方智慧对全球可持续发展的根本性贡献。"④

二、域外环境法治的中国借鉴

国际环境法治的发展历程始于 20 世纪六七十年代国际社会对环境问题的重视。1972 年在斯德哥尔摩召开的联合国人类环境会议通常被视作现代国际环境法的起源。⑤ 经过 1992 年联合国环境与发展大会、2012 年联合国可持续发展大会后，国际环境法已趋于成熟并与联合国发展议程联动和交叉。现阶段的国际环境法不仅仅关注基于相关原则或规则来引导行

---

① 2021 年 6 月 23 日在北京召开的联合发布会上，IUCN 同时还发布了《基于自然的解决方案中国实践典型案例》。参见《基于自然的解决方案全球标准中文版及中国实践典型案例发布》，载自然资源部网站 2021 年 6 月 24 日，http://www.mnr.gov.cn/dt/ywbb/202106/t20210624_2659274.html。

② 参见闫海：《美丽中国：中国版环境国家的宪法规范体系》，载《社会科学研究》2020 年第 2 期，第 88 页。

③ 参见吕忠梅：《发现环境法典的逻辑主线：可持续发展》，载《法律科学》2022 年第 1 期。

④ 潘家华：《新时代生态文明建设的战略认知、发展范式和战略举措》，载《东岳论丛》2018 年第 3 期。

⑤ 参见［法］皮埃尔·玛丽·杜普、豪尔斯·E. 维努阿莱斯：《国际环境法》，胡斌、马亮译，秦天宝审校，中国社会科学出版社 2021 版，第 10 页。

为，而且越来越关注实施和遵守机制。① 此外，国际环境法涉及的领域还在不断扩大，以应对新兴的环境挑战。中国环境法治的发展受到域外环境法治的影响，域外环境法治的发展在法律原则和治理方式等层面为中国环境法治的发展提供了借鉴。

（一）国际环境法基本原则的吸收

国际环境法在发展过程中逐渐形成了被各国公认和接受的，具有普遍约束力且适用于国际环境保护的各个领域，构成国际环境法基础的法律原则。国际环境法的基本原则包括尊重国家主权和不损害国外环境原则、损害预防原则、风险预防原则、共同但有区别责任原则等。② 这些基本原则对我国环境法治的发展和我国参与全球环境治理产生了重要影响，也被吸收到我国相关环境法律制度当中。

1962 年联合国大会《关于自然资源永久主权的决议》确认了各民族和各部族对其"自然财富和自然资源行使永久主权"。1972 年《联合国人类环境会议宣言》原则 21 进一步明确了尊重国家主权和不损害国外环境原则。1992 年《里约宣言》也重申了该原则。《联合国海洋法公约》第 194 条第 2 款、《防止倾倒废物及其他物质污染海洋公约》第 1 条和第 2 条等国际法均体现了这一原则。损害预防原则要求各国尽到"勤勉尽责"（due diligence）的义务，合理善意地行事，避免对其他国家和国家管辖范围外环境造成损害。《里约宣言》原则 15（采预防措施）体现了对风险预防原则的权威表达，《生物多样性公约》《联合国气候变化框架公约》均体现了对风险预防的要求。《里约宣言》原则 7 强调，鉴于对全球环境退化的

---

① See Philippe Sands, Jacqueline Peel, Adriana Fabra, *Principles of International Environmental Law* (4th ed.), Cambridge University Press, 2018, pp. 50 – 51.

② See Philippe Sands, Jacqueline Peel, Adriana Fabra, *Principles of International Environmental Law* (4th ed.), Cambridge University Press, 2018, pp. 197 – 248.

影响大小和掌握的技术、资金资源不同，各国负有共同但有区别的责任。

中国环境法治发展过程中吸收了这些基本原则的内涵和精神。中国坚定维护尊重国家主权和不损害国外环境原则，针对日本核污水排海等损害外国和国家管辖范围外环境的行为进行严正交涉和谴责。[①] 中国在《海洋环境保护法》《防治船舶污染海洋环境管理条例》《海洋倾废管理条例》等环境立法中，也都有关于应对域外海洋环境污染威胁、保障中国合法海洋权益的相关规定。

损害预防原则和风险预防原则在中国环境治理中也得到了不同程度的体现。中国《环境保护法》将"预防为主"作为基本原则之一，还通过环境保护规划、环境监测、环境影响评价、总量控制等制度实现损害预防。一方面，中国签署了一批载明风险预防原则的国际法律文件，如《保护臭氧层维也纳公约》《联合国气候变化框架公约》《生物多样性公约》等，充分表达了对风险预防原则的肯认；另一方面，中国《生物安全法》《土壤污染防治法》等建立了生物安全风险、土壤污染风险防控制度，体现了风险预防原则。在司法实践中，云南绿孔雀案等预防性公益诉讼表明中国在司法实践中落实了风险预防的要求。[②] 中国《国家应对气候变化规划（2014—2020 年）》明确了中国坚持共同但有区别的责任原则、公平原则、各自能力原则。在《巴黎协定》的谈判过程中，中国始终代表广大发展中国家的利益，坚持和重申"共同但有区别的责任""各自能力"等基本原则。2021 年世界环境司法大会通过的《昆明宣言》，重申将公平、共同但有区别的责任及各自能力原则作为司法应遵循的一项基本原则。

---

① 参见《外交部发言人就日本政府启动福岛核污染水排海发表谈话》，载外交部网站 2023 年 8 月 24 日，https://www.mfa.gov.cn/fyrbt_673021/202308/t20230824_11131280.shtml。

② 参见秦天宝、陆阳：《从损害预防到风险应对：预防性环境公益诉讼的适用基准和发展方向》，载《法律适用》2022 年第 3 期。

（二）域外环境治理机制的借鉴

除了对国际环境法治基本原则的吸收，我国在环境法治建设中还借鉴了域外环境治理机制建设的经验。如在流域治理方面，美国于 1933 年设立的田纳西河流域管理局被视为最早的流域整体化治理机构[①]；1965 年《水资源规划方案》是历史上第一部综合性全球流域立法。2009 年德国全面修订《水平衡管理法》，转化了欧盟《水框架指令》的相关内容，首次实现全国统一的、直接适用的水事基本法。[②] 2009 年荷兰《水法》及其相关法规和实施条例生效，实现了荷兰的综合的水管理。[③] 这些流域治理经验对于我国制定《水法》《长江保护法》《黄河保护法》具有借鉴意义：在我国的水事和流域立法中，以流域管理为主的治理体制基本确立，国家建立流域协调机制和地方政府协作机制，坚持统筹协调、系统治理。

气候变化是典型的全球性环境议题，相关国际法治与国内法治存在密切关联，各国的治理机制也存在一定的共通性。欧洲国家在气候治理和推进气候法治方面表现突出：2021 年通过的《欧洲气候法》正式将关于实现 2050 年碳中和的承诺转变为法律强制约束。德国《联邦气候保护法》等气候立法也规定了气候减排目标和配套制度，并授予联邦政府监督落实国家减排目标的职权。英国《气候变化法》则建立了独立于政府的应对气候变化委员会。[④] 此外，美国、欧盟建立了碳市场，并通过相关法律明确

[①]　参见范兆轶、刘莉：《国外流域水环境综合治理经验及启示》，载《环境与可持续发展》2013 年第 1 期。

[②]　参见邱秋：《域外流域立法的发展变迁及其对长江保护立法的启示》，载《中国人口·资源与环境》2019 年第 10 期。

[③]　参见［荷］玛琳·范·里杰斯维克、荷曼·哈维克斯：《欧盟与荷兰水法》，徐彤、戴莉萍译，武汉大学出版社 2021 年版，第 92 页。

[④]　参见田丹宇、郑文茹：《国外应对气候变化的立法进展与启示》，载《气候变化研究进展》2020 年第 4 期。

了碳配额总量控制、定价和交易机制等内容，积累了碳市场建设的经验。欧盟碳排放交易体系是世界上首个，也是规模最大的碳市场，影响了其他国家在碳定价机制方面的决策，并为全球碳市场设定了基准。跨国公司按照欧盟的标准合规被认为是相关领域的"最佳实践"，这导致了欧盟标准被全球广泛认可，造成所谓的"事实布鲁塞尔效应"（de facto Brussels Effect）。[①] 借鉴这些国家气候法治建设经验，我国立足于世界上最大的发展中国家的基本国情，提出我国的"双碳目标"，实施应对气候变化战略、措施和行动，及时修订《大气污染防治法》以为实施大气污染物和温室气体协同控制与开展减污降碳协同增效工作提供法治基础，并持续推动全国碳交易市场建设，出台《碳排放权交易管理暂行条例》等法规。

三、中国环境法治的创新与引领

中国环境法治在发展过程中，在环境立法、环境执法、责任体系建设和环境司法等方面均形成了独特的经验和创新。这些经验和创新对于全球环境治理发展和变革起到了引领、示范作用。

（一）以法典化方式促进环境立法体系化

经过 50 多年的发展，中国已经形成了覆盖全面的生态环境法律体系，但由于种种原因，出现了立法数量多、速度快，但重复率高、矛盾冲突多，导致环境治理实践中法律适用度低，法律的实效性、权威性降低等问题。[②] 因此，第十四届全国人大常委会将编纂生态环境法典纳入立法规划

---

① 参见沈伟、苏可桢：《变局之下国际法与国内法互动的转向》，载《探索与争鸣》2024 年第 4 期。

② 参见吕忠梅：《环境法典编纂的基本问题》，载《荆楚法学》2022 年第 1 期。

并正式启动了编纂工作，旨在"以法典化的方式对现行生态环境法律制度规范进行系统整合、编订纂修、集成升华，增强生态环境法律制度的系统性、整体性、协同性、时效性"①。有学者建议，中国生态环境法典应定位于"领域型法典"，以实现"人与自然和谐共生"为价值追求，以可持续发展为逻辑主线，采取"适度法典化"方式，由总则编、污染控制编、自然生态保护编、绿色低碳发展编、生态环境责任编构成。②

中国的生态环境法典编纂的体系化思维对国际环境法治的发展也有一定的参考意义。国际环境法的碎片化显而易见，国际环境法治原则规则往往分散于不同的条约、习惯国际法和不具有拘束力的国际文书中。③ 国际环境法的发展中也试图缓解碎片化问题。法国推动的《世界环境公约（草案）》即有完善国际环境法体系的目的。中国的探索可以为《世界环境公约（草案）》的谈判以及其他国际环境法律体系化的努力提供经验。与此同时，中国生态环境法典编纂本身也体现了可持续发展战略：本着"共建人类命运共同体"的理念，完善生物多样性保护、应对气候变化等具有国内国际关联性的法律规则和体系④，并在绿色低碳发展编中设立国际合作与气候变化应对专章，建立多元主体共同参与的国际合作机制。⑤

（二）完善生态环境治理体系

中国坚持"用最严格制度最严密法治保护生态环境"，建立健全现代环

---

① 《稳步有序推进生态环境法典编纂工作》，载中国人大网 2023 年 12 月 25 日，http://www.npc.gov.cn/c2/kgfb/202312/t20231225_433706.html。

② 参见吕忠梅：《环境法典编纂论纲》，载《中国法学》2023 年第 2 期。

③ See Margaret A. Young, *Fragmentation and International Environmental Law*, Lavanya Rajamani and Jacqueline Peel（eds.）, Oxford Handbook of International Environmental Law（2nd edn.）, Oxford University Press, 2021, pp. 85 - 101.

④ 参见吕忠梅：《做好中国环境法典编纂的时代答卷》，载《法学论坛》2022 年第 2 期。

⑤ 参见张忠民：《环境法典绿色低碳发展编对可持续发展理念的体系回应与制度落实》，载《法律科学》2022 年第 1 期。

境治理体系。党的十八大以来，中国大力推进生态文明体制改革，建立健全了自然资源资产产权制度、国土空间开发保护制度、生态文明建设目标评价考核制度和责任追究制度、生态补偿制度、河湖长制、林长制、环境保护"党政同责"和"一岗双责"等制度，基本形成了生态文明建设"四梁八柱"性质的制度体系。针对"……体制不健全、制度不严格、法治不严密、执行不到位、惩处不得力……"① 等问题构成对生态文明建设的最大制约的状况，2020 年 3 月，中共中央办公厅、国务院办公厅印发《关于构建现代环境治理体系的指导意见》，明确要求，到 2025 年，"形成导向清晰、决策科学、执行有力、激励有效、多元参与、良性互动的环境治理体系"②。与此同时，进行了两轮机构改革：（1）赋予生态环境管理部门"统一监督管理"的职责，同时，要求相关部门按照职责分工履行生态环境管理责任；（2）推动省以下环境监测监察执法机构垂直管理和生态环境综合执法工作。这些改革举措对于中国生态环境的迅速改善发挥了巨大的推动作用。

完善的环境治理体系、严格执法的中国实践与经验对国际环境法治的发展有借鉴意义。全球环境恶化的重要原因之一是国际环境法缺乏确保其执行与遵守的有效手段。《关于消耗臭氧层物质的蒙特利尔议定书》规定了不遵守情事程序，要求遵约委员会在调查不遵守的情势后在缔约国会议上通报情况，并在必要时提出建议。这是国际环境法最早的遵约机制。之后的《濒危野生动植物种国际贸易公约》《联合国气候变化框架公约》等延续了"促进遵约＋处理不遵约"的模式。《巴黎协定》则建立了以"国家报告和审核"机制为主的遵约机制。③ 但国际环境法的实施与遵约主要

---

① 习近平：《加强生态文明建设必须坚持的原则》，载《习近平谈治国理政》（第 3 卷），外文出版社 2020 年版，第 363 页。

② 《中共中央办公厅、国务院办公厅印发〈关于构建现代环境治理体系的指导意见〉》，载中国政府网 2020 年 3 月 3 日，http://www.gov.cn/zhengce/2020－03/03/content_5486380.htm。

③ 参见秦天宝、侯芳：《论国际环境公约遵约机制的演变》，载《区域与全球发展》2017 年第 2 期。

依赖国家制定或修改国内法，或者制定国内政策、战略和计划实施行政措施，并确保其管辖和控制下的活动遵守国内措施以及进行相关报告。"用最严格制度最严密法治保护生态环境"的中国实践也是中国遵守和实施相关国际环境义务的表现，为其他国家履行国际环境义务提供了参考和借鉴，起到了示范作用。

（三）构建专门化专业化的环境司法体系

环境司法是生态文明建设法治保障的重要一环。自 2014 年在最高人民法院成立环境资源审判庭以来，迄今中国已有环境资源审判庭（合议庭）2 500 余个[①]，建成了世界上独一无二的覆盖全国四级法院的完整的环境审判机构体系，并在机构专门化的基础上，大力推进审判程序、审判规则、审判队伍、审判理论专门化，推动环境司法专门化专业化稳定持续发展，加强环境司法机制、规则、理论同步化建设，进一步筑牢环境司法基础，切实提升环境司法效能，不断满足人民对美好生活的新期待。与此同时，检察机关、公安机关也相继成立负责提起公益诉讼、生态环境犯罪侦查等的专门机构。由此，基本形成了具有中国特色的生态环境司法体系。[②] 2014 年以来，人民法院审结环境资源案件 200 多万件，其中，刑事案件 25 万件、民事案件 138 万件、行政案件 34 万件、公益诉讼案件 1.6万件、生态环境损害赔偿案件 550 余件。2018 年以来，检察机关起诉实施破坏生态环境资源犯罪 21 万多人，办理相关公益诉讼案件 35 万余件。[③]可见，环境司法守护绿水青山成效明显。

习近平主席指出：地球是我们的共同家园。世界各国要同心协力，抓

---

① 参见《中国环境资源审判（2023）》。
② 参见《中国环境司法发展报告（2023）》。
③ 参见《从三个报告看执法机关如何守护绿水青山》，载中国人大网 2023 年 10 月 23 日，http://www.npc.gov.cn/npc/c2/c30834/202310/t20231023_432428.html。

紧行动，共建人和自然和谐的美丽家园。中国坚持创新、协调、绿色、开放、共享的新发展理念，全面加强生态环境保护工作，积极参与全球生态文明建设合作。中国持续深化环境司法改革创新，积累了生态环境司法保护的有益经验。中国愿同世界各国、国际组织携手合作，共同推进全球生态环境治理。[①] 中国的环境司法成效，引领了世界环境司法发展。联合国环境规划署官网专门开辟中国环境司法专栏，目前已收录 4 批 45 件中国环境资源审判典型案例和 8 件司法报告，为世界各国环境司法提供了样本。[②]

中国高度重视加强国际司法规则引领，推动完善生态环境国际治理规则，为推动构建人类命运共同体提供了中国司法方案。2021 年，由中国发起并举办的世界环境司法大会通过了《昆明宣言》，指出法治在全球环境治理中具有不可替代的重要作用，应通过公开透明、公正高效、可获得、可负担的司法过程，维护公众环境权益。中国司法机关不断拓展国际合作领域，深化与联合国环境规划署、亚洲开发银行等国际组织的合作，加强在应对气候变化、生物多样性保护、推动绿色"一带一路"建设等领域的国际司法交流，为促进全球环境治理贡献中国司法力量，也为促进环境司法国际化发展发挥了积极作用。

第四节　中国涉外环境法律制度的发展

涉外法治是指处理本国对外事务的法治活动，涉及国际法和外国法在一国境内的转承适用，以及一国国内法在域外的延伸适用等问题。[③] 涉外

---

① 参见《习近平向世界环境司法大会致贺信》，载新华网 2021 年 5 月 26 日，http://www.xinhuanet.com/2021 - 05/26/c_1127494868.htm。

② 参见《中国环境资源审判（2023）》。

③ 参见黄惠康：《准确把握"涉外法治"概念内涵 统筹推进国内法治和涉外法治》，载《武大国际法评论》2022 年第 1 期。

法治既体现为本土法律体系与国际法治的良性对接，也意味着向国际社会传播、分享中国的法治经验和全球治理的中国方案。[①] 统筹推进国内法治和涉外法治应当同时追求建设中国图景中的法治中国与世界图景中的法治中国，实现对内事务与对外事务的全面法治[②]，这需要尽快完善涉外法律体系。

一、统筹推进国内和涉外环境法治

党的二十大报告强调加强涉外领域立法，统筹推进国内法治和涉外法治。国际法既允许一国公法实施域外管辖，同时又加以外部限制即其需要具有国际法上的基础。国内法的域外适用也可能引发国家间的法律冲突以及国际法与国内法的冲突。[③] 国家采取不符合国际法的国内法域外适用措施，或者滥用国内法域外适用措施，都会冲击和破坏国际社会秩序、国际法治进程。[④] 采取法律域外适用的手段时要考虑利益平衡，不能为了保护本国低层次的利益而损害外国高层次的利益。[⑤] 我国正逐步构建我国涉外环境法律制度，并有效应对他国环境法对我国的不当域外适用。

完善涉外法律体系，加快推进我国法域外适用的法律体系建设，是坚持统筹推进国内法治和涉外法治的重要要求。习近平总书记在中央全面依法治国工作会议上强调：要坚持统筹推进国内法治和涉外法治。要加快涉

[①] 参见何志鹏：《国内法治与涉外法治的统筹与互动》，载《行政法学研究》2022 年第 5 期。

[②] 参见蔡从燕：《统筹推进国内法治和涉外法治中的"统筹"问题》，载《武大国际法评论》2022 年第 4 期。

[③] 参见霍政欣：《我国法域外适用体系之构建——以统筹推进国内法治和涉外法治为视域》，载《中国法律评论》2022 年第 1 期。

[④] 参见廖诗评：《中国法域外适用法律体系：现状、问题与完善》，载《中国法学》2019 年第 6 期。

[⑤] 参见何志鹏：《涉外法治中的管辖攻防》，载《武汉大学学报（哲学社会科学版）》2022 年第 6 期。

外法治工作战略布局，协调推进国内治理和国际治理，更好维护国家主权、安全、发展利益。要强化法治思维，运用法治方式，有效应对挑战、防范风险，综合利用立法、执法、司法等手段开展斗争，坚决维护国家主权、尊严和核心利益。要推动全球治理变革，推动构建人类命运共同体。[1]我国《海洋环境保护法》等环境法规存在涉外条款，其域外适用也具有重要意义。我国应完善我国涉外环境法律制度，尤其是在生态环境法典编纂过程中，要高度重视域外适用等相关制度建设，推动我国环境法域外条款的实施。

此外，他国环境法对我国的域外适用会对我国造成不良影响。某些国家采取不符合国际法的国内法域外适用措施，或者滥用国内法域外适用措施，都会冲击和破坏国际社会秩序，损害其他国家的合法权益。欧盟《共同体内温室气体排放配额交易计划》涉及第三国和公海领域的碳排放，将欧盟成员国领土以外运行的航班和船舶的碳排放纳入适用范围。欧美近些年来推行的"供应链法"实际上也会对位于欧美企业供应链上的他国企业产生影响。欧美等国在碳关税等领域的环境法的域外适用也会对我国相关主体产生影响。在我国加强涉外领域立法，加快构建系统完备、衔接配套的涉外法律规范体系的要求下，我国涉外环境法律制度也需加以完善。

二、中国涉外环境法治的发展

（一）涉外环境立法

总体来看，我国目前的环境法域外适用条款数量较少，且规定较为原则。我国目前的环境法域外适用条款较集中于海洋环境保护领域。在法律

---

[1]　参见《人民日报》2020年11月18日，第2版。

层面，《海洋环境保护法》规定，"在中华人民共和国管辖海域以外，造成中华人民共和国管辖海域环境污染、生态破坏的，适用本法相关规定"。该法又规定，禁止中华人民共和国境外的废弃物在中华人民共和国管辖海域倾倒。此外还规定，"对在公海上因发生海难事故，造成中华人民共和国管辖海域重大污染损害后果或者具有污染威胁的船舶、海上设施，国家海事管理机构有权采取与实际的或者可能发生的损害相称的必要措施"。在行政法规层面，我国《海洋倾废管理条例》和《防治船舶污染海洋环境管理条例》也规定有涉外条款。

在司法解释层面，《最高人民法院关于审理发生在我国管辖海域相关案件若干问题的规定（一）》规定，污染事故发生在我国管辖海域外，对我国管辖海域造成污染或污染威胁，请求损害赔偿或者预防措施费用提起的诉讼，由管辖该海域的海事法院或采取预防措施地的海事法院管辖。《最高人民法院关于审理船舶油污损害赔偿纠纷案件若干问题的规定》（2020 年修正）也规定，油轮装载持久性油类引起的船舶油污事故，发生在中华人民共和国领域和管辖的其他海域外，对中华人民共和国领域和管辖的其他海域造成油污损害或者形成油污损害威胁，当事人就船舶油污事故造成的损害提起诉讼、申请设立油污损害赔偿责任限制基金，由油污损害结果地或者采取预防油污措施地海事法院管辖。

据此可以看出，我国针对海洋环境保护和污染规制的涉外适用条款较为完备。其主要原因在于：首先，海洋环境污染的对象较为特殊，具有流动性、扩散性等特性。我国海域容易受到我国管辖范围以外海域相关活动的污染或影响。其次，《联合国海洋法公约》等关于海洋污染控制方面的国际法规则也规定各国可以采取包括国内立法在内的污染防治措施。这使我国海洋环境保护域外效力条款在国际法上具有正当性。但是，迁徙野生动物保护、跨界湿地和河流等自然资源保护方面也可能受到我国管辖范围以外活动的影响，我国环境法目前缺乏针对性的涉外法律制度。

历史上，我国在国内法域外适用问题上呈现保守化特点，其理论根源在于我国一贯坚持属地原则。我国要突破属地主义传统，借鉴更加积极进取的管辖权理论，确立必要的域外管辖联系，为国内法域外适用规则体系构建提供理论支持和系统性指引。[①] 针对我国涉外环境法律制度完善议题，首先，应对我国哪些环境要素容易受到域外活动的影响以及其目前面临域外活动影响的现状加以分析，对其中已经或可能明显受到域外活动影响的领域，尽快制定相关域外适用条款，明确管辖规则。其次，我国涉外环境法律制度的完善应不违反国际法的基本原则或精神，不违背我国缔结或参加的国际环境公约规定的义务。最后，在具体规则的制定过程中，应基于我国法律体系的特色，可以先在法律层面制定相对原则性的规定，逐步通过行政法规或司法解释等细化和完善相关涉外环境法律制度的内容。

（二）涉外环境法律制度的行政执法

我国行政机关实施涉外法律制度的实践不多，这给行政机关在建设中国涉外法律体系过程中发挥作用带来了不小的挑战。[②] 在我国针对违反我国涉外法律制度的行政执法实践集中于反垄断等经济领域，在环境法领域的实践较为罕见。其实，《深海海底区域资源勘探开发法》规定了海洋主管部门对承包者在深海海底区域勘探、开发和环境保护活动进行监督检查，为该领域的域外行政执法提供了法律基础。[③] 但由于深海海底区域勘

---

① 参见漆彤：《加强国内法域外适用法律体系建设和法理研究》，载中国法院网 2021 年 2 月 22 日，https://www.chinacourt.org/article/detail/2021/02/id/5812770.shtml。

② 参见廖诗评：《中国法域外适用法律体系视野下的行政执法》，载《行政法学研究》2023 年第 2 期。

③ 参见张梓太：《构建我国深海海底资源勘探开发法律体系的思考》，载《中州学刊》2017 年第 11 期。

探、开发活动较少，目前相关的实践仍较为缺乏。

我国涉外环境法律制度的行政执法有赖于相关域外适用条款的完善，而现有的部分行政执法体制和规则也需根据法律域外适用的理念和运作方式进行适当调整。相信随着我国涉外环境法律制度的完善，未来相关的行政执法实践也将不断发展。

（三）涉外环境法律制度的司法适用

我国目前涉外环境法律制度的司法适用实践较少。但我国环境法律制度中已有相关规则为我国环境法域外适用条款的司法适用提供了基础，如，《海洋环境保护法》及其相关司法解释明确了我国海洋环境保护法律域外适用及其管辖等司法问题。

在国际治理实践中，一国法院对该国参与国际法律秩序的作用日益凸显。各国法院可以通过合理行使司法解释权和妥善运用对等原则将国内法的效力延伸到域外，合理加强法院在对外关系中的作用。[①] 通过对涉外环境法律制度的合理解释，我国法院可推进我国环境法域外适用条款的司法适用，尤其是环境司法专门化体系可为我国涉外环境法律制度的司法适用提供专业支撑和机制保障。

与此同时，为应对他国环境法对我国的域外适用，我国应逐步完善《阻断外国法律与措施不当域外适用办法》的配套实施机制，构建我国应对他国环境法不当域外适用的反制制度。我国也可以从国际法层面通过国际司法等争端解决方式，力证他国环境法对我国的域外适用在国际法上存在不法性，以维护我国相关主体的合法权益。

---

① 参见肖永平、焦小丁：《从司法视角看中国法域外适用体系的构建》，载《中国应用法学》2020年第5期。

后　记

建构中国自主法学知识体系是当代法学研究者的时代使命与责任担当。环境法作为法学家族的后生之辈，虽充满活力但积淀不足，基础理论研究相对薄弱，研究范式尚未真正形成。近些年来，环境法学界对此已有深刻认识并在积极努力。习近平总书记提出的"加快构建中国特色哲学社会科学"的重大战略任务，为中国环境法学发挥在自主知识体系建构上的后发优势，提供了强大的思想武器与科学的行动指南。

非常感谢中国人民大学出版社，在策划"中国自主知识体系研究文库"时，欣然同意纳入我主编的一部中国环境法学的基础理论著作，展示近些年来环境法学者以习近平法治思想的生态文明法治理论为指导，建构中国自主的环境法知识体系的最新研究成果。2023年6月，我在前期已有认知的基础上征求部分学者意见，形成初步的写作思路和主要内容后，邀请了周珂教授、孙佑海教授、张梓太教授等环境法学者分别担任各章撰稿人，并请他们提出相关章节的详细写作提纲。其后多次召开会议，详细讨论各章写作提纲及各章与全书的关系、相关问题处理等问题。2024年1

月完成初稿，之后进入反复沟通、修改、打磨阶段。我在通读初稿的基础上，提出整体性修改意见并反馈给各章作者。修改稿提交后，我对每章进行逐字修改并反馈给各章作者确认。刘长兴教授协助我逐章核稿后形成定稿，于 2024 年 11 月提交出版社。本书作者分工如下：

导言：吕忠梅，中国政法大学民商经济法学院兼职教授。

第一章：周珂，中国人民大学法学院教授；王锐，湖南大学法学院博士研究生。

第二章：孙佑海，天津大学法学院教授。

第三章：张梓太，复旦大学法学院教授。

第四章：于文轩，中国政法大学民商经济法学院教授。

第五章：刘超，华侨大学法学院教授。

第六章：巩固，北京大学法学院研究员。

第七章：张宝，中南财经政法大学法学院教授。

第八章：王社坤，西北大学法学院教授。

第九章：邓海峰，清华大学法学院教授；田时雨，中国政法大学民商经济法学院讲师。

第十章：汪劲，北京大学法学院教授。

第十一章：刘长兴，武汉大学环境法研究所教授。

第十二章：张忠民，中南财经政法大学法学院教授。

第十三章：钭晓东，浙江大学光华法学院教授。

第十四章：秦天宝，武汉大学环境法研究所教授。

一年多来就书稿问题与各章作者的多次讨论与反复修改，历历在目，令人感慨。不经一番寒彻骨，怎得梅花扑鼻香！学说梳理、观点碰撞、理论建构都需要各章作者在纠结甚至痛苦中反思、内省、创造，过程艰难曲折；经过认真梳理、深入思考与充分交流后，认知不断深化，共识逐渐达成，理论体系呼之欲出，结果令人欣慰。大家在本书写作过程中的种种付出，都是建构中国自主的环境法知识体系的引领性思考、创造性贡献！

我深知，本书作为建构中国自主的环境法知识体系的首创之作，难言完善。作为一部集体合作成果，本书在整体思路、基本立场统一的基础上，也应尽量呈现各章作者对理论问题的具体思考，尊重作者的行文风格。这会使本书留下一些"不体系"的痕迹。恰是这些不完美，可以成为学界同人批评指正、创新思考的基石，使中国自主的环境法知识体系建构的步伐走得更加坚实。

十分期待，在生态环境法典编纂被纳入国家重大政治决策和立法决策的背景下，环境法学涌现新一轮基础理论研究浪潮！

衷心感谢郭虹女士对本书从策划到完成的大力支持和辛苦工作！感谢为本书付梓面世辛勤奉献的文字建筑师们！

吕忠梅

2024 年 11 月 13 日

图书在版编目（CIP）数据

建构中国自主的环境法知识体系 / 吕忠梅主编 .
北京：中国人民大学出版社，2025.4. -- （中国自主知
识体系研究文库）. -- ISBN 978-7-300-33761-6

Ⅰ. D922.680.4

中国国家版本馆 CIP 数据核字第 2025NS1750 号

中国自主知识体系研究文库
建构中国自主的环境法知识体系
主　编　吕忠梅
Jiangou Zhongguo Zizhu de Huanjingfa Zhishi Tixi

出版发行	中国人民大学出版社			
社　　址	北京中关村大街 31 号		**邮政编码**	100080
电　　话	010 - 62511242（总编室）			010 - 62511770（质管部）
	010 - 82501766（邮购部）			010 - 62514148（门市部）
	010 - 62511173（发行公司）			010 - 62515275（盗版举报）
网　　址	http://www.crup.com.cn			
经　　销	新华书店			
印　　刷	涿州市星河印刷有限公司			
开　　本	720 mm×1000 mm　1/16		**版　　次**	2025 年 4 月第 1 版
印　　张	37.75 插页 3		**印　　次**	2025 年 4 月第 2 次印刷
字　　数	478 000		**定　　价**	228.00 元